菩提道次第广论

白话版

宗喀巴 著
曲甘·完玛多杰 译

青海人民出版社

图书在版编目（CIP）数据

菩提道次第广论：白话版 / 宗喀巴著；曲甘 · 完玛多杰译 . -- 西宁：青海人民出版社，2019.9
ISBN 978-7-225-05819-1

Ⅰ . ①菩… Ⅱ . ①宗… ②曲… Ⅲ . ①喇嘛宗—佛经—研究 Ⅳ . ① B946.6

中国版本图书馆 CIP 数据核字 (2019) 第 205989 号

菩提道次第广论（白话版）

宗喀巴　著

曲甘 · 完玛多杰　译

出 版 人　樊原成
出版发行　青海人民出版社有限责任公司
西宁市五四西路 71 号　邮政编码：810023　电话：（0971）6143426（总编室）
发行热线　（0971）6143516 / 6137730
网　　址　http://www.qhrmcbs.com
印　　刷　青海西宁印刷厂
经　　销　新华书店
开　　本　720 mm × 1010 mm　1/16
印　　张　38.75
字　　数　720 千
版　　次　2021 年 1 月第 1 版　2021 年 1 月第 1 次印刷
书　　号　ISBN 978-7-225-05819-1
定　　价　128.00 元

目　录

第一章　书首礼赞 1

第一节　开示功德 3

第二节　撰写典籍的三因素 9

第三节　投身大乘的两条道路 12

第四节　教证是佛法的精髓 15

第五节　闻法的要求 19

第六节　授法的规矩 25

第二章　如何以真实教诫引导学生 29

第一节　拜　师 30

第二节　老师的责任 32

第三节　用思想与行动拜师 35

第四节　信仰是拜师的重要内容 38

第三章　亲近善士 41

第一节　多念人的好处 41

第二节　拜师有何功德　45

第三节　护持方法　50

第四节　增长功德的条件　53

第五节　控制贪吃的办法　55

第六节　什么是修炼　59

第七节　人身的意义　62

第四章　三恶趣苦　73

第一节　认识道论　73

第二节　三士的区别　76

第三节　投身密宗　79

第五章　下士道及共同道　83

第一节　人生的价值　83

第二节　如何对待死亡　87

第三节　临死时需要圣法　96

第四节　关于后世　100

第五节　克服懒惰　方为上策　110

第六节　关于皈依　113

第七节　关于供奉　128

第八节　一身正气　132

第九节　分清善恶　141

第六章　深信业果　145

第一节　奸淫的含义　145

第二节　关于杀生害命　149

第三节　菩萨的心　153

第四节　真善的果报　156

第五节　观察身心　162

第六节　如何消罪　167

第七章　中士及共同道次　173

第一节　中士的责任　173

第二节　修炼痛苦　177

第三节　制止贪婪　190

第四节　痛苦的种类　191

第五节　认识烦恼　196

第六节　什么是业　199

第七节　投生何处　204

第八章　十二缘起　207

第一节　什么是十二缘起　207

第二节　什么是分支　209

第三节　消除邪见　212

第四节　学习圣道　220

第五节　忏悔堕罪　225

第九章　培养菩提心　235

第一节　轮回的罪孽　235

第二节　修习大士道次　237

第三节　如何发愿菩提心　242

第四节　树立大公无私的思想　247

第五节　知恩图报　251

第六节　加强思想修养　256

第十章　你我互换　259

第一节　你我互换　259

第二节　发愿菩提心　267

第三节　巩固菩提心　271

第四节　舍　弃　275

第五节　四个正法　278

第六节　学习菩萨行　281

第十一章　学习菩萨行　283

第一节　修佛的方法　283

第二节　观点决定行为　287

第三节　方便与智慧　290

第四节　消除布施的障碍　297

第五节　布施的区别　302

第十二章　如何布施　309

第一节　什么是布施之物　309

第二节　无力布施怎么办　313

第三节　戒律波罗蜜多　315

第四节　忍辱度　321

第五节　如何有尊严　333

第十三章　精　进　339

第一节　担当痛苦　339

第二节　广泛解读　343

第三节　精进的内涵　344

第四节　精进的方法　348

第五节　创造雄厚的顺缘　355

第十四章　般若（智慧）　363

第一节　智慧的重要性　363

第二节　学习智慧波罗蜜多　369

第三节　愚昧的原因　375

第四节　智慧的区别　379

第五节　认识四摄法　380

第六节　四摄法的划分　383

第十五章　寂　止　385

第一节　什么是寂止　385

第二节　修炼寂止和胜观的原因　389
第三节　学习六法　394
第四节　如何住（守）心　397
第十六章　目标（所缘）　403
第一节　心系佛身　403
第二节　如何注意目标　406
第三节　怎样对待昏沉和放逸　411
第四节　认识昏沉与放逸　415
第五节　昏沉和放逸的性质　418
第十七章　住　心　423
第一节　什么是九住心　423
第二节　通往殊胜之路　426
第三节　控制身心　428
第四节　答疑解惑　430
第五节　两种世俗之道　436
第十八章　胜　观　443
第一节　修炼什么能获得解脱　443
第二节　胜观的修炼法　445
第三节　决定空性之见　448
第四节　决定真实　451

第五节　认识中观派　453

第六节　月称大师的观点　461

第十九章　物质自性空　465

第一节　中观派的观点　465

第二节　决定有无自性　468

第三节　无法攻破的理由　473

第四节　什么是正确　478

第二十章　根　识　483

第一节　什么是术语之识　483

第二节　蕴无常的思想　488

第三节　四　边　492

第四节　无二寂止　495

第二十一章　破　立　501

第一节　认识所破　501

第二节　何谓无明　504

第三节　中观自续派和应成派　512

第四节　立论与驳论　518

第二十二章　空　性　523

第一节　承认与否　523

第二节　关于自续派　530

第三节　关于真实　536
第四节　关于一与异　541
第二十三章　人无我　543
第一节　决定人无我　543
第二节　何谓无自性　550
第三节　关于影像　562
第四节　以点及面　565
第二十四章　法无我　569
第一节　决定法无我　569
第二节　何谓自性空　574
第三节　详细甄别胜观　580
第四节　寻思导致轮回　582
第二十五章　建立自己主张　589
第一节　关于修止和观修　589
第二节　摒弃纷争　592
第三节　关键护持方法　595
第四节　修炼成就胜观　597
第五节　寂止和胜观双管齐下　600
第六节　菩提总道概要　601
第七节　学习金刚乘　602
后　记　605

第一章　书首礼赞[1]

南无谷如曼殊廓喀耶（梵语）
诚心顶礼文殊菩萨（汉译）

圆满妙善万千身[2]，
满足众生愿望音[3]，
如理洞见万物意，
顶礼膜拜释迦尊。

无比祖师育高足，
勇于担当诸佛务[4]，
无量刹土变神通，
头面礼足胜文殊。

难以思量般若经，
如理阐释冠群英[5]，
龙树无著誉三域[6]，
头面礼足二大圣。

[1] 著作正文之前对佛陀、菩萨和世间天神所作礼拜赞美之词。
[2] 佛变化数以万计的身，以给众生带来利乐福祉。
[3] 音，这里指口中发出的语音。
[4] 佛务，佛业。
[5] 冠群英，名冠群雄之意。
[6] 誉，饮誉之意；三域，天上、地下和地上。

源自大乘二师[1]承，
甚深见解广道行，
总摄旨要无瑕疵，
顶礼教主佛燃灯[2]。

博览佛典具慧眼，
有缘奔向解脱岸，
慈悲为怀善方便，
顶礼明示知识冠[3]。

如今喜修却寡闻，
闻而不精关键懵，
研读佛典持片面，
辨析经义缺灵魂。

佛理深含殊胜诫，
今见智者偏轨戒，
宣说二大导师教，
本人心情实欢悦。

勿令偏执暗遮目，
具备甄别善恶术，
为使人身具意义，
有缘弟子听我书。

本书将要论述的内容是，一切佛典的精髓、龙树菩萨和无著大师的教规、迈向通晓一切功德之道的卓越志士的教法、包罗万象的三士[4]研修的所有菩提道次、从菩提道次引导有缘弟子通往佛国之路的过程。

[1] 大乘二师，龙树和无著。
[2] 佛燃灯，燃灯佛。
[3] 知识冠，知识之冠，指大师、导师。
[4] 三士，大士、中士和下士。

第一节 开示功德

对此，吉祥那烂陀寺（དཔལ་ནཱ་ལེནྡྲ། dpl n´a lendr）的学者们认为，若要从事说法，轨范师要语净，学生要心净，所说佛法要纯净，即具备三净。后来，支迦摩拉西拉（བྲི་ཀཱ་མ་ལ་ཤཱི་ལ། bri k´ama la shai la）地方佛教盛行，当地学者们认为，倘若从事弘法活动，应当从作者功德、法之奥理和如何讲闻三方面着手为要。先后出现了两种见解，这里依据后者。

这样，菩提道次讲解分四个问题：一是为了佛法之源正宗起见，而开示作者功德；二是为了敬信教诫，而开示法之奥理；三是如何讲闻具有两种优点之佛法；四是如何以真正教诫教导学生的次序。

作者功德。一般来说,（菩提道次）这个教诫是弥勒菩萨所著《现观庄严论》(མངོན་པར་རྟོགས་པའི་རྒྱན། mngon par rtogs p´ai rgyan) 中的教诫。尤其指出的是，本书的蓝本为《菩提道炬论》(བྱང་ཆུབ་ལམ་གྱི་སྒྲོན་མ། byang chub lm gyai sgraon ma)，所以原作者也即本书作者。大阿阇黎[1]德邦嘎拉·室利迦那（དཱི་པཾ་ཀ་ར་ཤྲཱི་ཛྙཱ་ན། d´ai bng ka ra shra´ai dzny´a na），别名阿底峡（ཨ་ཏི་ཤ། aa ti sha），他闻名遐迩，有三大优点：一是出生于名门望族；二是一生获得无比功德；三是为佛教作出卓越贡献。

著名译师那措（ནག་ཚོ། ng tsho）所著《八十赞》(བསྟོད་པ་བརྒྱད་ཅུ་པ། dstod pa brgayad cu pa ）中说：

“萨霍胜地居东方，
其间有座城辉煌，
名布扎玛尼卜拉，
都市中央王宫棒。

殿宇雄宏又广严，
世人称作金幢幡，
地域辽阔物产丰，
东国君王[2]也汗颜。

国王名叫善吉祥，
王后名叫祥光芒，
二人育有三王子，

[1] 阿阇黎，导师之意。
[2] 东国君王，指汉地国王。

太子名叫莲花藏。

次子名叫月华藏，
三子名叫吉祥藏，

太子莲藏纳五妃，
这些妃子生九郎。

长子名叫幸福祥，
现在学识冠群雄，
人们称作达那室。

排行老二月华藏，
现在唤作喇嘛尊，
排行老三吉祥藏，
名比丘布雅赞札。”

阿底峡尊者获得功德方法有两种：一是博通各种经典知识；二是如理证修功德。

《八十赞》说：

“年方二十一岁时，
精通六十四技艺，
精通所有工业术，
谙熟印度古代语，
谙熟一切因明学。”

阿底峡在21岁期间，学习了内外各教派的共同文化，即声明学、因明学、工巧学和医学四种学科，名冠群雄。

卓隆巴（གྲོ་ལུང་པ། grao lung pa）大师说：“尤其在年满15岁时，听了一遍《正理滴论》（རིགས་ཐིགས། rigs thigs），与一号称著名的外道推理者（རྟོག་གེ་པ། rtaog ge pa）辩论，一举驳倒，名声大振。”在黑山经堂，亲瞻瑜伽自在——吉祥喜金刚显灵之尊颜；拜依曾经得到金刚空行女授记的罗睺罗谷巴多（ར་ཧུ་ལ་གུཔྟ། r´a hu la gupt）上师为师，圆满请受全部灌顶，取密名“智慧秘密金刚”。

29 岁时，他在许多证得成就的上师尊前，学习金刚乘，精通所有典籍及教诫。因此，产生这样的想法：擅长密咒者舍我其谁？正在这时，一天夜里，空行女们给他托梦，展示以前从未看见过的众多密宗卷帙，遂打消其傲慢。

这样，上师与本尊神们通过直接或托梦等形式，鼓励他："惟有出家，对佛教和众生有极大利益。"

《八十赞》说：

"阁下堪布加行道[1]，
大名鼎鼎到处传。"

投拜室利拉日其达[2]（ཤྲཱི་ལ་རཀྵི་ཏ། shr´ai la rkshi ta）为亲教师，此师为大众部长老、著名持律者，专修加行道之真实性，得到三摩地定功，剃度他出家后，取名吉祥燃灯智（མར་མེ་མཛད་ཡེ་ཤེས། mr me mdzd ye shes）。

至 31 岁期间，学习法相乘的内明上下藏，特别是在沃丹达布[3]（ཨོ་ཏན་ཏ་པུ། ao tn ta p´au）山，拜依达摩日其达（དྷརྨ་རཀྵི་ཏ། nghrm´a rkshi ta）上师为师，聆听《大毗婆沙论》[4]（བྱེ་བྲག་ཏུ་བཤད་པ་ཆེན་པོ། byae brae´g tu bshd pa chen po）达 12 年。非常精通根本四部论典（རྩ་བའི་སྡེ་བཞི། rtsa bai sdae bzhi），对其他论部的授受等精微取舍也无所不知。这样，到达了自己教派与其他教派的知识大海彼岸，正确无误地掌握了一切授记的关键。

阿底峡尊者如理证悟功德。一般而言，佛陀的所有授记包含在稀世三藏之内，而证悟之法包含于稀世三学之中。戒学，是指定学和慧学等一切功德的所依处（基础），这在佛典注疏等中多有提及。所以，首先应该具备作为戒学方面的证悟功德。它包括三个方面，其中如何具备殊胜别解脱戒呢？

《八十赞》说：

"阁下加入声闻门，
如牛护尾守戒贞，
诚为梵行圣比丘，
膜拜长老持律人。"

这是说，珍爱尾巴的牦牛，一旦它的尾巴挂在树上不能动的时候，被猎

---

[1] 加行道，五道之一。
[2] 室利拉日其达，戒铠之义。
[3] 沃丹达布，能飞之义。
[4]《大毗婆沙论》，也叫《别说一切有部》。

人发现后要杀死它。即使这样，它也要拼命保护尾巴，不让其受到伤害。圆满接受比丘戒，信守许诺过的重要斋戒自不待言，就连斋戒的每一细微部分也要拼命维护，才不愧是真正的长老持律者，受到人们的夸奖。

如何具备菩萨戒呢？

《八十赞》说：

“投身波罗蜜多门，
清净意乐情操胜，
发菩提心爱众生，
敬礼大智具悲心。”

他学习了许多修习慈悲的根本——菩提心教诫，特别是拜金洲大师（གསེར་གླིང་པ། gser gling pa）为师，长期学习了自弥勒佛至文殊菩萨、自无著（ཐོགས་མེད། thogs med）大师至寂天（ཞི་བ་ལྷ། zhi ba lha）大师之间所传承的著名教诫。

如《八十赞》中所说：

“抛弃私利做人事，
一心为公乃我师。”

这就是说，心怀先人后己的菩提心，以心愿为动力，决计学习伟大的菩提行，以学习戒学的善行，一点也不违背佛子[1]们制定的戒律。

如何具备金刚乘戒呢？

如《八十赞》中所说：

“阁下加入金刚乘，
本尊金刚意自成，
瑜伽自在控中脉，
深藏不露拜尊容。”

他具备观见自身为本尊神的生起次第与金刚意圆满次第的三摩地功力，被誉为瑜伽师第一，特别是不违反戒规，如理遵守三昧耶戒。

如《八十赞》中所说：

[1] 佛子，这里指菩萨。

“忆念正知皆具备，
心中只想戒律位，
安分守己不狡诈，
堕落罪名从不随。”

这样，不仅勇于信守三戒中的戒学，而且将如何许诺付诸行动，从不违反制戒。纵使稍有违反，也迅速以各种补救仪轨加以改正。这样的佳话，应该理解为深谙佛旨意涵的智者们值得欣慰的传记，应追随先哲们的足迹。

具备定学有二点：一是共同的；二是非共同的。共同的定学，是指从寂止的角度获得心堪能[1]；非共同的定学，是指具备非常牢固的生起次第，也就是说，修习明禁行[2]要达三年或六年时间。那时在邬金（ཨོ་རྒྱན། ao rgayan）地方，他聆听空行女放歌，并把歌词铭记在心里。

具备慧学有二点：一是共同的；二是非共同的。共同的慧学，是指获得寂止和胜观相结合的胜观三摩地；非共同的慧学，是指获得圆满次第的特别三摩地。

如《八十赞》中所说：

“按照密乘大论典，
……
（原文缺中间两句？）
加行道者无意见。”

他为佛教作出贡献表现在两个方面：一是在印度工作的情况；二是在西藏工作的情况。

在印度工作的情况。在吉祥金刚座大菩提宫中，以真理连续三次驳倒外道邪说，从而推行佛教；对于自己以前的派别中存在的不求甚解，或者曲解亵渎，或者疑惑不决等不良现象的污垢作了清除。因此，所有派别对他没有偏见，拥为魁首。

如《八十赞》中所说：

“菩提大殿光华熠，
三教九流聚一起，

[1] 心堪能，心所接受的能力。
[2] 明禁行，明慧所禁止的庸俗行为。

分为你我两阵营，
邪恶教派心狐疑。

雄狮发怒一声吼，
震撼邪教脑袋糊，
沃丹达布圣殿中，
二百五十僧优秀。

支迦摩拉西拉寺，
僧人近百创奇迹，
根本四部齐珍藏，
不夸自宗谦恭礼。

古代印度摩揭陀，
东西南北上下国，
自有佛陀四众弟，
名冠群雄成巨擘。

宗派共有十八支，
鹤立鸡群无匹敌，
人人臣服听教证，
……[1]”

在西藏工作的情况。天喇嘛（ལྷ་བླ་མ། lha bla ma）叔侄二人先后派遣贾宗桑（རྒྱ་བརྩོན་སེང་། rgaya brtson seng）和那措·楚成嘉瓦（ནག་ཚོ་ཚུལ་ཁྲིམས་རྒྱལ་བ། ng tsho tshlu khraims rgayal ba）二译师前往印度，历经千辛万苦，反反复复邀请（阿底峡尊者）。因此，在绛曲沃（བྱང་ཆུབ་འོད། byang chub a´od）时期才得以成行，首次到达阿里（མངའ་རིས། mng´a ris）上游。当地人们祈请整饬佛教，据此愿望，（他）荟萃显密旨要，总结修证经验，著《菩提道炬论》，以此弘扬佛教。在阿里三年，聂塘（སྙེ་ཐང་། snyae thng）九年，卫藏其他地方五年，期间为有缘弟子授予一切显密经典及教诫，重新恢复已经消亡的佛教，些微尚存者推广发展，清理被邪见玷辱的典籍，使圣教远离污垢。

一般说来，在雪域西藏佛教前弘期，由寂护（ཞི་བ་ཚོ། zhi ba tsho）和莲花

[1] 原文是否还有一句？亦未可知。

生（པདྨ་སམྦྷ་བ། pdm smbh ba）二大师建立教规。但因汉地和尚堪布未谙空性要义，诽谤方便，否定一切心理思维，而贬损佛教。 迦玛拉希拉（ཀ་མ་ལ་ཤཱི་ལ། ka ma la shi´a la）大师拨乱反正，厘定佛旨，恩泽浩荡。

在佛教后弘期，有几位自诩为班智达和瑜伽师者，曲解续部内容，对佛教根本梵行造成极大危害。对此，这位大师（迦玛拉希拉）又大力杜绝，根除其他持有邪见者，使真正的佛教得以健康发展，对整个雪域人来说，无不恩被。

第二节　撰写典籍的三因素

这样，撰写阐明释教思想的典籍，有重要的三个因素：一是精通五明知识；二是对其内容实践的关键教诫，从圆满证为成等正觉的佛开始，直至各代圣者不断传承下来的秘诀；三是亲瞻本尊神显灵尊颜，从其获得口授。如能具备三因素之一，可著典章，那么一旦三者具备，就会成就非凡。此大师就拥有这三项啊！

得到本尊神加持的情况。

《八十赞》说：

“吉祥妙善喜金刚，
神圣三昧戒大王，
神勇无敌观世音，
至高无上度母娘。

显灵得以授其权，
无论现实或梦幻，
夜以继日不间断，
聆听佛法义圆满。”

在上师传承中，有共同乘传承和大乘传承。其中包括波罗蜜多和密宗，前者是观传承和行传承，后者是弥勒传承和文殊传承，共有三传。密宗也有五部传承。此外，还有教派传承、加持传承和综合教诫传承等多种。

亲自聆听的上师传承。如《八十赞》所说：

“经常聆听如下师，
先德巴[1]师金洲师，
巴札菩提加那什[2]，
多人圆满得成绩。

特别自从龙树始，
绵延不断师承袭，
旨深意奥诸教诫，
阁下一一全知悉。”

听说得到成就的上师就有 12 人，其他上师则更多。精通五明的情况述毕。

鉴于此，此大师能够很好地厘定佛陀思想。在印度、克什米尔、邬金、尼泊尔、藏区等地，像这样的大师就有难以计数的学生。但主要有：在印度有与阿底峡尊者并驾齐驱的毗柁跋（བི་ཏོ་པ། bi to pa）、达摩阿噶拉玛德[3]（དྷརྨ་ཨ་ཀ་ར་མ་ཏི། nghrmam a ka ra ma ti）、沃马辛格[4]（དབུ་མ་སེངྒེ། dbu ma sengege）、塞宁布[5]（སའི་སྙིང་པོ། sa΄i sngai po）四人，有人加上亲友密（བཤེས་གཉེན་གསང་བ། bshe gnyen gsng ba），共五人。藏地的阿里有仁钦桑波译师（རིན་ཆེན་བཟང་པོ། rin chen bzng po）、那措译师（ནག་ཚོ། ng tsho）、天喇嘛·绛曲沃（ལྷ་བླ་མ་བྱང་ཆུབ་འོད། lha bla ma byang chub a΄od）；后藏有噶尔·革瓦（འགར་དགེ་བ། a΄gr dge ba）和郭·科巴列泽（འགོས་ཁུག་པ་ལྷས་བཙས། a΄gos khug pa lhas btss）；山南有恰巴·赤确（ཆག་པ་ཁྲི་མཆོག chg pa khi mchog）和革瓦君（དགེ་བ་སྐྱོང་། dge ba skayaong）；康巴有大瑜伽师、阿兰若师（དགོན་པ་བ། dgon pa ba）、喜饶多杰（ཤེས་རབ་རྡོ་རྗེ། shes rb rdao rjae）、恰达敦巴（ཕྱག་དར་སྟོན་པ། phyag dr ston pa）；前藏有库（ཁུ། khu）、鄂（རྔོག rngog）、仲（འབྲོམ། a΄brom）三人[6]。在这些人当中，大力弘扬上师事业的卓越继承者，曾得到度母授记的仲敦巴·嘉瓦君乃（འབྲོམ་སྟོན་པ་རྒྱལ་བའི་འབྱུང་གནས། a΄brom ston pa rgyal ba΄i a΄byaung gns）。以上所述，是作者优点之梗概，欲知详情，请阅大传。

论述法的优点。法是本教诫的中心思想——《菩提道炬论》。阿底峡尊者著有很多论典，但最根本且圆满无缺的是《菩提道炬论》，因为该书摄略显密精要，内容精深博大，主要突出度心的次序，便于操作；精通二大开派祖师观点的二位上师的教诫隽永绮丽，所以较之其他宗派卓尔不凡。

---

[1] 先德巴（ཤནྟི་པ། sha΄ntai pa），寂静。

[2] 巴札菩提加那什（བྷ་དྲ་བོ་དྷི་ཛྙཱ་ན་ཤྲཱི bha dra bo nghai dzhyan sh΄ai ），觉贤吉祥智。

[3] 达摩阿噶拉玛德，法生慧之义。

[4] 沃玛辛格，中观师。

[5] 塞宁布，地藏。

[6] 库、鄂、仲三人，是指库·尊哲云仲、鄂·勒巴喜饶和仲·嘉瓦君乃，是阿底峡尊者的三大弟子。

《菩提道炬论》的教诫具有四大优点：一是恰如其分地了知一切宗教；二是使所有佛典成为教诫；三是要对佛旨驾轻就熟；四是使重大恶行自取灭亡。

何谓宗教?《般若灯广释》(ཤེས་རབ་སྒྲོན་མེའི་རྒྱ་ཆེར་འགྲེལ་བ། shes rb sgron me´ai rgya cher a´grel ba）说："何谓宗教? 兹有欲想得到甘露位的天神与人，通过正确无误的指教，使他们达到全面领会（佛法)、摒弃（糟粕)、实践（宗旨）和修炼（密义）的目的，此即所谓佛典。" 所以，是指佛说一切善言。"恰如其分地了知一切宗教"，应理解为一人成佛之路。对此，有人说是主要途径，也有人说是途径之一，不一而概。

菩萨们的初衷是，为世间做事，在其所导化的对象中，需要加持三种姓[1]，故要学习其道。

《菩提心论释》说：

"犹如自己知一般，
想使别人释疑难，
头脑清醒不犯错，
成为智者新开端。"

《释量论》说：

"方法原理极隐秘，
欲述其详非易事。"

这是说，如果自己不一清二楚，就不能指点别人。

知晓三乘之道，是成就菩萨们初衷的方法。

阿逸多（མ་ཕམ་པ། ma phm pa）说："知道菩提道路者，为了饶益众生，把世间之事作为己任。"

《般若经》(རྒྱལ་བའི་ཡུམ། rgyal ba´i yum) 说："菩萨们开拓声闻道、独觉道和佛道，全面了知一切道，使其圆满，做其道事。"

有言凡是大乘者，不学下乘藏[2]，这是自相矛盾的标志[3]。

[1] 三种姓，声闻、独觉和大乘。
[2] 下乘藏，小乘藏。
[3] 大乘也要重视学习小乘，因为大乘是从小乘成长起来的。

第三节　投身大乘的两条道路

欲投身大乘道，有共同和不共同两条大道。何谓共同道？产生于下乘藏，岂能抛弃。所以，除了独自从事寂乐等特殊事业的下乘外，其余都是大乘者，故应修证一切。在菩萨们的大藏巨著中，广泛论述三乘，原因在于此。

另外，三藐三菩提（佛），不是少一点点缺点的人，也不是精通一点点知识的人，而是纯正无瑕、洞悉万类的人。乐于此道的大乘者，理应远离一切缺点，发扬所有功德。因此，其他乘的所有断证功德都包括在大乘道内。

在修佛的大乘道分支中，包括一切佛典。也就是说，作为释迦能仁的旨义，不是仅仅少一点缺点，也不是仅仅积修一点功德就能了事的，身为大乘者不会不修一切功德。

若说欲入波罗蜜多大乘道时，需要下乘藏中所说的道，但在入金刚乘时，波罗蜜多大乘道不会与共同道同为一路，因为道路有别。此言差矣，波罗蜜多道的性质是，思想上应该发起菩提心，行动上应该学习六度。这是指应该依从所有道行。

《胜金刚顶经》（དཔལ་རྡོ་རྗེ་རྩེ་མོ། dpl rdo rjae rtsae mo）说：

“即使临到生命休，
菩提心也不能丢，
波罗蜜多六度法，
无论何时也证修。”

另外在多部密宗经典中也有类似的论述。

有时投入无上瑜伽的坛城时，也强调需要信守共同与不共同两条戒律。前者是菩萨戒。所谓守戒，是指允诺学习三戒等菩萨戒学，就像发菩提心后承诺学习戒学一样。其他戒学在波罗蜜多乘中是无迹可寻的。

因此，在《金刚空行经》、《桑布支》[1]（སམྦུ་ཏི། smbu thi）和《胜金刚顶经》等中都说：

“外道密咒大乘教，
各自执持圣宗法。”

在守持无量光佛的三昧耶戒时所说的那样，需要承诺守持密乘戒。当发

[1] 桑布支，梵语音译，为佛说密宗续部之一种。

现其中有些微细允许或阻止不一的情况时，就像冷热不和一样，视为矛盾，显然这个认识是非常粗糙的。

这样，除了特殊的允许、阻止不一的情况外，所有佛典一律相同。所以在投身三乘或五道，甚至更高层次时，不仅要完善大乘，而且需要最低道次的功德之类素质。

何谓波罗蜜多道？

《般若经》说：

“无论三世哪个佛，
只行般若一条道。”

这是通往成佛之路的支柱（惟一方法），万不可丢弃。这在金刚乘中也多有敕谕，所以显密经典是共同道。

在这基础上，加以密宗不共道、灌顶、三昧耶、戒律、两个次第[1]及其附则，成佛迅速。若抛弃共同道，则是大错。如不这般理解，只是对每个圣法产生似是而非的了解，会丧失其他，特别是对上乘（大乘）持有不伦不类的信念，将会逐渐丢掉下乘（小乘）经藏和波罗蜜多等。就密宗而言，便会丢弃下部密乘三经等，关系重大，且容易发生，进而导致严重果报，积下毁法之巨大业障。其端详待后论述。

因此，依靠神圣救主，把所有经典当作即生成佛的必具条件，并坚定信念。从现在开始，践行以前被实践检验过的（真理），对于自己未曾取舍过的，也别作为借口而予以抛弃，应考虑何时从直接取舍中完成证修，而为此积聚资粮，消除罪障，祈愿宏图。这样，时隔不久，念力渐盛，将对一切修炼做到游刃有余。

善知识[2]敦巴仁波切（སྟོན་པ་རིན་པོ་ཆེ། ston pa rin po che）曾说：“用四方道[3]（གྲུ་བཞི་ལམ grau bzhi lm）领纳全部教义者，惟我恩师！”这话颇具研究深义。如果把这教言当作汇集一切显密经典之精华，成为即生成佛的指南而加以推广，那么就等于完全领悟了一切教旨。

一切佛典变成教诫。对于希望解脱的人来说，创造今后一切利乐的途径，那就是佛典；对于宣示所有取舍之关键，规避一切缺失，那就是惟一的佛陀。

《宝性论》说：

[1] 两个次第，生起次第、圆满次第。
[2] 善知识，大善知识、老师、导师、精通佛学的大学者。
[3] 四方道，概括全部佛语为修道诀窍。

“遍寻整个娑婆世[1]，
超然物外佛第一，
世间真谛均洞悉，
除了遍知[2]还有谁。

大仙确立经藏论，
历久弥新不衰顿，
一旦毁其方略志，
惟恐伤及圣法魂。”

那么，佛旨——续部与契经是教诫的精髓。然而，（有人）不顾标准的经典注疏与神圣的秘诀，而对佛旨主观臆造，使后辈们难以掌握其思想。所以，那些开派祖师才撰写了注疏大论与秘诀。如果秘诀绝对正确，那一定会给理解大论内容带来方便，（反过来说）即使怎样修习秘诀，也不能给理解佛旨与经典注疏带来什么好处，进而宣传有悖其宗之道，无疑前功尽弃，仅此而已。

如果空泛地谈论大论中缺乏践修的大义，并认为阐释深刻践修内涵的秘诀无足轻重，而妄言圣法，视修法无关紧要，那么将会阻碍对正确续部与正确释论产生极大敬信。

应当知道，不谙其真实意蕴，会导致“华而不实”毁誉之嫌，积下毁法之业障。因此，对于希冀解脱的人们来说，至高无上的教诫则是大论。但是，由于自己智力低下等缘故，以为在优越的教诫方面，仅凭这点理论不求甚解，而靠神圣秘诀，探知个中缘由，必须寻找秘诀；并认为理论只不过外表华严而空洞不实，秘诀才揭示内涵而特别正确，遂不屑一顾。

大瑜伽师项曲仁钦（བྱང་ཆུབ་རིན་ཆེན། byang chub rin chen）说：“所谓熟谙教诫，不是指仅对一本袖珍手册得到领会，而是说把一切佛典理解为教诫。”阿底峡的弟子贡巴·仁钦喇嘛（སྒོམ་པ་རིན་ཆེན་བླ་མ། sgom pa rin chen bla ma）说：“对于阿底峡的教诫，在一座[3]（位）之上将身、口、意碎为粉末，才算把全部大论知为教诫。”应该这样来加以理解。

敦巴仁波切说：“学了很多法，却转而从其他地方寻究如何弘法之理，这就错了。”长期学了许多法，而从来不知道怎样弘法，若他日想弘法，却从别处寻找根据，如前所述，这是无知造成的。

---

[1] 娑婆世，娑婆世界，三千大千世界。
[2] 遍知，佛。
[3] 一座，每天只食一斋的戒约。

《俱舍论》（མཛོད། mdzod）说：

“世尊圣法共二种，
独一无二教与证。”

第四节　教证是佛法的精髓

佛法只有教证二字，其中教言是决定如何修炼佛法之理的。证言是按照已经确定的（秘诀等）加以证修，二者互为因果（照应）。例如，在赛马之前，首先要为马修好跑道，然后才能在跑道内竞赛。而跑道修在一边，竞赛却在另一边，纯属可笑之谈。既然用闻思（听闻与思考）确定好了（方向），岂能在证悟之时另觅他道。

《修行道次·下篇》（སྒོམ་པའི་རིམ་པ་ཐ་མ། sgom pa´i rim pa tha ma）说：“用闻思得来的智慧，修炼所产生的证悟，又用从中产生的智慧进行修炼，（除此而外）别无他法。这如同马在指定的跑道内竞跑。”

那么，利用这个教诫，自投拜导师开始，直至修炼寂止（专心致志，心不外散）与修炼胜观（以慧眼观察事物本性）之间，完整总结佛典注疏及其所有道之关键，对其需要修止的进行修止，需要观修的以思辨智慧加以观修，总结践修程序，并予以训导，一切经典就会变为教诫。

反之，面对其并不完善的部分道统，抛开思辨智慧，而进行修证的话，（要知道）凡大论不仅不成为教诫，而且视其为只是外表障眼法（雾里看花），而摒弃之。大论中所讲的内容，大都完全采用思辨智慧进行研究，如果在践修当中弃之不用，对其视为特别教诫的信念何以产生？

假设这些不是特别的教诫，那么谁能找出超越于此的教诫，谁能找出其作者是何方人士？如果内容博大的契经及其注疏成为教诫，那么深奥的续部与注疏的大论也就自然而然地形成教诫，促使人们产生对这些独一无二教诫的理解，从而打消它们不是真正教诫的（想法），并纠正离经叛道之举。如此邪见将被一一阻止。

顺利得到佛旨。虽然佛典及其注疏大论是无上教诫，但作为一个从未涉足于此的初学者，不学习神圣秘诀，（而）盲目接触大论，也不得要领。即使得到要领，须花费很长时间，消磨很大精力。若遵循上师秘诀，可顺利悟得要领。有了这个教诫，可使人容易悟解佛典及经论之精华。其具体情况，待后详述。

自然杜绝极大罪行。

如《妙法莲花经》（པདྨ་དཀར་པོ། pdma dkr po）和《谛者品》（བདེན་པ་པོའི་ལེའུ། bden pa poa´i lea´u）指出，没有领会一切佛旨直接或间接地指出成佛的途径，而把有些当作成佛之路，把有些当作成佛之障，分为好坏、应不应该、大乘小乘，以为菩萨应学这个，不应学那个，视为扬弃的对象，从而导致毁法。

《遍摄一切研磨经》（རྣམ་པར་འཐག་པ་ཐམས་ཅད་བསྡུས་པའི་མདོ། rnam pr a´thg pa thms cd bsdaus p´ai mdo）说："文殊，抛弃圣法的业障极微难辨。文殊，对于如来佛所说的圣法，有些人认为是完美的，有些人认为是有缺陷的，这就等于毁法。此类毁法者从事毁法，是对如来佛的诽谤，是对僧人的恶骂。说'这个（法）合理，那个（法）不合理'是为毁法。'这是针对菩萨们而言的。''这是针对声闻（佛的弟子）们而言的'是为毁法。'这是针对独觉（独觉佛）们而言的。''这不是菩萨们的戒学'是为毁法。"

毁法的罪行是非常严重的。

《三摩地王经》（ཏིང་ངེ་འཛིན་རྒྱལ་པོ། ting nge a´dzin rgyal po ）说：

"泱泱瞻部世界中，
毁塔殆尽罪不轻，
但若毁灭佛经藏，
罪孽较之更严重。

杀死恒沙[1]罗汉众，
所犯罪孽实不忍，
但若毁灭佛经藏，
罪孽较之更严重。"

总之，毁法的现象多种多样，但以上所述，最为主要，应努力克服。按照之前所述，一旦有了信念，会予克服，罪愆自行改过。如多看《谛者品》和《妙法莲花经》，会找到答案。透过《遍摄一切研磨经》，可知毁法的其他情景。

怎样讲闻具有两种优点的圣法。有三个问题：一是如何听法；二是如何讲法；三是共同守法。

首先，听法又有三个小问题：1. 思考听法的功德；2. 拜忏法与宣法者；3. 具体听法。

其一，《听闻集》（ཐོས་པའི་ཚོམས། thos p´ai tshoms）说：

[1] 恒沙，恒河沙数。

"听闻可知神圣法，
听闻可摧罪恶塔，
听闻可除非理义，
听闻可得涅槃家。"

又说：

"严密封盖房舍间，
漆黑一片眼不见，
尽管器物放眼前，
究系何物很难辨。

犹如人们生其中，
个个健康智慧灵，
但不听闻善恶法，
永远不解其内容。

假如有了酥油灯，
眼睛看见周围情，
听闻善法或恶法，
终将其义全贯通。"

《本生论》（སྐྱེས་རབས skyaes rbs）也说：

"听闻可以增信仰，
心情欢乐不变样，
启迪智慧除愚昧，
即使割肉也欢畅。

她是驱散愚暗灯，
贼等难偷珍宝珍[1]，
消灭愚敌锐利器，

[1] 珍宝珍，宝中宝。

提供秘诀成良朋。

即使贫困亦挚友，
无毒良药医痛忧[1]，
剿灭罪孽永胜兵，
运通祥和财富优。

知遇贵人为厚礼，
人群当中智者喜。”

又说：

“指引初学修关键，
轻松逃出生死链。”

这是说，对听闻功德，应从内心找到信念。

此外，佛陀临世是千载难逢的事。同样，其圣法也极其宝贵，所以应作珍稀想；在短时间内，俱生智慧[2]大量增长，应作眼睛想；得到慧眼之后，能洞悉万事万物，应作光明想；最后得到涅槃果与大菩提果，应作大功德想；从现在起，从其二者（涅槃果与大菩提果）的因中得到寂止与胜观的安乐，应作无罪想。

用这完美无缺的五想听闻圣法，就是思考听闻功德，其详情出自《菩萨地》（བྱང་ས། byang sa）。

其二，《地藏经》（སའི་སྙིང་པོའི་མདོ། s´ai snying poa´i mdo）说：

“只许正法虔诚闻，
不可怀有诽谤心，
供养侍奉说法人，
视同真佛世莅临。”

这样，应把说法人视为真佛，用狮子座等资具敬奉他们，抛弃非信（之举）。

[1] 痛忧，痛苦，忧虑。
[2] 俱生智慧，与生俱来的智慧。

应该按照《菩萨地》进行听闻，“不应以五处[1]评说远离烦恼和说法之人”。

远离骄慢。是指以适时、尊敬、侍奉、不怒、深入践修和不寻别人过错六种方式进行听闻。

远离藐视的烦恼。是指敬信法与说法者，不应藐视二者。

心中不念五处。即已破戒、身份低、貌丑陋、言伤人和说话粗俗，因而不从其听讲，应放弃这种想法。

《本生论》也说：

“坐在最低位置中，
温文尔雅心平稳，
欢乐眼神观四周，
妙语甘露如饮用。

内心起敬投麾下，
万分钦佩念无杂，
正如病人遵医嘱，
建立经忏细听法！”

第五节　闻法的要求

具体听法包括两点：一是消除法器三过[2]；二是运用六想[3]。

首先，如器口着地（不能注入）。器口朝上，恐掉进不净物。即使干净，但若器底破损，即便天神降水也难注入。即使注入，恐被污染，故不能饮用或作他用。即使没被污染，但最终漏完。

同样，即便身在讲经院，但精力不集中。即便精力集中，但恐曲解原义或动机不纯等。尽管没有这些缺点，但在听讲时对所记的句义没有巩固而忘却等，造成损失，那么听法就没有大的必要，应避免之。

怎样克服这三种缺点呢？经藏中讲了三句话：态度认真、洗耳恭听、心中铭记。

---

[1] 五处，有两说法：1. 破戒、身份低、相貌丑、口无遮拦、说话粗俗；2. 身体中五个部位：顶间、喉间、心间、脐间和密处。

[2] 法器三过，闻法弟子的三种缺点：耳不听，如器口倒置，不能注水；心不记，如器底穿孔，水终流尽；具烦恼，如器皿不洁，水不能饮用。

[3] 六想，有相想、无相想、狭小想、广大想、无量想和无所有想。

《菩萨地》也说："以愿学一切、一心一意、精力集中、心诚意笃、全心思考地听法。"

如何运用六想。把自己视为像病人一样的人[1]。

《入菩萨行论》（སྤྱོད་འཇུག spyaod a´jug）说：

"每当身患重病时，
医生所言要实施，
贪爱等类诸罪过，
经常扰人何须提。"

长期难治，而导致极其痛苦的绝症，是由持续不断的烦恼造成的，应知其本质。迦摩巴（ཀ་མ་པ། ka ma pa）大师说："如不真实患病，而进行修证，会适得其反；如患三毒沉疴，我们还昏然不知其为大病。"

讲闻佛法，要有投医的意识。例如，一旦罹患严重的胆病等，就要寻访名医，如果与之相遇，就会心生大喜，对医生的话百依百顺，并对其恭顺有加。对于授法的师父，也同样如是拜访，找到以后不要视为负担，而应作为自己的荣耀，对其言听计从，恭敬侍奉。

《摄功德宝》（ཡོན་ཏན་རིན་པོ་ཆེ་སྡུད་པ། yon tn rin po che sdaud pa）说：

"参访真正菩萨师，
热望智者灭傲视，
患者治病求医生，
坚持不懈拜善识[2]。"

对宣示教法要有医药的意识。例如，像病人对医生所调制的药剂非常珍惜一样，把授法者所说的训诫与教导，应引起极大重视，想方设法加以护持，不因忘怀等故而被废弛。

对于潜心修炼，要树立治病的意识。病人如果不服用医生所配的药，病就不会痊愈，所以不得不服用。同样，对授法者所指出的训诫，如不进行践修，就不能消除障碍等，故必须实行修持。不要离开修炼，把大量时间花在拼凑各种辞藻之上而不能自拔。

对于一个断手断脚的麻风病人来说，光服一两剂药，是无济于事的。同样，

[1] 以病人为喻，自己需要老师指点迷津。
[2] 善识，同大善知识。

我们从一开始，就患有严重的烦恼病疴，对教诫之义仅仅进行一两次的修行，是于事无补的。所以，为了路径顺畅无碍，运用思辨智慧（完美无缺的观察事物的智慧）进行分析研究，像淙淙流淌的水流一样砥砺前行。

旃陀罗阁弥（ཙནྡྲ་གོ་མི། tsndra goo mi）大师在《悔赞》（བཤགས་བསྟོད། bshgs bstaod）中说：

“昏庸愚昧常不断，
长年累月重病患，
麻风病人烂手脚，
少许服药有何验[1]。”

因此，自己要有病人一般的意识显得非常重要，有了这样的意识，其他问题就迎刃而解了。如果把它停留在口头上，而去消弭烦恼，那教诫之义不能成就，会流于耳旁风。这就等于遇着医生不去服药，而只是迷恋开药方，那病人不会逃出疾病的折磨。

《三摩地王经》说：

“病魔缠身受煎熬，
多年沉疴未见好，
长期卧床致烦恼，
为了活命找医疗。

不辞辛苦千里寻，
有名医生方邀请，
大发慈悲巧诊断，
慎开药方细叮咛。

名贵药剂多拿到，
养命灵丹却未调[2]，
不怪医生不怪药，
只因病人理智掉。

[1] 有何验，有何灵验。
[2] 却未调，却未调服。

人们剃度入佛门，
力量禅虑根普明[1]，
不去辛勤修佛法，
不悟真理怎涅槃？”

又说：

“吾虽讲授妙善法，
你却听了正行垮[2]，
病人虽扛大药袋，
不治疾病是白搭。”

《入菩萨行论》也说：

“身体力行修真谛，
光说不证成何事，
一味阅读治疗术，
医治病人有何益？”

那么，上文提到的潜心修炼，要发挥治病的意识，其中“潜心”（认真）是指对于师父所训诫的取舍关键要进行实践，同时要知道怎样进行，需要聆听，需要融会贯通。对所闻之义，结合本人之所能从事修证，至为重要。

《听闻集》说：

“即使听受佛法多，
轻视戒律不善守，
实则戒律遭诋毁，
如是听闻非广博。

即使听法数量少，
重视戒律善守保，
因此获得人赞扬，

[1] 力量禅虑根普明，拥有了力量、禅虑和根识。
[2] 正行垮，缺乏正行，正行失败，正行乏善可陈。

如是听闻则广博。
谁人寡闻妙善法，
善守教诫实缺乏，
导致二者[1]遭贬低，
所受禁行非升华。

谁人广闻妙善法，
清规戒律守护佳，
迎来二者受褒奖，
所受禁行则高雅。

听闻善说知要点，
了悟三摩地关键，
然却放荡粗野故，
所闻所知成缺陷。

热衷圣者所授法，
运用身心践修恰，
忍者友善意稳健，
到达闻知彼岸家。”

《劝发增上意乐会》（ལྷག་བསམ་བསྐུལ་བ། lhag bsm bskaul ba）也说：

“吾今修衰[2]怎何为，
如同临死愚人悲，
未得真谛实哀伤，
只重口说是犯罪。”

又说：

“观赏歌舞人群中，
七嘴八舌论英雄，

[1] 二者，法与人。
[2] 修衰，修炼衰败。

本人勤勉已不存，
只重口说罪行重。”

又说：

“甘蔗树皮无营养，
实际精华在中央，
如果只重食树皮，
甘甜美味难品尝。

高谈阔论不实际，
真正韵味思义理，
空头口号俱抛弃，
谨言慎行思真谛。”

对于善逝（如来），要树立圣者的意识，进而把授法者视为如同世尊一样的人。树立佛法长驻的意识，仰赖听受教法，希冀佛法永驻世间。

此外，无论在授法，还是在听法之时，如果心不在焉，或者胡说八道，无论如何也不能切中要害。因此，只要聚精会神，才能确保闻法。例如，要想知道自己脸上有无黑斑等污垢，必须借助镜子才能祛除。同样，凡自己的错误行为，通过听法之后，就能从法镜中折射出来，这时就会惊呼：“我的人格已经变成这样了啊！”而顿生怅惘。于是，缺点要改正，功德要成就，心向教法。

《本生论》说：

“本人行为丑陋状，
教法镜中很明朗，
极度悲情油然生，
改弦更张法心往。”

这是苏达萨（སུ་ད་ས། su ta sa）的儿子向王子月（རྒྱལ་སྲས་ཟླ་བ། rgyal sras zla ba）授法时，这位菩萨（苏达萨）已知其思想已经达到听法的水准而宣法。

总之，自己要有宏大心愿，希望为了一切众生之利益而获证佛果，为了获取佛位而学其基础，知其因，听其法，回忆听法的功德，高高兴兴地纠偏纠错，以便听法。

第六节　授法的规矩

授法包括四个方面：一是思量授法功德；二是经忏佛祖与法；三是以何种思想行为而说法；四是应向哪个对象说法、不应向哪个对象说法，以及它们的区别。

首先，思量授法功德。不考虑名利恭敬等物质需求而授法，则功德巨大。《劝发增上意乐会》说："弥勒菩萨，这二十项（规制）是说，寻找非物质的法施，轻视名利，广行法施，这才是功德。哪二十项呢？1.具忆；2.具慧；3.具思；4.具固；5.具智；6.可知超凡智慧；7.少贪；8.少嗔；9.少痴；10.魔不侵；11.诸佛眷顾；12.非人呵护；13.众神助其光耀；14.仇者无机可乘；15.亲者不离；16.谨言；17.无畏；18.快乐；19.受名人赞；20.忆念法施。"

大凡经藏中都谈及这样的功德，应诚心信仰。其中对"固"字，在新版《集学论》（བསླབ་བཏུས། bslab btus）中改写为"信"，在有的古籍中改写为"勉"。

经忏佛祖与法。如世尊在说《般若经》时，自己设置讲座一样，法是连诸佛也恭敬之地（所），所以对法怀有大敬，忆念佛祖功德和恩泽，而生起敬意。

以何种思想行为而说法？思想，是指《海慧问经》（བློ་གྲོས་རྒྱ་མཚོས་ཞུས་པ། blao graos rgya mtshos zhus pa）中所说的五想[1]，即：1.把自己想为医生；2.把法想为药物；3.把听法者想为病人；4.把如来想为贤哲；5.畅想教法长驻。

慈爱徒众，摒弃怕人攀高的嫉妒、拖拉推诿的懒惰、反复赘说的劳悔、贬人赞己、吝文不传、注重衣食等物质之见。

为了你我获证佛果，应想教法之福是我安乐之资具。

行为。是指沐浴净身，身着洁衣，在惬意干净的地方设置法座或垫子；如口诵诛魔咒，方圆百由旬[2]间不来魔与魔类众神，即使来了也无大碍，诵念《慧海问经》中所说的咒文便可驱逐；容光焕发，所说的话旁征博引，义理深刻。

《妙法莲花经》说：

"智者大度无嫉妒，
满腹珠玑口中出，
懒惰散逸远抛弃，
厌烦想法从来无。

[1] 五想的另一种解释是，把自己当作医生想、把正法当作药物想、把闻法者当作患者想、把如来佛当作大士想、把佛法当作长驻想。
[2] 百由旬，古印度长度单位，每五百步为一俱卢舍，八俱卢舍为一由旬，一由旬约合二十六市里。章嘉·乳比多吉大师认为，距离南瞻部洲三万二千由旬的地方，应该是无热池——玛旁雍错，或者是冈底斯山。

低等下流皆远扔，
慈悲力盛爱徒众，
夜以继日修妙法，
一个垂范万千人。

随众尊敬心高兴，
自私自利永消尽，
饮品食物不贪求，
卧具法衣不谋争。

医病良药心不想，
不向随众索一赃，
但愿智者常修证，
你我众生正果忙！

祈盼世间所授法，
成为自己欢乐源。”

应向哪个对象说法，不应向哪个对象说法，以及它们的区别。

《毗奈耶经》（འདུལ་བའི་མདོ། a´dul ba´i mdo）说：“未请不授。”意思是说，未经请教，不向其人授法；即使请教，也要考察其人（是否合格）；如知其为合格的听法者，尽管没有请教，但是仍然可以授法。

《三摩地王经》说：

“目的为了法布施，
若如向你启请之，
首先婉言告诉他，
鸿篇巨制我不知。

鸿学大智你便是，
名冠群雄尊前诣，
我今不知何所言，
你应如理讲清晰。

匆忙授法乃大忌，
首先考察人素质，
他日知道人端细，
未请也要授佛理。”

《毗奈耶经》又说：“不应站着向坐着的人授法；不应坐着向躺着的人授法；不应坐在低座向高座上的人授法；优劣也同样；不应走在后面向走在前面的人授法；不应在路边一边行一边向行人授法；不应向蒙头者、卷衣者、披衣者、抱肩者、抱颈者授法；不应向扎髻者、戴帽者、戴冕旒者、戴珠者、缠头者授法；不应向骑象、骑马、坐轿、穿靴的人授法；不应向持杖、擎宝盖、持械、持剑、持武器、穿盔甲的人授法。”反之，则可授法，以身无毛病为原则。

最后，普遍怎样实行。从讲闻中得到的善乐，为成为当今和未来的愿处（希望之所在），而大力回向（祝福）。

以这样的方式讲闻教法，哪怕只是一座（次），也无疑会得到所讲所闻的功德。如果讲闻教义得法，诸如不尊佛法与授法者等以前所积的一切业障会得以清净，新近所积的也会根绝。假如讲闻得法，将会发现所授的诫训必能裨益心灵。

总之，一切先哲都对之认真对待，特别是此诫训的先师们对之非常重视。这确实是重要的诫训，但未得个中三昧（未领会其旨），思想未得到改变，所以尽管怎样宣说深邃广大的教义，也会成为神变恶魔（喻弄巧成拙）的例子，佛法反而成为烦恼之友，这种现象不胜枚举。

因此，常言道“如果初一不错，好事延至十五”，智者把讲闻置于正道，通过努力，讲闻兼备，至少要符合预想，这是阐述教诫优先进行之事。

因恐字繁，故梗概撮要。欲知详情，请从别处了解。教诫预科讲完。

第二章　如何以真实教诫引导学生

如何以真实教诫引导学生？其次序包括两个方面：一是投拜道之根本——善知识（上师）；二是拜师之后怎样修心的次序。

首先，又有两个小问题：1. 为了产生深刻信念，可稍加细说；2. 护持方法则可略述。

其一，《摄决定心藏》（སྙིང་པོ་ངེས་པར་བསྡུ་བ། snyaing po nges pr bsdu ba）说：

“思想正统任何人，
总可拜依上师行。”

在多尔巴（དོལ་པ། dol pa）大师整理的《博朵瓦语录》（པོ་ཏོ་བའི་གསུང་སྒྲོས། po to ba´u gsung sgraos）中也说：“在汇集一切秘诀之前，不应忘却（丢弃）正规上师。”无论学生增长一点知识，还是改正一点缺点，一切善乐的根源就是神圣上师，所以拜师尤为重要。

《菩萨藏经》（བྱང་ཆུབ་སེམས་དཔའི་སྡེ་སྣོད། byang chub sems dpa´i sdae snaod）中说：“总而言之，圆满证获全部菩萨行。同样，证获圆满般若智慧、悉地、忍、定、先知、陀罗尼（总持）、大勇、回向（发愿）、祈福、一切佛法，都靠的是上师，上师成为根本，一切源自上师，上师为生[1]与处[2]之源，上师启蒙，上师发端，拜依上师，上师为因。”

博朵瓦也说：“若要修炼解脱，除了上师别无他人。即使这辈子的事情可以视情况而为，但没有导师也是不可能的。一个刚从恶趣中走种走出来的人，要到一个从未去过的地方，没有上师（的指点）谈何容易！”

[1] 生，这里指投生。
[2] 处，这里指善缘增长之处。

第一节　拜　师

拜依上师包括六个方面：一是（了解）上师的情况；二是（了解）学生的情况；三是学生怎样拜师；四是拜师的功德（好处）；五是不拜师的罪孽；六是总结上述内容。

首先，大凡佛经及其注释就有关各乘的话题大书特书，（但这里只有一条）把学生逐渐引向三士之道，进而指引他们步入佛道，这就是大乘的导师。

《经庄严论》（མདོ་སྡེའི་རྒྱན། mdo sdea´i rgyan）说：

“温文尔雅惟上师，
满腹经纶无匹敌，
证悟圆觉善巧辩，
投奔慈航伤悲离。”

这是说，学生应拜依具备十种优点的上师。经说，自己没有征服，而去征服别人是天方夜谭。所以，训导别人的上师，首先应该调服自己的心性。

那么，如何调服呢？通过胡乱修习，对证悟功德获得一知半解，沽名钓誉，这无济于事。而需要一个与整个佛教相辅相成的调服心性方法，它取决于重要三学[1]，亦即所谓温顺等三种。温顺，指戒学。

《别解脱经》（སོ་སོར་ཐར་པ། so sor thr pa ）说：

“千里追捕心意马，
最终无法调伏它，
有个万能马嚼子，
别解脱经成砝码。”

《广戒经》（ལུང་རྣམ་འབྱེད། lung rnam a´byaed）说：“冥顽不化的众生的嚼子便是此（《别解脱经》）。”像驯马师用优良嚼子驯服烈马一样，对于不务正业，似野马一般忤逆狂躁者，应当清除；奋发有为，通过学习有助于正义事业的戒律，而调服心马（心之野马）。

温顺，对于心向善行和阻止恶行，取舍有度，知而从之，全神贯注，而产生定学。

极顺，依靠心所堪能的寂止（一切禅定的总括），对正理加以仔细观察，

[1] 三学，戒学、定学和慧学。

而产生慧学。

这样，以三学调服心性，获取一星半点证德（证悟戒、定、慧三学所得一切功德）是远远不够的。因此，还要具备教德（多学教义所得功德）。

满腹经纶，指广闻三藏等。敦巴（དགེ་བཤེས་སྟོན་པ། dge bshes staon pa）上师说：“当论及大乘上师时，（他）要阐发广博深刻的意涵；在实践时，（他要在）佛教末期创造利益或直接带来立竿见影的效果而宣说。”

证悟空性，指证悟特殊慧学——法无我，或者注重践行真实性。经说，除此而外，用教理证悟也可成就。即使具备教证，但与平庸学生共处是不行的，需要超人功德。

《亲友集》（མཛའ་བཤེས་ཀྱི་ཚོམས། mdza bshes kyai tshoms）说：

“结交平庸人颓废，
因循守旧进步非，
名流指引成就路，
高人惟是追求轨。

拜依名流具品德，
清规戒律极温和，
智慧高超人上人，
出众才华胜贤哲。”

蒲琼巴（ཕུ་ཆུང་པ། phu chung pa）说：“每当听到圣者们的事迹，我就会仰慕不已。”塔玉（མཐའ་བཞི། mtha bzhi）也说：“我把那些热振（ར་སྒྲེང་པ། rwa sgraeng pa）地方的老者们当作表率。”应该敬仰知识超群的人。

这六种方法，就是自己所获得的学问。其余的属于引导别人的学问。有言道：

“用水难涤人罪过，
佛手不除众生苦，
自己证悟不与人[1]，
惟有法谛轮回脱。”

指给别人以正确道路，并循循善诱。除此而外，罪过不能用水洗涤干净。

[1] 自己证悟不与人，自己的证悟不能适用于别人。

在四法中，能言善辩，指精通如何引导学生的过程，为把意思灌输到人们的思想中而不遗余力。

慈爱。指弘法的动机正确、淡泊俸禄等，心生慈悯而宣法。博朵瓦大师曾对坚阿瓦（སྤྱན་སྔ། spyan snga）大师这样说："黎摩（ལི་མའི་བུ། li moa´i bu）子，（我）尽管说了那么多法，也从未接受过赞颂的一句话，说众生没有一个不是弱小者，应该是这样的。"

勤勉。指永久热衷他人之事。抛弃悲哀，指反复讲说而不疲劳，忍受讲法之苦。博朵瓦大师说："三学加上证悟空性和慈爱，这五种功德最为重要。我的导师项宗[1]（ཞང་བཙུན། zhng btsun）未向多人广泛闻法，既不能忍悲，也不会说感恩戴德的话，只拥有上述五种功德，这对身边的人大有助益。年顿（གཉན་སྟོན། gnyn staon）从来不善言辞，他想说一两句赞颂布施功德的话，恐令人不理解。除此而外，概不知晓，但拥有以上五种功德，凡亲近他者皆得利益。"

第二节　老师的责任

这样，如果对三学的修炼缺乏担当，只是对其功德进行歌颂或宣传，并以此度日的话，就不是合格的导师。这就等于几个经营旃檀者向一个只会空谈旃檀而生活的人发问："你有旃檀吗？"答："无。"最终流于形式。

《三摩地王经》说：

"今后某时比丘中，
不守戒律人员众，
一心只想多闻法，
口诵戒律不停顿，
真正守戒却无能。"

该书[2]对禅定、智慧和解脱也持同样观点，说：

"曾经有人这样赞，
旃檀功用不一般，
除了形状招人爱，

[1] 法尊法师译为"香尊滚"，我意"滚"字不宜译出。
[2] 指《三摩地王经》。

相关妙用说不完。

别人转而问那人，
如此推崇旃檀珍，
那你拥有量几许，
反复追问不消停。

那人无奈作回答[1]：
本想靠它养一家，
但却空谈度日月，
其实檀香无点渣。

勤勉不修瑜伽功，
空喊戒律谋生存，
恐怕以后生变异，
真实戒律成泡影。”

对其余三种也有同样阐述。所以，修炼解脱的上师，应该是实现夙愿的根本所在。想拜上师者应该了解这些，尽力寻找一个名副其实的上师；想培养学生者也应该知晓这些，努力寻找一个具有潜质的学生。

由于时间的原因，全部掌握这些知识确有困难。既然困难，那么应该怎样做呢？

《妙臂菩萨请问经》（དཔུང་བཟང་གིས་ཞུས་པ། dpung bzng gis zhis pa）说：

“假如车子缺一轮，
即便马牵也难行，
不以修炼为朋友，
人生夙愿不成功。

智者俊朗爱干净，
出身高贵佛法信，
侠肝义胆又和蔼，
言美布施具悲心。

[1] 按照原文“སྐྱེས་བུ་དེ་ལ”翻译似有不妥，所以按照“སྐྱེས་བུ་དེ་ཡིས”翻译似觉通顺，亦未可知。

饥渴烦恼俱忍耐，
他神婆罗[1]决不拜，
聪慧超凡知报恩，
信仰三宝朋友爱。

一切功德均聚齐，
纷争时代实稀奇，
四分八分差不多，
咒师用来寻友谊。”

这是在强调法友必具的资质时，要求做到哪怕其八分之一。在多尔巴所辑的《博朵瓦语录》中，阿底峡尊者说“这个也同样适用于上师”。因此，全面具备所谓资质（条件），经多方权衡其易难，最少做到八分之一。

其二，受教者——学生。

《四百论》（བཞི་བརྒྱ་པ། bzhi brgya pa）说：

“直帅有志务正事，
如此学生称根器，
导师功德不变异，
学生自然本色立。”

《四百论释》解析说，凡具备三个条件者，可视为有根器[2]的学生；如果具备这三个条件，授法者——导师的学识只能成为真正的学识，而不会是缺点。不仅如此，学生的学识也会成为真正的学识，而不会是缺点。如果不具备这些根器的特质，即使授法的导师怎样彪炳权威，也因听者的缺点而导致错谬，讲授者的缺点也被误认为优点。

因此，尽管找到一个名副其实的导师，但认识他是比较困难的，要全面了解，待具备这些条件后再行拜师。

直率。是指没有偏私。如果有了偏私，受其蒙蔽，看不到优点，不能掌握正确的道理。

《中观心论》（དབུ་མའི་སྙིང་པོ། dbu ma´i snying po）说：

[1] 他神婆罗，其他神与婆罗门。
[2] 根器，具有闻法的潜质、资格、条件、能力。

“陷入自私心痛苦，
寂止道理终不悟。”

自私。是指沉迷自己的主张，仇恨别人的观点。针对这样的情况，经过鉴别自己，加以抛弃。

《菩萨别解脱经》（བྱང་ཆུབ་སེམས་དཔའི་སོ་སོར་ཐར་པ། byang chub sems dpa′i so sor thr pa）说：“放弃自己的私欲，信守和恭敬亲教师与轨范师的理论。”

以为这样就可以了吗？虽然处世正直，但没有甄别二道的敏锐智慧，就不能成为根器。这二道是，正确善说道与近似邪说道。所以需要了解二道的智慧，以丢弃糟粕，选取精华。

以为具备这二者就满足了吗？即使具备这二者，也如画中听法。所以，如不努力，不会成为根器。艰苦奋斗才是上策。

在《四百论释》中，增加了敬奉法、敬奉说法者、心向圣法三项内容，共为五项内容。

这样，勤奋学法，专心听法，敬信法与说法者，抛弃邪说而取善说，共四项。这四项的顺缘是具有思想，排除逆缘才是秉持耿直。

要了解上师所讲的法是否完整，如完整则欣然接受；如不完整，则以后要努力创造条件。要领悟这些根本法，若不知道它们的内涵，研究便无从谈起，以致荒废大业。

学生怎样投拜上师。具备根器的学生，如上所述，要仔细了解上师是否合格。对合格的上师，要感谢法恩。

善知识敦巴和桑普巴（གསང་ཕུ་པ། gsng phu pa）二人的情况有所不同。桑普巴有许多上师，对所讲的一切都听。如从康巴前往西藏途中，巧遇一位居士正在说法，桑普巴也凑上前去听法。这时，随从们说：“向他听法，自暴浅薄。”桑普巴说：“你们不要这样说。听了他的法，我收获两个好处。”而善知识敦巴则上师少，只有五个。

博朵瓦和贡巴·仁钦喇嘛在议论以上二人谁是谁非时，因未修心而视为缺点，未产生敬信之前，均认为善知识敦巴的做法正确，说：“就应该这样做。”这非常正确，应该这样做。

第三节 用思想与行动拜师

谢恩之后，如何以全面和特殊的方式拜依（上师），用圆满教诫拜依启迪智慧的（上师），具体步骤有二：一是思想；二是行动。

用思想拜师。包括三个方面：一是初衷；二是笃信；三是报恩及孝敬。

《华严经》（སྡོང་པོ་བཀོད་པ། sdaong po bkod pa）说："以无比虔诚之心侍奉善知识。"道出了拜师的一切初衷的关键。

这可归纳为四点：1. 放弃自由。把自己托付给上师，是君子一样的情愫。因为君子对待工作不会自由散漫，顾惜父亲的尊严，不违父命，言听计从。同样，对善知识也要无比敬重。

《现在佛现证三摩地王经》（《般舟三昧经》ད་ལྟར་གྱི་སངས་རྒྱས་མངོན་སུམ་པའི་ཏིང་ངེ་འཛིན། da ltar gyai sngs rgyas mngon sum pa′i ting nge a′dzin）说："他应该完全放下架子，按照善知识的意思去做事。"这是对合格上师而言的，而不是眉毛胡子一把抓。这种亲情无人能分开，愈加巩固，像金刚一样的心，因为魔鬼和恶友等难以拆散。又说："应摒弃急躁和薄情。"

2. 负责上师的全部工作[1]。像大地一样的心，不应为挑起全部负担而感到难过。博朵瓦对坚阿瓦的弟子们说："你们遇到了我的如此善知识菩萨，要按其旨意办事，实在幸福啊！现在请不要把他当成负担，应作为光荣对待！"

如何负责，包括六项内容。像绵延的大山一样的心，是指无论遇到何种困苦，都不能动摇。坚阿瓦在柔巴（རུག་པ། rug pa）居住期间，贡巴·云丹跋因受寒严重，身体虚弱，因与觉卧·雄努扎商议去留问题。觉卧·雄努扎说："在永胜宫内铺就舒适卧具，已居住了一段时间。从大乘的善知识处聆听圣法，惟有今日才能享受。老实住着吧！"

像俗世仆从一样的心，是指尽管无恶不作，但也不应有任何顾虑。在后藏，一些班智达和译师们遇到了一处泥泞地，敦巴[2]脱下所有衣服，把它们清理干净，还不知从哪儿弄来了干白土盖在上面。觉卧[3]的眼前还出现了一座曼荼罗坛城，觉卧说："哎呀！像你这样的人在印度也有。"

像粪扫法衣[4]者一样的心，是指抛弃一切骄傲与狂妄，把自己看得比上师很低。善知识敦巴说："从傲慢的山冈中不会流出知识的泉水。"坚阿瓦说："在春季，请留意一下，首先是从最高的山峰冒出绿草，还是从平原冒出绿草？"

像乘一样的心，是指把上师最重的担子高高兴兴地承接下来。

像狗一样的心，是指无论上师怎样教训和斥责，都不生气。堆龙巴（སྟོད་ལུང་པ། staod lung pa）每每对于拜会他的画家善知识，都少不了一顿痛骂。画家的学生纽毛瓦（ཉག་མོ་པ། nyg mo pa）说："这位大师对我们师徒心存仇恨。"画家说：

[1] 抱歉！因限于译者的水平，以下未找到另外两点，请智者鉴之。
[2] 敦巴，是否指敦巴上师，亦未可知。
[3] 觉卧，是否指觉卧·雄努扎，亦未可知。
[4] 粪扫法衣，从垃圾堆里捡到的褴褛衣服。

“你以为他是在责骂我吗？不过，他对我每这样对待一次，我就认为好像得到了胜乐金刚的加持。”

《般若八千颂》（བརྒྱད་སྟོང་པ། brgyad staong pa）也说：“即使说法者对求法者欺负或置之不理，也不要对他较真计较，反而专心务法，依然敬他，追随其后，问心无愧。”

像船一样的心，是指无论怎样为上师奔波做事，也不因此而难过。

第二，关于修炼笃信。

《大方广总持宝光明经》（དཀོན་མཆོག་ཏ་ལ་ལའི་གཟུངས། dkon mchog ta la la´i gzungs）说：

“信仰前行[1]如生母，
促使功德稳步增，
解惑释难渡苦海，
信仰代表安乐城。

信仰去污心清净，
抛却傲慢崇敬本[2]，
好比财富宝藏足[3]，
双手聚敛大善根。”

《十法经》（ཆོས་བཅུ་པ། chos bcu pa）也说：

“信仰引导出尘世，
信仰就是乘第一[4]，
思想高尚一切人，
一心追随具信士。

没有信仰这般人，
纯洁圣法从不生，
种子一旦被火烧，
发芽生长不可能。”

[1] 前行，预备阶段。
[2] 崇敬本，崇敬的根本。
[3] 藏足，藏，宝藏；足，足履。
[4] 乘第一，非同一般的乘。

从进退与否可以看出，信仰成为一切功德的源泉。敦巴对觉卧[1]说："藏区从事修禅的人很多，但没有获得特别功德的人。"觉卧说："大乘的功德多也好少也罢，一切靠上师才能得到，而你们藏人对上师怀有庸俗的想法，知识怎能增长？"敦巴大声向觉卧恳求道："阿底峡，请授予我教诫！"觉卧道："嘿嘿，如今我有了很好的耳朵。所谓秘诀，就是信仰，信仰，信仰。"说明了信仰非常重要。

第四节　信仰是拜师的重要内容

一般而言，信仰指的是信仰三宝、信仰业果、信仰四谛等许多种，但这里说的是信仰上师。

学生怎样观察上师。

《金刚手灌顶续》(ལག་ན་རྡོ་རྗེ་དབང་བསྐུར་བའི་རྒྱུད། lg na rdao rjea dbng bskaur ba´i rgyaud）说："秘密主，学生如何观察导师呢？答：如向佛陀怎样，就向导师怎样。诚所谓：

'若如他有如此心，
每时每刻善滋生，
利乐造福全世界，
有朝一日涅槃证。'"

在大乘经藏中也强调须有与佛祖一样的意识[2]。《律经》中也同样强调这样的说法。其意思是，如果把上师当成佛陀来对待，那不会有对他（上师）找麻烦的想法，而只有一心学知识的念头。对上师要特别敬重，犯上之举一概抛弃，为治学而修心。

《金刚手灌顶续》说：

"导师功德要掌握，
导师缺点不能书，
掌握功德得成就，
计较缺点没有路。"

[1] 觉卧，这里指阿底峡。
[2] 对上师抱有佛祖一样的意识。

尽管上师的功德压倒一切，但缺点也是有的，如果吹毛求疵，反而会成为自己修证成就的障碍。即便有很多缺点，但也不予计较，而从优点方面着手，培养信仰之兴趣，将会成为取得成就的条件。

因此，自己的上师无论缺点大与否，应考虑对其妄加揣测而带来的罪业，多想如何抛弃它（罪业），并加以杜绝。

如果（上师）没有廉耻，或烦恼缠身，非得验证缺点不可，也要下决心忏戒[1]。这样，缺点会逐渐变小。对于那些拥有戒律清净、博学多才、信仰坚定等优点的人，要向他们看齐，学习他们的优点。

如这样习惯了，即使发现了些微缺点，但也从好处着想，不会成为信仰的障碍。譬如，自己不喜欢的，即便看到很多优点，也会有很大逆反心理，而压制了发现优点的思想；即便有许多缺点，如自己喜欢，当看到些微优点，也会信心大增，而压制了发现缺点的兴致。

大觉卧（ཇོ་བོ་ཆེན་པོ། jo bo chen po）[2] 主张中观，塞林巴（གསེར་གླིང་པ། gser glaing pa）主张实相唯识[3]。从观点上有优劣之分，但都是依靠整个大乘道次和菩提心髓而得来的。塞林巴仍在众上师中独一无二。

[1] 忏戒，忏悔归罪，防止新犯。
[2] 大觉卧，指阿底峡。
[3] 实相唯识，认为客观存在第一。

第三章　亲近善士

第一节　多念人的好处

多从（人的）优点方面考虑，不去计较其缺点。虽然违犯戒律等，但听其一颂[1]以上者，应视为并无大碍。

《宝云经》（དཀོན་མཆོག་སྤྲིན། dkon mchog sprain）说："了悟投拜上师会增长善乐、非善消隐（的道理）。无论堪布（上师）见多识广，或孤陋寡闻，或知，或不知，或守戒，或不守戒，都应把他视为与佛祖一样的人。如怎样喜欢和信仰佛祖，也怎样喜欢和信仰堪布。对导师使用敬语和经忏。鉴此，菩提资粮未圆满者会达到圆满，未抛弃烦恼者会逐渐抛弃烦恼。想到这里，将会心满意足，跟上师一起行善法，跟上师一起远离非善。"

《勇猛长者请问经》（དྲག་ཤུལ་ཅན་གྱིས་ཞུས་པ། drag shul cn gyais zhus pa）说："长者，如果菩萨接受教证，唪诵秘诀，那他究竟依赖谁听取或积聚布施、持戒、忍辱、精进、禅定和智慧，以及菩提道资粮的四句颂？怎样对答应过的上师依法虔敬？（上师）讲授一切字、词、句义，直至讲完全部经卷，如满怀笃诚之心，以所有财富、恭敬和供品向上师忏拜和服侍。长者，如果我不能全身心恭敬上师，就不能全面了却信仰之念，更何况非礼之举。"

第三，忆念恩泽。

《十法经》说："我经常这样发起意念：愿我成为拯救沉迷轮回者的良方；愿我成为唤醒因愚昧而沉睡者的解药；愿我成为拯救落入尘世大海者的水手；愿我成为指引步入歧途者走向正道的领路人；愿我成为被关在红尘牢狱中的拯救者；愿我成为拯救因久病而痛苦者的良医；愿我成为熄灭因贪婪等之火焰炽燃的云雨。"

[1] 一颂，一首诗。

《华严经》也说："诺桑青年，善知识是我脱离一切恶趣的拯救者，是助我证悟法性平等者，是指出邪道而引向正道者，是以普贤之行加以教导者，是通往全知[1]城的引路者，是往趋先知处的送行者，是通向法界之海的引导者，是学习三世知识大海的导师，是圣者群体论坛的指引者。善知识令我的所有白法（善法）得到发展。这样一边回忆，一边哭泣。"

如此忆念之。万书之首，都要置以"善知识便是我"，心中忆想善知识形象就在自己眼前，口念以上法句，心中冥思这些法句的涵义。《十法经》也持同样观点。

此外，《华严经》又说：

"此乃我师论圣法，
佛法功德总宣达，
菩提行道全教授，
为做老师来人家。

悉心培育如生母，
灌输知识如保姆，
菩提细则修无遗，
殚精竭虑排灾祸。

解脱老死如医生，
播撒甘露帝释同，
善法盛行如满月，
指点涅槃如日明。

面对敌友如大山，
心境平静如海面，
关怀备至如船夫，
诺桑这样来世间。

菩萨启迪我智慧，
抚育佛子菩萨贵，
此乃我师佛陀同，

[1] 全知，全知全能的佛陀。

满怀善心人间归。

拯救世界如英雄，
如同怙主如观音，
赐我安逸赐我眼，
如是心情上师奉。”

以唱颂的方式进行回忆，诺桑变为自诵。

其二，以行动拜师。

《尊重五十颂》[1]（བླ་མ་ལྔ་བཅུ་པ། bla ma lnga bcu pa）说：

“高谈阔论有何用，
上师高兴就施行，
上师不悦即罢休，
认真仔细察究竟。

手持金刚[2]曾有言，
成就导师要高攀，
利用世间一切物，
供奉上师心喜欢。”

总之，努力使上师欢喜，杜绝不喜欢因素。使上师喜欢包括三点：一是供奉物品；二是以行动和语言侍奉；三是遵办旨意。

这样，《经庄严论》也说：

“经忏斋供及物质，
实际行动拜上师。”

又说：

[1] 该书由古印度大师巴布拉（བྷ་བི་ལྷ། bha bi lha）所著，后由印度堪布白玛噶拉瓦尔玛（པདྨ་ཀ་ར་ཝརྨ། pdma ka ra thrma）和藏族译师仁钦桑布（ལོ་ཙཱ་བ་དགེ་སློང་རིན་ཆེན་བཟང་པོ། lo tstsh pa dge slaong rin chen bzng po）译成藏文，并认真厘定。全书共五十颂，内容为收徒拜师的整个过程。宗喀巴大师曾做过精妙诠释，收在《宗喀巴全集》（第一卷）内。

[2] 手持金刚，金刚持佛。

“所言不变皆办理，
促使上师心欢喜。”

首先，《尊重五十颂》说：

“誓死信守三昧耶[1]，
永不放弃阿阇梨，
财产妻儿人生命，
他日毁灭何足惜。”

又说：

“毫无吝啬供诸佛，
乐善好施不动摇，
供奉带来大福德，
殊胜成就资粮造。”

拉索巴（ལག་སོར་པ། lg sor pa）说：“明知有好的，却供奉不好的，这使三昧耶退失；在特殊情况下，只有劣质供品，而无优质供品（的话），也是没有罪过的。”

《尊重五十颂》也持同样观点：

“用之不竭所希冀，
大凡着意一东西，
非同寻常具价值，
毫无保留献上师。”

对于学生而言，这是积聚资粮之最，务必这样遵行；对于上师来说，则更加攸关自己。夏热巴（ཤ་ར་པ། sha ra pa）说：“什么叫上师？崇尚修证，不看重小小财物。否则，不会成为修禅解脱的上师。”

其次，通过洗浴、按摩、擦拭和问安（病时伺候），以及歌功颂德等方式拜师求知。

再次，不违背上师的教诲最为重要。

《本生论》说：

[1] 三昧耶，梵语，自己信守的誓言。

“知恩图报献斋供，
遵照旨意务修禅。”

如果按照上师的旨意去修定，却担心他引向歧途或致使违背三戒之事发生，应当怎么办呢？

《毗奈耶经》说：“若有人说邪法，应加以阻止。”《宝云经》说：“要依循善法处事，不依从非法而动。”

《本生论第十二品》（སྐྱེས་རབས་བཅུ་གཉིས་པ། skyaes rbs bcu gnyis pa）明确指出：“不听从他（外道）的吩咐，不入歪门邪道。”但是，不能以此为由，而行不尊、欺压、诅咒等事。

《尊重五十颂》说：

“晓之以理仍不能，
利用语言使堪任。”

学会解释，不入歧途。在这期间应如何处治呢？

《经庄严论》说：

“视其法份[1]长功德，
拜师良方非财物。”

需要享受法份子。博朵瓦说：“在阿难被委派为佛祖的侍从之时，叮咛道：不动佛祖不穿之衣，不吃佛祖吃剩之食，但可以随时接近佛祖，这就是服侍。这个允诺，是针对后人而规定的。我们毫不尊重佛法，哪怕在一顿茶的工夫内，也计较上师心中是否留意（我），这就是根本腐烂（没有前途）的征兆。”

究竟拜依多长时间呢？博朵瓦说：“对我来说，增加一项就多一份责任，减少一项就少一份责任。若置身事外，毫无益处。应当长短适中，从长计议，勤勉不怠。”

第二节　拜师有何功德

第四，拜师的功德（好处）。有如下几点：1. 接近佛陀的果位；2. 诸佛高兴；

[1] 法份，佛法的份子。

3. 拥有善知识；4. 不堕入恶趣；5. 恶业、烦恼难近身；6. 不违犯菩萨行而经常保持忆念，因功德资粮而地位逐渐升高，成就现在和将来的一切事；7. 因侍奉（上师）而言行善美，自己万事如意，他人梦想成真，资粮圆满。

《华严经》说："善男子，善知识所正确认识的菩萨们[1]，不会堕入恶趣；善知识所想的菩萨们，不会违背菩萨学；善知识所培育的菩萨们，超凡脱俗；侍奉过善知识的菩萨们，其所有言行不会被世人遗忘，反而奉行之；善知识所全面栽培的菩萨们，不会被业与烦恼所左右。"

又说："善男子，朝着善知识所指明的道路前进的菩萨们，诸薄伽梵们（诸佛）会感到欣慰的；不违背善知识所讲过的话的菩萨们，将会受到先知们的眷顾；不怀疑善知识所言，将会受到善知识们的垂青；经常不断地在心中想着善知识，将会成就万事。"

《秘密不可思议经》（གསང་བ་བསམ་གྱིས་མི་ཁྱབ་པ། gsng ba bsm gyais mi khyab pa）说："善男子或善女子，以非常虔诚的心情或敬信或侍奉或招待上师。这样听了善法之后，思想向善，举止向善，从而做善事，诸事顺遂，结交好友。不做恶事，只做善事，对于你我都无伤害。保护和关心自己与他人的安危，会圆满获得无上菩提道，会为步入歧途的人们做些有用的事。所以，菩萨侍奉上师，会得到一切功德资粮。"

另外，如果敬侍善知识，可使正在忍受恶趣业的人们，消除此生对于他们身心带来的丁点危害，哪怕在梦中忍受恶趣业的痛苦也得以消弭。向诸佛奉献物品等，会得到压倒一切的善根，功德无量。

《地藏经》说："如能做到这点，在无数劫中颠沛流离于恶趣的罪业，此生即使瘟疫、灾荒等对身心造成危害，也将自然痊愈，甚至进行少许斥责或做个好梦也会祛除。因此，向不计其数的佛陀创造善根，例如进行布施、献供、戒学的话，会在一个早上消除疾病。敬奉上师，会得到不可思议的功德。"又说："佛陀所有灵动万能的功德就出自这里。所以，就像对待佛一样，投奔上师，敬仰上师，供奉上师！"

《本生论》说：

"圣人谁也不懈怠，
温良谦恭善根爱，
亲近导师受功德，
没有亲炙也感怀。"

[1] 这里的菩萨们是指所有出家和在家的菩萨们。

博朵瓦说："我们大概会变成破皮袄的样子，破皮袄拖地会沾上乱草，而不会沾上沙金。同样，一个善知识的功德不易随便宜人，而他的一星半点缺点，则会大大影响一些人。故草率行事，于事无补。"

第五，拜师不当的罪过。当尊为上师之后，中途又变卦，这辈子会受到疾病和魔鬼的折磨，下辈子会堕入恶趣，忍受无尽痛苦。

《金刚手灌顶续》说："世尊，如果有人欺凌上师，那么他们的报应如何呢？世尊说：金刚手，包括神在内的世人会感到惧怕。不要这样说话，秘密主[1]。但略表一二，请勇士[2]注意听：

我今表述无间[3]等，
可怕地狱吓死人，
各个机关分别说，
恶趣劫数无年龄。

无论何时何地区，
永远不要欺上师。"

《尊重五十颂》也说：

"假如一旦咒上师，
患上麻风等大疾，
魔鬼瘟疫侵肌体，
一时癫愚生命息。

王法火灾剧毒蛇，
水灾空行贼入舍，
魔类歹人纠一起，
杀死罪人地狱蛰。

无论如何敬上师，
千万勿让其心悖，

[1] 秘密主，金刚手的异名。
[2] 勇士，指金刚手。
[3] 无间，地狱的一种。

如因愚昧犯错误，
定堕地狱煎熬急。

地狱分为无间等，
多种多样惧怕甚，
凡咒上师不敬重，
永陷其中不脱身。”

在讲修兼备大师先德巴所著《黑敌释难》（དགྲ་ནག་གི་དཀའ་འགྲེལ། dgra ng gi dka a´grael）中引述道：

“哪怕听一偈句中，
不把上师放尊重，
转生犬类达百次，
最后生为卑贱种。”

此外，没有功德者不长功德，有功德者会颓废。

《般舟三昧经》说：“如果这人以轻蔑、忿怒和仇恨而对待上师，那么获得功德是痴人说梦；如果自己不树立（对老师的）佛祖意识，也是如出一辙；如果不尊敬三乘人士和弘法的上师，不树立上师或佛祖的意识，那么即使想得到从未得到的法，或不浪费已经得到的法是不可能的事。这是因为不敬上师而导致毁法的缘故。”

假如与倒霉的上师和恶友为伍，功德会逐渐消失，诸恶炽盛，诸事不顺，恶运临头，所以要全面消除这些现象。

《正法念处经》（དྲན་པ་ཉེ་བར་བཞག་པ། dran pa nye br bzhg pa）说：“贪、嗔、痴三毒的根源是恶友，他如毒树一般。”

《涅槃经》（མྱ་ངན་ལས་འདས་པ། mya ngn ls a´ds pa）说：“如同菩萨对恶友退避三舍一样，发疯的大象等则有所不同，因为它只对人的皮肉造成伤害，而前者（恶友）可使善根和纯洁的心灵丧失殆尽。换言之，这二者均伤害肉身和法身，但存在不必堕入恶趣和必然堕入恶趣的区别。”

《谛者品》说：

“恶友如蛇蛊惑心，

导师良药[1]全抛尽，
即使听闻三宝法，
同样堕入放逸坑。”

《亲友集》说：

“缺乏信仰吝啬强，
挑拨离间爱撒谎，
智者不近远躲避，
不与恶人为朋党。

一旦做了罪恶事，
放弃成见去认识[2]，
但恐惹上坏毛病，
流言蜚语与日炽。

不加选择乱拜师，
庸师缺点玷辱士，
有毒箭袋放置箭，
箭头自然沾毒剂。”

如果投奔不良师父，以前本质恶劣、臭名昭著的行为不仅不会得到改正，而且以前没有的毛病也会滋生蔓延。

善知识敦巴说：“一个极差的人，即使遇到一个好友，也只能变成中等；一个优秀的人，假如与一个最差的人为伍，自然而然变成一个落伍的人。”

第六，总结大义。对于著名的“上师瑜伽教诫”，应该按照以上所说的加以理解，如果只注重某一点所缘[3]进行学习，那么不起任何作用。如果真心想学法，应该长期拜依一个正确讲授佛法的真正上师。

那时，切噶巴大师（མཆད་ཀ་པ། mchd ka pa）说：“如果拜师过分，恐带来不良后果。”如果不知道怎样拜师，就毫无益处，损失较大。所以，有关拜师方法，非常重要，是长远理想的根本所在。（本书就这个问题）从正确无误的佛典和

[1] 原文“དུག་སྨན”为毒药之义，但“良药苦口”已是约定俗成，所以译为“良药”比较顺口。
[2] 人做了亏心事，但别人放弃成见去亲近他。
[3] 所缘，含义非常广泛，除《藏汉大辞典》解释的以外，译者以为还包括目标、目的、理想等，这里应理解为目的。

经疏着手，采用引经据典、通俗易懂、引人入胜的手法，谨以潜心研读佛典的广大智者论典作为点缀，进行了粗略论述。欲知详情，请阅别书。

我们烦恼很重，又不谙如何拜师，即便知道也不行动，随意向其他人听法，这使拜师不当的罪过更加深重，这很难使人产生忏悔和收敛之心。

因此，如前所述，了解功德与罪过的区别，反复观思，针对没有按照前世拜师方法，进行真诚反思，大发戒心，刻苦修习适合自己的法，反复思量上师的真实而全面的名分，在未证菩提之前，为创造上师永远呵护的条件而积攒福分，并多多发愿。如能这样，不久之后，就会成为像精神可嘉的常啼菩萨和不满足寻师的诺桑青年一样的人。

第三节　护持方法

简述护持方法。包括两个方面：一是具体护持方法；二是制止邪说。

起初，又有两个小问题：1. 应该怎样认识修习本质；2. 有六加行法。

《塞林巴传》（གསེར་གླིང་པའི་རྣམ་ཐར། gser glaing pa´i rnam thr）是明证。彻底清扫居室，端正摆放佛像、佛经、佛塔；正规寻找供品，并精心布置。

《声闻地》（ཉན་ས། nyn sa）说："在被深深昏睡所包围中修心之时，应互表悔意；在沉迷希求其他欲望等障盖中修心之时，在标准座或小座等之上结跏趺坐。"

在平稳的法座之上挺直腰板，以佛经允许的跏趺或半跏趺坐姿而住，皈依佛门和发心菩提须与内心保持一致。眼睛凝视前方天空，想必居住着无数广行派、传承深邃见解的上师，以及佛、菩萨、卓越声闻、独觉、护法神，并回想福田。

为使正道深入灵魂而创造有利条件，行善积福。如果没有消除不利条件的障碍的共生因素，即使仅仅努力护持近取之因——所缘相（印象），正道也很难产生。因此，以荟萃修福忏罪精华的七支（仪轨）调理心境。

礼佛（磕头）之一包括身、口、意三个部分，可用"一切谁人……"[1]一首偈句作解释，这不是指世间局部的或某时的佛，而是指驻在十方、前已临世、未来临世，以及现在驻世的所有佛，一心向往他们，不盲目跟风，从内心深处用身、口、意向他们顶礼。

智军大师（ཡེ་ཤེས་སྡེ། ye shes sdae）在一部注释中说："即使向一个佛顶礼，其福分无可估量，何况向如此多的佛顶礼，更不待言。"

三门（行动、语言和思想）之一行动礼。可用"良好行动……"一首偈

[1] 这是引自《菩提道炬论》的原文解释。下同。

句作解释，把在方隅和时空中驻锡的一切佛，默想自己的心中清楚显现，然后把自己的身体变成与佛国刹土同等数量，再行顶礼。

对于目标的良好行为，应加强其笃信之力，藉此起心动念。既然单身顶礼，尚有大福，何况用这样多的躯体顶礼，自然福分更大。这也是智军大师所言。

思想礼。可用“微尘上面……”一首偈句作解释，是说就像在每一粒微尘上面有同等数量的微生物一样，诸佛就驻锡在由无数菩萨簇拥当中，应发起回想他们功德的信念。

语言礼。可用“讴歌此等……”一首偈句作解释，按照经中所说，把无可穷尽的功德颂对象，变成无数身体，无数身体有无数头颅，无数头颅有无数舌头，以悦耳动听的音调而说。这里的“音调”为赞颂之意，其附属因素为舌头。“海洋”为繁多之义。

献供之一包括至上献供，是“高贵花朵……”二首偈句。高贵花朵，是指天与人间等名花及平常花。鬘，是指把各种鲜花扎在一起，这里包括自然的与人工栽培的。环佩声，是指弦音、吹、弹、敲等。涂剂，是指香水。华盖，是指伞盖之冠。酥油灯，是指掺有香料的酥油灯等味香而明亮，甚而发出珍宝之光。熏香，是指合成香和自然香。美衣，是指一切衣服之冠。美味，是指把香水作为净水供奉，三千世界充满香气之水等。香囊，是指把用来撒香粉，或把可熏之香做成小包，或把绘制坛城的彩色粉末的规模，试与须弥山媲美。庄严，赋予一切至上之极，有广大、美饰和繁华之义。

无上供养，指的是“所有供养……”一首偈句；至上（供养），是世间的供养。这里，菩萨等法术高强者可以变化出最好的供养。后二首偈句，是补充前二首的，指出了顶礼与供养的动机和对象。

忏悔罪过之一，指的是“贪嗔……”一首偈句，应认识到自己以三毒为因，以身、口、意三业为基础，自己设局，并亲自加入，或者让别人参与，或者对别人的所作所为表示欣赏。

综上，就是“有什么”的意思，回想那些罪果，悔过自新，杜绝后患，这样真心忏悔，前科中止，余罪不再发生。

随喜之一，是指“十方诸佛”一首偈句，回想五种人完美的功德，恰似穷人发现宝藏一样，保持乐观。

鼓励转法轮之一，是指“十方那些”一首偈句，在十方佛国，作为菩萨圆满成佛，得到无所依恋和无所挂碍的先知（能力），时隔不久，身体也会变成佛国大小，来激励宣法。智军大师曾朗诵“菩萨圆满成佛”法句，并进行论述。

祈祷之一，是指“宣示圆寂”一首偈句，在即将于十方佛国宣示圆寂之际，为了给众生创造今后的利乐和现在的幸福，在与世界的微尘数量相等的劫数中不要圆寂，永驻人间，并变化无计其数的身体而进行祈祷。

回向之一，是指“致以膜拜”一首偈句，以上述六分支为代表，把一切善根与众生视为共同体，以强烈的愿望回向圆满菩提之源泉永不枯竭。了解这些内容的意思，集中精力，逐步实践书中所提教理，将会福分浩荡，无穷无尽。

膜拜、供奉、激励、祈祷和乐观，是顺缘、积福的体现。

忏悔，是指消除违缘罪障。乐观的另一个方面，是对自己以前的所作所为感到高兴，从而推行自己的善。

回向，是指可以把小的积福、小的涵养和小的善举发扬光大，在短时间内发挥效果，把将要消失的（一切善美）永远保住，不再消失。

简而言之，就是积福、历练和持恒三种目标。

明确所缘（目标），敬献曼荼罗，迅速杜绝从不尊重上师直至贪著二种我相[1]的一切错误的思想动态，而顺利倡导从尊重上师直至了悟无我真性的一切正确情操，祈祷内外一切障碍全部克服。就这样以强烈意愿进行多次祈祷。

关于如何护持根本位有两点：一是总护持方法；二是适时护持方法。

首先，所谓“修禅”，是指自己的心永远向着善缘，这就是所缘相（印象），从无始以来，它就成为心不由己和心由自己（的分水岭），心偏向烦恼等罪障，制造一切缺点。把这个心控制起来，就是为了一心按照自己所愿行使善缘。

如果不加选择地护持目标，把自己所希望的善缘，想用一点数字和简单过程来付诸实施，这是行不通的。这会成为按照自己所愿行使善缘的巨大障碍，因为从一开始，就放任自流，一生善行将会变成缺点。

所以，一开始就要明确所要护持目标的数目和过程，下定决心，专注既定目标，而非三心二意；根据既定目标，意识清晰、没有纰漏地进行护持。

适时护持。首先思考依靠功德带来迅速成佛，思考未依靠的罪业带来今生后世的苦难等。要反复发愿永远不找上师缺点的戒心，无论掌握戒律、三摩地（禅定）、智慧和听闻等中的任何一种功德，通过思考，以虔诚的心进行修炼，直至产生信仰。

如以前在经藏中所引述的那样，思考对自己有过助益或将要助益的恩情，从内心深处进行修禅，最终产生信仰。

最后是该怎么办。把所积的善从《普贤行愿品》（བཟང་པོ་སྤྱོད་པ། bthng po spyaod pa）和《祈愿七十义》（སྨོན་ལམ་བདུན་ཅུ་པ། smaon lm bdun cu pa）等经典出发，为了现在和将来的理想，以强烈的愿望进行回向。在清晨、上午、下午和傍晚四时，要修禅以上功行。

如果起初时间过长，会导致神志昏聩，若形成这个习惯，将难以改变，

[1] 二种我相，全面中断的遍计所执性，实际上两种我无法存在，但由于寻思的缘故出现两种我。

宜分成小时段多次修持。如果有效控制修持的兴趣，以便今后继续保持参修的心情。不然，就会成为所说的“一见床铺就恶心。”一旦稍有稳定，可适当延长。所有这些行动，不可太紧，也不可太松，克服这样的缺点进行修持。这样可以减少阻力，避免疲惫，消除昏聩。

关于修行时间，包括礼拜、转经和经忏（诵经）等方面，但这里主要指的是，抓住时间规律，分开时段进行护持，如果对此印象没有了记忆，放任自流，则收效甚微。所以，在修行间隙内，还要阅读相关经籍，反复回忆。

第四节　增长功德的条件

增长功德的有利条件要从多条门径创造，消除不利因素也要多管齐下。对于信守一切基础性的任何诺言，对耳熟能详的科目努力践行，所以素有所谓加强印象、遵守戒律和积福行善三者合一而教授的说法。

另外，对顺利产生寂止和胜观之道的条件必需的四种资粮也要进行学习。哪四种资粮呢？ 1. 收敛感官；2. 正知而行；3. 控制食量；4. 废寝忘食地苦修，以及怎样入眠。

首先，如何收敛呢？保持记忆，勤奋冥想。在收敛感官中，不忘佛法，不断护持。回忆要持之以恒，要谦逊对待。到底收敛什么呢？那就是六根[1]。

从何收敛呢？从如意的六尘[2]和不如意的六尘入手。如何收敛六根包括两个方面，其一是根据客观外境和感官获得六识[3]之后，或意识对六美境产生好感，或意识对六丑境产生恶感，（无论怎样都要）大力守护，不致发生意外。

六根所做的事，就是如何做到收敛，因持某种观点等而产生烦恼，对于这种客观现象，感官不予理睬，并加以杜绝。

守护感官，要做到不对有相（现象）和征象信以为真，如果遗忘和烦恼多了，会产生罪孽之心，要收敛以修。

当真现象，指的是把不该当真的色（外境）等当成真实的，或把出现在眼前的这些现象记在心里，从而公开直接地去追求它。

当真征象，指的是把获得六识之后产生贪、嗔、痴三毒之所，有意识地去执著它，即便没有出现在自己眼前，但靠道听途说去寻思它。

何谓收敛？指的是在烦恼面前坚定信心，身处善美和无记（没有授记）中。

[1] 六根，眼、耳、鼻、舌、身和意。
[2] 六尘，色、声、香、味、触和法。
[3] 六识，眼识、耳识、鼻识、舌识、身识和意识。

这里所说的身处无障无记，是指心向善缘的不定言行之时。

何谓正知而行？有两点：一是所行之因缘；二是所行之正知。又有两点：1. 行动五业；2. 受用五业。

行动五业中的身业，指的是往返于山村和佛殿等。

眼业，包括两点：1. 未经注意而发现各种现象并稍加观察；2. 经过深思熟虑，进行仔细观察。

肢体业，指的是屈伸手脚。

法衣和钵盂业，指的是受用三法衣和钵盂，并妥善保管。

化缘业，是指享用斋饭等。

佛殿中所行五业的身业，指的是走该走的地方，或者行走在佛法允许的地方，或者为了佛法而上路；适益的行动方式是，端坐在亲教师、轨范师和上师面前，在法座上面跏趺而坐。

语业，指的是未得到教证者接受十二分教证，并全面领悟之；经常嗥颂所受教证，并教授他人；为了进取，与人讨论。这里说的是言论。

意业，指的是睡至半夜，然后（清晨）前往僻静之地，思考所闻的经义；以九心入定，潜心胜观而不语；在炎热、疲劳和不定时打瞌睡时，不能掉以轻心。

白天和夜间二业，指的是在白天或前半夜和后半夜不能睡觉。也指身、语二业。所谓睡觉，是专指夜寐和意业。

熟习以上十业，正知而行。无论行动，还是受用，首先应该端正理念，谨言慎行。行动和受用决定一切，用何种方式方法进行观察，就以这种方式方法了解事物。这又分四种情况。

对于身业等十项基础，以何种方式进行观察，就以这种方式了解一切。例如，对于前往和返回的业，要按照《律经》中所说的进行往返，当了解之后，届时便可分析现在该做什么。

以何种方式如何观察的方向，就以这种方式方法进行了解。例如，动身之时，不去酒店等五种地点，知道除此以外的地方方可前往。对于这样的地点和时间，要正知而定。

无论何时，以何种方式如何观察的时间，就以这种方式方法进行了解。例如，知道上午可以去村庄，但下午不可以去。这样行动之时，要正知而定。

以何种方式如何观察的一切业，就以这种方式方法了解所有业。例如，动身之时，要非常谨慎地决定前往目的地。凡此种种，心中要想起全部有关行动戒学。

总之，要回想白天和夜间的行为规范究竟有多少，了解它们的可取处和不可取处。在往返之时，就现在前往或者返回一事做出正确选择，如是正知而定。经云，这样，此生不涉堕罪，死后也不坠恶趣；如未获道之证悟者，也可加入获取因果资粮之列。

控制堕罪与根门（感官）二者，是根据无著大师引用《经藏》进行诠解之义而予以论述的，如果潜心于此，所有善行会取得与众不同的功效，特别是戒律得到全面清净，以寂止和胜观为代表的心——毫无杂念的三摩地会顺利成就，故应积极进取。

控制食量应当具备四法。不应进食太少，如果太少会因饥饿而体弱，为人做善事便显得力不从心。所以，在第二天进食之前，要做到不使饥饿侵害身体而适量进食。如果进食太多，就像身负重物一般，身体沉重，呼吸困难，嗜睡懈怠，故无力摒弃烦恼。要吃易消化和易吸收的食物，如饭后觉得难受的或陈旧的食物应放弃，不要再吃令人不快的食物。食物要选择非烦恼的、适当的，避免引起罪过，使身体舒适自在。

第五节　控制贪吃的办法

控制贪吃的最好办法取决于修禅其罪障。罪障有三：一是因享受带来的罪障，观想任何一种色、香、味俱全的食物在口中咀嚼并被唾液弄成糊状而令人作呕。

二是食物消化后的罪障，观想食物到了半夜甚至下半夜才开始消化，分解成肌肉和血液等，部分食物变成粪便居于腹部，每天要处理它们，这些食物可带来多种疾病。

三是寻找食物的罪障，有五个方面：1. 辛苦带来的罪障，为了食物和食物来源，冒着寒冷或炎热而奔波拼命，如果没有办到，心情郁闷，即使办到了，也怕被别人抢去或浪费掉，因此千方百计进行保护而导致痛苦；2. 亲情丧失，为了这事，父子等之间争论不休，大打出手；3. 不知足，欲望越来越大，国王等人交恶开战，因而遭受大难；4. 失去自由，吃了主人的饭，就要为他与对方争执斗殴，而忍受几多苦难；5. 为非作歹，为了食物与食物来源，积蓄三门[1]之罪障，临终之时想起这些而后悔万分，死后堕入恶趣。

尽管这样，食物并非一无是处，因为人靠食物生存。但仅仅为了这个，不应饱食终日，而只是为了身体需要，考虑我必须遵行正确的梵行[2]。要想到布施者或施主为了得到特殊成果，几乎熬其筋骨布施于人，为他们做事将会带

[1] 三门，身、口、意三门。
[2] 梵行，菩萨行。

来巨大好处，然后进行享用。

《集学论》说："要回报布施者，考虑现在要用财物安抚体内的寄生虫，以后要用佛法来告慰它们（体内寄生虫）。应抱着服务众生的理想而进食。"要忆念这段话。

《劝戒亲友书》说：

"食物视同良苦药，
少贪少嗔为首要，
不应暴食不应骄，
不为健壮保命劳。"

废寝忘食，发奋瑜伽。如何作息？

《劝戒亲友书》说：

"高人白天不昏沉，
前夜后夜仍用功，
不眠修行不无果，
妥善作息保清醒。"

这指出了如何处理白天、夜晚（前半夜、后半夜）、更值、座间中（的区别）。在修习和活动之间，针对五盖[1]全面修心，使之具有意义，如同前述。

控制堕罪、控制根门和正知而行三者中，有更值和座间法，这里采认座间法。

作息行为就是座间行为，不可掉以轻心。如何办到呢？把白天和夜晚分成三部分，前半部分以积善修德为主，中间部分以休养生息（睡觉）为主。这样，身体得到很好的修养，为了善事献上二种精进，非常合宜，大有裨益。

睡觉之前，走出屋门，洗净双脚，然后入内，右侧着铺，左脚放在右脚之上，以狮子卧姿入眠。

狮子卧姿，在众多动物中，狮子本领高强、心胸宽阔、临危不乱、威风凛凛。废寝忘食地修炼，功夫等增强之时，将威慑对方，故说像狮子一样进行作息。而饿鬼、天、欲天诸神的卧姿不是这样的，他们懒惰，缺乏勤奋，不能慑伏对方。

换句话说，如狮子般右侧睡觉，身体自然不会松散，入睡后也保持忆念，不会嗜睡，不做恶梦，梦中不做坏事。否则，将会一反前四者，而习染诸罪。

[1] 五盖，掉悔盖、嗔恚盖、昏睡盖、贪欲盖和疑法盖。

以何种情绪睡觉？有四项要求：一是光明意识，善于掌握光明相，以光明之心而眠，这使人入睡后心中不出现黑暗。

二是忆念意识，通过闻善法、思善法、修善法所得到的忆念，在入睡之前，必须时时随念。这样，即便睡熟之时，也好像没有睡熟似的，对这些善法多次进行冥思苦想。一句话，在睡觉之时仍然行善积德。

三是正知意识，在这样保持忆念之时，无论出现任何烦恼，都不可取，都要摒弃。

四是起床意识，包括三个方面：首先，无论何时何地，不要把睡觉当作崇高目标，而要保持敬业勤恳之心，像动物一样警觉少睡。这样，睡眠不沉，按时清醒，按时起床。

其次，心中要这样想：啊！我要遵照佛陀教导的睡姿进行作息。为了做到这点，必须努力树立壮志。这是不折不扣地遵循佛陀授予的作息法。

再次，无论如何，自己要心想我今天不睡觉，发奋修法，明天也同样如此。鉴此，一如既往心向善法，即使健忘之时也要积极进取，天天向上。

如果饮食与作息远离罪过、行为得当，就会避免虚度年华。这是根据无著大师引经厘定而论述的。

这样，在正式阶段，除了特殊的护持方法外，凡行动、正式、后期和座间都如此实行。从现在起直至胜观之间，对于观修任何印象都同样适用。如何对待座间法，现已讲完。

第二，为了这个护持而杜绝胡思乱想。对于把佛典注疏及其相关大论升华为秘诀一事，人们尚感生疏，这样认为，在修道之时，无需反复观察客观外境，只要修止（适时停止）即可，用思辨的智慧反复观察，这是在闻思之时进行的，寻思是执著有相[1]的表现，是成佛的障碍。这完全是不了解修炼准则而信口雌黄。

《经庄严论》说：

“首先依靠闻圣法，
然后正确思量它，
如理作意习惯后，
无垢义境[2]智慧达。”

[1] 执著有相，拘泥于某一客观现象。
[2] 义境，具有意义的外境。

意思是说，把所闻之义用思慧[1]如理思量，才能使正义成为真实证悟的修所生慧。

那么，无论修炼什么，首先要从他人闻法，依靠他人的力量弄懂义理。之后，自己把所闻的意思，运用教证和道理正确思考，依靠自己的力量取得信念。用闻思取得信念后，消除疑惑，反复熟习，这就叫作修炼。

这里，出现了洞察修炼和不察修止两种修炼。这两种情形是：对于闻思决定了的，不察修止；对于以缜密思维需要分析的，洞察修炼。把一切修炼视为修止者（无所作为的修炼），就如拿上一粒青稞，说所有的谷物不过如此，仅此而已。

闻所生慧之前闻先行，思所生慧之前思先行。同样，修所生慧之前修必须先行，因为智慧源自修炼。

如能这样，修所生慧之前先行的这个修炼，用思所生慧已经决定了的，加以了解熟悉，故说修所生慧来自思所生慧。

所以，所闻越多，智慧越深，思想越广，智慧炽盛，如此修炼，修者日增，防微杜渐，修德者众。

在佛典注疏及其相关大论中只是强调若要修炼，闻思先行，而没有说闻思决定了的，不是为了用来修炼，而只解决字面意义，修炼时又无的放矢。如此修炼，等于跑道一侧，跑马一侧[2]。

这样，以上所述就会互不关联，三种智慧逐渐增长的方式不但不实现，整个佛典大论反而将付之东流。“迈向正道，无需多闻。”这样的叫嚣便会大行其道。

不谙这些关键道理的表现在于，一个广闻显宗或者密宗的人与一个从未接触大论的人，在修炼上面，不会有多少差别。此外，这个修炼者如果进行闻法与观察等，自暴自弃的恶习就会长期存在下去。

因此，仅仅熟悉这个闻思慧决定的，不是修所生慧，但仍然与修者没有矛盾。如果矛盾的话，一个没有进入初禅预备阶段的普通人，根本不可能修炼。说从欲界上升到更高境界时，借此可以开启修所生慧。除此而外，不可能再有修所生慧。在《俱舍论》中多次阐明这个道理。

[1] 思慧，通过思维而获得的智慧。
[2] 跑道一侧，跑马一侧，这里指南辕北辙，风马牛不相及。

第六节　什么是修炼

所谓修炼，在《波罗蜜多释・明显句论》（ཕར་ཕྱིན་གྱི་འགྲེལ་བཤད་ཚིག་གསལ་བ། phr phyain gyail a´grael bshd tshig gsl ba）中说："所谓修炼，指的是可作为心之福分或作为心之一物。"要这样理解才是。譬如，"修炼信仰修慈悲"一句，应理解为发心信仰与发心慈悲。

因此，有的大译师改译为"修行道"，有的大译师正如《现观庄严论》中所说的"见道习道一一路"，译为"熟练"，修炼与熟练同义。

另外，弥勒菩萨说：

> "抉择道路有区分，
> 见道修道只两种，
> 反反复复心中思，
> 衡量分析修道稳。"

这说的是大乘神圣修道，要反复思考、衡量和分析。经过研究后，进行护持和修炼，反而认为二者矛盾的，实为可笑之处。

修炼信仰、四无量、菩提心、无常、痛苦，要对这样的说法反复分析，从而进行护持，这便是修炼。类似提法难以计数。

《入菩萨行论》和《集学论》都说："为自心修我撰写。"这两部书中说一切道次都是修炼。

《集学论》说："所以，经常不断地施舍躯体、财富、福分，或对其守护、清净和弘扬，均需修炼。"这是说对于躯体、财富和善根，要用施、守、净、扬来实施，均属修炼。因此，"修炼"一词不可小觑。

认为一切寻思是执著有相，是成佛的障碍，故准备抛弃所有的分析修炼，（持）这种妄自菲薄的邪见，为汉地堪布和尚之流。批驳这种观点，将在后面的"寂止"和"胜观"章节中进行。

这种邪见将阻碍人们对大论产生敬意，毋庸置疑，这些大论的基本内容就是审谛思维，而这些分析临到修炼之时，会被视为无关紧要。它会成为灭佛的主要诱因，认为各大佛典与经注不会成为教诫，便置若罔闻。

这样，修道存在察而修的观修和不察而修的安住修两种。什么样的道是观修，怎样的道才是安住修呢？兹叙述之。

修敬导师，修炼人身具有大义并实难获得，修炼死亡无常，修炼业果，修炼轮回罪孽，修炼菩提心，都需要观修。这就要求坚强而持久的毅力和信念，如果没有了它,对其反面——不敬等（缺点）将无法阻止。若树立这样的思想，只有依靠反复细察而修。例如，吸引眼球的现象总是以假乱真，而产生强烈欲望；敌人总是让人心烦意乱，想起来怒火中烧。同样，修炼这些道，目标的情形是否清晰都一样，关键是思想感受需要强烈持久，这就叫作观修。

心不能固定在一个目标上，而任意驰骋在其他一个目标上。作为可行性措施,这在修炼寂止等时,经反复观察,心是不能住的,这就需要安住修。在“寂止”和“胜观”章节中待解。

若不谙此道，又是智者的话，只有进行观修。谷萨黎（ཀུ་སཱ་ལི། ku sa li）并非说只进行安住修，而是提倡二者并行不悖、双管齐下。学者也需要修寂止，因为谷萨黎也需要修炼强烈的导师信仰等。

关于这两种修炼方法，在《经藏》（མདོ་སྡེ། mdo sdae）和《续部》（རྒྱུད་སྡེ། rgyaud sdae）中多次强调用缜密思维加以修炼。导致修炼不成或者功夫甚微，道之生命——无垢智慧就不会产生，即使稍有增长，也不会壮大，对道是无济于事的。

何谓道之最终所立？就像马鸣菩萨所说的：“智慧当中遍智最。”清晰甄别万事万物的就是智慧，因此，应该明确知道，如果越修炼，越健忘，忆念越模糊，对于辨别取舍显得迟钝，陷入歧途的现象显而易见。

此外，了解三宝等具有许多特殊功德后，由此产生的信仰就会大量增盛，掌握轮回的罪孽而厌离，悲悯大发，从多方面发现解脱的功德并为之奋斗，菩提心和六度等奇美言行深入心灵，矢志不渝的信仰、信念和勤奋越加强大。所有这些,需用缜密细微的智慧,分析佛典之意涵,而只有仰赖修炼。凡有识之志,必须对此坚定立场，取得信念。

修炼一知半解者却认为，如果过于用缜密思维进行观察并护持的话，就会妨碍对三摩地专心致志，牢固的三摩地不会成就。

现论述之。如果以前把心任意放在一境而未修成三摩地，现在如果重新修炼，观察数境，三摩地不会产生。对此，未修成正果之前，这种修炼就是安住修。如果这样说的话，我们也表示认可。

在修炼如此三摩地之前，如果认为过于观修将成为三摩地的障碍，那么表明完全没有了解开派祖师们在相关释论中关于三摩地修法的主张。

譬如，一个手艺精湛的工匠，把金银反复煅烧、反复淬火，除去所有杂质，就会变得非常柔软，且用途广泛，可以任意制作耳环等，不在话下。同样，面对烦恼、近烦恼和罪行，在修炼罪恶业果和轮回罪孽之时出现的那样，以条分缕析的智慧反复修炼这些罪过，以彻底悲哀或悲观厌世之作意[1]，如同烈火煅

[1] 作意，这里按“心路”理解比较合适。此外，还有思量、理解、心思、所想、心想等义。

金，远离邪恶，荡涤罪垢。

面对导师的功德、身价意义、三宝功德、善美业果和菩提心功德等课题，以条分缕析的智慧反复修炼这些功德，以滋润心灵和开化良知，如同金子淬火，奔向善业，喜欢造福，正法养心。这样，无论愿意修炼寂止，还是愿意修炼胜观，都要倾情投入，这种志向会顺利实现。这种观修是修炼正宗三摩地的最好方法。

无著大师说：“例如，铁匠或者铁匠的得意门生为了去掉金子或银子中的杂质，不时锻炼和淬火，在制作饰品时柔软而耐用，就会直达目的。就像铁匠和铁匠的得意门生一样，工艺师利用工具按照自己的意愿，制作各种各样的饰品。瑜伽师任何时候要远离贪婪等肮脏不洁之心而生悲情，远离令人烦恼的不快之心，以全身心投入善道而喜爱美善；无论寂止方面，还是胜观方面，瑜伽师必须把心置于其上，要做到非常贴切、非常专注、不散心、不动摇，心中所想的正义便会实现。”

此外，心不散逸、专注一境的三摩地的主要障碍有二：昏沉和涣散。如果观察三宝等功德的思想强烈而持久，便很容易克服昏沉。有些名副其实的学者说，昏沉的克星应该是观察功德，振作精神。如果观察无常、痛苦等罪过的思想强烈而持久，很容易克服涣散。涣散属于贪，心不专一，有些经典中说，其克星应该是树立厌离心最佳。

所以，从修心拜师到修心入门，越多次修炼，就越顺利修成智者所钟爱的牢固三摩地。

不仅在安住修，而且在观修之时，都应远离昏沉和涣散，从而加以护持。精通这个秘诀的前辈上师智者们，在传授未来目标时，为了对相关目标树立必要信念，利用上师的秘诀，对经藏论典的教证中适时阐明的含义反复回想，用前辈的教导升华主题。

如一个所言释万、纵横捭阖的人向一个善于听法的人进行讲授，则能征服经院中所有僧人的意志，而暗自苦想者难以做到。这种说法千真万确。

说“现在是专注目标的时候，万不可分心，也是闻思之时和禅修之时”，而大量宣法与大量修炼并举，使二者互相矛盾。这是邪见使然。

但是，能够把所有的讲授付诸修炼，这是十分稀有的。故将扼要修持方法另外说出。

一切经典是否成为教诫，关键在于是否理解了其修持方法。未学过藏论者何须多言。长期学过显密大论的人，在具体修道之时，自己以前所学的部分就会浮现在眼前。对此，需要大书特书分解，但恐字繁，按下不表。批驳护持方面的邪见，告一段落。

如前所述，如学生正确选择导师一样，导师如何引导学生的过程应予揭示。

第七节　人身的意义

第二，拜师之后怎样修心的过程有两点：一是为使闲暇（血肉）之躯具有价值而鼓励提高认识；二是怎样做才使人身更有价值。

首先，认识人身，认识人身具有大义，认识人身难得。人身包括闲暇和圆满。

《摄功德宝》说：

“戒止若干恶趣因，
弃八无暇得闲暇。”

脱离八无暇即为无暇。

何谓八无暇？《劝戒亲友书》说：

“执持邪见同畜生，
往生地狱同饿神，
鲜有佛法边鄙地，
生性野蛮愚哑盛。

投生任何长寿神，
八无暇中定转生，
脱离此地得悠闲，
为阻轮回需勤奋！”

四众弟子未曾涉足的荒凉边塞，喑哑而肢体残障，不承认前生后世、业果和三宝的邪见，不诞生佛而无有佛典。这四者中的前二者和后者不知取舍，第三者不信神圣佛法。

三恶趣很难产生信佛思想，即使稍有产生，也因痛苦所困而难以为继。

长寿神，在《劝戒亲友书释》（བཤེས་སྤྲིངས་འགྲེལ་བ། bshes sparaings a´grael ba）中说的是无意识者和无色天。在《八无暇论》（མི་ཁོམ་པ་བརྒྱད་ཀྱི་གཏམ། mi khom pa brgayad kyai gtm）中指的是永远沉湎酒色的欲界天。

无意识者，在《俱舍论》中说：“四禅定天的广果天一侧，有一个村落，村外有座貌似寺院的去处，这里除了刚出生和临死之外，心与心所的活动已经停止，居住在许多大劫。居住在无色界的圣者无有闲暇，故生在此界的芸芸众生没有修炼解脱道的福分。经常碌碌无为的欲界天也一模一样。因此，对它们称作无暇。”

《劝戒亲友书释》说：“在这八处中，不存在行善的闲暇，故叫作无暇。”

圆满，包括两点：一是五自圆满；二是五他圆满。

五自圆满，经云：

“生在中土五官全，
离诸业障信仰严。”

“生在中土”，指的是生在四众弟子[1]曾经到过的地方。

“五官全”，指的是声音洪亮，四肢健全，五官端正。

“离诸业障”，指的是未犯无间往生[2]罪，或者未使人犯无间往生罪。

“信仰严”，指的是对于源自一切入世与出世善法的根源——戒律，生起信仰。这里的信仰指的是三藏。

这五种自身兼容，具备修法条件，谓之五自圆满。

五他圆满，经云：

“佛陀临世宣圣教，
大法驻世人仿效，
拔济众生发慈悲，
……[3]”

“佛陀临世”，指的是佛陀临世或即将临世，在长达三大阿僧祇劫[4]内积聚资粮，永葆菩萨藏，直至成等正觉。

“宣圣教”，指的是佛陀或其声闻弟子弘扬佛法。

“佛法驻世”，指的是从成佛、宣法，直至入灭之间，以实践无上正法之举，修证不衰。

“人仿效（追随）”，指的是悟得佛法者，发现人们具有直接弘法的能力后，按照自己的经验，使其步入佛道。

[1] 四众弟子，佛的在家、出家、男、女弟子。
[2] 无间往生，死后立即往生地狱，无“中有”等从中阻隔。
[3] 是否少一句？亦未可知。
[4] 三大阿僧祇劫，非常遥远的年代。

“拔济众生发慈悲”，指的是以施者或施主的名义布施法衣等。这五种其他人也有，具备修法的条件，谓之五他圆满。

《声闻地》说的是四他圆满，认为虽然现在不具备（五种），但通过宣示圣法，圣法驻世，使人信法，皆能随顺圆满。

思考暇满之身具有大义。为了永远安乐，不去证修正法，仅仅为了营造一生的安逸，或为了消除苦难而奔波，这点连畜生也会。故（这样的人）即使生在善趣，也等同畜生。

《致弟子书》（སློབ་སྤྲིངས། slaob sparaings ）说：

“为食井口数小草，
小象贸然往前跑，
事与愿违掉深渊，
沉迷浮华如此糟。”

一般说来，修诵如此佛法，特别是修禅大乘之道，平凡之身不可为，必须得到先前讲过的（有意义的）身。

《致弟子书》说：

“引人步入善逝道，
心明眼亮志气高，
神龙不能得此法，
飞天非人做不到。”

《阿难入胎经》（མངལ་དུ་འཇུག་པ། mngl du a´jug pa）也说：“即使生为人身，也有无尽苦难。但毕竟殊胜，千百万劫也难得。神临死时，其他神也祝愿他往生善趣，而这个善趣就是人类。”神们也把人身作为羡慕之所。

很早以前，为了得到人身，有些修道习性深厚的欲天，开始生为洞悉真谛之躯，但起初生为上界之躯是得不到圣道的。如前所述，大部分欲天尚处在无暇中，故证修初道之躯还是人最优越。

在北俱卢洲，不可作为守戒之躯。其他三洲之躯卓尔不凡，其中南瞻部洲之躯鹤立鸡群。

既然得到这样好的人身，我怎能使它付之东流。如果使它失去意义，等于欺骗自己，哪有比这更愚蠢的。长期身陷无暇深渊，刚好解脱一次，却又消耗殆尽，重新堕入黑暗。如被明咒所惑，想到自己已失去了良知！这样反复修念。

马鸣菩萨（འཕགས་པ་དཔའ་བོ། a´phgs pa dpa bo）说：

“人身就要超轮回，
他世种子已育培，
菩提种子格外优，
超过如意宝数倍。

人人都有功德流[1]，
试问谁人敢废休？”

《入菩萨行论》也说：

“得到人类暇满身，
我若努力不善真，
较之欺诈不曾有，
较之愚蠢世不存。

如果本人悟其义，
仍陷愚昧喜安逸，
他日身衰临死时，
巨大悲哀心头袭。

地狱烈火永不熄，
烧灼我身难受极，
悔恨大火燃不尽，
心情怅惘实无疑。

极难得到稀罕身，
无论如何今成真，
明白道理却犯错，
复又推向地狱门。

如同密咒惑心智，

[1] 功德流，传统的功德。

痛骂自己灵魂失，
缘何愚昧竟不知，
本人胸中还有几？”

敦巴上师对坚阿瓦说：“你能回忆起自己是怎样得到闲暇圆满的人身吗？”坚阿瓦一边参禅本尊神，一边反复念《入中论》的句子：

“他日自入任运处，
假如对此不善悟，
掉入深渊失自由，
俟后谁人拯救出。”

这样，展望未来，意义重大。同样，审思短期内也能用此身顺利修成圆满福报之身，修成五圆满之眷众因缘——布施、戒律和忍辱等。这些道理应予思考。

应该想到，这个躯体（应该成为）拥有圆满福报和永久安乐（的载体），具有深远意义。如果不为这二者（圆满福报和永久安乐）的因缘日夜奋斗，致使荒废，等于从珍宝洲空手而回。下辈子将贫困潦倒，得不到暇满之身，痛苦接踵而至，再没有比这更加荒唐欺瞒之事哉！

马鸣菩萨说：

“积大福德善良人，
历经万劫方修成，
因为愚昧困扰心，
丁点福藏[1]不积存。

人死投生他世界，
落入不忍痛苦屋，
如同商人往宝洲，
然却空手回家歇。

十善业道不熟悉，
后世再也不可及，
不得人身怎得乐，

[1] 福藏，福分之宝藏。

纵使有乐也痛惜。

较之再无欺后世，
较之再无大愚痴。”

如此思考之后，要树立使躯体具有巨大价值的愿望。《入菩萨行论》说：

“给予对方[1]贿赂物[2]，
要求为己做杂务[3]，
事与愿违无作用，
一个子也不能出[4]。”

又说：

“搭上躯体之船舶，
渡脱苦难大海波，
今后此船难得到，
切勿愚昧沉睡过。”

博朵瓦的《喻法论》（དཔེ་ཆོས། dpe chos）说：

“有人骑驴虫行礼[5]，
藏人食鱼童吃糕[6]。”

就这样进行思考，树立使躯体具有实际意义的理想。

第三，要回想人身非常难得。就其闲暇而言，在《十七事》（ལུང་གཞི། lung

[1] 对方，指身体。
[2] 贿赂物，衣物等。
[3] 使身体做各种事情。
[4] 最后什么布施也无济于事。这首偈句婉转地说，人活在世上，不能光为了锦衣美食，而要做一些更有意义的事情。对身体百般呵护，最后还是竹篮打水一场空。
[5] 一个有眼疾的人，骑驴唱歌，有人问因何而歌，那人回答：“骑驴之时不唱歌更待何时。”虫子向佛陀行礼，也能从中得到善趣，这多么奇妙。
[6] 一个西藏人吃了鱼肉，可能鱼鲠在喉，十分恶心，于是他用鞋带勒住脖子。有人问其故，他说：“吐掉美味鱼肉真可惜啊！”有一个幼童的青稞面糕被狗叼走了，他哭闹不已，大人问因何而哭，他说：“好不容易得到的面糕被狗叼走了，现在不哭什么时候哭。”
这几个故事说明一个道理，就是该做的事应该立即去做。人生在世，转眼百年，不能虚度光阴，要活得有价值、有意义。

gzhi）中说："从恶趣死亡后复又转生为恶趣的（生灵）多如大地尘土，从恶趣转生为人身的相当于指甲尖上的尘土；从二善趣死亡后转生为恶趣者多如大地尘土，从恶趣转生为善趣者等于指甲尖上的尘土。"无论从善趣，还是从恶趣，人身极难得到。认为人身如此难得，原因何在？

《四百论》说：

"形形色色诸人种，
正宗罕见私心重，
平凡苍生无差别，
大都必堕恶趣门。"

处在善趣的人类等盖非真善，他们大都犯有十不善的罪业，这是他们堕入恶趣的主因。

此外，哪怕对菩萨表现出丝毫的不满，也要蹲在无间地狱。既然这样，累世作恶多端，恶根不除，克星未遇，积重难返，这样的人永陷恶趣，万劫不复，何须多言。

然则，必须要消除滑向恶趣之因——前世所积的罪行，杜绝重新染上恶习之门。这样，即使善趣不稀奇，但这种作为（行为）弥足珍贵。如不这样，就要堕入恶趣，堕入恶趣后不行善，常作恶，万劫不闻善趣名，所以人身难得。

《入菩萨行论》说：

"不务正业积恶行，
珍贵人身我不竟，
如果暇满得不到，
作恶多端善离身。

他日具备美善福[1]，
我却执迷不开悟，
恶趣苦难多昏聩，
关键时刻如何处？

一生未积丁点善，
无论何时造恶愆，

[1] 美善福，美丽，善良，福分。

即使过了千百劫，
善趣名讳听不见。

释迦佛祖曾说过，
茫茫大海漂牛轭，
乌龟正好钻其孔，
人身如此真难获。

哪怕刹那[1]积恶业，
无间地狱蹲万劫，
无始以来罪行重，
不生善趣不难解。”

如果这样认为，忍受恶趣的苦难，会消尽前世的罪恶，往生善趣，解脱不难。那么，一边忍受苦难，一边时时积恶，故在恶趣中死亡，又在恶趣中徘徊，解脱是很难办到的。

正是：

“只因忍受大苦难，
解脱轮回无期限，
一边忍受恶趣苦，
一边积下大罪愆。”

回想人身如此难得之后，要认识到如果把人身作为造孽的工具，那真是浪费之极。要树立修炼正法才是上策的理想，使人身具有真正价值。

《劝戒亲友书》说：

“海上漂浮孤牛轭，
乌龟正好钻入格，
人身总比畜生贵，
主宰行法意义特。

黄金镶嵌珠宝盆，

[1] 刹那，很短的时间。

吐进秽物需清净，
得到人身造恶业，
没有比这更愚笨。”

《致弟子书》说：

“难得人身已得到，
心中牢记勤奋事。”

大瑜伽师对坚阿瓦说：“应稍事休息！”坚阿瓦说：“我也是这样想着的，但暇满之身难得。”

在澎波地方，有一座宏伟的石堡，名叫马恰喀（རྨའི་ཕྱ་མཁར། rma′i phya mkhr），被敌人攻占，过了很长时间，面临崩塌的危险。有个老人为此而苦恼，一天，他听说那座石堡重新被夺回，便迈着踉跄的步子，拖着长矛前去核实，（看到后）他怀疑这是不是在做梦。

博朵瓦说：“得到暇满人身，要欢欢喜喜去修法。”在找到这个信念之前，要以这样的心态进行观修。

这样，若使暇满人身具有意义，要树立名副其实的理想，要思四法。

一思需要修什么。众生只是喜欢安乐，不喜欢苦难。而创造幸福，消除苦难，只有依靠圣法。能做到的是，外缘靠导师，内因靠暇满人身。

二思一生需要做的。如果没有去做，几世很难得到暇满人身。之所以从现在开始做，是因为死无定期。

三思阻止下半生修法的懒惰念头。

四思一生需要去做。在以前的岁月中未能做到，想留在以后的时光中去做，要杜绝这样的懒惰。这二者可以迅速集中去办，分为三者也可。

思考死亡，此处攸关，但字繁复，以下分解。

这样，从多方面回想，思绪开阔，故按上述要求去做。应该这样想到，如果连这点都做不到，那暇满人身的实质究竟为何？无论现在还是将来，人身都具大义，从因果方面来讲人身都难得。总结这些，怎么样合适，按上述整合而修。

为何从因的方面人身难得？一般而言，要想得到惟美善趣，就要一门心思去奉行戒律等纯洁美行；尤其要想得到完美人身，须以正确戒律为基础，以布施等为伴，以无垢意愿为媒介等。如果要想集聚大善，创造这样的因缘显得非常奇妙。

有鉴于此，要这样想到，善趣境界的一般人身或特殊人身是很难得到的。

为何从果的方面人身难得？针对不同种类的恶趣，得到善趣的机会微乎其微；针对同类善趣，要观修特殊闲暇非常稀有。多尔巴大师对此非常重视，说万物由此引发。应当这样努力实践。

第四章　三恶趣苦

第一节　认识道论

如何使人身具有意义，包括两层意思：一是对总的道论取得信念；二是如何具体实施。

首先，又有两个小问题：1. 三士之道涵盖一切佛典；2. 从三士之道论述逐渐引导（学生）的理由。

佛陀最初发菩提心，进而积聚资粮，最后圆满成等正觉，所有这些都是为了众生（的利益）；所说的一切佛典，都是为了拯救众生。

所以，所立（所办）众生之事有两个方面：一是现在圆满福报，二是将来永久安乐。从现在起，就要努力做圆满福报之事。经中所说的一切，都包含真实下士道，或下士道法，或共同法。特殊的下士道，是指不能广为此生谋求大利，而是为了后世的丰富善趣，为了创造其因缘而努力。

《菩提道炬论》（ལམ་སྒྲོན། lm sgraon）说：

“处心积虑忙私事，
仅仅为了享安逸，
先己后人私心重，
如此做法最低级。”

永久安乐有两层意思：一是解脱轮回；二是全知地位。从声闻乘和独觉乘开始，一切经论包含真实中士道，或中士道法，或共同法。

中士之道，是指厌离诸世，把解脱轮回当作自己的终生目标，为了其方法道路而投身三学。

《菩提道炬论》说：

“永远鄙视世安乐，
我自彻底离诸恶，
一心只为己解脱，
如此人士中等格。”

阿底峡尊者在《摄行灯论》（སྤྱོད་བསྡུས་སྒྲོན་མ། spayaod bsdaus skaraon ma）中说：

“为达密宗彼岸境，
积极证修菩提心，
佛陀上师如是说，
专为此事撰经论。”

成就全知方法有两种：一是密宗大乘；二是波罗蜜多大乘。这二者包含在大士道之内。

大士，指的是不折不扣的大慈大悲，为了消除众生的所有苦难，把成佛作为目标。这是学习六度和生圆二次等法的缘故。

《菩提道炬论》说：

“洞晓自心有苦痛，
联想他人亦雷同，
正确消除众生苦，
如此做法最清纯。”

这样的大士修证菩提之法，需要波罗蜜多和密法，有待下面分解。

《摄抉择分》（གཏན་ལ་དབབ་པ་བསྡུ་བ། gtn la dbb pa bsdau ba）对三士的名词定义作了解释：“另有三种人，即正确接受以非戒、非非戒为代表的戒律者；正确接受具有声闻的戒律者；正确接受具有菩提心的戒律者。前者低等，中间者中等，后者优等。”所言与上述相同。还有许多下士、中士、上士的认识方法。

与《菩提道炬论》一样，《俱舍论释》（མཛོད་འགྲེལ། mdzod a´grael）也说世亲大师曾解释过三士的含义。下士中有经营今生和追求后世两种人，这里指后者，因为他坚守圆满福报之法。

从三士之道出发，循循善诱有两个理由：一是指出从三士之道引导有何意义；二是指出按照次第引导的理由。

首先，虽然说有三士，但在大士道次中，其他二士之道也无所不包，因为这二者是大乘道的一部分或分支。马鸣菩萨在《观修世俗菩提心论》（ཀུན་རྫོབ་བྱང་ཆུབ་ཀྱི་སེམས་སྒོམ་པ། kun rdzaob byang chub kyai sems sgaom pa）中说：

“从不害人崇真谛，
取之有道梵行立，
抛弃一切执著相，
至高无上善趣启。

精通轮回诸痛苦，
摒弃浊世修真途[1]，
彻底远离二罪恶[2]，
名副其实梵行路。

所有这些为所取[3]，
厌世道路一分支，
证悟万物终空虚，
慈悲众生暖流巨。

善巧言行无计数，
厌离世俗法特殊。”

这里，其实并非是下士之道仅仅把一丝安乐作为一生奋斗的目标，中士之道仅仅把解脱轮回作为一生奋斗的目标。如此，把下士之道、中士之道和若干共同之道作为引向大士之道的前行（基础），才是修习大士之道的一个方面。

因此，如前所述，若想人身具有价值，《中观藏要》（དབུ་མ་སྙིང་པོ། dbu ma snyaing po）说：

“芭蕉水泡当真实，
人身不定即消逝，

[1] 真途，真谛道。
[2] 二罪恶，遮罪和自性罪。
[3] 这些都是要争取的。

谁不为人谋利益，
立下壮志如须弥？

善良慈悲尚可欣，
须臾之间老死临，
百病载体血肉躯，
为人造福基于行。

神圣佛法如航灯，
离八无暇才算真，
高贵大士重言行，
名副其实成果盛。”

应该这样想到，我的躯体如芭蕉和水泡一样空虚不实，是产生疾病、衰老等诸多苦难的载体（根源），应该以大士风范度过每一天，使人身具有意义，而步入大乘之道。

第二节　三士的区别

那么，如果认为，一开始就应从大士之道着手加以引导，何必观修下士之道、中士之道呢？因为下士之道、中士之道和共同之道是修造大士之道的前行（基础）。其内在规律如何，以下分解。

按照以上次序加以引导，包括两个理由：一是具体理由；二是必要性。首先，欲迈向大乘之门，必须树立特殊菩提心，使之融入心灵。

《入菩萨行论》说：

“刹那产生菩提心，
解救轮回监狱众，
应该唤作善逝子，
……[1]”

当得到“佛子”或“菩萨”名号后，使人置身大乘之道。一旦名存实亡，

[1] 原文此处少一句？

也就自然退出大乘者行列。

所以，凡是想步入大乘道者，要千方百计树立菩提心，在产生菩提心之前，首先要观修菩提心功德，从内心对功德感兴趣。

弘扬菩提道次的优秀论著《集学论》和《入菩萨行论》都认为，这需要加行七法、皈依法等。

功德包括两方面：1. 现在的功德；2. 将来的功德。前者不堕恶趣，往生善趣。产生菩提心后，先前所造的恶趣之因——孽障就会得到清净，后来所犯的罪过就会得到中止；先前所积的善趣之因——福乐也会因此得到广扬，新近所创造的善美也会因此成倍增长，功德无量。

借力菩提心，能够顺利完成终极目标——解脱轮回和全知地位。如果开始没有了拟得到最终功德的纯洁意愿，说要努力争取菩提心，便会成为空泛之谈，因为这些功德源自菩提发心，观照内心，非常明了。因此，首先要有得到圆满福报和永久安乐的功德意愿，然后进行下士道、中士道和共同道的思想修养。

愿意求取二功德，修炼功德心。这个心的根本，就是树立慈爱和悲心。面对自己缺乏安全、苦难所困而深陷轮回的情景，连毛发都不动一下（喻无动于衷），何况面对其他人远离平安、遭受深重苦难之时，哪有什么恻隐之心？

《入菩萨行论》说：

“自古人们私心重，
从来不思菩提心，
哪怕做梦也图利，
安有工夫[1]顾别人？”

处在下士阶段，要想到自己面临堕入恶趣而遭受磨难的险情；处在中士阶段，要想到即便在善趣也有痛苦，没有安乐。面对亲人一般的有情众生，设身处地，加以修炼，为慈爱和悲心创造条件。如果从中产生菩提心，就要进行下士道、中士道和共同道的思想修养。这是产生真正菩提心的方法，并非引向歧途。

同样，在下士道和中士道阶段，通过皈依和遵循业果，多方大力修福忏罪，都将成为菩提心前行、修心方法、加行七法（ཡན་ལག་བདུན་པ། yn lg bdun pa）和皈依等，这些是产生菩提心的必由之路，不可不知。

就有关下士道法和中士道法，成为产生无上菩提心的一个方面，上师应循循善诱，学生也要全面理解。通过授受配合，忆念菩提心，成为产生菩提心方面的最好修养。

[1] 这句藏文的原意为“理由”之义，这里译为“工夫”比较贴切，亦未可知。

否则，大士之道与相关各道将各行其是，互不统属。在没有到达真正大士道之前，若对菩提心不能全面了解，或成为菩提心的障碍，或因期间大量废弛，故应认真对待。

如在下士道、中士道的修炼（阶段），如在大士道中提到的那样，勤奋禅修，尽量使真正的菩提心深入心灵。为了巩固这个菩提心，非凡的皈依要先行，然后唪颂仪轨。

以仪轨引导祈福，认真学习相关箴言。接着大量培养对学习菩萨行六度和四摄法等的兴趣。当从心底产生学习兴趣，一定接受从事的真正戒律。为了不染根本堕罪而拼命，也为了不染中小粗陋罪孽和其他罪行而拼搏。即使有所习染堕罪，也要以教言严格纠正。要全面学习六度，尤其要按照已经选定的积善目标，使其行之有效，认真学习寂止的本质——禅定。《菩提道炬论》强调，为了启迪先知而发挥寂止，这只是反映一个方面。

在其他时候，觉卧[1]尊者强调："这是为了启迪胜观。"故为此而修持寂止。

为了斩断二我之见的束缚，就要以无我空性义之见加以了断，正确护持修法，修炼智慧的本质——胜观。

所以，除了学习修炼寂止和胜观的行戒箴言外，还有戒学。寂止为三摩地或心学，胜观为慧学，这在《菩提道炬论》中有述及。

寂止以外是依靠方便分[2]、福分资粮和世俗谛道次或广大道次。启迪三种特殊智慧，要依靠智慧分、智慧资粮和真谛，这是深奥道次。如果它们的次序、定数、方便、智慧出现紊乱，就不能成就菩提，对此要审慎把握。

通往佛国——功德大海的佛子鹅王，展开一扇无所不能的巨大方便分的世俗谛翅膀，展开另一扇充分证悟空性二无我的真谛翅膀，方能翱翔太空，而不是像折了翼的鸟儿一样，只抓住道的一角而观修。

《入中论》说：

"世俗真谛羽翼丰，
鹅王飞临世人中，
借助善美巨风力，
飞越佛国德海城。"

这样，用共同道修身养性后，必须迈向密宗之门，若能深入进去，二资粮可以得到圆满。如果连这点都无能为力，或因天生羸弱而毫无兴致的话，扩

[1] 觉卧，这里指觉卧·阿底峡尊者。
[2] 方便分，成佛方法的内涵。

大道次只能量力而行了。

第三节　投身密宗

经中说，如投身密宗，要认真对待所有大乘，特别是密宗。就如何投奔（密宗）导师，要采用较前特别的说法。这些都出自有根有据的《续部》，用此成熟心灵，拼命信守随后得到的三昧耶和一切戒律，如理行事。

特别是习染根本堕罪，虽能得到纠正，但本性已毁，功德很难产生，所以要努力做到从来不染根本堕罪。要避免习染分支堕罪，一旦习染，用忏戒加以纠正，因为三昧耶和戒律是道之基础。

无论下部密乘的有相瑜伽，还是上部密乘的生起次第瑜伽，都要善加引导，规范学习。待其巩固后，要善于学习下部密乘的无相瑜伽或上部密乘的圆满次第瑜伽。

这种道的理论体系在《菩提道炬论》中有论述，用菩提道次这样引导。在其他典籍中阿底峡尊者也有论述。

《摄修大乘道方便论》（ཐེག་ཆེན་གྱི་ལམ་གྱི་སྒྲུབ་ཐབས་བསྡུས་པ། teg chen gyai lm gyai sgaraub thbs bsdauas pa）说：

“精深博大难思量，
欲得无上菩提粮，
只有成就菩提法，
潜心修炼当药方。

科学严密暇满身，
非常难得今功成，
往后他世难得到，
发奋观修意义深。”

又说：

“犹如囚徒在狱中，
一有机会逃牢笼，
纵有他事也不顾，
毅然逃出危险境。

浩渺无边轮回海，
如有机会渡过来，
有无要事不必管，
决计离开世俗台。”

又说：

“一心皈依真戒律，
坚持意愿不动摇，
决心持守菩萨戒，
六度等法最重要。

面对一切菩萨行，
力所能及逐次进。”

又说：

“方便智慧格外秀，
寂止胜观瑜伽修。”

《三摩地资粮品》也说：

“首先借助慈悲力，
稳定信心圆菩提[1]，
荣华富贵不羡慕，
功名利禄全抛弃。

积善信仰最富有，
上师佛陀同敬修，
所示话语具三昧，
坚持不懈真谛守。

[1] 圆菩提，圆满菩提。

宝瓶授予密灌顶[1]，
仰赖师恩了然心，
一尘不染身口意，
修炼法者根器成[2]。

三摩地分很多篇，
衍生资粮皆圆满，
迅速得到成就果，
谓之坚守密宗苑。

现论述一下必要性。如果下士道、中士道的章法成为大士道的先行，那么可作为大士道道次。但是，使用“下士道、中士道和共同道次”的术语有何必要呢？把三士分门别类、各自引导，具有两大必要性：第一，尽管下士道、中士道和共同道的思想尚未成熟，但自己以大士自居，要消除这种傲慢;第二，对于低、中、高智商的人都有利。

（区分）它们的好处是，在大士道和中士道阶段，仍然需要希求圆满福报和解脱；需要引导的中上人等，仍然需要思想修养，不但不会有错，而且启迪功德[3]。若是下等人士，虽从高处修养，但不会产生高尚的思想，从而破罐子破摔[4]，变得一无是处。

给上等福分者指出共同道并使之修养，无论功德已产生，还是尚未产生，但都能迅速产生。如果初级道次产生，可引向高级道次，循序渐进。

何谓逐步引导思想呢？在《陀罗尼自在王问经》（གཟུངས་ཀྱི་དབང་ཕྱུག་རྒྱལ་པོས་ཞུས་པ། gzhungs kyai dbng phyaug rgayal pos zhus pa）中所指出的那样，就像著名艺术工匠打造宝石一般循循善诱。但（这里）恐繁不赘。

龙树菩萨也说：

“首先取得增上法，
最后取得解脱法，
如何获得增上位，
逐渐迈向解脱位。”

[1] 密灌顶，秘密灌顶。
[2] 有了修法的资质。
[3] 法尊法师译为“功能”，但译为“功德”可能比较贴切。
[4] 原意为抛弃下品，但这里变通一下未尝不可。

指出了逐步引向圆满福报和永久安乐的境界。

无著大师也说："菩萨为了正确完成善事，面对幼稚简单的人们，开始教授简单佛法，之后授予教诫，使之步入佛道。当发现他们具备了中等资质后，教授中等佛法，授予中等教诫，使之步入佛道。当发现他们具备了高等资质后，教授深奥佛法，授予精微教诫，使之步入其道。为人们做事形成秩序。"

圣天（འཕགས་པ་ལྷ། a´phgs pa lha）也说："《摄行灯论》指出，首先学习波罗蜜多乘思想，然后深入密宗的步骤要逐渐展开。"

综合其意思是：

"起初懵懂诸有情，
一旦投身圣法门，
圆满佛陀宣方法，
行进过程梯子同。"

《四百论》也说：

"首先杜绝非福分，
中间杜绝我本人[1]，
最后杜绝断边说，
谁人证悟专家称[2]。"

这说明了一定的道次。

马鸣菩萨[3]说：

"犹如好布染彩画，
首先宣传六度法[4]，
心中生起好印象，
大力修佛为最佳。"

月称大师也引用此教证，然后规定一定道次。在修持之时，引导道路的次序尤为重要，故对此应树立牢固的信念。

[1] 我本人，独觉本体我。
[2] 专家称，知道这个道理就是专家了。
[3] 藏文"མ་ཁོལ། ma khol"有听母亲话的意思，法尊法师译为"敬母"，亦未不妥。
[4] 原文为"以布施等语"，按照译者的理解，应该指的是六度法。

第五章　下士道及共同道[1]

怎样使人身具有实际意义，有三个议题：一是修心下士道及共同道；二是修心中士道及共同道；三是修心大士道。

首先，又有三个小问题：1. 下士道思想修养；2. 有关思想修养程度；3. 消除有关邪见。

为后世之事发挥智慧，为后世寻找方便。要随时想到待在这个世上的时间不长，不久会死去；要预判后世会变成什么样子，想一想恶趣的苦和善趣的乐。

第一节　人生的价值

又分四个意思：1. 不修死亡念的罪孽；2. 修炼功德；3. 怎样发挥念死的思想；4. 念死修法。

使闲暇人身取得实际价值，通常有四大误区：

一是把无常当成常，为初害之门。

二是粗细[2]之一粗之无常——认为不死的妄念，为大害之门。

三是虽然大家都有最后一死的想法，但又每天想今天不会死。今天又不死的想法控制死亡观，直至死亡。平时不想解决的办法，受此想法的蒙蔽，就想长期活下去，期间奢望得到许多，只求富贵，不求受苦。为此绞尽脑汁，不去正确观察后世、解脱、全知等人生大事，投身佛门的思想就难以产生。即便投入闻、思、修等（佛事活动），也只是为了生计，所行的善势单力薄，与恶

[1] 法尊法师这里未设章，译者根据藏文单独设了一章，特作说明。
[2] 粗细，也是大小罪之义。

行堕罪沆瀣一气。所以，不跟恶趣之因不沾边的人凤毛麟角。

四是假设为了后世付出努力，但抱着慢慢来的想法，敷衍塞责如影随形，用沉睡、废话、吃喝等耽搁，虚度光阴，不积极进取。

这样，受长生不老想法的蛊惑，奢求得到功名利禄，担心遇到这方面的障碍，害怕有人挡住升官发财之路，就产生巨大愤恨。由于受到这些罪孽的迷惑而致愚昧，由此导致骄傲自满，以及嫉妒等根深蒂固的烦恼和随烦恼[1]如水流一样蔓延不断。

其中，带来身、口、意十罪、无间罪、近罪[2]、毁法等非善业——恶趣等巨大苦难，积重难返，日益膨胀。与宣示对付它们的正法甘露背道而驰，断送圆满福报和永久安乐的命运。身处深重的恶趣苦难、粗劣酷热和令人反感之中，遭受死亡折磨，听凭恶运支配，所以没有比这更恶劣之门。

《四百论》说：

“谁人掌握三世间[3]，
阎罗王也干瞪眼，
明知故犯沉迷梦，
没有比这更卑贱。”

《入菩萨行论》说：

“撒手人寰抛一切，
我却不知这道理，
为了亲眷和敌人，
各种恶业无意结。”

第二，何谓修炼功德？如产生念死的正确思想，如料定今明两日死亡，并对佛法略知一二以上的多数人，知道对于亲眷和财物万不可信，纠正私欲，慷慨解囊，拟使人身具有价值，这样的念头自然萌发。为了功名利禄等世间之事而碌碌无为的，要当作糠皮一样扬弃，要看到万般皆下品，虚假欺诈，而远离罪恶，虔诚皈依，守护戒律等为良缘，常以敬畏和精进之心，广积福德。使虚假人身具备实际意义，登上神圣地位，同时也把众生带到这个境界，舍此哪

[1] 随烦恼，区别于根本烦恼的一种，主要使心烦乱。
[2] 近罪，即近无间罪。
[3] 这里说的是，如果谁洞悉天世间、人世间和地下龙世间的奥秘的意思，并非指拥有这三个世间。

有大事可言。

其他书籍也对此赞赏有加。

《大涅槃经》说："在所有耕耘当中，秋季翻茬最为有效；在一切足迹当中，大象的足迹更具特色；在种种想[1]当中，无常想和死亡想更为优秀。它们可消除三界的欲望、无明和傲慢。"

这样，以一举砸碎所有烦恼、所有罪行的铁锤，以一并投身证修一切善乐之大门等，用比喻讴歌。

《集法句》（ཚོམས། tshoms）说：

"证悟人身如陶罐，
洞晓万物如阳焰，
妖花利刃均断折，
阎罗王也干瞪眼。

发现衰老病痛苦，
观察脑死意识无，
先哲抛弃如狱家，
凡夫不敢舍妙欲。"

简言之，人们做事的时间，也就是得到特别暇满人身的特殊时候。我们大部人都待在恶趣，即使偶尔走到善趣，也大多陷入无暇处[2]，这些地方得不到修法的机会。纵然得到可以修法的人身，也不如法修炼，原因在于我想还不死的念头在作祟。抱着不死的念头，是百废之门；忆念死亡——对治方法，是百兴之门。所以，应该认识到，对此没有其他深奥法可修的实践；不应认为既然是所修，开始稍修即可，而不宜长期修炼。这个方法自始至终需要，对此要从内心树立信念，进而修炼。

第三，怎样才能生起念死之想呢？由于对亲眷等的留恋根深蒂固，担心有一天要离开他们而感到恐惧，这是根本没有修道而产生的死亡恐惧，所以不生起念死之想。那么，到底为什么呢？因业和烦恼的缘故而取得人身，故一切必将死去。即便对它感到害怕，也毫无办法。然而，为了后世之事，不去阻挡恶趣之因，不去创造圆满福报和永久安乐的因而死亡的话，这着实让人害怕。如果因此感到害怕，这是有办法解决的，临死时可以做到不害怕。如果不做这

[1] 想，独立甄别特殊外境之识。
[2] 无暇处，这里指八无暇。

些事，就解脱不了轮回，特别因为堕入恶趣而惊恐不已，临死之时，将受到懊悔的煎熬。

《本生论》说：

“高度留意也枉然，
病入膏肓痊愈难，
惊恐颤抖不自已，
特效办法仍鲜见。

世间本性善考察，
人们造恶悔意发，
从未积极务善业，
担心后世苦难压。

惧怕死亡令昏聩，
因何我心生懊悔，
由己而起全不知，
一心投入上善业。

埋头修法何惧死[1]！”

《四百论》也说：

“心想有日必死亡，
生命无常信念强，
恐惧念头全消失，
面对死神怎恐慌。”

要这样想到，不久的将来迅速离开自己的身体、财富，因而要反复思考无常，要阻止恋恋不舍的奢望。不要因为告别这些带来的郁闷，而担心死去。

[1] 原文缺以下三句，特此说明。

第二节　如何对待死亡

第四，如何修炼死亡念？应从三根本、九因、三决定修炼。有三个内容：一是念必然死亡；二是念死无定期；三是念死时除佛法外其他无济于事。

首先，又分三个内容：一是念死神必来，什么力量也无法阻挡，无论转生何处，也难免一死。

《无常集》（མི་རྟག་པའི་ཚོམས། mi rtag pa´i tshoms）说：

“无论正觉独觉佛，
声闻弟子人数多，
一个不剩都作古，
凡夫俗子何须说。”

无论身处何地，死亡都将来临。

《无常集》说：

“身居何处不死亡，
没有地方来保障，
不在空中不在海，
大山深处更难藏。”

无论过去和将来，被死亡夺去生命的人们没有什么区别。

《无常集》说：

“无论过去或将来，
人人丧命他世待，
万物毁灭智者知，
投身佛法是最爱。”

对死神避之不及，密咒等也无能为力。

《教授胜光大王经》（རྒྱལ་པོ་ལ་གདམས་པ། rgayal po la gdms pa）说：“例如，四面有四座大山，它们各个坚硬无比，固若金汤，富含宝藏，完整无损[1]，雄奇华严。一旦发生翻天覆地（指地震引起的地动山摇），所有草、木、枝、叶和一切飞

[1] 原文又有“ཤིན་ཏུ་མཁྲེགས་པ། ”一语从略，因为同样有坚硬无比之意，译者认为不必重复。

禽走兽都将碎为粉末（喻遭受灭顶之灾）。对此，作出迅速逃跑的举动，也不能化险为夷；或者以力量，或者以财富，或者以物资，或者以密咒，或者以药物来阻止，谈何容易！大王，接着四大怕将要临头，对它们以迅速逃跑，或者以力量，或者以财富，或者以物资，或者以密咒，或者以药物来阻止，天方夜谭！哪四大怕呢？它们是老、病、衰、死。大王，老摧毁青春，病摧毁健康身体，衰摧毁韶华，死摧毁生命，对它们以迅速逃跑，或者以力量，或者以财富，或者以物资，或者以密咒，或者以药物来阻止，难上加难！”

迦摩巴说："现在需要怕死，好在死时不惊慌。然而，我们却相反，对于死置若罔闻，以致临死时捶胸抓腔。"

念生命无以复加，磨难不断。

《阿难入胎经》说："现在，如果极尽保养之能事，多则活到百岁，或者比这稍长一点罢了。"诚如所言，最长也仅此而已。

即便这样，期间生命损耗非常快，一年时间在一个月中消耗，一个月时间在一昼夜中消耗，一昼夜时间在白天和夜晚中消耗。这些又都在一上午等时间中消耗殆尽，故寿数十分有限。以前已多次造成折损，余生又须臾无法延长，各种阻碍，日夜不断。

《入菩萨行论》说：

"想活一天不由己，
珍贵生命常减失，
所谓长寿终死亡，
为何不生我见死？[1]"

又从几个例子加以思考。如纺织时，一次纬线只能走一次，但可以加速纺完；把羊等赶向屠宰场，一步步接近死亡；如波涛汹涌的河流，如从悬崖倾泻的瀑布，生命就这样迅速消减。如牧人用鞭子驱赶着不情愿的牲畜前往畜栏一样，疾病和衰老把人们不情愿地送到死神手中。要多方面观修这些道理。

《集法句》说：

"打开杼子经线转，
纬线跟着紧相连，
瞬间纬线即触底，

[1] 以我为中心的见解，为什么不随着死亡而烟消云散？我见，包括法见和人见。

人们寿命也这般。

决定被屠动物群，
一步一步埋头行，
最后到达断头台，
人们寿命实不稳。

滔滔大河往前流，
左堵右截不可留，
人们寿命天天减，
无法挽留成规律。

生活艰辛时日短，
烦恼缠身受苦难，
转眼之间消逝去，
如棍水面作画玩[1]。

如同牧人手扬鞭，
驱赶动物进畜圈，
疾病衰老催人们，
步步赶往死神边。”

阿底峡尊者专门到水边修炼无常时，看到水哗哗地流，说："这个正合吾意也[2]。"

《方广大庄严经》（རྒྱ་ཆེར་རོལ་པ། rgaya cher rol pa）结合几个例子也说：

"三有[3]无常如秋云，
生死变化如舞动，
人生衰老如闪电，
匆匆离世如瀑迅。"

[1] 用木棍在水面上作画，喻枉费心机。
[2] 此处译者与法尊法师的译法有所不同，他把来到水边、看到水流的样子用上引号，译者认为不是这样的。
[3] 三有，生有、死有和中有。

经云，稍微想一下就可以知道，世间的万物没有一个不说明无常的。结合多种例子观想。反复观想就会得到信念。如果浅尝辄止，那是无济于事的。

迦摩巴说:“有人说观想得不到结果。那么，你在观想之时，白天精神恍惚，晚上呼呼大睡，（这哪有什么结果）别说假话！”

临终之时，死神前来索命，拖向另一个世界。死前，一切吃、住、行，都在消耗生命，最后不得不死。自从怀孕开始，都在一刻不停地向着另外一个世界走去。

在存活期间，被疾病和衰老的使者邀往死亡之地。在有生之年，不要以为自己去不了另外一个世界而沾沾自喜。譬如，从悬崖失足滑向深渊，在未摔到地面之前，不应对空中的那段坠落时间感到高兴。

对此，《四百论释》(བཞི་བརྒྱ་པའི་འགྲེལ་པ། bzhi brgya pa´i a´grael pa) 引述说：

“人中豪杰假一夜，
无论投生何胎界，
自此开始每一天，
叩见死神终难归。”

《破四颠倒论》(ཕྱིན་ཅི་ལོག་བཞི་འགོག་པའི་གཏམ། phyain ci log bzhi a´gog pai gtm ）说：

“悬崖失足掉深渊，
行将摔死怎乐观？
出生刹那死亡始，
人们何时幸福沾？”

这些都揭示了死亡速临的道理。

在活着的时候，要想到未等修法，就立即死了。即使做到如前所说的健康长寿，也不应认为时光无限。无为的长寿，也只不过是光阴消逝，剩下的时间也被睡眠耗去一半，加之昏庸懒散消耗一部分生命。青春逝去，进入老年，身心俱疲，虽然想修法，但无能无力，修法的机会所剩无几。

《阿难入胎经》说:“人生一半时间被睡眠占去。十岁为小孩，二十岁已变老。惆怅、悲叹、郁闷、痛苦和意乱摧残身体。身患百病，折磨不已。”

《破四颠倒论》说：

“人们长寿不过百，

婴儿终老度日白[1]，
病眠摧灭众贪念，
闲情逸致有几载？”

切噶巴说：“人六十岁以前，花大量时间用在吃饭、穿衣、睡眠、治病上面，最后只剩下五年修法时间。”

一世的荣华富贵，好像一场梦中享尽欢乐，梦醒空空无也，临到死亡，一切仅成为回忆的话题。应该想到，既然死敌无法阻挡，有何理由热衷人生骗局？下决心修法，矢志不渝。

《本生论》说：

“嗟叹世间烦恼缠，
万物无常不稀罕，
姹紫嫣红睡美莲[2]，
须臾之间成忆念。

六道众生都一样，
不怕死亡真荒唐[3]，
大小道路死神封，
充耳不闻尤欢畅。

生老死敌站眼前，
任何力量阻挡难，
悲惨他世必前往，
仁人志士谁喜欢？”

《迦尼迦书》(ཀཱ་ནི་ཀའི་སྤྲིང་ཡིག ka ni ka´i sparaing yig) 说：

“死神毫无慈悲心，
设法无故夺人命[4]，

[1] 度日白，白白度日。

[2] 原文“ཀུ་མུ་ད། ku mu da”是睡莲之意；“དཔལ། dpl”是吉祥、美丽之意。法尊法师处理为音译“姑姆达”，没有意译，把“དཔལ། dpl”译为“会”。

[3] 原文“ངོ་མཚར། ngo mtshr”是奇怪、神奇之意，法尊法师译为“希有”，这也是佛书的译法。

[4] 原文“སྐྱེས་རྩལ། ”译者以为是“སྐྱེས་བུའི་རྩལ། ”，意即“人之能耐”“士夫本事”，但结合原文可变通译为“能事、设法、极尽”，准确与否，请智者鉴之。

屠夫前来取首级，
哪有智者迷闲情。

勇猛将帅性情暴，
可怖巨箭随时抛，
准备姿势放箭前，
一如既往私事料[1]。”

思考死无定期。说不定今天必死，也说不定百日内必死。在这期间，说不定死亡具体哪一天到来，很难确定今天到底死亡否。但是，思想上要认识到死亡的必然趋势，要有今天死亡的思想准备。如果认为今天不死，大概不死，抱着不死的思想认识，打算长命百岁，就做不了后世之事，说不定哪天被死神擒住，满含悲愤地死去。

如果每天有死亡的思想准备，就可以成就许多后世之事；如果没死，所做具有意义；如果死了，尤其需要这个（思想准备）。

例如，对自己危害极大的死敌总有一天必定出现，虽然不确定哪天来，但每天要做好防范工作。同样，每天要有今天死亡，甚至今天大概死亡的想法，做好将来到另一世界之事情，打消长寿的念头。如果没有这种想法，就喜欢红尘，并为之奋斗，后世之事，不屑一顾。

例如，打算长住一个地方，就要做相应准备工作；打算不住这个地方，也要做另去他处的相应准备工作。因此，每天要有死亡的思想认识。

这方面有三个问题需要思考：

一是思考南瞻部洲人寿不定。北俱卢洲人寿稳定。尽管其他洲[2]人寿也不确定，但多数尚能确定。南瞻部洲人寿则非常不确定，最初寿命无数，最后减至十岁，还当作长寿。现在，无论老人、年轻人，还是小孩，都必定不分先后地死去。

《俱舍论》说：

“南瞻部洲寿不定，
最后十岁劫无数。”

---

[1] 这一首偈句的意思是，一位怒不可遏的勇猛箭手挽弓搭箭，在没有射出毒箭之前的这段时间内，被杀者仍然浑然不知，忙于己事。

[2] 其他洲，这里指的是东身胜洲和西牛贺洲。夏日东著：《夏日东文集》（第一卷），青海民族出版社1998年版，第409页。

《集法句》说：

“上午看见很多人，
下午只见几个人，
下午看见很多人，
翌日只见几个人。”

又说：

“老年男女经常死，
英年早逝不稀奇，
人们叹惜太年轻，
活命把握能有几？

有人早在胎中死，
有人死在分娩地，
有人死在学爬时，
有人死在会跑期。

老人死亡小孩夭，
血气方刚不幸殁，
死亡缓缓临到头，
恰似果熟地上掉。”

当听到或者看到上师或朋友等人，因外部和自身原因，事业未竟而英年早逝，要把他们记在心里，反复联想自己也会有这一天，尽量培养死亡意识。

二是思考死因多而活因少。对于生命而言，有许多伤害，主要包括有意识的伤害和无意识的伤害。人、非人和魔类从多方面伤害人身，畜生也从多方面伤害人身及性命。同样，体内的疾病和自然灾害也损害身体。这些要仔细思量。

人身源自四大种[1]，它们又互相矛盾、互相伤害，造成体内四大不和，增损不一，引发疾病而夺命。这些危害始终与自己形影不离，所以对人身和生命不可信以为真。

《大涅槃经》（འདས་ཆེན། a´ds chen）说：“何谓死亡想？这个生命常常被多个

[1] 四大种，土、水、火、风。

仇敌包围着，只有顷刻之间消亡，不可能永远增长。”

《宝鬘论》（རིན་ཆེན་འཕྲེང་བ། rin chen a´phraeng pa）说：

“死神内因住于身，
狂风当中如供灯。”

《劝戒亲友书》说：

“人生多灾难思量，
风摧水泡更无常[1]，
一呼一吸入梦境，
何时苏醒谁敢想。”

《四百论》说：

“互相伤害四大种，
凑在一起聚合身[2]，
矛盾重重反乐观[3]，
无论如何不可信。”

如今正是五浊横流之时，积蓄延年益寿的福祉之力非常羸弱，饮食和药物也回天乏术，治病难以奏效，进入体内的饮食能够使大种增长的能力丧失殆尽，不易消化，即使消化也缺乏滋养。资粮微薄，罪孽深重，念读和唪诵等日趋颓废，养生长寿等显得非常困难。

生存的因素也没有不变成死亡因素的，为了活命，经营饮食、住宅和朋友等。有时暴饮暴食，有时饥不择食，有时食物中毒，有时住宅坍塌，有时被朋友欺骗等，统统变成死亡因素，没有生存因素。另外，生存就是在经营死亡，纵然有许多生存的条件，但不足为凭。

《宝鬘论》说：

“死亡因素百千万，

[1] 这两句话的意思是，人生多灾多难，比被风催迫下的水泡更加显得无常。
[2] 聚合身，身体的异名。
[3] 由四大种组合而成的身体，危机四伏，矛盾重重，人们却对此持乐观态度。

生存因素只一点，
最终变成死亡因，
故请时刻圣法禅！”

三是思考身体羸弱而死无定期。就像水中泡沫，人身非常脆弱，无需大的伤害，藉由扎入一根小刺，生命就会终结。因此，任何一个原因，都会极易导致死亡。

《劝戒亲友书》说：

“七日炙烤须弥等[1]，
芸芸众生天火焚，
烧毁殆尽只留灰[2]，
渺小人类何言陈[3]。”

思考之后，不知死神哪一天结果自己身家性命，不可无所事事，从现在起下大决心修法。

《迦尼迦书》说：

“死神一旦交恶人，
顷刻之间头上临，
今事明推不可取，
速修圣法为上乘[4]。

今不修法做其他，
这种想法人不嘉[5]，
总有一天你死亡，
自此再无第二天。”

瑜伽自在师室利杂噶达牟扎阿南达[6]曾经说过(རྣལ་འབྱོར་གྱི་དབང་ཕྱུག་ཤྲཱི་ཛ་ག་ཏ་མི་ཏྲ་ཨཱ་ནན་ད།

[1] 这句话的意思是，临到世界末日，有七个太阳同时出现，将大地、须弥山和大海等烧毁。
[2] 只留灰，原文“ཐལ་བ་ཡང་དེ་ལུས་པར་མི་འགྱུར་ན།། ”，意即“连灰都不留”，实际上，任何物质遭焚后，都会留下灰烬的。
[3] 何言陈，何须说。
[4] 上乘，上策。
[5] 人不嘉，对人不好，对人不利。
[6] 这位瑜伽自在师，是古印度人，他在藏区期间，向印度国王达瓦写了封信，以下为所写内容之一部分。

rnal a´byaor gyai dbng pyaug shra´i dza ga ta mi tra aa´ nn ta）：

“诚如国王赐人身[1]，
无忧无虑度平生，
殚精竭虑识世事，
患病衰亡不惧恐。

一旦病老临到头，
思忖过去有何用？”

在三根本[2]中最重要的莫过于思考死亡无定，回心转意，当自奋发。

第三节　临死时需要圣法

思考临死之时，除了圣法，什么力量也无济于事。当发现前往另一个世界时，有深厚感情的亲人朋友围在身边守候安慰，但一个也不能陪他前往（另一个世界）。尽管有让人眼馋的万贯家财，但一粒微尘也不能拿走。与自己密不可分的骨架和肌肉也要抛弃，其他的则何须多言！

因此，要这样想到，一生的荣华富贵不得不抛弃，无奈前往他世，说不定今天就是末日。这时，应想到只有圣法才是惟一的救世主、主宰和援军。

《迦尼迦书》说：

“因果报应源前业，
无疑将人全肢解，
新近造业有关联，
死神迎往他世界。

一切都在善恶中，
芸芸众生再三重[3]，
跟随死者无一人，

[1] 这句话的意思是，达瓦国王赐给人身。
[2] 三根本，上师、本尊和空行。
[3] 再三重，一再重复。

明白道理要善终[1]。”

室利杂噶达牟扎[2]也说：

“恰如大王[3]成富士，
然却死后往他世，
大漠当中遭匪时，
没有王子无嫔妃。

没有华衣无亲人，
没有政权无王宫，
纵然拥兵千万众，
眼睛不见耳不闻。

孤独身边无亲情，
难有一人当随从，
随着死亡名不存，
其他事情何须分[4]。

思考闲暇[5]大义、（人身）殊难得到、（人身）极难得也极易亡，如果不修后世的永久安乐，而经营生前幸福，排除苦难。相比之下，畜生有比人伟大之处。要有超越畜生的言行举止。换言之，即便得到善趣人身，也等于没有得到。

《入菩萨行论》说：

“只要牲畜下功夫，
小小利益即靠谱，
暇满躯体实难得，
最终业障竟荼毒[6]。”

[1] 这两首偈句的意思是，人的一生一世，皆被前世的因果报应所完全抛弃，前世的作用尽显，这与造就后世的因果报应的新业息息相关。与此同时，死神会牵着你前往另一个世界。除了自己积蓄的善恶外，像行走不定的其他众生返回一样，没有一个人随你同往，这个道理要知道。从现在起，自己不要被其他事情所左右，深明善恶的取舍，好自为之。

[2] 室利杂噶达牟扎，也就是瑜伽自在师室利杂噶达牟扎阿南达。

[3] 原文“ལྷ་གཅིག”为公主、大王之意，法尊法师译为“天王”。

[4] 分，分说。

[5] 闲暇，人身。

[6] 这首偈句的意思是，只要牲畜下点功夫，就能得到自己想要的东西，那就是食物。人的暇满躯体非常难得，最终会被恶运业障所消灭。

虽然这种思想极难产生，但它是道之基础，应当努力。

博朵瓦说：“我的这个遣念无常修，平平常常，只是把亲眷和家什等一生的全部念头都打消，知道自己单独一人将要径直前往他世，除了学法，做任何事情都没有意义，所以才有了对此生不抱幻想的念头。这个念头没有产生之前，佛法之所有道路均阻塞不通。”

多尔巴说：“顺便积聚资粮，消除业障，祈祷本尊与上师，并矢志不渝，认真深思。虽然觉得百年不遇，但万物处变，总有一天会天道酬勤的。”[1]

有人向迦摩巴询问转移目标的方法时，得到的回答是“温习前者”。后来又追问时，答：“绝无下文。”[2]

如果自己力所能及，就按照前述观修；如果无能为力，可按照三根本中的九因量力而行。如同把牲畜赶往屠场之前进行打扮一番一样，反反复复进行观修，直到对世事感到心灰意冷。反映拜依上师、暇满人身、无常等的佛典及其注释，无论在何处，都要适时了解它们的践修要求并护持之，就会轻易掌握佛旨。其他时候也要同样领会。

思考如何前往后世，思考二趣[3]苦乐。人类须臾离世，无甚空闲，死后也无宁日，必须投生。除了善趣和恶趣，别无任何投生之处。投生何地，自己没有自由，受宿业制约。怎样的黑白[4]业果，就有怎样的投生。应该想到，假如我投生恶趣，那该咋办？故要考虑恶趣苦难。

龙树菩萨说：

“地狱包括酷热寒，
日日夜夜心中念，
骨瘦如柴有饿鬼，
警醒自己永不断。

畜生愚苦何其多，
浮想联翩善定夺，
去恶趋善入正道，
最难得到瞻部族[5]。

[1] 原文“ཅི་ཞིག་ལྟར་ལ་སྐྱེ་བ་ཡིན།།”，意为“缘何才能产生”或“依照章法即能（产生）办到”，但根据上下文，译者以为后者能说得通，可变通译为“总有一天会天道酬勤的”。是否准确，请智者自鉴。

[2] 这段话的意思是，既然没有既定目标，哪来的实施下文。原文“ཀྭ”为不高兴的语气词。

[3] 二趣，善趣和恶趣。

[4] 黑白，这里指善恶。

[5] 瞻部族，南瞻部洲人。

一旦得到有情身，
严密杜绝恶趣因。”

观修一般轮回，特别是恶趣苦难，尤为重要。思考自己掉入苦海的情形，就会产生厌离心，自然防止骄横我慢[1]。发现苦难是非善果[2]后，就要十分警惕堕罪。不喜苦，则喜善。当发现善果后，就要追求修善。对照自己，慈悲他人，厌离轮回，从事解脱。害怕苦难，强烈皈依等，是包括若干修炼原则的大总结。

《入菩萨行论》说：

“没有苦难不厌离，
人心需要坚定力。”

又说：

“有时苦难变功德，
悲观消除骄横蛇，
凡夫俗子需关爱，
远离邪恶善道乐。”

又说：

“只是恐惧又恐惧，
自己献给普贤佛。”

在《入菩萨行论》中，虽然把苦难之功德作为自身所受苦难而讲，但是将要忍受苦难也同样适用。

第四节 关于后世

思考恶趣苦有三个问题：一是地狱苦；二是畜生苦；三是饿鬼苦。又分四个小问题：1. 地狱苦包括有情大狱；2. 近边狱；3. 严寒狱；4. 独一狱。

[1] 我慢，等于傲慢。
[2] 非善果，不是善美的结果。

首先，在距离南瞻部洲三万二千由旬下方有等活地狱，在距离等活地狱两个四千由旬的地方有其他七地狱，总共八地狱。

一是等活地狱。人们聚在一起，因业缘不同，拿起各种武器，互相攻伐。有人昏厥倒地，这时在空中有人喊话：“但愿你们复活！”那些人又死而复生，重新站起来又继续杀戮，遭受无尽的痛苦。

二是黑绳地狱。投生此处的人们被狱卒控制，狱卒们用黑绳量出四边形，或八边形，或多种花纹拼凑，把人们剁成上述样子，然后重新复原，如此遭受苦难。

三是合众地狱。一些人聚在一起，狱卒搬来两座似山羊头的铁山，把人们塞在两山中间，两山立刻对压起来，这时从人们的所有窍门中鲜血喷涌而出，血流成河。尔后，又有似羊面、马面、象面、狮面和虎面一样的铁山进行压榨。人们又聚在一起，被扔进巨大铁轮中，像榨甘蔗一样挤压。又聚在一起，从天上掉下巨大铁墩，把人们放在铁墩上，进行剁、撕、敲、擀，这时血流成河。

四是呼号地狱。一些人寻找住所，最后进入一座铁屋，铁屋立即燃烧起来，人们被烧得呼号不止。

五是大呼地狱。与呼号地狱有些相似，所不同的是铁屋为两层。

六是热地狱。狱卒抓住一些人扔进正在滚沸的足有数由旬大的铁锅内，如鱼一样被煎炸；用燃烧的串戈从肛门穿入到达头顶，从嘴、眼、鼻、耳等七窍，以及全身毛孔中冒出火焰；铁地熊熊燃烧，人们趴在上面，或仰面而卧，狱卒用通红的铁锤进行敲打、蹂躏。

七是极热地狱。当三股[1]串戈从肛门穿入时，其中左右二股到达两肩[2]，中股到达头顶。因此，从口等孔窍中冒出火焰。用燃烧的铁皮裹住全身。巨大铁锅内充满滚沸的碱水，狱卒把人们倒过来扔进锅内熬煮，人们在锅内上下来回挣扎。这时，皮肤和肌肉全部掉落，尽剩下一具骷髅。又把他们捞出，晾在地上。待其皮肉重新恢复后，又被扔进锅内。其余与热地狱相同。

八是无间地狱。在距离东方数百由旬处，劫火熊熊燃烧，并逐渐蔓延，烧到那些人身上，他们的皮肤、肌肉、筋腱、骨头都烧毁殆尽，惟独剩下骨髓，像供灯内的灯芯一样燃烧着。其他三个方向也是一样的。从四面出现大火，最后会合于此，持续不断地忍受痛苦，发出痛苦的号叫，仅知道一息尚存[3]。

铁箕中煻煨熊熊燃烧，狱卒让人们在里边手舞足蹈。铁地中央耸立着巨大铁山，狱卒让人们爬上爬下。如处理牛皮一样，狱卒拔出人们的舌头，拴在一百个木橛上铺平抻展，使之没有一点皱褶。狱卒又把人们仰天放在铁地上，

[1] 三股，三尖。

[2] 原文“ཕྲག་པ”为肩膀之意。法尊法师译为“髋”。

[3] 据说从无间地狱发出的痛苦叫声，除了神耳获得者外，一般人是不能察知的。

用铁钳[1]撬开嘴巴，把通红的铁烙塞进嘴里，把滚沸的铁水灌进喉咙，鼻、嗓子、肠子等烧焦后从下身流出，其他脏器高烧欲燃。

这些痛苦才是一部分，还有许多各种各样的痛苦。有关所处的地方大小与诸多痛苦，是根据《本地分》[2]一书而论述的。

忍受这些痛苦需要多长时间呢？《劝戒亲友书说》说：

“人世疾苦实残暴，
百千万年受苦报，
只要非善存一天，
芸芸众生命不夭[3]。”

这说明了忍受苦难的余孽消失以前，苦难始终如影随形。

四大天王的一天，能抵人寿五十岁。三十天为一个月，十二个月为一年，四大天王一生能活五百岁。

这些所有的一天、一月、一年，最后达到五百年，为等活地狱的寿命。人间一百年、二百年、四百年、八百年、六千年，为依次从三十三天到他化自在天之间的一夜。天神能活到一千岁、两千岁、四千岁、八千岁、六万岁。（也就是说）依次从黑绳地狱和热地狱之间的每天算起，他们能活一千岁到六万岁不等[4]。

《俱舍论》说：

“人寿活到五十间，
除了欲界六层天，
下方诸神一昼夜，
上方诸神双倍添。

等活地狱等六层，
相当欲界仅一天，
总结他们平均命，
恰与欲天寿相等。

[1] 原文“འབྱེད་སྒྲུད།”意为开启工具（起子之类的东西）。法尊法师译为“铁钳”，译者认为并无不妥，故遵从之。

[2]《本地分》又根据《正法念处经》而说。尽管在地狱中受到如此残酷的折磨，但就是死不了，原因是报应的缘故。而我们能顺利死去，说明处在善趣里。

[3] 这里的“命不夭”不是生命不息的意思，而是受苦的命连绵不绝的意思。

[4] 这不是指寿命长，而是指因各自的不同命运，遭受一千年至六万年的痛苦。

极热地狱无间狱，
……中间劫[1]。”

《本地分》的说法同上。

近边地狱。八地狱均有四壁、四门，外由铁墙包围，铁墙又有四门。每扇门有四座游增地狱，分别显现火炭坑、腐尸坑或似粪池恶臭难闻、剑道、无尽海沟。

第一座游增地狱火炭没膝，人们在寻找出路时，把脚放在火炭上，皮肤卷焦，血肉模糊，抬脚之后，皮肉又恢复如初。在与此接壤的地方，粪池发出恶臭，人们通过此地寻找出路时，栽倒掉入其中，脖子以下陷在粪浆中。粪中有只尖嘴虫子，它叮噬人们的皮肤、肌肉、筋腱、骨头，直至掏出骨髓。

在临近粪池的地方，有剑锋筑成的道，人们在寻找出路时，把脚放在上面，皮肉被割破，血流如注；抬脚之后，皮肉复生。

在其附近，有一片刀剑之林，人们在此寻找出路，乘凉休息时，从树上掉下剑,把人们的肢体又剁又砍。人们跌倒在地,一群紫红色狗赶来,撕咬而食。

在此旁边，有铁刺树林[2]，人们前往那里寻找出路，狱卒逼他们爬树，往上时刺尖朝下，往下时刺尖朝上，人们被刺扎得体无完肤。这里还有铁喙乌鸦，它们落在人们的肩膀或头上啄食眼睛。这些都是刀剑之害，归为一类。

在与铁刺林毗邻的地方，有一条无尽海沟，全部是烧开的碱水，人们前往那里寻找出路，不慎掉下去后，上下漂浮，遭受烧煮，就像火焰冲天的铁水炉中倒进豌豆一样。

在海沟两岸，有人手持棍棒、铁钩和网监视着下方，不让他们上岸，还用铁钩或网把人们捞出来，仰面放在燃烧的大地上，问："还想要什么？" 答："我们什么都不闻不问,但是饥渴难耐啊！"狱卒把烧红的铁烙塞进人们的嘴里，把滚沸的铁水灌进人们的喉咙。

这些是根据《本地分》而论述，此书说近边地狱和孤独地狱的寿命没有定准。但是，只要这个充满痛苦的世界的业障存在下去，忍受苦难遥遥无期。

八寒地狱。人们处在八大地狱前方数以万计由旬的对方，据此三万两千由旬下方有疱地狱，距此每两千由旬有其他七寒地狱。

---

[1] 总结以上两首半偈句的意思，应该是这样的，下方四大天王的每一天累积起来达到五百岁，等于上方三十三天和他化自在天之间的一天，上方的一天和寿命，是下方的双倍。四大天王的整个寿命，是等活地狱和热地狱的一天与寿命，四大天王的每一天累积起来达到五百年，为等活地狱的寿命。他化自在天整个寿命的一天，累计起来达到六万年，为热地狱的一天，又累积起来达到六万年，为热地狱的寿命。这也是欲界六天的寿命。等活地狱与热地狱之间的六热地狱的寿命数与欲界六天的寿命数相同。热地狱下方二层的寿命，是极热地狱的一劫半。无间地狱的寿命，等于一个中劫的寿命。

[2] 有书说这个铁刺树林在无热池岸上，长有粗大而长的刺。

疱地狱。身遭大寒，全身充满疱疹，颤抖不止。疱裂地狱的特征是，如水沫一样哆嗦不已。畏寒咬牙，哀号不断。皮肤裂如青莲，因遭受大寒折磨，肤色发青，裂口达五六处。皮肤裂如红莲，肤色由青变红，裂口达十处，或者更多。皮肤如青莲大裂的特征是，皮肤发红，裂口达百处，或者更多。上述过程、地域和苦难等，皆出自《本地分》。

《本生论》[1]说：

“无报应见往后世[2]，
漆黑一片寒风急，
痛彻心骨患重病，
谁人还敢趋利益[3]。”

《致弟子书》[4]也说：

“罕见寒风刺心骨，
僵硬发抖身子屈，
水泡当中害虫冒，
撕咬啖食脓水出。

羸弱咬牙毛发竖，
眼耳鼻喉剧烈斫，
身心疲惫神志昏，
陷入寒狱号啕哭。”

忍受苦难达多长时间。只要恶业存在一天，就得忍受苦难。

《本地分》说：“要知道处在大寒地狱的人们的寿命比处在巨大地狱中人们寿命的一半还要少。”

[1] 这里指《本生论二十品》。从前，世尊驻锡梵天界时，东身胜洲有个国王名叫肢授，他因受了一个坏老师的蛊惑，产生了没有后世的想法，并多行不义。世尊为了把他从邪见中救赎回来，故说了此书。

[2] 坚持没有前后世和业果报应之见的人。

[3] 谁为了自己的一点私利，胆敢前往那个不寒而栗的地方。

[4] 旃陀罗阁弥（ཙནྡྲ་གོ་མི། tsndra go mi）大师有一个学生，是王子宝称（རིན་ཆེན་གྲགས་པ། rin chen grags pa），早年出家。但大臣为了朝政，引诱宝称，使他回心转意，丢弃戒轨，随心所欲。大师从普陀山把《致弟子书》带给商人，转交于他，王子见书，重又信法。大师在古印度做了大量善事，最后圆寂于普陀山，至今音容犹在。

《俱舍论释》引用经藏说道："比丘们，譬如现有摩揭陀人把八十升芝麻[1]箱装满芝麻，每隔一百年，人们取出一粒。比丘们，即使通过这个过程，摩揭陀八十升芝麻箱中的芝麻也会迅速全部枯竭。处在疱地狱的人们的寿命可以想象，我不必说了。比丘们，二十疱地狱，也就等于一个疱裂地狱。"又在广释中说："比丘们，犹如二十座裂如红莲地狱，也就等于一座巨大裂如红莲地狱。"就要忍受这么长时间。

孤独地狱。它处在热地狱和大寒地狱旁边。《本地分》说在人间也有孤独地狱。《十七事》说处在大海岸边附近。这些都出自《护僧伽传》དགེ་འདུན་སྲུངས་ཀྱི་རྟོགས་པ་བརྗོད་པ། dge a ′dun sraungs kyai rtaogs pa brjaod pa）[2]。

《俱舍论释》说："这十六座地狱，皆因众生的命运而形成。诸如孤独地狱，或多人，或二人，或一人的命运而形成，其形状各有千秋，地点也有所不同，有的在水中，有的在山上，有的在荒野，有的在地下，有的在其他地方。"

如将在下面所提到的那样，这些因缘极易发生，每天习染许多，以前习染的也无计其数，故不应心安理得，要对以前的所作所为感到后怕，要知道地狱与人类之间的区别，只不过人喘着一口粗气罢了。

《入菩萨行论》说：

"人们造下地狱业，
无动于衷缘何解？"

《劝戒亲友书》说：

"罪大恶极一息存，
阴阳相隔地狱闻，
无边苦难耳畔传，
何谓不惧金刚性[3]。

耳闻目睹狱画墙[4]，
回忆阅读塑成像，

[1] 原文"ཏིལ།"就是芝麻之意，法尊法师译为"胡麻"。

[2]《护僧伽传》出自《十七事》，讲的是一位名叫护僧伽的圣者，为了五百商人的事情，与商人一块去了大海，返回后在海边沉睡过去，而其他商人则径直离去。红日三竿，梦醒发现身边无一人，就去寻找，结果发生了一连串意想不到的事情。中心内容是因果报应。

[3] 什么是真正的无畏无惧？那就是永恒不变的金刚性，也是法性。

[4] 有些庙观的阎王殿内塑有狱卒面具，各个寺院的经堂门边绘有生死流转图，就是为了时时回忆地狱的痛苦。

映入眼帘生恐惧，
遭受报应何须扬[1]。”

在轮回的苦难中，恶趣的苦难不堪忍受，尤其地狱的苦难无法忍受。例如，一天忍受上百次利矛捅刺的苦难，还不及忍受地狱苦难的很小一部分。在地狱的苦难中，无间地狱的苦难最大。

《劝戒亲友书》说：

“贪欲导致幸福尽，
恰如充当乐主人，
各种地狱何其多，
无间地狱不堪忍。

一日有人持短矛，
捅刺三百疼痛号，
地狱痛苦只一点，
丝毫不能相比较。”

造成这样痛苦的原因，应认识到惟由自己的三门罪恶[2]所致。应做到哪怕一丁点恶行也不能沾染，尽量发挥大士[3]本领。

《劝戒亲友书》说：

“播下非善诸种子，
罪行根源身口意，
一尘不染远离它，
全凭自己须努力。”

思考畜生苦难。畜生野蛮力大，捕食弱小者，反过来又成为神、人役使的工具，失去自由，受人摆布，遭到毒打、伤害和屠杀，除了与神、人处在一起外，无处可去。这是《本地分》的说法。

《俱舍论释》说：“畜生生活在陆地、水源和空中，它们的根本住处是大海，

[1] 何须扬，何须张扬。
[2] 三门罪恶，由自己的行动、语言和思想所造成的罪恶。
[3] 大士，也应该是勇士、俊杰等。

大海中衍生他类[1]。”

《劝戒亲友书》说：

“畜生居所充斥恶，
追杀捆打遭苦厄，
抛弃和善尚暴力，
互相蚕食凶狠彻。

为了珍珠与骨头，
为了皮肉性命丢，
失去自由成工具，
鞭挞棒打役使透[2]。”

第一首偈句反映了一般情况，第二首说明了特殊的苦难。“捆打”等句说的是役使、穿鼻等，成为神、人屠杀的对象。“互相蚕食”说的是同类相残。“和善”说的是证得涅槃的善，如果抛弃和善，实属愚昧，不是道之根器。“鞭挞棒打”分别说的是马、水牛、驴、大象和黄牛，它们受到人类的利用和毒打。这些出自《劝戒亲友书释》。

其他处在黑暗和水域，就在那里老死，或负重受累，或耕地，或被剪毛，或遭驱赶，或遭受多种杀戮而痛苦不堪。面对屠杀、饥饿、风吹日晒、猎人追杀，始终胆战心惊。要回想这些苦难，从而哀伤厌离。就它们的寿命，《俱舍论》说：“有的畜生寿命见长。”说明寿命长的可以达到一劫，短的却无有定准。

思考饿鬼的苦难。过于吝啬将往生饿鬼，它们饥渴难耐，皮肉干瘪，像烧焦的木桩，头发遮住脸部，口干舌燥。

包括三个问题：一是饮食有外障[3]。当它们行走在泉水、大海、湖泊等时，那里有人手持剑、长矛、短矛将它们进行驱赶，或者水变成脓血而恶心欲吐。

二是饮食有内障[4]。口如针眼，口内冒火，颈生赘疣[5]，大腹便便，虽未受他人阻拦而找到饮食，但不能享用。

三是饮食有障。是指有一饿鬼名叫“火焰鬘”，其入口饮食燃烧欲焦。有

[1] 除人以外的畜生类。

[2] 这两首偈句的意思是，人们为了得到珍珠，杀死蚌类；为了得到牛羊毛，宰杀牛羊；为了得到纺织用的蚕丝，去喂养蚕；为了得到鹿茸及其肉，去杀死鹿。为了达到目的，用马镫夹击马肋或用脚踢；用手拍打水牛；鞭挞毛驴；用铁钩拴住大象；用树枝抽打黄牛，或用绳子拴住。它们只活一个中劫，寿命很短。要思考它们的痛苦。

[3] 外障，外部障碍。

[4] 内障，内部障碍。

[5] 颈部赘疣巨大无比，用手托举放在一边，不能复原。

个饿鬼名叫“啖食污秽”，它食屎喝尿，把肮脏恶臭、有害、令人作呕的东西当作食物享受。有的从自己身上割肉自啖，不能享受干净味美的食物。

《俱舍论释》说：“饿鬼的国王是阎罗[1]，其根本地点为王舍城，在南瞻部洲地下五百由旬处。其他的从此衍生。”

《劝戒亲友书》说：

“饿鬼种类不如意，
苦难绵长无有期，
饥渴寒热劳苦惧，
残酷异常不可议。

有人嘴如针眼小，
腹如大山饥肠叫，
秽物遍地不忍睹，
毫无半点饮食讨。

皮包骨头身赤裸，
恰似干枯多罗树[2]，
每逢夜晚嘴燃火，
着火食物口中入。

出身贱种更悲惨，
脓血屎尿享受难[3]，
操起棍棒互殴斗，
赘疣溃烂当食啖。

春意盎然惬意时，
太阳寒冷月光炽，
树木干枯果子落，
眼睛一看河干已。”

[1] 其实指的是法王阎罗，有双重性格，用不善引业造孽，用美善满业造福，享受无数神馐，又不知遭受多少地狱苦难，谓之罪孽。这是《正法念处经》的说法。它是不是大威德金刚的护法神，有各种说法，但它的了义是文殊菩萨化身，不了义是人们印象中它是一切饿鬼的首领。

[2] 多罗树，树高七尺，可以写字。

[3] 连脓血屎尿也难以享受。

第一首偈句介绍了一般情况，其余指出了特别的苦难。“劳苦”指的是为食物而奔忙。“惧”指的是当看到人们手拿剑、木杵、绳索等而心生恐惧。“秽物遍地”说的是满地都是随手抛弃的脏物。“夜晚”指的是每夜口中冒火。“口中入”指的是吃燃烧中的食物。“眼睛一看……”指的是眼睛似受到剧毒烧灼，一看甘甜的河水它就会变干。有的经释说，有的处在熊熊大火中，有的处在充满各种毒虫的河流中。

《致弟子书》也说：

“干渴遥望清江现，
看到欲饮不如愿，
毛发苔草混脓血，
污水横流伴粪便。

季风荡水山头寒，
玛拉雅[1]山郁旃檀，
山林失火弥半空，
满目灰烬凹凸见。

大海起风浪滔天，
水沫翻滚尤斑斓，
雾气迷蒙热沙飞，
暴风猛烈荒漠惨。

身在其中盼云雨，
却是枪林烽火聚，
金刚磐石耀金色，
红黄电光击身躯。

雪变烈火热浪滚，
火变暴雪寒风冲，
悲惨命运令智昏，
眼前一切颠倒中。

---

[1] 玛拉雅，义译香山，药都城西一山名，盛产旃檀、岩精、寒水石、温泉等药物。

嘴如针眼腹如山，
渴极狂饮大海澜，
未及到达嗓子中，
口毒炽盛水流干。”

就一生的寿命，《本地分》和《俱舍论》都有相同论述，人们的一个月等于饿鬼的一夜，饿鬼能活五百年。

《劝戒亲友书》说：

“一如既往受痛苦，
长期积恶成绳索，
牢固捆缚诸众生，
千万年间苟且活。”

《劝戒亲友书释》指出，有的饿鬼活命五千年，有的饿鬼活命一万年。

三恶趣中的身量没有定准，因不善的缘故，身材高矮不一。这在《本地分》中有解释。

现在，思考这些恶趣苦难时，不妨就把自己的手伸进煨煻中待上一天，冬季严寒中赤身坐在冰窟中，几天水米不进，毒虫等叮咬全身，这种痛苦实难忍受，更何况处在热地狱、寒地狱和饿鬼的畜生们互相吞噬。此等苦难我怎能忍受啊！结合当前自己的情形，发奋修炼，直至产生恐惧感。知而不习，或稍加修炼，于事无补[1]。

《十七事》说：“阿难的妹妹有两个儿子，二人一起出家，让他们读诵经文，但读了几天就懒惰起来。无奈，把兄弟二人送到目犍连身边，但依然故我。阿难说：‘请让他们产生厌离之心吧！’

“目犍连就把他们引到日行者出没的地方，他变化有情地狱，并制造出砍杀之声。兄弟二人闻讯赶来，眼见砍杀等痛苦，并发现眼前出现两口巨大铁锅，铁水滚沸。有个声音问：‘谁也不愿意下锅吗？’另一个声音回答：‘阿难的两

[1] 至此，地狱部分告一段落。地狱，顾名思义，就是地牢、死牢。这里，作者把地牢的内容、种类赋予新的含义，把它外延化了。我以为，那些不寒而栗、令人生畏的地狱，真正是否存在，谁也没见过，谁也说不清楚。但是，不能因为没见过、说不清，就否定它的存在，就可以玩世不恭、置若罔闻。我们想一想，那些因害怕罪行败露、害怕法律制裁的人，选择自刎、上吊、跳楼、投河的方式而结束自己的生命，他们的死亡多么残酷、多么恐怖；那些剥夺他人生命，被执行枪决的人，罪有应得，死有余辜；那些制毒贩毒、制假售假、拐卖妇女儿童、电信诈骗的人，丧尽天良，人神共愤，都难逃法网，最终将锒铛入狱，失去自由，度日如年。这些人的下场，难道不是在忍受现实版地狱的煎熬吗？他们的惟一出路，就是认真改造，悔过自新，早日回归社会。作者告诉人们的是，天网恢恢，疏而不漏，多行不义必自毙，因果报应，万年不变。所以，我们要遵纪守法，洁身自好，先人后己，功德无量。

位侄子出家后，懒散度日，死后就投生在这里。’二人非常害怕，担心现在马上面临下锅（的危险）。遂赶到目犍连处，把所见所闻告诉了目犍连。

“目犍连说：‘二位沙弥，以上苦难均出自罪孽和懒惰，当奋发有为！’二人勤奋修法。饭前忆念地狱，就不想吃饭；饭后忆念地狱，就呕吐不止。目犍连又把二人领到另一日行者的住处，他变化出神众，让神们弹奏琵琶等音乐。兄弟二人闻声赶到，发现有一座无量宫，宫内全部是女孩，没有一个男孩。有人问起男孩不在的原因，有人回答：‘阿难的二位侄子出家后，勤奋好学，死后就投生在这里。’二人非常高兴，就把这个情况告诉了目犍连。

“目犍连说：‘二位沙弥，得此功德，乃源自精进，请继续努力！’二人继续兢兢业业，正确受法。如前引述至理教言[1]，有从善趣坠入恶趣的情况。二人问：‘圣者，难道我们作为神、人的，莫非死后要往生三恶趣吗？’目犍连答：‘二位帅男，只要处在五趣[2]轮回的烦恼中，烦恼轮回就如同筒车旋转[3]（喻始终如影随形——译者注）。’二人产生厌离之心，向目犍连请求讲授今后不再被烦恼所困的佛法，目犍连遂向兄弟二人宣法[4]，后他们二人证获阿罗汉果[5]。”

第五节　克服懒惰　方为上策

所以，要防止懒惰，发奋修道，心向解脱[6]。要做到这些的根本，就是要观修苦难，才是上策。世尊在世时，也没有比这更优越的秘诀可讲。这就清楚表明了下士和中士的思想逐渐形成的过程，在思想水准还未达到这个境界之前，按一般要求努力观修。

尼苏巴说：“要观察自己以前（前生）是否积蓄了往生该处之因，是否当今依然故我，是否今后重操旧业。无论以前所做，现在要做，还是今后打算做，都要前往相应的道路。假如往生恶趣，我焉能承受？想到这里，不禁毛骨悚然，头脑发热，坐立不安。尽量要有恐惧感。”

这非常重要。现在趁身体健康之时，要善加思考，将消净前罪，今后不犯类似错误。以前世所积宏大善缘为先导，广为传播。凡新近入门的，可多头

[1] 至理教言，具有清净戒律的经典。

[2] 五趣，地狱、饿鬼、畜生、神和人。

[3] 筒车旋转，利用水的自然惯性，把低处的水引到高处的一种送水装置。

[4] 据说目犍连向二人宣讲的是《四谛经》。

[5] 阿罗汉果，悟位之名，为小乘教最高目标。阿罗汉，小乘教极悟之名。有数译，一是杀贼，即杀烦恼之贼；二是应供，接受天人之供养；三是不生，永入涅槃不再受生死果报。见丁福保主编：《佛学大辞典》，文物出版社1984年版，第737页。

[6] 解脱，某种程度上应该理解为超越自我，例如离开是非之地，以摆脱心烦意乱的窘境。

并进，日复一日，使人生具有价值。

现在如不思考这些，一旦坠入恶趣，带来巨大恐惧，那时找不到拯救自己的救世主，自己无所适从、无能为力。

《入菩萨行论》说：

“前世行善幸福人，
一旦停止做善行，
恶趣苦难致愚痴，
我将何以策略定？”

又说：

“身处巨大恐惧中，
大惊失色眼圆瞪，
祈求救出非人境，
走遍四方救主寻。

寻遍四周无救星，
心灰意冷丧灵魂，
一旦失去救世主，
我将如何度余生？

十方佛陀众生主，
为救有情勤关注，
伏乞救出恐惧地，
从今往后皈依入！”

这只是说出了梗概之义，广泛深刻的涵义在《正法念处经》中，必须要反复拜读，读后要思考。

为了后世要寻找两个方便道：一是加入佛教庄严之门——修习皈依；二是一切善乐之根本——生起敬信。又有四个小问题：1. 用什么皈依之因；2. 用什么皈依之对象；3. 如何皈依的方法；4. 皈依后的修次[1]。

首先，原因很多，但如前所述，人的一生短暂无常，死后也无权选择往

[1] 修次，修行次序。

生何处，是宿业的被动者。

《入菩萨行论》说：

“恰如黑夜乌云布，
突然闪电亮光束，
即便佛陀发悲力，
世间福慧也几许。

亘古善良乃羸弱，
恶业迫害最残酷。”

这是说，纯正之业力量薄弱，罪恶之业势力强大。通过思考坠入恶趣的情景，而产生恐惧感，树立皈依的思想。

陈那大师（བདག་ཉིད་ཆེན་པོ་ཕྱོགས་ཀྱི་གླང་པོ། bdg nyid chen po pyaogs kyai glang po）说：

“轮回深渊不见底，
犹如处在大海里，
贪嗔痴等最可怕，
巨大鲸鱼撕身体。
今日向谁求皈依？[1]”

总而言之，自己因三恶趣等而感到害怕，相信三宝具有拯救恶趣的能力。如果把这个流于形式，那么皈依也就等于空话；如果这个坚强有力，那么可以得到心满意足的皈依。因此，要努力做到这点。

皈依对象分为两个内容：一是认识皈依的对象；二是应该皈依的原因。

《一百五十赞》（བསྟོད་པ་བརྒྱ་ལྔ་བཅུ་པ། bstaod pa brgaya lnga bcu pa）[2] 说：

“人若不犯诸罪过，
谨言慎行不堕落[3]，
何时何地何情景，
一切功德人间扩。

[1] 原稿如此。
[2]《一百五十赞》由马鸣菩萨所作，书中对陈那大师诗文相间的韵文作了回答。
[3] 无论是谁，一开始他不会必定染指所有罪果。

假如有点菩提心，
都会当作皈依境，
歌功颂德虔恭敬，
追随其教道理行。”

第六节　关于皈依

如果有了鉴别皈依和非皈依的思想，那么应该知道千真万确的皈依，就是佛的皈依。它代表了佛、法、僧三宝。

《七十皈依》[1]说：

“佛陀圣法及僧侣，
成为解脱皈依处。”

应该皈依的原因有四个方面：一是自己为了得到极为温静的本体——无畏地位[2]，如果得不到这个，就像跌倒者依靠跌倒者（喻瞎子点灯——译者注）而行一样，不能把别人从恐惧中拯救出来；二是要全面熟悉调教众生之方法，否则，即使皈依了，也难成大事；三是要具备大慈大悲之心，否则，即使皈依了，也难救度；四是不能仅仅用世俗之供物来使佛高兴，而是用修供来使佛高兴，否则，只念前恩，不救众生[3]。

简言之，自己要从一切恐惧中得到解脱，要对拯救别人于恐惧中的方法达到娴熟，要对众生大慈大悲、一视同仁，无论对自己是否有利，都要为他人做事，（这个）应被视为皈依。这只有佛可以做到，大自在天等则无能为力。所以，佛就是皈依处，他所创立的佛法，以及他的声闻僧伽们都应被视为皈依处。

根据《摄抉择分》（བསྡུ་བ bsdau ba）中所说的找到信念，得到启示，做到专心致志，不可不度，应诚实树立信念。救度自己有二因：一是外因，这个外支或外因，佛祖已经完美无缺的创造了；二是内因，这个内支或内因（心态），没有彻底做到皈依，谓之痛苦。因此，即使未受人之托，也要从大慈大悲出发做他人的朋友。应该看到，皈依远离了懒惰，尽善尽美，无与伦比，是自己的

[1]《七十皈依》由月称大师所作。
[2] 无畏地位，佛的无所畏惧的德相与地位，从二障和所有大小四魔中得到解脱。
[3] 只念前恩，不救众生，陷入个人的恩怨中，没有普度众生的思想。

主宰，应投身之。

《赞应赞》（བསྔགས་འོས་བསྔགས་བསྟོད། bsnggs a´os bsnggs bstaod）说：

“孤立无援漂泊时，
宣布充当朋友已，
佛祖利用慈悲绳，
揽住众生赐加持。

大慈大悲佛本体，
殷切无私悯人世，
殚精竭虑弃慵懒，
与佛比肩谁人试。

众生主宰乃我佛，
人心根本利乐所，
不知尊者为慈航，
黑头凡人深渊熬。

人们正确受佛法，
较之贱人朋友佳，
齐心协力弘圣教，
知书达理你可嘉。

一切外因力量情，
你已正确修炼竟，
内部精力尚不全，
无助弱者陷困境。”

如何进行皈依。《摄抉择分》强调四种方法：1. 知功德；2. 知区别；3. 守诺言；4. 不胡诌。知功德而皈依，包括回忆功德、如佛之功德、法之功德、僧之功德。

首先有四个小问题：一是身功德。回忆佛之名号、佛之庄严身相。

《喻赞》（དཔེ་ལ་བསྟོད་པ། dpe la bstaod pa）说：

“尊者身相具庄严，

神采奕奕美颜面，
犹如秋夜深空中，
无数星座尽亮闪。

能仁尊驾放金光，
法衣加身显辉煌，
犹如巍峨金山顶，
祥云冕旒作盛装。

尊驾即便不装扮，
容颜依旧泛灿烂，
清空月亮圆盈时，
要想媲美亦枉然。

尊驾容貌赛莲花，
阳光揭开蕊面纱，
蜜蜂飞舞欲朝觐，
不知可否疑云压。

尊驾面容闪金光，
上下牙齿白净状，
犹如秋天金山坡，
无垢月晖作装潢。

尊者举起右手臂，
吉祥法轮相宜饰，
用手安慰诸有情，
莫迷轮回无作为[1]。

能仁莅临各地方，
双足散发莲花香，
串串脚印美如画，

[1] 处在轮回而深感诚惶诚恐的人们，不要执迷不悟，不要无作为。

有名莲池羞难当[1]。”

二是口功德。世界上所有的人同时提出一个个不同的问题，回答者利用刹那心[2]的智慧，一句话回答一切提问，提问者们又以自己的语言领悟其内容。想起来这实在是奇特无比的事。

《谛者品》说：

“众人心中有话语，
异口同声说出去，
刹那心慧善分辨，
一语解答问者句。

导师引领大乾坤，
敬请了知梵音诵，
最终根除人天苦，
不遗余力转法轮。”

《一百五十赞》说：

“百看不厌世尊颜，
洗耳恭听妙音传，
犹如月亮降甘露，
金玉良言响耳畔。

世尊教旨播云雨，
贪欲粉尘及时去，
赶走嗔恨大毒蛇，
恰似大鹏来逮捕。

三番五次仍不知，
恰如太阳驱暗黑，
骄傲大山欲摧毁，

[1] 有名的莲池也比不上佛祖留下的一串串莲花脚印。
[2] 刹那心，在极短的时间内了解对方的想法。

就像金刚必齐备[1]。

拜读文义无欺诳，
不存错谬随顺畅，
精心编撰易通达，
世尊所言具三纲[2]。

一旦聆听尊所言，
寓意深长心震撼，
冥思苦想教诫义，
罪恶三毒待驱赶。

安慰赈济凡穷人，
纠正不规诸众生，
荣华富贵致痛苦，
世尊所言趋大同。

激励智者长精神，
开导凡人净心灵，
拨开愚者眼翳障，
世尊警言医众生。”

应该这样忆念。

意功德。有两个方面:一是先知功德[3]，如通过手中橄榄子[4]，可以毫不费力地知道万事万物的本来面目。通过能仁的先知本领,认识一切事物通达无碍，反之知识广大，而智慧狭隘，故不知就里。

《赞应赞》说：

“世尊独有大智慧，
万事万物论深邃，

[1] 吠陀故事说，很久以前，大山上下前后走动不已，伤害了无数生灵，帝释不忍生灵涂炭拿起金刚，向大山砸去，结果敲断了大山的腿，从此大山不再走动，就固定下来了。
[2] 据夏日东大师说，原文“ལེགས་གསུང་།”应为“ལེགས་གསུམ”。
[3] 指的是真理空性和一切世俗事物。
[4] 说橄榄子质地透亮，可以看清内外一切。以此为喻，洞悉万事万物。

除了尊者一人外，
其他所知均多余。”

又说：

“佛陀洞晓三世法，
形形色色物万华，
好像手中橄榄子，
天文地理知识化。

万物具有动不动，
一与众者万千分，
如同空中微风吹，
胸襟广大又精深。”

应该这样忆念。

二是怜悯功德。众生被烦恼所困，丧失自由，能仁因大慈大悲而不由自主，当看到众生受难，就不禁产生莫大悲心而持之以恒。

《一百五十赞》说：

“芸芸众生无计数，
统统都被烦恼束，
为了解救出痛苦，
世尊长期悲悯缚。

或向尊者谨磕礼，
人们处在轮回时，
了解苦衷指迷津，
诚挚祈愿长驻世。”

《谛者品》也说：

“愚痴黑暗无散时，
人们心灵常障蔽，
发现陷入轮回狱，

大圣[1]产生慈悲意。”

又说：

“欲念所困诸有情，
贪心不足喜万种，
坠入欲海不自拔，
佛陀产生大悲心。

疾病苦难种类多，
饱受折磨烦恼过[2]，
为了消除诸痛苦，
十力[3]悲心装宇宙。

能仁悲心常秉持，
一时一刻不停止，
众生心中永铭记，
佛陀历来离不是[4]。”

佛业[5]功德。是指身、口、意三业天然成就，以“二不断”为众生造福。如果是可塑之人，能仁无不把人们引向光明大道，无不从颓败中拯救出来。所以，必做应该做的事。

《一百五十赞》说：

“世尊宣示除烦恼[6]，
指出奸猾当属妖[7]，
轮回本质实可怕[8]，
无畏方向也明昭[9]。

[1] 大圣，这里指佛陀。
[2] 烦恼过，烦恼挫伤人们的心灵。
[3] 十力，佛的异名。
[4] 离不是，远离缺点，一尘不染。
[5]《智慧经》说，佛业有二十七种。《菩萨地》说，佛业的种类与数量难以计数。
[6] 以道谛消除烦恼。
[7] 以集谛消灭妖魔。
[8] 指出了苦谛。
[9] 指出了灭谛。

慈悲为怀念众生，
饶益有情口碑宏，
若说世尊未推演，
利乐众生谁最能。”

《赞应赞》说：

“世尊拯救诸众生，
敢问遗漏有何人，
佛法世俗相结合，
如此圆满何处寻。”

以上是归纳忆念佛尊的方法。若从多方面忆念，信念也会广生。反复忆念，会强大持久。其他二宝功德也与此相同。

这样修炼臻善后，方知大部分佛经和经释必阐明三皈依之功德，它们将成为教诫。认为观修[1]是分别[2]，而修炼之时加以摒弃。应该看到，这将阻塞如此积聚资粮、消除罪障的许多门径，而成为创造人生无数价值的巨大障碍。

若对此进行长期不懈地修炼，心随熟练程度而转移，最初的修心会非常困难，但以后会驾轻就熟。如果想我也得到梦寐以求的那位佛的果位，就会产生菩提心，不分昼夜可以见到佛的尊容。在临终之时，即便遇到各种痛苦，忆念佛陀始终不变。

《三摩地王经》说：

“告知尊者记心间，
人们总是多杂念，
一直执著诸分别，
不遗余力而沉湎。

回忆佛陀威严身，

[1] 观修，观察修，是一种修习空性之法。宗喀巴大师反复强调重视观修，凡是善缘要一再观察，达到熟练程度。更钦久美旺布说，观察修应该在寺院进行，而修止应该在山间幽处为宜。
[2] 分别，思考辨别万事万物，是心与心所之自性作用。

智慧无量大能仁[1]，
经常随念勤修炼，
孜孜以求心意奋。

衣食住行哪一样，
大德智慧格外想[2]，
盖世无双我所愿，
为证菩提祝吉祥。”

又说：

“忠贞不渝身口意，
不断歌颂佛德懿，
如是这般修心灵，
昼夜不分佛尊谒。

他日患病身欠安，
死去活来苦万般，
只是念佛不动摇，
痛苦夺志也困难[3]。”

博朵瓦说：“若反复思念，将信念大增，心灵净化，而得到庇佑。当对此获得信念，笃心皈依，学其教言，一切会转向礼佛的轨道上来。我佛的先知能力，显然不同于一个精于算卦的女巫的巫术。

“如果女巫对某人说：‘今年你无灾难，这我知道。’那人便放心大胆的过日子。如果她说：‘今年不好，你必须如此这般，不可造次！’那人便想方设法去做。如果办不到，就想着自己没有按照她所说的去做，便心神不宁。

“如果佛说：‘此类事情应该抛弃！’‘此类事情应该去做！’你能把这话放在心上吗？假如没有做成，你会否感到心安？经论中有如此说法，但现在人们认为有些时间地点做不了，有些可以做，便把佛所说过的话当成边角料弃于

[1] 如经常修炼能仁身，心就会自然趋向他。不仅要修炼身像，而且要心中升起洞晓万物的智慧，与此同时，要修炼一个鲜活的形象。无论修炼像金刚大威德一样的任何神，如果心中没有升起洞晓万物的智慧，即使从外表修炼九首等金刚大威德神，但实际上不是修炼一个活体，而是修炼一个死人。无论修炼任何神，身意的形象在心中很好地升起，比眼观强得多，眼观有何必要。
[2] 无论做哪一件事情，想念大德的智慧，都是重中之重。
[3] 有了对佛的信仰，病痛不会夺去人的坚强意志。

一旁，把自以为是的东西奉为圭臬。”

如不细察，可能被眼花缭乱的字眼所迷惑[1]，平心静气，细心研究，至为正确。鉴此，反复忆念佛的功德，为尽量取得诚实信念而努力。如能这样，就能了解一点它出自何种佛法，就能了解一点修习佛法的僧人，皈依也就实至名归。如果做不到这点，不用说有其他道可走，就连满意的皈依也是无从谈起。

法之功德。是指把敬佛作为理由，佛功德无边，其教证法以灭谛与道谛为代表，远离缺点。应该这样回想，这基于修证功德者得以实现，来自禅炼。

《正法摄受经》（ཆོས་ཡང་དག་པར་སྡུད་པ། chos yng dg pr sdaud pa）说：“凡是佛陀，功德无量，他们诞生于法，支配法之福分，变换法，主宰法，来自法，法之所，依照法，成就法。”

僧侣之功德。这里主要指的是圣者，又指忆念法之功德，即从依法观修法之功德进行忆念。

《正法摄受经》说:“何谓僧侣？认为讲法、行法、思法、法田、执法、信法、供法、做法事、践行法、法行圆满、正直、清净、拯救者、慈悲者、常住幽静之所者、潜心修法者、常行善事者等。”

知差别而行皈依。根据《摄抉择分》所说，就是认识三宝内彼此之间的区别而行皈依。包括六区别:一是性相[2]区别，是指佛宝，是圆满正觉的性相，法宝亦即其果宝和僧宝，依其他秘诀而正确修炼的性相；二是事业区别，是指逐渐传授教法，专注抛弃烦恼和痛苦，乐意而为的事业；三是信仰区别，是指逐渐热衷侍奉，热衷践修，热衷以相同物资同舟共济；四是修证区别，是指依次供奉、经忏、熟悉瑜伽行、共同置办法施和财施；五是随念区别，如念“如此世尊”等口吻分别随念三宝功德；六是福生区别，包括人与法方面的无上福德广泛增长。

佛与僧二者被列为首要位置，基于一人或多人的福德增长，僧人必有四种功德。承诺修法而行皈依，是指皈依佛，涅槃法就是真正的主宰，把僧人作为皈依的伙伴而行皈依。这些出自《毗奈耶经广释》（འདུལ་བ་རྒྱ་ཆེར་འགྲེལ། a´dul ba rgaya cher a´grael）。不信其他而行皈依，是指知道外道祖师、内道祖师们所创立的教法，以及学习（甄别）他们教法的优劣等。只有皈依三宝，不能皈依与之相悖的祖师等。

---

[1] 如果不深入研究博朵瓦所说，只能当作华丽辞藻。不要停留在文字表面，应引起高度重视，深入思考，方觉特别正确。这是从实践角度而说的。有人说，现在由于时间与地点的缘故，难以实现佛所说的一切旨意。这种说法不用说成佛，就连后世得到人身也很困难。实际上，这与外道不承认没有业果与前生后世没有区别，其实质暴露无遗。应该结合自己的实际，看看能否尽量实践佛说宗旨。

[2] 性相，性指物质的本体，其内不可人为改造；相指物体外貌，表现在外部可以辨识。有为无为相对，无为法则为性，有为法则为相。而有为无为皆有性相，本体叫性，可辨叫相。

这两种皈依是有区别的。一是祖师区别，是指佛远离缺点，功德圆满，而其他祖师则相反。《殊胜赞》说：

“本人皈依世尊您，
彻底抛弃他师承，
有人要问为什么，
没有缺点功德丰。”

又说：

“其他外道理论中，
如何等情乏内容，
我佛能仁非一般，
我心虔敬永不动。

外道绝非一切知，
教义多谬具祸意，
妖言惑众缺点著，
世尊优点少知悉[1]。”

二是教法区别，是指佛教是光明大道，可以获得平安成果，脱离轮回的流弊，彻底消除烦恼，是从事解脱者的归宿，至善至美，正本清源，而外道则相反。

《殊胜赞》说：

“因何尊者创佛教，
一顺百顺得善道，
因而成为语狮子[2]，
众生信仰佛典高。”

[1] 妥尊朱杰（ཐོ་བཙུན་གྲུབ་རྗེ། tho btsun graub rje）兄弟二人开始是外道派，后来知道了世尊的优点，产生了不变的信仰，其中一人写下了《殊胜赞》。书中“彻底抛弃他师承”等句，说的是抛弃其他外道祖师，皈依世尊。为什么？因为世尊没有任何缺点，功德圆满。我们以前精通外道经典，但经过与佛典对照研究，对佛典不禁肃然起敬。另外一人写下了《胜出灭神赞》（ལྷ་ལས་ཕུལ་བྱུང་གི་བསྟོད་པ། lha ls phul byaung gi bstaod pa），赞扬释迦牟尼佛一生的功绩。

[2] 语狮子，语言的狮子，喻语言方面的王者，无人能敌。

《赞应赞》也说：

“无论皈依或反对[1]，
消除烦恼当首推，
真实英雄[2]颂佛旨，
恰成他派语区别[3]。

惟一真实如这般，
只有伪法多妄言，
佛旨他论相比较，
世尊优越外道惨。

一个宗派纯向善，
一个教门多谬乱，
佛旨他论相比较，
真正区别不堪验。

以讹传讹外道法，
正本清源佛典佳，
真实怙主警世言，
外道宗见非常差。”

由此也可知僧人之特点。

皈依之后，将有两条学习途径：一是按照《摄抉择分》；二是按照秘诀[4]。

首先，投奔圣者，如前所述，把真正的善知识视为一切功德的源泉而诚挚投拜。皈依佛，等于皈依引路人。做与其相应的事，就等于正式依靠引路人。聆听圣法，心中审思，是指广泛聆听由佛与佛之声闻弟子所说过的经藏等诸法，心中冥想消除烦恼的方针。皈依法，是指实践教证法。这就是做与其相应的事。

做符合圣法的事，是指做符合法涅槃之事。皈依僧人，是指把向着涅槃之路行进的人当作朋友看待。做与其相应的事，就是为了随顺从事解脱者而进行学习。

[1] 皈依佛教，反对外教。
[2] 真实英雄，这里指世尊。
[3] 佛典与外道语言形成明显区别。
[4] 这里把《菩提道次第广论》以前诸师所说过的零星文章汇总在一起的秘诀。

调伏六根，是指把放任自流、心浮气躁的举动视为缺点，把心收回来，气定神闲。正确学习律事，是指尽量学习佛制定的戒律。悲悯众生，是指以悲心特别对待佛教，如皈依佛教，就等于慈悲众生而杜绝危害。时时勤奋供奉三宝，是指每天供奉三宝。

按照秘诀有两条：一是各个诫言；二是共同诫言。各个诫言包括规劝诫言和修习诫言。

《涅槃经》说：

“谁人皈依圣三宝，
的的确确居士高，
无论何时要牢记，
其他本尊不可找。

如果皈依神圣法，
摈除祸心戒掉杀，
如果皈依僧侣人，
不再寻伴外道家。”

这里说的是，不皈依其他本尊，不伤害众生，不与外道为伍。

其一，如果不把世间凶神恶煞和遍入天等当作永久的皈依对象，那么作为饿鬼的地祇和龙种则何须说。如果不信三宝，偏信鬼神，绝不可取。如果临时有几件正事，要求世间神助其完成，不是不可以的。例如，把施者视为生活的依靠，希望医生把病治好。

其二，无论是人，还是畜生，切不可欺凌，不可捆束，不可囚禁，不可劓鼻，不可强行使其负重。侵害众生的言行不可有。不要与不信三宝、污蔑三宝者同流合污。

修习诫言有三条[1]。无论佛像的绘画是好是坏，都不可讥毁，不可置于人们过往的地方，不能当作抵押品。这种不敬、玷辱的行为应予抛弃。应把佛画视为真佛，当作供奉的福田。

《劝戒亲友书》说：

“善逝身像雕自木，

[1] 三条修习诫言，其依据是布玛拉牟札（བི་མ་ལ་མི་ཏྲ། bi ma la mi tra 无垢友）大师的皈依六支（སྐྱབས་འགྲོ་ཡན་ལག་དྲུག་པ། skyabs a´grao yn lg draug pa）。

无论好坏智者供。”

《广戒经》说：“从前，在印度有一个名叫迦毗罗的人对学与不学的僧人这样说道：‘你们这些牛头，能懂得什么法与不法的？’这样，用十八种不同方法进行谩骂。此故，他投生为一条头上长有十八个头的鲸鱼，从饮光佛到释迦王之间，一直是个畜生。”

《杂事品》（ལུང་ཕྲན་ཚེགས། lung phran tshegs）说：“拘留孙佛灭度之后，具美王让臣民们修建一座巨塔，其中有个雇工说：‘让人修建这样一座巨塔，哪知道猴年马月完成。’先后两次讽刺挖苦。迨巨塔顺利竣工后，他懊悔不已，自己出钱让人打制了一只金铃，挂在塔上。因此，他转生为一个矮小丑陋，但声音嘹亮的好人。”

不可对身像品头论足，对于他人采用上乘原料塑造的一般或巨大身像，不可多嘴多舌、指手画脚。大瑜伽师请阿底峡尊者鉴赏一幅文殊菩萨像到底质量如何，并说：“如果好的话，可用荣巴噶盖（རོང་པ་མགར་དགེ། rong pa mgr dge）所给予的四两黄金买下。”阿底峡尊者说：“文殊菩萨像没有不好的，画家的手艺也尚可。”言毕，把像顶在头上。传他对所有成品像都这样对待。

哪怕是对一首偈句不敬的行为也应抛弃，不可把经卷当作抵押品，不可买卖，不可放在裸露的野外，不可放在极易受到蹂躏的地方，不可与鞋子一起背在身上，不可从经卷上跨越过去，要恭敬像三宝一样恭敬经书。

坚阿瓦大师每当看见有人拿着经卷，便合掌起立，后来即使不便起立，仍然合掌顶敬。一次，阿底峡尊者来到阿里，一个密咒师不肯听取他讲法，而这时又有一个秘书把牙锈涂在经卷上面，阿底峡尊者见状，忙说：“不可！不可！”那位密咒师（知道阿底峡尊者是个大悲者——译者注）改弦更张，开始信仰阿底峡尊者了。

夏热巴也说：“我们对圣法有些戏侮了。不尊敬圣法与讲法者，是智慧颓废的缘故。愚昧到这种程度就为止，再不要制造愚昧的条件了，如果再愚昧下去那还了得！”

只要是僧人，或者哪怕有点比丘模样者，都不要去诬骂或欺负他。不要说“你们或者我们”而有私心，更不能视为敌人，如恭敬三宝一样恭敬僧人。

《劝发增上意乐会》说：

“欲求知者住密林，
尊重别人不挑病[1]，

[1] 不挑病，不挑别人的毛病。

惟我独尊要不得，
如此发心不可行。

傲慢皆为放浪因，
欺负比丘断不行[1]，
一劫当中难解脱，
真正佛教一过程[2]。”

敦巴仁波切和大瑜伽师每当看见黄色（袈裟）布丁扔在必经之地，从不敢一跨而过，要把它捡起来，抖掉尘土，放在干净的地方。就要这样进行修习。

《三摩地王经》说：

“世人一生做何业，
随之而来得果报。”

共同诫言有六项：一是三宝的区别；二是随念功德；三是反复皈依（如前所述，外道与内道之差异）；四是三宝外部差别；五是三宝内部差别；六是反复思考它们的功德。

随念大恩大德，为经常供奉而努力，用饮食之新[3]供奉之。

《三摩地王经》说；

“佛尊因福得食物，
幼稚举动无所获。”

这是说，以得到食物为喻，自己得到的所有安乐，都要知为三宝的恩典，要以感恩之心进行供奉。这包括供奉之行与供奉之思。

第七节　关于供奉

有十个问题：

[1] 断不行，断不应该。
[2] 一过程，应得、规矩之意。
[3] 饮食之新，烹饪已就，人未进食之前的饮食。

一是供奉身体，是指供奉佛的真身。

二是供奉塔，是指为了佛而供奉塔等。

三是直接供奉，是指供奉自己目之所及的佛像或塔。

四是非直接供奉，是指供奉自己视野以外的一切佛像和佛塔。佛灭度后，为他塑造一座身像和一座塔等，就是非直接供奉。无论供奉佛像，还是供奉塔，其中的法性就是代表一切法性。因此，可以直接供奉，也可以非直接供奉。欲供奉三世诸佛和无边十方的塔而付诸行动，这是直接供奉，也是非直接供奉。智者说，前者福分广大，二者福分更大，三者无比广大。如果供奉真佛，或者供奉其身像等时，回忆无可比拟的法性，表明供奉一切之举动至为重要。

五是自己亲自动手的供奉，是指不因懒惰、懈怠和放逸而让别人替自己去做，要自己身体力行予以供奉。

六是让他人进行供奉，是指自己稍有积蓄，而考虑到那些处在苦难中的人们福分浅薄且无能为力，让他们进行供奉可保安康，出于同情，只让他们供奉。鼓励他人与自己一起供奉，是指他人与自己的共同行动。三者福分果报的大小与上述相同。

七是以货物和优礼供奉佛及佛塔，是指供奉美衣、美食、睡具、铺垫、药膳、用具、熏香、香粉、花鬘、音乐、各种供灯；说敬语、磕头、起身、合掌、各种歌颂、五体投地、右绕示敬[1]；布施无尽福田、珍宝、耳饰、臂饰、铃、钱、悬结线网[2]。

八是隆重供奉，是指用这些货物和优礼长期进行供奉，无论物质的多少、好坏，还是直接、非直接，自己与他人共同供奉，诚心宏愿供奉。将此善回向为大圆满菩提。

九是完全脱离烦恼的供奉，是指不以轻蔑、放荡和懒惰让别人供奉，而是自己身体力行、恭敬以对、心无散乱，远离贪嗔痴，以毫无烦恼之心供奉，不要希望从信佛的王公贵族手中得到资材而进行供奉，此乃合理物资供奉。

十是合理物资，是指没有用石黄涂染过，没有用酥油汁擦拭过，没有用黑香熏过，没有沾染白艾花等味。总之，利用所有被允许可用之物。

上述这些财施必须是自己亲手筹办的，而非取自他人。凡是善逝的供品，是指用世上所有令人高兴的事物来供奉[3]，具备高尚信仰，满怀兴致，以举手之劳完成无量供奉，全面摄积菩提资粮。这又需要长期以平静和愉悦的心情进行努力。按照《宝云经》和《三三昧耶经》所说，无主的花、果实、树木、宝

[1] 若是主佛母续胜乐或空行女，则需左绕。
[2] 悬结线网，为防止鸟类栖息或鸟粪造成的不洁而悬结的线网。
[3] 这里不仅仅指物质，也包括人的动机。

贝等均可用来供奉。

修供，是指即便在挤牛奶的工夫内，也要随念四无量[1]、四法印[2]、三宝、波罗蜜多，相信甚深空性，无邪而处；修炼戒心、菩提分法[3]、六度、四摄法[4]。

这十供就是供奉三宝，也就是最圆满的供奉。利用这些供奉之时，无论对三宝中的任何一宝哪怕进行小小的供奉，都会带来不可思议的成果。这里要有六种想法：一想这是无上功德田；二想这会带来无上利益；三想这会成为一切有情之最；四想这如伏魔花一样奇缺难得[5]；五想这会成为三千大千世界的惟一；六想这是出世与入世一切圆满的根基。要如此进行供奉。上述根据《菩萨地》而论。

平时可随意供奉，每逢良辰吉日或重大节日，可根据自己的能力，进行一次很好的供奉。人要经常用餐，每餐之前可用饭新来供奉，若持之以恒，将以最小的付出换来最大的资粮。哪怕享受水以上的饮食，也要用其新诚心供奉。不可用受到风蚀变霉的酪糕进行供奉，也不可用腐败变黄的蔬菜进行供奉，要尽量供奉好的。

夏热巴曾说，供奉少许[6]茶新，如扬尘土，数量太少不会起作用。譬如，有一块非常肥沃的土地，因未及时播种而荒芜。所以，不应该这样半途而废。今生后世带来一切乐善之惟一源泉，就是一年四季一刻不断地播撒乐善的种子，用信仰的铁铧去耕耘福分之田地。如不按照经藏中所说的去做，将会非常贫穷。

《赞应赞》说：

“如你拥有大福田，
寻遍三界难发现，
无上供施乃尊者，
三门表明三净源。

广阔天空无边际，
长宽等齐无参差，

[1] 四无量，亦指四无量心，即慈无量、悲无量、喜无量、舍无量。慈无量，为静虑根本的所有人们希望得到安乐幸福、远离仇恨的相应善根。悲无量，希望所有人们脱离痛苦、永不受难。喜无量，希望所有人们永远安康、吉祥如意。舍无量，希望所有人们远离贪嗔、永无私心的相应善根。

[2] 四法印，诸行无常、有漏皆苦、诸法无我、涅槃寂静。

[3] 菩提分法，这里指三十七道品，即四念住、四正断、四神足、五根、五力、七觉支、八圣道支。

[4] 四摄法，布施摄、爱语摄、利行摄、同事摄。

[5] 传说此花只有佛临世时才出现。

[6] 原文“ཉུང་ངུ”是少许的意思，法尊法师译成“现一切人。”

药毒灾害不近身，
异熟果报无干系[1]。”

在无上福田中，丝毫看不到低劣之田，我等言行有缺点，为了供奉三宝需不懈努力。

这样，在无上福田创造善缘，由此将促使面向菩提道次之思想动力越来越大。尤其在听而不懂语句，思而不谙涵义，修而不长功力，智力非常愚钝之时，依靠福田之力才是秘诀。

如马鸣菩萨说：

“创造诗歌大福分[2]，
拜依尊者见识丰，
开启智慧如潮水，
小小机缘成倍增[3]。”

经云，供奉不取决于财物，而取决于信仰。如果只有信仰，而没有物质条件的话，可供奉曼荼罗、水，以及心中所想的供物。如果有了物质条件而舍不得供奉，成为“本人福浅穷光蛋，供奉财务丁点无”这样的人。就像博朵瓦曾经说过的那样：“一个瞎子在一个脏兮兮的罐内装入一点甘松，就向一个健康人谎称说：‘这里有旃檀冰片香。’”

蒲琼巴说：“我一开始烟熏火燎地供奉甘松，然后用四种香料制成的香供奉，其味甘甜。现在用香气扑鼻的沉香或安春香等予以供奉。”若轻视小小的供奉而无所作为，一生也就这样过去了。如果从小处做出努力，将会越来越好。就像蒲琼巴那样付诸实施，听说他一次性花费二十二两黄金制作香。

那些驾驭财物的大菩萨们，可以变幻数以万计的身子，每个身子又变化出数以千计的手。他们前往所有密严刹土，向佛进行供奉，万劫不渝。有懂得一点相似功德就自满起来，说我对成就菩提不以为然，这是不谙法理的穷叫嚣。

《宝云经》说：“经藏中指出，无论举行盛大的供奉，还是举行盛大的经忏，都要悉心聆听，以至诚无上的热心回向诸佛、菩萨。”当如是行。

随念大悲之心，使其他人们迈向慈善之道，尽量以慈爱之心使他们获得皈依。无论做什么事，还是为了某种需求，都要向三宝供奉祈祷，而抛弃其他

[1] 既已成佛，一切灾害不近身，因果报应与己无干。
[2] 因皈依了世尊的缘故，创作诗歌具有很大福分。大福分，亦即六大福分：自在、身美、吉祥、闻名、智慧、勤奋。
[3] 增长智慧的小小机缘成倍增长。

俗世杂务。无论做何事情，还是有什么需求，只能依靠三宝，只许做与三宝有关的供奉事宜，不能做与之相悖的苯教等类之事，应全面禁止。要全心全意依赖三宝。

了解功德之后，白天三次、夜晚三次修诵皈依。包括两点：一是根据《摄抉择分》所出功德进行论述；二是根据《秘诀》所出功德进行论述。

对于求取巨大福分，在《不死鼓音陀罗尼经》（འཆི་མེད་རྔ་སྒྲའི་གཟུངས། a´chi med rnga sgrai gzungs）中说：

“不可思议诸佛尊，
不可思议法神圣，
不可思议圣僧伽，
不可思议具信人[1]。
不可思议得报应[2]。”

《摄波罗蜜多论》（ཕར་ཕྱིན་བསྡུས་པ། phr phyain bsdaus pa）说：

“皈依福分若有形[3]，
三界显得格外轻[4]，
浩渺大海水之藏，
用捧计量数难尽[5]。”

对于获得欢喜或者非常欢喜，《念集》（དྲན་པའི་ཚོམས། dran pai tshoms）说：

“白天夜晚不间断，
十方佛陀心中念，
如果人们皈依佛，
人生目标最灿烂。”

也如结合其他二宝所说，依靠这样的三皈依[6]，我算是发现了真理中的真理，遂喜悦之情油然而生。

[1] 具信人，具有信仰的人。
[2] 原文如此。
[3] 原文“གཟུགས།”应理解为形体，法尊法师译为“色”，“色”为万物。
[4] 如果皈依的福分具有形体的话，那欲界、色界和无色界显得格外轻小。
[5] 用人手的捧来量海水，那数字难以穷尽。
[6] 三皈依，佛、法、僧。

对于获得三昧和清净，是指利用三摩地和慧学得到解脱[1]。

第八节　一身正气

现论述大守护。对于消减所有邪念的障蔽，获得清净、彻底清净，是指因接触外道祖师、邪教和恶友，甚至皈依他们。这要求使所造的恶业尽量变小或者得以清净。如果一身正气，则跻身名士大德之列，做到祖师与梵行的统一。

使那些拥护佛教的天神们心满意足而感到高兴，跨入名人雅士之列，让祖师们感到欣慰。怎样让天神感到高兴呢？要这样想到，某某，我等已获得皈依，死后转生，复具皈依，多次驻世，你必将成为我等朋友，而欢颜以对，并专此言喻。

《秘诀》所出功德有八项。第一，加入佛教行列，一般甄别外道和佛教的法很多[2]，但听说阿底峡尊者和先德巴大师认为以皈依来区别为宜，故获得皈依后不可废弃。

首先要想加入佛教的行列，就要从心底里把三宝视为祖师等，如果做不到这个，尽管做了何等善事，也入不了佛教的行列。

第二，皈依成为一切戒律的载体。《俱舍论释》（མཛོད་འགྲེལ། mdzod a´grael）说："皈依，对于正规取得戒律的人来说，是一道门径。"

《七十皈依经》（སྐྱབས་འགྲོ་བདུན་ཅུ་པ། skyabs a´grao bdun cu pa）说：

"诚心皈依三居士[3]，
成为八戒最根本[4]。"

意思是说，用皈依来巩固涅槃的思想[5]，从中获得守戒之心。如何使前生所积的业障得到清除或废止？《集学论》在解释依靠皈依来消除罪孽之时，用猪的故事做了比喻，即将投生猪的神子在经过祈祷皈依之后，就没有沦为畜生——猪。这说明了只要皈依三宝，可以杜绝恶趣之门。

经说：

---

[1] 束缚在轮回的是业与烦恼，以及受到制约的近因蕴，为了真正消除它们，就需要慧学，以及其助伴三摩地。它如同斧柄，智慧如同斧刃，而轮回的根源就如同毒树。

[2] 从观点来区分，依据自身观点法句总义的四法印而予以承认，他派则正好相反。像三正量部（མང་བཀུར་པ་གསུམ། mng bkur pa gsum）之一犊子部（གནས་མ་བུ་པའི་སྡེ། gns ma bu pai sdae）所区分的，也说不承认自身派。

[3] 三居士，通指信仰三皈依者。又把居士说成一种或数种，即圆戒居士、梵行居士和八戒居士。

[4] 八戒根本，指的是八种别解脱，即近住戒、居士男、居士女、沙弥、沙弥尼、比丘、比丘尼等。

[5] 要有解脱之想和摈弃轮回之想。

“如果人们皈依佛，
不坠恶趣定不错，
他日抛却肉身躯，
往生善趣美妙多。”

这是说，如果皈依法与僧，结果也会如此。这样，以前所积的部分恶业将会式微，部分恶业也将会自动消失。如前所说，将积下巨大福德。不坠恶趣，也由前可知。不会受到人或非人的阻碍。

经[1]说：

“人们受到恐怖后，
逃往深山或林谷，
也去园林供施处，
面向林木寻归宿。

如此皈依非正道，
也非算作方法好，
倘若依靠此皈依，
实难解脱痛苦淖。

他日有人皈依佛，
皈依法僧亦在所[2]，
尽管世上众苦集，
正视苦难也超脱。

八圣道支得平顺，
一往无前涅槃证，
佛祖初说四圣谛，
运用智慧观乾坤。

[1] 这里说的是《听闻集》，以三宝和戒律为根本的圣道才是惟一的皈依，依靠旁门左道并非皈依。佛在舍卫城（གྲོང་ཁྱེར་མཉན་ཡོད། graong khyaer mnyn yod）时，知道是时候征服外道六师，故从狮子座变出五个罗刹，大施法力，只见有的外道拜山，有的外道拜森林，有的外道拜庙，有的外道拜树，不一而足。
[2] 法与僧也是皈依之所。

这个皈依是正道，
这个皈依乃崇高，
一旦依靠此皈依，
必定解脱诸苦恼。”

这里是根据外道修炼风绳的故事而做晓喻的[1]。

第三，心想事成，说的是在从事有意义的工作之前，供奉三宝，祈求皈依，便会顺利完成。

第四，迅速成佛[2]，说的是如《狮子请问经》（སེང་གེས་ཞུས་པ། seng ges zhus pa）所说那样："信仰抛却穷忙事。"得到殊胜的暇满人身，幸遇皈依，学习特别的道，不久便会修成正果。

如此忆念功德，白天三次，夜晚三次，祈祷皈依。甚至在一笑之间，或在生命关头，也不能丢弃三宝，而要坚守到底。这说明身躯、生命和财产总有一天无疑会离开自己，为了保全它们而放弃三宝，那将意味着生生世世不断遭遇苦难。是故，应下定决心，无论遇到什么，都不放弃皈依，不改初衷。哪怕在喜笑当中，也不说放弃皈依的话。

有的先哲说，无论到哪里，都要学习善逝的皈依，说法征圣宗经。如此，《普通六箴言》[3]如在《菩提道炬论释》[4]中所解释的那样，前三箴言出自经藏，后三箴言出自六支皈依。

经说：

"作偈歌颂诸身像，
补上一块布丁黄，
虔诚意念为祖师，
金口所说成纲常。

不可亵渎心所记，
人们高洁或不是，

[1] 据《旧噶当派语录》记载，从前有一个外道，他修炼大自在天成功，大自在天授予他一条绳索。起初，他无论把绳索抛到哪里，都百发百中，人人就范，没有他不如意的。可是有一次，他把绳索抛向一个小孩，小孩没有就范，以为绳索失去功能，就又试着抛向一条狗，而狗立刻死亡。他怀疑小孩有特异功能，遂问道："孩子，你有何本事？"小孩回答："我没有其他本事，就是皈依了三宝。"这个外道师肃然起敬，改信佛教。
[2] 抱歉！以下未找到剩余四项。或许由译者水平所致。
[3]《普通六箴言》，由无垢友大师所作。
[4] 此书由夏热巴大师所作。

一律视为大圣士[1]。”

对于《摄抉择分》中所说的，迦摩巴曾经这样说道，这些可能是尼苏巴所说，而我从阿兰若师处一并听闻所得。这表明从他传自龙巴瓦（ལུམ་པ་བ། lum pa ba）的菩提道次中所出。

如果违反这些箴言，将成为（皈依）式微和废弃的诱因。有人认为，如背离普通前三箴言、经常皈依、拼命持守和供奉三宝等六项，预示着废弃箴言；有人认为，加上后三箴言，即违背九项的话，将会导致废弃箴言，其余将成为式微之诱因。但是，如果违背生命关头不该放弃的诺言，才是真正的放弃皈依。

同样，即使没有放弃三宝，但对于与之相反的祖师等三者采取二执[2]态度，那就有违不信他教的承诺。没有笃心皈依，将前功尽弃。如果上述没有实现，只是表明违反了箴言，而不是存心放弃。

皈依，是投身佛教的大门，如果不把皈依流于形式，那作用是巨大的。藉此可保证不受内外障碍的干扰，容易得到殊胜功德，心旷神怡，事业蒸蒸日上。

如前所述，用排除恐惧、忆念功德等方法发奋皈依，努力遵守相关箴言，至为重要。

如此忆念死亡，想死后坠入恶趣而感到后怕；想拯救恶趣者便是三宝，皈依三宝，不违相关箴言。否则，有何救星？

《集法句》说：

“斩断世俗痛苦路，
吾今已向众指出，
如来佛尊乃祖师，
你等必须如是做。”

这指出了佛是拯救者，僧是修证皈依之友。真正的皈依是法宝[3]，如果得到法宝的话，就会从恐惧中予以解脱。对于初学者来说，这最终[4]的法宝能促使其抛弃若干缺点，能使修造部分功德的觉悟天天向上，较前突出，进步明显。

[1] 原稿如此。
[2] 二执，执著常、断二边，亦即执著于主客观分离。简言之，一种是我执，又叫人执。以五蕴假和合而有见闻觉知的作用，固执地认为此中有常一主宰的人我，一切烦恼障从我执而生。第二种是法执，不知道五蕴等法（物质）由因缘而生、如幻如化，固执地认为法（物）有实性，一切所知障从法执而生。
[3] 法宝，是道谛和灭谛。
[4] 原文“མཐའི་ཆོས་དཀོན་མཆོག mthai chos dkon mchog”，法尊法师译为“最下法宝”。实际上说的是，像摒弃二障和智慧法身。

除此而外，不会突然出现。

此时此刻，要善于区分善果与恶果的差别，无论求取，还是舍弃，都要以法为准，从长远考虑二业[1]之果报，如不端正取舍态度，就不能消除恶趣之因；虽然恐惧恶趣，但不能从恐惧中得到解脱。所以，在果报的时候，应注重解脱恶趣；在因缘的时候，纠正染指非善的行为[2]，这取决于是否相信业果。

一切安乐的根本，就是培养信任之信仰[3]。包括三个方面：一是思考总体业果；二是思考其他业果；三是思考之后决定加入或退出。

又有两个小问题：1. 实际思考法；分别思考法。以下分四个问题展开论述：

一是确定业运。无论是凡人，还是圣人，都有感受快乐的感觉，甚至堕入地狱的人们，吹来一阵凉风而感到快乐，这都是由于前生积善的结果。想从非善中得到幸福，这是绝无仅有的。（与此同时）也有感受苦难的感觉，即便在阿罗汉的心中也有痛苦的回忆，这都是属于前世造孽引起的。同样，行善带来苦难，也是绝对说不通的。

《宝鬘论》说：

“非善带来万种苦，
所有恶趣一个谱，
美善创造诸安乐，
生生世世享幸福。”

因此，安乐和苦难并非无因而起，也不是来自胜性[4]和自在天等不同原因。从善与非善的总业中，出现安乐或者痛苦。各种各样苦乐的差别，在二业的各种差别中也不会出现丝毫偏差，而各自登场。对（这种）具体业果或无欺骗性找到答案，就叫作“一切佛教正见[5]”，故赞为一切善法之根基。

二是业果增盛。是指从小小善业中，得到非常大的安乐果；从小小非善中，得到非常大的苦难果。所以，内部的因果[6]衍生，与外部的因果无关。

《集法句》说：

---

[1] 二业，有多种说法：定业、不定业；引业、满业；施业、戒业；思业、意乐业；有表业、无表业。这里指定业、不定业。

[2] 防止十不善业。

[3] 培养信任之信仰，是一切安乐的根本，这句话以前很多学者都未曾提出过，应该认为这句话具有前无古人的特点。

[4] 胜性，古印度数论派（གྲངས་ཅན་པ། grangs cn pa）虚构说，有一种在微尘、冥暗和思维三者平衡时期的根本自性，作为果位万物之因，最极不得显见的谛。

[5] 这里指深信业果的人世正见，成为今生后世重要的因缘。

[6] 以人的本性为代表的因果。

“纵使积下小罪孽，
他世必生大威胁，
滔天祸害降临头，
如同服下剧毒蝎。

即便积蓄小善业，
他世也成安乐驿，
伟大事业将成就，
恰似庄稼获丰益。”

三是从小小的业中，产生巨大果报，这是在说以前所发生的历史真相，应加强信念。

《十七事》说:“就像牛倌噶沃（དགའ་བོ། dga bo）和他的拐杖杀害了诸如青蛙、野鸭、鱼和乌龟等五百动物、五百饿鬼、五百农民和五百黄牛的历史。”也会像《贤愚经》中所说的“金尊、金宝和护牛”的最终下场。这方面请参考学习《十七事》、《贤愚经》（མཛངས་བླུན་ཞེས་བྱ་བའི་མདོ། mdzngs blaun zhes bya bai mdo）和《百业经》（ལས་བརྒྱ་པ། ls brgaya pa）等书，以便找到答案。

经云，在戒律、仪轨、生活[1]和见解四项中，如果只保持见解，而前三项未能圆满清净，使部分颓废衰微，必将往生龙种[2]。

《海龙王问经》（རྒྱ་མཚོས་ཞུས་པ། rgaya mtshos zhus pa）说：“世尊，曾几何时，我在第一劫之时，住在大海中生活。又在某时，拘留孙佛临世之后，大海中居住的龙、龙子和龙女人数逐渐变少，我的势力也随之减弱。世尊，（尽管这样）现在大海中的龙、龙子和龙女的数量还是多得无法计数，这是什么原因呢？”

“佛说：‘龙王，如果人们依靠金科玉律——律经出家为僧后，没有正确全面地持守戒律，仪轨衰微，生活紊乱，戒律松弛，而没有得到圆满纠正。但是，他们的见解也算正直，死后不会往生地狱，而转生为龙种。’”

在拘留孙佛时代，信教僧俗达九千八百万人；在迦那迦牟尼佛[3]时代，信教僧俗达六千四百万人；在饮光佛时代，信教僧俗达八千万人；在释迦牟尼佛时代，信教僧俗达九千九百万人[4]。其中，有些人因丧失仪轨，生活紊乱，戒律颓废，而往生龙种，或者即将投生龙种。经中说，我佛释迦牟尼灭度后，四众弟子中有人败坏戒律而往生龙种。

[1] 原文“འཚོ་བ། atsho ba”，法尊法师译为“净命”。实际说的是生活无规律，就是倒行逆施。
[2] 这里的龙种不是善种，而是畜生。
[3] 法尊法师译为“金仙大师”。
[4] 这些数字仅为粗略数字，是泛指，也是一种习惯说法，绝非实际数字。

又云，虽然他们行为不规，但对佛的信仰始终如一，这能确保龙种死后将转生为神或者人。在这个贤劫，除了能够修成正果，并迈入大乘之门，一切皆能走向涅槃之路。是故，细微黑白（善恶）之业与人形影不离，它会带来巨大安乐或者巨大痛苦。对此得到信念后，哪怕是再微小的善业也要做，再小的恶业也要抛弃。

《集法句》说：

“天上鸟儿飞翔时，
地上影子一同徙，
人们积善或作孽，
因果报应后面起。

行前干粮携带少，
途中饥饿必然遭，
如果一生未行善，
死后必往恶趣牢[1]。

如果足够带干粮，
漫漫路程也无妨，
如果一生多积善，
死后必往善趣廊。”

又说：

“即便积下微小恶，
莫当小事失原则，
水珠不断往下滴，
再大容器也满漏。”

又说：

“不要侥幸犯小恶，
不以为然不担责，

[1] 恶趣牢，恶趣之牢狱。

滴滴水珠流不断，
终有一日满大盒。

屡犯小恶关系大，
愚昧人群极易垮[1]，
莫要认为积小善，
与己无关高高挂。

恰似水滴不断流，
有朝一日盈大斗，
哪怕行施一丝善，
菩提善心广泛留。”

《本生论》也说：

“习惯善与非善业，
自然投向该行列，
如不特别心警觉，
他世如梦迷茫地[2]。

不学布施戒律等，
即使高贵才貌丰，
势力强大财富广，
后世谁也无安宁。

身份低贱不染恶，
布施戒律功德赫，
如同夏流归大海，
后世安乐抵长河。

无论积善或作孽，

[1] 那些头脑简单的人小恶不断，积少成多，极易坠入恶趣。
[2] 这首偈句说的是，很久以前，世尊投生为一条鱼，一时海水干涸，水中生物被乌鸦等捕食。这时，那条鱼思忖道，我不曾记得此生杀害过多少其他动物的命，但愿这个真谛能够给这个世界降下大雨。宿业好坏的实施，使此生的果报犹如梦幻一般。

须知他世尝苦乐，
抛弃罪恶勤善道，
没有信仰怎如意？”

四是，没有作恶多端，也就不会遇到麻烦。如果没有积下承受苦乐业之因，那就根本无需承受该业果之苦乐。佛说，对于享受曾经积下无数资粮果实的人来说，虽无须积蓄其全部因，但须积累其中一部分因[1]。

不可荒废自己所做的业，无论行善，还是作恶，都会带来乐意或厌恶的结果。

《殊胜赞》说：

“婆罗门人重宿命，
取舍分明言往生，
所作所为不浪费，
未积恶业不报应[2]。”

《三摩地王经》也说：

“所做一定有应验，
他人所做我无感。”

《广戒经》说：

“即使过了千百劫，
时机一到不枉费，
众生所做善恶事，
必然应验作了结。”

[1] 例如，用无量光佛的誓愿修证极乐世界的福乐，无须积蓄其全部因缘，但念诵其名号的业缘等少许因缘是需要的。

[2] 古印度婆罗门人有一个习惯，把善恶作为标准从事商业活动。藏族也有此习惯，罪人下到洞底，好人递给一盏灯，罪人持灯上来，算是弃暗投明。而有一部分人则需下洞，领受作恶的惩罚。

第九节　分清善恶

分别思考有两个问题：一是主要论述十业道；二是决定业果。

首先，如前所述，分清善恶不同的因果，就会大有益处，相信只要不作恶，就不会有恶运；如果作了（恶）业，就不要漠然置之。开始，理解业果的纷繁复杂，要取舍有度，怎样进行取舍呢？一般来说，无论是善行，还是恶行，它们涉足的门径只有三种。这三种门径[1]的善与恶，虽然不包括在十种业道内，但部分或者全部善恶中的罪恶根深蒂固，佛把它们归纳为十种罪业道，并发现摒弃这些的重要意义在于十个方面，遂制定了十种善业道。

《俱舍论》说：

“引经据典说梗概，
善与不善易仲裁，
业道归为十方面[2]。”

《广戒经》说：

“持戒语言驾驭心，
身体力行弃恶行，
孜孜以求三业道，
仙人[3]明道入心灵。”

了解十种罪业道及其恶果后，遏止哪怕是最轻微的相关恶习，让自己的三门从来不与其同流合污，而追求十善业道。这对于成就三乘[4]和志士的二利[5]是不可缺少的，佛从多方面对此给予肯定。

《海龙王问经》说：“所谓善法，是人神等众生富贵圆满的根基，是声闻和独觉成就菩提的根基，是无上正等菩提的根基。何谓根基？是这样的，它是十善之业。”又说：“龙王，譬如，村庄、城市、小镇、区、州、诸王宫、花草、树枝、草药、诸树木、诸业、诸种子、播种庄稼、耙地，以及四大种都存在于大地，它们以大地作为载体。龙王，同样，这些十善业道，是投生人神、求证

[1] 三种门径，指的是身、口、意。
[2] 原文只有三句。
[3] 仙人，这里指世尊。
[4] 三乘，声闻、独觉和菩萨三乘。
[5] 二利，自利和他利。

学与不学沙门[1]果[2]、独觉菩萨、诸菩萨行、诸法的源泉。”《第十悉地经》（ས་བཅུ་པའི་མདོ། sa bcu pai mdo）赞扬抛弃十不善法戒律的意义。

《入中论》也总结说：

“凡夫俗子与声闻，
自证菩提有信心，
佛子希求永久安，
非戒不得圆满境。”

对于个别戒律，有人认为没必要常具持守之心，反而认为自己是大乘者。这种说法非常低俗。

《地藏经》说：“凭借十善之道可以成佛。在有生之年，甚至连一个善道不去遵守，反而吹嘘自己是大乘者，可以找到无上正等菩提。这个人非常诡诈，弥天大谎。在诸佛尊前，欺世盗名，实为断见[3]焉。他将在愚昧中死去，必堕恶趣。”

决定业果有三个问题：一是决定恶业果；二是决定善业果；三是决定其他业别。

首先，论述具体恶业道、轻重差别及其果报。何谓杀生？《摄抉择分》总结道：“是客观因素、意识、思想、烦恼和后果五项。”但中间三项包括在思想中，加上行为，即客观因素、思想、行为和后果四项就可以反映其实质。这样一来就显得公允，而不违背佛典。

杀生的客观因素是什么呢？它是指具有生命的众生。《瑜伽师地论》（རྣལ་འབྱོར་སྤྱོད་པའི་ས། rnal abyaor spyaod pai sa）认为，如凶手自杀，是行为的罪孽，而无后果（非究竟罪），是“另类生物”。

思想包括三个方面，其中意识表现为四个方面：1. 对客观对象而言，把类似众生者想为众生；2. 想为不是众生；3. 非想为非众生[4]；4. 想为众生。第一想和第三想无错，第二想和第四想有错。例如，个别动机是这样的，准备只谋杀天授[5]而付诸行动时，却误杀供施，这在本质上没有罪孽（没有根本罪）[6]，所以这样的意识不算为错。在付诸行动之时，准备杀掉眼前出现的一切，动机

[1] 沙门，比丘。
[2] 沙门果，声闻阿罗汉果。
[3] 断见，亦即断见论、顺世派，古印度一教派名。此教又分为两派，一派认为一生稍安即为满足，承认今生后世。另一派则认为，没有因果报应，从无今生后世。
[4] 没有想他不是众生。
[5] 天授，释迦牟尼从弟名。
[6] 这似乎可以理解为错杀，没有根本性的错误。

严重，应视为意识有错。由此可以任意推知其他九道果内容。

烦恼,是指三毒中的任何一种。动机,是指杀机。付诸行动,是指自己所为,或让他人所为，二者性质一样。行动的本质是武器，抑或是毒，抑或是明咒等任何东西。后果，是指因行动而导致他人当时或延时死亡。[1]

《俱舍论》又说：

"被杀凶手[2]共同死，
无罪身死投他世。"

这与上述说法有相同之处。

不与取[3]的前提，是指偷盗完全属于别人的任何东西。

思想包括三个方面，即思想、烦恼和动机。思想和烦恼如前所述。动机，是指未经允许，就欲剥夺对方的东西。实施者如前所述。实施的性质，是指恃强掠夺，或暗地里窃取，不一而足。窃取还表现在诸如故意赖账，抵赖别人寄存的物品不还，千方百计攫取别人的财物。为了自己和某人的利益伤害他人，而进行偷盗也是不与取罪。

就后果而言，在《摄抉择分》中说："事物发生变异。"这有多种说法，但只不过是从一处转移至另一处的象征罢了。虽然土地等不会变异（转移），但最后还是需要这样说的。[4]因此,这会产生获得感。鼓动人抢劫,或让人偷盗,也是一种思想满足感。譬如，自己无意中派人杀死了对方，无论受害者何时死亡，对于雇凶者同样具有实质罪过。

[1] 较之受害者，加害者死得更早，这没有根本堕罪。
[2] 被杀凶手，被害人与凶手。
[3] 不与取，未得到主人允许而取走，就是偷盗。
[4] 土地等不会发生变异，只不过是暂时现象，一遇到外力或者其他因素，就会发生变化。

第六章　深信业果

第一节　奸淫的含义

奸淫的前提是，非对象、非肢体、非处和非时。非对象，是指不能触碰的女子、男子和两性人。

《摄抉择分》说："母亲等妇女，以及坚守贞操者，如经藏中所说的都不能触碰。"

对此，马鸣菩萨说：

"何谓奸淫非对象？
有主或者具法幢，
家族看管王守护，
别人已娶卖淫娘。

亲戚朋友有联系，
此等女人不能戏。"

"有主"，指别人的妻子。"法幢"指尼姑。"家族看管"，指尚未出嫁，由自己的父亲等亲属看管者，或者（已出嫁）由公婆看管者，或者由门卫看管者。如果没有这些人的看管，自己守节者。"王守护"或者"专人看护"，指国王的嫔妃，触碰她们就意味着受到王法的制裁。接触别人已付钱的妓女，也算奸淫。自己付钱嫖娼，不算奸淫。阿底峡尊者也有同样论述。

"男人"，指自己或别的男子。"非肢体"，指除了阴道以外的肢体。马鸣菩萨说："何谓非肢体？嘴、肛门、腋窝、大腿缝和自己的手。"这与阿底峡尊者所说的“非肢体指的是嘴、肛门、婴儿、幼女的阴部与肛门、自己的手。”说法相同。“非处”，指上师等的附近、佛塔、大庭广众之中，以及给人带来不便的凹凸不平和坚硬之地。

马鸣菩萨说：

“何谓非处闻其详，
佛经佛塔佛像藏，
菩萨尊者驻地贵，
堪布法台大师旁。

自己双亲在身边，
此等非处不淫乱。”

阿底峡尊者也曾这样说过。

“非时”，指女人行经期间、临产阶段、哺乳期（包括婴儿）、斋戒者、禁止行房的病人和纵欲过度，一般每次超过五次就算是过量。马鸣菩萨说：“所谓非时，指行经期间妇女、孕妇、婴儿等不愿者、疾苦悲哀者等、八支近住戒者[1]。”阿底峡尊者也有类似说法，但有所不同的是，白天行床也是非时之列。三处非肢体，有时跟自己的女人行房也会产生奸淫的感觉，那别人的女人更不用说了。

思想包括三个方面：一是意识，《摄抉择分》说，“如果意识到它，就不认为是错误。”《律经》说：“意识到非梵行[2]之过，错与不错是相等的。”《俱舍论释》说：“抱着属于自己的（妻子）想法而去找他人之妻，这不是业道；如果认为他人之妻有外遇而去调戏，这有业道与非业道两种趋向。”

二是烦恼，指三毒中之任何一种。

三是动机，指企图违背梵行而倒行逆施。

行为，《摄抉择分》说：“教唆他人奸淫女子，这对于教唆者来说，将会带来奸淫罪过。”

《俱舍论本释》（མཛོད་རྩ་འགྲེལ། mdzod rtsa a′grael）说：“像这种就没有正式的业道。”这是否指前者为非正式的罪恶呢？待考。后果，指双双互相转换。

说谎的前提是，见、闻、觉、知四项，或者说与之相反的四项。所闻之境，

---

[1] 八支近住戒，戒除杀、盗、淫、妄、酒、非时食、花鬘歌舞和高广大床。
[2] 梵行，梵者清净之义，断淫欲之法，叫作梵行。修梵行则投生梵天世界。说到底，梵行是净行，清洁纯净的行为。非梵行，不是纯洁的行为。

指对方听懂意思。

思想包括三个方面：一是意识，指的是明明见了，却谎称未见；明明没看见，却谎称看见了，不一而足。二是烦恼，指三毒之任何一种。三是动机，指改变意识而吐露心声。

行为，指以说谎或以默许的态度付诸实施，或者身临其境，亲自参与。无论出于需要，还是为了他人之事而说谎，其（性质）是一样的。说谎、离间和恶语，也属其三（意识、烦恼、动机）。

《俱舍论本释》说："习染四语业，将会酿成业道。"《律经》说："制造这些最后的堕罪，与自己的言语有关。"（言语的）后果，需要对方听懂，如果对方听不懂，将会成为空话。这出自《俱舍论释》。这也等同于离间和恶语。

离间的前提是，人们的和谐与不和谐。

思想包括三个方面：其中意识和烦恼如前所述。三是动机，挑拨、离间团结和气的人们，不调解不和气的人们。

行为，指无论真话还是假话，不管说话好听不好听，都是为了自己和他人而信口胡说。其后果是，如《摄抉择分》所说："离间之举，昭然若揭。"对方知道了离间之语。

恶语的前提是，使人们普遍产生嗔恨[1]之心。如前所说，思想中包括意识和烦恼。动机，指恶语相向。行为，无视真与不真，或凭借身体残缺，或凭借戒律松弛和行为缺点而口吐不雅之语。其后果是，如《摄抉择分》所说："最后恶语中伤对方。"这句话的意思在《俱舍论释》中说："所说的对象需要听明白。"

空话的前提是，空洞无意义的话。思想包括三个方面：其一是意识，有说："心中意识到对方"。虽然只有这句话，但是说明了应该意识到欲言之义，这不需要听者对象[2]。其二是烦恼，指三毒中的任何一种。其三是动机，指语无伦次、口若悬河。

行为，指欲说空话。后果，指已说空话。空话有七种反映形式，即言械斗；言揭短；言辩论；言角逐；言因喜欢外道教义或婆罗门密咒而进行讲授或念诵、言哀叹哭嚎、言欢笑娱乐、言歌舞升平；言国王、大臣、家乡和盗贼等乱世之语；言酒后癫狂、疯言疯语；言生活糜烂。

说一些无关紧要、不合法理、没有意义的话，是前后矛盾、烦恼毕露之举，这等于观看他人欢歌喜庆、盛装演戏之时出现的喧嚣。认定前三项语罪是不是空话，有两种见解，但这里所说与前者相同。

贪心的前提是，眼馋别人的家产和东西。思想包括三个方面：一是意识，

[1] 嗔恨，仇恨。
[2] 因为话还没有说出口，只是想说罢了，无需听者对象。

思想向着这方面转变。烦恼，指三毒中的任何一种。动机，指欲据为己有。

行为，指实施自己的想法。后果，诚所谓“据为己有必实现”。也就是说，希望财富等为我所有。完成贪心要具备五个条件：1. 特别贪爱自己的财产之心；2. 积蓄财产的贪婪之心；3. 觊觎别人的财产并尝试得到之痴心；4. 盼望别人的东西变成自己的祸心；5. 对此不知羞耻、不知悔改而受到抑郁之心。如果这五心中缺一个，那么贪心的概念就不完善。《瑜伽师地论》认为十不善也属此列。

无法实现的贪心是怎样的呢？例如，哎，那家庄园主成为我的仆人该多好啊，但愿心想事成！有朝一日，他的妻子、儿子、饮食、服饰等身内之物归我所有吧！噢，人们如果知道我清心寡欲、闭关禅修、精进勤勉、广闻博学、乐善好施等，那该多好啊！希望我能受到国王、导师、四众弟子的敬仰，我能得到美食、华服等！唉，但愿我死后能够转生为神，享受五妙欲[1]；盼望后世能够从威猛界[2]和遍入天[3]界往生他化自在天[4]界，而为此苦思冥想。

如果对于父母、妻子、儿女、兄妹、仆从、具梵行者的物品产生私念，也属贪心之列。

祸心的前提是，其中意识和烦恼，如同恶语一般。动机，指存心欺辱他人，如打算杀人、捆绑，或盼望别人破财甚合吾意。

行为，指实施这种想法。后果，打算或决定欺负他人。如果具备以下这五种心，才算满盈；如果不具备，就不算满盈。这五心是：1. 对于加害的因素，采取相同的对付办法，是为嗔心；2. 不堪忍受欺凌，为难忍心；3. 对于作恶多端——令人憎恶之事耿耿于怀，为复仇心；4. 多么希望把那人痛打一顿或杀死，是为害心；5. 对于迫害他人毫无羞愧之意，不知悔改前愆，是为压抑之心。

近似害心，是指心想那人曾经害过我或正在害我，为了报复那人，绞尽脑汁，机关算尽，是为害心。同样，希望他人亲属、财产和美德等这辈子衰败干净，下辈子沦落恶趣，这也是害心。

邪见的前提是，实为存在之义[5]。思想包括三个方面：一是意识，说的是把诽谤当作正确看待；二是烦恼，指三毒中的任何一种；三是动机，指蓄意诽谤。

行为，指实施这种想法。这有四种现象，诽谤因、果、作、有[6]。诽谤因，言“没有善行和恶性”等。诽谤果，言“没有善报和恶报”。诽谤作有三种现象：

[1] 五妙欲，色、声、香、味、触五种外物的功能。

[2] 威猛界，大自在天界。

[3] 遍入天，古印度婆罗门教徒信奉的造物主，遍满一切器世间和情世间，故名为“遍”；以十种方式入世济人，故名为“入”。

[4] 他化自在天，六欲天之一，夺他所化妙欲资具而自享用，故名他化。

[5] 认为三宝、业果、四谛不存在，是为邪见；说这些不存在，是为诽谤。把诽谤之义视为真谛。

[6] 有，指客观存在的物质。明知物质存在，却诽谤不存在。

1. 诽谤播种和纳种之作，言“没有父亲和母亲[1]”；2. 诽谤来去之作，言“没有前世和后世”；3. 诽谤出生之作，言“没有化生[2]之众生”。诽谤有（存在之物），言“阿罗汉等不存在。”后果，指必定诽谤。

这反映在五个方面：一是不知就里而有愚昧之心；二是喜欢作恶而有残暴之心；三是深入旁门左道而常有忤逆之心；四是否认有布施、供施、烧施和善行等而有严重颓废之心；五是邪见使廉耻丧失，不知改邪归正而有抑郁之心。如果这五种不具备，就不称其为害心。

邪见也有其他表现形成，但惟有对此称为“邪见”，是因为这个惟一邪见等于消灭一切善根，恣意妄为，作恶多端，所以在邪见中是最严重的。在杀生、恶言和害心三者中三毒为始作俑者，由嗔恨发展为极致。在偷盗、奸淫和贪心三者中三毒为始作俑者，由贪欲发展为极致。在撒谎、挑拨和空话三者中始作俑者与导致后果者均由三毒作祟。邪见由三毒引起，由单纯愚昧达到顶峰。其中，思想是业，而非业道。身语七项，它既是业也是思想活动的基础，亦属于业道。贪心等三者，只是业道，而非业[3]。

第二节　关于杀生害命

论轻重。论述十业道之轻重，附带简述有力业门。

共分五个问题：

一是以杀生为例，思想（情节）严重，是由严重三毒挑起的。

二是行为严重，有已经杀人，或者正要杀人，或者将要杀人的恶行，乐此不疲；不但自己亲力而为，而且让别人如此效仿，为此歌功颂德；看到这种情景心花怒放，蓄谋已久，居心叵测；常以此为业，一次滥杀多人，制造惨烈的杀戮；制造恐怖，让他人做丧尽天良的事并使人屠杀；对那些弱者、落难者、饥饿者、叫苦连天者、可怜的呻吟者进行杀害。

三是对治[4]严重缺失，连一天也不接受戒学，在半月、初八日、十四日、十五日，不进行斋戒，不时时布施，不积福德，不问长辈，不磕礼，不起立，

---

[1] 传古印度顺世派足目仙人（རྒྱང་འཕེན་པ་དྲང་སྲོང་རྐང་མིག rgyang a´phen pa drang sraong rkang mig）为了掩盖奸淫自己妹妹的丑行，为了找到没有前生后世的理由，创作诗歌十万首，推行六十种邪说，用邪见诽谤因果报应。

[2] 化生，天上诸神、妖魅、饿鬼、地狱等诸有情忽然出生者。

[3] 业与业道的区别是，譬如杀生，起心动念的这个心，去指使与己相同的心、心所实施杀生，这就是业。而自己是最初动机产生的根源，也非业道。与杀生的身业一起产生的这个心，去鼓动与己相同的心、心所实施杀生，这就是业。当初产生这个动机之心的基础或具体实施者，就是业道，因为它既是指使者，也是被指使者。贪心、害心和邪见是意念产生的基础，就是业道，而非业，因为它是烦恼。简言之，意念是业，行动是业道。

[4] 对治，有效应对的方法。

不合掌，不怀敬心；没有知耻、羞愧[1]、追悔的品德；对世间离欲之道[2]、对证修佛法之道[3]不感兴趣。

四是习好邪恶而致严重，抱着用牲畜供施就是修法的观点，而行杀戮；认为牲畜是梵天曾经用魔术变化的东西，故屠宰无罪，凭借此等歪理邪说进行杀生。

五是性质严重，杀害大型动物、人或人类胚胎、父母、上师、同仁、学生、菩萨、阿罗汉和独觉；明知无法加害善逝佛，却用意念放其血。除此五因，夺命尚轻。除了本质以外，其余九项皆要知道杀生之轻重。

因偷盗而致严重，憎恨和盗抢众人财物、贤良之财和知己之财；抢劫弱势者、穷人、出家人、修法者；抢掠房舍、学生、阿罗汉、独觉、比丘、塔内装藏。

因奸淫而致严重，奸淫不该触碰之女，或与此有关者、丈夫深爱之妻、比丘女、居士女、沙弥尼；进行口交；奸淫守斋戒者、临盆孕妇、病人；在佛塔和僧侣佛堂进行淫乱。

因说谎而致严重，欲欺骗他人而寻衅说谎，向父母、佛菩萨、贤哲、亲戚撒谎。犯下杀生等三大重罪。为离间僧侣而说谎，是诸罪中最严重的。

因挑拨离间而致严重，处心积虑地挑拨离间亲友、导师、父母、子女和僧侣，习染异熟身[4]、习气身[5]和意生身[6]三身而致严重。

因粗话而致严重，对父母、上师等说污言秽语，罔顾事实，否认真谛，粗言相向，当众怒骂，恶言恐吓。

因废话而致严重，说谎等三者的废话，其轻重罪如前。还有有关基于斗争、揭短、争论、争胜的废话，以及出于私心阅读外道经典等。轻视、损害父母、亲眷、上师等，经常打断他们的谈话而胡言乱语，空话连篇。

因贪心而致严重，贪图僧人的供养和塔庙内的供物；恃才傲物，想从国王、梵行、智者处得到功名利禄和他们的尊敬。

因害心而致严重，对于父母、亲戚、上师、无辜者、穷人、苦难者、可怜人、从心底里忏悔罪行者抱有侵害之心。

因邪见而致严重，抹杀一切、歪曲一切，这比任何邪见严重得多。认为

[1] 知耻和羞愧的区别是，从自身的原因出发，忌讳恶行，就是知耻；从其他原因出发，忌讳恶行的心所，就是羞愧。

[2] 世间离欲之道，用观察上下界为粗细的俗世胜观，能够长期压制明显烦恼之道。

[3] 证修佛法之道，心中观想出世之道无常等十六法的真谛情形之道。

[4] 异熟身，生后未死之前，众生处在非死即生的中阴阶段，由于积下种种善恶之业，感受种种苦乐之报。

[5] 习气身，入眠未醒之前，意识处在梦境中阴，这时各种习气现于梦中。

[6] 意生身，死后尚未投生之前，灵魂处在中阴阶段，以香为食，心如幻化，诸根圆满，通行无碍。

世界上没有阿罗汉、正行、正觉。反之，方知为轻。

《本地分》把严重性分为六类：1. 行动，三毒或非三毒的严重行动引起一切烦恼；2. 习惯，长期接触善的或非善的，积重难返；3. 本质，身语七项中的前者比后者严重，三意中的后者比前者严重;4. 根基，伤害或助益佛、法、僧、上师；5. 入黑，一贯认准黑恶罪业而不能自拔，从不积一点儿善；6. 除恶，远离非善，了却贪欲，积蓄福德。

《劝戒亲友书》说：

“一贯贪著无对治，
功德为主成业基，
善与非善五大种，
抑恶扬善须积极。”

这又分为具有三宝等功德基础和报答父母等功德基础，共达五种。

附带简述有力业门。有四个问题:一是从福田方面有力，如对三宝、上师、近似上师和父母等没有强烈的思想感情，或对他们稍微做出利害之事，马上会带来福气，或犯下重罪。

正如《正法念处经》所说：“有道是，如从佛、法、僧中得到小小恩惠，将会大吉大利;如私拿佛、法、僧的东西，而又如数奉还，佛法因而得以清净。偷窃僧人之财物，即便没有享受，也不会得到清净，因为福田神圣故。如果偷食僧人食物，偷者将堕入寒热地狱；如果不是食物，也要投生无间地狱所属的无边黑暗中。”

《日藏经》（ཉི་མའི་སྙིང་པོ། nyi mai snyaing po）说：“特别指出的是，通过耍手腕消费僧侣的哪怕一树叶大小、一朵花大小和一粒米大小的物品，那人将要转生大地狱。即便经过漫长时期得到解脱，但也要投生在偏僻蛮荒地带，而且是残肢牲畜，或者是瞎眼残肢的饿鬼。”

另外，如果把回向僧人、比丘的鲜花等据为己有（自己消费），或者分发给俗人，或者俗人自己消费，这是不允许的，罪孽深重。

《日藏经》说：

“倘若手拿一利刃，
砍己手脚尚可忍，
但却供奉僧侣物，
不可擅施世俗人。

烧红铁烙火焰燃，
有人试吃情可原，
但却僧侣星点物，
万万不可自己占。

形似须弥大小火，
有人试吞非大错，
在家俗人平凡辈，
切莫触碰僧侣物。

开膛剖腹不算甚，
处以极刑也能忍，
凡夫俗子居家者，
切莫动念享僧用。

假如屋里火冲天，
冒死入内情可原，
不净世人凡夫子，
不可夜宿僧人院。”

在僧众中，一个菩萨之人善与不善，其福田具有很大力量。

《能入发生信力契印经》（དད་པའི་སྟོབས་བསྐྱེད་པ་ལ་འཇུག་པའི་ཕྱག་རྒྱའི་མདོ། dd pai staobs bskyaed pa la a´jug pai phyag rgyaai mdo）说：“比较有人发怒，把周围的人们打入黑牢，远离菩萨，并说不再理会这种人，那就罪大恶极了；比较掠夺世人任何财物，咒骂任何一位菩萨，罪过跟以前一样大；比较破坏和烧毁恒河沙粒一样多的佛塔，暗算信奉大乘的菩萨，或迁怒于菩萨，或诽谤菩萨，那罪果跟以前没有两样。”

《入定不定印经》（ངེས་པ་དང་མ་ངེས་པ་ལ་འཇུག་པའི་ཕྱག་རྒྱའི་མདོ། nges pa dng ma nges pa la a´jug pai phyag rgyaai mdo ）说：“与其对剜去十方人们的眼睛，复以慈悲之心使他们重见光明，并救出那些先前身陷囹圄的人们，使他们有机会享受国王和梵天的待遇，不如漫漫重视信奉大乘的菩萨，或崇敬他们，或歌颂他们，将积累无量福德。”

《极善寂静决定神变经》（རབ་ཏུ་ཞི་བ་རྣམ་པར་ངེས་པའི་ཆོ་འཕྲུལ་གྱི་མདོ། rb tu zhi ba rnam pr nges pai cho a´phraul gyai mdo）说：“比较剥夺所有众生生命或抢掠他们的财产，如

果菩萨哪怕阻止向畜生布施一把糌粑的善举，将积下无数罪孽。”务必慎重对待此事。

二是从所依[1]方面有力。铁丸虽小，但可以沉到水底。如果把它做成器皿，虽然它面积增大了，但是它仍然浮在水面。同样，智者与愚者所积的罪恶就有轻重之别。

究其原因，《大涅槃经》说：“愚者如同蚊虫沾在鼻涕上不能逃离一样，从小小罪过中不能自拔，没有忏悔之心，不能行善积福。如果掩盖缺点，即使以前积有善果，但仍然会被罪孽埋没殆尽；如果现在把领受因果报应的因素加以改变，将堕入最重地狱；如果在少量水中撒下一普[2]盐，故很难喝下去；如果一个人借了人家一枚钱币，没有及时还上，债主催逼施压，这使他忍受苦恼。”

经云，有五种情形使现在的轻微报应反而导致堕入地狱。这五种情形是：1. 愚昧；2. 善根弱小；3. 罪孽深重；4. 没有悔罪自新；5. 一开始不行善。

经云，对于忏悔前愆、防微杜渐、不隐瞒罪孽、想法扬善抑恶的智者来说，报应会轻一些；而对于那些倒行逆施、有意贬损别人、明知故犯、自诩大家的人来说，报应当然会重一些。

《宝蕴经》（རིན་པོ་ཆེའི་ཕུང་པོ། rin po cheai phung po）也说：“三千大千世界[3]的所有众生崇信大乘，每一个执政轮王[4]在大海一样的酥油供灯内，装置须弥山一样的灯芯供奉佛塔。与其这样，不如菩萨出家，在灯芯上稍涂植物油，面向佛塔祈祷，其福分较前者要强百倍。”

第三节 菩萨的心

在思想方面，菩萨的心与福田没有区别，但从物质方面有很大区别，其所依之力显而易见。基于此道理，才有有戒、无戒（之别）。有戒者包括居士、沙弥和比丘，他们从事修道，显然后者比前者有很大优势。如在家俗人进行布施等善举，是从斋戒方面着手的，而无戒者的所作所为，正好突出了二者的善力大小是何等悬殊。

《制罚犯戒经》（ཚུལ་ཁྲིམས་འཆལ་བ་ཚར་གཅོད་པའི་མདོ། tshul khraims a´chl ba tshr gcod pai

[1] 所依，这里仍然指的是人。

[2] 一普，计量单位，约一把。

[3] 三千大千世界，这是佛教对宇宙的认识方法。实际上有没有如此多的世界，有没有如此精准的数字，有没有恰如其分的名字，谁也没有考证过，也无法考证，谁也说不清。它只不过是泛指，说明了宇宙的广大无边，这跟现在的科学认识方法不谋而合。

[4] 轮王，是古印度的一种传说，说此王身具三十二相，登基之时感动天神，降下宝轮，转其轮宝，而降伏四方。又说，人寿自无量岁至八万岁之间，先后有金、银、铜、铁四轮王出世，征服四大部洲一切众生。

mdo）说："相比一个十恶不赦的人在百年中，经常毫无阻力地积恶犯罪，不如一个身披袈裟，而却戒律丧失的比丘哪怕享受一夜施主敬奉的信财所带来的不善尤为严重。"所以，从所依的角度来说罪孽深重。

《广戒经》说：

"铁丸燃烧成火团，
宁肯吞服也情愿，
戒律丧失非清净，
走村串户不化缘[1]。"

这是指坏戒律和废戒学二者。敦巴仁波切[2]说过，相比一个表面行法却从事为恶的人身边，一个在家俗人习染十不善，其罪孽是很小很小的，这非常正确。

三是从物资方面有力。给人布施要布施佛法，供奉佛陀要以修供为要，这比供施物资优越百倍。以此类推，其余可知。

四是从思想方面有力。《宝蕴经》说："相比三千大千世界的每个人修建可与须弥山媲美的佛塔一座，对它供奉祭拜，千万年不变，不如菩萨以洞晓万物之心，抛撒一束鲜花，其福气大得多。"

这样，（人们）谋求的目标高低有所不同，自他[3]谋求利益的思想素质有所不同，这从其能力的大小和时间的长短等方面便可知晓。

就罪行而言，烦恼的思想强劲猛烈，并且由来已久、根深蒂固。相比之下，嗔怒尤为严重。

《入菩萨行论》说：

"历经千劫积蓄业，
布施礼供善逝杰，
行善积福诸美行，
一点嗔恚被摧毁。"

如果对于梵行，特别对于佛子发怒的话，罪过尤大。

《三摩地王经》说：

[1] 为了戒律的清净，宁肯吞服燃烧的火球；一个佛门败类，不该走村串户化缘而使佛教蒙羞。
[2] 敦巴仁波切，这里指的是仲敦巴·嘉瓦君乃。
[3] 自他，自己与他人，这是藏传佛教的习惯称谓，因为欲拯救别人，先要拯救自己；欲解脱别人，先要解脱自己，可谓"正人先正己"。

“包藏祸心加害人，
听闻戒律不成功[1]，
静虑不拯寺不救，
敬佛枉然布施空[2]。”

《入菩萨行论》也说：

“针对佛子众施主，
心怀叵测欲加诛，
造孽数量达万劫，
永坠地狱世尊嘱。”

此等果报有三个问题：一是异熟果报。《本地分》说：“十业道各个依靠大、中、小三毒根基而三倍发展。杀生等十大罪过一一堕入地狱；中等十大罪过一一往生饿鬼；末等十大罪过一一投生畜生。”

《十地经》说：“中小二者的果报相反。”

二是同因果报。尽管从恶趣转生人间，但逐渐寿命短暂、贫困潦倒、妻子不忠、屡遭中伤、众叛亲离、恶言闹心、人微言轻，可谓贪、嗔、痴严重。

《谛者品》和《十地经》都认为以上诸果都是双倍报应：“即使转生为人也多病短命，家财拮据或与他人共享财物，家眷暴戾或不可信赖，妻子反目成仇，流言蜚语，遭人欺骗，家人内讧，污言秽语不绝于耳，言语冲撞，所言无义，无所适从，贪心不足，追求非利或不求正义，加害他人或受人虐待，观点邪恶，阴险狡诈。”

前辈上师们认为，即便转生为人，但由于嗜好杀生等业，是造作同因果报；上述所说，是经受同因果报。

三是增上果报[3]或诸上果报。由于杀生害命，外界的饮食、药物和果实等都变得无功效、脆弱、无营养、很难消化而致病，人们大多夭亡。

1. 偷盗的果报。（将遭受）果实稀少，或果实不好，或果实变异，或不结果实，或旱魔肆虐，或大雨滂沱，或果实干枯，或果实消失。

2. 淫乱的果报。造成大小便失禁，身染污泥浊水，肮脏不堪，恶臭难闻，

[1] 即便听闻戒律也不能从加害中得到拯救。

[2] 如果怀有冤冤相报的思想，这种人即便听了戒律，也不能挽救自己。不仅如此，闭关修炼也不能拯救自己，寺院也不能拯救自己，敬佛枉然，布施也空洞无义。

[3] 增上果报，五果报之一。由自因力增强所生，如作恶增强则投生恶趣，行善增强则投生善趣，另能作因果。通俗地讲，以自身引起的果报，以自我为中心制造的果报，不能怪别人。果报，就是因果报应。

神志昏昧，精神疲惫。

3. 说谎的果报。无论耕田，还是从事渔业，最终难有好的收成，事与愿违，常遭人欺瞒，心惊肉跳，或惶恐不已。

4. 挑拨的果报。不管到哪里，道路崎岖，或垭口深涧，或高低不平，或步履艰难，或令人恐怖。

5. 说粗话的果报。无论到哪儿，前途充满枯木断枝、荆棘丛生、沙石成堆、瓦砾遍地、萧条荒芜、泉水枯竭、盐碱旱地、深渊难度、峭壁横亘、蝎子挡道，可怖之处不胜枚举。

6. 说空话的果报。果树不结果实，或过早结果，或不适时结果，或提前成熟，或树根不牢，或时间不长，果园、森林、池塘等魅力不在，如是恐怖之处很多。

7. 贪心的果报。荣华富贵每年、每季、每月、每天减少，不再增长。

8. 害心的果报。身染重病，或患传染病，或被人伤害，或与人斗殴，刀兵不断，常受狮、虎、毒蛇、蝎子、毒蜂之侵害，魔鬼夜叉、盗匪泛滥。

9. 邪见的果报。世界上的一些主要优质资源逐渐枯竭，或龌龊不堪；凡命运苦难者将会失去清净之所、安全感、驻地、关爱和救援者。

第四节　真善的果报

思考真善业果有两个问题：一是真善的业；二是真善的果。

第一，真善的业。《本地分》说："对于（曾经）杀人、不与取（偷窃）和淫邪，抱有犯罪感的，就具有善良之心，这使上述不良行为得以正确约束，一以贯之，此乃身业。同样，也适于四语和三意。其不同点是，语业和意业[1]。"可适宜根基、思想、行为和究竟。以抛弃杀生之业道为例，根基也指其他生灵。思想，知悉罪孽后，打算扬弃。行为，为根绝杀业而付诸行动。究竟，把禁止杀业进行到底的身业。由此举一反三。

第二，真善的果。有三项：1. 果报，善业有大、中、小之分，小善可转生人，中善可转生欲界神，大善可转生色界神；2. 同因果；3. 增上果。后二者相对于非善而说。

《十地经》说："凡此十种，害怕轮回，但缺乏悲心，追随其他大师而修炼，将会得到声闻果。又，没有悲心，不跟随他人，想自己一人成佛，懂得缘起，进而修炼，将成为独觉。心胸宽广，机智善巧，伟大祈愿，关怀众生和佛慧巨大，以此目标进行修习，将会得到菩萨悉地，到达智慧彼岸。如果全面禅修这些，

[1] 不可错误地认为三意就是业，因为虽然有三意之业，但他们本身是道，而非业。

将会圆满证得所有佛法。”是故，这两种十业道及其果报的论述，以及其他典籍不清楚的部分，都依据《本地分》和《摄抉择分》的思想而论述。

论述其他业之差别。主要是引满[1]的差别，引发善趣的业为善，引发恶趣的业为不善。能满之业并不一定，在善趣中也有肢体残缺、五官不全、面容丑陋、多病短命、贫困潦倒等情况，皆由非善使然。对于畜生和饿鬼来说，它们也有自己的丰富财产，这是由行善得来的。

所以，引发善中，有以能满善圆满和能满非善圆满两项判断；非善引发中，有以能满非善圆满和能满善圆满两项判断，共四项判断。

《集学论》说："可以推知，善与非善之业，可以导致往生善趣或恶趣。引，是指人引发（导致）报应和能圆满的业。能满，是指人一生下来，感受快乐或不快乐。"

《俱舍论》说：

"一业引发一世人，
能满引发数人生。"

这是说，一种业只能转投一世，而非转投数世；能满只能转投数世，而非转投一世。

《集学论》却说："一种业既可转投一世，也可转投数世；数种业既可转投一世，也可转投数世。"

《集学论释》说："业之一刹那[2]，既可滋润一生的果报种子，也可滋润数生的果报种子；业之许多刹那，既可反复滋润一生的果报种子，也可互相融合，生生世世，反复滋润果报种子。"

就必定感业和不定感业，《本地分》说："必定感受的业，就是故意造作、故意积蓄的业；不定感受的业，就是故意造作，但未积蓄的业。"

就造作和积蓄的区别，《本地分》说："何谓造作的业？就是已经想好，想好后用身体和语言付诸实施。何谓积蓄的业？就是除十种业以外者，它们是：1. 梦中所为；2. 不知而为；3. 非故意而为；4. 非暴烈长期所为；5. 因错而为；6. 因忘而为；7. 非愿而为；8. 非自然授记而为；9. 忏悔而为；10. 对治而为。除了这十种业以外，其他业都属此列。未积蓄的业，就是所说的十种业。"

《摄抉择分》又分为四种情况：一是杀生而未积蓄业，就是不智而为，梦中而为，非特意而为，非情愿受人指使而为，一次而为即行悔过，痛改前非，

---

[1] 引满，引发圆满。
[2] 一刹那，极短的时间。

引以为戒，谨言慎行，不造孽障，远离世间欲望而根除孽种，以超凡弃道而杜绝尘缘。

二是蓄意未为，就是为了猎杀动物，长期尾随观察，但在实施过程中又停止杀害。

三是所作所为，就是除了前二种的一切杀生行为。

四是未作未为，就是除了前三种的所有行为。从偷窃至说空话之间，也应如是看到种种情形。三意中无第二种，第一种无特意而为、无受人指使而为。

必定受业，就是从受果的时间上分为三种。一是感受见法[1]，这个业果此生必报。又分八点：1. 因过分关注身体，享受物欲，世俗思想严重，此生必尝恶果；2. 相反，视物欲为身外之物，则必报善果；3. 同样，过分伤害生灵；4. 同情饶益众生；5. 过分残害三宝与上师等，或者对他们的信仰和心愿笃实；6. 虐待父母；7. 阻止为上师谋利，或者不知图报，此生必尝恶果；8. 转而知恩图报的思想强烈，此生必报善果。这些出自《本地分》。

二是生后感受报应，就是第二世感受果报。

三是感受其他次数报应，就是第三世以后感受果报。许多善与非善的业根植于灵魂之中，其得到的果报有所不同，哪种业深重哪种首先得到果报；如果轻重一样，在死亡之时，哪种突出哪种得到果报；如果相同，哪种习染严重哪种得到果报；如果没有区别，哪种首先造业哪种得到果报。

《俱舍论释》说：

“业使轮回分轻重，
相近习染有多种，
累世造孽何其多，
一一报应难逃遁。”

分别思考。因抛却十不善而得到一个好身体，但若有一个修炼全智的完美无缺的身体，修道的速度会与众不同，应修成这样的身体。

这有三个方面的问题：一是果报的功德；二是果报的究竟；三是果报的因缘。

果报的功德有八点：1. 健康长寿，因前世修福，寿命延长；如宿命之缘，长命百岁；2. 肤色美好，肤色与体貌美好，身材五官端正适中，百看不厌；3. 出身尊贵，出生于受世人尊敬和声名显赫之家；4. 荣华富贵，财产盈实，族人兴旺，家眷众多；5. 语言动听，以身语作出表率，深得人心，被公众奉为解决纠

[1] 见法，现实，亲眼所见的事物。

纷的证人，其话语被大家尊为教条；6. 德高望重，具有勇敢、勤奋布施等功德，闻名遐迩，成为众人的供施处；7. 完美男身，男子标志十分完美；8. 具备力量，因前世积有善业之故，自然无人加害，没有疾病，一生应有尽有，欢乐度日。

处在善趣属第一种，身体为第二种，生为第三种，财力与家眷鼎盛为第四种，世人表率为第五种，誉满四周为第六种，功德宝藏为第七种，万事顺遂为第八种。

果报究竟有八点：1. 以自他的利益为重，长期大量积善；2. 人们一见（他），便欣然追随其后，言听计从；3. 不违嘱托；4. 用布施召集信众，使其成熟开窍；5. 所言动听，做事合理，号召人们成熟解脱；6. 诸事得到多助，人们知恩图报，速办所令；7. 成为一切功德、愿望、劳作、广智和开慧的源泉，在人群中无拘无束，与人同行时，或说话时，或享受时，或独处山幽时，都没有任何阻力；8. 无论自己的事，还是他人的事，都毫无怨言，兴趣广而持久，证得甄别慧力，先觉敏捷。

果报因缘有八点：1. 不欺众生，秉持不害人的思想。

经说：

“屠场生灵救一命，
放生举动功德行，
阻止动物遭戕害，
万事顺遂寿命赢。

医生慈心救病人，
慷慨施药又谨慎，
坷垃棍棒打动物，
立即阻止不得病。”

2. 给予供灯光明和新衣布施。

经说：

“和蔼可亲作载体，
授予饰品形象美，
没有嫉妒得善果，
时来运转佳话起。”

3. 摒弃傲慢，礼供上师等，做人公仆。

4. 布施乞食者食物等，即便不行乞，也要给予帮助。对于深处苦难、知识贫乏者要给予资助。

5. 要习惯性抛弃四语不善。

6. 祈愿自己后世创造各种功德，供奉三宝、父母、声闻、独觉、亲教师、规范师和上师。

7. 羡慕男人的知识（本事）、厌恶女人之物，视其为罪孽，并消除贪恋女色之念，绝其男根，将得解脱。

8. 做别人从来不能做之事，帮助志同道合者，并施予饮食。

若这八因素，具备三因缘[1]，则果报尤为突出。三因则需心境清净，其中二因取决于自己：一是修因之善，要回向[2]无上菩提，不求果报；二是诚心修因，能量广大。

取决于其他二因：若发现优、中、劣之同法[3]，则克服嫉妒、（不正当）竞争和欺辱之行径而后快。即使不能，也要每日多次观察。

言行清净有赖自己：时间长，无阻碍，能量大。

有赖其他：使未能接受正行的人接受正行，为使已接受正行的人产生愉悦，要鼓励赞赏，持之以恒，不肯舍弃。

清净福田：这两种言行可使果报丰富而美丽，无异于福地。这在《菩萨地》中述及，这里夹叙夹议。

善思后处理取舍问题：包括两个方面，一是略论；二是特别以四力修证。《入菩萨行论》说：

“不善带来诸苦难，
夜以继日我不安，
他日一定脱离苦，
心中只有此一念。”

又说：

“世尊曾经宣圣旨，
诸善根本信仰始，

[1] 三因缘，即三内因，天才、多闻和精进勤奋。
[2] 回向，也就是祈祷、歌颂、赞扬。
[3] 同法，相同的法则、相同的事情。

孜孜不倦修果报，
铸造根基须坚实。”

知道善恶业果之后，不能浅尝辄止，而是要反复观修。这个非常奥妙，绝非轻易掌握。

《三摩地王经》说：

“月亮星辰常陨落，
山河庄园成废都，
浩瀚宇宙也变样，
真实语言却不说。”

相信并护持善逝所论，如果不对其得到真实的理解，对于任何法则而言，就不会找到令佛欣慰的信念。有人夸口掌握了空性，却对业果不求甚解。之所以不加重视，是因为曲解了空性之义。若要弄懂空性，就要把它视为缘起[1]之义，以帮助对业果产生理解。

《三摩地王经》说：

“泡沫阳焰如闪电，
世间万物水月现[2]，
命终前往他世界，
转投人类口难言。

造业不会无报应，
黑白果实很分明，
道理门径诚善妙，
精微难见乃佛行。”

所以，缘起、二业和因果，都要充分理解，日夜考察三门，以绝恶趣。如果首先不精通业果之区别，而一知半解，放纵三门，则必然开启恶趣之门。

《海龙王问经》说：“龙王，菩萨们的一法就可正确无误地斩断滑向恶趣

[1] 万事万物都依靠一个因缘而发生，没有这个因缘，任何物质难以形成。所谓“无风不起浪”就说明了这个问题，风是起浪的根本原因，没有风也就没有浪。缘起，是宗喀巴大师论述的主要议题。
[2] 万事万物就像水中的月亮虚幻不实。

之路。何谓一法？是这样的，无论如何，我日夜思考怎样度日，仔细研究善法。”

第五节　观察身心

就观察身心一事，先哲们曾说过，在甄别业果之时，与法一比较，（就知道）根本不合情理。我们错了，永远不会解脱。要参照业果，观察是否在理。用佛法校正自己的心性，就会发现相去甚远。从内心深处找到不同之处，则是智者。

《集法句》说：

“如果幼稚知幼稚，
那就真正算大智。”

一旦与法则加以比较，就会发现像背尸一样相互矛盾[1]，还想成为高僧或专家，实为小孩之举。

《集法句》说：

“愚者以为是智者，
唤作幼稚不为过。”

最起码在脑海里对佛法有所认识。

博朵瓦引用《本生论》的说法，强调需要观察身心，他说：

“天地距离何其远，
大海两岸何其远，
东西两山何其远，
优劣宗法何其远。”

他是说，正如我们一般人与圣法之间的关系，中间有着巨大差异。

以上四偈句，是由菩提月（བྱང་སེམས་ཟླ་བ། byang sems zla ba）[2] 对一位婆罗门人送来格言的礼物奉以千两黄金才得到的。

堆龙大师说：“一个善于思考的人经过观察，就会发现如同毛球滚下山沟

[1] 旧时拉萨背尸体的时候，背尸者的背与尸体的背贴在一起，二者不打照面，互不关联，这就是矛盾的体现。

[2] 法尊法师译为“月菩萨”。

一样，与佛法的距离越来越远。”

如是思考之后，如何才能远离罪障呢？

《谛者品》说：

“祈请国王勿杀生，
人们生命金贵神，
长寿健康众所愿，
心灵深处莫害人[1]。”

对于十不善，以及上述诸罪过，不要有丝毫的麻痹大意，永葆戒心，陶冶情操，坚持不懈。

如不改邪归正，即使不愿意，也要忍受痛苦；无论到哪里，也避之不及。因此，虽然一时沉湎欢乐，但一旦果报临头，以泪洗面，无奈做自己不愿做的事，这是不应该的。受到果报之时，享受无害的安乐之业，这才是正道。

《集法句》说：

“你因痛苦而害怕，
痛苦对你非美化，
无论公开或秘密，
罪恶道路不可踏。

设若以前积恶业，
或者正在大作孽[2]，
连滚带爬欲逃走，
痛苦当中也不解。

身处何地不染业，
如此地方世上非，
空中没有大海无，
钻入山中仍然黑。”

又说：

[1] 从心底里不要想害人的事。
[2] 或者正在为非作歹。

“可笑幼童智慧浅[1]，
与我为敌令人厌，
为所欲为酿苦果，
凶顽成性不自怜。

咎由自取心哀伤，
以泪洗面哭声扬，
因果报应各所受，
不沾此业何其良。

不做坏事不痛苦，
万事顺遂极乐图，
因果报应各所受，
如此处世多么酷。

为了一己谋幸福，
顽戾凶暴走险路，
罪障必定遭报应，
专尝啼哭别法无。”

又说：

“快刀断麻不去做，
不想立即纠罪过，
罪行累累行将死，
孤魂前往他世国。

无论何地得报应，
水深火热各自领，
恶贯满盈杀无赦，
沦落他世如梦醒。

[1] 可笑幼童，这里指愚者。

铁器日久生锈斑，
斑斑锈迹将铁餐，
不问不察自造孽，
顺理成章恶趣染。”

康龙巴（ཁམ་ལུང་པ། khm lung pa）对蒲琼巴说：“善知识[1]曾强调，惟有业果最为重要，而现在却认为没有讲闻和修禅的必要。难道只有这个就那么难以修证吗？”蒲琼巴说：“正是。”

敦巴说：“觉吾瓦[2]，你不可不以为然，这个因缘非常奥妙！”蒲琼巴说：“我到了晚年，正好见证了什么是贤，什么是愚。”夏热巴说：“向世尊叩问犯错的原因，世尊不会告诉你今年该走哪条路，今年该不该兴业盖房；不会说若你逆此而动，将会遭到报应。应该认定善恶有报，转投他生，仅此而已[3]。”

特别要以四力修证。尽量不沾染罪恶，但因放逸和烦恼所困等故而犯下罪行，不可置若罔闻，应努力按照大悲敦巴[4]曾说过的改正方法去改正。

如何纠正堕落罪呢？应按照三戒中所讲的那样进行。纠正罪孽，要以四力而为。

《大乘四法经》（ཆོས་བཞི་བསྟན་པའི་མདོ། chos bzhi bstan pai mdo）说：“弥勒，若菩萨摩诃萨[5]拥有四法，将会震慑以前所犯罪孽。何谓四法[6]？拨乱反正、约法三章、远离罪过和身体力行。”所犯罪过，必遭报应，若能震慑，何况不定。

这第一力说的是，无始[7]以来，习染不善，多有悔意。如果出现这个状况，应当修炼引起报应等三果[8]。在具体实践时，应参照《金光明经》（གསེར་འོད་དམ་པ། gser a´od dm pa）和《三十五佛》（སངས་རྒྱས་སོ་ལྔ། sng rgyas so lng）中所说的忏悔法而进行。

第二力包括六点：1. 依靠深奥经藏，读诵、护持和运用《波罗蜜多》等经藏语句。

[1] 善知识，这里指的是敦巴仁波切。
[2] 觉吾瓦，是对蒲琼巴的另一种称呼？
[3] 这段文字根据夏日东教授的藏文释文而译，与原文略有出入。
[4] 大悲敦巴，是否为世尊？抑或敦巴仁波切？
[5] 菩萨摩诃萨，大智大勇的菩萨。
[6] 四法，除上述外，还有教法、理法、行法、果法。
[7] 无始，一切客观世界、一切众生，都没有始。如今生来自前世之因缘，前世又来自前世之因缘。这样一一推究，物质世界和众生的开始没有答案。这是一种精辟深邃的世界观。
[8] 三果，小乘四果中的第三果，即不还果。

2. 信奉空性，深入无我[1]和光明法性[2]，并相信（法性）亘古清净。

3. 重视嗱颂，依照仪轨，嗱颂《百字明咒》等特别陀罗尼咒。

《妙臂菩萨请问经》说：

“春天不慎失大火，
茂密森林全烧过，
嗱颂火借戒律风，
勤奋火焰烧罪果。

雪山照到太阳光，
不敌威力冰川伤，
戒律太阳乃嗱颂，
炙烤罪行雪山亡。

黑暗当中点供灯，
驱散一切昏暗影，
千辈万代罪业黯，
嗱颂灯火速消尽。”

要时刻不停地嗱颂佛经，直至出现征兆。这个征兆是，在梦中口吐坏食，或饮或吐奶酪等，看见日月同辉，自己行走天空，大火燃烧，战胜野牛和黑汉，看见比丘和比丘尼，攀缘橡树，乘骑大象、百兽之王，登上高山、狮子座、广厦之巅而闻法。这在《准提陀罗尼经》（སྐུལ་བྱེད་ཀྱི་གཟུངས། skul bayed kyai gzungs）中有述及。

4. 依靠身像，对佛产生信仰后，塑造身像。

5. 举行供养，向佛及佛塔举行各种供养。

6. 仰慕大名，聆听佛和大佛子们的名讳，并铭记在心。这在《集学论》中略有记述，而其他书籍也有很多记述。

第三力是什么呢？《日藏经》说：“妥善遏制十不善，（不然）它从杀生等着手，拒绝三门业，制造烦恼，阻碍法门而后快，使以前所有的努力付之东流。”

[1] 无我，也叫非我，恒一之体。认为人身存在的，谓之人我；认为法（物资）存在的，谓之法我；认为自己存在的，谓之自我；认为他（第三体）存在的，谓之他我。然而，人身是五蕴的聚合体，也是因缘和合的产物，没有恒常的我体。既无人我、法我，也无自我、他我，自不待言。

[2] 光明法性，它既不是伊甸园，也不是香巴拉，它是非物质的，光明透亮，一尘不染，看不见，摸不着。然而，它就亘古存在，是颠扑不破的真理。

佛考虑到若从心底里没有戒心的忏悔，会流于形式，故在经教中提出“以后会否制止？”这在《律经广释》中有述及。因此，下决心今后不再发生，至关重要，这又取决于第一力。

第四力是什么呢？要修炼皈依和菩提心。对此，佛针对初学者指出了各种修断罪孽的方法，但完整方法要具备四力。

第六节 如何消罪

消罪方法。凡造成恶趣大苦的因缘也会变为小苦的因缘。即使堕入恶趣，但也不必忍受痛苦，或者此生只头痛一次便得到消罪；需要长期忍受的，也变为短期，或者干脆一点儿不受苦。这要看清罪者的能力大小，四力方法是否完备、强度大小、时间长短等，并无定则。

在《经藏》和《律经》中说：“百劫当中所积业，一点不费……”，这是针对不修四力方法而言的，如果依照四力方法所说的进行修炼，即便遭受果报，也能清净。

《般若八千颂大疏》（བརྒྱད་སྟོང་འགྲེལ་ཆེན། brgyad staong a´grael chen）说：“如是凡近似方法，为损减之法，若假以强力方法，可消弭殆尽，如金子表面的锈斑等。有说‘一切圣法的障碍等皆如前所述的规律’，此道理可使骄心之堕处完全消失。

“所谓‘百劫当中所积业’等言，应理解为如没有修炼正确方法。如若不然，不合情理，有违诸多经藏。所谓‘定受’也是据此而言的。所谓‘不定’是说即使未修方法，但有些果报必定是业。

“用这样的忏悔和制止（法），去消减果报的能量，尽管遇到其他原因，也不致受到报应。对于产生邪见，嗔恨断送善根，也是一样的。”

《分别炽燃论》[1]（རྟོག་གེ་འབར་བ། rtaog ge a´br ba）说：“曾几何时，善又被邪见和害心所消磨殆尽，或者不善也是通过诅咒、戒律、忏悔等方法使其实力衰减。这些即便有众多因素，但善与不善的种子失去效能。什么因产生什么果。没有因缘，时间也会异化[2]。不管怎么说，从根本上不大可能解决。有言道，执持圣法必尝之罪过，也就是尝试见法[3]。”又说：“坠入恶趣诸种业，仅使头脑稍发热。”

如果仅凭头痛、发热就能解决报应，那说明这个问题就从根本上解决了，这又是为什么呢？

---

[1] 此书由清辨论师所著。

[2] 世界上的万事万物皆由因缘而起，时间也不例外。月亮的阴晴圆缺，直接导致地球上的白天黑夜、二十四小时、四季轮替、刮风下雨、艳阳高照等等复杂的气候现象。月亮是由物质组成的，是因缘和合的结晶。如果因缘不存在，月亮也不复存在，地球上的时间也就无从谈起。

[3] 见法，所见之法。

恶业诸果全部终结后，又亲尝地狱之痛苦。这是说，如果有人一丁点也不受地狱之痛苦，那他为何不从根本上解决报应问题？头痛脑热等就是明证，哪能从来不会有果报？

尽管找不到消灭烦恼种子的方法，但遇到某些违缘[1]也会使其衰败；尽管具备其他因素，但不会解决果报，其内外因果中屡见不鲜。

因此，经云，虽然勤于积攒许多善根，但倘若不克服灭善的因素——嗔恚等，也是枉然。所以，要努力防范，勤奋纠正不善。“如果也能彻底消除特别严重的业，那不包括前业之果报。”这是说，在眼睛失明等报应既成事实之时，用现有的方法是很难奏效的，考虑到果报没有形成的因缘之时容易防止，才出此言，所言无谬[2]。

《分别炽燃论》说：“如果罪孽得到彻底消除，为什么不含前业之果报呢？”鉴于亲自忍受双目失明、独眼、残肢、瘸子、哑巴和聋子等性质的因果报应而说上述话的。也就是说，受到报应的暂时性诸业果报不能彻底消尽，这是什么缘故？成为因缘的思想付诸行动时，如遇其他特别想法，（业）则彻底得到消尽。这如同指鬘王、阿阇世王、索噶[3]、弑父和阿育王等人的例子。

如果阿阇世王和弑母者等人有其他善美情操，又为何不消尽业果而沦落无间地狱？这里惟一强调的是，为了相信因果起见，说也会往生无间地狱等，而不是说业果不会消尽无余。如同拍打线团上下弹动一样，生于斯，解脱于斯。不接触地狱之火焰等，罪过同样也从根本上得以昭彰，并不是业没有果。

对有些特殊的人也不一定，《三摩地王经》指出，勇授王后悔杀死花丽月，他修建佛塔，隆重祭拜，一日三次忏悔，这样过了九千五百万年，仍然持戒不辍。然而，他死后却堕入无间地狱，历经六千二百万年，遭受挖眼等无数痛苦。

即便如此，忏悔并不是没有意义的，如不悔改，罪加一等，会永远忍受痛苦。经过忏悔和纠正，罪障得到彻底消尽，但一开始一尘不染和悔罪自新是有很大区别的。

《菩萨地》说：“犯了根本堕罪后，接受菩提心戒，有可能使之改正，但此生不可能证得第一悉地[4]。”

《遍摄一切研磨经》也说：“‘世尊，如果有人结交恶友，而做毁法等坏事。世尊，届时这人何以解脱？’世尊对青年文殊说：‘文殊，在七年之内，一日

[1] 违缘，不寻常、不合理、矛盾的因缘。

[2] 一般而言，果报未完成之时容易防止，因此，人死后为其招魂行善，最长四十九天内处在中阴，还没有完成恶趣果报，可以挽回局面，这期间要格外谨慎。因为处在中阴的众生，如同水上船舶，可以随便掌舵，而一旦果报完成，则等于陆地上划船。

[3] 索噶，一比丘名（དགེ་སློང་བདེ་བྱེད dge slaong bde byaed），因情而弑母。

[4] 第一悉地，第一菩萨地，菩萨十地之一，也指大乘十地，即极喜地、离垢地、发光地、焰慧地、极难胜地、现前（实现）地、远行地、不动地、善慧地和法云地。说到底，菩萨修行所要达到的地位，最高地位就是法云地，也就是成佛的地位。

三次进行忏悔，可消尽罪过。今后至少需要十劫才能得到忍。'”

这是说，即使罪业消尽，但如果想得到忍[1]，最快也需要十劫[2]。

所以，罪业消尽无余之义，只是说明消除不善之果，完全得到清净，而产生道证[3]等还需很长时间，应努力做到一尘不染。因此，说那些大智大勇者不顾性命，也很在意沾染哪怕一丁点堕罪[4]。如果说悔过自新和从来一尘不染没有区别的话，那没必要这样做。世间也不乏其例，如果手脚骨折，可以治愈，但比较以前的健康手脚有很大不同。应奋发有为。

《集法句》说：

“专做坏事不积福，
倒行逆施违法徒，
恶运缠身怕将死，
犹如破船大浪遇。

远离恶业积福分，
贤者圣法常信奉，
死亡威胁不近身，
犹如坚船渡海岸。”

这是说，不做恶事，怎有乖运。尽管口说一大堆道理，但行为放荡，了无意义；虽然不懂多少佛法，但懂得怎样把已知进行取舍，大有意义。

《集法句》说：

“喋喋不休说大论，
言行放逸无行动，
犹如牧童数人畜[5]，
修善积福不成功。

佛法道理不大懂，
但随正法如理行，

[1] 忍，法忍，理解万物确切含义之心。
[2] 十劫，这是泛指，无确切数字。劫，一个计算漫长年代的单位名，表示大时、长时、久远等。
[3] 道证，证修菩提之道所获得的觉悟。
[4] 堕罪，简单说来就是堕落之罪。
[5] 牧童不去数自家的羊群，而去数人家的羊群，这是不务正业的表现。

毅然抛弃三烦恼[1]，
修善积福才成功。

比丘喜欢心灵正，
放荡不羁折煞人，
祈求度我出恶趣，
如同大象脱泥盆[2]。

比丘喜欢心灵正，
放荡不羁折煞人，
抖落罪恶一身轻，
风卷落叶道理同。”

同样，《劝戒亲友书》说：

“希冀获得善趣道，
熟悉正见最重要，
秉持邪见偶好事，
但仍报应悉难逃[3]。”

正确看待缘起、二业、因果，这是一切乘和人们成就所有事业不可或缺的基础。以上述为例，阅读《正法念处经》、《贤愚论》、《百业经》、《撰集百缘经》（རྟོགས་བརྗོད་བརྒྱ་པ། rtaogs brjaod brgya pa）和《律经》，以及其他佛典，得到长久而强烈的信念，应视为关键。

这个思想产生的程度。经营世事名副其实，追求后世成为人云亦云的空话。现在要使这个局面掉个个儿，变成主要追求后世，次要（附带）经营世事。这个思想产生后，要固定不变，仍需努力修证。

消除谬论。佛经强调要远离世间一切繁华。有人将它作为错误依据，认为身体与财产等荣华富贵的人神善趣便是轮回，追求它是不应该的。追求分为暂时性追求和永久性追求。其中，轮回的身体等荣华富贵，是追求解脱过程中的暂时性追求，因为这个身体自始至终是用来追求永久安乐的。

[1] 三烦恼，贪、嗔、痴。
[2] 泥盆，泥潭。
[3] 这后两句的意思是，尽管秉持邪见的人，偶尔做一两件好事，但因罪大恶极，还是逃不过因果报应。

不论躯体、财产和众多眷属中的哪一种人天善趣，都不能用轮回来反映，因为身体等荣华富贵圆满究竟，都是佛色身[1]、佛国财产和佛眷众的缘故。有鉴于此，《经庄严论》说：

“身与财产可抵国，
众多眷属圆满报。”

这说明了利用前四种波罗蜜多[2]修持圆满福报，而在大部分经论中阐明用这些修持色身。

因此，那些修持全知佛位的人们，长期修炼众多而优秀的戒律、布施和忍辱等，其无与伦比的结果——身体等人天善趣也在不断追求中。

何谓最终造就永久安乐？

《入菩萨行论》说：

“依托人身这大船，
渡过苦海达彼岸。”

这是说依靠以人为代表的善趣之载体，渡过世间之大海，走向全知之路。这要经过几个人生，这个身所修的惟一因素就是戒律，这便是道之根本。如善趣之躯不完整，只具备片面体能的话，即便修炼道，也收效甚微，所以需要一个完整健康的躯体。

如果没有全面守护沙弥等戒律，是不行的。故为了得到比丘等完善戒律而努力。有人说，既然守持戒律就是为了修造善趣，这通过斋戒难以得到，意义不大，用比丘等人何干？又有人言，别解戒要求的是证得阿罗汉，而比丘戒须达到二十岁以上，也有居士之身证得阿罗汉果的，所以应受赞扬。

这让人们知道，“难以得到，意义不大”一说，是因为不了解佛教要点而信口雌黄。首先接受最简单的戒律，然后逐渐接受高级的戒律，为守持圆满戒律而奋斗。

下士[3]及一般道次之修养论述完毕。

[1] 色身，三身之一，自四大五尘等色法而成之身。由于有缘福德资粮最终圆满，面对一切净与不净的芸芸众生，显示利他的有贪报身和无贪化身的两类身体。
[2] 前四种波罗蜜多，指的是布施、持戒、忍辱、精进。
[3] 下士，是修习一般菩提道次的人士，但区别于一般庸碌无为的人，他的志向远高于一般人，对他的要求也如第一章至第五章中所讲的，谨言慎行，廉洁奉公，帮助别人，慷慨无私，胸襟广大，多才多艺，等等。

第七章　中士及共同道次

虔诚顶礼圣尊大悲者们!

就这样感念死亡，思考死亡后堕入恶趣的（危险）情形，产生厌离人世、追求后世善趣的兴致。从理解一般皈依和善恶业果的角度出发，为弃恶扬善做出不懈努力，从而得到善趣地位。但是，不能仅凭这点就心满意足。拥有下士思想和一般思想之后，要上升到中士[1]及共同思想高度，树立厌离一切轮回的思想，从而发起殊胜菩提心。若要迈向大士之道，就要培养中士情操。

第一节　中士的责任

这样，即使得到了神与人的地位，但还是没有脱离行苦[2]，把它自然而然当作安乐，则是倒行逆驶。实际上没有安乐，必定重新堕入恶趣，苦难无边。这如同有人即将坠入深渊而正在悬崖边上休息。

《入菩萨行论》说：

“循环往复投善趣，
享受安乐无计数，
死后坠入恶趣渊，
永远遭受无尽苦[3]。”

[1] 中士，相对于下士，中士高人一筹，决定解脱之道，要弄懂四谛、十二因缘、道、解脱、悲心、功德、轮回、禅等问题。
[2] 行苦，三苦之一。行是延流之义，一切造作之法，延流三世，刹那之间也没有安稳常驻的苦，谓之行苦。
[3] 反复投生为人，享尽荣华富贵，却不去珍惜，死后坠入恶趣，受尽苦难，解脱无望。

《致弟子书》说：

“轮回车轮不停转，
自以为是享平安，
身不由己死千回，
高低贵贱轮流还。”

因此，把善趣也要当作恶趣对待，居安思危。

《四百论》说：

“虽然智者得善趣，
亦如地狱生恐惧，
无论何时有此事，
不怕世态几人无。[1]”

《摄功德宝》（ཡོན་ཏན་རིན་པོ་ཆེ་སྡུད་པ། yon tn rin po che sdaud pa）说：“儿女情长常轮回。”

《致弟子书》也说：

“如何众生安乐感，
这般愚痴黑暗宽，
如何众生苦难想，
这般愚痴黑暗浅[2]。

如何大量修美丽，
这般贪焰燃烧急，
如何大量修丑陋，
这般贪焰迅速熄。”

从无始（亘古）以来，把荣华富贵视为安乐，憧憬靓丽前景。消除它的办法只有苦难想，如习惯修炼丑陋法，这些将迎刃而解。经云，如不这样修炼，

[1] 即便智者有良好的生活环境，但他仍然居安思危；无论何时何地，面对这种情况，不害怕世态的人很少。
[2] 众生贪图享受，其愚痴的黑暗深不见底；众生居安思危，其愚痴的黑暗逐渐变亮。

愚痴和贪爱将会膨胀，永远陷入轮回。所以，修禅轮回罪孽，至关重要。

修炼中士道和共同道次有四个问题：一是实际思想修养；二是思想修养程度；三是消除思想修养之错误认识；四是决定解脱道性质。

思想修养包括：1. 认识从事解脱之思想；2. 如何发挥修养的方法。

1. 何谓解脱？就是从束缚中得到解脱。业与烦恼是轮回的束缚。由于这二者的缘故，就有了界之分，欲界等三界；从众生方面划分，就有了五道或上道；从生的方面来分，就有了胎生等四生处。投胎母体，这是束缚的根源，若挣脱它，便是解脱。

若渴望得到解脱，就要追求解脱之思想。解脱，不是说业与烦恼行动之后趋于消亡，大凡生者不住第二时[1]，如不靠修持方法等因素（去解决），故一切会有不劳而解脱之嫌。那么，如不得方法，以后仍然会投胎转世；如方法得当，投胎转世会终止。

2. 如何发挥修养的方法。如人在干渴时，就想解决干渴带来的痛苦，这取决于发现不愿使干渴折磨自己的原因。同样，若想得到近取蕴苦[2]消亡之解脱，这取决于发现近取蕴苦之实质罪业。所以，如不远离世间罪业，不想树立抛弃苦难的志向，就无法找到消除苦难的方法。

《四百论》说：

“假如不谙厌世法，
哪能到达寂止家，
世间如同自己窠，
脱离此地成空话。”

追求解脱之方法有二：1. 从苦谛和集谛方面思考方法；2. 从十二缘起支[3]思考方法。

苦谛，是用来思考轮回罪业的；集谛，是用来思考轮回次序的。宣示把

[1] 不住第二时，人从投胎的一刹那开始，即第一时间段内，就决定了死亡，除此而外，没有第二时间可以选择逃脱的。这是对生命规律的精确分析。

[2] 近取蕴苦，进取，直接受取之意；蕴，五蕴，即色蕴、受蕴、想蕴、行蕴、识蕴。蕴又分为有漏蕴和无漏蕴。一句话，蕴就是物的组合体。例如，身体就是身蕴，由血肉组成的蕴体。那么，近取蕴苦的意思就是，藉于前业与前烦恼的近取（因），成为后业与后烦恼的有漏蕴，而这个有漏蕴就是苦蕴。简言之，自己的痛苦，源自前世的造孽。这里讲的是因果关系，有因必有果。

[3] 十二缘起支，1. 无明，过去世无始之烦恼；2. 行，根据过去世烦恼而做的善恶事情；3. 识，根据过去世之业而受现世投胎之一念；4. 色，在胎中身心逐渐发育之位；5. 处，六处即六根（眼、耳、鼻、舌、身、意），六根具备后即将出生之位；6. 触，二三岁间对于事物未识别苦乐，但想触摸之位；7. 受，六七岁以后逐渐对事物识别苦乐而感受之位；8. 爱，十四五岁以后，产生种种强烈的爱欲；9. 取，成年以后，欲念更加强盛，产生索取之心；10. 有，根据爱取之烦恼，做种种业，定当带来后果；11. 生，根据现在的业，决定未来投生之位；12. 老死，来世老死之位。实际上，十二缘起支讲了人类从投胎到死亡的整个过程，除了生命生灭的自然规律外，还讲明了伦理道德方面的事情。

苦谛列为四谛之首，其用意表明修炼苦才是实质。集谛为因，苦谛为果。所以，集谛[1]在前，苦谛[2]在后。

那么，世尊为何不按这个顺序，反而说："诸比丘，这是苦圣谛，那是集圣谛"呢？这是世尊反其因果次序而说的，实则具有修炼之关键意义。

这又是为什么呢？因为所化者[3]从一开始，如果不义无反顾地树立从轮回中解脱的正确思想，那就是无本之木，根本不可能把人引向解脱之道。所以，众生一开始就被无明的黑暗所障蔽，把世间繁华所导致的苦难视为幸福，就这样被颠倒的现象所迷惑。

《四百论》说：

"痛苦大海广无边，
悠悠轮回如深渊，
愚人沉湎不自拔，
缘何不生恐惧感？"

说实在的，（世间）不是安乐，而是苦难。这指明了苦难无数，应树立厌离思想，故（世尊）首次道明了苦谛。

发现自己掉入苦海，想得到解脱，就要认识到阻止这个苦难。但不知道阻止原因，则难以解脱。了解它的因究竟是什么，并学习集谛，接下来才讲解集谛。

轮回的苦难是由有漏业[4]引起的，业是由烦恼引起的。了解烦恼的根本是我执[5]，有了对集谛的认识，才能做到制约我执。发愿实现阻灭苦难，才在下面讲了灭谛[6]之说。那么，指明苦谛，就会产生解脱意愿，苦谛之后就应该论述灭谛。是这样吗？完全可以（这样做）。届时，虽然有苦难寂灭的解脱想法，但仍未认识清楚苦难之因。因未能发现这个因，而想实现寂灭，却不把解脱作为目标。

[1] 集谛，集是招感的意思，谛是真理的意思。招感聚积苦果的因，包括一切烦恼，以及烦恼所导致的诸业，谓之集谛。集为什么是苦的因呢？因为烦恼与有漏业引起生死苦。世尊说爱为集谛，爱是流转生死最甚的污染法。

[2] 苦谛，苦是逼迫的意思，即世间一切有漏的果报，皆为三苦、八苦所逼迫。这苦果法在情世间和器世间都有。

[3] 所化者，所导化的对象，即芸芸众生。

[4] 有漏业，虚而不实、变化消亡的业。

[5] 我执，又叫人执，认为五蕴和合而成的假的见闻觉知有真实作用，固执此中有一个恒一主宰之人我，一切烦恼障由此而生。简言之，我执就是以我为中心，惟我独尊，我决定一切，我是恒常不变的。殊不知我是五蕴的组合体，它随时面临消亡。世界上没有一样东西是永恒不变的，这充分揭示了客观现象的实质。

[6] 灭谛，灭是灭尽之意，即择灭无为，有圣无漏智慧的抉择力，灭尽惑、业、苦三种杂染法，究竟证获静妙安谧的寂灭果。简言之，灭谛就是断尽烦恼，杜绝虚论，究竟寂灭的涅槃。

抱着实现解脱和寂灭的想法，畅想迈向与此相关的道路，最后才有了道谛[1]之说。

《宝性论》说：

“察知病魔除病因，
服药康复不可停，
苦因所灭相关道，
所知所断最要紧。”

所以，在大小乘中都有论述四谛的情况。有关入世[2]与出世[3]的关键部分，善逝佛作了总结，这对于从事解脱者来说，显得尤为重要，对于修炼起着指导性作用。就这样应该循序渐进地讲授给学生。如不真正从思考苦谛着手，对轮回不作彻底了断，那解脱意愿只会流于泛泛之说，所有的努力将变成集谛。从思考集谛着手，不精通轮回的根源——业与烦恼，如同无的放矢，道之关键就会消失，把解脱世间的非道视为正道，最终劳而无果。不知所断诸苦，就不认识灭苦的解脱，追求解脱只能成为一种奢望。

第二节　修炼痛苦

实际修炼痛苦有两个问题：一是思考整个轮回的痛苦；二是思考个别痛苦。

第一个问题包括三个方面：1. 思考八苦[4]；2. 思考六苦[5]；3. 思考三苦[6]。

《劝戒亲友书》说：“用温良禀性观修贫穷、死亡、疾病和衰老等痛苦之根源——轮回。”所谓观修轮回，就是要把它视为一切痛苦的根源。痛苦，由欲望落空等直述四项，以及用“等”字归纳为四项，共八项。世尊在论述苦谛时，在多部经藏中都涉及八苦部分。

就守持中士一切目标及一切共同目标，在下士章节中已经说过的这里又提及。在非同一般的守持方面，只要慧力发达，就如所言守持；如果慧力有限，就放弃依据，适时守持字面意义罢了。

[1] 道谛，道是通达之意，即证得灭果的因，经由此道通往涅槃城。有正道和助道，正道指无漏的智慧，助道指有漏无方便对治的诸善品法。知苦，断集，证灭，修道，这就是道谛。
[2] 入世，加入人世，求功名利禄。
[3] 出世，摈弃世俗，参禅悟道。
[4] 八苦，生苦、老苦、病苦、死苦、爱别离苦、怨憎会苦、求不得苦、略摄一切五取蕴苦。
[5] 六苦，无定苦、无满足苦、数舍身苦、数受生苦、数数高低变异苦、无友伴苦。
[6] 三苦，苦苦、坏苦、行苦。

这些虽然是观修，但除了这些所修目标之外，还要不致倒向善与不善或者没有授记的任何一方，实现心中目标时，要阻止放纵等。不能沦为昏沉、放逸的奴隶，要意识清楚，修炼不辍。

《入菩萨行论》说：

“唪颂苦行等法事，
长期守持不松弛，
一旦堕落心放纵，
所证真谛无意义。”

这是说，三心二意，致一切善行无果而终。《修信大乘经》（ཐེག་པ་ཆེན་པོ་ལ་དད་པ་སྒོམ་པའི་མདོ། theg pa chen po la dd pa sgaom pai mdo）说：“善男子，藉以这个差别，无论信仰诸菩萨大乘，还是出师大乘，这一切都要依赖心不外散，要知道这来自正确思虑义与法。”

何谓不外散之心，除了善举，心别无他图。何谓义与法，就是义与句，也就是正确思虑，以条分缕析的思维进行研究探讨。

在所有证修功德法中，指出了这二者（义、法）缺一不可。那么，在一切修证三乘功德中，除了善举之外，心不外散，专心致志，这是真实的寂止，或者是与其相同的；缜密研究善举，触类旁通，这是真实的胜观，或者是与其相同的。它们都需要以上二者。

这样，《解深密经》（འཕགས་པ་དགོངས་འགྲེལ། a´phgs pa dgongs a´grael）说：“弥勒、声闻们、或菩萨们、或善逝们的善法不外乎入世或出世两个范畴，都应视为寂止和胜观之果。”这里指出，如果真实寂止和真实胜观不能有机结合，那三乘一切功德不可能成为真实寂止和真实胜观之果。

思考八苦之一生苦有五个方面：

1. 生育具有痛苦——地狱生灵、永远痛苦的饿鬼、胎生和卵生四者出生时，伴随着剧烈的痛苦而出生。

2. 具有投生恶趣之痛苦——三界的所有活动，有着与烦恼方面相同的粗重罪，故不可为、不可驾驭。即便三界生灵之活动得以实现，但仍与烦恼有关的恶趣痛苦紧密相连。总之，烦恼跟生、住、增之种子息息相关，无法把它们引向善道，也不宜随心所欲地加以制约。

3. 生成为苦难之所——痛苦。投生三界，从此以后，老、病、死等痛苦接踵而来。

4. 生成为烦恼之所—痛苦，一旦滑向轮回，贪、嗔、痴将演变为三毒，三毒使身心极不平静而导致痛苦，永无宁日。因为烦恼，故从各方面身心遭到摧残。

5. 生意味着即便不愿意也最终离开（死亡）的法则——痛苦，所有生之终点只有死亡，谁都不愿意它，它使众生纯粹备尝痛苦。

因此，在出生之时，痛苦及其粗重罪相伴而生。出生之后，又带来老、病、烦恼和死亡。思考这些都会导致痛苦。特别在住胎期间，忍受巨大痛苦。

《致弟子书》说：

"肮脏秽物封住嘴，
黑暗狭窄中间睡，
子宫胚胎如地狱，
蜷缩全身忍痛悲。"

《入胎经》[1] 说："充满多种秽物之中，有数以千计的小虫（细胞），二门（尿道与肛门）恶臭难闻，骨眼与其他孔穴密布，尿、脑、脑浆和骨髓之脏物一堆，在（母亲）直肠之上面向脊柱，背朝肚皮。每月胎气发展，母亲嚼碎食物，和着口臭与唾液，通过食道咽下，犹如吐出之脑浆，食物营养通过脐带吸收而发育。

"逐渐形成凝酪状、蠕动状、血肉状、坚肉状，手脚萌生。手、脚、脸都被胎衣缠住，鼻涕如粪，臭不可闻，处在黑暗中上下翻动。品尝食物之苦味、酸味、粗味、咸味、辣味、涩味，犹如火焰烧身。吸食脏物，犹如蛔虫。

"生命脆弱，母亲体内的火使胎儿感到极度烦躁、极度闷热、极度烧灼，其痛苦深重巨大、闹心拂意而难以忍受。随着母亲的剧烈运动，胎儿被五束[2]紧紧缚住，如坠火炭之深坑，其痛苦深重巨大、闹心拂意、无可名状而难以忍受。"

这样，母亲的饥饱不均，或过食肥、粗、冷、热、咸、酸、甜和涩的食物，或床事频繁、行走跑跳、渡河、烤火、蹲坐等，都使胎儿受到伤害。上有（母亲）胃部的挤压，下有（母亲）直肠的顶撑，如此五束紧缚，犹如利戈穿透上下躯体而居。

从子宫分娩到呱呱坠地的痛苦是什么情状呢？《致弟子书》说：

"如同芝麻榨取油，

[1]《入胎经》，也就是《阿难入胎经》。
[2] 五束，两手、两腿，加上头，被胎衣紧紧束住。

产道挤压婴儿头，
然却当时命不休，
一生苦难从此受。

龌龊当中乱打滚，
胎衣缠身恶臭闻，
受尽苦难脓包烂，
如想呕吐记忆空。”

其所说的意思，在《入胎经》中解释道："于是，胎儿手脚齐全，当看到身处臭尿横流、令人作呕、难以忍受的情景，十分惊怖；又如身处屎尿、恶臭难闻、血水常流的脓包中，因前世果报之故，随着胎气双脚朝上，头朝下方，双手内缩，受到母亲双肋的反复挤压，其痛苦无比巨大，无法忍耐，使人心烦，这使全身肢体如新生疥痈全部发青，周身感到疼痛，感官燥热。非常肮脏的胎气覆盖全身，口渴难耐，使嘴唇、咽喉、心脏发干。"

"处在狭窄、可怜和难堪境地，皆因某种因果，胎儿受到前世业报之风的催赶，万分痛苦地出世。出生不久，一遇空气，剧烈疼痛，犹如撒上芒硝；当接触到（大人的）手、衣服时，感觉如刀割，其痛苦无比巨大，无法忍耐，使人心烦。"

犹如黄牛被宰杀剥皮后被其他动物所食，麻风病人被虫子所食，皮肤溃烂，又遭鞭笞时忍受巨大痛苦一样，婴儿一出生就被抱在怀中，或受热，或受凉，其痛苦也是剧烈难忍，令人心烦的。

在八苦中，要特别重视第一苦和第八苦之间的修炼。如前所述，要用缜密的智慧反复观修。

思考老苦有五个问题：1. 韶华衰退。腰驼如弓，发白如艾花，额头如剪裁一般皱纹密布，青春远去，面貌丑陋；2. 力量衰退。坐时犹如口袋松口（瘫倒状），站时犹如树根朝天，说话口齿不清，走路跌跌撞撞；3. 器官衰退。眼睛视物模糊，大脑健忘，记忆力下降；4. 消化衰退。饮食难以消化，不能享受其他物欲；5. 寿命衰退。寿命几乎到了终点，马上要死去。要反复思考这些。

《方广大庄严经》说：

"衰老夺去青春貌，
犹如霹雳把树烧，
衰老等同危旧房，

能仁速说抗老招。

男女衰老身干瘦，
犹如芸林[1]遭风抽，
衰老夺去奋斗劲，
恰如壮士陷泥沟。

衰老促使貌丑陋，
衰老夺去轩昂魄，
衰老欺压红尘人，
衰老夺命颜堪忧。”

坚阿瓦大师说：“死亡的痛苦严重而短暂，衰老的过程则更快。”迦摩巴大师说：“衰老一点一点地到来还算可以，如果突然到来则无法忍受。”

思考病苦有五个问题：1. 体质发生变化。皮肤干燥，肌肉消瘦；2. 长期处在郁闷和苦难中。体内津液多少分布不均，失衡打架，折磨身体，使心情不快，如此夜以继日；3. 反感物欲。因担心垂涎欲滴的物欲对疾病带来影响，所以即便喜欢也不敢碰触。同样，自己想做的事，也懒于动手；4. 尽管不愿意，但又不得不吃。虽然有些药物和饮食难以下咽，但又不得不服用。同样，有时不得不忍受火灸、手术器械的剖割；5. 生命终结。当知道病入膏肓之时，引起巨大悲哀。要仔细思考这些。

《方广大庄严经》也说：

“重病缠身生痛苦，
羸弱众生如小鹿，
病老所侵看有情，
解脱痛苦速表述！

犹如隆冬风雪狂，
花草林木容颜黄，
疾病夺去人美貌，
官能体力消耗光。

[1] 芸林，芸香林。

金银财宝终消失，
疾患不断侵人体，
加害他人妒美善，
苦难炽盛如烈日。”

思考死苦有五个问题：1. 离开荣华富贵；2. 离开众多可爱的亲眷；3. 离开心投意合的朋友；4. 身体失去往日的风采；5. 临死之时忍受巨大痛苦与焦虑。要反复思考这些，直至产生悲心。

前四项之所以成为痛苦，主要是因为发现离开四种人间富贵而痛苦。

《方广大庄严经》又说：

“生死往复不停息，
可爱苍生常分离，
一去不返难见面，
落叶腐朽水不逆[1]。

死亡临头无自由，
犹如大水冲木头，
孤独无助一人去，
纵有成果也难筹。

死亡逮住百千生，
犹如巨鲸吞生灵，
苍鹰食蛇狮杀象，
熊熊野火烧密林。”

思考丑陋苦有五个问题：1. 如一遇到敌人等，感到痛苦，心情郁闷；2. 因害怕其惩罚，故提心吊胆；3. 害怕不由分说，就受到对方的恶语攻击；4. 害怕在悲痛欲绝中死去；5. 因违反佛法，担心死后堕入恶趣而害怕。要思考这些。

思考生离死别之苦有五个问题：1. 当至亲等离世后，带来巨大悲伤；2. 号啕大哭；3. 悲伤过度，伤及身体；4. 因思念其功德好处而伤心不已；5. 其财产支离破碎。要思考这些。

思考劳而无果之苦有五个问题：这与生离死别之苦有些相同。例如，春

[1] 水不逆，流去的水不会逆流。

播之后，秋天歉收；经商之后，未能赢利，等等。这就是说，千辛万苦去实现愿望，但无功而返，心灰意冷，受到打击。

思考“近取五蕴苦”之义有五个问题：1. 未来形成痛苦之器[1]；2. 藉于已经形成痛苦之器；3. 苦上加苦之器；4. 变化苦之器；5. 导致行动苦之实质。要反复思考这些。

得到近取蕴（身体），表明将要带来后世诸多痛苦；有了躯体，就成为病老等的载体；这二苦的恶趣相辅相成，故生二苦；一旦取得人身，就将表明导致行动苦之实质。因为业与烦恼是先前所有被动苦的行动苦。这在下文三苦章中有待分解。

如果不对近取蕴性轮回产生真实的厌离思想，那追求解脱的远大理想无从谈起，更不可能对挣扎在轮回中的众生产生慈悲思想。所以，无论加入大乘，还是加入小乘，这个思想至关重要。

若要拥有这个思想，就要追随佛典及其正宗经疏，掌握精确涵义，长期缜密观修，以改变头脑中的顽固观点。这是根据无著大师正确厘定世尊“苦谛，了解轮回罪业有八苦”一说而表述的。

博朵瓦大师说：“无论六道众生生在哪里，自此以后，疾病与死亡等苦就紧随其后，病的该病，死的该死，这不是偶然发生的意外事情，而是轮回的逻辑与性质。在轮回期间，概莫能外。如果我们要摆脱它，就要抛弃人生，即抛弃根本。”思考如前所说的生、老、病、死诸苦发生的根源。

思考六苦。《劝戒亲友书释》说有七苦，其最后一苦是各种苦。

1.不定患。处在轮回中，父母等亲眷在其他世有可能是敌人，敌人又是亲人。同样，父亲变成儿子，儿子变成父亲，母亲变成妻子，妻子变成母亲等，循环往复，仅此而已，万万不可（把轮回）信以为真。

《劝戒亲友书》说：

“父亲变子母变妻，
心中敌人变亲戚，
颠倒不定原因多，
轮回当中成儿戏。”

在一生中，敌友的位置会发生改变。

《贤臂菩萨请问经》说：

[1] 器，这里指身体。

“自古敌人变亲友，
家人反目成敌首，
不偏不倚中间者，
有朝一日也寻仇。

洞悉亲眷终变化，
智者从来知真假，
改变恋亲虚妄心，
任运善美处闲暇。”

如是观修，消除敌友之分，杜绝爱憎，要知道轮回之法毫无可信之处，须厌离人世。

2. 不知足患。经说：

“人人吸吮母亲乳，
胜过须弥四海数，
亦步亦趋随别人，
仍然汲取难知足。”

每个人从前不知吸吮了多少母亲的奶水，不学习解脱之道，还要准备吸多少母乳，自己应三思而行！

这只是个代表性的现象。思考没有一个人不经历莺歌燕舞和水深火热的情景，而厌离人生。享受安乐，是为满足心理，那无论怎样享受人间安乐，也难填欲沟，欲望越来越大，使人永远漂泊轮回。这些安乐连一点儿也不能抵消非常难忍的痛苦，将万劫不复。

《劝戒亲友书》说：

“麻风病人万虫噬，
为求舒服近火炙，
毫不减缓反加重，
贪念毁人须认知！”

《摄波罗蜜多论》也说：

“梦想成真心满意，
尽情享受只一日，
家产万贯不知足，
患此大病真稀奇。”

《致弟子书》也说：

“百走不还缘何行[1]，
历来鲜享安乐宁，
不得帝释美拂尘[2]，
有则岂非贪欲盛。

从前备尝诸痛苦，
一生欲望不满足，
不眠母怀人不在[3]，
为何不离轮回窟。”

如是思考。

另外，如果按照《除忧经》（མྱ་ངན་བསལ་བ། mya ngn bsl ba）所说，将会产生悲情：

“周而复始赴地狱，
滚沸铜水口中酗，
烟波浩渺大海水，
也难比拟其量巨。

如果投生狗与猪，
不知食用几秽物，
比较须弥山大小，
有过之而无不如。

亲朋好友离世后，

[1] 既然走了一百遍不能返回，缘何继续前往。
[2] 美拂尘，帝释的荣耀。
[3] 没有人不睡着母亲的怀抱长大的。

家人掩面悲痛吼，
眼泪汩汩入器皿，
浩瀚大海也不够[1]。

互相不和起争议，
动辄将人首级刈，
累累白骨堆成山，
比较梵世[2]也离奇。

变成虫卵太饥饿，
食用粪土无数额，
假如倒入乳海内，
满满当当不惊愕。”

所以，《华严经》说：

“私欲膨胀皆空虚，
浪费前世忆念举，
今寻菩提成良风[3]，
严谨戒学诛贪欲。

私欲膨胀皆空虚，
浪费前世忆念举，
恒河沙数寻[4]无得，
只在佛前闻此语。”

要这样思考一下，无论得到多少荣华富贵，也要忍受无数的欺诈、无名的痛苦，像以前一样，浪费难以计数的青春年华，如果还不警醒发奋，必将重蹈覆辙，故要努力发扬悲情。

坚阿瓦大师说：“作为一个知识分子，自亘古以来，不知投生了多少代，没有像现在这样推行过大乘佛法，仍需努力。”

---

[1] 眼泪流成河，胜过浩瀚大海。这是比喻，有点夸张成分。
[2] 梵世，大梵的世界。
[3] 良风，指戒学。
[4] 原文“མཉེས་པ།”是喜爱的意思，考虑到下句，变通译为“寻”，不知可否。

桑普巴大师说：“这个人生中要跌许多跟头[1]，但（到现在）还没有亲身体验过。”

一直思考到产生这样的觉悟为止，即便有了这样的觉悟，也要守持如常。

3. 反复毁身患。“身躯主体乃骨架，死后白骨齐须弥。”这是说，如果人们死后的白骨不被遗弃，比须弥山还要高，还要多。

4. 反复投胎患。“母亲渊源如枣仁，一一细数比土多。”这是说，如果把前者作为母亲一人的数量，并非具体数字。在其释文中引用了佛经句子：“众比丘，譬如几个男士用大地之土做成枣仁大小的丸子，说‘这是我的母亲，这是母亲的母亲。’边说边扔。众比丘，大地的泥丸会早已耗尽，而人们的母亲传承则不是这样的（没完没了）。”这指出了我的母亲之母亲等母亲传承的次序。经典中也说“母亲源远（流长）”。

这成为产生悲情的理由。

《四百论》说：

“无论任何一粒种，
原始状态无法寻，
传宗接代无计数，
知其原因怎不恐？”

在其释文中说，如难以想象、枝叶蔽日而无法行走的莽林一般，要经常厌离轮回的荒野，并应修炼与其相关的正确方法。

5. 变化不定患。经说：

“帝释成为供养处，
业缘使人入世俗，
自从加冕转轮王，
复又沦为轮回奴。

仙女柳腰乳峰高，
触摸感觉格外妙，
重又堕入黑地狱，
火燎刀砍无法熬。

[1] 要多次投生到恶趣中去。

地面柔软脚舒适，
须弥顶上长驻锡，
复又行走火炭地，
痛苦不堪吐哀思。

上界天女送秋波，
美雅苑中嬉戏多，
复又坠入刀枪林，
四肢五官无不剁。

花容月貌天女姣，
沐浴天湖醉意撩，
复坠无堤地狱洋，
如入盐碱沸水焯。

三十三天广无边，
离欲大梵太平延，
复变无间狱火薪，
遭受苦难不中断。

自己证得日月身，
相映生辉照乾坤，
复又堕入黑暗狱，
伸手不见五指影。”

刀砍等三刑具，是指众合地狱、黑绳地狱和热地狱。天女追随，是指天女垂青。天界安乐，是指三十三天以上的欲神。日月光（身），是指不分经堂和神佛像，依据世俗流行的而说，如加以区分的话，是指经堂和神佛像二者的无量光彩。

以此为例，思考从高处跌入低处的万种情景，而厌离人间。因为，人间所有的荣华富贵，最终被衰落夺去。

《律杂事》说：

“积蓄金银终耗尽，

高高在上终掉坑，
厮守一起终分离，
鲜活生命终凋零。”

6. 无友患。经说：

“类似错误须知晓，
接受三福供灯照，
个人手持日月光，
无边黑暗也不扫。”

如上所言，通过这些错误，要知道生命一定走向灭亡，（在世期间）做一个照亮别人的福分之光。三福，是指三门之善或出自布施等三事。无边黑暗，是指无明的黑暗。

就染指无友患，《入菩萨行论》说：

“自己一人临世间，
随同而来血肉连，
支离破碎离开身，
亲朋好友何所言。

孤身一人来阳间，
孑然一身去阴间，
他人不担苦难责，
至亲密友怎阻拦。”

以上六苦（患）包括三层意思：一是轮回无法信赖；二是无论怎样享受荣华富贵，仍贪心不足；三是亘古以来染此痼疾。

人身是不可信赖的，因为反复投生，反复抛弃身体。利害关系变化不定，故不可信赖。看重荣耀是不可行的，因为它会早晚变化。交结朋友是不可取的，因为自己最终会孤独离去。反复投生，生命传承过程没有尽头。

修炼三苦。如果人生了毒痈，很想洒上凉水以求短暂的舒适一样，人生的快乐感觉，一旦失去，又将招致痛苦，这是变化苦。不仅是这惟一的感觉，还有其他相关的心与心所[1]，自己心目中希望的对象充满粗漏虚幻，也是变化苦之列。

如同毒痈发作之时，一旦遇到盐水[2]等刺激性物质，就会疼痛难忍一样，了解痛苦感觉。自从出生的时候开始，就有了身心不安的痛苦，如肾病引起的剧痛一样。非单一感觉如同前述。像不与这两个感触相遇时的毒痈，是指粗漏虚幻的平等感觉[3]，即涉及粗重的行动苦。

第三节　制止贪婪

说它不是单一感觉，也与上述相同。它受到先前业与烦恼的制约，之后产生的痛苦与烦恼种子相辅相成，具有游走不定的粗重性质。

感觉惬意之时，就会心生贪婪；心情不爽之时，就会容易发怒。把非福非祸并属于粗重的无常身，反而认为恒常身，愚痴将大大增加。

因为贪婪而招致后世投生五种生灵的痛苦；因为嗔恨而招致今生遭受痛苦和后世坠入恶趣；因为愚痴而使以上二苦造成的痛苦无法排除，进而变本加厉。所以，在春风得意之时，应将它视为痛苦（之源），并制止贪婪。

就痛苦感觉而言，这个身体是痛苦之源的集中体现，认为痛苦源自我们的这个身体，并阻止嗔恨。把平等感觉视为无常、耗尽和毁灭的本质，并制止愚痴。切勿把这三种感觉视作三毒之本。

以上根据《瑜伽师地论》和《摄抉择分》的思想而说。

例如，搬运大量行装，越搬运越累，在背负近取蕴（身体）包袱期间[4]，痛苦将如影随形。因为，在身体上牢牢攀附着痛苦和烦恼的粗重，具有行动之痛苦[5]。

虽然一时没有痛苦的感觉，但痛苦马上不知从哪里会劈头盖脸袭来。行动苦贯穿所有痛苦，也是其他二苦之根源，故对它要多修悲观。一时欲望旺盛的安乐感觉，只是大概改变了一下痛苦而得到的舒适感觉，绝非无需消除痛苦而具有的自然安乐。例如，一个人走路过于劳顿，坐下休息，得到舒解的感觉，之前的困苦由大变小。这只是舒适逐渐出现而已，不是本来就具有的舒适。待的时间过长，还会造成不适。

[1] 心所，心所法的简称。具有三种意义名叫心所：一是恒依心起；二是与心相应；三是系属于心。恒依心起，说心若没有，心所绝不能独立生起，要以心为依，才能生起作用。与心相应，具备时、依、缘、事四平等义。系属于心，心是主宰，能独立自在，心所不自在，随从于心，以心为主。这里强调了心的作用，说明人的心理活动需要的先决条件，以及受到的制约因素。

[2] 原文“ཚྭ་ཆུ tshng chu”是盐水或碱水的意思，法尊法师译为“热水”。

[3] 平等感觉，平庸无奇、无以为凭的感觉。

[4] 意思是拖着身体的包袱。

[5] 行动之痛苦，泛指为个人利益而奔波不止，自寻烦恼。

营造多少痛苦之因，便会相应遭受多少痛苦。同样，自然无为便是安乐之源。在一定时间内，无论行走坐卧、享受饮食，还是沐浴阳光，或者纳凉，必会情趣盎然，但时间过久，只会带来痛苦[1]。

《阿难入胎经》说："阿难，要把行、立、坐、卧的各种行为，分别视为不同的痛苦。一个修禅者如果研究此类行为的性质（时就会发现），如果仅以行走度日，而无暇顾及站立、端坐和睡觉，那么通过这个行动，就可以分别体验到惟一的痛苦，亦即分别遭受剧烈、野蛮、残酷和丑陋。在这个行动中毫无安逸可言。"

对其他三个动作也作了同样的描述："阿难，为了制止此等行动之痛苦，又出现新的一连串痛苦，反而产生安全意识。阿难，出现这个意识的同时，又出现相关痛苦。痛苦终止时相关苦难终止。痛苦出现之时出现相关行动，终止时相关行动终止[2]。"

《四百论》说：

"幸福美满正在时，
如何改变将可知，
深重苦难正炽盛，
怎样遏止无尽期[3]。"

第四节 痛苦的种类

思考形形色色的痛苦有六种：（三恶趣之苦已讲完）

1. 人的痛苦。令人痛心的饥渴、冷热、生计辛苦，以及生、老、病、死等七种，前已述及，应该深入了解。

另外，在《资粮论》（ཚོགས་ཀྱི་གཏམ། tshogs kyai gtm）中说：

恶趣痛苦种类多，
世间凡人俱经过，
遭受痛苦如地狱，
贫病交加饿鬼所[4]。

[1] 这段文字对人类社会的行为举止、精神世界作了精辟入微的分析。
[2] 作息要适可而止，不可过分，如果哪一项超限，就会带来灾难。
[3] 幸福的生活可以改变，痛苦的生活很难改善。
[4] 跟饿鬼的住所没有区别。

畜生忍受诸苦难，
无助弱者遇强权，
打压欺凌无自由，
犹如水流不中断。

有人源自家贫寒，
其他由于心贪婪，
自酿苦果途凶险，
面临世间将诛赶[1]。”

《四百论》说：

“高人自有心中苦，
常人只是身劳促，
世界充满二苦难，
日复一日被毁殂。”

应该懂得这些。

2. 非天[2]的痛苦。《劝戒亲友书》说：

“非天嫉妒神福德，
本性不良心病得，
即便他们有良知，
障盖不见真谛色[3]。”

这是说，当非天看到神们的祥瑞福德，心理难平，产生嫉妒而感到苦恼。于是，与神展开战斗，结果尝到碎尸万段等苦果。虽然这些非天具有智慧，但被报应所控制，所以用他们的身体证得真谛是不可能的。《正法念处经》把非天说成畜生；《瑜伽师地论》把非天说成天界的有情众生。

3. 思考神之痛苦，有两个问题[4]：一是欲神有三苦，即死亡与沦落苦、恐惧苦、剁刮杀逐苦。

[1] 诛赶，诛杀和驱赶。
[2] 非天，既非神也非人的一种生灵，专干斗争杀戮之事，六道之一。
[3] 因为众生的障盖迷住心灵，所以还是看不到真谛的面貌。
[4] 从下文中没有找到第二个问题，也许是译者水平问题，请智者鉴之。

⑴死亡苦。

经说：

“善趣天神享极乐，
死亡苦难更痛彻，
一切智者要知道，
天趣耗尽勿贪得。”

从前，神们享尽天界的荣华富贵，逍遥自在，临近死亡之时，看到死亡的五个征兆，便产生极大悲哀。

这五个征兆在经中说：

“肤色灰暗显病态，
厌恶座位如花败，
上下衣服沾满垢，
从无恶臭身上来。

天界示警五死兆，
各个欲神劫难逃，
红尘人世诸有情，
死亡前兆无晚早。”

⑵沉沦下界的痛苦。

经说：

“倘若不积大善根，
天界欲神命丧尽，
投往畜生饿鬼类，
或者坠入地狱境。”

⑶恐惧苦。那些具有巨大福分的神们，享受着琼浆玉液。当那些命薄福浅的神子们看到这种情况，就会灰心气馁，因而感到痛苦和伤心。

⑷剁刮杀苦。神与非天交战之时，有的断手断腿，有的拦腰砍断，有的丧命。要忍受这样的痛苦。有的断头后结束生命，有的致残后还要断续

生存。

⑸放逐苦。一朝那些最有势力的神们交战起来，一些势力弱小的神子们将从自己的住所被驱赶出去。

另外，在《资粮论》中说：

“凡是天界诸欲神，
每个鲜有安谧心，
放狂不羁无所谓，
灵魂深处离安宁。

哪怕一刻心不散，
控制心境不简单，
分分秒秒神不定，
时时刻刻都添乱。

风助火势熊熊燃，
大火树木一样变。”

又说：

“大病初愈一病人，
忌吃食物恐伤身。”

虽然处在上苍的色界与无色界的神们没有什么痛苦，然而，他们有烦恼，心境所蔽，总有死期，居无定所，皆因近取蕴粗重而痛苦。

《资粮论》说：

“色或无色上界神，
痛苦比之痛苦甚，
证获三昧[1]安乐功，
过了万劫也不动。

然非永远得解脱，

[1] 三昧，禅虑。

总有一日要犯堕，
恶趣苦难恶浪翻，
逃出险境似有舵。

殚精为何不长驻，
大鹏翱翔必落湖，
孩童劲射即掉地，
皆为堕落终极谱。

供灯常燃昼夜亮，
冷风一吹即灭亡，
变化不定乃规律，
不禁痛苦频遭殃。”

就这样思考五道或六道众生总的和一般的痛苦，对轮回产生厌离之心，领悟轮回的根源所在，究其原因。

从积集的方面着手，思考染指轮回过程，有三个问题：一是烦恼怎样产生；二是由此积业；三是死亡与转生过程。

首先，形成轮回需要两个因素，即业与烦恼。但烦恼起着主要作用，如果没有烦恼，那从前的积业尽管罄竹难书，但就像种子离开了土壤和湿润，禾苗无法长出一样，业没有了烦恼的伙伴，痛苦的秧苗也就无法萌生。如果有了烦恼，而没有从前的积业，但很快就会积业，进而投生后世。

《释量论》说：

“彻底战胜世贪婪，
新涉他业非常难，
助力伙伴已消灭。[1]”

又说：

“……贪欲，
如有再次会反复。”

[1] 原稿为三句。

此故，找到制伏烦恼的方法尤为重要，这取决于掌握烦恼、熟谙烦恼。

第五节　认识烦恼

这又要了解四个问题：一是认识烦恼；二是烦恼如何产生的过程；三是烦恼的根源；四是烦恼的罪孽。

一、何谓烦恼？《集论》（ཀུན་ལས་བཏུས་པ། kun ls btus pa）说："无论形成什么事物，一开始以非常粗糙的形状出现，它使心绪非常懵懂，这便是烦恼的称谓。"无论发生什么事情，使心情极度不能平静。形形色色的名称，无不包含在十烦恼中，它们是：

1. 贪欲。针对内部或外部的美丽景象，情有独钟，贪爱不止。如沾在布料上的油污难以涤尽一般，沉醉于自己的追求而不能自拔。

2. 嗔怒。针对人们、痛苦、武器、荆棘等令人憎恶的对象，萌生轻蔑、出气、加害的想法。

3. 骄傲。基于身见[1]，很在意内部的或外部的高低贵贱之分，产生自满情绪，从而攀龙附凤。

4. 无明。对于四谛、业果、三宝本质，不知就里而感到迷茫。

5. 怀疑。怀疑四谛、业果、三宝本质是否存在、是否真实。

6. 坏聚见。由于在乎自身的存在，（任何时候）保持"我与我所有"的思想，即我与我见的智慧便是烦恼。这里的"坏"，就是无常；"聚"，就是几个物质聚积在一起。其观点的根据就是无常和数物之聚，其实恒常和独人[2]是不存在的。因此，才冠名"坏聚见。"

7. 边执见[3]。身见所认为的这个"我"是永久不变的，或者认为人没有后世，抱着绝望的意识而显现烦恼。

8. 取见。对于灭见、边执见和邪见三者，或者对于其中之一抱有见解的蕴体，认为其至高无上，这是烦恼的表现。

9. 取戒行见。纠正松弛的戒律，从服装形象、言谈举止切实做到清净律仪，针对由此出现的蕴体，打算扬善净罪、解脱烦恼、出离轮回，这样的智慧也是烦恼。

---

[1] 身见，即坏聚见，认为五蕴身体是许多因缘组合的产物，它每时每刻都面临着灭亡。其实，真实的我与我所有是不存在的，而这种观点却认为存在。

[2] 独人，超然物外的人。既然人是因缘和合的产物，所以不依赖其他条件而单独存在的人是不存在的。

[3] 边执见，对于我或五蕴体，要么认为永恒不变，要么认为断灭嬗变，这种观点对于中观生起正见造成妨碍。

10. 邪见。说“没有前生后世”而进行诽谤，认为自在天和主尊才是众生的根本，这样的智慧也是烦恼。

十烦恼根据《集论》《瑜伽师地论》和《释五蕴论》（ཕུང་པོ་ལྔའི་རབ་བྱེད་ཀྱི་བཤད་པ། phung po lngai rb byaed kyai bshd pa）而说。

二、烦恼如何产生的过程。把身见与无明视为互相矛盾。例如，当把一条弯曲的绳子放在阴暗不明的地方时，它的轮廓就模糊起来，猛地一看还以为是一条蛇。当健康的身体处在无明的黑暗轮罩之时，错以为那个模糊不清的蕴体是我，从而产生其他烦恼。

把身见和无明视为一回事，身见应该是烦恼的根源。当身见居于统治地位时，就要划分你我，区别对待，从而亲近自己的人，厌恶其他人，因我而感到骄傲自满。把自己视为常断[1]或树立我见[2]等，把与之相关的劣行视为高尚。

这样，把指明无我的导师与其倡导的业果、四谛和三宝等说成“不可存在”而产生邪见，或者抱着“这些是否存在，是否真实”的想法而产生疑虑。

《释量论》说：

“有了自己知别人，
你我当中敌友分，
凡是与之有牵连，
自然而然万恶生。”

三、烦恼的根源，有六个问题：1. 身体。它是烦恼的温床；2. 所缘。它与烦恼一样产生诸多不良倾向；3. 喧嚣。不学习正人君子的言行，反而与恶友为伍；4. 言语。专听邪教宣传；5. 习惯。从前习染烦恼，如今变本加厉；6. 作意。不管好坏与否，都要夸大其词，把无常当作恒常，心怀不良。

四、烦恼的罪孽。一旦有了烦恼，首先心情极度烦躁不安，与自己的目标背道而驰，因循守旧，坚持同类烦恼不肯放手，损人害己；给今生后世带来诸多罪过，遭受痛苦，心情抑郁，接连营造生（老、病、死）等苦难；与光明的涅槃大道渐行渐远，抑善扬恶，财产日衰，在人群中丧魂落魄、神不守舍，指责之声四起；遭导师、护法等圣者诅咒，在后悔中一命呜呼，死后也堕入恶趣，自己希望的事化为泡影。

《经庄严论》说：“烦恼消灭自己、他人和戒律，使人灰头土脸、穷困潦倒；

[1] 常断，有两层意思，一是认定万物实有，二是认定万物从来不存在。这两种观点都是断崖式的，极端无凭。
[2] 我见，把因缘和合、假而不真的五蕴身体，视为永恒不变、独一不二的我。

受到本尊神和导师的诅咒，遭世人谴责，深陷恶趣等无暇之处，丧失一切既得和未得利益而悲哀不已。”

《入菩萨行论》也说：

“嗔恨贪婪诸敌人，
胳膊腿脚全是零[1]，
虽非智勇但厉害，
制伏世人当奴佣。

贪嗔隐藏我心中，
装作奉承在害人，
忍气吞声不作为，
此非道理应挞攻。

即便诸神非天众，
群起而攻我一人，
相信他们没能耐，
难投无间[2]大火坑。

烦恼敌人力量大，
即使须弥也能轧，
夷为平地不留痕，
我等顷刻脑搬家。

藏我心中烦恼敌，
自古以来无头尾[3]，
其他敌人也一样，
月月岁岁胜自己。

规规矩矩做经忏，
心想事成利乐延，

[1] 全是零，没有胳膊没有腿的意思。
[2] 无间，即无间地狱。
[3] 无头尾，没有始终。

昏昏沉沉寻烦恼，
周而复始受苦难。”

应该这样了解罪孽。阿兰若师说:“如果要远离烦恼,就要知道烦恼的罪孽、性质、对付的方法、产生的根源。知道罪孽后，就要把它当作缺点和敌人（来对付)。不了解烦恼,也就不明白何为敌人。应根据《经庄严论》和《入菩萨行论》进行思考。”又说：“若要了解烦恼的本质，就要听取《俱舍论》，至少要听取五蕴章节。认识根本烦恼和近烦恼的本质后，无论心中产生贪婪还是嗔恨，就知道它的本来面目了。就这样一边认识，一边跟烦恼作斗争。”应该这样理解。

第六节　什么是业

因烦恼而积业,有两个问题:一是认识所积的业;二是如何积业。前者包括:1. 心之业；2. 想业。

首先,《集论》说：“什么是心？就是明显处于活动状态的意业，如十分在意善的、非善的和非授记的业者。”

一、何谓意业？就是符合自己的心，关注外境并采取行动的心所，就是意业。再者，由这个心引起的身、语之业，就是意业。《俱舍论》说：“业是由心等造成的，心又是意业，意业又造成身、语之业。”

有部派[1]认为,身、语之业可分为知识和非知识两种,除“有形”的以外,其他不予承认。世亲大师对此予以否定,他认为与身、语知识密不可分的是心,所以二业便是心。

本来，业包括善、非善和非授记三种，但这里指前两种。善业包括有漏业和无漏业二种。就有漏业而言，圣者和凡人都存在，这里指后者。非善业，是指不是福分之业；福分之业，是指以色界为代表的善业。不动业，是指以色界与无色界为代表的善业——粗漏之业。

《俱舍论》说：

“福分色界有善业，
源自不动上界业。”

[1] 有部派，信奉《大毗婆沙论》的古印度佛教派系名，承认无为和有为三世的四宗之一，即过去、现在和未来三世诸法，其体（物）皆有，名为实有。

为何叫作“不动业”呢？在色界，如神身上能够成熟的部分业，也在人、畜生和饿鬼身上成熟，此果是动摇不定的。同样，除了在上界其他地方成熟的业外，没有可成熟的地方，故称为“不动业。”

《俱舍论》说：

“惟在那些地方中，
成就业果永不动。”

二、何谓积业？总而言之，虽然圣者们是积聚善业的，也以预流果[1]和一来果[2]而积恶业，但不造就导致恶趣轮回和善趣轮回之业。

《中观本论》(དབུ་མ་རྩ་བ། dbu ma rtsa ba) 说：

“轮回根源自己造，
聪明智者境界高，
糊涂愚人自寻苦，
归根结底真谛晓[3]。”

世亲大师说:“修证真谛不造业。”所以,什么时候把自己当作“人之我”[4]，什么时候就导致自己造业。彻底了悟无我的真实性后，也有可能因为业与烦恼的缘故而往生轮回，但不会再导致自己造业。就像强人镇伏弱小一般，预流果和一来果不会接受我执，而予以抛弃。这在《瑜伽师地论》中说得很清楚。

导致轮回的造业者,是所有处在大乘加行道[5]圣法以下的凡夫俗子。这样，烦恼的无明与身见的奴仆通过身、语、意公开进行杀生等非善活动，是在造非福分之业。如果从事色界的善——布施和守护戒律等，也就是修炼福分之业、静虑、无色界为代表的寂止等，就会积蓄不动业。

那么，把凡间的荣华富贵视为罪孽，以强烈的解脱愿望做几件善业，认真研究无我之义的智慧及其心境——这样的善业，是不是积集轮回的因素呢？

[1] 预流果，小乘四果之第一。声闻乘的人，断三界之见惑，才能到达逆生死瀑流的境界，叫作逆流果。预流之流，就是圣道之流。断三界之见惑，才能参与圣者之流，叫作预流果。
[2] 一来果，断欲界九地思惑中前六品，尚余后三品者，其后三品之思惑，在欲界的人间与天界（六欲天）一度投生，叫作一来果。一来，一度往来的意思。
[3] 真谛晓，了悟真谛的意思。
[4] 人之我，人我，认为人独立实有。
[5] 加行道，道者，涅槃的道路，经此可到达涅槃之城。道分为四种，即加行道、无间道、解脱道和胜进道。加行道，基于三贤四善根位，加力而行三学之位。

一般来说，资粮道[1]者与加行道者可能积蓄平常的业，但是由类似思想引发，并研究无我的智慧及其相同善业，是制止贪念后世的有效方法之一。轮回的根源——我执与印象互为矛盾，它不是一般的能引集谛，而是与导致往生后世的真实集谛密切相关，故以集谛概括而论。

《摄抉择分》说："揭露世人对物质的贪婪，眼不斜视，寻找超凡脱俗之道。这些道为何集谛就能集中反映呢？它们不会转向自然而生的人世，但是却与后有身、语、意的活动紧密相连，故应看到集谛总摄万类。"

经云，充分思考轮回的罪孽后，彻底树立愤世嫉俗的思想，这样的善业可以开拓超凡脱俗之道，都与集谛相同。为了培养这个思想与无我智慧而奋斗。

轮回存在不少罪恶，经过研判并进行修炼后，仍然无法找到揭露贪恋轮回虚荣之方法，不以缜密的智慧正确分析无我之义，远离二菩提心[2]的追求，除了数个福德之作用外，是很难做到善行的，集谛趋于平淡，只好继续推动轮回之轮。

积业有两种方式：一是为了寻找舒适的感觉而积业；二是为了行舍[3]而积业。

首先，要从根本上杜绝享受声色等妙欲带来的欢乐，以及追求今生后世的幸福快乐，（真正）为了三摩地[4]的安乐感觉而积业。主要说的是，在未死之前，仅仅为了一生的幸福，积下不是福分之业；为了后世的幸福，积下福分之业。专注三摩地带来的安乐，将会积下三禅以下至初禅之间的不动业。厌离物欲和反感娱乐，为了得到行舍感觉而积业，将会积蓄四禅至三界之顶之间的不动业。这是世亲大师的观点。

根据这种理论，拒绝一切世事，为了得到解脱，义无反顾将三门投向善业，将会远离轮回，接近解脱。

死亡与投生有五个问题：一是死因；二是死念；三是气断何处；四是死后赴中阴；五是投生。

一、死因。

1. 寿终正寝，说的是因前业之催促，寿命终了，此为正常死亡。

2. 福分耗尽而死。如家财掏空。

3. 痛苦而死。寿命未完，却遇如经中所说的九大死因：暴食暴饮、食不甘味、反复用餐、积食长久不化、尿少便秘、不按理服药、生活无规律、鞍马劳顿、

[1] 资粮道，通往涅槃之根本。积集同等解脱善业为代表的广大资粮，为了闻思无我，要以总名总义进行了解。修炼四念住、四正断和四神足，也就是完全彻底抛弃导致轮回遭受苦难的诸多因素，证得天眼、神通和法统禅虑的功德之道。

[2] 二菩提心，缘事菩提心，缘理菩提心。

[3] 行舍，对于身心没什么损害，故不愿远离；没什么利乐，故不愿值遇，以平等、正直、无功用而住。

[4] 三摩地，梵语，意即禅虑、禅功。

荒淫无度。

二、死念有三个问题。

1. 怀着善心而死。自己想起，也可以由别人提醒，在信仰等粗浅善法意识产生之间，心中铭记不忘。

2. 从事或善或恶而死。自己想起，也可以由别人提醒，从前习以为常的将加倍发展，使心专注于此，其他的则遗忘。如对二者同样熟悉，首先忆起的则不会颠倒，心也不会跑到别处。行善，如同从黑暗走向光明，在临终之时，不会出现梦境中的丑恶幻象，只会出现各种可意瑞兆。没有剧烈疼痛的感觉，而安然离去。那些一辈子行善干好的人，很少受到肢解的痛苦。

3. 怀着恶念而死。自己想起，也可以由别人提醒，抱着贪婪等不善之念，一直到粗浅意识活跃不断，死时备尝剧烈痛苦的滋味。这是一生恶贯满盈者，是在忍受上辈子行恶所带来的业果前兆，如出现梦境中各种丑恶幻象一般，等于从光明走向黑暗。那些罪大恶极者，当看到这些恐怖境象后，身体剧痛，毛骨悚然，手脚抽搐，屎尿不禁，手抓天空，眼睛上翻，口吐白沫。

如果积蓄一般不善业，上述部分会得到应验，部分则不会发生，所以不会全部落在头上。积恶深重者，将遭受肢解的巨大痛苦。除了神与地狱人，其他生灵都有可能遭受肢解。所以生灵死亡之时，在意识尚未模糊之前，对长期习惯的自我留恋不舍。因为对自己怜惜，所以害怕不久于人世，而珍爱自己，这是在为中阴[1]创造条件。

在初果（预流果）和一来果期间，虽仍然对自己留恋不已，但经缜密思辨，可以扬弃，无需理会。如强者征服弱者一般。在不还果[2]期间，不再贪恋自己了。

不具授记[3]之心而死。无论做了多少该做或者不该做的事，还是什么也没做，自己想不起这二者是否做了，别人也未曾提醒过。这种人死亡之时，无所谓苦和乐。怀着善心而死，是指一般意识尚存之时。在微弱意识（一息）尚存之时，善心折反，而变成无授记之心。这是他对以前所做的善事已经忘乎所以，别人也无法帮助提醒。对所做的恶事也一样（无法回忆），在一息尚存之时，一切死心均无授记。

《俱舍论释》说："善心与恶心的区别明显，与濒临死心不相一致。"

三、气断何处。对于罪大恶极者来说，灵魂首先从上身离散，使上身直至心间变得冰凉。对于德高望重者来说，首先从下身气脉离散，下身变凉。二者兼有者，灵魂从心间消失。

---

[1] 中阴，人死后，在四十九天内转生，这一时期就是灵魂的中转站，也就是阴间的中期。
[2] 不还果，声闻乘四果之一，断尽欲界九品之修惑，不再还生欲界的圣者位。
[3] 授记，特别所指的事。

起初，灵魂投入精血中，成为胚胎之心脏，最后死时从心脏开始向上下离散。所以，体温首先从头部往心脏散去，或者从下肢往心脏散去，或者从下往上散去。这个虽然在经中未说明白，但应该知道如此。

四、死后赴中阴。如前所述，灵魂从哪儿散去的地点开始，一直如秤砣一般忽上忽下。就这样死去后，灵魂前往中阴。究其原因，留恋自身、喜欢排场而受到牵连。无论是善业还是恶业，都有赖于这两个原因。

在中阴，作为眼睛等五官齐全的人，不管转生成为什么样的生灵，在其身子没有形成之前，眼睛像神的眼睛一样无所不见，身体似有神力无所不至。

《俱舍论》说：

“前生有缘具人体，
死亡前期以显示，
自从出生刹那始，
眼睛如神视万类。

业果神化具天力，
五官齐全无不至，
不可逆转寻香神。[1]”

这是说，具有相同中阴或经禅修得到的神眼，圣洁明亮。

在中阴，无论转投什么生灵，都是不可逆转的。这是一般的说法，但在《集论》中说是可以挽回。

《俱舍论》说：“前世存在四有：死后未转生期间为中有（阴），自转生的第一刹那起为生有，自转生的第二刹那至死有的最后一刹那之前为本有，死亡的最后一刹那为死有。”

还有一种说法是，对藉于转生时候的死有前期，产生错觉，以为是前生的身躯。又见到后生身躯的说法，认为四天半为前生身躯，四天半为来生身躯。（这种观点）完全无以为凭，纯粹虚构。

《瑜伽师地论》说：“没有了灵魂，对于前生身躯毫无感觉。”认为见到前生身躯而心生不快，也是虚构的。积恶的中有，犹如处在黑色毛毯或漆黑的夜色当中。行善的中有，犹如处在白色氆氇或皎洁的月光当中。看见自己同类的中阴，看见自己与他人的投生处。

《阿难入胎经》说：“地狱的中阴像烧焦的树桩，畜生的中阴似一股烟雾，

[1] 原文为三句。

饿鬼的中阴似大水汪洋，欲界和人类的中阴似金光闪烁，色界的中阴洁白无瑕。”这只是颜色的区别而已。

投生无色界及其以下界会有中阴，如从这两个界投生无色界，从哪儿死亡，哪儿就没有投生无色界躯体之中阴。在可靠的典籍中，只说明了没有中阴的特别之处。认为上下的无间往生中没有中阴，这是不应该的。

神的中阴往上行。人的中阴往前行。罪行累累者的中阴，眼睛向下，头着地而倒行。三恶趣的中阴与经中所说一致。

《俱舍论释》认为，人、饿鬼和畜生均按照各自的特点而选择出路。如不具备活命之条件，寿命再长也不过七天的日子。如果找到条件，那也未必。即便走投无路，但也变换身躯，在中阴漫游七七四十九天。这期间一定能找到投生之处，不会超过这个期限。其他正宗经典也没有提出比这更长的时间。如果认为比之更长，那是错误的。

神在中阴期间七天内死亡，立即就能投生神或者人等。因其他事情发生变化，所以中阴的种子也发生变化。其他雷同。

第七节　投生何处

五、投生。如果是胎生的，中阴期间能看见在自己的投生处有类似自己的生灵，接着就产生想看一看他们，想跟他们玩一玩的想法，进而就想前往自己的投生处，视父母的精血为大逆不道。这时，虽然父母明明不行交媾之事，但仿佛看见他们在同床，又对此产生欲望。

如投生女孩，则讨厌女人，而喜欢男人，并想与之同枕共眠；如投生男孩，则讨厌男人，而喜欢女人，并想与之睡觉。在《瑜伽师地论》中说，虽不亲见父母，但对父母的精血产生错觉，而似乎看见他们在同床。

产生这样的想法，并且越来越接近（目标），男人与女人的其他肢体隐没不见，而惟见他们的生殖器。对它产生憎恨，在中阴死而复生。

父母二人都有做爱的意愿，当交欢达到高潮时，父亲射出浓浓精液，之后无疑二者的精血汇合一起，在母亲的子宫着床。

例如，把奶乳烧开，使之冷却后，上面结一层奶皮。与此同时（这个像奶皮一样的胚胎）阻断中阴，中阴被阻断的同时，随着根本灵魂的魅力，与另一个器官之微细大种[1]相融，与之相同的精血汇合，出现其他脏器，这时灵魂

[1] 大种，地、水、火、风、识五大种。

投入进去，叫作投胎[1]。

那些不承认根本者认为以心识投胎。如果是福分微小者，将投生低等人家，（他或她）在借尸还魂之时，常会出现听到吼叫声、行走在泥淖、处在阴森莽林中的幻觉。如果是善行圆满的人，将投生尊贵人家，（他或她）常会出现在能够听到婉转柔和的乐声、行走广厦等美妙的地方。在住胎三十八周（266天——译者注）期间，胎儿的手脚等全部发育完成，之后四天内出生。[2]

《阿难入胎经》说："（怀胎）九个月后或者更长一段时间，妊娠圆满结束。也有八个月的，但不是非常圆满。六个月或者七个月的发育不全，更不能圆满。"欲知详情，该书论述尤为详细。

如果不想去投生处就不去；如果不去的话就不在那个地方投生。所以，只好积下前往地狱之业。如宰羊、卖鸡、卖猪等没有戒规的事情。这种人处在中有（阴）时，在其投生地点恍惚看见羊等梦幻般的境象，受前业的诱惑而奔向那里。

于是，对投生之处的身形产生仇恨，中有破灭，投往生有[3]处。同样，转生到与地狱相像的赘疣饿鬼等处也无区别。如果投生或畜生、或饿鬼、或人、或欲界，或色界的神，在自己的投生处将会看见与己相似而令人高兴的生灵。于是，就喜欢这个地方，并欣然前往，又对投生处产生愤恨，中有破灭，投往生有。这是《瑜伽师地论》的观点。不无法无天，不是卖猪者，就不投生地狱，其情况与上述相同。

《俱舍论》说："气味处所别样爱。"这是说湿生者喜欢气味，化生者喜欢处所。生于燃烧地狱而喜欢温，生于寒地狱而喜欢凉，从而前往中有。这是《俱舍论释》的说法。卵生也与胎生相同，《俱舍论释》持同样看法。

死亡与投生无特别之处，均据《本地分》而论。

[1] 这种生命诞生过程的论述，别具一格，与科学认识方法有着异曲同工之妙。

[2] 这里所说的怀孕期只有整整九个月，与常说的"十月怀胎"有所不同，但二者并不矛盾，实际上人类胚胎发育就是九个月上下，最多的也就是十个月。

[3] 生有，四有之一。刚刚投胎不久的心识。

第八章　十二缘起[1]

第一节　什么是十二缘起

思考十二缘起有四个问题：一是分支区别；二是总结分支；三是多少世圆满；四是总结以上大义。

一、缘起分十二支。

1. 无明。如《俱舍论》中所说："无明非亲虚假等"，其中"非亲"与"虚假"，不是指真正的非亲、非真（否定真谛），或者别的什么，而是指与亲密和真语相矛盾的不同方面。同样，"无明"，不是指对治的明被否定，或者除此而外的其他什么，而是指与明相矛盾的不同方面[2]。

对治明，是指最正确的方法，就是发现人无我[3]的真实义涵，其矛盾是执著人我之身见[4]。这是法称大师的观点。对正义持反面观点，对正义产生迷茫。无著兄弟倾向于后者。也就是说，错乱思维和迷茫思想二者中，倾向于迷茫思想。

但是，其反面的主要对治，似乎是指了悟无我之智慧。"迷茫"又分为迷茫果业、迷茫真谛的义涵。前者为滑向恶趣而行动，后者为往生善趣而活动。这在《集论》中有所记述。

2. 行动。行动是业，包括沦为恶趣的非福之业和投入善趣之业。后者有两个方面：（1）引导色界善趣之福分之业；（2）引导上界善趣之不动业。

---

[1] 十二缘起，强调精神世界和物质世界的相互统一，是佛教的基本思想之一。

[2] 所谓的明，就是无色、无味、无形，通体透亮，一尘不染，上善若水。所以，与明相矛盾的方面，就是无明。

[3] 人无我，二无我之一，又名无生无我、生空、人空、我空。人体是五蕴的假和合，其中无真实的我体，所以叫人无我。简言之，永恒的、真实不变的我不存在，因为我是血肉之躯，说不定有一天会消失。

[4] 人我之身见，把自己当成不变的真实的我。

3. 识。何谓识？经中把识说成是六识，但这里主要是依据承认根本者的根本，不承认根本者的就是心识了。从非善业中得偿重苦之果，如果对此愚昧无知，就会公开营造和积蓄不善业。在沾染此业的习性之时，其识为因位[1]之识，而藉此未来投生恶趣之识为果位[2]之识。

同样，由于对无我真实义涵茫然不知，善趣也会变为苦难，不但不知，反觉心安理得，故积聚福分之业和不动业的时间识为因位之识，而藉此投胎色界与上界善趣的识为果位之识。

4. 名与色[3]。名，是指受、想、行、识，即非色[4]的四蕴。色，如往生无色界，只有色的种子，而实无形体。除此而外的其他时候，疱等形体要具实表述。

5. 六处[5]。如果是胎生，开始投入识的精血之疱与名目发育，眼睛等四处形成，而身与意之生处早在疱期已经有了。如果是化生，在投胎之时，器官同时形成，次序不像上述那样。对于卵生和湿生来说，除胎生外其余与上述相同。这在《本地分》中有记述。

当名目与体形成就后，身形就会显露出来；当六处形成后，五官及肢体发育成熟，（出生后）成为未来的消费者。在无色界没有生处五形。

6. 感触。融合境地、根器和意识三者，彻底决定着意、不着意和中间意，言“因六处而决定”，是表示境与识。

7. 感受。通过感触而决定三境[6]，与此同时，产生舒适，或痛苦，或无别的感受。

8. 爱（贪）。不愿放弃舒适感，而厌离苦难感，谓之爱。

言“因感受而产生爱”，是无明的集中反映，因为只有通过感触才能导致爱。如果没有了无明，即便有感受也不会产生爱。所以，感触是对境（物质）的受用，而感受是对投生或报应的受用。这二者如果得以圆满，那么受用也就圆满了。它包括三界之三爱[7]。

9. 取。热衷四境，或四贪。追求声色等妙欲，追求除身见之外的一切邪见，追求混有邪见的戒律，追求恶劣禁行，接受坏聚见和淫欲，接受（其他）见解、戒律、禁行、我执。

10. 有。由于以前（前生）的行为，识（灵魂）受到业的习气的熏染，欲望得到刺激，使转生后世具有力量。因为有了果才命名因。

---

[1] 因位，原因之位。
[2] 果位，结果之位。
[3] 色，眼睛可以看见，具有形体的物质。
[4] 非色，没有形体的物质。
[5] 六处，也就是六识。
[6] 三境，客观境、执著境、所缘境。
[7] 三爱，贪著爱、怖畏爱、当生爱。

11. 生。无论四生[1]中的任何一生，一开始就投入识（灵魂）。

12. 老死。因身体老朽或其他变故，使身体的各个器官支离破碎。

第二节 什么是分支

二、总结分支。《集论》说:“应该怎样总结分支呢？它分为引分支、投分支、将成分支和已成分支。何谓引分支？无明、行为和识。何谓投分支？名、色、六处、触和受。何谓将成分支？爱、取和有。何谓已成分支？生、老和死。”

那么，以“引”和“将成”两项因果关系，是否表示一人投生一遍因果还是两遍因果？按照前者，当因位之识至感受完成之后，才产生爱等，这种说法不准确。按照后者，在有关后因果方面，没有无明、行为和因位之识，而在前因果方面，就没有了取和有呢？这无妨。因为以能引之因投生何种生灵，将被能成之因予以证验，投生完成之后，才赋予生、老、死之义。

那么，为何说成“因”与“果”两个议题？是因为把能引果之苦谛性相和能成果之苦谛性相加以不同的阐释。前者在投生时尚处于种子（原始）阶段，自性不成立，未来将接受苦难。后者是酿成苦难之时，故此生遭受苦难。另外，生果需要“引因”，其成果需要“成因”。认识了“引因”和“成因”，才说因果两个不同的含义。

《本地分》说：“从识等到感受，从生到老死，都是综合的本质。为何对此说成两种形式？是因为把苦难的事物本质作了不同的解释，把能引与能成的区别作了全面解释。”又说：“在诸分支中，有多少个被苦谛所代替。今世的苦难又有几个？有两个：生与老死。有几个被苦谛所代替，难道后世仅仅是苦难吗？从识到感受，统统变成种子。”

所以，能成之爱的感受与使爱产生的感受二者不是同次缘起，使爱产生的感受又是他次缘起的果位[2]。能引与所引由四种情况可知，任何所引，从果位之识到感受之间为五个半分支。由谁所引？有赖无明的行为。怎样所引？取决于果位之识受宿业习气之熏陶。

所引之含义。只要有爱等能成（因），诸果可以说自然形成。能成与成就由三种情况可知，若谁能成，则爱因所取。到底能成什么？生与老死。如何能成？行为熏染识的宿业习气，决定了能量巨大。《缘起经疏》（རྟེན་འབྲེལ་མདོ་འགྲེལ། rtaen a´brael mdo a´gracl）作为成就惟一一生的分支，被视为老死之过。

[1] 四生，胎生、卵生、化生、湿生。

[2] 果位，本意为成熟时期，引申为佛果，这里指前者。

这样，由愚昧业果的无明引起的不善行为，给识带来了恶业习气。从三恶趣果位之识到感受之间的可行作为，被爱取二者反复干预，使业之习气能量剧增，在后世恶趣中形成生老等（苦）。又因对无我之义蒙昧无知，这个无明引起的以欲界为代表的戒律等福分行为，以及修炼以上界为代表的寂止等不动摇行为，给识带来善业习气。

从欲界善趣和上界天神果位之识到感受之间的可行作为，被爱与取反复干预，使业之习气能量增大，后世投生多个善趣处。

这些十二分支又包括在烦恼、业和苦难三道中。龙树大师说："第一、第八、第九为烦恼，第二、第十为业，其余七个为苦难。"《佛说稻秆经》（ས་ལུ་ལྗང་པའི་མདོ། sa lu ljang pai mdo）说包括十二分支的因素有四个。无明的播种者在业之田内撒下识的种子，种子被爱之水分滋润，在母亲的子宫中孕育名目与形体之苗芽。

三、多少世圆满。在能引与所引的分支中，可能要经过无数个劫，不受其他生的干扰，完成第二世的转生成为可能。能成分支与所成分支之间绵延不绝，如果快的话，二世中即可圆满。譬如，在这一世中投生为神后，重新积蓄将要所受的业。那时，无明、行为和因位之识，亦即三个半分支与临死之间，爱、取和有[1]三者圆满。因为所引后世的五个半分支和所成分支圆满。

时间再长也超不过三世，能成、所成和能引三者中各有一世，因为所引分支包括在所成分支中，虽在能引和能成之间定有数世，但这是其他缘起之世，不是当前缘起之世。在中阴之世中未将这些单独列出。

当这些果分支形成之时，如前所述，积业者和受业者的人无我之惟法因分支中，产生这些惟法果分支。不知道轮回的实情而愚痴执我，为了自己幸福，用三门直接染指善与不善，复又陷入轮回。从三烦恼中出现二业，从二业中出现七苦，从七苦中出现烦恼，从烦恼中又复蹈轮回，轮回之轮转动不已。

龙树大师说：

"三烦恼中出二业，
二业当中出七苦，
七苦复出三烦恼，
轮回车轮转不歇。"

这样想一想，以如此方式游荡轮回，这是最好的厌离方法。从无数劫开始，所积善与不善之业，能引之业未得报应，或者无法根治，但如今受到爱取的干预后，分别在善趣和恶趣中游荡。

[1] 有，这里指人世。

虽然，阿罗汉前世凡人之时所积的能引之业无计其数，但因没有了烦恼而能确定从轮回中得到解脱，把烦恼视为敌人，可产生阻止烦恼的精进心。

著名蒲琼巴大师曾经说过，修习十二缘起，就是对菩提道次的进退心的自然修习，恶趣十二缘起之进退心属于下士阶层，二善趣[1]十二缘起之进退心属于中士阶层。对照自己，对如母有情[2]游荡在十二缘起中，生起慈悲与博爱之心，为了他们的利益而希修佛果，学习其道次，是大士们的选择。

四、总结以上大义。如前所述，由于集法中产生业与烦恼的缘故，而取得轮回的苦难身，尤其在十二缘起中轮回游荡。充分了解这些情况后要熟悉它们。一切衰败的根源为可怕的愚昧黑暗，消除这个黑暗并非没有原因，这就是把内外行为视为集法的邪见。若要根除一切邪见，就要发展佛典之瑰宝，正确掌握轮回的实质，以强烈的悲心把自己的心引向解脱之路。以前，把精于此道者，视为接触圣者果位、唤醒禀赋的最佳方法。

《贤臂菩萨请问经》说："愚痴源自因缘道。"《佛说稻秆经》说："若善察因缘，对过去、现在和将来所持的一切邪见将会得到制止。"

龙树大师说：

"缘起性空十二支，
佛说典藏最深奥。"

《律杂事》说："二胜[3]的德行是，有时在五趣中行走，当行走完五趣后，就前往南瞻部洲，向四众[4]宣说他们的苦难。他[5]带领部分同住者和不喜梵行的近住门徒，敦请二胜敕教。二胜敕教以上门徒。赐予教诫后，（他们）崇尚梵行，证得优越功德。

"佛祖看到这些，就问阿难缘由，阿难如实禀告。佛祖说：'在众人中，像二胜是很难找到的。'遂命令阿难在门房中绘画五份《生死流转图》，并在周围绘制《十二缘起顺次与倒次画》。之后，把《生死流转图》寄给仙道王，该画下面附有《十二缘起顺次与倒次画》，仙道王拿着它，天亮之时结跏趺坐，挺直身子，面画静思，目不转睛盯着两种缘起图，最后证得圣者果位。"

产生该思想的程度。从苦谛、集谛和十二缘起的角度详细了解轮回的实质，就想抛弃它们，就想得到永寂。自此，有了一点厌离思想，但这是不够的。

---

[1] 二善趣，人善趣、天善趣。
[2] 如母有情，所有众生如父母、如兄弟姐妹，是一种轮回思想。
[3] 二胜，释迦牟尼弟子中舍利弗智慧第一，目犍连神通第一。
[4] 四众，四众弟子，佛的在家出家男女弟子。
[5] 他，原文未指明是谁，是否指世尊？亦未可知。

《六十正理论释》（རིགས་པ་དྲུག་ཅུ་པའི་འགྲེལ་བ། rigs pa draug cu bai a´grael ba）说："处在三域[1]无常之烈火中，即如陷入火光冲天的家中一般，非常希望离开此地。"

如以前引述的"恰如身陷囹圄中"等语一样，不喜欢落入大火熊熊燃烧的家中，不喜欢被囚禁在牢狱中，从中解脱的愿望有多大，厌离之心就应该有多大，进而发扬光大。这是夏热巴大师的思想。如撒在薄酒上面的面粉漂浮在一边，不喜欢轮回的根源——集谛，也跟刚才的这个例子相差无几，仅此而已[2]。

这样，把阻止诸苦的活动当作解脱的事业，也只能事倍功半。所以，希望修炼解脱道的想法，也将成为口头之禅；其他生灵深陷轮回，遭受苦难，对他们无法施以救援；至高无上、纯真无比、足以打动心灵的菩提心力量无法产生；对于大乘法的理解也将成为鹦鹉学舌。因此，对于这些中士阶段的大法，要当作教诫根本加以修学。

第三节　消除邪见

消除邪见。如果因轮回而非常厌世，并修炼悲情，就如声闻弟子一样，不喜欢投身轮回，反而坠入寂止边[3]，并修炼悲情，这适合小乘，不适宜修炼菩萨。

《秘密不可思议经》（གསང་བ་བསམ་གྱིས་མི་ཁྱབ་པའི་མདོ། gsng ba bsm gyais mi khyaib pai mdo）说："菩萨们把全面成熟解脱众生作为最高目标，将轮回当作功德看待，而彻底大涅槃则不是这样的。"又说："如果菩萨们害怕轮回，将会误入歧途。"又说："世尊，声闻们只是害怕轮回的行动目标，而菩萨们却反复深入无数轮回。"如果这样的话，就是曲解经藏涵义，谬莫大焉。

所谓"不该这样悲观厌世，"其意思不是说，不应因业与烦恼深陷轮回的生、老、病、死等，进而厌离苦难，而是说菩萨们为了众生的事业，在轮回毁灭之前，学习菩萨行的武器不会离身。哪怕把所有众生的苦难集中起来，顷刻降落到他们的身心上，他们也毫无悲观和恐惧，只是热衷伟大的菩萨行，不会悲观厌世。

月称大师说："众生所有的苦难降临到菩萨头上，在人世未毁灭之前，分秒之间以多种形式伤害菩萨的身心，但菩萨不害怕。众生的苦难同时降临到菩萨头上，在人世未毁灭之前，热心勤奋的每一时刻，应被视为洞晓一切生灵情况并获得无数财物之因，复又转生百世，应该如此。"为了了解其意义，故引用了这些经藏理论。

[1] 三域，天上、地上和地下。
[2] 如果不以轮回为载体，想取得涅槃地位，则谈何容易。
[3] 忽视轮回的作用，而一味追求寂止，故不会取得正果。

把人世视为功德也是有道理的，上述经藏中说：“菩萨为众生的事业付出辛劳，无论付出多少，心里感到欣慰。”又说：“不厌人世，是指在轮回中操劳众生之事时，不感到厌烦。”

那么，因业与烦恼而游离轮回，并受到多种苦难的折磨，故自己的事也难以办到，何况办理别人的事！这是万恶之门，比较小乘还要悲哀，要阻止它。

因夙愿和慈悲等故而投生人世，应该感到高兴。这两个不一样。如果不加区别，还是重弹老调，那说者如有菩萨戒的话，他会犯下烦恼罪障。这是《菩萨地》的说法。恐繁不赘。

所以，认清人世的一切缺点，即便非常怅惘，但以大悲为念，不弃人世。这有些奇怪。把繁华人世视为（天上的）无量宫一样，绝不能丝毫倾向贪欲。妥协为人做事，还说“我们不弃人世”，怎能使学者们高兴。

《中观心论》[1]说：

“投生人世识缺点，
慈爱众生非涅槃，
操持人事守戒律，
红尘当中也等闲。”

如《菩萨地》所说，作为对芸芸众生生起巨大悲心之因缘，发现一百一十种为代表的无数痛苦，心中要树立强烈而持久的不忍。[2]所谓“毫不讨厌轮回”一说非常矛盾。

应该理性厌离轮回，把所有众生看作自己的亲人，为了他们的利益而投入人世沧海。其投入的道路次序，是菩萨的瑜伽行，也是《四百论》的主张。月称大师在其注释中作了明确阐释，他说：“一说起轮回的罪恶就心生恐惧，为了必须把希望解脱者引向大乘道的事业，世尊曾说：‘诸位比丘，对于永远处在轮回的人来说，无论父亲、母亲、儿子、女儿，还是亲戚、亲属，都不说有相同处所。在众生派系中不会有几个相同处。’菩萨也领会世尊的教诲，为了用大乘之船拯救自古以来父母等为首的无数孤苦伶仃的众生而敢于奉献自己。”

这种情况对于无上密宗也必不可少，《摄行灯论》说：“用这个次序投入毫不造作的菩萨行。这个次序是这样的，首先修炼者忆念自古以来轮回的苦难，希望得到涅槃的安乐，全面抛弃一切喧嚣，甚至王权也有苦难，抱着这种意识

[1]《中观心论》由古印度清辨论师所著。
[2] 看到这些痛苦，不能袖手旁观、见死不救。

进行观修。这话由圣天[1]所说。”

决定前往解脱之道的本质。师利杂噶达牟扎（ཤྲཱི་ཛ་ག་ཏ་མི་ཏྲ། shrai dza ga ta mi tra）[2]说：

“苦难大海广无边，
即使坠入世深渊，
无怨无悔自逍遥，
我等心中有何念？

贫困潦倒无所依，
疾病衰老如影随，
世事烈火常烧身，
反觉舒适谓疯子。”

又说：

“呜呼世人眼皆瞎，
明明眼中见百下，
却又装作无所谓，
莫非心如金刚轧[3]？”

自己勉励自己，观修轮回罪障。《七少女因缘论》（གཞོན་ནུ་མ་བདུན་གྱི་རྟོགས་པ་བརྗོད་པ། gzhon nu ma bdun gyai rtaogs pa brjaod pa）[4]说：

“人活世间不稳定，
恰似水中月亮影，
欲望如同蛇发怒，
盘起身子昂起颈。

[1] 圣天，也叫提婆，古印度一著名论师，为龙树著名弟子，著有《中观四百论》。
[2] 师利杂噶达牟扎，一瑜伽密宗师，辑有《牟扎百法》一书。
[3] 莫非心是由金刚锻压的，无动于衷。
[4]《七少女因缘论》，为讫栗枳国王的七个女儿。讫栗枳国王是迦叶佛之父。相传很久以前，一片树叶上住着七只虫子，一日被风吹向大海。大海里有一尊大日如来佛的塑像，她们绕匝三圈，死后转生为贱种人家的七个女儿。她们对自己的身世和家境感到悲哀，为人当奴，积蓄福分，后转生为讫栗枳国王的七个女儿，敬奉迦叶佛，佛授记她们以后必定成佛。

芸芸众生苦无边，
忍受人世烈火燃，
我王一定喜厌离，
毫不犹豫赴坟坛。”

这是说，情器世间[1]的人们如同被风吹拂的水中月影一般，没有一刻消停的工夫，瞬间消亡，无常不定。物欲没有实际意义而颇具危险性，如同毒蛇，形影不离。当看到五趣被三苦之大火炙烤而痛苦不堪，或许像北方[2]孩童一样彻底产生厌世之想法，也就一定会对厌离与解脱充满希望并想实现它。

所谓“北方孩童”，是指北方缺糌粑，常食一种形似蔓菁的植物为生，而且数量很少，孩子吃不饱肚子，就想吃糌粑，向母亲索要。但母亲没有糌粑，只好把鲜蔓菁切成块给孩子吃，孩子说：“不想吃。”母亲又把蔓菁晒干让孩子吃，孩子说：“不想吃。”母亲又把蔓菁煮了趁热给孩子吃，孩子还是说：“不想吃。”母亲又把蔓菁煮了冷却后让孩子吃,孩子又说:“不想吃。”孩子生气了，说：“这些都是蔓菁啊！”

这样，我们无论看到世间的何种幸福，还是听到或者回忆到世间的什么，就说“这就是人世啊！”“这就是人生啊！”“这都是痛苦啊！无论如何没有意义。”应该认为令人作恶，嗤之以鼻。

这样，联想到自古以来游离轮回而悲观厌世，又想到还要继续游离轮回而感到恐惧，不应把这种想法流于形式。

《劝戒亲友书》说：

“悠悠轮回是这样，
六道众生其中长[3]，
未能转投好人生，
方知变成罪恶庄[4]！”

要防止投生在万恶之源——轮回，这取决于防止两种因素，即业与烦恼。假如没有烦恼，而有多少业也是不会产生的；如果有了烦恼，即便以前的宿业

[1] 情器世间，佛教把世界分为两部分，一部分是器世间，另一部分是情世间。器世间指的是物质世界，情世间指的是红尘人间。无论是器世间，还是情世间，它们都因缘和合，假名不实。

[2] 北方，指的是藏北羌塘，也就是现在的那曲。过去由于交通不便，生产环境艰苦，牧民想吃粮食，特别是糌粑，是一件奢侈的事。宗喀巴大师利用这一社会问题，想说明枯燥乏味、艰难困苦的现实。理论与现实相结合，具有很强的说服力。

[3] 长，生长，生活。

[4] 罪恶庄，罪恶的源泉。

没有了，也会立即积业。所以，要消除烦恼。消除烦恼，这取决于修炼完整而正确的方法。

这包括两个方面：一是用何种躯体进行防止；二是修炼何种方法进行防止。

首先，《劝戒亲友书》说：

“凡是邪见及畜生，
还有饿鬼地狱人，
不见佛旨边塞地，
生性野蛮愚哑甚。

包括任何长寿神，
唤作轮回八无空[1]，
远离此等得闲暇，
为阻轮回须发奋！”

在得到闲暇（人身）的这个时候要加以阻断（轮回），在没有闲暇的时候，也就没有阻止之时，前已述及。

大瑜伽师说：“现在是区分牧业的时候了。”[2] 博朵瓦也说：“此前一直漂泊不定，不能自省，不返璞归真。现在仍然不能幡然醒悟，到了该结束的时候了。结束的最佳时机，就是得到闲暇（人身）的这个时候。”

待在家里讲修佛法，将会遇到重重困难，将带来多种罪过。而出家人则相反，其阻断轮回之身独一无二，受到智者们的追捧。

反复思量居家俗人的缺点和出家人的优点，会使已经出家者的思想得到巩固，而尚未出家的人将会形成良好的风尚，知道礼义廉耻。如下略述端由。

居家俗人。一旦富有，为了保持现状而遭遇痛苦；一旦贫穷，为生活奔忙而身心俱疲，没有安逸而感到茫然，便始终寻找安乐。（对于这种现象）应知为恶业的果报。

《本生论》说：

“家庭等于狱深渊，
莫要抱有安全感，
无论富有或贫穷，

[1] 八无空，八无暇。
[2] 因为牧业需要追逐水草，所以没有固定居住的时候。

居住家中毛病全。

一则操持致烦恼，
二则奔忙而疲劳，
无论富有或贫穷，
丝毫没有安乐堡。

追逐名利实愚痴，
可恶罪果报应急。”

因此，添置许多家什，贪得无厌地索取，并非是出家人的追求，反之与居家俗人没有两样。

另外，赖在家里有悖佛法，根本无法修炼。

《本生论》说：

“居住家中需耕耘，
有时口中难说真，
面对别人找麻烦，
千方百计策略用。

假使法行误农家，
专注耕作难修法，
佛法事业趋永寂，
平凡家事凶险大。

违背圣法成缺憾，
既然利我何居藩[1]？”

又说：

“粗漏愚痴似蛇穴，
和平安乐乃离却，
痛苦不堪藏家庭，

[1] 何居藩，为何居住藩篱。

犹如黑洞谁敢留。”

如此这般，反复思考上述恋家的缺点，希望有一天出家了事。身穿法衣，手持一般钵盂，化缘知足为生，闭关山洞，修净自己的烦恼，希望成为他人的福田。

《七少女因缘论》说：

“为求出家削头发，
衣衫褴褛缀百衲，
寺院当作故乡地，
祈盼某日登大雅。

眼睛只视牛轭距[1]，
土制钵盂怀中搂，
脱离家庭无赋税，
希望某日化缘去。

功名利禄无所图，
烦恼荆棘全铲除，
为达目标不懈怠，
早成城市布施处。”

希望在没有遮盖的露天下，睡在草席上，衣服沾霜，粗茶淡饭果腹，卧地选择大树底下，在绵柔的绿草上面用佛法的兴趣度过每一天。

经说：

“杂草丛中站起身，
发现衣服白霜盛，
粗茶淡饭过日子，
直至自身离贪嗔。

大树底下铺草席，
芳草茵茵鹦鹉衣，

[1] 除了牛轭长短的距离外，眼睛不能看其他的地方，这是出家人的规矩。

映入眼帘成欢宴，
祈盼某日变现实。”

有一天，博朵瓦发现喀托（ཁར་ཐོག mkhr thog）地方降下一场雪，便说：“今晚将会出现如《七少女因缘论》中所说的事情，吾心欢喜。除了如何修持外，别无他求矣。”

住在满地草药和小河岸边，观察水中波纹的生灭，联想到自己的生命与身体也是如此。凡间的根源——引起一切邪见的是我执，要用条分缕析的智慧加以防止。厌离世间的荣华富贵，反复思考物质世界和人类社会的一切虚幻不实。

经说：

“住在药丛小河边，
观察水波生灭现，
滚滚红尘无二致，
一刻不停如是念。

所有观点有根源，
正确破除坏聚见[1]，
发誓终于有一天，
幸福财富粪土观。

梦幻阳焰浮云变，
等于寻香假城诞，
乾坤包括行与恒，
祈盼某日知详端！”

所有这些要从身体献给佛门之日起，心中祈祷从事如上工作。

切噶巴说：“在苦行的山洼中，如果能以大仙的行为安心住下来，就好比父亲养了宝贝儿子一样。”

夏热巴也说：“农夫在农忙之时，穿戴一新。如果换个地方，就觉得出家人非常幸福，之后便为出家培育了习气。”

[1] 坏聚见，由多种元素积聚而成之人身顷刻坏灭，这种见解太过偏激，人体的坏灭要有一个过程，要有一个原因。

《勇猛长者请问经》也说："本人也打算彻底离开苦难之地——家庭，这个想法何时才能实现呢？本人什么时候才能接触到比丘业、长净[1]业、解夏[2]业和崇信业，这使我对出家产生喜悦之心。"居家菩萨应该这样有所作为。这主要是指希求比丘戒。

《经庄严论》也说：

"出家为僧人当中，
功德广大识无穷，
持戒高尚人尊敬，
居家菩萨略显逊[3]。"

这样，从事解脱轮回之修证，出家人是最好不过的，而且从六度和密乘出发修证全知全能，出家人也是首选的条件。出家人的戒律，是三戒中的别解脱戒。别解脱戒是佛教的根本，应予崇奉。

其次，修炼什么道而得以阻止（轮回）呢？

《劝戒亲友书》说：

"头发衣服燃大火，
可以尽量去消除，
但需杜绝人轮回，
除了良策不能过。

清规戒律智慧禅，
涅槃温良无污染，
永生不死位高尚，
日月水火距离远[4]。"

第四节　学习圣道

若学习圣道，就要学习三种珍贵道学。三学中的具体内容：第一是取决

[1] 长净，在某一时期，比丘、沙弥聚在一起，共同忏悔所犯罪过，在家俗人守斋戒的一种仪式。
[2] 解夏，比丘在夏令安居时，应当制止犯过的一种行为，分为时解夏、非时解夏、聚众解夏三种。
[3] 比较出家的菩萨，居家菩萨略显不足。
[4] 已远离土水火风、日月星辰，意为不食人间烟火了。

于修心次序，即控制心情散逸，是戒律学；心境未定者使之心定，是三摩地或者是心学；心未解脱者使之解脱，是智慧学。这三学可使瑜伽师全面完成自己所有的事业。

第二是取决于成果，戒律未废弛的后果是人心所向的二善趣，戒律废弛的后果则是滑向恶趣。心学之结果是奔向上界的二善趣，慧学之结果是解脱。总之，目标是圆满福报和永久安乐。前者有上下二界的二善趣，其成就方法有三种。在《本地分》中对二者有论述。在上界中，就需要断除的烦恼而言，也有三种需要解决的，即学习根除烦恼，学习压制苗头，学习杜绝根源。

第三是取决于次序，《本地分》引用《梵天所问经》（ཚངས་པས་ཞུས་པ། tshngs ps zhus pa）说：

“根基牢固不动摇，
永寂心境乐陶陶，
正恶二见不相容，
要么保留要么抛。”

戒律是根本，其他二者则源于此。依靠戒律，热衷心入禅定属于第二种。因心入禅定，如理发现真谛，就具备了正见，而远离了恶见属于第三种。

三学的本质。《梵天所问经》说：

“主要具备六分支，
还要具备四安地，
四种具有四种象，
任何时候智慧谛[1]。”

戒学具有六分支，即受制于持戒和别解脱戒二者，是指引解脱的清净戒律；守持仪轨和言行二者，是崇高的清净戒律；畏惧哪怕是极微的罪过，是未颓废的清净戒律；正确掌握各学处而学习，是未颠倒的清净戒律。

心之四处，亦即四禅虑。如果保持一生平安，是心之学处。四种为四谛，其四象是苦谛，包括无常、痛苦、空虚、无我。集谛包括因、集、普生和条件。灭谛包括灭、寂、妙和厌离。道谛包括道、理、修和出离。了解这十六种现象，是为慧学。

若指引普通中士之道，三学需要广泛的引导法。然而并非如此。启发智

[1] 智慧谛，智慧的真谛。

慧胜观和心学寂止的方法，是属于大士方面的问题，将在下面细述，在此不赘。

因此，现简述戒律的学习方法。首先，反复思量戒律的功德，从心底产生兴趣。

《大涅槃经》说："戒律是一切善法的阶梯。就像树木等之根基为土地，就像众商之首提前筹划一样，戒律是一切善法之先驱。就像高举帝释之旌旗，是诸法的一面旗帜。它阻断诸恶和恶趣之道。就像药材之树，它能医治万恶之疾病。它是苦难世俗的路途盘缠，是消灭烦恼之敌的武器，是斩除烦恼毒蛇之明咒，是渡过毒海之桥梁。"

龙树菩萨也说：

"戒如动与不动地[1]，
成为一切功德基。"

《贤臂菩萨请问经》说：

"一切植物都一样，
扎根土地才生长，
依靠戒律行善法，
慈悲滋润始兴旺。"

应该好好想一想这句话的意思。受戒后而又不遵守戒，罪莫大焉。

《比丘珍爱经》（དགེ་སློང་ལ་རབ་ཏུ་གཅེས་པའི་མདོ། dge slaong la rb tu gces pai mdo）说：

"有人守戒具安乐，
有人守戒酿苦厄，
守持戒律享幸福，
败坏戒律运气恶。"

这就是说，接受戒律之后，要么成为功德，要么走向犯罪，二者必具其一。因此，要审思诸罪，而敬重戒学。

怎样学习戒学。先要知道堕罪有四因：一是解决无知的方法，是聆听教诲而知之；二是解决放逸的方法，是不忘取舍的印象，时时分析三门，保持甄

[1] 动与不动地，有些地始终处于运动状态，有些地相对处于静止状态。但它们都离不开大地运动。戒律是一切功德的基础。

别善恶的明智。我或从佛法的角度忌惮罪恶而知耻，担心别人诋毁而有所顾忌，害怕恶行必遭报应而小心谨慎；三是解决不尊的方法，是尊崇佛祖及其规制，尊崇梵行等；四是解决烦恼重重的方法，是通过反躬思辨，哪种烦恼炽盛，就针对哪种烦恼下功夫。不要浅尝辄止，不要以为稍有冒犯（戒规），无关紧要之想，从而轻视戒规，这只能招来不测。

《广戒经》说：

“面对佛祖慈悲教，
恣意轻慢几违道[1]，
痛苦报应失自由，
如毁竹篱橘园耗[2]。

国王发布诛杀令，
违旨不判数罪行，
存心违反佛谕旨，
投生恶趣埃拉龙[3]。”

所以，尽量避免沾染罪孽，即便沾染，也不要不以为然，放任自流，而要根据有关佛旨努力改正堕罪与邪恶。

《梵天所问经》说：

“无论如何依戒学，
一心一意要经略，
因故不能抛弃之，
危在旦夕也决绝[4]。

矢志不渝保本色，
千方百计持戒策。”

《正戒经》（ཚུལ་ཁྲིམས་ཡང་དག་པར་ལྡན་པའི་མདོ། tshul khraims yng dg pr ldan pai mdo）说：

[1] 几违道，几番违背佛道。
[2] 为了保护橘子树，其周围用竹子围起来。
[3] 埃拉龙（ཨེ་ལའི་འདབ་ཀླུ ae lai a´db klau），从前，在迦叶佛时代，一正宗比丘将门旁一树上的枝丫折断，后转生一龙，名叫“埃拉树叶龙”，头上长树，树根被虫吃，吹风时头剧烈疼痛，说这是毁戒的罪孽。
[4] 也决绝，态度依然坚定。

“诸位比丘，生命终结算不了什么，但戒律废弛则非同小可。何以故？生命终结，说明了一生生命消失，但戒律废弛，则导致千秋万代断嗣离乐，遭受大罪的折磨。”这是佛祖结合因缘而说的，所以应该拼命维护。

应该这样认为，如果做不到的话，我削发为僧，身穿黄袈裟就没有意义了。

《三摩地王经》说：

“自从皈依佛教后，
倒行逆驶罪孽露，
误认财富具大义，
声色犬马全力谋。

丧失戒律无斗志，
为何削发当僧尼？”

愿意逃出虚幻轮回，以迈向解脱之城，却丧失戒律的双腿，不仅不能到达（目的地），反而坠入轮回，遭受苦难的折磨。这是有先例的。

《三摩地王经》说：

“一群劫匪欲侵财，
家人惜命拔腿开[1]，
双脚无力行不远，
复被贼捉大罪来。

丧失戒律愚痴人，
虽想远离因缘笼，
但因坏戒罪难逃，
生老病死煎熬甚。”

又说：

“身穿一般俗人服，
口口声声戒学述，
一旦面对比丘众，

[1] 拔腿开，拔腿开跑。

滥竽充数意义无。”

不折不扣地守护专为居士宣说的五戒学处，对于比丘来说则不全适应。努力学习戒学，显得意义深远。

《三摩地王经》说：

“光阴荏苒恒河沙，
诚意敬奉佳饭茶，
高擎华盖献供灯，
虔心经忏诸佛家。

他日圣法毁灭时，
善逝教旨消亡日，
不分昼夜图戒学，
积聚福分无匹敌。”

第五节 忏悔堕罪

有了堕罪可以忏悔，抱着这种想法，就放弃了今后不再犯的戒心，这就等于强调说“以后改正”而无异于饮鸩止渴。

《弥勒狮子吼经》（བྱམས་པ་སེང་གེ་སྒྲའི་མདོ། byams pa seng ge sgrai mdo）说：“弥勒，从今往后的最后五百年内，部分居家菩萨和出家菩萨会这样说，罪恶经过忏悔之后，一切将销声匿迹；无论未来作恶，还是现在作恶，都要统统忏悔。（反之）将会更加助长堕罪，将会导致今后不再重视持戒。我可以说，这种做法是死路一条。

“何谓死路一条？是这样的——就像服毒自杀的人一样，死到临头，开始犯下反动的堕罪。

“弥勒，之所以把圣法戒律称之为毒，原因是这样的——违背一种已经制定的学处，就等于服毒，你们是不会这样做的。”

就这样进行守持。若具有别解脱戒，对于密宗也是一样的。

《贤臂菩萨所问经》说：

“佛我所说解脱经，

清净戒律均详尽，
凡夫咒师废仪轨，
其余都要靠践行。”

这是说，除了居家咒师不需要遵守出家人的相关戒规和仪轨，其余都要按照律部所规定的实行，故对出家咒师来说是无须多言的。

修炼密宗的根本在于戒律。

《贤臂菩萨所问经》说：

“密宗根本是戒律，
精进忍辱长期履，
敬信佛尊菩提心，
密法远离懒作为。

国王拥有七政宝，
施政利民烦恼少，
咒师如有此神器，
消除罪恶时不遥。”

《大方广菩萨藏文殊师利根本仪轨经》(འཇམ་དཔལ་རྩ་རྒྱུད། a´jm dpl rtsa rgyaud)说：

“念诵当中戒律失，
高级法师不存世，
中级法师也不在，
低级法师更稀奇。

世尊曾经有说过，
失戒禁止密法务，
一旦命终赴中阴，
很难找到正经路。

不谙道理愚痴人，
谈何容易讲密宗，
大凡违犯佛戒规，

走向善趣成泡影。

既然不达上界天，
也难接近极乐园，
世尊所说诸密宗，
不难修成何须阐。”

康龙巴也说：“当发生灾荒时，一切都寄希望于青稞（来赈灾）。同样，所有（事情）都自然而然地集中在戒律上面，应予努力！要想做到清规戒律，不思业果谈何容易。所以，念修（戒律）是为秘诀。”

夏热巴也说：“无论是福还是祸，都与佛法有关。如佛法中居于首位的戒律所规定的那样，一开始正确的话，以后不再出现反复。心地纯净，兹可甄鉴，心旷神怡，前途光明。”

敦巴上师也说：“有人利用戒律谤毁或抛弃密宗，有人利用密宗谤毁或抛弃戒律。戒律为密宗之友，密宗为戒律之友，这就是我的上师传承。”

觉卧[1]也说：“我们印度人一旦遇到重要大事或紧急情况，三藏法师们便凑在一起，研究三藏是否允许（这样做），或者是否违犯了三藏，而后决定行动的。我们支迦摩拉西拉人，在此基础上，小心平时的言行是否符合菩提行的规定，生怕违背了这个规定。愿望的底线是持律而为。”

就保持清规戒律一事，尼苏巴说：“现在，与内心的烦恼作斗争才是惟一重要的，不与烦恼作斗争的话，戒律不会清净。到时候，不能掌握控制烦恼或根治烦恼的禅虑与慧学，就会导致所说的永远游走于轮回。如前所述，要认清烦恼（的本质），回想这些烦恼带来的罪恶，回想离开这些烦恼的好处，常备不懈，哪个烦恼冒出来，就迎头痛击。无论是哪方面的烦恼，只要一出现在自己身上，就把它当作敌人来战斗。反之，一开始听之任之，放任自流，它就会没有对手，而我行我素。”

如果这样不能阻止烦恼，而迁延时日，就会导致不在石上刻绘，而在水上作画的局面[2]。

《劝戒亲友书》说：

“心境恰如水土石，
其上作画端详知，

[1] 觉卧，指的是觉卧·阿底峡尊者？
[2] 石上作画永远保留，水上作画即刻消失。

放任烦恼似水画，
真心崇法如石绘。”

在佛法领域内，则正好相反。

《入菩萨行论》也说：

“我对烦恼有偏爱，
视为敌人战场摆，
如此等类诸烦恼，
毫不留情即淘汰。

即便用火烧死我，
抑或砍去人头颅，
面对顽固烦恼敌，
点头哈腰不能做。”

蒲琼巴大师也说：“倘若我受到烦恼的压榨，起码也在下面咬牙坚持。”这话被博朵瓦听到后，说：“如果能做到这样的话，那烦恼即刻就会被消除。”

虽然一次消灭顽敌后，但他会逃到别处去，蓄积力量，卷土重来。二烦恼[1]则不同，如果从灵魂深处一次性得到清除，它不会转移别处，也不会重新再来。但是，由于我们消灭烦恼不够努力而致反复出现。

《入菩萨行论》说：

“虽然顽敌被驱逐，
逃至他乡又啸聚，
羽翼丰满复反攻，
烦恼敌情则不如。

凭借慧眼识烦恼，
清除心业欲何逃，
漂泊天涯也伤人，
只怪弱智我无聊。”

[1] 二烦恼，分别烦恼和俱生烦恼。这里的“分别”是造作的意思，即自寻烦恼。“俱生”是与生俱来的意思，即与生俱来的烦恼。

纽仁巴（བསྙུག་རུམ་པ། bsnyaug rum pa）说："一旦烦恼突然出现，不应慵懒无为，而应立即想办法改正。如改正不力，死灰复燃，就向上师和本尊敬献曼荼罗和供物，并进行祈祷。以此为缘，嗪诵忿怒神咒语，便会自然消失。"

朗日唐巴说："转移住处（注意力），拧拧脖子，烦恼便会销声匿迹。"看来他与烦恼作了斗争。

阿兰若师说："除了日夜盯梢自己的心外，别无他事。"所言似乎在理。

（当有人问起）大觉卧[1]时，也有这样的说法："一天遇面数次（烦恼），期间有好心情吗？"

如何摒弃这些烦恼，与很难脱离大罪密切相关。其他一切烦恼的始作俑者是愚痴，其解决的方法是多修因缘，认清轮回的出入口。如果掌握了这个，就不会产生五见[2]等所有邪见。

今生后世带来痛苦和消灭业已积蓄的善根之敌是嗔恨。《入菩萨行论》说："嗔恨远胜其他敌。"

所以，任何时候都不能给（烦恼）以机会，而要坚忍不拔。如果没有了烦恼，那此生该多安宁啊！

《入菩萨行论》说：

"不遗余力弃嗔恨，
今生后世得太平。"

从前积蓄善或不善之业，将成为成就轮回的有利因素，且积重难返，这就是贪婪。拿色界来说，通过享受七情六欲，而达到身心愉悦。这就需要通过多次修炼内外丑陋，多次修炼贪爱妙欲之罪孽而加以阻止。

世亲大师说：

"鹿象飞蛾鱼蜜蜂，
五种动物五敌崩[3]，
一味嗜好为哪般，
深陷其中身命焚。"

[1] 大觉卧，阿底峡尊者？
[2] 五见，智慧被污染而引起五见，即身见、邪见、边执见、见取见和戒禁取见。
[3] 五种动物有五种不同的死法。例如，鹿因贪恋琵琶等悦耳之声而死于猎人之手；公象因闻到母象发情的味道而死于争斗；飞蛾因戏弄灯火而被灯火烧死；鱼因贪恋诱饵而被人捉去；蜜蜂贪恋刀刃上的蜂蜜而自毙。

另外，喜欢容易出现而又无法抛弃的功名利禄。要努力找出对付功名利禄的办法，这就需要修炼轮回罪孽，特别是忆念死亡的方法奏效的话，则得以阻止。

我慢是一生得到正道的最大障碍，也是后世沦为奴役等的因素，故应予抛弃。怎样抛弃呢？

《劝戒亲友书》说：

“生老病死伴一生，
自作自受不停顿，
周而复始念业果，
方法对路不骄横。”

如果正确理解真谛、三宝和业果，不会掉入疑惑之网。另外，嗜睡、昏聩、暴戾、懒惰、放逸、无耻、无愧、健忘和无知是为随烦恼，它们容易妨碍人们心向善道。所以，要认识罪孽，正确应对，随时增强能力，以成习惯。

怎样消除罪孽呢？《劝戒亲友书》说：

“野蛮害心昏聩悔，
嗜睡贪婪疑惑危，
汇总成为五障盖，
掠夺善财一贼匪。”

《劝发增上意乐会》也说：

“沉迷嗜睡大昏聩，
气血不畅胆病催，
头疼脑热病加身，
阴阳失调精神累。

沉迷嗜睡大昏聩，
食物不对逆反胃，
身体沉重面色暗，
语无伦次不成规。

沉迷嗜睡大昏聩，
愚昧无知信仰废，
痴人全无诸功德，
迷失正道投暗黑。”

这道出了许多罪孽。《正法念处经》说：

“烦恼具有诸多因，
其中一项为懒慵，
谁人一旦沾懒惰，
一切功德消失尽。”

《集法句》说：

“人若一旦务放荡，
幼稚可笑自己伤，
犹如商人喜财富，
智者始终情操尚。”

《本生论》说：

“为了帝释弃羞耻[1]，
与其违法言行失，
不如持钵穿衲衣，
敌府化缘也有益。”

《劝戒亲友书》说：

“大王专注正法处，
指明善逝惟一路，
一心一意守护之，

[1] 这是一则有关佛祖的故事。从前，佛祖身为一个菩萨之时，转生为一个婆罗门，在学习吠陀期间，吠陀师为了了解学生们的思想状况，说：“我囊中羞涩，你们应从别处偷些东西交给我。”其他学生答应这样做。但这位菩萨却说：“不用说为了一点蝇头小利，就是为了得到帝释的财产而无耻偷窃（也不应该），与其做这样不仁不义的罪恶勾当，不如带上陶制钵盂去到处化缘。”

失却忆念万法诛。”

《入菩萨行论》说：

“广闻博学具信仰，
精进不怠讲修忙，
一旦染上无知病，
堕罪污浊定祸殃。”

尽管这样，仍然不能阻止烦恼和随烦恼，但不能为烦恼当帮凶，不能走烦恼之路，要把它视为敌人。现在不能没有这样的做法。应掌握对付它的方法，应努力破除烦恼，进一步净化自己业已承诺的戒律。

大觉卧的学生阿兰若师对尼苏巴说：“益喜巴尔[1]，在明后天，您的诸位老师将奉行哪个关键秘诀？答：‘可能要奉行神通或瞻仰本尊天颜（的秘诀），进一步熟稔业果，来守护自己如何承诺的戒律。’阿兰若师说：‘那么，所修的成就应使无明等烦恼越来越式微。’”应该这样理解。

今生后世，在只有导致罪恶与苦难的战乱等期间，拼命忍受所有痛苦，面对伤疤等时，则戏称“这也是当时出现的”而感到荣耀，在积极消除烦恼之时，忍受苦行非常必要。

《入菩萨行论》说：

“敌人无端制造伤，
如同护饰把病养，
欲成大事必勤劳，
苦难对我不咋样。”

战胜烦恼之敌，才真正称得上英雄。面对其他敌人，即使没有搏杀，但也自然灭亡。如果与之交战，等于挑战僵尸。

《入菩萨行论》说：

“克服烦恼诸苦难，
消灭嗔恨等敌奸，
取得胜利称英雄，

[1] 益喜巴尔，即为尼苏巴？

其余恰似尸体战。

如果深陷烦恼中，
无论如何须挺胸，
如狐等类怕狮子，
烦恼敌群不侵身。”

与正义相悖的诸邪道奈何不了正道，可谓邪不压正。

中士之道及共同道次论述完毕。

第九章 培养菩提心

第一节 轮回的罪孽

以笃诚之心敬礼（头面礼足）那些具备大慈大悲的圣者们！

这样，通过各种方式长期修炼轮回的罪孽，把浮华的尘世视为火坑，要有消除和解脱烦恼、痛苦之愿望，经常保持忧患意识。假如学习三学道，将会找到解脱轮回的途径。这虽然像上界福瑞那样不会倒行逆施，但克服缺点和掌握优点是单方面的事。自己的事情尚未完成，其他人的事情也就不伦不类了。最后，需要佛陀来指引步入大乘之道，那些有识之士一开始就要步入大乘之道。

《摄波罗蜜多论》说：

“沉迷世事意义轻，
完全彻底抛二乘[1]，
世尊悲心宣佛旨，
一心利他入法性。”

又说：

“福祸与否梦幻同，
愚昧蒙蔽诸众生，
利人伟业轻易抛，
私心杂念有何用？”

[1] 二乘，大乘和小乘。

如此，要有自己已经掉入洋洋红尘中的紧迫感，当发现众生辨别取舍的慧眼失明，无法到达平安无虞的目的地而步履蹒跚之时，佛子们（菩萨们）不应对此丧失爱心，不可对他人之事漠不关心。

《摄波罗蜜多论》说：

“慧眼失明步踉跄，
佛子历来帮人忙，
不发慈悲志士无，
助其脱愚乐顽强。”

在这里，有识之士的荣耀、平安和本事，应建立在为他人担责谋利的基础上，仅仅为自己着想，这是畜生也能做到的，再平常不过了。

因此，大士们的风范应该始终致力于他人的利乐。

《致弟子书》说：

“为食地上几撮草，
牲畜也能自己找，
人若干渴难捺时，
发现浊水不计较。

只要成为大人物，
专心为民做事务，
这是大士荣耀乐，
技高一筹也特殊。

伟大太阳挂高空，
光芒万丈照乾坤，
大地不畏担重任，
整个世界揽怀中。

大士毫无自私心，
襟怀坦荡天地同，
为了众生享利乐，
一心一意忙勤奋。”

当发现众生陷入痛苦不堪的境地时，就应该为此事操劳奔走，这就叫作大士，也叫作智者。

《致弟子书》又说：

“无明烟瘴弥世间，
导致众生身心残，
坠入痛苦火坑中，
身不由己眼神乱。

火烧眉毛情势危，
雷厉风行救难急，
这才唤作大人物，
这才叫作大智慧。”

所以，大乘应该是你我他一切美满的源泉，是拯救一切衰败的良药，是仁人志士所走的光明大道，是用见、闻、觉、知成为众生的精神食粮，是为人谋事而自己心想事成的巨大法宝。投身如此具有光明前途的大乘事业，就应该想到，啊，自己找到了很好的归宿，我要倾尽全力，为高尚的大乘而奋斗！

《摄波罗蜜多论》说：

“正慧讲修大乘法，
大智通人由此发，
成为世人好榜样，
犹如日光照天下。”

通过各种途径，去发现大乘的优点，调动兴趣，充满信心，为之付出努力。

第二节 修习大士道次

修习大士道次（路）有三个方面的问题：一是大乘入门就要纯粹发愿；二是如何发愿；三是发愿后学习菩萨行。

首先，如果想要接触大乘，那么其门径在何处呢？佛指出，那就是波罗蜜多大乘和密宗大乘两种，除此无其他大乘可言。无论投入哪个门道，惟一需要的是菩提心。因此什么时候菩提心深入灵魂，虽其他不具备，但也能算作大乘者。

如果离开这个，纵使有证悟空慧等功德，也会滑向声闻等阵营，而丧失大乘者身份。这不仅在多部大乘大论中有所论述，而且其理论也可印证这个。

那么，首先要加入大乘，最起码要发起这个菩提心。如果以后退出大乘者行列，就是从离开这个菩提心开始的。因此，是否具有这个菩提心，是大乘者的试金石。

《入菩萨行论》说：

“一旦具备菩提心，
轮回监狱囚禁人，
从此称为善逝子。[1]”

又说：

“今天生为佛种姓，
立即唤作佛陀子。”

这是说，一旦发愿菩提心，就会成为佛子。《圣弥勒解脱经》（འཕགས་པ་བྱམས་པའི་རྣམ་པར་ཐར་པ། a´phgs pa byams pai rnm pr thr pa）也说：“善男子，是这样，譬如虽然金刚宝石碎了，但仍然是压倒一切的特殊金饰，也不失金刚宝石的名声，同样可以解除贫困。善男子，同样，即便金刚宝石般的菩提心发愿（全知全能）失去郑重，但仍然超越声闻与独觉的功德金饰，也不失菩萨的名讳，同样完全可以拯救轮回的所有困厄。”

这是说，即便没有学习菩萨行，但有了这个菩提心，就叫作菩萨。

龙树菩萨曾经也说过：

“本人以及世界人，
欲获无上菩萨行，
归根到底菩提心，
犹如山王[2]永不动。”

《金刚手灌顶续》也说：“‘摩诃萨埵（大菩萨），这个陀罗尼大咒的坛城

[1] 原文为三句。
[2] 山王，须弥山。

非常巨大、非常深刻、不可思议、密之极密，对于那些顽固刁民不可宣示。摩诃萨埵，您所言稀奇，既然以前闻所未闻，缘何向这种人解释？’金刚手说：‘文殊菩萨，如果人们从事修炼菩提心，终有一日他们将修成菩萨心。到那时，文殊菩萨，那些菩提行者——践行密宗门的菩萨们，将被送入灌顶大慧的陀罗尼咒的坛城之中，但凡未臻菩提心者，就不让其进入坛城，也不让其观看坛城，更不向他们宣示手印法和密宗。’”

所以，教法不仅仅是大乘教法，还要真正成为大乘行列中的一员，显得尤为重要。

要做一名大乘的践行者，一切取决于菩提心。如果把这个菩提心肤浅地加以认识，那大乘者也是半斤八两；如果这个菩提心是十全十美的，那大乘者也将名副其实，应向这个方向奋发而为。

《华严经》说：“善男子，菩提心就像一切佛法的种子一样。”应理解其含义，并阐发其义。如果水、肥、温度、土壤等因素具备，与稻谷种子合在一起，就会长出秧苗，为秧苗的生长创造条件。如果小麦和豌豆等作物遇到其他条件，也会为各自秧苗的生长创造条件，这些是共同因素。青稞种子无论遇到何种因素，也不会长出稻谷等秧苗，所以青稞苗的因素是非同一般的，其决定了水、肥等成为青稞苗的因素。同样，至高无上的菩提心，在佛苗的因素当中，如种子一样是非同寻常的因素。证悟空性的智慧，如同水、肥等一样，是三菩提[1]的共同因素。

因此，《宝性论》说：“崇信殊胜大乘的种子——智慧，是阐发佛法之母……”

这是说菩提心就像父亲的种子，证悟无我的智慧就像母亲。例如，父亲是藏族，不会生出汉族、蒙古族等，故父亲是决定子女的惟一因素。母亲是藏族，可以生出各种民族的孩子，所以她是一般因素。

龙树菩萨也说：

“佛陀独觉声闻乘，
境界不同三种人，
大家均走解脱路，
除此而外无不同。”

通过歌颂智慧，说明了独觉和声闻都从属于此。

之所以把智慧说成母亲，是因为她是大小二乘儿子的母亲。用证悟空性的智慧是无法区分大小二乘的，而是用伟大的菩提心和伟大的菩提行来加以区

[1] 三菩提，声闻乘菩提、独觉乘菩提和大乘菩提。

分的。

《宝鬘论》说：

“境界一般声闻乘，
不言菩提发愿心，
更加远离伟大行，
摩诃萨埵[1]何以成。”

这说明了用观点不能区分菩萨，而是用行动来加以区分菩萨。

这样，证悟空性的智慧，也不能算作非凡的大乘之道，那其他门道也就别提了。因此，不把菩提心视作教诫的生命中枢，不求甚解，座初[2]想起只言片语，只抓住道之细枝末节而盲目奋斗，说明对佛法非常生疏。

就像生孩子需要父母双全一样，一条完整的菩提之道需要完备的方便[3]与智慧，特别需要方便之首菩提心和智慧之首证悟空性。如果只注重修炼一个方面，而从事解脱轮回，并没有把寂止当作胜观，需将无我作为空性之义来修炼。但是，如果承认自己个是大乘者，就要学习菩提心。

弥勒菩萨说：

“因知不住轮回世，
因悲不住寂止位。”

这是说，智慧可以阻止坠入轮回的深渊，慈悲可以杜绝滑向寂止的边缘，因为智慧不能阻止坠入寂止，小乘也能做到不坠入尘世，菩提心道之主要障碍是滑向寂止边缘。

因此，对于那些恰如其分地诠释佛祖思想的佛子们来说，应该这样想道，一旦这个珍贵的菩提心深入自己的灵魂，也就找到了如此优越的道路，而引以为傲，而对于那些幼稚者津津乐道的一星半点知识则不以为然。

《入菩萨行论》说：

“舍己为人不私徇，
一心一意利大众，

[1] 摩诃萨埵，伟大菩萨。
[2] 座初，闭关修行之初。
[3] 方便，也就是方法。

卓尔不群菩提心，
前无善美意中生。”

“如此等善何所有，
如此导师何所有，
如此福分何所有。”

“谁人拥有菩提心，
谨向阁下顶礼敬。”

“搅动圣法新鲜乳，
酥油精华始产出。”

这是说发掘佛典精髓的特殊教诫。

所以，阿底峡尊者推行中观之见，而金洲大师[1]则坚持唯识实相[2]观点。尽管这样，他的菩提心仍然受之于阿底峡尊者。于是，在诸多上师中，他把阿底峡视为最大的恩师。对于这个传记，令博览佛典的智者看起来，菩提道之精神具有深义。通过努力，掌握真诚无欺的菩提心，哪怕投给乌鸦一点碎食，也会被称赞为“菩萨行”者之列。如果没有这个菩提心，纵使授予三千世界的金银财宝，也不会被视为菩萨行者。

在这种情况下，即便修炼戒律、智慧、本尊神、风脉明点等，也不会被视为菩萨行者[3]。如同世上割草之前先磨镰刀一样[4]，如果这个尊贵的菩提心不能实至名归，那么不管从事善行多长时间，就等于老镰刀割草毫无进展。如果这个菩提心实至名归，就如同镰刀一时不能割草，而经过磨刀石磨快，一会儿工夫便割下许多草一样，时时刻刻消除罪障，顺利集蓄资粮，小善变为大善，中道败落者得以复兴光耀。

《入菩萨行论》说：

“罪恶势强太凶狂，

[1] 金洲大师，为阿底峡尊者的老师，虽然坚持唯识观点，但依靠阿底峡得到菩提心，遂尊为恩师之首。一旦听说阿底峡的名字，他就立即起身致意。其他上师无忌日供，而金洲大师却有，当人们问及此事，他说他之所以有些许好心（好的菩提心），是因为承蒙阿底峡的恩典而得到的。

[2] 唯识实相，是追求无著大师的一个派别，以理论否认客观存在，承认心识第一、真实存在。由此看出，它是唯心的。

[3] 因为外道也会这些，故与外道相差无几。

[4] 喻磨刀不误砍柴工。

圆满菩提心无章，
摧残其他一切善，
……[1]”

“大恶犹如末劫火，
世界顷刻遭大祸。”

“哪怕治好头痛恙，
救世医生这般想，
助人情操也高尚，
积攒福分无限量。

每个苍生有不幸，
一个不留拯救竟，
修养蓄积无量德，
立下誓愿言不尽。”

“他善恰如芭蕉树，
建立成果终归无，
菩提心树万年盛，
果实累累永不枯。”

第三节　如何发愿菩提心

如何发愿菩提心有四个方面的问题：一是依何因素如何发愿；二是修习菩提心次序；三是发愿程度；四是仪轨行事。

依何因素如何发愿。从四个因素[2]中发愿菩提，自己要发现或深信佛或者菩提心之力量是不可思议的，应该这样想到，通过闻其大法，向往和加入其中的菩萨行列多么威严啊！并为之发愿。虽然没有这样的见识，但闻习出自无上菩提藏论，敬信佛陀之智慧，而予以发愿。即便没有听闻佛法，但当看见菩提圣法濒于消亡之时，应该这样想到，只要神圣佛法驻世，就可以消除无数众生

[1] 原文少一句。
[2] 四个因素，亦即四缘，因缘、等无间缘、所缘缘和增上缘。

的痛苦，为了菩提圣法永远发展，我必须满怀希望，而予以发愿。虽然尚未发现佛法消亡，但在这个世风日下、愚昧、无耻、无愧、忌妒、吝啬等炽盛的时代，连声闻和独觉的菩提心发愿也变得非常困难，更不用说无上菩提心的发愿了。应该这想到，我若一时发愿，其他人也会这样效仿，知道发愿如此艰难，而予以发愿。共有四个发愿。

修习菩提心次序。经云："发愿摩诃萨埵（伟大菩萨）"，是指愿意证得菩提心。

依据何种因素发愿。首先，看见或听到（菩提心的）幻化之力而感到神奇；其次，从讲法者口中聆听佛法，初次产生敬信，从而对佛法寄予厚望；再次，不忍大乘教法废弛，从心底里愿意证得佛慧。

这里，佛教不灭，就可知道拯救众生的痛苦有望。为了解除（人们的）痛苦，有（必要）树立远大目标。但是，发愿菩提心的主要原因是不让佛法消亡，否则，就是重复下文中依靠慈悲得到菩提心的说法；第四，发现具有深远意义的这个菩提心非常稀缺，受其鼓励，树立证得佛陀之愿望。

这个发愿，是从愿意得到菩提心的角度而说的，不是从特定的某个角度而说的。如果不从培养敬仰佛陀功德的角度去证得佛陀，那么为了成就自己的私事，光用寂止就可完事的观点难以阻止。从修习慈悲与怜悯的角度出发，考虑到为他人谋利益，树立证悟佛果的愿望，可以阻止利用单一寂止就可完成他人事业的想法。因前者不能阻止，所以也就没有杜绝它的其他步骤。

阻止利用单一寂止就可完成己事的想法不是没有必要，只求解脱轮回的小乘，其修断与证悟（功德）只是片面性的，没有丰富宏大的事业，他们即使从衰败的世俗中得以解脱，但从衰微的寂止中难以解脱。丰富宏大的事业被视为佛陀之法身。

因此，有了对佛陀功德的信仰，便会发现不用说他人的事业，就连完成自己的事业方面，也不可缺少对佛陀的追求，将会成为不倒向小乘的主要因素。

上述提到的前两项菩提发愿方法，是慈悲与怜悯所不能代表的，在佛典和其他经论中，看到佛陀的色身功德与法身功德，便会马上产生为了证得佛陀而发愿菩提心。类似说法很多。发誓把一切苍生引向佛陀的境界，也被视为菩提心发愿之列。

名副其实的菩提心发愿，不是说为了完成别人的事业就希望证悟佛陀果位，这是不行的。应该知道，完成自己的事业也不能没有佛陀（的指导），因此同样希望证悟佛陀果位。这不是说把别人的事弃之一旁、漠不关心，而是为了别人才这样做事的。

《现观庄严论》说：

“发愿菩提为他人，
圆满菩萨需求证。”

这同时指出了发愿菩提与为人谋利（相结合）。

从四个因素中发愿菩提心：1. 出身高贵；2. 师出名门；3. 怜悯众生；4. 不厌其烦地对待轮回的艰辛。

依靠四力发愿菩提心：1. 依靠自身力量，希求圆满菩提心，为自身力量；2. 依靠他人力量，希求圆满菩提心，为他人力量；3. 因前世熟悉大乘，今生一听到佛陀与菩提心的美誉而产生菩提心，为因之力量；4. 因长期拜依圣者，从其听取佛法并审思其义等善行，为行之力量。靠这四力发愿菩提心。

依靠以上八项因素或资粮，以自身和因缘之力发愿菩提心，就能保证稳固（菩提心）。抛开这些全部因素，以他人之力和行之力发愿菩提，就不能保证稳固。这在《菩萨地》一书中说得明白。

在整个佛教，尤其是大乘教法濒临失传，社会风气一天比一天恶化的今天，应该认识到，充分理解菩提心的内涵，从灵魂深处发愿菩提心，这是非常稀罕的事。拜圣人为师，为听取和思考大乘藏论等事业而付诸行动。不要受人驱使，不要随声附和，不要因循守旧，自己主动诚实发愿菩提心，打下牢固的基础。所有菩萨行就建立在这个基础上。

修习菩提心次序有两个问题：一是根据传自阿底峡尊者的《因果七诀》（མན་ངག་རྒྱུ་འབྲས་བདུན། mn ng rgyau a´bras bdun）而修习；二是根据寂天大师的理论[1]进行修习。这个《因果七诀》说的是：1. 圆满佛陀来自菩提心；2. 菩提心来自增上意乐；3. 增上意乐来自悲心；4. 悲心来自慈心；5. 慈心来自感恩；6. 感恩来自知恩；7. 知恩来自知母。

有两个问题需要知道：一是理解次序；二是正式修习要有次序。这指出了大乘道之根基是慈悲，其他因果则成为其因和果。有三个小问题：首先，它的重要性。大悲牵动心灵，为了把一切众生救出轮回，必须立下誓愿。如果慈悲力小，就不可能如愿以偿。所以，担负拯救无数众生的责任，就全靠这个。如果难以胜任这个职责，就不算为大乘者，故慈悲首先是很重要的。

《无尽意菩萨经》（བློ་གྲོས་མི་ཟད་པས་བསྟན་པ། blao graos mi zd ps bstan pa）说：“尊者夏拉多迪子（ཤཱ་ར་དྭ་ཏིའི་བུ། sha ra dng tiai bu），菩萨们的大悲是无穷无尽的。何以故？因为它总是前行的。尊者夏拉多迪子，是这样，譬如人的呼吸表明人的生命正在安全运行。同样，菩萨的大悲是正确成就大乘的先决条件。”

---

[1] 这个理论是从你我互换的角度进行思想修养的。

《伽耶山顶经》（ག་ཡ་གོ་རི། ga ya goo ri ）说："'文殊，菩萨们的行动准则如何？对象如何？' 文殊答：'仙子，菩萨们的行动准则是大悲，其对象是众生。'"

如此立下誓愿，却不学习二大资粮[1]的话，就不能完成所愿。知道这个情况后，朝着苦行的巨大资粮（之路）前进，是入菩萨行的基础。

这期间重要性在于，一次得到这样的菩提心并付诸行动，但当发现（需要拯救的）众生无计其数，他们劣迹斑斑，很难学习戒学，（拯救他们）遥遥无期，便会胆怯消沉，沦落到小乘中去。树立大悲切忌浅尝辄止，而要多次探索熟悉，才能不顾自己的祸福，不厌倦他人之事，一切资粮就会顺利圆满完成。

《修行道次·上篇》（སྒོམ་རིམ་དང་པོ། sgaom rim dng po）说："如此受到大悲的驱动，菩萨们不顾自己，为他人的切身利益而奋斗，所以积蓄资粮非常困难，要有长期艰苦的打算。如《圣信力入印法门经》（འཕགས་པ་དད་པའི་སྟོབས་བསྐྱེད་པ། a´phgs pa dd pai staobs bskyaed pa）中所说，大悲为了全面拯救一切众生，不介意投生任何受苦受难的人，他会放弃投生任何享福的人。一旦他投入苦行的事业，不久资粮得以圆满。无疑得到全知全能的果位。所以，一切佛法的根本是惟一的慈悲。"

最后重要性在于，当佛们证得果位之时，不会像小乘一样处在寂止中不动，而是在天宇毁灭之前，一直服务众生，这也是大悲威力使然。如果没有这个（大悲），就会变成声闻。

《修行道次·中篇》（སྒོམ་རིམ་བར་པ། sgaom rim br ba）说："如果全面拥有大悲，证明佛们完成了自己一切波澜壮阔的事业，但一直守望到众生事业究竟为止。"又说："佛们不住寂灭的原因就是这个大悲。"

如果以庄稼为例，它需要种子和水分，最后成熟，这才是最重要的。月称大师说，对于佛的庄稼，始终需要的是慈悲，这才是问题的关键：

"慈佛庄稼长势好，
种子灌溉少不了，
祈盼成熟常享受，
我先赞颂慈悲妙。"

了解这事的重要性后，（看一看）《正法摄受经》是怎么说的："世尊，菩萨不需要学习许多种类的法。世尊，菩萨只要牢牢掌握一种法，并进行全力证悟，一切佛法就胸有成竹了。何为一种法？那就是大慈大悲。世尊，大悲使菩萨们对一切佛法驾轻就熟。世尊，例如转轮王的那个轮王宝无论到哪里，哪里就聚集所有军队。世尊，如菩萨们的大悲出现在哪里，哪里就有一切佛法。世尊，

[1] 二大资粮，福德资粮、智慧资粮。

例如人只要命根在，其他器官也在。世尊，只要大悲在，菩萨们的一切法也会行世。”

如果对于道之关键、无数教证，以及理论印证有了深刻理解，那么为什么不把菩提心之根本——慈悲及其法门视为最高教诫？项·纳琼敦巴（ཞང་སྣ་ཆུང་སྟོན་པ། zhng sn chung staon pa）曾向阿底峡尊者请教教证时，阿底峡尊者除了告诉他抛弃尘世，用菩提心修炼，别无其他说法。项·纳琼敦巴有点羞愧，说这就是尊者的教诫所在，表明他已精通佛法要旨。

仅仅达到理解也非常困难，必须反复学习积累，学习《华严经》等佛经及其注疏，而找到牢固的信念。

马鸣菩萨说：

“阁下胸意实珍稀，
圆满菩提一种子，
惟您知为根本藏，
其他有情殊难比。”

其他因果变为（菩提）因果。从知母到仁慈之间有因缘变化的规律。一般而言，只希望远离痛苦，就要反复考虑人们的痛苦而生菩提心。不过，若要这个思想变得容易、有力和牢固，首先那人必须符合中意、可爱和可怜的条件，如同不忍亲人痛苦，高兴敌人遭殃，对非亲非故的痛苦则漠不关心、置之不理一样。

首先，当觉得对方可爱时，就会产生越可爱越不忍的情感。如果小可爱和中等可爱，则痛苦的程度会小一些。如果非常可爱，对其小小的痛苦则产生巨大恻隐之心。

如果看见敌人痛苦，不仅不希望其痛苦消失，而且希望其痛苦更大、更长久，这是因为对方可恶所致。可恶程度的大小，就决定了痛苦时所喜爱的大小程度。

对于非亲非故的痛苦所表现的既无不忍又无动心的态度，是因为对其既非热爱又非反感所致。

这样，把人们修念为亲人，就是为了树立可爱（形象）。最终的人是母亲，知母、知恩和感恩三者，是创造合意、可爱的方法。就像独子一般，把人们视为可爱（儿子）的仁慈，就是上述三者的结果，它可以营造慈悲。希求安乐的仁慈和悲心不一定有因果。

知母等三个目标，是希望安乐的仁慈与拯救痛苦的悲心基础，应为此而奋斗。月称大师、尊者达瓦（བཙུན་པ་ཟླ་བ། btsun pa zla ba）和莲花戒大师均强调，发愿菩提心的因缘是修念人们为亲人。

把热心和菩提心变为果实。通过逐步修心而动恻隐之心，为了人们的事业，希望得到佛果，这就可以了。但如果认为这里加上热心有何作用，（这个就是）使人们得到安乐、远离痛苦的无边仁慈和无边悲心，连声闻和独觉都有。不过，把创造所有人们的安乐并解除其痛苦作为光荣任务的，除了大乘再无第二人，这就需要发挥勇敢的魄力、足够的热心。

所以，仅仅想使人们得到安乐和远离痛苦是不够的，（主要是）从自己心底里对此事担负起责任，而有别于其他人。

《慧海问经》说："慧海，譬如一个掌柜或家主希望生个儿子，而每当看见可爱、可怜和合意的独子，他没有不同之处。孩子稍长，调皮玩耍，不慎掉入污秽的坑中。于是，被孩子的母亲和亲戚们发现了，只是号啕大哭，捶胸顿足，悲痛欲绝，而都不亲自跳入坑中去救孩子。当父亲发现后，径直跑向出事地点，并把孩子从肮脏中迅速救出的想法占据了一切，毫不犹豫地跳入坑中把孩子救出。"

这里的脏坑象征三界，爱子象征人们，母亲与亲戚象征人们堕入轮回后，只是悲痛哭号而无力去救援，这是指声闻和独觉。拿掌柜和家主比喻菩萨，爱子掉入脏坑中，其母亲产生悲心。这样的悲心声闻和独觉都有。因此，凭借悲心，应该树立负责拯救众生的热心。

这样，树立拯救众生的思想，利用现有的机会（用一人之力），仅仅去拯救一个人，远远完成不了事业。不仅如此，尽管取得二阿罗汉[1]的地位，也只能拯救少数人得到解脱，不能步入全知全能之道。谁去圆满完成这无数众生现在和将来的所有事情？想到这里，就应该知道只有佛有这个能力。所以，为了众生的事业，发愿证修佛的地位。

第四节　树立大公无私的思想

其次，有序实际修习有三个问题：一是树立为他人谋利的思想；二是树立证修菩提的思想；三是修习成果——认识发愿菩提心。

又有两个问题：1. 创造这个思想产生的基础；2. 真正树立这个思想。又分两个小问题：1. 公平对待有情众生；2. 把众生视为中意的对象。

如以上小士和中士章节中所论述的那样，前行等次序这里复又重提且加以重视。首先，不能爱一部分人，而恨一部分人，如不公平公正，无论有了仁慈，

[1] 二阿罗汉，声闻和独觉？

还是有了悲心，都会有失偏颇。光抱着无私的态度是不能产生（这个思想的），而要修炼行舍。舍包括舍行、舍爱、舍无量，这里指后者。经云，1. 没有烦恼才能做到对人们是爱还是恨等；2. 自己对人们无所谓爱，也无所谓恨，心只是公正无私。有这两种说法，这里指后者。

修习后者的次序容易掌握。首先要把一个既无利又无害的中庸作为目标，而舍弃贪爱，消除仇恨，做到心不偏颇。若做到一视同仁，对于亲友也会刚正不阿。若心不公正，将以贪嗔分出私心，或因贪的大小而致不公平。

处于公心后，对敌人也保持公道心。对其不公正，是因为始终对其另眼看待而心存仇恨。如果对其做到公平,那对所有生灵也会做到公正无私。那么，怎样修炼才能抛弃贪嗔呢？有两条。

一是从众生方面来说，大家都希望幸福安康，而不希望痛苦厄运，这是相同的。所以，应该想到，对部分人亲近并带来利益，对部分人远离并带来痛苦或不给予帮助，这是不应该的。

二是从自身方面来说，从无始[1]以来，在轮回中没有一个人不曾上百遍成为自己的亲人，所以应该想到，对谁可以爱，又对谁可以恨？这是《修行道次中篇》的说法。

就喜爱亲人一事，在《月上童女请问经》（བུ་མོ་ཟླ་བ་མཆོག་གིས་ཞུས་པ། bu mo zla ba mchog gis zhus pa）中说：

“我已杀过无数人，
人们也曾砍杀朕，
互为敌人相残杀，
尔等怎生贪恋心？”

如在以上不定罪章节中所说的那样，应深思敌友角色迅即变化的规律，它可以使贪嗔得以休止。通常以敌人还是亲人为基础进行划分的，敌友之念无需转换，而把敌友作为依据，防止因贪嗔而有偏私之想。

把一切众生视为美好的对象。《修行道次中篇》说：“用慈悲心之水滋润心灵，如同有墒气的土地一样，播下慈悲的种子，顺利迎来全面丰收。用仁慈陶冶心性，修炼悲心。”这里的“仁慈”，是指把人们当成爱子一般美好的对象。

经过修炼行舍，使因贪嗔而不平等的障碍得以消除。像在平坦肥沃的土地上，用令人陶醉的仁慈之心滋润以后，播下优良的悲心种子，就能顺利产生伟大的慈悲。要知道这个说法至关重要，有三条。

[1] 无始，亘古以来。

第一，知母。要知道轮回没有头，自己的身世也是没有头的，所以生死相续。在轮回中从来没有自己不转生，也没有不出生在某地，更没有不遇到母亲等亲友。

《本地分》引述说："'自古以来，我很难发现，您没有不转生、没有不去、没有不死亡的地方。自古以来，我也很难发现，无论哪个人，曾经无不成为您的父亲，或母亲，或兄弟姐妹，或教授，或导师，或上师，或上师之供施处。'"

应该这样想到，从前，（她）不仅成为我的母亲，而且今后还将成为我的母亲，并难计其数。要坚定相信曾经做过自己的母亲，有了这个思想，就会容易做到知恩图报。如果没有这个思想，知恩图报就没有基础了。

第二，知恩。在修炼一切众生为母亲的情况下，按照博朵瓦的观点，首先修念此生的母亲收效迅速，即默念自己的面前有个清晰的母亲形象，不仅现在，而且亘古轮回以来，她曾经无数次做过我的母亲。这样联想数次。

在她做母亲的时候，她为我排除一切危害，创造一切幸福。特别在这一生，她把我怀胎十月，分娩之后，把一个黄毛卷曲的我贴在她温暖的肉体上，用双手把我托起，然后喂奶。把食物嚼碎后喂给我，用舌头舔去我的鼻涕，用手擦去屎尿，想尽办法且无怨无悔地抚育我。

在我饥饿之时，她给我以饮食；在我寒冷之时，她缝衣给我穿；在我贫困之时，她把自己舍不得用的东西给我。而这些东西不是随便得来的，是经过受苦受难、（受人们的）闲言碎语、忍饥挨饿而得来的。当孩子遇到疾病等痛苦时，她常以与其孩子死还不如我死、与其孩子痛苦还不如我痛苦、与其孩子受罪还不如我受罪的心情作出选择，同时想法解决这些问题。

总之，用尽自己的所知所能为人们创造所有利乐，为消除他们的危害和痛苦而矢志不渝。经过这样修炼，知恩图报的思想不会是泛泛之说。对父亲等其他亲友同样要有知母的情怀，对非亲非故者也要有知母的情怀。如果对非亲非故者产生亲切感，那么对敌人也会产生知母的情怀。当对敌人产生近似母亲的想法时，那么把十方人们当成母亲作为先行，并逐渐扩大修炼范围。

第三，图报。就这样（母亲）去世，除了在不认识的情况下，全然不顾恩重如山的母亲忍受怎样的痛苦和孤独，自己却为了解脱轮回不遗余力，这是可笑之极。

《致弟子书》说：

"亲眷落入轮回海，
波涛汹涌心明白，
生死一念全不顾，
自己逃生本质坏。"

应该想到抛弃这样的恩人，连歹人都不敢为，何况跟我能比吗？担当起感恩的责任。

《致弟子书》说：

“襁褓婴儿孱弱中[1]，
慈母喂奶儿吸吮，
历经艰辛渐成长，
忤逆歹毒也不扔[2]。

随机入驻母亲腹，
悲心呵护成人物，
烦恼孤独被抛弃，
此等刁民谁人服。”

《无边功德赞》（ཡོན་ཏན་མཐའ་ཡས་པར་བསྟོད་པ། yon tn mtha ys pr bstaod pa）也说：

“无明蒙蔽眼睛瞎，
精神颓废素质差，
世上父子侍奉我，
恻隐悲悯助益大。

抛弃恩人自解脱，
此乃不算我求索，
为救孤独众有情，
衷心祝愿得成果！”

[1] 襁褓中的婴儿孱弱无助。
[2] 即便儿女忤逆歹毒，母亲也不愿意抛弃。

第五节 知恩图报

那么，怎样知恩图报呢？应该这样认为，母亲得到了轮回中所得到的一切，同时无不被这些浮华所诱惑。我曾经被烦恼的魔鬼所折磨而受到巨大伤害，却准备撒一把盐或碱来试图治疗伤口。像这样的话，是对已经痛苦的人们又制造新的各种痛苦呢？还是用慈悲之心感化他们迈向解脱入寂的康乐之道？应该用这样的想法去感恩图报。

《中观心论》说：

“从前自己患烦恼，
情致迷离受煎熬，
为愈伤口撒盐碱，
更加痛苦难治疗。

投胎换骨转他世，
慈悲侍奉多助益，
知恩图报尽责任，
除了寂灭无意义。”

《大海须弥包袱》（རྒྱ་མཚོ་རི་རབ་དང་བཅས་པའི་ཁུར། rgya mtsho ri rb dng bcs pai khur）说：“不感恩图报就是最大的包袱，感恩图报是智者歌颂的对象。”

《龙王鼓音颂》（ཀླུའི་རྒྱལ་པོ་རྔ་སྒྲའི་ཚིགས་བཅད། klauai rgyal po rng sgrai tshigs bcd）说：

“大海托起须弥山，
周围大地非负担，
但凡忘恩负义者，
才令龙王大心寒。

人们本性不野蛮，
滴水恩情报涌泉，
以怨报德不可取，
智者秉公大夸赞。”

总之，如果自己的母亲意识不清、双目失明，而在没有向导的情况下，一步步踉跄着走向可怕的深渊，这个时候母亲不指望儿子还能指望谁呢？作为儿子来说，不担负起拯救母亲的责任还有谁来担负呢？所以只有儿子才能挽救母亲。

同样，如母有情[1]们被烦恼的魔鬼折磨得心神不宁、不能自已而发狂，奔向圆满福报和永久安乐之道的眼睛失明，没有了导盲的正确导师，每时每刻被罪行牵制而忐忑不安。

每当母亲沦落轮回，特别是（走到）恶趣的悬崖边时，她还是指望儿子，儿子也有救母的责任。这样想过后，要树立必须从轮回拯救的感恩思想。

《集学论》说：

“烦恼折磨神志昏，
朝着深涧悬崖奔，
一步一拐踉跄走，
你我常有痛苦因。

众生痛苦无不同，
……”

就这样认识后，不应找别人的缺点，当看到别人的一些优点，就要大加赞赏。虽有此说，但这里主要还是指遇到痛苦的时候。

树立这个思想具体有三个步骤：第一是修炼悲心，也就是悲心目标，是针对失去安乐的人们。具体情形是，盼望人们得到安乐该多好啊！盼望人们得到安乐！我欲使人们得到安乐！

在《三摩地王经》中对功德是这样说的：

“千千万万刹土中，
各种珍宝在供奉，
持之以恒赞圣人，
不比悲心一部分。”

这是说与其用大量财物经常供奉无计其数的刹土[2]，不如拥有悲心带来的巨大福祉。

[1] 如母有情，在往昔的人世中，任何人都有可能成为自己的母亲，你中有我，我中有你，不分彼此。
[2] 刹土，佛土、佛国、宇宙、星球等。

《大宝积经文殊师利授记会第十五》(འཇམ་དཔལ་གྱི་ཞིང་བཀོད། a´jm dpl gyai zhing bkod）说 :“在东北方隅，有个大自在王佛的世界，幅员辽阔。这里，如同比丘入灭得到极乐一般，人们也享受安乐；这里，经千万年从事梵行，甚至弹指一挥间，给所有人们施以悲心，将比以前创造更加辉煌的福分，那么一昼夜（的功夫）何须说。”

《宝鬘论》说 :

“食物装满三百坛[1]，
一日三次布施宴，
不如分秒发慈悲，
为人谋利福分宽。

天神人类发善心，
二者共同庇护人，
心旷神怡福满多，
刀枪剧毒不能侵。

轻而易举遂心愿，
不久往生梵世间，
即便无法获正果，
悲法八德也圆满。”

这里说如果有了悲心，将会得到天神和人类的慈爱，并且他们会经常围绕在你身边。佛也以慈悲之力消灭魔军，成为你最好的守卫者。

虽然这种思想很难产生，但也要努力树立。《集学论》说:“对于《金光明经》中所说的有关修炼慈悲的偈句，要全面进行思考，甚至摘出句子进行念修。”

这个句子如下 :

“神圣金光大鼓音，
三千世界三世中，
恶趣痛苦地狱苦，
贫困等苦全消尽！”

[1] 三百坛，这里是泛指。

第二是修炼悲心的过程，首先修炼亲眷，其次修炼非亲非故，再次修炼敌人，最后依次修炼一切众生。

修炼的方法是，就像反复思考人们苦难又苦难的情景而产生恻隐之心一样，反复思考众生没有所谓漏（缺点）的安乐和无漏（无缺点）的安乐，以及真正缺乏安乐的情景。如果熟悉了这点，便会自然产生安乐之想，并把各种安乐装在心里，以拔济人们。

修炼慈悲中的慈悲目标，是被三苦恣意折磨的人们。其具体情形是，盼望脱离这些苦！盼望（早日）脱离这些苦！欲使人们脱离这些苦！

修炼的过程是，首先修炼亲眷，其次修炼非亲非故，最后修炼敌人。像亲眷一样，对敌人有一个公正无私的心。之后，依次修炼十方一切人们。

这样，分清行舍、慈善和悲心各自的差别，逐次进行修炼，这是依据《俱舍论》（ཆོས་མངོན་པ། chos mngon pa）的说法，是由莲花戒大师创立的，显得非常重要。如果不加以区别，一开始就瞄准总目标观修，虽然偶有收获，但察其细节，其实对哪个也不求甚解。

如前所述，对各个细节均有心灵感受，逐渐扩大范围，最后瞄准总目标。（这样）无论对于总体还是个体，都会有正确收获。

第三是修炼方法，思考如母有情们堕入轮回，如何忍受一般和非一般的苦难，其苦难状况前已述及。如果先修中士之道而掌握方法的话，那么加强自身修炼，其思想方法容易找到。

从自身出发思考这些痛苦，厌离之想便会产生。从别人的角度考虑问题，便会产生悲心。然而，不首先从自身找问题，那将流于形式。这些毕竟是少而又少的，在《菩萨地》中罗列了痛苦所缘一百一十种，请有识之士三思！

经云，声闻（通过修炼）证悟苦谛，最后见证悲心之苦，不如菩萨们修炼慈悲思苦者多。从多方面思考人们缺乏安乐而忍受痛苦的情况，这将获证很多慈善和悲心。如果长期思考，这种慈悲会变得强烈而稳固；如果对一两条教诫感到满足，对大论中所讲的内容放弃修炼，则收效甚微。

如前所述，投身大乘之道在于菩提心发愿，把慈悲作为根本道理，要善加区分这个关键。以条分缕析的智慧进行分析和护持，这样的思想感受才是必需的。而闻后不加善辨，专门寻找感觉，昏昏沉沉，毫无进展。在其他修炼之时，也要懂得这些道理。

树立悲心的程度。在《修行道次上篇》中说："一时，如同一个人见人爱的孩子身感不适一样，希望一切人们远离痛苦的悲情想法，能够自然焕发，并且自己率先垂范，到那时才算功德圆满，才称得上大慈大悲者。"

这是说，当一个非常惹人喜爱的孩子遭受痛苦时，母亲对其愈加关怀备至，要主动树立母亲那种疼爱自己孩子的悲心，这样的大悲才是名副其实。由此可以知道大悲产生的程度（是什么样的）。

上述引言的附记中说："因领悟大慈大悲，发誓引导无数人们，希冀无上正等菩提性质的菩提心不禁产生。"以前说过，发愿菩提心的条件就是需要大慈大悲，由此可知菩提心产生的程度。

这不是迈上高级境界的菩提发愿，而是针对初学者的发愿而说的。

《摄大乘论》（ཐེག་བསྡུས། theg bsdaus）也说：

"贤善发愿具力量，
决心坚定众生仰[1]，
菩提萨埵三无数[2]，
千头万绪始开创。"

开始步入三无数的菩萨也需要证修这样的菩提心。所以，不是为了一方一隅，而是为了全人类而证悟佛果。为了这个事情，自己觉得应该行善而发愿菩提，那就铸成大错。明明没有证获佛果，却以为证获佛果，骄傲自满，故步自封。不把菩提心视为最高教诫来修念，反而另起炉灶，穷忙瞎折腾，还以为解决了很多问题。这在一个懂得大乘旨要的人看来，就是笑柄。据有关大论的记载，那些真正的佛子们累世将菩提心作为最高心愿来修禅，（相比之下）对于浅尝辄止的人来说，更不必多说。

这也不是说其他道就不能修，而是在修证菩提心方面，将它作为最高教诫予以护持。总的来说，即便没有得到上述提到的那种感受，但知道大乘的所学，对大乘有坚定的信仰，这就有了先发愿菩提心，依律守戒，最后修证菩提心的规矩。

《入菩萨行论》中提到，首先持戒守心，在其所学六度[3]之一的禅定阶段，着重强调了修证菩提心的方法。但是，在试图成为这方面资质者时，有必要首先大量修心、养性，（为众生）思考利乐，以七支[4]和皈依陶冶情操，知悉教言，树立守护之愿。

那么，作为菩提行者，修证空慧，并使之发扬光大，是需要一点名分的[5]。但与此同时，充分护持菩提心，并蒸蒸日上、超前发展，这样的菩提

[1] 众生仰，众生仰慕。
[2] 三无数，三大阿僧祇劫，一大数目。
[3] 六度，布施、持戒、忍辱、精进、禅定、智慧。
[4] 七支，1. 身三口四之恶业。身三，杀生、偷盗、邪淫；口四，妄言、绮语、恶口、两舌。2. 七支念诵随行法，出自《大毗卢遮那成佛神变加持经》。这里指后者。
[5] 需要一点资质。

行者则无需名分了[1]。这是诸佛的惟一道路——波罗蜜多秘诀经典中所说的二十一种菩提心发愿，先驱们对这种道路作过多种解读，应予学习。

如何修炼热情。在修炼慈善和悲心之后，应该这样想到，唉，我那些令人可怜、可爱的人们，他们那样失去安乐和遭受痛苦，我如何使他们得到安乐，如何使他们脱离苦难呢？我要担当起拯救他们的责任，甚至每说一句话也要做到修心、养性。

在知恩图报的章节中对此已有简述，但这里指出的是，光想使人们得到安乐、使人们脱离苦难的悲心是不够的，而是焕发能够引导我想为人们创造利乐的慈悲。这些不仅在座间进行，而且在座间后期等一切行动中，念念不忘，一以贯之，大有裨益。

《修行道次中篇》说："慈悲在入定当中是需要的，在衣食住行当中也是需要的，即在任何时候都要为所有人们着想。"慈悲只是象征性的，无论确立何种目标（慈悲）都是一样的。

旃陀罗阇弥大师说：

"心树自古无开端，
烦恼苦水自浸染，
不能当作美味飨，
丁点功德不灵验。"

就像一棵奇苦无比的蒂丁树，即便浇上一滴滴甘蔗汁，也无法使它甘甜起来一样，自亘古以来沾染上烦恼苦味的心绪，尽管短时修证慈善或悲心的功德，也无济于事。所以要持之以恒进行修证。

第六节　加强思想修养

为了菩提心而加强思想修养。按照上述的次序类推，认识到为了他人而需要菩提心。虽然为了得到它而树立信心，但这毕竟是不够的。

像上述皈依章节中已讲过的那样，从思考身、口、意和事业功德的角度出发，首先要尽量树立信念，之后以信仰作为基石。从心底里发誓得到这些功德，哪怕为了自己的事业也需要证得佛果，要为此取得信念。发愿菩提心所具备的因缘很多，但悲心压倒一切，自己主动发愿，特点明显。这出自《修行道

[1] 已经具备资质了。

次上篇》中有“智印三摩地降旨”一语。

修证成果反映在认识菩提心发愿上面，其总的概念如上述所引《现观庄严论》的义理。所不同的是，依照《华严经》而引述。

《入菩萨行论》说：

“准备出行正在行，
了解差别有原因，
如是智者辨事理，
二者差异一一明。”

这是从愿望和实施两方面说的。这方面虽然有许多不同观点，但为了人们的事业，欲想证获佛果，或者希望将来证获佛果。对于布施等言行学习也行，不学也罢，但什么时候未受戒，什么时候就要发愿。当受戒之后，就要知道此心已涉菩提心。

《修行道次上篇》说：“为了利益一切众生，希望证获佛果！开始为此出力之日，就是所希望的菩提心。如果今后受了戒，迈向资粮之道，这就是实施菩提心。”

这方面有不少争论，在此不赘。

第十章　你我互换

第一节　你我互换

遵照寂天大师的理论进行修证，包括三个方面：一是思考你我换位[1]的功德；二是思考没有换位的罪障；三是可以做到熟悉你我互换的思想（在此三没有正式列出，故从下文中提上来，做到与前文一致——译者注）。

《入菩萨行论》说：

“人群分为你我他，
若要迅速救大家，
必须你我换位想，
秘密圣者须接洽。”

又说：

“世上所有福安康，
全部来自为他想，
人间一切困苦罪，
悉皆源自贪图享。

喋喋不休有何用，
凡夫俗子私心重，

[1] 你我换位，换位思考的意思，把别人的喜怒哀乐，当作自己的喜怒哀乐，凡事替别人想一想，把别人当作自己，这样好多事情就好办了。

释教只为别人谋，
二者差异辨别深。

牺牲自己幸福时，
换去别人痛苦日，
舍此无法证佛果，
轮回世中无安逸。”

这就是说，要思考自私心强是万劫之门，为别人着想是一切富贵圆满的源泉。如果有了你我换位的思想，好多事情可以迎刃而解。就像以前哪怕听到敌人的名字，也心惊胆战，但重归于好后，关系融洽，如果一时不见了他还会感到极大的不安一样。明理而后行，把自己当作别人，把别人当作自己。

《入菩萨行论》说：

“面对困难不后退，
长此以往气势炊，
握手言和不惧怕，
他日不见心意灰。”

又说：

“己身视为别人躯，
如此一来永无虞。”

如果认为别人毕竟不等于自己，怎能使自己的想法同别人一致起来呢？要知道自己的身体不仅来自父母的精血，而且部分来自他人，由于宿业之故，就有了惟我至上的观点。这样，把别人之躯当作自己之躯来加以珍惜的话，是能够做到的。

《入菩萨行论》说：

“平心而论其他人，
男精女血成胎孕，
诚如固执自己真，
你我换位当熟稔。”

这样，好好思考功德与罪业后，从心底里对它进行修炼，而产生兴趣，并达到熟稔程度，未来可以预见，是能够做到的。

修证你我换位的次序。所谓“你我换位，把自己当作别人，把别人视为自己”，不是修心别人就是我，别人的眼睛等就是我的，而是把珍惜自己与漠视别人进行互换，把别人当成自己关爱，把自己当成别人低调，就要树立这样的思想。

因此,所谓“用自己的幸福与别人的痛苦进行互换”,是指把自私视为敌人，阻止自己的幸福欲望膨胀，把爱惜别人当作美德，杜绝不关心别人痛苦的行为，为此而不遗余力。总之，不计较个人得失，为解除别人的痛苦而努力。

树立这个思想有两个障碍：一是你我幸福或痛苦的基础仍然是你我二人，就像青黄二色一样，从自己的立场出发处理事情；二是面对由此带来的幸福或痛苦作出自己的选择，从而进行保护或者扬弃。

以为是别人的，就加以抛弃。解决这种思想的方法是，你我实际上没有什么根本不同，而应该是互相融合，我有别人的思想，别人也有我的思想（我中有你，你中有我），如同彼此。以彼为例，站在这边望那边，就有了彼的感觉，而到了那边，同样会有此的感觉。所以，就像蓝色对于任何人来说，只能产生蓝色的感觉，不会产生其他颜色的感觉。

《集学论》又说：

“你我平等习性修，
菩提萨埵永不朽，
我他关系互依赖，
彼此双方无自由[1]。

这边不定彼岸向，
立足一点位置量，
倘若自己不确立，
岂能推知某地方[2]。”

这是说只有互为关系才能确定位置，单独一方性空（实际上不存在）而无法立足。

以为他人的痛苦伤不着自己，就对此漠不关心，要克服这种想法。这如

[1] 彼此互相依赖，互为关系，也就是说没有彼，也就没有此。
[2] 两边的关系是相向而行的，仅仅一边不能确立方位，也就是说有了这边，也就有了那边。

同担心年老受苦，偏偏又在年轻之时没有积蓄，真正老迈之后的痛苦又伤不了年轻一样。又如手无法解除脚的痛苦，因为手有别于脚一样。

衰老、年少、出生迟早只是象征性的，同样也可以引申到日期的迟早，如上午或下午等。如果以为老少是一个系统，手脚是一个群体，与你我有所不同的话，那么系统与群体只是被赋予了众多刹那[1]（的名称）与众多群体（的名称）而已，没有单独存在的本质[2]。我中的我与他中的我也要被赋予这种群流，不是针对你我而确立的，因为本质性空不实。

但是，自从亘古以来，因惯于自爱，对自己遭受的痛苦难以忍受，如果把别人当成自己一样加以关爱，那么对其痛苦也是无法忍受的。

这样，消除你我互换障碍的具体修法是，因惟我独尊而怜惜自己，这使亘古至今造成各种自己不愿意看到的麻烦。自己试图轰轰烈烈做一番事业，但是以我为中心，加上方法不对，即便过了千万年，自己与他人之事毫无成果。不仅没有成果，而且只有痛苦折磨自己。本来，把自己的思想移到别人身上并为此付出努力，毋庸置疑，会早早地修成正果，从而完成你我所有波澜壮阔的事业。可是，并没有这样做，导致困难重重，虚度光阴。

现在，应该知道这样做了，想一想最大的敌人就是自私自爱，要明辨是非，通过各种努力，未雨绸缪，防微杜渐。这种决心要坚定不移，要经常防范不辍。

《入菩萨行论》说：

“浩渺无数时空中，
陷入轮回遭蹂躏，
人心只为私事忙，
千秋万代岁峥嵘。

废寝忘食多劳苦，
只有痛苦无收获，
……

早做准备早行动，
辉煌事业成果丰，
除非圆满证佛果，
岂有现在可怜人。”

[1] 众多刹那，众多瞬间。
[2] 无论什么样的物质，都靠某种因缘而形成，绝非单独存在。

不为自己着想，不拉帮结派，把自己的身体、财富和善缘毫无保留地布施给所有人们，要始终坚持这种理念，始终为人们谋利益，不应给人们制造麻烦，防止顾虑身体等自私自利的思想产生。

经说：

“我身不由受制人，
人心必须要查证，
除了谋划众生事，
其余一切不思忖。

眼等器官不由人，
自私自利不应行，
为了保护眼睛等，
为难众生不该奉。”

为了顾虑自己的身体等，而丧失为人谋利的思想，专为自己谋利，或者用身、口、意伤害别人。如果出现这种情况，致使酿成前所未有的大罪，还误以为带来了好处，错上加错，到那时将会造成更加沉重的痛苦。考虑到这些，应加以阻止。

经说：

“你曾怎样折磨我，
时间已逝另当说，
历历在目君何往，
骄横傲慢该收缩。

仍然为己谋私利，
彻底抛弃自私意，
我已为他出卖你，
不要悲伤献肉食。

一旦行为不检点，
未将自己施人间，
你要把我投地狱，

一定交到狱卒前。

困守地狱千万年，
除了苦难何须言，
现在忆起此旧恨，
自私自利命该完。”

这样，反复思考关爱别人的好处，从心底里唤起这种热情，不让轻视别人的思想滋长，不让已有轻蔑行为蔓延。尽量从可怜、可爱、如意等角度关爱别人，就像从前一直珍爱自己一样对待别人，要树立这样的思想，诚谓“关爱别人如自己”。

关爱众生的先决条件，是忆念其恩德，或者发现其曾经帮助过自己。（春天）播下优良的种子，秋天收获时粮食丰收且优质，这样就会珍惜肥沃的土地。同样，在众生的土地上，播下布施等种子，无论现在还是将来，都将成就一切善乐。如能把握它，将会珍惜之，需思考这些。

《入菩萨行论》说：

“众生佛陀二者中，
正果证法无二分，
如同虔心顶礼佛，
不爱人们有何用？”

戕害人们的生命，将会拖向三恶趣；拯救人们获得生命，将往生善趣并健康长寿。为此或偷盗，或施财，或结仇，或修慈悲，同样要么坠入恶趣，要么升向善趣。特别是为了众生发愿菩提心，为了他们的利益而实践菩提行，更何况佛陀也有赖于此。依靠众生，欲圆满完成布施等事业，就要依据《愉悦有情偈句》（སེམས་ཅན་མགུ་བར་བྱ་བའི་ཚིགས་སུ་བཅད་པ། sems cn mgu br bya bai tshigs su bcd pa）善加思考。

《菩提心论释》说：

“世界分为善恶趣，
愿与不愿果报服，
不外饶益诸众生，
或者源自心荼毒。

有赖众生证圆觉，
获取无上佛果位，
天界人间诸财富，
大梵帝释皆享受。

凡是主宰世界君，
无不利乐诸有情，
天人非天世界中，
统统庇佑何足论。

地狱畜生饿鬼中，
苦难情形有多种，
人们被迫受苦难，
源自欺凌诸众生。

饥寒交迫互攻击，
沉疴剧痛不堪议，
难以祛除无有期，
害人果报终经历。”

声闻等派别之所以成果低下，是因为他们为了众生的事业不肯下大功夫所致。佛陀们之所以找到终极成果，是因为他们为了众生的事业而忘我奋斗使然。思考这个情况后，一刻也不去追求自私自利。

《菩提心论释》说：

如果对人无爱心，
视为毒品力抛尽，
声闻等派缺大爱，
无非菩提成果贫。

佛陀不弃诸众生，
圆满证得菩提门[1]，
利害关系特明显，

[1] 菩提门，菩提道，菩提心。

取得何果自决断。

分分秒秒生命耗，
贪心不足空年老。”

所以应该知道，专心为别人谋利益，希求菩提成果，都出自菩提心之苗芽。佛子们知道其根本是慈悲，并为此勤奋禅炼，待炉火纯青、成果巩固之时，将会自然而然走向伟大而艰苦卓绝的菩提行。

《菩提心论释》说：

“慈悲永恒根基牢，
出自菩提心秧苗，
佛子为了救别人，
专心修炼菩提要[1]。

炉火纯青功稳固，
因怕他人受痛苦，
即便舍弃静虑乐，
无间地狱亦前赴。

多么神奇受人赞，
卓尔不群智者贤。”

现在，仰赖圣人们的说法，也来解读和理解上述问题。阿底峡尊者说：“藏人知道，不会修炼慈悲的菩萨（是什么样子的）。那么，怎样做才能使学习有始有终呢？”朗日唐巴说：“我跟雪波巴（ཤ་བོ་པ། shwa bo pa）[2]二人有十八种人法[3]和一种马法[4]，总共十九种。何谓人法？就是发愿殊胜菩提心，无论做什么，都是为了众生而学。何谓马法？就是因为自私自利而菩提心不萌发，已有的菩提心不稳固、不发展，把它勾勒出来，加以应对，狠心净罪。向众生表白，尽量为其饶益。”

大瑜伽师（རྣལ་འབྱོར་པ་ཆེན་པོ། rnal a´byaor pa chen po）对敦巴上师说：“我有平

[1] 菩提要，菩提要略。
[2] 雪波巴，真名叫白玛项曲（པདྨ་བྱང་ཆུབ། pdma byang chub）。
[3] 十八种人法，关爱亲人之法，即拯救众生之法。
[4] 一种马法，征服敌人之法，即用菩提心征服我执之法。

等风入[1]等相应三摩地功法。”敦巴上师说：“即使在你耳边擂响大鼓，你禅功纹丝不动，但是没有大慈大悲的菩提心，就要往生昼夜忏悔的地方[2]。”这是说，无色界的人等往生无暇地方的原因是可能的。康龙巴说：“如果我们对人间大叔们敷衍塞责，人们也会对我们同样对待。”

是否确立大乘根本，是否真心加入大乘行列，一切都在于菩提心。所以，任何时候都要注意有何启迪，如有启迪则善，没有启迪则不能等闲视之。要长期投拜这方面的格西教授，结交有志于此的朋友，阅读这方面的佛典与经释，为此积聚资粮，为此消除障盖。自己这样启蒙心智，必定菩提种子圆满，事关重大，引以为傲。

阿底峡尊者说：

“内心愿入大乘门，
照亮黑暗除苦痛，
菩提心如日月明，
历经万劫才能生。”

菩提心产生的程度前已分解，可查阅之。

依照仪轨而行。阿底峡尊者说：

“启发心智欲修学，
悲等梵处有四诀，
兢兢业业禅不断，
依靠正轨[3]方正确。”

第二节　发愿菩提心

启迪心智而发愿菩提心，当有确切把握之时，可遵其仪轨而行。包括三个方面：一是开创新局面；二是守持业已存在的；三是恢复已经散失的。包括：1. 实施对象；2. 实施的基础；3. 如何实施的仪轨。

[1] 平等风入，修炼圆满次第后，使风入中脉，能够达到入、住、隐（ཞུགས་གནས་ཐིམ་གསུམ། ）三种效果，除了这样的时候以外，在一般情况下，只能等到日月食的情况下才能出现，实则风不入，中脉不出现。
[2] 忏悔的地方，无意识的地方。
[3] 正轨，正确仪轨。

1. 阿底峡尊者除了在《尊长事次第》（བླ་མའི་བྱ་བའི་རིམ་པ། bla mai bya bai rim pa）一书中说了“（需要）名副其实的导师”一语外，其余未作详细说明。先贤们说过，仅仅具备心愿和守持教言是不够的，而应具备行戒（行动和戒律）二者。扎列南杰（དགྲ་ལས་རྣམ་རྒྱལ། dgra ls rnam rgyal）说：“向着具备菩提心戒的善知识（导师）们的道路前进。”所说有相同之处。

《十法经》说：“由他人而接受仪轨，发愿菩提心，讲授声闻乘，由此受到鼓励而生悲，使其接受仪轨。”因此，他是不能作为仪轨的。

2. 实施的基础。泽达日大师说：“善男子或善女子的身心要非常健康。”天神和龙族等从身心方面可以产生誓愿，这一切可成为基础。但《道炬论注》[1]（ལམ་སྒྲོན་འགྲེལ་བ། lm sgraon a´grael ba）说：“因轮回而生厌，感念死亡，使智慧与慈悲增强。”如前所述，稔熟菩提道次后，为心向菩提心而找到一点经验。

3. 如何实施的仪轨。实施的仪轨有三个问题：（1）进行特殊的皈依；（2）积聚资粮；（3）修心。

首先，拾掇住所，摆设修具[2]，摆放供物，祈祷皈依，念诵皈依真言。

在没有歹人的地方，整地建舍，打扫干净，用黄牛的粪、尿，酥油，酪和乳进行粉刷，泼洒旃檀等优质香水，撒上香气四溢的花粉。置放三宝塑像。将经函以及菩提萨埵身像供奉于高座或小座或安全的小凳上。尽量准备幡幢、鲜花、供奉工具、音乐、美食、装饰等。导师所坐的法座要用鲜花装扮或献花朵。

以上首先要从供养僧人和向魑魅撒朵玛食子方面积蓄资粮。如果缺乏供物，可使用《贤劫经》（བསྐལ་བཟང་། bskal bzng）中所说的布穗头等，也可达到目的。如果有条件的话，必须认真筹办，摆设令朋友难以想象的供物。

（当年）那些藏族法师们分别在芒隅和桑耶两地向阿底峡尊者请教菩提心发愿时，阿底峡尊者说：“摆设的供物质量很差，是不能得到菩提心的。”

从圣物角度讲，不可以没有已经开光的佛教主佛身像；从经典方面讲，必须是《佛说法集经》（སྡུད་པ། sdaud pa）以上的波罗蜜多。如《尊长事次第》所说，邀约圣者群，念诵并赞颂《供云陀罗尼经》（མཆོད་པའི་སྤྲིན་གྱི་གཟུངས། mchod pai sprain gyai gzungs）三遍。

之后，学生沐浴，穿戴一新，双手合掌。上师让学生对资粮田之功德产生由衷的敬信，并默想自己就坐在各位佛陀和菩萨的眼前，让学生守持加行七法。对此，早期从龙树大师和寂天大师那里传下来大部分加行七法，后期从慈

[1]《道炬论注》，由阿底峡尊者所著，内容简约，那措译师增加了很多内容，但全部不可信，传在引述时又有许多公允的地方。

[2] 修具，修炼的用具。

氏和无著大师传下来的加行七法，应向他们朝礼和供奉。

如果进行忏悔，首先要进行悔恨，心情必须是沉郁的，而菩提心则是热情洋溢的。这种说法不可取。阿底峡尊者主张“顶礼菩提心仪轨，顶礼戒律仪轨”等言，足可反映一切。《尊长事次第》明确表述了加行七法须在发愿菩提心之前进行。如果这是理由的话，那么应该承认龙树大师和寂天大师的理论也就很难服众了[1]。

经说，要有把上师当作佛祖的意识。要相信上师就是佛，向其顶礼，奉献供品及曼荼罗，右膝着地，双手合掌，为菩提心而祈祷。就像从前的善逝、阿罗汉、正等觉和证得三净地[2]的摩诃菩萨们起初发愿无上正等觉菩提那样，请求导师恩准我某某发愿无上正等觉菩提心，如此连呼三遍。

要做特别的皈依，目标便是佛陀和大乘法阻灭[3]为主的道谛和僧人不变的神圣菩提心，从现在起，没有证得核心菩提之前，为了专门拯救一切众生，皈依佛为师，皈依法为主，皈依僧人为友，要有这样的大局思想。

特别在《菩提道炬论》中说：“永远不变菩提心”，要保持这样的思想永不褪色，保持这样的伟大理想，言行也要符合以上所述，以此予以皈依：导师开恩！（请恩准）我某某从现在起，在未证得核心菩提心之前，永不停歇向双腿动物[4]的主宰——佛陀们祈祷。导师开恩！（请恩准）我某某从现在起，在未证得核心菩提心之前，永不停歇向万法之尊——安顺离欲之法祈祷。导师开恩！（请恩准）我某某从现在起，在未证得核心菩提心之前，永不停歇向资粮之冠——不变的圣菩提僧人们祈祷。如此连呼三遍。虽然每次呼请每位至尊的皈依（语句）与其他法皈依的语句有所不同，但依然跟阿底峡尊者所开创的仪轨没有两样。

至于已经皈依的教言，这里导师又将讲授此前在下士章节中述及的教言。至于积蓄资粮，在发愿菩提心仪轨中，又要论述顶礼和供施等。《释论》（འགྲེལ་པ། a´grael ba）说：“如说心中忆念加行七法、佛陀、菩萨，以及以前和现在的格西们而开展法事。至于供奉上师，在前期供奉之时予以了知。至于加行七法，可任选《普贤行愿品》和《入菩萨行论》两部经典之一。”

至于修心，如《菩提道炬论》所说的“首先发愿慈悲心，尔后视众生受苦的情况而发愿菩提心”。

如前所述，回想慈善和悲心的印象。至于正式仪轨，在导师面前右膝跪地（也可蹲地），双手合掌而发愿菩提心。

[1] 这是针对上述“如果进行忏悔的话……热情洋溢的。”一语而说的。实际上，龙树大师和寂天大师的理论是令人信服的。
[2] 三净地，菩萨第八净地、第九净地、第十净地。
[3] 阻灭，阻灭其他教派。
[4] 双腿动物，靠双腿行走的人类。

《菩提道炬论》说：

“义无反顾发誓愿，
专门发挥菩提心。”

《仪轨经》（ཆོ་ག cho ga）也指出：“直至取得核心菩提心。”仅仅觉得为了他人的利益，为了证得佛果而发愿菩提心，这毕竟是不够的。立足发愿菩提心，在未证得菩提心之前，发誓永不放弃。其理想须依靠仪轨才能建立。

类似这样的，如果学习不了心愿教言就不学。自己希望为了所有众生的利益而早证佛果，如这点想法以仪轨来体现，能否学习发愿菩提心教言，触类旁通，方可实施。对于心愿来说，二者皆可的意愿，用仪轨来体现，而根本无需顾及教言。但从整体上来说是不可取的，对有关传自龙树大师和无著大师的许多戒规，（有人）认为有可行和不可行之处，这是最大的误解。

另外，有人强调，对于初学者的法行，用行戒二罪的仪轨来反复实施，却根本不知道普通教言和根本堕罪，没有指出如何做的关键，致误入歧途。

《教授胜光王经》（གསལ་རྒྱལ་ལ་གདམས་པ། gsl rgyal la gdms pa）也说：“尽管不能学习布施等教言，但略发菩提心，也将成就许多福分。”

《修行道次上篇》把上述说法作为依据，说：“有人完全、彻底不学习六波罗蜜多，因此后果严重，应想尽一切办法，发愿菩提心。”所以，不学习布施等教言，同样可以发愿菩提心，但与持戒不能等同起来，这是显而易见的。

调心的仪轨是什么呢？要如此大声疾呼：请驻锡十方的佛陀和所有菩萨垂悯于我！请导师开恩！我某某无论今生，还是后世，或者其他世，请让我对布施性、戒律性和修禅性作出奉献，或让我使他人作出奉献，或让我乐此不疲。基于这个善根，如同以前的善逝、阿罗汉、正等觉佛、驻于大悉地的摩诃菩萨们证得无上正等觉菩提一样，我某某从现在开始，在未取得核心菩提之前，决心发愿无上正等觉大菩提心，把未解脱的人们解脱之，把未觉悟者觉悟之，把未受到安抚者安抚之，把未涅槃者涅槃之。如此连呼三遍。

虽然，就皈依仪轨与这二者是否遵循导师一事，没有明确说法，但仍然是需要的。因为这些是导师存在之理。如果找不到导师该如何办呢？在阿底峡尊者所著《发心仪轨》（སེམས་བསྐྱེད་པའི་ཆོ་ག sems bskyaed pai cho ga）中说：“尽管没有导师，但自己要发愿菩提心。其仪轨是，胸怀如来释迦牟尼和十方如来，做顶礼膜拜、供养仪轨等，祈祷垂青，弃用导师语皈依[1]（སློབ་དཔོན་ཞེས་བྱ་བའི་ཚིག་སྤངས་པའི་སྐྱབས་སུ་འགྲོ་བ་ལ་སོགས་པའི……slaob dpon zhes bya bai tshig spangs pai skyabs su a´grao ba la sogs

[1] 因为导师不在身边，不用“导师在上”等语。

pai……）等，如上依次进行。

最后的仪轨是什么呢？导师应该授以学生心愿的教言。

第三节　巩固菩提心

保持已经得到的不致衰微，为此应知教言。包括两个方面：一是此生为使菩提心愿不致衰退而学习；二是为了他世不离菩提心愿而学习。

第一个问题包括四个小题：1. 为了对菩提心愿产生兴趣，学习忆念功德；2. 为了使真正菩提心愿得到发展，学习六次发愿菩提心法；3. 为了不抛弃人们而学习菩提心愿；4. 为了蓄积福分资粮和智慧资粮而学习。

首先，拜读经藏，或从上师听法，思考菩提心的功德。《华严经》对此有广泛论述，应阅读之。另外，此经也曾引述认为一切佛法之种子，因汇集菩萨行和一切祈愿，故简要表述。其细节说法难以言表，以点及面，撮要梗概（地论述），故名简约。如其总结一样，荟萃所有菩提心道之核心，故名总结。

《菩萨地》所说的功德，是指心愿功德，其中首先树立坚忍的菩提心有两种功德：一是神圣福田；二是全面把握无害福分。如"天人共同虔敬礼"一语，说的是一经发愿菩提心，便成为所有人们的福田；一经发愿菩提心，也能威慑阿罗汉、圣人们，成为上师或上人。哪怕蓄积小小的福分，也会得到无数善果，成为福田，像支撑世界的大地，像众生的父亲。

保佑转轮王的护法神就会经常加倍护佑（你），即便在沉睡，或发疯，或放荡的情况下，那些宿敌夜叉或非人不能侵扰。密咒和明咒之语用来消除瘟疫、灾害和传染病，被掌握在人们手中。凡未能成功的，一旦掌握在菩萨手中，就变得容易多了，成功不在话下。如果发愿菩提心牢固不变，息灾等羯磨集[1]将轻而易举地完成，有了这个（稳定的菩提心）就会迅速取得共同成就。

无论身处何地，不会出现恐惧、未来恐惧、灾荒和非人之害，纵然发生了也会消除。死亡之后，（后世）少有戕害，自然无病，倘若遇到祸害，也不会长久、不会严酷。以宣法等方式投入众生之事业，不会疲劳，不会健忘，不会灰心丧气。

如果投身菩萨，投生恶趣的机会自然就少；如果发愿菩提心，无论身体还是心识，都很少往生恶趣。具备忍耐和敦厚，既忍受对方的伤害，也不加害对方。当看到人们互相加害时，除了极个别的情况外，绝无不快、震怒、嫉妒、奸诈、隐瞒等情绪表现。即便有这种情况，但影响很小，时间不长，会迅速消失。

[1] 羯磨集，汇集各本尊所有息灾、增福、怀柔和制伏等羯磨仪轨于一体者。

这种人很难生在恶趣，即使生在恶趣也将迅速解脱，苦难的日子很少，因此非常厌烦轮回,对人们也产生恻隐之心。如果把菩提心之福分加以形象化，在天空中也无法容下。用财物供奉佛陀，也不及其福分之一点。

《勇授菩萨请问经》（དཔའ་[1] བྱིན་གྱིས་ཞུས་པ། dpa byain gyais zhus pa）说：

“凡有菩提心福分，
如果将它化身形，
放在整个宇宙内，
高大伟岸赛乾坤。

接近恒河沙数量，
佛界福田不满装，
与其堆满诸珍宝，
供奉世主观世音。

不如合掌在胸间，
虔诚发挥菩提愿，
如此供奉真优越，
这个功德量无限。”

阿底峡尊者一边朝拜金刚座，一边寻思怎样才能迅速证得圆满菩提。当时，小身像们起立，向大身像们问道：“欲迅速取得正果，应该怎样学习？”答：“应学习菩提心。”在内殿上空，一位年轻女子向一位老妪[2]询问相关情况，得到的回答也一模一样。据说，阿底峡尊者听到此话后，对菩提心有了深刻理解。

那么，应该知道，大乘一切秘诀之旨要、所有成就法之巨大矿藏[3]、有别于小乘的特别大乘、引导佛子们迈向伟大的菩萨行的神圣基础，就是菩提心。为了修炼它，应鼓起足够的兴趣，要有渴者听到论水的（如饥似渴）精神。在数劫之中，使卓越的智慧更加缜密，分析诸道，佛及佛子们观察到这是成佛的惟一方法。

《入菩萨行论》说：

[1] 原文为“དཔལ།”，译者以为是否为“དཔའ།”之笔误。
[2] 老妪，度母化身。
[3] 一般成就法是息、增、怀、伏，不一般成就法是佛果。

“数劫冥想付实施，
释迦佛观有大益。”

为了使发愿菩提心真正得到发展，需连续六次发愿菩提心，并加以学习。有两个方面：一是不轻言放弃发愿菩提心；二是为推广（菩提心）而学习。

首先，把佛、菩提心和导师作为证人，向他们发誓自己要拯救没有得到解脱的人们。如果发现人们数量众多，且秉性顽劣，需要千万年的努力，或者福德资粮和智慧资粮遥不可及，学习苦行而胆怯，便放弃发愿菩提心，那么比解脱罪更加罪大。

《佛说法集经》说：

“万年积善十业道，
独觉罗汉想得到，
戒律出事[1]戒律失，
菩提犯罪何其糟。”

这是说，菩萨的戒律丧失。控制独觉和声闻的心理活动，是最高的菩提心戒。如果这个丧失了，那戒律也就坏了。不放弃这个（菩提心戒），无论怎样享受妙欲，其菩提心共同的戒心仍然不会丧失。

《佛说法集经》说：

“菩萨尽享五妙欲，
皈依佛法圣僧侣，
欲证佛果求遍知，
智者要达戒律域。”

如果违背此前承诺的菩提心，那将长期流浪在恶趣中。

《入菩萨行论》说：

“兹有一点寻常物，
心想布施人某某，
但却迟迟不出手，
造成往生饿鬼惑。

[1] 出事，出现错误。

至高无上极乐国，
专心致志图劳作，
如果欺诳诸众生，
怎能往生善趣所。”

又说：

“盲人走近垃圾堆，
无意捡到一宝贝，
如此能有侥幸事，
我今得到菩提慧。”

想一想，自己得到这个菩提心多么神奇呀！应想尽一切办法守护之，专门针对菩提心，要多次发誓永不放弃。

再次，仅仅做到不放弃是不行的，还要白天三遍、夜晚三遍地（念诵菩提心），以做出很大努力。如完成此前所说的完整仪轨，就应该这样做（白天三遍、夜晚三遍）；如果未完成就要回忆并供奉资粮田，修习慈善和悲心等，这样须连续六次加以护持。

其仪轨是：

“本人未证菩提前，
皈依佛法资粮田，
通过布施等善行，
饶益众生求涅槃！”

这样连呼三遍。

为了不舍弃人们而学习（菩提心），尽管这在《菩提道炬论》和《发心仪轨》的教言章节中没有说出，但在《菩提道炬论释》（ལམ་སྒྲོན་འགྲེལ་པ། lm sgraon a´grael pa）中说：“如是提挈众生、不舍弃众生，守护菩提心目标及其功德、仪轨、共同规矩，以致念念不忘。”作了印证，又不与根本主旨相矛盾，所以也该学习。

第四节 舍 弃

舍弃的程度。根据拒绝等相关缘由，产生永远不涉及此事的决心。

为了蓄积两种资粮而学习，本着心愿仪轨，为使菩提心有所长进，每昼夜为蓄积供奉三宝等资粮而努力。关于这个，除了先哲们有所论述外，没有见到确凿的依据，但仍有较大益处。

在其他世也不予舍弃（众生）而学习（菩提心），有两个方面：一是为了摒弃具有破坏性质的四个恶法而学习；二是为了接受具有兴旺性质的四个正法而学习。

首先，《大宝积经——饮光尊者问品》（དཀོན་མཆོག་བརྩེགས་པའི་འོད་སྲུངས་ཀྱི་ལེའུ། dkon mchog brcaegs pai a´od sraungs kyai leau）说："在其他世，有忘却发愿菩提心和不实现（发愿菩提心）的四个（邪）法[1]。在未证得菩提之前，直至中阴生[2]，有一直不忘菩提心和实现菩提心的四个（正）法[3]。"所言归为心愿之教言。

在破坏性质的四个（邪）法中，从两种情况可知欺骗亲教师、轨范师、上师和供施处，《饮光尊者问品释》（འོད་སྲུངས་ཀྱི་ལེའུའི་འགྲེལ་པ། a´od sraungs kyai leauai a´grael pa）说："对象亲教师和轨范师容易理解，认为上师带来利益，供施处虽然不属于前两者，但具有功德。"

对这些人究竟做了什么，就该视为邪教呢？无论对哪个人故意诳骗，就该视为邪教。欺骗的方法是什么呢？《饮光尊者问品释》说："这些亲教师等苦口婆心地讲授堕罪，而他人却用花言巧语，使人懵懂不白；抱着欺诳之心，蒙骗上师，以此类推。"

但是，仍有善意的欺骗，将在下文分解。编造虚假，需要坑蒙之术。《集学论》说："邪教需要正教来解决。"邪教的天敌是四个正法中的第一个法。

经说，向上师（公开）学习一法，却私底下又（向别人）学习一法，将会被格西导师耳闻[4]。心硬的学生恐怕要蒙骗上师。对于无怨无悔的人，（制造事端）使其产生悔恨。有两条：一是其他人行善，而感到无怨无悔；二是制造事端，怀着使人悔恨的目的，使其对不该悔恨的事产生悔恨。

《饮光尊者问品释》说："通过欺骗手段，使坚守正确梵行教诫者对诫言

[1] 四个（邪）法，欺骗堪布、导师、上师、供施处；给无悔者制造悔恨；出言不逊，语焉不详，授人非法偈句；欺诈别人，言行狂傲不羁。

[2] 中阴生（བར་མ་དོ། br ma do），舍弃前身尚未投生的中间有情。

[3] 四个（正）法，为了生命，或者为了一句戏言，而不说半句谎话；以真诚无欺之心服务于众生；把一切菩萨视为佛，虔心歌颂，广而告之；全面彻底成熟众生，使他们不信似是而非的大乘，而信无上正等圆满的正确菩提。

[4] 这里的格西仍然指的是上师，不能明里一套暗里一套投拜上师，不然上师会不高兴的。

迷惑不解。”是否欺骗了二者[1]，是否产生悔恨，都一律对待，跟《饮光尊者问品释》所说一致。但《饮光尊者问品释》认为蒙骗了后者。

有说对于正确加入大乘的人们不予置评，有说对于人们按仪轨发愿菩提心（对待），有说以前发愿菩提心，现在却丧失了菩提心，但二者相同。这跟经藏相矛盾。在《饮光尊者问品释》中除了“菩提萨埵”一词，别无他说。

在其他文献中，学习具戒菩萨诫言，有很多说法认为需要真正加入大乘者，但我（作者自己——译者注）认为需从发愿菩提心做起。对其做了什么？说“不予置评”等话。

因怨恨而说，与《饮光尊者问品释》所说相同。向谁而言，菩萨从事宣法，向往大乘或愿意修炼大乘。为了阻止这个（事情），人们说三道四。这虽然由《饮光尊者问品释》所说，但似乎领会大义罢了。

所谓“不予置评”，似居心叵测，不辨险恶，信口胡言。所谓“不雅之声”，似有失分寸，另眼看待。何谓“所言非理”，似有伤风华，所言出格。附在前三句不是偈句之后，这是《饮光尊者问品释》的说法。

这些情况也离我们很近，其罪莫大焉，前面已概要论述。另外，蓄意亵渎菩提心，而这个人在很长时间内身陷地狱；除了诽谤菩萨外，其他任何业也不能使菩萨坠入恶趣。这在《极静决定神变经》（རབ་ཏུ་ཞི་བ་རྣམ་པར་ངེས་པའི་ཆོ་འཕྲུལ་གྱི་མདོ། rb tu zhi ba rnam pr nges pai cho a´phraul gyai mdo）中所说。

《佛说法集经》也说：

“菩提萨埵未授记，
恶言相向授记士[2]，
忿怒思想何时有，
永远身锁铠甲衣。”

这是说，有多少这样的嗔恨思想，就要走多远的艰难路，离菩提心的距离就非常遥远。因此，从各方面着手阻止嗔恨的发生，即便发生了要立即忏悔，努力收敛。

《佛说法集经》说：

“心术不正自提醒，
多方忏悔后收心，

[1] 二者，师生二者？
[2] 没有得到授记的人，反而憎恨已经得到授记的人。

痛改前非学佛法，
……[1]”

如果让嗔恨任其滋生，那已有的慈善和悲心将会日渐衰微。即使长期修炼，也很难开创新的局面，菩提心就会根绝。杜绝障碍因素——嗔恨，如前所述进行修炼，则蒸蒸日上，最终成果无量。

《释量论》说：

“若无违缘害人事，
心中确立我自己。”

又说：

“大凡世间一物种，
相同种子定滋萌，
卿卿我我情难了，
循规蹈矩怎立身。”

用虚假和阴险对待其他人，绝非真心诚意，这对任何人都是一样的。要说对他们做了什么，都是欺诈惹的祸。真诚，是思想的自然流露。这是《饮光尊者问品释》的说法。

欺诈，是玩弄斤两等行为。从前，有个名叫嘉瓦·益喜迥奈（རྒྱལ་བ་ཡེ་ཤེས་འབྱུང་གནས། rgyal ba ye shes a´byaung gns）的人，他打算为私事打发一个人前去热玛（རག་མ། rg ma）地方，就对那人说你要经过遥远的堆龙地方。那人称路太远了。益喜迥奈就说那你直接去热玛算了！那人爽快地答应了。

《集论》说：“二者均贪恋名利而出现，似乎属于贪婪和愚昧中的任何一个。欺（སྒྱུ། sgyau），明明没有学问，却装出有学问。诈（གཡོ། gyo），尽量想办法掩盖自己的罪行。”

原文“སྒྱོང་བ། sgyaong ba”是想法隐瞒自己的罪过而不表现出来的意思。

[1] 原文少一句。

第五节　四个正法

四个正法之第一个法的对象是所有人们。所做的事是，哪怕为了生命抑或一句玩笑话，也要摒弃故意说假话的习惯，这样就不会发生欺骗自己的特殊对象——亲教师或轨范师等。

四个正法之第二个法的对象是所有人们。所做的事是，取掉欺诈，真诚相处，也就是正直而处。它是四个邪法的天敌。

四个正法之第三个法的对象是所有菩萨。所做的事是，树立似佛祖的意识[1]，到处传颂其意义非凡的赞歌。在我们看来，虽然做了一星半点的善事，但往往长进慢、退步快，这是因为对菩萨和朋友进行嗔恨、欺负和冒犯的缘故。《集学论》认为，摈弃伤害（朋友）与菩萨（的行为），如能做到这个，则不会出现因人伤害的一切说法，因为不知道菩萨在何处。

根据《迦叶请问经》（འོད་སྲུངས་ཀྱིས་ཞུས་པ། a´od sraungs kyais zhus pa）一书，从树立所有人们就是佛的意识、培育纯正情操的角度而说的。

传颂功德，也指听者适时而为，不是说不向四方传颂就是罪恶。这是四个邪法之第三个法的天敌。

四个正法之第四个法的对象是自己用来成熟解脱的人们。所做的事是，不要使人涉足似是而非的大乘，让人加入圆满菩提的行列。设身处地考虑所要解脱的人，如果别人没有这样的思想境界，那也算不上什么罪过，因为他无能为力。这可以使四个邪法之第二个法得以断除。如果真心追求其他所有终极善乐，不应使他人产生烦心悔恨，不应有专门制造使人不快的行为。

《狮子请问经》（སེང་གེས་ཞུས་པ། seng ges zhus pa）说：

“累世保持菩提心，
即便进入梦幻中，
菩提萨埵不能丢，
清醒时候怎言停。

旨曰：

‘无论乡村或城镇，
不管身处何地中，
始终保持菩提心，

[1] 把自己的上师等视为佛祖。

信念不变守初衷。'"

《文殊师利佛土庄严经》（འཇམ་དཔལ་ཞིང་བཀོད། a´jm dpl zhing bkod）说："消除傲慢、嫉妒和吝啬，见人财物心生欢喜，如果具备了这四个优点，那祈愿是不能丢弃的。"

《大宝积经》（དཀོན་བརྩེགས། dkon brtsegs）[1] 指出，在所有行动中，修持菩提心；无论推行任何善举之前，都释放菩提心，在其他世中也不会脱离这个珍贵的心。尤其"无论如何人多察"等语，明确说明了这个问题。

如何恢复衰退。四个邪法、一个抛弃人们法、一个我无力求得正果而放弃菩提心法，总共六法。超过时段 [2] 便视为放弃心愿，时段以内产生后悔，便成为衰退的原因；连犯六次 [3]，学习两种资粮的情况衰退，也是衰退原因之一。如果出现放弃，可以重温追求心愿的仪轨。多数人坚持认为，对于一丁点衰退无须重温仪轨，忏悔即可。

认为自己无力求得正果而放弃菩提心，此人即已失去菩提心，根本没必要参照时段（进行修炼），所以无论如何也不敢苟同。

四个邪法不是即生放弃菩提心的因素，而是在其他世导致无法实现发愿菩提心的缘故，应加以阻止。

《菩提道炬论》说：

"其他世中忆事理，
完全守护所言义。"

"所言义"指的是《迦叶请问经》中所说的大义。经藏的大义也是这样的：迦叶，菩萨具备四法，一旦投生在任何一个世中，就立即实践菩提心，在秉持核心菩提期间，直到中阴生，始终铭记不忘。这在四个正法的章节中详有论述。

在四个邪法中，虽然有关今生后世的部分不太明显，但应该知道从后世的角度而言的。不过，此生如果皈依邪法，那菩提发愿心就会势单力薄。

否则，一个具戒菩萨为了一句戏言而稍微撒谎，向人们稍施阴谋，向菩萨少许辱骂，蛊惑别人对行善产生悔恨，无悔超越时段而放弃菩提心戒。他们放弃心愿，没有了心愿，也就放弃了戒律。这在《菩萨地》和《集学论》中均有论述。如果这样的话，应该把他们视为犯有根本堕罪的人。在任何书中没有

[1] 法尊法师说成《宝云经》有误，因为《宝云经》是"དཀོན་མཆོག་སྤྲིན། dkon mchog sprain"。
[2] 时段，学佛的特殊时段。
[3] 连犯以上六法。

这种提法，因为得不到赞同。

另外，就遵循时段一事，根据《优婆离请问经》（ཉེ་བར་འཁོར་གྱིས་ཞུས་པ། nye bra´khor gyais zhus pa）一书，我在《戒律品释》（ཚུལ་ཁྲིམས་ལེའུའི་རྣམ་བཤད། tshul kraims leauai rnam bshd）一书中作了广泛厘定，也遵循这种说法。

抛弃众生，是指针对所有人们，认为本人无力完成这么多人的工作而决定放弃，这就说明放弃了心愿。针对个别人，产生我永远不会做他的事情的想法，就像一物破败，群物分奔离析一样，为一切众生所发起的菩提心愿就会随之丧失。否则，就会接着抛弃第二人、第三人、第四人等。为了其他人的利益而发愿，菩提心就会圆满产生。

这样，就发愿菩提心教言来说，《菩提道炬论释》说："因陀罗王、龙树菩萨、无著大师、马鸣大师、寂天大师、旃陀罗阁弥大师和寂护大师等意见相左。有人说，应该是从最初发愿到实施菩提行一切教言。有人说，经藏中所说的一切均为教言。有人说，应该是资粮道的一切教言，其他教言只不过如此这般，而不予承认。有人说，在皈依教言之外，还应区别对待不忘八法与遗忘八法。"

这些导师的主张在经藏中也有论述，应坚持各自上师所推行的观点，说这是本人师父所言。认为所有这些都是经藏义理。

总而言之，这个诠释是从敦巴格西传承下来的那些大善知识所作，而在阿底峡尊者的诠释中未予采纳；从纳措译师传承下来的注疏，被阿底峡尊者所采用，并视为纳措秘法。但是，对于前辈上师的主张，阿底峡尊者在普兰（བུ་རངས། bu rngs）地方撰写了简明释本。

之后，阿底峡尊者去了桑耶寺。听说译师[1]对其[2]作了补遗扩充。就阿底峡尊者撰写简明释本一事，有这样一种说法，好像补充了许多有根据的说法，（也许）出现了几处明显的错误，但正确表述正文内容还是居多。其正确的部分我在《菩提道次第广论》和其他书籍中被引用。

对于以前所说的这个教言，不足为凭。把"发愿"一词，当作入心的教言。在皈依教言之外，对黑白八法进行所谓的取舍，是不可取的，所以不能苟同。如把它当作单纯心愿，那就无需学习经藏中所说的一切教言和参悟菩萨行以来的教言。此外，就与戒律教言没有差别了。

除了以前所说的两种教言外，还有《菩提道炬论》和《发心仪轨》。说学习《七法经》，（目的）是希望先见智慧迅速长进。从发愿角度没有教言，所以未写。

我的观点是，自有不放弃心愿，不放弃众生的教言，如果违背了它们，在不具备菩提心戒情况下，没有菩提心方面的堕罪，但违背了一个时期内承诺

[1] 译师，纳措译师。
[2] 指的是那个简明释本。

善行的誓言，遂酿成罪过，应以四力加以忏悔。

得到了菩提心戒，就容易造成违背戒学的堕罪，应按照如何改正堕罪所说的要求，立即改正。这包括在入心教言之内，别无所有。然而，六次发愿属于非同小可的祈愿教言。

第六节　学习菩萨行

发愿菩提心后学习菩萨行，有三个问题：一是发愿菩提心后学习教言的理由；二是学习各个方便智慧而不能成佛；三是学习教言的过程。

首先，树立心愿后，不学习布施等教言，像《慈氏解脱经》（བྱམས་པའི་རྣམ་པར་ཐར་པ། byams pai rnam pr thr pa）中所引用的那样，虽然功德大，但不把菩萨教言作为修炼重点，不可能成佛，故应学习菩萨行。

《伽耶山顶经》说："所谓菩提，就是把修证作为核心的大菩萨，不是把邪法作为重点而修证的。"

《三摩地王经》也说："所以，应把修证作为核心。为什么呢？年轻人，把修证作为核心，无上正等菩提就不难得到。"

修证，是修佛的方法，也是学习菩提心教言。

《修行道次上篇》也说："同样，发愿菩提心的菩萨应该知道，如果不先征服自己，就不能征服他人，自己投身布施等修证事业。没有修证，就不能得到菩提。"

《释量论》说：

"温情消除人苦难，
为得佛果勤实践，
方法根源成隐秘，
究其实质口难言。"

要想对别人给予巨大关爱，首先要消除其痛苦。光有消除别人痛苦的美好想法是不行的，要为其寻找（解脱）方法。如果没有为此方法作出努力，就不能解脱他人。若要为他人谋利益，首先要征服自己。这就是所说的以修证为核心，受戒之后，要学习修证教言。把修证作为核心的着力点，不出现错误尤为重要。

第十一章 学习菩萨行

第一节 修佛的方法

这样，仅有求佛的意愿是不行的，要深入寻找修佛的方法，而且这个方法要准确无误。因为无论怎样发奋错误之道，终究无果而返。这就等于想挤牛奶，却抓住牛角不放一样。即便方法没错，但如果不完整的话，仍然劳而无果。就像种子、水分和土壤等未具备，禾苗无法生长一样。

《修行道次・中篇》说："对本身错误的，尽管怎样认真对待，但过了很长时间，还是不会有满意的结果。这就像从牛角中挤牛奶一样。不利用一切因缘,无法得到成果。如果没有种子等任何一个条件,禾苗等成果无法产生。因此，希望得到成果，就要先依靠完美因缘或一切条件等。"

那么，什么是完美无缺的条件呢？《大日如来现觉经》(རྣམ་སྣང་མངོན་བྱང་། rnam snang mngon byang）说："秘密主，全知全能的智慧，来自慈悲之本，来自菩提心之因，要想法设法到达彼岸。"有关其慈悲部分已讲完。

菩提心分为世俗菩提心和真谛菩提心。就方法而言，其包含的布施等全部由莲花戒祖师创立。

对于这样的善道，持有奇谈怪论的不乏其人，如汉地和尚[1]等人认为，凡持寻思者，以后必是邪说者；即便持有善意，也受到轮回的制约，其后果同样逃不出轮回。(在他们看来)金子脚镣与绳子脚绊一样；白云遮天与黑云遮天一样;白狗咬人与黑狗咬人都同样带来痛苦。所以,无思无为[2],便是成佛之道。

[1] 汉地和尚，大乘和尚摩诃衍那。汉族禅师。赤松德赞时入吐蕃，传"顿门"，即禅宗之教。宣说无论善意还是恶意，同样可以束缚在轮回之中；无论金镣还是铁镣，铸人均无区别；无论白云还是黑云，都能遮阳。胸无志向，心无所想，无为冥禅，就能证得佛果。

[2] 无思无为，什么都不想，什么都不为。

他们认为，从事布施、守戒等，是为无力修炼相关了义[1]的蠢材而说的。悟解了义，投身此等事业，这等同于国王沦为庶民，或者找到了牛又寻牛脚印。汉地和尚就崇尚无所思虑（这一观点）而引用了八十部经藏论点，并进行观修。

他们的所有作为，并不是真正的佛道，大大亵渎了世俗法，破坏了佛教的核心——无我真谛[2]的思辨智慧，把真谛抛到九霄云外去了。无论有何特点，把疑似寂止法的无思而为（的作法）视作惟一道路，这是邪说中的邪说。对此，伟大的菩萨莲花戒以大量无可辩驳的理论作了批判，丰富了佛陀的一系列正确道路。

然而，佛教濒临灭绝，一切重要佛道旨义——用了义理论和无懈可击的观点作出决断的智者寥若晨星。人们福分非常浅薄，虽然对佛教略有信仰，但智力非常迟钝。此外，有些人践踏戒律等菩萨行，在修道之时，把那些佛旨弃之一旁，与和尚同流合污。有些人除了攻击方便道分，还认为和尚对于佛教的理解方法优秀。有些人放弃思辨智慧，把和尚无思而为的修法视为上乘策略。

这些人选择的道路，在修炼空性方面是找不到依据的。即便是修炼空性，也应该正确找到空性的含义，修炼方法不走歪路，有了修炼觉悟后，才开始专门修炼空性。所谓“在修行方面不修世俗道理”或者“重视世俗法，但无须多方努力”这样的说法，有悖所有佛理，有违正确大论。

大乘者们所要修炼的，是无住寂灭[3]。无住轮回，是指证悟空性的智慧、依靠真谛的道次及深奥之道、智慧资粮、智慧分[4]，运用这些来修炼的。无住寂灭，一切均靠明慧、世俗谛道次、广深道次、福分资粮和方便分，运用这些来修炼。

《秘密不可思议经》说：“智慧资粮能使所有烦恼消失，福分资粮能使所有人生存。世尊，既然这样，菩萨摩诃萨应积极投身福分资粮和智慧资粮（的修炼）。”

《虚空藏菩萨所问大乘经》（འཕགས་པ་ནམ་མཁའི་མཛོད། a´phgs pa nm mkhai mdzod）说：“智慧学彻底摒弃一切烦恼，方便学呵护一切众生。”

《解深密经》也说：“我从来没有说过不全面关心众生之事，没有说过不全面参与一切应该参与的正义行动，就是无上正等菩提。”

《无垢称经》（དྲི་མ་མེད་པར་གྲགས་པས་བསྟན་པའི་མདོ། drai ma med pr grags ps bstan pai mdo）

[1] 了义，佛针对特殊人群，宣示万物的规律生灭等远离虚论的奥义——空性，以及事物本质自然光明，秘密不可思议的宗旨。与此有关的佛典及注释。

[2] 无我真谛，万事万物都是因缘和合，一开始就没有独立存在的东西，没有自我，没有自性，这是颠扑不破的真谛。

[3] 无住寂灭，有两层意思：一是无住轮回；二是无住寂止。修炼无住轮回不可没有观点，修炼无住寂止不可没有行为。

[4] 智慧分，分，是否按本分、关键讲？亦未可知。

说："什么是菩萨的束缚？什么是解脱？抱着不得不轮回人世（的态度），就是菩萨的束缚。想方设法入世，便是解脱。没有智慧，当真入世，就是菩萨的束缚。运用智慧入世，便是解脱。方便不能支持智慧便是束缚，方便支持智慧便是解脱。智慧不能支持方便就是束缚，智慧支持方便就是解脱。"论述深刻。

那么，为了证得正果而希求成佛，在今后修道之时，方便与智慧要有机地结合起来，如果分开来则一事无成。

《伽耶山顶经》说："菩萨之道总的有两条，哪两条呢？是这样的：方便与智慧。"

《祥胜首经》（དཔལ་མཆོག་དང་པོ། dpl mchog dng po）说："般若智慧是母，精通方便是父。"

《迦叶请问经》也说："迦叶，是这样的，例如受到大臣辅佐的君王们料理一切国事一样，精通方便，以找到菩萨们的智慧，也是佛的所有事业。"

所以，应该修炼具备布施等一切方便成分的、所有完美殊胜的空性，而修炼单一空性是根本不能步入大乘之道的。

《宝顶经》（གཙུག་ན་རིན་པོ་ཆེའི་མདོ། gtsug na rin po cheai mdo）说："穿上慈善的铠甲，信守大悲的精神，公开修炼所有殊胜完美的空性，以视为禅定。何谓所有殊胜完美的空性？不离布施、不离戒律、不离忍辱、不离精进、不离禅定、不离智慧和不离方便。"所论详尽。

《宝性论》[1]对其含义作了解释：

"综上所述为何因，
布施戒律忍辱等，
各个方面具殊胜，
空性形象化作人。"

当很多画师聚在一起，为国王画肖像时，有人只会画头部，而不会画其他部分；有人只会画手，而不会画其他部分。如果差一个画师，那肖像画就不能完成。以此为例，国王的肖像等于空性，画师等于布施等。

如果不具备布施等方便，那就等于断头或断臂等形象。如果说仅仅把空性作为修炼对象，那世尊已经采纳其他派别而加以阻止了。那么，在菩萨阶段，历经数劫进行布施、守护戒律等，说这是未能理解了义的弱智[2]？

《遍摄一切研磨经》说："'弥勒，正确修炼菩萨们的六波罗蜜多，是为了

[1] 法尊法师把《宝性论》译成《相续本母》，不知何故，也许有此译法，亦未可知。
[2] 这是反问句，实际上是肯定的。

证得圆满菩提。而那些愚人却这样说道，菩萨们只学习一个波罗蜜多(就够了)，学习其他波罗蜜多有何用？他们想贬低其他波罗蜜多。弥勒，你有何想法？那个迦尸[1]王（ཀ་ཤིའི་རྒྱལ་པོ། ka shiai rgyal po）为了救鸽子，把自己身上的肉割下来喂给隼，难道这是他糊涂了吗？’弥勒答：‘世尊，不是这样的。’世尊旨曰：‘弥勒，我在从事菩萨行时，蓄积了具有六波罗蜜多的善根，难道这些善根对我有伤害吗？’弥勒答：‘世尊，不是这样的。’世尊旨曰：‘弥勒，你在六十劫中正修布施，在六十劫中正修戒律，在六十劫中正修忍辱，在六十劫中正修精进，在六十劫中正修禅定，在六十劫中正修般若波罗蜜多。对此，那些愚人这样说，只有一种方式可以圆证菩提，例如用修炼空性的方式。他们的言行统统不准确。’”

那么，所谓“有了空性证悟，无需大力修炼方便成分”一说，等于诽谤那时自己的卓越开派祖师们没有理解了义。如果想方设法修炼布施等菩萨行，没有坚定的空性证悟则已，有则甚善的想法纯属巨大邪见。

如果这是正确的，那么对于那些真实了悟胜义谛[2]并得到无懈智慧而升迁至大地（悉地）的佛子们，特别是驾驭第八悉地的菩萨们来说，就不需要菩萨行了，这是有悖道理的。

《十地经》说：“在每一个悉地，布施等都显得重要，而这不是说其他就不可行。”这是说在每一个悉地，都需要六波罗蜜多或十波罗蜜多。弥勒尊者、龙树大师和无著大师就是这样解释的，不可引申到其他方面。

尤其处在第八悉地时，所有烦恼消失。一切虚论处在寂静胜义之际，佛陀这样告诫道：“一点空性证悟是不能成佛的，因为声闻和独觉们也能得到无上智慧。请看我的无边身、无边智慧和无边福田！我的力量等，您是没有的，请积极进取吧！请关心一下那些没有解脱并被各种烦恼所折磨的人们！不要抛弃忍辱！”

这说明要学习菩萨行，掌握一丁点儿三摩地功夫就满足起来，而放弃其他，将会成为智者讥笑的话柄。

《十地经》说：“啊，佛子，处在坚固菩萨地的菩萨们，弘扬宿世所积的愿力，守护法门传统。对此，佛陀直接赐予善逝智慧。

“‘佛说：‘善男子，善哉，善哉，如果了解一切佛法，也是真实的忍辱的话，但是（原文如此——译者注），我的十力和无畏等丰富多彩的佛法您是没有的。为了全面寻找丰富多彩的佛法，请积极进取吧！不要放弃忍辱方式！

“‘善男子，你尽管已经得到了寂止解脱，但那些形形色色的弱势众生仍然未得解脱，他们会产生各种各样的烦恼，受到各种伤害，请关爱他们吧！善

[1] 迦尸王，迦尸在古印度波罗奈斯城，即此国王。
[2] 胜义谛，真谛。

男子，请回忆宿世祈愿、回忆为众生做事、回忆不可思议的智慧门！

“‘善男子，这是佛法的规律。善逝们出现也好，不出现也罢，但法界是存在的，万法空性，万法无为。这不是善逝们离间中间派别，因为所有声闻与独觉也同样得到无上法性。

“‘善男子，请看我的无边身、无边智慧、无边佛刹、无边智慧成就、无边光的坛城和无边纯法音支！你也如法修炼吧！’”

《十地经》又说：“譬如，大船驶入大海，乘风破浪，按照行走一天的路程计算，在入海之前无论怎样努力步行，百年之中也达不到海上目标。同样，当到达第八悉地后，如果不付出巨大努力（根本达不到全知全能之彼岸），在短时间内取得一点全知全能之道（是有可能的），但在未获悉地之前，经过万劫奋斗也很难达到。”

说有捷径，就不学习菩萨行，这是自欺欺人。虽然不愿放弃布施等，但是无思无为（的观点）代表这种思潮，既不注重所施、能施，也不恋施物，故具备无为施[1]。同样，其余也都要具备（六度）。认为经藏中也说每个（阶段）都要具备六度。如果勉强具备的话，那外道的静虑寂止中倡导的入定之时，也无这种偏好，所以全部波罗蜜多都要具备。

如上所引，尤其声闻和独觉也有无上法性，故所有的菩萨行一应俱全，或将成为大乘者。

如果仅仅满足“每个都具备六度”一说，那么在《供献曼荼罗》（མཎྜལ་འབུལ་བ། mndl a´bul ba）一书中也说：“牛粪清水均布施”，说这也可以凑够六度。应该这样做。

第二节 观点决定行为

所以，观点决定行为，方便决定智慧。例如，可爱儿子的死亡，受到巨大打击的母亲，在与别人交谈之时，不管想说什么，都会受到痛苦情绪的影响。但是，所有的想法，不一定都充满痛苦。同样，如果证悟空性的智慧强大，那在布施、磕礼、转经、唪颂之时，投身于此的思想不全是证悟空性，但有其影响或势力，这是不矛盾的。

像首座[2]之时，如果强大的菩提心先行，在入定空性三摩地之时，虽然没有真正的菩提心，但有其影响是不矛盾的。因此，像这种情况就叫作无为施，

[1] 无为施，没有准备、没有思想、没有目标的布施。
[2] 首座，开始坐禅的第一阶段。

毫无施舍之心的人则不能做到布施。同样,由此可以联想到其他。也应该知道,这种情况表明,方便与智慧互不分离。

经说,福分资粮的结果是与人身、财富和长寿有关,不可误解此话。精通方便,脱离智慧,但仍然有其影响,依然可成为解脱与全知的因素。

《宝串经》说:

“总而言之色之身,
国王诞自福分中。”

论据无边。

有人说,导致往生恶趣的一切罪行和烦恼,也可以转化为成佛的因素。有人说,有的导致往生善趣的布施和戒律等善根也可以降为轮回之因,但(自然)不会成为菩提之因。(说这话的人)你应该严肃态度,平心而论!

经藏中也说:“格外钟情于布施等六度是为魔业。”

《三聚经》(ཕུང་པོ་གསུམ་པ། phung po gsum pa)说:“沉迷目标,而予以布施;迷信戒律,而守护戒律。诸如此类,要全面进行忏悔。”

《梵天所问经》(ཚངས་པས་ཞུས་པ། tshngs ps zhus pa)说:“所有研究,是为思辨;毫无妄言,才是菩提。”对此不可误读。

第一层意思是,错误片面地执著二我[1],受此严重束缚的布施等不正确,故只是说魔业,而非指布施等为魔业。说其他在六度中,那把禅定和智慧也当成魔业去理解吧(有讽刺的意味——译者注)!

第二层意思是,只是说因热衷颠倒而不正确,不是指不倚重布施等。如果不这样,就要陷入目标[2],亦即无需陷入“赐予布施”的目标,为进行布施而进行忏悔。虽然应该这么说,但毕竟没有说。

《修行道次下篇》作出这样的回答,显得尤为重要。把它错误地认为,将所有的行为归为人我或法我[3]的执相[4],以为是有相(表象)。如果欲布施某物的布施心、欲控制罪行的戒心,以及类似一切善思,是三轮[5]的法我执的话,那找到法无我见者,像对待嗔恨和傲慢一样,应全面加以杜绝。对此,要特别重视,不可盲从。

把认为“这便是这”的一切寻思,当成三轮的法我执的话,那思考导师

[1] 二我,有我和无我。
[2] 目标,这里指非理性的目标。
[3] 法我,事物的实有性。固执诸法有实体、有实用。今知诸法因缘而生之意,达实无自性。这是大乘菩萨之观点。
[4] 执相,执为实有。
[5] 三轮,辩论时所引出的三重判断,即因、违、遍。意指理由、相违和周延。

的功德、思考瑜伽、思考死亡、思考恶趣苦难，以及皈依、此因生此果、慈善、悲心、菩提心的修炼和入心教言，所有这些行为，（是否为）这便是这、从此生此、此有功德、此有罪孽等问题，详加思考后，需要深刻地了解。

对此理解越深，法我执就越发展；对法无我理解越深并加以护持，有关道之信念就越小。行为和观点就像冷热不和一样矛盾，故对二者不会产生有力而持久的信念。

所以，就像在住果阶段[1]，关注法身和求取色身并不矛盾，在修道之时也把二我作为表象，对远离虚论的一切追求抱有信念。对从此生此、有优有劣问题，也会带来了解的信心。这两个认识方法不能矛盾（对待）。

根本观点取决于决定二谛[2]，以教理决定和确立生死涅槃（万事万物），决定其内在规律或特征，毫无自性是它们的真实因明（情况）。确立因果之法毫无欺诳，要分别决定因果术语因明。不用说二者不仅不互相干扰或损害，还可以互相成为朋友。如果哪一日找到了这个信念，才算称得上步入所谓悟得二谛的含义和佛陀思想之列。有关情况将在下面胜观章节中论述。

第三层意思是，《经藏》就那时生等（问题）所作的研究，并非指只是为了布施等而生，谓之“寻思”。只是利用寻思定义而已，而不是指不靠这些布施等。因此，在成佛之前，没有不学习这些菩萨行的时候，需要学习六度等菩萨行。如果从现在起真心修习，有希望能够成功的，就应该奋力去修。

如果一时无能为力，也要树立愿景，为了创造践修这些的条件，就要积福净罪，多番祈祷，不久就会取得成果。

如果不这样，抓住自己不知道和无作为的观点不放，进而说“无需学习这些”，不但毁灭自己，而且毁灭他人，成为毁佛的导火索，故不可为之。

《集论》说：“对于非造作的（物质）也要一一寻思，对于造作的诸善产生大悲是魔业。即便非常了解菩提之道，而不去全面探寻波罗蜜多道是魔业。”又说：“不熟悉方便道的菩萨，不会深入探讨深奥佛法。”

《秘密不可思议经》说：“善男子，是这样的，例如，火来自因，没有因它将熄灭。”

同样，心气源自目标，没有目标心自死。精通方便道的菩萨，智慧波罗蜜多全面清净，可知其目标也接近寂静，面向善根却不能寂静；不对烦恼产生兴趣，有志于波罗蜜多，甄别空慧目的，也关注用大悲关怀所有的人。这分别指出了有为法和无为法[3]，要区别清楚。

---

[1] 住果阶段，住果位。安住预流等四沙门之一，不积极求取其他果者。
[2] 二谛，世俗谛、胜义谛。
[3] 有为法和无为法，有作为（目标）法和无作为（目标）法。

所以，要解开烦恼与执迷表象之束缚，用学习的绳子紧紧牵制，消除两种罪过[1]，保证善业不致衰败。用学习管束与受制于表象不是一回事，戒律松懈与我执之绳松懈也不是一回事。先知，源自多种因素，绝非单一因素成就。

就像“一石催众鸟”的说法，应该知道，得到宝贵人身后，应想尽一切办法使人生价值最大化，而抓住部分道之细枝末节，不去学习其他重要门道。这是为二种资粮之门设置障碍，成为不善的帮凶。

无论大乘还是小乘，在践修之时，关系到学习无边资粮的问题。独立乘和小乘是异名，独立也就是单一的意思。

现在（人们享受的）低级之果——饮食等也需要由数个因素组成。有识之士的大事就是要证修佛果，如果（在这个活动中）浅尝辄止的话，那一事无成。果处在因之后，是属于因缘规律的问题。

考虑到这个问题，《大悲白莲华经》（སྙིང་རྗེ་པདྨ་དཀར་པོ། snyaing rjae pdma dkr po）说：“单一组成单一，无边组成无边。”

《善逝出生经》（དེ་བཞིན་གཤེགས་པ་སྐྱེ་བ་འབྱུང་བའི་མདོ། de bzhin gshegs pa skyae ba a´byaung bai mdo）说：“善逝们出生，并非单一因素所致。为什么？哎，佛子善逝们以十无量正确成因而完美生成。所谓十无量，是指无量福分资粮、无量智慧资粮，正因不一而足……”作了广泛解释。

在《无垢称经》中也说：“喂，朋友们，善逝身定由万福生成，定由一切善法生成，定由无边善道生成。”解释详尽。

龙树大师说：

“佛陀色身具因缘，
恰似世界因无边，
届时生成佛法身，
因缘无量难思辨。”

第三节　方便与智慧

如前所述，学习以六波罗蜜多为代表的方便与智慧，它们反映了密宗与波罗蜜多的共同特点。在许多密宗大论中，论述所有出现的无量宫与神界是

[1] 两种罪过，烦恼与执迷。

内心功德。这时，六度、三十七菩提分[1]和十六空[2]等波罗蜜多之道全部圆满。那么，把人之某些特征，视为妙欲之道等，除了波罗蜜多中讲的部分取舍外，应知为单一共性。

把上述作为依据，经过深思熟虑，不求单纯而求全面完整。如果对此道没有完全理解，那么对整个大乘道之精髓就无法掌握。具有智慧的人，对它的理解坚定不移，要从各方面提高大乘特殊信众的能力。

学习菩萨行次序有两个方面：一是学习整个大乘；二是特别学习金刚乘。

第一方面有三个小问题：1. 培养学习菩提心戒行的兴趣；2. 学成后取得佛子戒；3. 受戒后又该怎样学习。

首先，在律经和密宗中强调，如果首先各自不受戒，不可听取戒行。但这个不同于其他，应首先充分学习戒行。思想得到升华后，对其产生接受的兴趣，才授予戒律。

《菩萨地》说："若愿意正确接受菩萨戒，就要提前宣传菩萨经藏中所讲的学习基础与罪过处，如果潜心研究，缜密甄别，将会产生兴趣；不是来自别人的支配，也不是出自与别人的竞争，应该认为菩萨的意志是自愿、坚定的。若正确接受戒律，须按照仪轨行事，并使之受持。"

因此，学习戒行后，使之深入人心，培养对其真心学习的兴趣，受戒后保持稳定，这是上策。这里和以下一并说此事，恐字繁复，准备以下待解。

其次，《戒律品释》就首先接受戒律方法、接着如何防止根本堕罪、其他犯罪，以及改正罪过作了广泛厘定，故在受戒之前一定要阅读这本书，必须知之。

第三，有三个小问题：1. 学习基础；2. 包涵戒行情况；3. 如何学习的次序。

首先，虽然学术万千，区别明显，但总结起来，六度中包括菩萨戒行。所以，六度是归纳一切菩提心道的大纲。四摄法也包含在六度内，包含布施，容易理解。悦耳之语始自六度，用来教诲众生。

行义，指在诫训之义中附加其他义；同义，自己同其他人们一样进行观修。二种资粮和三学等也概括一切菩提心之道，但如六度所启发的那样，其他不能做到概括总结，六度具有优越的概括基础。

第二有两层意思：1. 数决[3]实义；2. 附带论述次序决定。

首先，世尊撰写六度总纲之后，一些著名持教大师根据世尊的意思，阐

[1] 三十七菩提分，也称三十七道品。道，能通之意，到达涅槃道路之资粮，有三十七种。如四念处、四正勤、四如意足、五根、五力、七觉支、八正道。

[2] 十六空，内空、外空、内外空、空空、大空、胜义空、有为空、无为空、毕竟空、无际空、散空、本性空、自性空、一切法空、无性空、无性自性空。

[3] 数决，数量决定。

释了这样做的重要原因。树立信念，数量决定也就是这些了。对此，如取得足够的信赖，就会意识到修持六度是最高教诫，故要找回信念。

包括六个方面：一是取决于圆满福报的数决。要想使伟大的菩提行得到圆满，就要经过无数年代。这里也需要道之进度，如果没有完美无缺的身体基础，仅凭现在残缺不全的躯体进行修持，得不到任何利益，故要求从各方面具备丰富圆满的身体条件。

二是需要享用什么财物、谁人享用之身、共同享用的徒众和终生所做之事这四种圆满。即使这些具备了丰富圆满，但也变成烦恼之因，这样的情况很多。要做到不受烦恼的制约，但这还是不够的，要正确处理取舍之处，必须分清进退的关键点。例如，结果的竹子和结果的芭蕉被怀孕的母骡毁坏一样[1]，（虚幻的）圆满会毁坏一切。

三是如果有了智慧，就会知道前生优秀的业果，反过来努力创造条件，使之更加发展；如果没有智慧，前生所积的善果就会享用殆尽，而且不能复兴，后世受苦便开始了。

四是在其他身世中，不会无缘无故地出现这六度；相同的原因决定六度。此生要多次反复熟稔和依靠六度。有什么特别的原因，就有什么特别的结果。

五是这些是暂时的福报圆满，身体暇满等登峰造极的福报圆满，只在佛国中存在。

六是《经庄严论》中说：

“财富健康成圆满，
眷众兴旺福报全，
不被烦恼常牵制，
料理诸事不紊乱。”

用这样的身体学习菩萨行，菩提心的工作分为两头，即己事和他事。攸关承办二事的数决，是承办他事。首先，要用财物助益他人，如果布施反而造成对人们的伤害等后果，那就毫无价值。所以，充分消除损人因素，便是服务他人之大事，这需要戒律。

在完成此事过程中，如果对自己的伤害无法忍受，一来二去作出反应（报复），那纯洁戒律就不会产生，所以要有对伤害不去理睬的忍耐心。因不作出反应（报复），这本身就会阻止他人积恶犯罪，使其受到感动，弃恶从善，这就是服务他人之大事。

[1] 竹子结果、芭蕉结果、怀孕的母骡都是不可能的事。

通过智慧的力量，自己的事——就会得到解脱的安乐。如果三心二意，就不会成事。利用静虑使心安定下来，根据夙愿，有所作为。这对懒人来说是不可能的。应不分昼夜，勤勉不怠。这是实现愿望的基础。

因此承办二事，必需依靠六度。

经说：

“励志勤做众生事，
布施宽恕忍心替，
处所解脱成基础，
自己事情全面启。”

这是说，服务他人没有界限。“处所解脱”，是指心向目标，是静虑成就和解脱轮回的智慧成就。如果分清这两个问题，就不会把寂止错当成胜观。认为记忆力超强者，也会成为其静虑的一部分。要找到完成六度的信念。

有赖全面完成他人之事的数决，是说首先施以财物，消除其贫困。对任何人不能加害，不仅如此，还要忍辱负重，做他的朋友，无怨无悔地为其勤恳服务。依靠静虑,用奇特的方法使其欣然接受。如果他(她)成为这方面的人才，用智慧教诲，释其疑虑，还要靠六度。

经说：

“贫穷伤害欲远离，
忍辱负重不厌世，
语言优美人心欢，
众人事务由我替。”

这是说，在做自己和他人之事时，不可能不靠六度。自己和他人之事便由此完成，如对此有了信念，便有兴致去做这些事。

有赖汇集全部大乘的数决，是说得到财物不贪婪，得不到财物也不强求，故不关心财物。有了这个信念，就能持守戒行，尊敬并接受戒律；忍受因人与非人而起的痛苦，毫无烦恼之意；无论做任何善事也都心甘情愿，并不因此而烦恼；不怀疑寂止瑜伽要靠六修，不怀疑胜观瑜伽也要靠六修，它们都包括众生的所有大乘。这些用六度来依次完成，除此而外不必多求。

经说：

“面对财富永不贪，
注重二敬无怨言，
瑜伽成就离寻思，
一切大乘此处见。”

这样，投身大乘的和不修习六度并抛弃六度的，矛盾万千。

作为道或者方法的所有情况的数决，是指不贪已经得到的财物，这个道或者方法就是布施，养成敢于施舍的习惯，因为它远离贪心不足。为了得到财物而付出辛劳，阻止这个懈怠的方法就是戒律，因为守持比丘戒，就不会发生所有无间业之懈怠。

不忍抛弃众生的（最好）方法是忍辱，对于受到所有加害的痛苦心不烦恼。推动善道的方法是精进，只有付诸精进，善道才能发展。全面消除罪障的方法是六度的最后两项，即静虑消除烦恼，智慧消除智障。所以，(全部)取决于六度。

经说：

“不贪外物[1]有方法，
控制懈怠恶财压[2]，
不弃众生境界高，
消除罪障需别家[3]。”

不沉湎于妙欲的懈怠，需要离贪的布施；防患于未然，需要杜绝有义无义的懈怠——这方面的戒律；沾染恶习的不乏其人，或者容易沾染的情况也不在少数，据此要规避它，其方法为发扬坚强的忍耐心；本着创造大量美善并持之以恒的决心，使之得到发展；审思它们的功德等，需要很大兴趣和长期精进；压制烦恼需要静虑，消除其种子和智障需要智慧。这就突出表明了需要六度的必然性。

有赖三学的数决，戒学的实质是戒律，它有不关心财物的布施，正确受戒，是为戒律之资粮。“正确受戒”，是指坚守骂不还口的忍辱原则，属于其范围。

静虑是心学。智慧为慧学。精进属于三学[4]，包括在六度之内。

经说：

[1] 外物，身外之物——钱财。
[2] 恶财压，压制发恶财之念。
[3] 需别家，需要其他的方法。
[4] 三学，戒、定、慧三学。

三学包括戒定慧，
佛说六度道理最，
善言当中头三项[1]，
最后两项二种归[2]。

一项属于三等分[3]，
……”

（原文缺三句——译者注）

这样，用完美无缺的躯体圆满胜任自己和他人之事，具备所有方式方法，修持戒学的身躯、意义、大乘、方法和戒学，须圆满完成或顺利结束，应知道这是六度的要求，也是所有菩提心修炼要旨的总纲。在未找到巨大信念之前，必须不断保持审思。

另外，从一开始就深陷轮回或跳不出轮回的原因有两个，即贪求财富和依恋家庭。其解决的方法是布施与戒律。跳出一次而达不到终点，又返回原地的原因有两个：一是因众生倒行逆施而导致痛苦；二是因长期行善而大为厌烦。其解决的方法是忍辱与精进。对于痛苦和危害毫不在意，无数时光如一日，知晓维持观修兴趣的方法，多方修习，防止复犯原因的忍辱与精进就会长进，这至为重要。

不仅连这点菩萨行（都做不到），而且连现在对于追求善行一点耐心都没有。对于所修之路兴趣非常小，尽管一开始涉入较深，但不能保证半途而废，这是不学习忍辱秘诀与精进秘诀的缘故。即便没有半途而废，但也导致浪费的原因有两个：一是不坚持心向善行而致懈怠；二是智慧颓废。其解决的方法是静虑与智慧。心绪不定的诵敬也毫无意义，深入剖析内明学经义的智慧不发达，就会对粗浅道理的取舍发生误解，而导致倒行逆施。这是作为摒弃不利因素方法的数决。

成就一切佛法的基础性数决，六度中的前四项将会成为三摩地的资粮，用这四项可以克服懈怠而成就波罗蜜多静虑，随后据此修炼胜观，就会证悟空性。

作为相关成熟众生的数决，与上述第三段内容一致。这是按照由无著大师所开创，狮子贤（སེང་གེ་བཟང་པོ། seng ge bzng po）大师所阐发而说的。所以，对于了解六度具有重要意义。

[1] 头三项，布施、持戒、忍辱。
[2] 禅定、智慧代表两种情形。
[3] 精进属于上下三种情形。

附带决定次序有三个内容：一是决定生次序。如果有漠视财、不贪财的布施，就接受戒律；如果具备控制罪行的戒律，就会忍受危害；如果有不厌烦苦行的忍辱，阻碍因素就会减少，就可以做到精进；如果日夜不停地精进，心向善缘就会产生可行性三摩地；如果心做到淡定，就会有正确证悟。

二是决定优劣次序。前者低劣，后者优越。

三是决定粗细次序。前者较后者容易深入或容易操作，故比较粗陋；后者较前者不易深入或不易操作，故比较精深。

《经庄严论》说：

“依赖前者后者生，
优劣不同各自存，
粗细有别善分辨，
依次道出真内容。”

学习其次序包括两点：一是总的菩萨行学习法；二是特别是六度最后两项的学习法。第一又分两点：1. 为成熟佛法而学习波罗蜜多；2. 为成熟他人心绪而学习《四摄法》。

首先，学习布施、学习戒律、学习忍辱、学习精进、学习禅定、学习智慧。

1. 布施的性质、弘扬其方法、布施的区别、总结其义。

《菩萨地》说：“布施的性质是什么？不经营一切家什，把自己置之度外，无私的菩萨，与生俱来的施舍心，由施舍心引起的布施一切物资包括身业、语业……”这是说布施的善心，以及由此带来的身业与语业[1]。

布施波罗蜜多法事圆满，是指把所要布施之物全部施舍完毕，但这不足以根本上消除众生的贫困，因为还有为数不少的穷人，以前的佛们不会彻底完成布施。所以，身和语不重要，重要的是心。把自己拥有的身体与一切财物，毫无怜惜地真心施舍给他人。不仅如此，所布施的成果促使饶益众生的思想得到完全成熟，以彻底达到布施的目的。

《入菩萨行论》说：

“假如众生去贫困，
布施事业算告罄，
仍然存在诸穷人，
救赎夙愿怎完成？

[1] 身业、语业，语言和行动。

所有东西不悭吝，
菩萨心肠施众生，
这才唤作真布施，
只有这样知心性。”

布施波罗蜜多的实践，是指虽然没有什么东西可施舍，但是从多方面培养布施的决心并使之发扬光大。即便毫不吝啬身体与财物（而进行布施），但也很难到达布施之彼岸，因为吝啬属于贪婪的范畴，小乘的二阿罗汉也能干净彻底地抛弃这些。

第四节　消除布施的障碍

因此，不仅要消除布施的障碍——吝啬的束缚，而且要真诚发扬一切东西都布施于人的思想。对此，要去除视财如命的罪过，要修炼布施的功德，欲论述之。

《月灯经》[1]说：

“众生身体发恶臭，
生命飘摇无自由，
恰似梦幻不真实，
幼稚人们反贪求。

处心积虑做坏事，
凡夫滑向罪谷底，
死神牵着鼻子走，
投生恶趣真可畏！”

这是说，血肉之躯不干净，生命像高山流水一样摇摆不定，身体与生命受到命运的支配，是无自主、无自由的。所以，应把它视为梦幻一般不真实，防止贪恋它。否则，就会被贪婪所左右，犯下重大罪行，以致最后坠入恶趣。

《修无边法门陀罗尼经》（སྒོ་མཐའ་ཡས་པ་སྒྲུབ་པའི་གཟུངས། sgao mtha ys pa sgraub pai

[1]《月灯经》，亦即《三摩地王经》。

gzungs）说：

“人们因故起纷争，
抓住纠葛不放松，
任何贪婪须抛弃，
远离欲望是功用。”

《集学论》也说：

“要问身心是何状，
一刻不停变模样，
常伴无常散霉气，
要想永远无肮脏。

他日证得大菩提，
不是得到无价宝？”

《本生论》也说：

“空虚腐败人们身，
痛苦忘恩不干净，
好心为人造福祉，
以德报怨非高人。”

这是说，虽然想尽各种办法保护身体，但最终还是必须要抛弃这个毫无意义的躯体。抱着这样的想法，把身体真心奉献给别人，就会完成自己或他人的许多事业。应这样想道，如果不这样做，那自己就愚蠢之极。故尽量要有把身体等布施给别人的思想。

《入菩萨行论》也说：

“布施全部入涅槃，
我心成就寂灭愿，
一边施舍一边修，
布施众生义高远。”

《摄波罗蜜多论》也说：

“财物无常眼见真，
大慈大悲自形成，
家产最后别人用，
经典道理研自明。

施舍东西不生畏，
家留财产恐惧最，
一般戒轨常守护，
布施他人不受累。

人们财富如流星，
不全施舍也变空，
万物无常终虚幻，
施舍众生成宝廪。

助益人们施一物，
无用财物变大图，
毫不吝啬智者赞，
幼稚世人喜积蓄。

怎样经营终离手，
施舍带来福满寿，
烦恼一点不近身，
吝啬非道引忧愁。

所施一物具圣道，
反之歧途贤者聊。”

无论积了小善根，还是大善根，都能够对人们的现在和将来创造巨大安乐。为此，从心底里回向[1]并进行布施，（他就会）悉数得到来自人们的福分，资粮就会顺利圆满。

[1] 回向，祈祷、祝愿之意。

《宝鬘论》说：

“如是所言具福分，
假如一旦有体形，
恒河沙数世界中，
高大伟岸也难容。

曾经世尊如是言，
理由也在其中含，
众生地域广无际，
饶益精神大无边。”

此外，还有干扰施舍、吝啬滋蔓、不培养施舍心、不保持已有施舍心的情况，这样的眷众与家什应该抛弃，即使别人给了也不能接受。

《摄波罗蜜多论》说：

“吝啬滋生众毛病，
抑或妨碍广施心，
占有财富终空虚，
真正菩萨皆抛尽。

蓄意阻碍布施心，
菩提明道将遮封，
稀世珍宝或王权，
伟大菩萨不应兴。”

这是说，在修道之时，应该做到的是，因吝啬而贪婪财物的话，那世尊抛弃所有东西，修成正果，我也回忆从前决心步他后尘，把自己的身体、财富以及一切善根都施舍给了人们。反之，如果我贪恋财富，那么我的言行就等于大象。当天气酷热时，大象钻入水中洗澡，出水后又在泥浆中打滚，沾上一身泥巴，不久又入水洗浴，就这样反反复复。想到这里，应立即断除贪念。

《摄波罗蜜多论》说：

“回忆至尊高尚行，

誓言追随其后尘，
为了根除占有欲，
治心良师要晓明。

我把身体施众生，
相关法物全不剩，
如贪身外一物品，
等同大象道理贫。”

反复思考施舍的功德，要有高涨的积极性，认识占有的罪过，引起巨大恐惧感，施舍之心就自然而然产生。

同样，修养慈善与悲心，审思佛及佛子的传记等，发扬布施心。如何发扬呢?

《入菩萨行论》说：

“身体加上诸财产，
包括三世一切善，
为了成就众生事，
全部舍弃不眷恋。”

这是说，把身体、财富和善根作为目标，用心施舍一切众生。打消一切财物为我所有的贪念，经常不断地修养为人施舍的思想，这就叫作菩萨。

《摄波罗蜜多论》说：

“尽管财富您全有，
狂妄自大不可露，
优越境界永保持，
圆觉功德勤追求。

这就叫作菩萨人，
佛陀超然圣者论。”

如果现在信仰不成熟，能力有限，心里虽想着把自己的身体施舍给众生，但实际上不肯施舍自己的血肉之躯等。问题是不修施舍身体和财物的思想，就没有了习惯，故还不能施舍身体乃至生命。这是《集学论》的说法，现在应修养思想。

对真心施舍给众生的衣食、房舍、财物等进行消费时，忘了这些是为了别人而进行的消费，却作为自己的私利分享它们的话，这是犯了烦恼堕罪。没有贪欲，忘记为了一切众生而树立的意识，或者热衷别的生灵的利益，这不是烦恼堕罪。

回向别的有情之物，要树立这些东西是别人的意识，为了自己而利用它的话，无异于偷盗。如果这东西具备价值的话，就犯了别解脱他胜罪。这是《集学论》的主张。

有人认为，这是回向一切众生，而非回向一个人，因为一个人不可能具备完整的物质价值，故不犯他胜罪；有人认为，每一位有情都有完整的价值，故不能苟同前者；有人认为，已经回向他人，他也没有据为己有，故不犯他胜罪。

问题在于，真心回向人类，他知道这个东西（的归属）并管理它时，意识到这东西应该属于别人，（在这种情况下）却自己使用，而那东西又有价值，故考虑犯了他胜罪。所以，不同意其他派别之说。

认为人们消费自己的财物，并随意处置之，这是没有罪过的。

《集学论》说："认为用本人的财富来保养本人的身体，并进行消费，这构不成罪过。仆人常常通过给主人出卖劳力来维持生活，而自己是没有家产的。"

认为如果把东西已经回向给了人们，在没有得到人们准许的情况下，用于自己消费，这可能犯了罪，但这无关紧要。

《集学论》说："为主人拼命工作的仆人，因为主人生病等原因而焦头烂额，未得到主人允许使用了某种东西，这没有罪过。"

认为如果不真心把自己的一切施舍给人们，那准备牺牲自己的想法是虚假的，这没有任何意义，便失去信仰。这种想法不能提倡。

《集学论》说："在行为高尚的菩萨面前，有人因为不能证获真谛，便（对菩萨）心生不敬，这是不应该的。因为布施心神奇伟大，需要全面了解。有人不应对此持有疑虑。"

第五节　布施的区别

布施的区别有三：一是如何用所有圣物布施；二是有赖各个圣物的区别；三是布施本质区别。

1. 称为六种殊胜的圣物，是指依靠菩提心，充分发扬精进之心。

2. 何谓圣物？分享所有布施之物，即便遇到特殊情况，其初衷不改。

3. 何谓专用圣物？为了一切众生现在和将来的幸福与安乐而进行的布施。

4. 何谓殊胜妙方？是指取决于缜密无懈的智慧，也就是初学者证悟法无自性的智慧起决定性作用。

5. 何谓殊胜回向？把布施的善根回向为圆满菩提。

6. 何谓殊胜清净？防止烦恼和智障——《摄大乘论》说。

为何称为六度？ 1. 如做一次法施（原文如此——译者注）；2. 就能把声闻与独觉的心思加以控制——做到这样的持戒；3. 信仰万能法[1]，得到法忍，忍受对方的辱骂；4. 为了使之蒸蒸日上，努力发愿精进；5. 把有别于小乘的专一善根回向为圆满菩提的静虑；6. 把所施、能施和接受者视为近似虚幻的智慧[2]。具备这六项，可谓能量无比。这些出自《般若八千颂大疏》。

财施通常由居家菩萨实行，出家菩萨实行的是法施。

《菩萨别解脱经》说："舍利弗，比较居家菩萨把恒河沙子一样多的佛国装满七珍宝，献给如来阿罗汉正等觉们。舍利弗，出家菩萨写一首四言偈句，其福分多得很多。舍利弗，如来没有允许出家人进行财施。"

因考虑到妨碍听闻等，在《集学论》中才说出，阻止出家人专门寻财布施；而在不影响自己善业的情况下，利用宿世所积的福分之力而得到许多财富，这个可以布施。

夏热巴大师也说："我不说向您布施的功德而说守财的罪过。"这话表明，出家人精疲力竭地寻财并积蓄财富，对戒律造成伤害，对这样的布施表现出不悦之意。

布施本质区别有三个：1. 法施，正确宣示圣法，正确指导学习工巧明等俗世无罪的所有工种，使之掌握学习要求。

2. 无畏施，国王和盗贼等是人的畏惧；狮子、老虎和鲸鱼等是非人的畏怖；水、火等是自然的畏惧。将众生从这些畏惧中解救出来。

3. 财施，分二点：1. 直接布施财富；2. 用意念布施。

首先，论述财施方法；无力布施该咋办；消除布施障碍的方法。

布施对象；布施人的思想；如何布施的行为；布施何物。

布施对象有十个：1. 对自己有利的亲眷；2. 对自己有害的敌人；3. 无利害关系的一般人；4. 守戒持教的功德者；5. 放荡毁教的缺陷者；6. 比自己低微的人；7. 与自己相等的人；8. 比自己高超的人；9. 财广幸福的人；10. 贫困潦倒的人。

[1] 万能法，万能的佛法。
[2] 把所施之物、能施之法、接受（物）的人，统统视为近似虚幻的智慧。

布施人的思想分两点：第一，究竟具备什么样的思想。根据这个思想，圆满完成无上菩提资粮——布施波罗蜜多，要瞄准这样的需要。从一开始菩萨就把所有的东西都施舍给了众生，像拿走寄存的东西一样，要把准备布施的东西视为别人的，要瞄准这样的物质。对于可讨要或不可讨要的对象来说，应该这样想一想，这些将使我的布施波罗蜜多得以圆满，这就是我的善友，要瞄准这样的对象。总之，要具备如此三种思想。

《摄波罗蜜多论》说：

“圆觉资粮欲弘扬，
佛子看见乞丐浪[1]，
我是乞丐意识生，
拜人为师寄希望。”

在布施每一件财物时，要想好布施的前后需要，要有这样的思想准备。欲知详情，可从《贤臂菩萨请问经》和《摄波罗蜜多论》中得到答案。

上述所说的“瞄准对象的思想”，是指全部，即大众的思想。

第二，另一个思想，是指对害心报以善良之心，对痛苦报以慈悲之心，对功德者报以喜悦之心，对有益者报以平等之心。对他们进行布施。对任何对象要保持一视同仁，布施的善果要惠及乞丐等众生，尤其对于痛苦的对象给予关怀。

月称大师说：

“布施远离吝啬心，
是否根器[2]不要紧，
一视同仁讲公平，
施主布施诸业净。

亲切布施有成果，
二者均关做事主，
一切布施无悭吝，
各方圣者大赞赏。”

[1] 乞丐浪，乞丐流浪。
[2] 是否根器，是不是合格的人。

《无边功德赞》[1]也说：

“出身低微受贫困，
但见斯人进取心，
毫无悲悯求正果，
他器[2]欲觅功德情。

如是乖意虽布施，
相较乞丐无异议。”

什么样的思想状况需要抛弃呢？不应有固执邪见的想法，不应有布施无成果的想法，不应有有害布施反而变为佛法的想法，不应存在（对自己带来）善缘或吉祥的布施，或布施一结束就能换来世俗或超越世俗的离欲想法。不应该这样布施。

远离骄傲的思想，不应欺负乞丐，不应与人争相布施，不应布施之后说“敢于布施者舍我其谁？”而骄傲自满。

《佛说净业障经》（ལས་ཀྱི་སྒྲིབ་པ་རྣམ་པར་དག་པའི་མདོ། ls kyai sgraib pa rnam pr dg pai mdo）说：“在善男信女们布施之时，对于吝啬者不屑一顾，由此引发仇恨，导致坠入地狱，而玷辱布施。”

在守戒持教之时，对于违犯戒规者恶言相向，导致许多人不崇拜他们，由此导致坠入恶趣。

在信守忍辱等时，对有人格格不入的行为不加赞许，而障盖戒律等。

那么，应该按照《无边功德赞》所说的去做：

“名声大噪勿自吹，
底层小人也祥瑞，
功德大增有小失，
……”

无根据的思想，是指因谋求虚荣而忘却布施。

无所畏惧的思想，是指在施舍之前，应乐意而施，欢喜而为，施舍之后并无悔意。当听到菩萨们规模盛大的布施时，不该自惭形秽，也不认为自己受

[1]《无边功德赞》由阿罗汉法庶（ཆོས་འབངས། chs a´bngs）所作，陈那大师作注。
[2] 他器，其他根器。

到了挑战，却愉快地顺势而为。

无相悖的思想，是指对于敌、友和一般人，一视同仁，以平等悲心给予布施。

不计回报的思想，是指不该为了对方的答谢而布施，应看到众生无安全感、私欲中烧、脱苦乏术和一般痛苦。

不关心果报的思想，是指不指望后世财源茂盛、气宇轩昂，应看到一切活动空洞无义，只有无上菩提功德无量。

这不是为了防止暂时希望得到这些果报，而是防止把凡世肉体和凡世财富作为追求目标。不要认为布施之后国王等人以为他是慷慨解囊者而予以表彰，使自己产生懈怠、荒淫的生活态度。不要怀疑布施使自己变穷。不应有欺骗乞丐的思想，不应对乞丐表现出不满，不应对乞丐发怒，不应对乞丐三心二意。不要因乞丐的反常举动而感到气馁，即便发现乞丐在欺骗自己，但不要告诉别人。不要受别人支配，相信每一项布施，都会产生每一个结果，尽管布施就是了。

如何布施的举措有两个方面：

一是不应有的布施举措，包括不及时布施，以及拖延布施；带着烦恼而布施；让人做一些违反佛法或人之常情而布施；从前发誓要布施一些，但中间又扣减，布施次品或很少数量；念叨着对方如何报恩而布施；本来一次性可以布施的，却出于节省而一点一点布施；幻想着有朝一日成为国王后，抢夺他人之妻儿而布施；将父母和仆人等的财物强取豪夺而布施；通过伤害他人的方法而布施；自己懒惰懈怠，却让别人布施；讽刺讥笑乞丐，恶语中伤而布施；违背佛制定的戒律而布施；不肯将当时得到的财物进行布施，而是囤积起来慢慢布施。这些都是应该避免的行为，应予抛弃。

菩萨所积的布施没有什么罪过。应该看到，菩萨所得到的财物没有罪过，所以布施其财物无虞。这样，把所积蓄的财富一次性布施完毕，其福分无量。

在积蓄期间，有些人退还布施资具，并使人生起嗔恨之心，方是为了施舍给某些未曾乞讨的人。有关《菩萨地》一书的说法尤为重要。

在这期间，将诱发吝啬等数种烦恼，尤其因守护财富等麻烦而妨碍了许多善事。一般（善事）都半途而废，最终不能完成布施事业，是显而易见的。

二是以何种举措布施。首先要和颜悦色，说话直爽，无论谁都要尊重，无论何时，自己亲力而为，不能伤害他人，要忍受艰难困苦予以布施。

《谛者品》说："通过经忏布施，使亲眷等也进行经忏；自己亲手布施，可得到经忏者；适时布施，可及时成事。"又说："无伤害他人而布施，可财源永恒；忍受病痛而布施，可使随众忠心不二。"

《俱舍论》说："'自己亲手布施'，是指可得到丰富财产。"

《俱舍论释》说：“‘财源永恒’，是指别人不侵扰财产，火灾等无能为力。”

帮助别人进行布施。如果自己有了财富，就到连一两次也未曾布施过的吝啬者家中，以和蔼可亲的口气对他说：“我家拥有巨大财富，我为了完成布施波罗蜜多而期待乞丐。您如果遇到乞丐，请不要打发回去，从我的财产中取出一些布施给他们，或者告诉他可直接到我家去，请喜欢我的布施吧！”那人也没有损坏财产，并乐意这样做。

这样，对于这种人就播下了祛除吝啬气味的种子，使他们逐渐形成习惯，自己也开始少量布施。通过这小小的离贪,慢慢做到中等施主,最后成为大施主。

同样，自己的规范师、亲教师和学生，以及贪婪而不肯布施的朋友，或者无产者，给他们施以财物来供奉三宝，而自己无需亲自出动。这使自己的福分大增，并消除了他人的烦恼，使别人的修法愿望得以圆满，招集众生，使之成熟。

若自己没有财产，可通过工匠制作或其他劳动获得财富而布施，或者对穷人或吝啬者宣传法施之必要性。把乞讨者打发到有信仰、有财富的家中，自己也亲自赶往那里帮助其布施。另外，遴选布施物质，择优布施，把摆设的布施物，全部布施完毕为止。

第十二章　如何布施

第一节　什么是布施之物

布施财物有两个方面：一是可布施之物；二是不可布施之物。对其作简单论述，或详细论述。

首先，无论布施何物，它使人迅速产生远离恶趣之因的愉快感受，助益今后弃恶从善。即便当时感觉不到幸福，但今后必定受益，以菩提心布施他人。如果所布施的物质，立即给对方带来痛苦，并影响到今后；如果当时带来幸福，却对今后不利，这样的话就不必布施。

其二，细说内物是否布施、外物是否布施，如果知道哪个内物不可布施，就会知道与之相反的就可以布施了。

先说不可布施的情况。包括三个方面：

1. 时间上不予布施的有，虽然以菩提心一开始把自己的身体等毫不顾惜地献给了众生，但在履行别人讨要血肉之躯等苦行时，心不厌烦的大悲思想尚未全面成熟，故不予布施。

《集学论》说："你令人感佩的精进是个什么样子呢？是这样的，迎难而上，或长期奋斗，或将未竟所愿用苦行完成。例如，把自己身上的肉布施给需要者。这虽然完成了以身布施众生的壮举，但在时机未成熟的情况下，可以终止一切行动。在其他情况下，菩萨对这些人感到悲哀，因为他们浪费菩提心种子，也就等于浪费巨大果蕴[1]。因此，《虚空藏菩萨所问大乘经》说：'想在不适时宜的情况下布施是魔业。'"

《入菩萨行论》也说：

[1] 果蕴，成果的内涵。

“慈悲思想成熟前，
施舍身躯不轻言，
只为今生及后世，
成就大事布施践。”

2. 从需要角度不可布施的有，为了一点小小的需要不能布施身躯。《入菩萨行论》说：

“践行佛法自己身，
仅为小事不施人，
如此对待诸有情，
美好夙愿速完成。”

从自身方面来说，克服吝啬等布施的障碍；从其他方面来说，如果不丢掉身家性命，其完成众多人们的事业就显得大有必要。这时，如果有人乞讨肢体，就不能随便施舍；如果为了怂恿杀生害命或危害自他的犯罪行为，无论如何也不能把自己施舍于人。

3. 从乞讨者角度不能施舍的有，魔界的神以及由魔鬼迷惑的人们怀着加害之心，乞讨肢体不能施舍，是因为他们有害施舍者。由疯子或狂躁者乞讨不能施舍，因为他们并非真心乞讨，是一时兴起而已。不向这些人施舍，不会犯堕罪，施舍了反而犯堕罪。除了这些时刻，则有求必应。这包括干脆肢解躯体施舍，为了满足信仰者的需求，给人当奴等暂时受人支配的布施。

详细论述外物是否布施，有两个方面：一是外物不施舍法；二是外物施舍法。共分五个问题：

1. 从时间上不可布施的有，例如，下午向出家人和斋戒者布施食物。

2. 从对象上不可布施的有，向僧伽布施吃剩的饮食，还布施受到屎尿、鼻涕、唾液、呕吐物和脓血污染或沾染的饮食；向不食葱、蒜、肉、不饮酒、虽想享用这些但又不能享用的具戒者，布施蒜以及被上述提到的脏物污染过的。

布施要使对方明白无误，并使其心情愉快。但由非亲者[1]、夜叉、罗刹、受强势压迫者、负义者、健忘者乞讨的话，不可布施子女和仆从等。对于那些不纳饮食，或不知饥饱的病人，也不可布施子女等。对于那些贪欲巨大，或饱食终日而继续乞讨的人，也不能布施子女等。像挑衅的异教徒、懒得知道经典涵义而满脑子发财的人乞讨，不可施舍经典。这是《菩萨地》的说法。欲知详情，

[1] 非亲者，这里说的非亲者是否指异教徒呢？亦未可知。

可阅读《菩萨地摄抉择分》一书便知。

经云，如果撰写完经典后，把它施舍给弱智乞讨者，将构成犯罪。为了布施他们，向别人索要这些东西，也等于犯罪。如果打算让其掌握深奥佛法，或者让其信仰佛法，凭借这样单纯的想法进行布施，则不构成犯罪。

如果把根据圣法编写的经函让外道誊写，或者让外道经典的信仰者誊写外道法，或者把已经写完并在手中的经卷布施（给外道），或者从别处索求（经卷）布施（给外道），都将构成犯罪。

菩萨撰写完经典并保存在家中，经过擦拭后让其誊写佛典语句，或者自己知道毫无意义[1]，也向别人宣传毫无意义的道理。如果没有撰写经典，又出现乞讨者的话，菩萨应向其问清楚："你用这何干？"如果其回答"出售后用于生活"，（就不能给他；）如果菩萨知道这种人用经卷准备作法，也不能给他；如果有等价的钱，就施舍给他。如果没有钱，二者都不能给，也不算犯罪。

如果为了佛法而未作充分准备的，那无论如何也为了其顺利、圆满使用经卷，就布施那部经卷。同样，打算让人写非常反动的文章并收藏之，不施舍给经卷也不犯罪。像对待撰写反动文章一样，对于想撰写中等（反动文章）也是一样的。对于想撰写特别优秀的文章，如果不施舍给乞讨者[2]，应被视为犯罪。

从佛经角度不予施舍的有，自己还没有完成经典之所需，（不可以施舍给经典）。但完全没有吝啬之垢，究其求知欲望，可以施舍给经典。

不予施舍（经卷）的原因是，像佛法的这种布施，是为了完成三个需要。如果不予施舍，其另外两个需要也就多余了。施舍没有剩余，第一需要也无需成就，这样自己没有了吝啬之垢，就无需清除吝啬之烦恼。如果不施舍，可以见证许多智慧资粮；如果施舍了，亦不证大智；如果未施舍，利乐一切众生，修积智慧资粮，可使当事人以及其他众生高兴；如果施舍之，只有一个人高兴而已[3]。

《菩萨地》讲了大小需要。《入菩萨行论》也说："不应小事而大舍"，这是说未予施舍，也不是没有罪过。

不施舍的情况是，不应说出"这个不能施舍给你"的粗话，应想办法让其明白施舍的道理。"想办法"一词，是指菩萨从一开始就以真诚之心回向十方佛、菩萨。例如，比丘严格检查法衣等后向亲教师和规范师回向并保存。

虽如此回向，积蓄财富，但应唤作"拥有神圣地位的菩萨"，其福分无量增长。他会把这些东西视为佛、菩萨寄存（在他那里）的一样进行保管。如果

[1] 没必要进行誊写？
[2] 并非乞食者，而是需要经卷者。
[3] 以上这段文字，说明布施要权衡利弊，要以大局为重，不能过于狭隘。

有乞讨者前来，而这些东西又应该布施给他的话，应该这样想到，佛、菩萨没有什么东西不可以不布施的，而施舍给他。如果不应该布施，经过严格确认，按照回向仪轨，温和地告知他："好人，这是别人的，我不能施舍于你。"

或者将这部经卷的二倍价钱或三倍价钱施舍于人，使他一定要认识到，菩萨并非因贪婪而不施舍，而是没有施舍经卷的权力。这种做法就是慧施。

从物质角度不予布施的有，父母的饮食、动物的食物，以及未经通知或即便通知也不愿施予的儿子、老婆和仆人等，还有儿女、妻子安乐之辈。这里说仆人不能施舍，而突出了物质的第一性，还是把仆人算在物质之内。

《菩萨地摄抉择分》说："被佛嘉许的三法衣以及其他物品，不含吝啬的思想，对善业有很大用处，即便不施舍给乞讨者，也不会构成犯罪。"

经说："除了被佛嘉许的出家菩萨使用的三法外，还有其他物品如身外之物和用来分享快乐的相关东西，如果乞讨者想需要，经缜密考察后予以施舍，不会有什么罪过。如果只是基于善业的需要，又不属于私欲，不予布施，也不会有任何罪过。"

《菩萨别解脱经》说："舍利弗，如果菩萨仅以乞讨者为中心，把三法衣都布施了，那他就犯了大忌了。"这里说如果把三法衣都施舍了，那出家菩萨就犯了堕罪。

从需要的角度不予布施的有，为了伤害自己和他人，向乞讨者施舍毒药、武器、火、酒；向乞讨者施舍为阻止堕入恶趣而设限的娱乐之物；为了侵害生灵，学习地网、地弩（的应用技术），或者向乞讨者传授或施舍这些东西。因此，使动物的生命和人之财产受到损失，故不能教授相关秘诀知识。为了加害陆生或水生动物，向乞讨者施舍相关土地或水域，这是不能允许的；为了加害村民或其他人，向乞讨者施舍王权，这是不能允许的；向有仇者引渡其敌人，这也是不能允许的。

外物布施法。世尊未加阻止的某一圣物，包括它的时间或具体的人，对此予以布施并非不妥，或者与此相符就予以施舍。

与前面有所不同的是，如果出于对经卷的爱惜，即使（撰写）经卷的工作还未臻善，也要施舍给有求知欲望的乞讨者；如有第二本书，可施舍之；如果没有，可施舍著书的费用；如果连这点也没有，应该这样想到，纵使我施舍了这个东西而变成哑巴也值得，但就是不能与吝啬为伍，而必须布施。

除了上述以外的物品，如国王在位期间，不能强行拆开人家的妻儿而进行布施，但山庄等可以布施给乞讨者。同样，如果没有恶趣条件所不许的行乐之物、没有伤人的地网、不伤害动物，那么没有动物所处的陆地与水域、无动物的食物，均可施舍给乞讨者。如果对自己或他人有好处，乞讨毒药、武器、火、酒，也可与之。

在布施一般物品时，如果贫困的乞讨者和富裕的乞讨者同时出现又怎么办呢？首先要有这样的思想准备，如果一开始出现这两个乞讨者，能满足他们的愿望的话，就满足他们的愿望；如果不能，就满足贫困者的愿望。

如果不能满足二者的愿望，就应该温和地告诉他们："好人，我一开始把这东西回向给了贫困者，请不要认为我不照顾你。"继而满足无产者的愿望。学习类似布施，对于初受菩萨戒者来说，显得格外重要，故特写之。凡没有特别所指的，就依《菩萨地》的观点而论。

第二节　无力布施怎么办

如果无力布施怎么办呢？在乞讨者乞讨过后，若受到吝啬的制约，就应该这样想到，我和这个东西无疑最终要离开的，它要抛弃我，我也要抛弃它。那么，舍弃它心觉舒服，收获大义，死有所值。施舍了它，临死时不挂念财产，无怨无悔，心情愉快。

尽管这样认识了，但仍不能布施的话，就应该这样说："现在我还能力有限，善根未熟，初涉大乘，不肯布施的思想左右着自己，持近取见，处在我与我执而不能自拔。请高人宽恕，请勿悲观，我愿满足你与一切生灵的愿望。"就这样以"我能做到"三次晓喻乞讨者。这是《勇猛长者请问经》的说法。

这是为了摒弃互相不敬的其他罪过，并非没有吝啬的罪过。《集学论》说对于菩萨而言，吝啬是受到藐视的。但是，这样做就能阻止因吝啬而不奉献崇法财物的罪行。

《摄波罗蜜多论》说：

"倘若乞丐来化讨，
但因无力施财宝，
一定不让其尴尬，
和风细雨真心聊。

今后乞丐复来到，
不要让其再徒劳，
彻底消除吝啬病，
根绝贪婪志气高。"

寻求解决妨碍布施的方法。按照《摄抉择分》一书，妨碍有四种，即不习惯、颓废、贪婪、不见果。

第一种情况，明明有财物，却不愿布施。其解决的方法是，应该意识到这个罪过必定是因为我前生不曾习惯布施而致。迅速发现问题之后，想到如今再不布施，后世又不喜欢布施，审慎思考，坚决布施，才能摆脱不习惯布施的罪过的控制。

第二种情况，囿于物资极度匮乏，而没有布施之心。为了寻找其解决的方法，应该这样认识到，当我处在轮回当中，未给别人带来好处，这是前世因缘或寄人篱下的原因，遭受饥渴等难以忍受的苦难。如果我有恩于他人，即便此生受苦而死，我也仅以布施感到光荣。拒绝乞讨者不是上策，尽管家徒四壁，但也靠任何野菜过活，笑看贫困，决心布施。

第三种情况，因所布施的东西惹人喜爱或精美绝伦而留恋不舍，没有为乞讨者布施的打算。其解决的方法是，迅速发现留恋的罪过，并认为我不在乎痛苦。若产生这种错误认识，必将给后世带来痛苦。摈弃这个错误，予以施舍这个东西。

第四种情况，通过布施，没有看到产生圆满菩提的利乐，却看到巨大财富的利乐而打算布施。其解决的方法是，迅速认识其罪过，认清一切浮华瞬间灭亡，特别是财富不断消失和远离自己。把一切布施视为大菩萨的全面回向。

看重财富等的报应。为了求得回报，不惜把所有东西施舍给他人的商人可能得到些微利益，但不能得到福分。同样，纵使得到巨大财富，但不能得到解脱。

《四百论》说：

“施舍他人一东西，
希望获得大成绩，
收取抑或全抛弃，
就像小利遭轻视。”

想象中的布施。自己走向静谧之地，收敛内心，情真意切，用意念变化出所布施的东西琳琅满目、无计其数，希望把这些东西施舍给众生。这小小的动作可使福分无限增长，这又是智慧型菩萨的布施。《菩萨地》这样说。

《贤臂菩萨请问经》说：“这是无产者的作为”，但富裕者也不是不可为。在没有财产之时，也要尽量布施，这种布施就是智慧布施，也是指在真诚无欺的目标——第一悉地未证得之间。一旦得到这个悉地，就不会物质匮乏。

《菩萨地》说："这样，在菩萨思想没有完全清净之前，不会有这些财富。故在没有财产的情况下，以智慧布施予以施舍。菩萨如何以真诚无二的思想完全彻底超脱恶趣，这样在累世中会得到用之不竭的财富。"

总而言之，守持菩萨戒后，把学习最高悉地的布施作为希望的目标而修炼。对于像以上所述的布施，从现在开始实施，了解其允许和阻止的区分，从而学习之。特别要找出顾惜身体、眷恋财产和吝啬善根的解决办法，努力增强布施的思想意识，修炼实践的兴趣。如果未能达到这种思想境界，应为此感到伤心和遗憾。为此，如《贤臂菩萨请问经》所说的那样，在其他世中，可轻而易举圆满完成布施。如果将这些弃之一旁，今生不断沾染大罪，他世也不思进取，所以很难问鼎菩萨行。

另外，《摄波罗蜜多论》说：

"布施根本菩提心，
不能抛弃布施情，
世人如具舍弃意，
佛说此事最殊胜。"

回忆并修炼行动基础——菩提心，向往和祈祷菩提心，是一切布施的根本与殊胜之处，须努力争取。这是归纳《贤臂菩萨请问经》意思的精髓。

第三节 戒律波罗蜜多

戒律波罗蜜多分五个问题：一是戒律本质；二是入修方法；三是戒律区别；四是如何修炼；五是总结大义。

第一，从伤害别人的氛围中脱离出来，这个离别之心，就是戒律。如果这个心蒸蒸日上，达到圆满，就会完成戒律波罗蜜多。否则，使外界众生远离一切危害，完成戒律波罗蜜多，则成为一句空话。如若不然，众生仍未脱离危害，先前的诸佛就不能圆满成就戒律波罗蜜多，也不能带领这些众生脱离危害的境地。

那么，无论一切众生脱离危害也好，还是不脱离危害也罢，关键是自身远离伤害众生的举动，熟悉这个舍弃心，就是戒律的实践。

《入菩萨行论》说：

"无论鱼儿还是虫，

驱离异地不杀生，
一旦得到舍弃心，
就会到达戒律境。”

虽然戒律有三类，但这里主要指的是作为约束（行为）方面的戒律的舍弃心。如果从动机的角度而言，就有摒弃十不善的十舍弃；如果从自己本身而论，就有抛弃七不善的身口业本质的七舍弃。

《入中论释》（འཇུག་འགྲེལ། a´jug a´grael）说："为了不染指烦恼，为了不犯罪孽，为了消除心中（悔恨）之火，为了安乐之因缘，由此成为圣者们赖以生存之所，这就是戒律，也是七舍弃的内涵。不损三法[1]、无嗔恨和正见三者，能全面左右上述行为。因此，广泛论述作为普遍制约行为的戒律的十业道。"

第二，这样发起菩提心，立誓学习菩萨行，就等于答应用圆满正觉的戒律之饰装扮一切众生，应该为其效力。首先，要发扬自己全面正确的戒律之力量。如果自己的戒律不净或丧失，就要堕入恶趣，不要说成就他人的事情，就连自己的事情也很难办成。因此，热心他人事业，爱惜而不是松弛戒律，就要严格遵守诺言。

《摄波罗蜜多论》说：

"圆满正觉戒律饰，
奋力成就众生事，
欲正别人先正己，
戒律清净力量炽。"

又说：

"失戒难成自己事，
为人做事不容易，
若要善为别人想，
经忏松弛无道理。"

接受或者放弃清净无瑕的戒律，是否按照特别制定的相关仪轨，在于自己的实践，也关乎守戒的念头得以强烈和稳固。对于不守戒的罪过和守戒的功德，要长期进行甄别观修，从而启迪守戒观念。

[1] 三法，一教法，释迦宗师所说之十二分教；二行法，以教修行之四谛、十二因缘、六度等；三证法，以行证果之菩提、涅槃二果。原文"ཆགས། "是贪的意思，翻译成"无贪"又不顺，故译成"不损"，似乎得理，亦未可知。

《摄波罗蜜多论》说：

“世态恐怖要发现，
小小瑕疵也抛远。”

这是说要害怕罪孽，哪怕小小的危害也要努力抛弃。如前所述，要审思戒律的最大干扰对象——十不善的罪孽。

对于这方面的功德，以前也说过。马鸣菩萨在《摄波罗蜜多论》中说：

“天宝圣品人财富，
极乐美味神物阜，
总关戒律多神奇，
一切佛法源此处。”

鉴于此，自己的心灵特别日日升华，可与心怀慈悲的大智大勇们的戒学相提并论，将得到完全抛弃一切罪行种子的清净智慧。

如果把其他饰品佩戴在年龄过小或过大的人身上，会成为令人耻笑的把柄，故不合适。但是，戒律的饰品不管佩戴在老、中、青谁的身上，都会使人心情舒畅，故为饰品中的饰品。

香味随着风向飘散，而不会逆风飘散，故是单方面的。戒律名声的芳香弥漫四周。消除炎热的旃檀等香水虽然对出家人不宜，但拯救烦恼的炎热的香水对出家人则十分对路。尽管只是有点出家人的样子，但拥有了戒律的财富，比谁都优越。

《摄波罗蜜多论》说：

“戒律奠基殊胜路，
随同大悲一起修，
纯净智慧卓越质，
远离缺点无比优。

三界陶醉一涂香，
适宜僧伽成芬芳，
仪表堂堂具戒律，
脱颖而出人中强。”

此外，虽然未说阿谀奉承的话，未做辛苦劳累的事，但生活必需品自然齐备；未经强力征服，但万众臣服，不用说自己的亲眷朋友了；以前未曾施恩或不曾认识的人们自然关爱自己，身后的尘土也受到神与人们的顶礼膜拜（追捧和尊崇）；所得到的东西也被作为福田之资具。这些都来自戒律。

《摄波罗蜜多论》说：

“不说谄佞不言苦，
修炼资具经忏聚，
未行镇压世臣服，
未做辛劳成财主。

不善言辞具体统，
一直未涉功德门，
从未照面诸众生，
仰慕追随戒律人。

脚下尘土呈吉祥，
神人虔诚供头上，
施礼祭拜普供养，
拥有戒律最优良。”

智者要善于思辨功德与罪过，如《摄波罗蜜多论》所说：

“菩萨守护诸戒律，
安危不可贪著毁。”

又说：

“悠闲自在修安乐，
智者所赞戒律呵[1]，
戒学内容皆完备，
发心圆满净戒恪[2]。”

[1] 戒律呵，呵护戒律之意。
[2] 净戒恪，恪守清规戒律。

就需要这样守护戒律。

自己因恶趣而感到害怕，打消羡慕神人的荣华富贵的念头，为把全部众生引向戒律之道而守护戒律。

《摄波罗蜜多论》说：

“芸芸众生无计数，
愿意引向戒律处，
为济世人依戒律，
可谓到达戒律洲。

因为恶趣生恐惧，
王权天物休念取，
守护无垢清净戒，
投身世事戒律趋。”

戒律包含三项内容：一是约束的戒律；二是包容善说的戒律；三是为众生做事的戒律。

首先，《菩萨地》说七项别解脱戒。一个信守别解脱戒者—菩萨戒者，是俗人或出家人的真实别解脱戒，以及它们与共同的断律仪[1]，便是戒律。如果是有悖别解脱戒的具戒菩萨，那么别解脱戒与共同性罪过等[2]，统统需要摒弃的断律仪，便是约束的戒律。

其次，包容善说的戒律。针对六度等善，如果自己以前未曾获得的，要加以开拓；如果已经拥有的不致衰败，进而发扬光大。

再次，为众生做事的戒律。针对十一种饶益众生之事，为了其今生后世之诸事，不犯秋毫、完美无缺地加以成就。就有关详情，我在《戒律品释》中作了论述厘定，请务必反复阅读。

因此，一切别解脱戒规，是具戒菩萨出家戒学的一个方面，除了菩萨戒学外，再无其他可言。在三戒律中，约束的戒律是正宗的别解脱戒规，或者加入或者退出别解脱戒及其共同戒律，对于菩萨来说首先显得尤为重要，故要学习之。

《菩萨地摄抉择分》说：“在这三种戒律中，约束的戒律是用来集约和融合的。如果做到收敛和持守，那么其他相关的也将得到收敛和持守；如果不能

[1] 断律仪，修断的律仪。
[2] 一个真正的别解脱戒的具戒菩萨。

收敛和持守，那么其他相关的也将不能收敛和持守。所以，菩萨的约束戒律一旦颓废，那么一切戒律便会随之丧失。”

如果认为别解脱戒是声闻的，就放弃取舍规则，声称要学习菩萨的其他戒学，这是没有掌握菩萨戒学的关键，因为多次强调约束的戒律是其他两个戒律的基础和处所。

约束的戒律主要是抛弃实质罪过，集中实质重大罪过的关键，是说一切大小密乘扬弃的十不善，对其无需任何动念，从这个角度出发，来正确约束三门。

《摄波罗蜜多论》说：

“希冀乐道靠善趣，
保持不变十业途，
投入其中念众生，
思想特征结成果。

正确约束身口意，
佛言万般归戒律，
包罗戒规成基石，
不折不扣要学习。”

月称论师曾说，在戒律的智慧阶段，提倡扬弃十不善。《第十悉地经》等多部经藏中也如此强调。所以，首先一如既往修养戒心，其他戒律也就顺利修成。

如何成就这些戒律呢？要成就六圣和六度。在成就六度之时，自己守护戒律，使别人也遵守戒律。这就是戒律施，其余同前。

综上所述，菩萨行的基础——保持菩提心不衰，从而使其发展，是投身戒律等菩萨行的根本，是拯救一切众生于危难中的良方。把最高悉地阶段的戒律实践，作为所愿目标进行修学。从初学者的戒律开始，从现在着手诚心诚意地学习取舍的相关内容，特别是了知十不善等性质的罪过，每天要多次修习戒备心，对于其中接受戒律的根本堕罪，要反复努力提高戒备心。

如此，善举有善报。因此之故，在其他世也只须付出一点辛劳或一点痛苦，就能圆满完成菩萨戒学。如果现在放弃学习这些，就会不断沾染很重的罪过，在累世中也不能学到菩萨戒，故从现在开始努力。

第四节　忍辱度

忍辱度有五个问题：一是忍辱的本质；二是入修要领；三是忍辱的区别；四是处理方法；五是总结大义。

第一，忍辱的本质。毫不在乎别人对自己的伤害，正确面对自己心中的痛苦，心向佛法，信仰坚定。与之相反的有三个方面：1. 嗔恨；2. 嗔恨招致胆怯（一生毫无建树）；3. 无信无念。

圆满完成忍辱度，只是指防止自己的忿恨，这个心念要圆满完成，脱离一切顽劣众生，与他们毫无牵涉。因无能为力，又有必要降服自己的心，要作出选择。

《入菩萨行论》说：

“暴戾有情星辰众[1]，
征服他们不可能，
只灭一个嗔恨心，
等于瓦解全敌人。

皮革覆地防荆棘，
哪能盖住苍茫地？
鞋底缝制一张皮，
通行大地无二致。

客观世界多繁复，
凭我能力难颠覆，
如能掌控自己心，
牵制他人何所需。”

第二，入修要领。要领虽有多种，但主要有忍辱的功德和不忍辱的罪过，仅从这方面说起。

有何功德。在《菩萨地》中说：“菩萨首先要把忍辱视为功德，作为一个忍者，后世就没有多少敌人，不会众叛亲离，生活安乐，心情舒畅，临终没有多少后悔的事，死后也往生善趣天界的神当中。因忍辱负重有此功德，我也要学习忍辱，不仅如此，要把别人引向忍辱的正确方向，歌颂忍辱的功德，发现忍者之人，

[1] 乖张暴戾的众生像天上的星辰一样众多。

满心欢喜，异常兴奋。”

《摄波罗蜜多论》也说：

“淡定自若心灵净，
深藏不露谓之忍，
花花世界不尽目，
隐忍拯救嗔恨病。

卓尔不群具特征，
实践苦行力冠群，
害心野火用水灭，
凡此百害忍辱镇。

超凡高人戴忍甲，
恶人语箭不能扎，
转而歌颂敬鲜花，
闻名四海世人夸。”

又说：

“才华出众美名扬，
作画塑造忍心张[1]。”

人们作恶成性，深陷私事不能自拔。毁坏诸多善根，要把他们从嗔恨之敌中解救出来，对哪怕是小小的危害势力也要忍耐，具备受人尊敬的美德。制伏烦恼，需要苦行者超凡之力；害心之大火，要用忍耐之水流浇灭；乖张人们施坏伤人之箭，要用忍耐之甲胄抵御。那吸引人的眼球和惹人喜爱的金色形象，就是著名的工匠所制作等等，可从多种功德予以嘉许。

《入菩萨行论》说：

“谁人自律灭嗔恨，
今生后世幸福甚。”

[1] 忍心张，指忍心还是主要的，需要张扬。

这是说，如果经常实行忍辱，高兴的心情永在，今生无论什么时候都平安无事，后世防止坠入恶趣，而往生特殊善趣，最后得到极乐，所以今生后世都幸福美满。这些功德来自忍辱，要予以修炼（这些功德），直至对这种因果关系取得深刻而牢固的理解。

看不见嗔恨罪过的罪过。在《入菩萨行论》中说：

“历经千劫所积蓄，
布施供养善逝趣，
洪福美德诸善缘，
一次嗔恨消灭去。”

如马鸣菩萨所说，在《入菩萨行论》中得到反映。

《大庄严法门经》（འཇམ་དཔལ་རྣམ་པར་རོལ་པའི་མདོ། a´jm dpl rnam pr rol pai mdo）说：“历经百劫所积攒下来的善根将被毁于一旦。”

《入中论》说：“人一旦生起嗔恨念头，哪怕这个念头一闪而过，但历经百劫所积攒下来的布施，以及波罗蜜多戒的纯熟善根，将会毁坏殆尽。”

那么，怎样做才算是嗔恨呢？有人说是嗔恨菩提心，有人认为是嗔恨一切。

就前者而言，《入中论》说：

“假如嗔恨佛佛子，
百劫所积戒善施，
顷刻之间消灭尽，
……”

说法相同。

就引起嗔恨的条件而言，《入中论释》认为，如果菩萨施以嗔恨而毁坏善根的话，那么非菩萨者嗔恨菩萨，（罪过）无须多言。

嗔恨的对象是否为菩萨，发现嗔恨的毛病是否真实，可用上述毁灭善根的情况来加以衡量。

一般而论，毁灭善根不一定嗔恨菩萨。

《集学论》说：“在《圣说一切有部》（འཕགས་པ་ཐམས་ཅད་ཡོད་པར་སྨྲ་བ། a´phgs pa thms cd yod pr smra ba）论典中也说：‘诸位比丘，请注意观察，比丘五体投地，膜拜藏有头发和指甲的佛塔，虔诚之至。圣僧，如此是也。诸位比丘，在佛塔面积所及下方的八万四千由旬处，有个金色大轮，其间遍布沙漠。如同这些沙数，这个比丘就要成为转轮王执政千百次。'"

又说："长者优婆离（ཉེ་བར་འཁོར། nye br a′khor）双手合掌，立在世尊身边，上前奏道：'世尊，您如此重视比丘的善根，那么世尊，这些善根到底在哪里消逝、削弱、中等衰落、彻底衰落？'世尊答曰：'优婆离，怎样得罪、刺伤梵行的情况我没有见过。优婆离，它使伟大善根削弱、中等衰落、彻底衰落。优婆离，无论如何也不对一条小树枝进行蓄意伤害，那么对有灵魂的躯体何须多言。'云云。"

何谓毁灭善根？是指把迅速发挥宿世善果的能力毁灭殆尽，使善报遥遥无期，反而使宿世仇恨类种子得以萌发。如遇条件，各自的种子不会不生发，任何世俗之道不能摒弃应摒弃之种子，烦恼的种子也不可能抛弃。这是一些大德的观点。

这个原因不一定，尽管人们用四种力量消除不善，这个清净也不算是摒弃种子，但一旦遇到条件也不可能带来果报。揭示各自的果报，消尽的业善也好，不善也罢，依然不算是抛弃种子，但今后遇到条件也不可能出现果报。

当得到加行道顶位，得到忍辱之时，虽然没有抛弃邪见和恶趣之源的不善种子，但遇到条件后也不可能产生邪见和恶趣。

如前文中引用的"业致轮回凡严重"一语，指出了善业也好，不善业也罢，他们以前就已经成熟，它使一时间内阻止了其他业成熟的机会，但仅凭这点不能决定毁灭善或不善，关于这点没有提到过。

暂时延迟果报，也不能视为善根已经毁灭，因为在其他情况下，应把强大的不善之业视为毁灭善根的工具。对此，清辩论师以前曾说过，用四种力量消除不善，邪见和害心使善根毁灭，并使善业种子消亡。今后遇到条件后，也不可能萌生（善业）苗芽；如还遇条件，也不能带来果报。

如前所述，积恶深重，用四种力量可以消尽，但善道的产生尚需时日，这并不矛盾。有些人曾经因为布施、持戒的缘故，其果报带来了万贯家产和荣华富贵，即便家道中落了，但因其历来习惯于布施和舍心，一遇到适当的条件，其布施与持戒的善根很快就会萌发。这是颠扑不破的真理。

有些人一贯坚持内在戒律等，不断得到类似好的报应。即便遭到毁灭，但对于健康的体魄与丰富财产的产生则影响不大。

如上所述，菩萨是得到佛陀授记的，如果不对其怀恨在心，那么一劫可以走完若干道证；如果（对菩萨）产生一丝嗔恨念头，那么即使没有放弃心中的那个道，但一劫可以到达的路程将会遥遥无期。

总之，在我看来，就消尽不善而言，无论任何相关行为，都无需全部消尽。同样，就毁灭善根而言，无论其相关所有行为，都无需全部毁灭。然而，这事非同小可，这关系到佛陀惟一的教证，根据佛理才能得以研究，务请阅读佛典，深究其因。

因此，自己制造丑恶而非常严重的果报，却防止给他人带来无数欢乐的果报，这是鼠目寸光带来的罪过。

见法（现实）的罪过是什么呢？不去践行温和善良，以前的欢乐与安康荡然无存，前途无望，夜不能寐，心神不宁。嗔恨炽烈，忘记曾经有恩于自己的人并杀害之。众叛亲离，即便用布施挽留也离你而去，等等。

《入菩萨行论》说：

“怀有嗔恨心剧痛，
不愿践行温良情，
幸福安康已远去，
寝食俱废神不宁。

人家舍财施恭敬，
待君不薄恩泽深，
反目成仇嗔恨生，
心怀敌意杀恩人。

亲朋好友均郁闷，
施舍笼络不近身，
要说嗔恨安闲处，
古往今来很少存。”

《本生论》也说：

“心有嗔火脸难看，
涂脂抹粉也枉然，
华丽床铺安然寝，
嗔恨剧痛心苦乱。

有恩贵人早忘怀，
忿懑扰心走邪道，
贪图名利声誉坏，

如同下弦[1]气数衰。

亲朋好友虽眷恋，
嗔恨坠落非理[2]涧，
不知好歹智力丧，
前后矛盾心迷乱。

务恶成性罪业深，
恶趣遭罪百年疯，
罪大恶极好斗争，
敌人也非如此横。

嗔恨属于内心敌，
本人如是必认识，
知善功效大散发，
勇于忍辱圣人谁？”

此等罪过皆源自嗔恨，要用心修念，直到获得坚定认识和理解。《入菩萨行论》说：

“似恨罪业世罕见，
似忍苦行人间鲜，
认真对待忍辱法，
想尽办法务修禅。”

首先要发现功德和罪过，从多方面入手努力修炼忍辱。

上述偈句第一首的缘由是，如《入中论释》所说：“如同大海的水难以用斤两衡量一样，果报的界点实在难以确定。”

这是说，制造令人厌恶的后果和损害善根的罪业，是由不忍造成的，除此而外，再无其他特殊原因。尽管制造非常严重的令人厌恶的果报，但只要善根不毁灭，就不算罪业深重。

然而，造成严重后果与毁灭善根二者叠加的罪行，除了仇恨还有其他许

[1] 下弦，下弦月亮，喻走下坡路。
[2] 非理，丧失人伦。

多（原因），如诋毁因果报应的邪见、抛却圣法、大肆污蔑菩萨、大肆污蔑上师、飞扬跋扈等。这些应阅读《集学论》便知。

忍的区分有三个方面：一是藐视加害；二是担当痛苦；三是了然佛法之忍。

首先，藐视加害有两个问题：1. 若对方加害，要防止不忍报复；2. 不要不高兴加害者发达，不要高兴加害者衰败。

要防止为安乐制造障碍（的人），防止对于（自己）制造痛苦的不忍，防止为尊敬（他人）制造障碍，防止对于别人欺负（自己）的不忍。

现论述一下嗔恨不合道理，关爱符合人情。查外境、查意识和查所依不合道理。

注重有自由或者无自由，而不应该有仇恨的表现。首先考证应该仇恨加害者的原因是什么，经过考证，就会了解对方早先有了加害的主观意识，他的行动妨碍自己的安乐，或者对自己的身心造成令人憎恶的痛苦。如果他不行加害，我是自由的，而他却实施了加害，所以就恨他？还是他本来没有故意，但受别人的怂恿而行加害，所以就恨他？

若属于第一种情况，就不应仇恨，因为加害者没有故意，他有宿世的烦恼种子，就实施此事，想入非非，因缘和合，才萌发了加害的念头。

虽然不这样认为，但这些因缘足以使之发生。如果这些因缘不具备，即便这样想了，也是根本不能发生的。

这样，这些因缘促使产生加害的念头，也导致实施加害的行为，而对他人造成痛苦。所以，加害者是没有丝毫故意的。他也受制于烦恼，成为烦恼的奴仆。

如果自己没有故意，而受别人支配进行加害的，特别不应恨他。例如，有些人因鬼迷心窍而受其控制，有人帮助解救，脱离困境，反而恩将仇报进行加害。尽管如此，但应该这样想一想，他是受魔蛊惑，失去自由，才这样做的。所以，丝毫不应怪罪他，而应当尽快想办法解除魔障。

同样，当菩萨遭到加害者的加害，就会这样认为，此人被烦恼的魔鬼所困而失去控制，所以才这样做的。我对他丝毫不怪，为了使他远离烦恼，我要努力让他步入菩提之道，而发扬菩提心。

《四百论》说：

“病魔缠身脾气大，
医生忍辱不打架，
世尊慧眼识烦恼，

并非生来人犯傻[1]。”

月称大师也说：

“此生开始非有错，
究其原因烦恼误，
前因后果智者明，
无法怪罪有情绌。”

虽然在《入菩萨行论》中讲了许多论据，但这个道理容易理解，在很大程度上成为对付烦恼的有力方法。《菩萨地》也强调修炼惟法[2]的观点，而忍耐加害。这与前文一致。加强修炼，直至取得清醒认识。

如果那些人们有自由的话，那么遭受痛苦者也不会有几个，因为痛苦是被迫的，也是自由的。

此外，当他们被严重的烦恼所困扰之时，非常痛苦和自怜，或自杀，或跳崖，或被荆棘、刀枪所伤，戒食等行为给别人带来伤害，自不待言。考虑到这些危害性，应该控制嗔恨。

《入菩萨行论》说：

“所有行为不自由，
受制于人难入流，
了解诸如毒蛇因，
面对一切勿记仇。”

又说：

“无论亲人还是敌，
发现无理来攻击，
要知危害将临头，
三思而行管自己。

顺其自然无造作，

[1] 人犯傻，这里主要指烦恼。
[2] 惟法，惟一的佛法。

没有几人喜痛苦，
六道众生都一样，
谁不感受灾难著。

他日沦为烦恼奴，
不堪痛苦欲自诛，
面对别人生歹念，
不难保证伤筋骨。”

关注偶然性或者本质性，而不应该有仇恨的表现。为什么？伤害别人的这个毛病，不外乎是否与人的本质有关。如果是本质的话，就不应该嗔恨。例如，不应该仇恨火（的本质）热而灼。

但是，即便是偶然性的，也不应该仇恨，就像云雾充满天空，不能因此怨恨天空一样。这样提高认识后，就会阻止嗔恨的产生。

《入菩萨行论》说：

“假如有意欺负人，
就当幼稚儿戏弄，
不应对他发脾气，
恰似火具热灼性。

但凡此事突然发，
当如人性要了达，
不应对他生怨仇，
恰似空中雾霾压。”

关注直接或间接的伤害方式，而不应该有仇恨的表现。如果对直接施暴者进行仇恨，那么就等于把棍棒等当成人一样仇恨了（只仇恨棍棒，而不仇恨人）；如果对间接伤害者进行仇恨，那么就等于只仇恨打人者，而不去理会给人带来痛苦的棍棒，这就需要用嗔恨痛打嗔恨了。

经说：

“操起棍棒等打人，

仇视加害[1]不顶用，
须知嗔恨在作祟，
人棍应该怨嗔恨[2]。”

所以，既然不能恨棍棒，也不能恨施暴者；既然恨施暴者，也要怨嗔恨。（问题是）不应该这样去理解，因为思想出了偏差，道理普遍一致，从中找到一定的道理(为要)。就像既不恨棍棒也不恨人一样，应朝着这个方向去想问题。

棍棒与施暴者到底有无害心实难甄别，可用上述妨碍自由的道理加以了解。

关注鼓动加害者的原因，而不应该有仇恨的表现。遭受由加害者导致的痛苦，不是没有原因，也不会出自不同的原因，而是随顺（相应）的原因。如果前世积了不善业，自己的业缘导致不由自主地加害于人。

因此，应该认识到，一切咎由自取，而不应该仇恨别人。要责备自己，全面防止仇恨。譬如，由于自己罪大恶极，那些地狱守卒才惩罚自己。

经说：

“自己投生前世时，
加害不少平凡士，
无情伤害诸生灵，
今日遭难不算奇。”

又说：

“幼稚人们不喜苦，
却又踏上灾难途，
自己造孽受伤害，
怨恨他人没有谱。

可怖地狱守卒住，
刀剑耸立莽林如[3]，
自己积蓄此等业，
有何理由怨人误[4]。

[1] 仇视加害，仇视加害的人。
[2] 嗔恨使人与棍棒加起来欺负他人，所以嗔恨是罪魁祸首。
[3] 莽林如，像莽林的意思。
[4] 怨人误，埋怨别人带来的痛苦。

宿业鼓动不自已，
接二连三受打击，
有情纷纷堕地狱，
归根到底怪自己。”

雪波巴也说：“说是不怪自己，这实际上是丝毫不懂佛法的表现。”

关注有境（内心世界），而不应该有仇恨的表现。对加害者进行仇恨，如果出于不忍痛苦所致，这是矛盾的。因为不忍此生一丁点儿痛苦，将意味着硬是造成无数恶趣痛苦。所以，应该这样想一想，自己多么愚蠢啊！这样始终警醒自己，努力防范嗔恨的产生。

经说：

“今生遭受微痛苦，
如果想法不克服，
导致地狱痛苦因，
为何决心不排除？”

加害导致的痛苦，是前世恶业的果报，感受它可以消耗前世的恶运，忍受它不再积蓄新的罪过，而福运大增。

面对宗教的消亡，为了自己消除罪业，作出加入他教的样子，应该将其当作恩人对待。

《本生论》说：

“不顾自宗已衰败，
但为消业入他派，
假如对此不忍耐，
忘恩负义世人怪[1]。”

《入中论》也说：

“前世积下不善果，
消弭干净豪言多，
仇怨他人致痛苦，

[1] 世人怪，世人怪罪的意思。

一一报应种子播。”

就像为了治疗大病而忍耐放血或火灸之术一样，为了防范巨大痛苦，哪怕忍受小小的痛苦也是非常应该的。

关注所依（如对象），而不应该有仇恨的表现。考证加害的原因、有错无错等。

经说：

“对方械伤自己身[1]，
二者皆有痛苦因，
刀剑创伤我躯体，
不知仇恨哪个人。

脓疖长在人身上，
不敢触碰格外痒，
贪令智昏便是我，
伤害他人怨何方。”

又说：

“有人愚昧做坏事，
有人昏聩恨人世，
谁能言其无毛病，
不良行为又哪里？”

注重自己的承诺。应该这样认为，声闻为了个人的私事才加入某教，如果对此不忍而进行仇恨，那是不该取的。我自从树立菩提心之日起，承诺成就一切众生的利乐，投身人们的事业，义无反顾全面关照一切生灵，修养忍辱之心。

博朵瓦大师也说：“对佛教不要作恶。对（佛教）有稍许的伤害便不能忍耐（或杀死对方），说他彻底毁灭了佛教，而予以诅咒。这个行为使戒律丧失，等于从根本上毁灭了佛教。我们不能代表整个佛教，如果自己失戒，只能算个人的损失。譬如，牦牛背上的鞍子翻下，把尾巴夹在鞍子中，上蹿下跳（意欲

[1] 对方手拿器械，攻击我的身体。

解套），结果鞍子砸到了腿（伤了自己）。把鞍子卸下后，后鞧也掉落了，这样就舒服了。如不宽恕加害者，与其对立，那就寸步难行。”

应该关爱的对象。亘古以来，一切众生处在轮回中。在这期间，没有一个不成为自己的父母等亲眷，可谓关系密切。但好景不长，生命苦短，遭受三大苦难的折磨。烦恼的邪魔使人丧心病狂，把此生和后世的事业毁灭殆尽。要发起悲悯之心，从心底认识到不该有嗔恨和复仇心理。

第五节　如何有尊严

不应干扰对人的尊崇，不应有对人欺凌等三事。防止不忍有两条，其中一条是阻碍表扬等三事，要防止不忍。这里又有三条：1. 认为表扬等没有意义；2. 存在缺点；3. 乐于防范这些。

别人歌颂自己、自己飞黄腾达等，均对自己今生健康长寿和后世幸福美满没有任何作用，而不应对这种颓势感到不快。就像一个天真的儿童，面对毫无成功希望的沙屋倒塌而伤心哭泣，我们与之毕竟不一样，应该保持低调，不应自怜。

经说：

“歌功颂德名利求，
不增福分不长寿，
不增力量不治病，
更不助益体质优。

自己了断琐碎事，
哪有他人扰心思。”

又说：

“沙垒房屋坍塌时，
无知小儿掩面泣，
功名利禄都一样，
心如儿童保纯一。”

应该认识到，阿谀奉承等使人沉湎于非正经之事，毁灭厌离（的思想），嫉妒俊才，美善衰减。应该远离这些不良行为。

经说：

“恭维使人飘飘然，
菩提厌离毁一旦，
心生炉火待才子，
繁华锦绣遭严寒。”

放弃歌颂、名声和利益，是防止自己滑向恶趣，斩断贪婪的束缚，封堵走向苦难之门的有力工具，如佛陀的加持一般。要真心实意地防范嗔恨，培养乐善兴趣。

经说：

“防止谄媚等行为，
保持一切好品位，
决心阻止犯堕罪，
斩断走向恶趣扉[1]。

解脱作为终生事，
功名利禄何所奇，
有人让我得解脱，
有何理由心仇视。

愿意忍受一切苦，
接受佛陀恩垂顾，
作为人生一门径，
有何理由仇恨笃。”

对不忍欺负等三事的防范。应该认识到，心非身体，别人是无法实际伤害到它的，只有通过对身体的伤害，才能伤到心。既然这样，那欺负等也对身体不能伤害，对身心不能伤害，应感到高兴，阻止伤心。如果能阻止成功，仇恨就不再产生。

[1] 恶趣扉，恶趣之门扉。

经说：

“心非具体有身形，
任何个人无法侵，
如果过分爱躯体，
出乎意料苦难临。

仗势欺凌出恶言，
逆耳话语惹人烦，
但对肉身无伤害，
心情大怒为哪般。”

夏热巴说：“无论向康龙巴、尼苏巴和扎吾巴三人说什么，就跟土石说话没有两样，但心情则安，而后来的人耳朵薄（听不进人言），感觉不舒服。”

当有人向辛顿（གཤེན་སྟོན། gshen staon）解释这事如何时，他却说：“这等于向国王打小报告，你在我们之间挑唆，应忏悔之。”

向瑜伽师喜饶多杰说：“有人说我们过于轻浮。”“是。人不说人，还能说什么？”

“应彻底根绝离间的坏习惯。”

如果受到欺负，表明别人不喜欢自己，而感到不爽时，应该这样认识到，即使因别人不喜欢自己而受到打击是情有可原的，但又奈我如何，应摒弃不喜。

经说：

“别人对我不喜欢，
无论后世或人寰，
既然不能吃掉我，
缘何对此记仇怨。”

虽然别人的不高兴对我毫发无损，但因此妨碍了从中将要得到利益，故出现了欺负、贬低和谩骂。如果对此生恨，应该认识到，即便得到利益，此生也要放下，而生恨的罪恶接踵而来。两袖清风匆匆一生与纸醉金迷的苟活，二者相比，前者优秀。

尽管发迹暴富，寿命很长，但仍然逃不过死亡，总有一天生命要画上休止符号。临死之时，享福百年与享福一年，是相同的，二者都会成为回忆的对象。

到那时，就没有任何幸福与痛苦的区别了。

譬如，在梦境中百年享福与短暂享福，梦醒后，没有任何幸福与否的差别。如此认识之后，斩断对于名利的向往，面对欺负和辱骂不会心生不快。没有必要把自己塑造成别人眼中特殊的人，即便不受别人关注，也不会妨碍自己愉悦的心情。

经说：

“为求阻碍获利益，
真心对此不乐意，
非把财富撂一边，
罪恶顽劣实难移。

今生虽死尤值得，
糜烂苟活万不可，
纵使泛泛寿长久，
但也总归死苦掣。

梦中享受一百年
一觉醒来空喜欢，
他人梦中享短福，
两眼睁开也虚幻。

两种梦境有不同，
真正享福难觅踪，
长寿短命有差别，
临到死亡等于零。

一旦发迹拥财富，
珍馐美衣多日逐，
犹如劫匪一光顾，
等同穷汉空手处。”

防范不喜欢敌人发财，防范对敌人幸灾乐祸。为了成就众生的利乐，鼓起菩提心，不恨众生贪图名利，希望所有人们得到终极觉悟。应该这样想一想，对人们稍获低等利养恭敬，就感到不高兴，实在是谬莫大焉！遂抛弃任何形式的嫉妒，诚心树立兴致。如不这样，成就菩提心和利乐众生，便成为一句空话。

经说：

“所有众生图安宁，
决计发起菩提心，
人们自己获利养，
有何理由生愤恨。

恭敬三世欲正觉，
有志众生心意决，
发现粗陋供养物，
缘何对此生悲伤。

所养对象要抚育，
想方设法拟给予，
亲眷友人获利益，
难道不喜反忧郁？

倘若无端恶众生，
哪有理由菩提行？
仇恨他人获财物，
试想有何菩提心？

假如从其获利养，
抑或施主住家堂，
一切条件尚不具，
施与不施何所讲？”

对敌人的倒霉幸灾乐祸，进而盼望其灭亡。这种恶劣想法对敌人毫发无损，反而证明自寻苦恼而已。要认识到，损人不利己，两败俱伤，酿成大错，要全面杜绝。

经说：

“如果敌人不高兴，
有何理由你喜庆，
即便自己诅咒他，
不会伤其发一根。

想入非非致痛苦，
即便实现有何福，
纵使一时如人意，
灭顶灾难舍此无。

烦恼奴仆一渔夫，
抛下可怖捕鱼篓，
擒获装入心狱瓶，
狱卒必将我烹煮。”

这样，妨碍自己和自己亲眷的权益，进而掣肘作梗，对于敌人的兴旺发达一味持排斥反感的态度，因此心烦意乱，发展下去将引发嗔恨。如果最终把见不得人好的心理加以纠正，就可以克服心情郁闷。这个情况得到改观后，嗔恨不再产生。利用前文交代的道理，杜绝从来不喜欢别人有所发展的（心理），多方面阻止嗔恨，因为（嗔恨）罪莫大焉。

就破斥的教诫而言，前文所说诸佛子的道理，与自己的烦恼进行辩论，反躬自问，消灭最大的敌人——嗔恨，便是这些情况。

用缜密思辨的智慧进行全面分析，如从多个论点加以阻止，嗔恨内部的多数因素就可以消除，忍辱从多方面得到培育。通过正确教证的无瑕义理，为获得的信念奠定基础，从中产生实践经验，其禀赋非常稳定。

如果丢弃缜密思辨的智慧的观修，就等于丢弃此等一切伟大的菩提心行为，要知道这给自己和他人为使闲暇之身具备价值而制造了无法挽回的障碍。知道其道理后，应像毒品一样抛弃它。

第十三章 精 进

第一节 担当痛苦

鼓起勇气，敢于担当痛苦，分三个问题：一是必须担当痛苦的理由；二是担当方法；三是从根本上广泛解读。

首先，如《入菩萨行论》中所说：

“幸福因素很少有，
痛苦原因多堪忧。”

我们经常遇到各种形式的痛苦，故不可没有正确对待它的（方法）。否则，如《集学论》中所说的那样，它或者引起嗔恨，或者在修道过程中制造胆怯与畏缩，而成为行善积福的障碍。

有的痛苦是别人制造的；有的痛苦无论是付出精进与否，都由前世业缘决定的；有的痛苦如下文中所说的那样，行善受苦，不行善不受苦。

这样，前世宿命与现实因素使人产生痛苦，对于这些暂时还不能排除。既然已经遇到了痛苦，就要勇于担当。如果缺乏这种精神，那么在原有痛苦的基础上，加上因自己的寻思所导致的顾虑痛苦，变得极难忍受。

有了担当，即使原有痛苦没有发生改变，但牵扯心情郁闷的顾虑痛苦从此不再发生。对其他痛苦同样采取正确方法，痛苦就会变得很小，因为能忍受。所以，拥有担当痛苦的忍劲显得至关重要。

其次，一是应该阻止非常厌恶痛苦的态度；二是担当痛苦是合情合理的。如果遇到的痛苦可以得到改变，那么无需忧虑；如果不可改变，即使表现出伤心，既无意义，也无作用，反倒有罪。如果生性懦弱，哪怕小小的痛苦也很难忍受；如果生性坚强，哪怕再大的痛苦也能忍受。

经说：

“既然痛苦能改变，
有何理由心不安，
如果无法改变它，
痛恨厌恶也枉然。”

又说：

“寒冷炎热暴风雨，
疾病捆绑遭人屈[1]，
自己不做羸弱者，
胆怯畏缩危害巨。”

思考痛苦本身的好处，思考忍受痛苦的好处，从低端做起不再困难。

好处有五：1. 如果没有了痛苦，就没有了必需的厌离打算，故有鼓励心向解脱的好处；2. 当遭到痛苦时，深受打击，傲慢消失，故有克服骄横的好处；3. 当感受到巨大痛苦的滋味时，知道它源自不善，就不喜欢这个果报，尽量避免接触这个因素，故有防患于未然的好处；4. 当被痛苦折磨时，就希望能有幸福，需要幸福的话，就要创造行善的前提条件，故有喜善的好处；5. 结合自己的实际情况，联想到其他人们也同样饱受痛苦，对于深陷轮回的人们心生怜悯（故有慈悲的好处）。

以此类推，自己应该知道还有其他功德，懂得痛苦是欲念之所，应反复修心。

经说：

“没有痛苦不厌离，
内心世界要确立。”

“忍受痛苦有好处，
悲悯消除人骄扈，
深陷轮回需拔济，
规避罪恶喜美淑。”

[1] 遭人屈，遭人屈打、折磨。

思考解脱等具有深义的功德；思考杜绝无数痛苦的功德。知道自己以前处在轮回之时，为了一点低级需求，为了小小欲望而产生痛苦。若毅然藐视许多痛苦，料定后世必将忍受无数痛苦，这样的根源毫无意义，要把类似痛苦担当起来。想一想，从现在起，我为了成就自己和他人的利乐而投入善业。有了这样的觉悟后，就应该较前担当起数千万倍的痛苦是理所当然的，何况区区小难，也不在话下，故不断坚定意志。

《入菩萨行论》也说：

“自私坠入热火狱，
遭受火燎千年逾，
但我未做所愿事，
更未成就他人趣。

不足挂齿小磨难，
有朝一日大事堪，
消除苍生众危害，
直面痛苦最应办。”

应该这样想到，以前因为怕脏怕累，无所事事，自己和他人的事毫无建树，现在为什么不克服困难而成就大事？即便有了痛苦，也要迎难而上，把它视为自己找到了归宿，而信心满满。

另外，因受到坏导师的蒙骗，误入歧途，被迫忍受三叉戟从屁股贯穿头顶，或者忍受五火烧身的痛苦；为了世俗的低级需求，不得不忍受耕田、经商和战争等诸多痛苦。思考这些后，应树立不怕艰难的思想。

思考杜绝无数痛苦的功德。就像一个即将被处决的人，只砍去一根手指，就算处以极刑（逃过死亡），而大喜过望一样，人似乎有了一点攻坚克难的精神，就会根绝无边轮回，特别是根绝身处地狱等恶趣痛苦。应认识到这是大好的事。若充分思考现在和将来痛苦的特点，就会产生不畏苦难的意志。

经说：

“临死只砍一指头，
侥幸逃生精神擞[1]，
人若付出艰难苦，

[1] 擞，抖擞精神的意思。

远离地狱何不优。”

从小事做起，形成习惯，就不会困难了。

经说：

“耳濡目染成习惯，
驾轻就熟并不难，
只要忍受小痛苦，
自然克服大灾患。”

紧握克服困难的思想武器，从忍受小痛苦开始，克服困难的力量必将大增。

《集学论》说：“首先适应小痛苦，就会克服困难，甚至克服更大困难。譬如，由于有了适应，就会把所有人们的痛苦当作快乐来认识。同样，把所发生的痛苦赋予快乐的观念，习以为常，快乐的观念就会逐渐巩固下来。”

就有关问题，《勇猛长者请问经》说：“要离却像柳絮叶片一样轻浮的心。”

《华严经》说：“善女子，为了消灭一切烦恼，要鼓起勇气树立苦行之心。”

这是说，人心需要非常稳健，要有这样的气质，而浮浅是成不了事的。所以，一开始树立不小的气概，巨大痛苦也会化为朋友。例如，有些勇士杀向战场，当发现自己负伤流血，便会更加激起勇猛顽强的斗志。若一开始对此闻所未闻，即便有所耳闻，认为自己无能为力，就轻藐自己。这样，一个小小的困苦，也会使自己半途而废。譬如，有些胆小鬼发现别人流了血，也会吓得晕厥过去。

经说：

“勇士发现身挂彩，
毫无胆怯意澎湃，
懦夫看见人流血，
战栗不止昏迷来。

一个源自心稳健，
一个囿于心胆战。”

第二节 广泛解读

从根本上广泛解读。对已发生的痛苦予以克服。对何种情况下发生的痛苦予以克服呢？有八种情况：

1. 依靠处所。法衣、化缘、床铺、坐垫、医病之药及其器械，这些都是梵行增长之所。如果，当获得质量差、数量少（的斋饭），对方不敬或施予过期（的斋饭），不要表现出不高兴或失望的表情，要克服由此引起的痛苦。

2. 依靠世俗法。劳而无获、难听、诬蔑、痛苦、毁灭、破损、衰老、疾病和死亡，这九个过程是世俗法。对于有关全部或者个别的痛苦，分别进行研究并克服之。

3. 依靠行动。行动包括行、立、坐和卧。若行和坐出现麻烦时，需昼夜修心思过；要克服由此引起的痛苦；不得随时坐在椅子或小凳子上；不得躺卧在草铺或树叶垫子上。

4. 全面依靠弘法。供奉和经忏三宝；供奉和经忏上师；掌握佛法；向别人大量弘扬佛法；高声诵经；独自幽居并正确冥思；瑜伽深入心灵并修炼寂止和胜观。这些便是七弘法。若奋斗之，应克服由此引起的痛苦。

5. 依靠行乞为生。削去须发等，要适应形象不雅；适应缝制袈裟和款式难看；约束一切凡人的行为，不涉琐事，不涉农耕等；要靠化缘而生，生活取决于他人；不许积蓄并使用化缘所得，终生从别人处索取法衣等，远离非梵行；至死防止欲念，摒弃歌舞喧哗等；为了放弃与密友、意中人、童年好友等寻欢作乐，终生不参与凡人之娱乐。这是七项行乞为生法。鉴此，应克服由此引起的痛苦。

6. 依靠辛劳。因奋斗善业而身心俱疲，因纷争、劳顿导致痛苦，这些需要克服。

7. 依靠为人做事。为民做十一件事，需克服由此引起的痛苦。

8. 依靠现实工作。以钵盂和法衣之业等为伴的出家人，对于无害农业、商业和服侍国王用膳等凡夫的暂时活计，要做根本了断，由此引起的痛苦需要克服。

这样，无论遇到这八处痛苦中的任何一种，每个人都不得放弃精进，投入菩提，加入菩提后不可成为妨碍菩提的绊脚石，而是毫无烦恼地开展下去。

再次，必须心向佛法，发扬信仰之忍。信仰有八境：

1. 崇敬之境。崇敬三宝之功德。

2. 践行之境。践行二无我之真实意义。

3. 意愿之境。佛、菩萨们的威力，即先知之力、六度之力和俱生之力。

4. 取舍之境。善行之因和恶行之因，其结果分为欲念与非欲念二种。

5. 修炼之境。所获者菩提和获得的方法——一切菩提学道，也分二种。

6. 闻思而修之境。所知之用途无常等，这是卓隆巴的观点。《力种姓品》（སྟོབས་ཀྱི་རིགས་ཀྱི་ལེའུ། staobs kyai rigs kyai leau）认为八境是十二分教等圣法。

7. 崇信之境。理解这些境的具体情况，完全掌握，反复思考。

（不知何故，此处原文少一境——译者注）

关于克服困难和心向佛法，八个两组，是根据《菩萨地》所说，特别是心向佛法所论广博。

修炼这些时应怎样做呢？无论修炼任何一种忍，都必须以完全的六贤和完整的六度为重。使别人获得忍，除非忍之布施，其余与上述相同。

总而言之，回想并修炼行为之基础——发菩提心，是引导所有人们接受无漏纯粹的忍之根本，将其发扬光大，把最高层次的忍作为希冀的目标而修心，初学者分清忍之教言目标，而正确学习。如违背系统宣讲的要求，则需要拨乱反正的勇气。

如在践修之时抛弃它，几项大罪将如影随形，在其他世中实践伟大的菩提心也将非常困难。瞄准道之关键，从现在起锻炼本事，无能为力的也要修养心智。如《妙臂菩萨请问经》所说，通过花一点功夫和忍受一点小苦，使忍波罗蜜多圆满成功。

第三节　精进的内涵

学习精进波罗蜜多有五个问题：一是精进本质；二是从事精进的方法；三是精进的区别；四是怎样修炼；五是总结。

首先，面向善业，乐意进取。

《入菩萨行论》说："所有精进乐意善。"

《菩萨地》说："为了积蓄善良，为了给众生做事，需要纯正的进取心，由此决定投身三门之业。"

反复思考从事精进的功德和不从事精进的罪过，从而养成习惯，将会做到精进。

其功德是，《劝发增上意乐会》说：

"苦难黑暗均消除，
抛弃恶趣成基础，
诸佛赞赏精进善，
无论何时做依处。

世间有何工巧业，
过去事物所塑捏，
依靠精进不难成，
不思进取智者非。

一旦投身佛菩萨，
便知昏贪缺点大，
持之以恒务精进，
我便策励后辈娃。”

《经庄严论》也说：

“诸善当中精进胜，
依靠精进万事成，
安享富足处太平，
过去未来佛果证。

精进能获善趣华，
精进能达解脱涯，
精进能使坏聚离，
精进能证菩提家。

又说：

“具备精进能自足，
具备精进烦恼无，
具备精进不抑郁，
具备精进保成果。”

《菩萨地》也说：“为了某事，正确成就菩萨善法的主因或良方只有精进，而没有其他路径。精进促使获得无上正等菩提，善逝们用教义作出示范。”

《摄波罗蜜多论》也说：

“毫无忧虑具精进，

没有一事不成功。”

又说：

“非人喜欢也帮助，
各种三昧始证获，
日夜均有成就感，
满腹经纶不迷惑。

佛事远胜俗世法，
犹如莲开竞繁华。”

关于罪过，《慧海问经》说：“对于懒汉来说，菩提遥不可及；懒汉没有布施、智慧等六度；懒汉无所事事。”

《正法念处经》说：

“烦恼只有一个因，
懒惰成为第一人，
谁人有了懒惰病，
任何佛法丧失尽。”

这是说，没有了精进，将被懒惰所擒，一切圣法丧失殆尽，无论现在还是将来，所有大士之事业将会功败垂成。

精进的区别有两个问题：一是具体区别；二是发扬精进的方法。

具体区别是：1. 铠甲精进；2. 推广善法精进；3. 为人做事精进。

首先，菩萨们从事精进时，在行动之初，穿上兴趣先行的思想铠甲，应该这样想到，我在等于一千个大劫的日日夜夜中积累的数千万倍的三大阿僧祇劫中，为了消除一个人的苦难，对他欲从地狱中证得佛果也感到高兴，也就是说为了成等正觉而精进。一旦有了精进便不再放弃，何况时间短暂或者很小的苦难算得了什么。这就是铠甲精进。

一个菩萨乐于这样的精进和信念树立需要稳健。为了无上菩提，要丰富、发扬无数精进的因素，具备这种精进自不待言。《菩萨地》认为，为了菩提或者为了其他人，无论遇到何种情况，都不应害怕吃苦、畏缩不前，这种有悖苦行的作为要不得。如果有了这样的积极思想，必定焕发出大乘种姓的能力，须修习之。

《摄波罗蜜多论》也说：

“始终徘徊轮回边，
漫邈无际昼夜连，
日积月累年代久，
等同劫海数遥远。

菩提胜心产生时，
其他资粮均有异，
事业繁重无遗憾，
真正菩萨慵懒弃。

身处轮回忘己苦，
精锐铠甲数量无，
禁戒勇士慈悲心，
正确获得才突出。”

这也是铠甲精进。

此外，从亘古轮回到今天为止，以一昼夜为准，把三十昼夜算为一月，把十二个月推为一年，经过十万年，才产生一个菩提心，知遇一名佛陀。这样，经过大约与恒河沙数相等的一劫，才能洞悉一个人的心思与行动。同样，若要洞悉一切众生的心思与行动，需要大无畏的铠甲，也叫无尽铠甲。这出自《无尽意菩萨经》，这是无上铠甲精进。

总之，如果能树立这样的思想，其无数资粮可顺利圆满，将清净无数障盖，可成为永不反悔的重要因素。怎样持之以恒，就怎样迅速获得正果。如果对无边菩萨行和遥遥无期失去兴趣，却在极短时间内希望成佛，结果与佛陀相隔甚远，为树立伟大的佛子精神而制造了障碍。

穿上这样的铠甲，为了人们的事业而争取精进的精神。有两个方面：一是利用善法，为了正确成就六度而投身此项行动；二是为人做事而精进，如何正确投入十一件事。

第四节　精进的方法

发扬精进的方法。如前所述，代表两种资粮品的一切善法，无不依赖于成长、稳固和发展，故其实践的推动非常重要。

讲修大师寂天的理论通俗易懂，便于操作，博大精深，现讲述其观点。

有四个方面：一是消除精进的障碍；二是创造巨大顺缘；三是用前二者发扬精进；四是加强身心修养。

首先，认识不利因素；寻找其摒弃方法。有两种不入道的情况：一是虽然明白可以修炼（的道理），但不投身正道；二是自己认为无能为力，便畏缩不前，不投身正道。

无论是否能做到，都漠不关心，从而不去修炼。虽然有这样的情况，但这里针对从事解脱者而言，故不合时宜。

认为还有时间，便拖延推诿，慵懒无为。即使不是这样，也沉湎于琐碎繁杂的小事，而不能自拔。

《入菩萨行论》说：

“要说违缘有哪些，
平时沉湎懒惰怯，
慵散无为虐自己，
……”

产生懒惰的原因。沉湎于懈怠放任、低劣饮食、贪睡不醒和不厌轮回。

经说：

“懈怠放任享味触[1]，
贪睡不醒难知足，
轮回痛苦不厌弃，
不知不觉致懒惰。”

有人对前二句的理解是，以何种形式投生。

寻找摒弃的方法有三个，即防止推诿的懒惰有三个方面：一是人身迅速坏灭；二是死后堕入恶趣；三是从此难以转生好的人身。通过观修这些后，阻止明日复明日的懒惰想法，使人生苦短的念头扎根灵魂深处。这三个问题在上

[1] 味触，这里指美味。

述“小士”章节中已经论及。

防止耽于坏事。圣法是今生后世无穷欢乐的源泉。谈吐庸俗、放逸乖张的懒散行为，足以破坏这个伟大的事业。把它视为制造后世众多痛苦的温床，应修念后加以阻止。

经说：

“欢乐源泉无边际，
心中圣法已抛弃，
痛苦根源为懒散，
放任乖张何欢喜。”

防止涣散或者欺瞒自己。改掉推延和为非作歹的毛病，转而对圣法感兴趣。但这毕竟是不够的。要学习大乘，如果认为像自己这样的人无能为力而萎靡不振，这种想法应予禁止。

有三个方面：一是为修成正果而远离懒散；二是为了获证正果的方法而远离懒散；无论身处何地，都要防止对修炼产生畏惧。

首先，（我们）所追求的佛陀一尘不染、功德圆满。认为我修一点功德、改一点缺点也会显得非常困难，像我这样的人哪能取得如此成果，而真正出现胆怯和畏惧。这样，就会丢掉菩提发心而造成大罪。即使没有出现（这样的情况），也要从一开始予以全面阻止。

防止的方法。世尊只宣示真谛，从不说虚假和反动的话，而成为彪炳史册的大师。他说连蚊虫等也能证得菩提，我身为人类，自身条件优越，有分析取舍的思维能力，只要不放弃努力，为何得不到正果？进而信心大增。

经说：

“轻视自己难正果，
懒散懈怠不可做，
大彻大悟如来佛，
演绎正义真谛说。

苍蝇蚊子及蜜蜂，
还有其他小昆虫，
只要有心去努力，
无上菩提也获证。

我等既然投生人，
自然识得利害经，
只要不弃菩萨行，
菩提正果何不证。”

此外，应该这样想一想，以前修成正果的佛已经圆寂，现在修成正果的佛仍然健在，未来还会有修成正果的佛临世。他们并不是一次性修道而成佛的。只要我等循序渐进而最后成佛，或者必将成佛，用这样的理想驱除畏惧。

《宝云经》说："菩萨应该如此作为，有些如来、阿罗汉、成正等觉的已经成佛，或者有些正在成佛，或者有些将来成佛……他们都是通过相关方法、相关道路、相关精进，才修成正果，或者正在修成正果，或者即将修成正果。"

又说："并非除了这些如来才能成为如来，而其他就不能成正等觉，我也无论如何也能实现无上正等菩提，也能修成正果。为了一切生灵的精进，为了一般精进，为了所有人们的精进，我也能如此探求与奋斗。"

《无边功德赞》说：

"谁人证得善逝位，
却言恐惧谷底坠，
难时莫要谤自己，
仁人志士也怖畏。"

产生怖畏，也说明佛陀功德无量，符合因果规律。在修道过程中，从各方面证修功德，从多方面杜绝缺点。等有了确切理解之后，进行反观自照，才能产生怖畏。在践修佛陀无量功德时，要认识到对于每个微小的功德，要专心致志地对待，方能如愿以偿。如果把道之含义理解反了，就像现在这样根本不产生怖畏。

然而，这并非好事。尽管对于修道之走向不甚了了，或者理解零乱，但没有自己经手，被一种轻描淡写所掩盖了。真正付诸践修时，编排初步的道之前后次序，当显示比较完整的轮廓时，却以为如此谁能做到，便打起退堂鼓来。

夏热巴说："不去践修诸菩萨行为，就像看着别人射箭轻而易举一样，是不能产生怖畏的。现在的佛法残缺不全，而没有怖畏，不能到达轻蔑自己的境地。如果佛法完整，就会有怖畏和轻蔑自己之举。"所言极是。

为寻找这个方法，需要阻止畏惧。为了修成正果，要有粉身碎骨（的思想准备）。以为自己这样办不到，就要忍受这样办不到的痛苦。不投身菩萨行，游手好闲，沉迷轮回，就要忍受刀劈、刀割和枪刺等难以言表的痛苦，自己则一事无成。

为了获得菩提而忍受的痛苦不及上述痛苦的一小部分。所以，成就自他事业有很大的必要。

经说：

“为佛舍弃手足等，
假如产生恐惧心，
不去研究轻重处，
愚昧使我害怕甚。

千千万万无数劫，
身体几经遭大罪，
刀劈枪刺无不受，
导致难获菩提戒。

自己修炼菩提心，
忍受痛苦有分寸，
为除内脏剧痛症，
先割皮肤伤疤深。

医生从事诊疗病，
患者诸恙全祛尽，
为除众生痛苦果，
小小困难必须忍。”

关于舍生忘死。一开始怖畏之时不敢舍身，逐渐学做布施，不再贪爱自身，以使大慈大悲之力得到壮大。遇到大事，再舍自身，这时困难就不大了。

经说：

“不用一般医疗术，
抑或名医未做主，
只用温柔一仪轨，
无数重病全祛除。

开始布施包子等，
小事做起要认真，
形成习惯待后来，
逐渐布施我肉身。

他日面对己躯体，
要有包子等意识，
布施四肢内脏等，
还有什么困难事？”

有人说，作为波罗蜜多大乘者，如果舍弃自己的身家性命，会带来痛苦，是苦行之道啊！对此，本书作了很好的驳斥。因为正当产生苦行观念之际，是不会舍身的。就像施舍包子等一样，在很随意的情况下才能舍身。

无论身居何处，防止对修炼之所产生畏惧。

所谓修佛，众生处在轮回中，要转生无数次，那时饱受轮回之苦的折磨，不甘忍受，就要以菩提心抛弃罪障，从根本上加以改变，后果痛苦的感受不再发生。

轮回没有自性，虚幻不实，这样的觉悟得到巩固的话，心中就没有痛苦，身心安逸，即使处在轮回中也无甚遗憾，要学会这样思考。

经说：

“抛弃罪障无痛苦，
知书达理无不乐，
倒行逆施变本质，
罪障侵害身心挫。

拥有福分身健康，
广闻博学心情爽，
为救众生出轮回，
慈悲人士何忧伤。”

又说：

“为了悲苦全消除，

毅然骑上菩提骝[1]，
一帆风顺无阻碍，
明智人士怎懒惰。”

这样，即使遥遥无期，心也不会生恐惧，因为较长时间也不是悲伤的理由。同样，虽然遇到短时间的重大痛苦，但也悲伤；幸福而无忧，时间再长，也不厌烦。

《宝鬘论》说：

“即使短暂遇痛苦，
难忍时长无处诉，
远离悲惨享安逸，
时间再长何所忧。

身体没有痛苦状，
心里哪有苦难恙，
心怀慈悲世界美，
所以然者驻世长。

证修佛果需时日，
远离懒惰乃志士，
为了消罪学知识，
刻苦钻研常坚持。”

欲修成正果，无穷的资粮需要圆满。认为这非常困难，难以做到，就产生畏惧是不行的。（我们）专注的工作，就是为了无数众生，为了希望得到无计其数的佛功德，而鼓起勇气，期待驻世无数年代，下决心积攒无数资粮。由此取得戒律时，人是否睡觉，心是否专一，任何时候福分与天同大。只要戒律存在，福分常增，圆满无数资粮并不困难。

《宝鬘论》说：

“四面八方有天空，
大地海洋火与风，

[1] 菩提骝，菩提的枣骝马。

浩瀚无垠难揣度，
痛苦众生数无穷。

芸芸众生盖无数，
菩提萨埵恻隐度，
想法拯救离痛苦，
无疑引向成佛路。

保持不变得稳固，
无论休息或劳图，
自从正受戒律起，
即便失误亦无虞。

芸芸众生难计数，
无数福分常积蓄，
积少成多证佛果，
无数资粮战困处。

谁人驻世无数时，
为了无数苍生事，
望获无数菩提心，
贡献无数真善美。

推广菩提广无边，
四种无量圣法宴，
具备资粮不久日，
有何理由不涅槃？”

因此，慈善、悲悯和菩提心非常强烈而撩拨心弦，为了众生的事业，很想在短时间内证得佛果。这种想法虽然有点玄乎，但不在状态时，时间非常漫长，又要学习无数菩萨行，实践无数苦行。看到这个情况后，认为如此一来，谁能承受？遂听信人言，寻找捷径，这样就间接伤害了誓愿，直接伤害了加入菩提心（的精神），大乘种姓的能力日渐衰退，成佛变得遥不可及。这与大力弘扬菩提心的力量，以及龙树和无著厘定的佛典大相径庭。

畏惧不前，一事无成，且越加怯懦。充分认识修炼菩提的方法，加大勇气，创办事业，便在掌握之中。

《本生论》说：

畏惧无助脱贫困，
怨天尤人不得行，
投拜智者办大事，
困难再大也易成。

郁闷恐惧莫要有，
选择良方正法修，
智者荣耀长精神，
成就万事心中留。

无著大师说："完全掌握大论的学习方法，也需要无畏；不要一知半解，就翘起尾巴。要具备这两点。"

现在，有些人知识稍有增长，或者是合格学者，每当掌握一方面的知识，就认为大功告成，进而满足现状，停止不前。

作为一个精通佛道关键的智者，无论任何教理，都不偏不倚地讲修。但这也是知识的一方面，仅凭这点不起任何作用。如果把这个情况告诉对方，对方明白后，便大为畏惧，而一走了之。所以，学习知识不应浅尝辄止，应当天天向上。学习无数教言，没有畏惧，至为稀有。

第五节　创造雄厚的顺缘

创造雄厚的顺缘有四个问题：一是信仰；二是稳定；三是提高兴趣力；四是扬弃之力。

首先，说用信仰作为精进的基础，这里的信仰也就是我们所说的愿望，要发扬它。

经说：

"无论过去还是今，
我已不再佛法信，

如此贫困落头上，
放弃信仰谁堪忍？

世间一切善良缘，
信仰为本世尊言。”

如何培养信仰？

经说：

“经常宣示其根本，
因果报应修成功。”

这是说，修炼善恶业，其中产生满意或厌恶的果报。说用信仰作为愿望的基础，所以两种诚心的信仰是，决定是否取舍的两种看法。

要思考总体业果，特别要思考菩萨行的功德，思考与之相反的罪恶业果，届时便知。

这样，信仰大乘，并加入其门，消除自他一切罪过，成就一切功德而得到人们的认可。每一件罪行及其习性得到涤荡，每一件功德最终得以发扬光大，这需要许多个劫数来加以印证。认为自己没有消除这些罪过或创造这些功德的一部分精进，我这是浪费生命啊，想到这里，自己应当鼓励自己。

经说：

“我等犯下无数罪，
千方百计除伪劣，
林林总总罪行多，
直至劫海才消灭。

罪过日渐涤除中，
我自不见一作用，
身处无数痛苦地，
缘何我等心未动？

我等人们诸功德，
期许开创大功课，

功德繁多每一件，
直至劫海全辐射。

面对厚重功德藏，
我却丝毫未敢望，
草率从事偶一得，
白费光阴怎不枉？”

何谓稳定之力？自对某个事业发起精进之日起，中不反悔，进行到底。起初，不能盲目而为，经缜密考察后，量力而行，若能力有限，不可强求。与其入道后半途而废，不如一开始不做，倒是良策。

其原因是，如果习惯中途放弃誓言，那么后世因为这个缘故，把所受戒学等同样放弃，这一世罪恶加重，在以后的转世中其果报痛苦增长，把前者视为营生，善乐不成。违反前者，其果报低下，前者也未达究竟，故不能圆满成就。

总之，为某事所发誓言不能实现，反而成为累赘，合理所受戒律的誓约也摇摆不定。

经说：

“首先考察己言行，
开始或者未开引，
没有开始是良策，
开始以后不倒行。

后世当中习染深，
罪过痛苦要增盛，
他世与其果报时，
地位低下事不成。”

所以，要想彻底完成誓愿，就要修弃三种骄傲：一是业之骄傲；二是烦恼之骄傲；三是能力之骄傲。

1. 业之骄傲。不允许任何人做自己修道的朋友，孤身一人去修道，可谓“自己一人做事情，这便叫作业之骄傲。”

《劝戒亲友书》也说：

“解脱关乎自己事，
无须他人来助势。”

这是说，要想到这事不靠别人，只有自己去完成，这想法近似骄傲，故名。

2. 能力之骄傲。芸芸众生都受到烦恼的控制，认为连自己的事都无力做好，何况去做他人的事？又会这样想到，我能胜任去做自他之事，从而付诸实施。

经说：

“烦恼控制大世界，
自己做事不给力，
众生一一不堪任，
无可奈何我承接。”

另外，应该这样想一想，既然他们也不能中止对此等低下行业的劳作，我为何不做带来浩大果报之业，从而不付诸实践呢？可谓“他人劳作低等业，我岂甘心等闲之”？

但是，在完成这两项事业[1]时，不能轻视其他，而刚愎自用，应以怀柔的姿态，与骄傲划清界限，可谓“不以骄傲做事情，我无骄傲为大任。”认为别人无能，自己能行，这种想法与骄傲没有区别，故名骄傲。

3. 烦恼之骄傲。应该这样想到，我要全面藐视各种各样的烦恼，战胜它们，而不是它们左右我。为此，排除不利因素，鼓起勇气，坚定信心。

经说：

“战无不胜惟有我，
其他休想战胜我，
狮子佛子只有我，
为此骄傲也是我。”

如不这样，怯懦不前，一个小小的不利因素就会带来危害。

经说：

“偶遇已死蛇僵尸，
乌鸦如鹏猛飞起，

[1] 自己和他人的事业。

假如自己力单薄，
小小堕罪也坏事。

摒弃畏惧等作为，
解脱困厄有定规。”

夏热巴说：“抛弃佛法的快乐，比从前的快乐强不了多少。应该意识到，此生弃法，一直到后世，要忍受难以计数的痛苦。自己不奋发有为，烦恼是不会格外关照的。自己找不到有效方法，说是自己圆满完成事业，也是一厢情愿。佛和菩萨们也无力拯救。”

如像前者一样保持骄傲，巨大的不利因素也不能从中作梗。所以要发挥这个骄傲。

经说：

“引以为傲要发挥，
巨大违缘无所摧，
坚定信心不动摇，
堕罪个个被销毁。”

若如不然，如果修者被堕罪所击败，要想从三界的烦恼中取得胜利，成为智者耻笑的把柄，可谓“我被烦恼所击败，战胜三界成笑柄”。这是因为藐视烦恼，并想战胜它，唤作烦恼之骄傲。

那些从事写注释的人，对此持有不同见解，但认为以前的大论正确。那么，放弃其他奢望，由自己一人挂帅。要这样想一想，别人不像自己一样有能力，自己能行，而信心十足。

认识到这个情况，并付诸实践之时，烦恼只有被消灭，而它永远不再侵扰人。树立这样的坚定意志，思考立誓之时所要消除的罪过。经过充分考察，发誓完成一切事业，坚定信念，在未找到终究大业之前，一直奋斗不息。

提高兴趣程度。这样，凭借强烈愿望之力，开拓精进，保持精进。为此，发扬坚定之力或骄傲之力。开始之初，应积极投入；加入之时，无意半途而废。这不自满的思想，就是兴趣之力，应发扬之。

如何发扬不自满？

经说：

“娱乐舒适如所盼，
工作辛苦为哪般，
津津乐道此善业，
兢兢业业不自满。”

就像孩子们沉浸在游戏中忘乎所以一般，为有这样的意识而奋斗。

就像不满足善果一样，不能以其因业而满足。一般的人们是否得到善果，也持怀疑态度，并乐此不疲。推行何种（善）业必定产生善果，这是毋庸讳言的。

经说：

“投身善业忙不停，
是否美满不知情，
人们业运若平安，
不务此业怎温馨？”

因为这个道理也不应自满。

经说：

“飞刀刃上一蜂蜜，
舌头舔舐不满意，
为求果报真善美，
积蓄福分怎不励？”

这是说，在锋利的刀刃上只有一点可尝的蜂蜜，但用舌头舔食时将要面临舌头被割破的风险。如此，即便有暂时的安乐，但对今生后世带来巨大痛苦的令人眼馋的妙欲贪心不足，那么对于远离罪过的现在和带来无数安乐资粮的将来何以自满？想到这里，应树立不自满的思想。

所以，为了圆满完成所从事的某种善业，当投入之时，就像中午烈日炎炎时，大象深入美丽的莲池一样，在未产生这样的意识之前，修学不辍。

经说：

“正午烈日炎炎时，
大象入湖冲洗急，
为了完成大事业，

毫不犹豫实践起。”

何谓扬弃之力？通过精进，使身心疲惫的话，要休息一段时间。否则，因过度忧愁和烦闷，而成为勤奋的障碍。

一俟体力得到恢复，又开始精进，圆满完成前段工作后，不可就此满足而停止不前，应向更高阶段精进。

经说：

“如果紧随力衰减，
为图复兴抛前嫌，
完美臻善想后者，
光明未来冲羁绊。”

后者关系重大，如果仅仅满足前面的只言片语，对于进一步掌握更高一层的知识有很大的阻碍。这里指出如何精进的方法，过于劳作，或者过于松懈，都是不可取的，要像缓缓的水流一样循序渐进。

马鸣菩萨说：

“欲做特别优秀者，
松紧不一应全舍，
若论阁下诸功德，
从一开始无波折。”

博朵瓦说：“像塞毛竹瓦[1]人的剿匪方式是不可取的，要像藏北人开始追踪时步步为营，循序渐进，直至清除盗贼。这样，从长计议、有条不紊地精进。例如，虱子一刻不停地前进，最后到达目的地。而跳蚤一跃而起，却在原地打转。[2]”（依照此两种方法发扬精进。）

[1] 塞毛竹瓦，那曲地方一部落名。
[2] 其他版本缺少此比喻。

第十四章 般若（智慧）

第一节 智慧的重要性

认识了精进的三障碍后，寻找解决方法，为了找到克服障碍的路径，要寻求有利因素。如果有所收获，要巩固这些因素。当投身这个事业时，不应半途而废，要保持饱满的精神力量。若用扬弃之力精通精进之法，就要振作从事精进之力，这将在下面论述之。

在从事精进、断除所断之时，应怎样做呢？

经说：

“沙场老将逢仇敌，
分外眼红剑锋抵，
躲开烦恼刀枪口，
试看此等歹人离。”

这是说，一名精通战略战术的宿将，在战场上与敌人刀枪决胜之时，他不仅只算计的是怎样一下子把敌人消灭，而是想如何首先避开敌人的刀枪对自己所造成的伤害，然后才寻找杀敌的最佳时机。

如此，修炼者在与烦恼作斗争时，首先要预防和躲避烦恼对自己的心灵所造成的创伤，寻找适当方法消灭对方。精通这两种方法后，要开始努力奋斗。如若不然，尽管想法阻止了烦恼的一部分作用，但其他烦恼也将夺去善良的多个部分，或者给心灵造成巨大创伤，所以形成双重危害，对提倡善行带来困难。

譬如，要这样认识到，在修法之时学问显得很重要，但如果把一点点学问当作要点去穷究的话，显然是蒙昧迂腐的。尽管用闻法的方式把它解决了，但疏于防范其他烦恼，故在这段时间内，沾染数种罪行，思想变得非常令人憎恶。

因此，应该这样想一想，要想做学问，首先修心、养性十分重要，如果把修炼作为重点，对于愚昧的敌人放松警惕，不闻法不学法，对自己承诺的戒律规则之取舍非常迷茫，时常被堕罪所折磨。

这样，与烦恼作斗争，就像在战场上交战正酣之时，宝剑从手中掉落，带着被敌人杀死的惊恐，不由多想，立即捡起宝剑一样，对取舍行止的印象铭记不忘。如果这个武器丢失了，就以坠入恶趣的恐惧感，立即搜罗记忆。

经说：

“激战正酣剑丢失，
害怕丧命立捡起，
假如忆念剑失去，
速忆地狱阴森凄。”

龙树菩萨也认为，忆念是非常重要的，他说：

“忆念自在诸如来，
惟一道路说明白，
集中精力善守护，
忆念丧失万法殆。”

对于搜索一种忆念之境，要以智慧充分开启，而这受到忆念的制约，并非自由分辨。

用智慧如何开启呢？一般都是按照佛典所说的一切取舍之处，特别是各自所承诺的戒律之行止。充分忆念这些，并依靠正知，修炼自然会圆满。而囿于单一心愿，一味念知，那就寸步难行了。

在战场上，从一开始就要努力使手中宝剑不掉落，万一掉落也要当即捡起，这是因为害怕被对方杀死。这关系到并非嘴上说说而已。

作为修道者来说，首先要担心铭记取舍之忆念丧失，就要立即拾起。当忆念衰退时，就要担心因沾染堕罪的结果导致坠入恶趣，这不能光停留在口头上，要深入自己的灵魂。

把业果作为基石，有赖专注守护。我们认为这是深刻的教诫。如果没有这样的思想意识，那道之核心、智者欣赏的修炼功德之根本将荡然无存。

那么，对于小小的罪行，也要有如临大敌的防范意识，不要使之滋蔓生长，应立即加以阻止。为什么呢？譬如，身中毒箭，伤口化脓，时隔不久，全身毒素弥漫，应立即消毒清疮。

同样，尽管小小的罪行对心灵未造成太大的创伤，但若对它置若罔闻，它必将伤及整个心灵。它只能变大，而不能变小。所以，一开始就阻止它发生，一旦发生就要立即斩草除根。

经说：

“随着血液不断流，
毒素散发遍脑球，
一旦时机得成熟，
罪行肆虐心灵休。”

那么，一个想从烦恼的战场上夺取胜利的人，应该如何运用忆念和正知呢？

经说：

“珍贵菜油满容器，
执剑武士旁边立，
外溢面临杀人头，
持戒人等如是记[1]。”

这是迦旃延师的传记，在教证中有记载，可从其获知。

在这样精力集中之时，如果出现罪行，尤其出现瞌睡等懒惰的情况，不可小觑，当即阻止。

经说：

“犹如怀中爬进蛇，
惊恐万状猛跳撤，
瞌睡慵懒如缠身，
当机立断排苦涩。”

像这种情况不能草草了事。当出现罪过时，应该对其产生深恶痛绝之心。

[1] 这似乎是一则古印度的故事，说的是为了惩罚犯罪者，让其把盛满菜油的容器顶在头上，如果不小心将菜油往外溢出来一点，就要受到守在旁边的武士的制裁，甚至面临杀头的危险。

应该这样想到，我前生就这样过去了，此生又沉溺在轮回之中，尤其接受菩萨戒以来，站在教诫的对立面，这是何等的低劣啊！从今往后，我要保证这样的罪过永不再犯，树立更多戒律思想。

经说：

“面对每宗所犯罪，
针砭自己不后悔，
保证今后脑清醒，
兢兢业业常思慧。”

忆念这样的根本，使之具有力量，并经久不衰，努力追求其深邃原理。结交一些名师、挚友，多次闻修其原理等事业。

经说：

“利用人生短时光，
形成忆念不遗忘，
藉此缘由或知遇，
正当事业心中装。”

总之，明白菩提心教诫的取舍，善辨审谛。经闻思之后，将所知的这些事理忆为一切行动之道，并持之以恒，殚精竭虑。保持精进的方向不发生偏差，显得尤为重要。

身心可行之法，是指自由任运的力量。如在《不放逸品》（བག་ཡོད་ལེའུ། bg yod leau）中所说的那样，学习菩提心教诫的必要方法；承诺学习但又未学，罪过非常严重之法；视烦恼为敌人的方法；那时不把苦行当作负担，而视为诱人的动力，加强心力之法。在投身上述事业之前，通过修炼，消除不能把身心引向善道的一切客套，为学习菩萨行而轻装前进。

经说：

“命中注定早有时，
万事报应显威势，
忆念光荣美好语，
我自轻松做善事。”

通过努力，要想把精进做到一个什么样的程度呢？就像柳絮来回翻飞，是受到风的制约一样，把自己的身心加以控制，使之乐于美善。之后行事，方能完美地做好精进。如果做到这个，所有资粮便会顺利证获。

经说：

“风儿不停来回吹，
催动柳絮上下飞，
兴趣决定人心情，
自己所愿才顺遂。”

马鸣菩萨说：

“如果不做苦行业，
菩提正果难得谒，
佛陀暂且不垂顾，
你要好好精进接。”

在成就这些事宜时，究竟该如何处理？无论做怎样的精进，都必须与六种殊胜和六度紧密结合起来。

精进的布施，是指自己首先要以身作则，然后使别人步入这个门道。其余如上述所言一致。

总结上述含义。菩萨行的基础——忆念和修炼菩提心，是为了把所有人们引向精进之道，以便成为鼓励学习戒学的方法，使之得到更大的发展，把步入最高阶段的精进方法作为目标予以修习。对于初学者学习精进方法，也要根据自己的能力而努力，特别是面对非同小可的精进所断[1]，所表现出来的胆怯懦弱，要很好地加以阻止。

自己所要得到的是菩提心，专心所做的事是成就一切众生的幸福和消除他们的痛苦。在很长的时间、无数资粮和无数苦行中，用兴趣武器的精进武装自己的头脑。一旦树立这样非常伟大的思想，便会积蓄伟大的福分。这如在《妙臂菩萨请问经》中所说，应该努力学习。

如不这样，种姓[2]能量根本得不到壮大，反而经常涉嫌多种罪行。在其他世中，学习菩萨行就变得极为困难。

---

[1] 精进所断，通过精进所要断除的事项。
[2] 种姓，菩萨的种姓。

了解这些情况后，尽管修炼不尽如人意，但掌握其主要方向，尽量付出精进，如《妙臂菩萨请问经》所说的那样，在其他世中无须付出多少努力，便毫不费力地迅速圆满到达精进之彼岸。

学习禅虑波罗蜜多有五个问题：一是禅虑性质；二是其具体修炼方法；三是禅虑典章划分；四是修炼期间如何处理；五是总结。

首先，注重目标，心不外散，专心致志为上善。

《菩萨地》说："把听闻和思考菩萨藏作为首要任务，世与出世[1]的菩萨们的专心致志、美善、住心，就反映在寂止方面，或反映在胜观方面，或二者结合[2]之道上，此二道的任何方面，应该视为菩萨们的禅虑性质。"

《入菩萨行论》说：

"如理付出精进后，
思想注重禅虑上。"

其次，思考修炼禅虑的功德和不修禅虑的罪过，将在"寂止"章节中详述。

禅虑典章。如前所述，若从本质区分，有入世者、出世者和部族三种。但从作用区分，有此生谋求身心平安的禅虑、充分成就功德的禅虑，以及为人造福的禅虑。

第一种情况，心专注某一点，使身心得到轻安的禅虑。

第二种情况，是先知、传记、普遍和遣除等成就声闻功德和共同功德的禅虑。

第三种情况，成就十一件事意义的禅虑。

如何处理。无论成就怎样的禅虑之善，要成就六种殊胜，要结合六波罗蜜多成就之。自己掌握了禅虑后，把别人引向禅虑，是禅虑的布施。除此而外，其余均按上述了知。

总结。忆念和修炼菩萨行的基础——发愿菩提心，是为了把所有人们引向纯净无瑕的禅虑而鼓励学习方法，使其得到巩固后，把高级禅虑也作为所愿目标而修习。纵使无力完成圆满的禅虑，但不时尽量学习禅虑三摩地，精进不能丢弃，为此要付出努力。否则，有悖诫训的罪过就会经常缠绕自己。在其他世中，学习菩萨们的禅虑之多种途径的诫训，就会变得非常困难。这样，此生心不在焉的缺点就会得到改正，自己所积的福德也具有威力，如《妙臂菩萨请问经》所说，后世也身心轻安，心想事成，禅虑的波罗蜜多也会容易圆满完成。

[1] 世与出世，入世与出世。
[2] 二者结合，寂止与胜观相结合之道。

欲知详情，将在“寂止”章节中论述，在此不做赘述。

第二节　学习智慧波罗蜜多

学习智慧波罗蜜多分五个问题：一是智慧的性质；二是发扬智慧的方法；三是智慧典章；四是修习时如何处理；五是总结。

第一，何谓智慧？对已经考察的事物进行缜密的辨析，这里指的是精通五明学等智慧。

《菩萨地》说：“学习一切知识，深入一切知识，对其内在规律进行条分缕析，例如五明学中的内明学、因明学、医方明学、语言学、工艺学以及业处学，把它们作为目标进行学习，是菩萨们的智慧本质，应予了知。”

为其求索的智慧，是未得到悉地以前的事。一旦投入之后，就证明已经得到了悉地。

第二，要思考发扬智慧的功德和不发扬智慧的罪过。有无无我智慧的功德和罪过，将在下面的“胜观”章节中论述，这里暂不赘述，其余稍做论述。

首先论述功德。今生后世一切功德的根本是什么呢？

龙树菩萨说：

“见与不见功德归[1]，
一切根本源智慧，
为了一并修二者[2]，
完全彻底学明睿[3]。

求知法旨希解脱，
巨大动力智慧度，
谦恭知礼最为先，
般若智慧要掌握。”

智慧布施等五度，恰似眼睛。

《佛说法集经》说：

[1] 见与不见，要归功于智慧。
[2] 二者，见与不见。
[3] 明睿，智慧之意。

“何时全面获智慧，
那时具眼得名讳，
如绘图毕缺点睛，
不能获得画工费。”

获得其他功德的方法。例如，对于来自纯金的殊胜首饰来说，如果镶嵌蓝宝石等珍宝的话，会更加摄人心魄。同样，对于布施至禅虑五度之间的金饰，如果与分辨好坏的智慧之饰合璧起来，将会何等的优越。因为它能使正确成就布施等五度，犹如对于眼等五官来说，心智把好坏一一分辨清楚，然后决定取舍，这就是菩萨们的智慧本质，应予了解。

马鸣菩萨说：

“布施为首诸福分，
智慧主宰显威风，
琳琅满目金器众，
镶嵌珍宝闪光明。

万事不离功德力，
智慧成就大美丽，
眼等五官各有用，
心智分辨方知理。”

同样，对于信仰等其他感官来说，智慧也是主要的。如果有了智慧主宰，那么利用布施和信仰等，就能充分认识吝啬等的缺点与优点，精通消除烦恼和弘扬功德的方法。

经说：

“信仰布施意识众[1]，
其他感官智慧尊[2]，
功德缺点均主宰，
消除烦恼方法通[3]。”

[1] 意识众，众多的意识。
[2] 在其他任何感官中，智慧处于主导地位。
[3] 方法通，精通方法之意。

菩萨哪怕把自己身上的肉施予乞丐，但如同取自药树一般，没有任何傲慢，更没有任何胆怯等，不因任何疑虑而发生变化。这说明，智慧通过实践真实性才能形成，用观察生死涅槃衰败的智慧，证修其他戒律，使戒律得以清净无染。

通过智慧了知忍与不忍之优劣，心向精进，避免逆修和痛苦的干扰。充分了知用智慧精进的基础，为之奋斗，道路广益。

处于真谛意义的禅虑的无比安乐，是要依靠理论工具，用智慧加以证修，使布施等五度得到全面清净，都受智慧的支配。

经说：

“智慧明眸大睁开，
菩萨施身于乞丐，
如出药树不存伪，
言行一致心正泰。”

“为己不修佛戒律，
智者深谙世牢狱，
世间万物信鬼魅，
不修世俗何所语。”

“图谋伤害智者易，
拥有忍德不受欺，
高雅温顺大象王，
各种困厄忍耐已。

专注精进达苦边，
智慧友助成大善。”

“罪大恶极污灵魂，
歪门邪道靠怪论，
禅虑安乐最殊胜，
歹人心中怎能生。”

相互矛盾的功德有两种，需用智慧使其变得不矛盾，一旦菩萨成为驾驭四洲的转轮王，也不受妙欲的诱惑，是因为具备了智慧大臣的缘故。

同样，尽管视众生为令人喜爱的悲情如何强烈，也丝毫不容掺杂贪婪；尽管不忍众生痛苦的悲情怎样强烈而持久，但不许有因受到痛苦压抑而不喜善良的慵懒；尽管拥有无限的安乐，但不能有懈怠心中目标的心神不定；尽管长期具备大舍，但丝毫不能放松众生的利益。这些都是运用智慧的结果。也就是说，在均衡成就上述事业时，如果遇到障碍，就要用智慧加以排除。

经说：

"眼睛显现天宝物，
皇皇王权菩萨主，
耿耿忠心永不变，
归功智慧大臣辅。

利乐他人惟慈善，
所染贪婪弃一边，
不因人苦抛悲情，
不因压迫喜慵懒。

极乐上善无懈怠，
不疏民事大舍湃，
此等功德对治道，
大慧当断大美怀。"

另外，《赞应赞》说：

"抛弃法性不忍心，
世俗道理又相同。"

这是说，执著有相的追求目标[1]，是丝毫不能成立的[2]，对此取得深刻理解，这个法性不能丢弃。从内外因缘中，产生截然不同的结果，对此取得深刻理解，与世俗法并不矛盾，互相印证。即便与其他非常矛盾，但与智慧毫不矛盾，反而契合。

[1] 把事物当成真实存在，并作为追求的目标。
[2] 是一点也不存在的。

《赞应赞》又说：

“允许阻止不一致，
有人分析相统一，
有人认为有区别，
其实矛盾成异议[1]。”

这是说，上下乘[2]和显密经论也有许多不同的允许和阻止。一人二实践，探索广博佛典思想，这对于低能愚昧者而言是矛盾的，但对智者不矛盾，这由智慧来决定。

这样，对无智慧者矛盾，对智慧者不矛盾，这种情况难以计数。二谛论述和佛典中有很多允许和阻止，但基本思想不矛盾，这由智慧作出甄别，故智慧之誉至高无上。

总之，一切功德皆源自智慧。

经说：

“孩子最重有慈母，
智慧出彩何所呼[3]，
善逝十力无匹敌，
一切大事成就著。

其他功德种类繁，
均依智慧现光灿，
世间艺术宝藏丰，
如目经典[4]展烂漫。

思想密咒[5]遍救世，
所载法旨又不一，
林林总总传记多，
利益世间各迥异。

[1] 论典中存在允许与阻止，是不一致的。有人认为相互统一，有人认为又有相互矛盾的地方，但基本思想没有什么互相矛盾的。
[2] 上下乘，大乘和小乘。
[3] 何所呼，无所谓惊呼。
[4] 如目经典，像眼睛一样珍贵的经典。
[5] 思想密咒，思想与密咒的经典。

全面阐发佛子威，
一切源自人智慧。”

无智慧的罪过。如若没有智慧，布施等就像人失去了眼睛一样。《佛说法集经》说：

“失明盲人何其多，
没有办法到城郭，
失去智慧不五度[1]，
迷失方向菩提脱[2]。”

因此，布施等不会得到清净，也不会得到正确见解。经说：

“无慧难得好成果，
布施本质成罪过，
上善布施弃他事，
其余行动敛财多[3]。”

“智慧光亮不驱暗，
守持戒律不一般[4]，
没有智慧难成戒，
无知侵扰人心烦。”

“智慧蒙昧心智昏，
忍辱功德无所存，
没有标准辨善恶，
正如无德国王名[5]。”

“智者尤须广赞扬，

[1] 不五度，不能到达波罗蜜多五度。
[2] 菩提脱，脱离菩提。
[3] 其余的行动只是为了敛财。
[4] 智慧的光亮不能驱散现实生活中的黑暗，而有戒律的人则不一般。
[5] 无德无能的国王徒有虚名。

舍此奥义别无良，
妙欲缺点不蒙蔽，
正直不可无智商。”

“远离智慧无精进，
观点正道难成行。”

这里的“国王名”，是指无德无能的国王虽然声名鹊起，但会迅速陨落。

这样，“蒙昧心智昏”，是指在智慧的太阳未出现之前（蒙昧）是无法驱散的，智慧的太阳什么时候出现，它就什么时候被驱散。所以，在发挥智慧方面，要竭尽全力。

经说：

“犹如阳光驱黑云，
烦恼笼罩人心中，
智慧巨光出现时，
一切尽扫成虚名。”

“全面发挥己能力，
积极探求如智慧。”

第三节　愚昧的原因

愚昧的原因有以下几个方面。结交恶友，慵懒懈怠，蒙头大睡，生性多疑，不善研判，胸无大志，不懂装懂，高傲自大，邪念炽盛，以及认为自己无能为力，便打起退堂鼓，从而不喜欢师从智者。这些便是原因。

经说：

“慵懒懈怠结恶友，
成天沉睡不探究，
不信世尊无比慧，
骄傲毁己不闻修。

自甘堕落信自己，
不愿投拜智慧师，
反动多疑邪见毒，
统统成为愚昧基。”

所以，

“投奔上师念经忏，
修证智慧闻思炼。”

投拜上师之后，根据自己的能力听闻佛法。否则，源自听闻和源自思索的智慧就不易成长，也就不知道如何修法。听闻之后，思考其义涵，就会产生所想的智慧，因为从中产生所修的广大智慧。

马鸣菩萨说：

“寡闻不谙修炼法，
无所发现怎奋发，
勤奋听闻创因缘，
锐意修炼广慧达。”

弥勒菩萨又说：

“孤陋寡闻疑三轮[1]，
完全遮蔽知识容，
吝啬等类诸妄念，
全面掩盖烦恼病。

万类当中智慧尊，
其他琐碎皆抛空，
无上智慧有基石，
除了听闻仍听闻。”

《集学论》也说：

[1] 三轮，因、违、遍，即理由、相违、周延。

“寻找所忍务听闻，
前往密林把身隐，
专心致志入参禅，
……”

本书的自释中也说：“不忍，是指无法忍受悲伤，对听闻（佛法）等失去精进的信心。没有了听闻，就不知道修习禅虑的方法，不知道完全根除烦恼的方法，所以说应该毫无悔意地探究听闻。”

《遍入天问经》（ཁྱད་མེད་ཀྱི་བུས་ཞུས་པ། sraed med kyai bus zhus pa）说：“这样，善男子，如有听闻，智慧将生；如有智慧，烦恼将尽；若无烦恼，魔不侵扰。”

因此，愿意诚心修习佛法者，寻找道之命脉，也就是高度识别法的宗旨，这个智慧因素应该是至高无上的，应广泛听取纯洁佛典及其论著。

（道理应该是）用教证和道理进行修炼，以为有这个必要而不去修习；在践修之际，需要甄别智慧的观修，却对此不求甚解，认为无关紧要，一味抱着颠倒黑白的理论不放，这是错误的。凡惟我独尊的想法，就像剧毒一样加以抛弃。

大瑜伽师[1]说：“觉吾瓦在修炼遍知一切——佛的时候，不去广参牛驮一样多的经典，反而好像热衷手掌大小的小册子，不免有些保守，其实一无所成。”

蒲琼巴打开经卷放在枕头上，说：“我们是所谓的学子，虽然还未形成（自己的）观点，但对这些（经典）的内涵应铭记在心。说不法而为，那又该怎样做呢？”

坚阿瓦的学生小送博朵瓦一程后，博朵瓦连说三遍“您幸福”。学生说：“我的格西老师数量众多，如铺天盖地一般，故不需要垂涎其他。无需看至关重要的本释而少了麻烦，未思因果而心安，密咒成就业缘，多则意足[2]。”

夏热巴说：“一直潜心学习、学习，直至成佛。一俟成佛，学习才告结束。”

迦摩巴说：“修习佛法，需要知道些什么呢？人一天天衰弱（的规律），就会发生在我这个寡闻者身上。若认真对待，需要知道些什么，是很庄重的。若认真修法，需要知道（的很多），这在短暂的一生中难以完成。在我看来，不要使暇满之身的气血产生紊乱，要经常不断的听闻。认为修者不需要，而说者需要，其实说者有大罪之嫌，只有修者才需要。”

如此修习，需要智慧。它是有前提条件的，那就是不可或缺的听闻，要对此取得深刻理解。在践修之时需要观修，如果对此没有信念，就很难成功。

[1] 大瑜伽师，指的是阿梅·项曲（ཨ་མེས་བྱང་ཆུབ། aa mes byang chub）
[2] 多则意足，多多益善，有讽刺、批评之意。

一个希望出名的三藏法师，同样也在践修之前需要履行相关仪轨，同样需要接受教诫。否则，将取得后山一样的理解（喻瞎子点灯白费蜡——译者注）。

鉴此，若自己从速成佛，就需要修炼。（有人）说只有听闻对修佛有利，遂把修炼从中剥离开来，真是无稽之谈，大错特错。

其实，佛教只有教法和修法两大类。前者为了修法而求知，后者求知后付诸修炼。若修炼不发生偏差，这取决于持教者必须是优秀的；若修法不发生错误，这取决于正确理解教证。

首先，了解许多佛法，在践修之时，需要证修这些义涵，故不可遗忘。尽管起初不知道，但不要惧怕，根据自己的接受能力，为选择大小适中的听闻而作出努力。

这里，不是说听闻是一回事，而修炼又是一回事，是指对于所要修炼的问题进行闻思，不要抱有偏好。对圆满道分的菩提初学者来说，必须倚重每个践修的道次。如果领会能力差一些，首先进行熟悉摸底；如果领会能力强，尽管起初进展小，但随后能力逐渐增强，可丰富道次内容，结合一切纯正佛典及其论著进行修炼，不可另外寻觅听闻。

因此，如果教诫完整无误，即便简约，但显密和大小乘的所有关键（内容）无所不包，广而言之，涉及整个佛教的方方面面，在没有达到这个程度之前，对践修的某个方面可能有所把握，但对全部佛教的践修关键找不到应有的理解。

所以，要投拜正宗师父及学友，根据已经承诺的正确戒律，反复听受教诫，分为四座，加深印象。强烈祈祷本尊神和上师，从多方面积蓄资粮，消除罪障，努力使这些条件具备。这样，思想理解程度就会节节攀升，并打下牢固根基。

先哲们曾说："把从前所闻的佛法在脑子里清晰地过一遍，反复回味，反复斟酌，反复分析。如果忘记了所闻的佛法，靠某种单一记忆进行学习，将会一无所获。大禅有大益，中禅有中益。越修炼越要认识佛法。

"如果恶友说，这样思考后，信念得以坚稳，所有善与恶的思想都带有疑惑，故应予抛弃。（这时）应该这样想一想，佛法中没有这种说法，导师也不会这样说，不要听他信口雌黄。没有它（这种说法），信仰还少许犹存。没有智慧的人，看着哭脸就想哭，看见笑脸就想笑，人云亦云，如无头水四处横流。"

第四节　智慧的区别

智慧的区别分三个问题：一是认识真实的智慧；二是认识世俗的智慧；三是认识为民做事的智慧。

首先，对于无我的真实性，可从概念和实践的层面去加以分析。认识精通五明的智慧。

《经庄严论》说：

“如不潜心学五明，
圣者也难成佛尊，
剥啄梳理后开许，
欲证万能须精进。”

这是说，为了征服没有信仰的人，要学习声明学和因理学；为了利乐具有信仰的人，要学习工巧学和医明学；为了使自己成为全知的人，要学习内明学。这是另外的需求。而这一切都是为了证得佛的果位。这不是另外的需求。

为了全面正确地成就众生今生后世的大事，要懂得其成就方法。具体怎样成就呢？在发挥这三个智慧之时，可与六种殊胜和六波罗蜜多一并实施。自己占领智慧高地，把别人引向智慧之路，是智慧布施。其他如前所述。

总结大义。虽然有实践空性的智慧，但若无菩提心，就不成为菩萨行。菩萨行的基础,来自菩提心的发扬光大。把最高悉地的智慧度作为目标而修习。从现在起，为了圆满成就无上智慧的大资粮，要努力确立三种智慧，并为此进行听闻。如不这样，恐违背主要教言，罪不可赦。在其他世，也不喜欢多闻，不能学习菩提心教证。今生为了如何启迪智慧而努力,就能防止不学习的堕罪。如《妙臂菩萨请问经》所说，后世也能顺利圆满智慧波罗蜜多。

这样，显密二论的中枢——六度中修炼禅虑的次序已显端倪，践修其他五度的次序随之结束。

因此，以下略说汇集这些实践的主要内容，以及启发意识的方法。

也就是说，针对真理或者一切智慧的本质——胜观，其如何修炼的次序；禅虑的本质——寂止，其如何修炼的次序，在各个大论中有所阐释，在下文中作广泛解读。

经说，菩萨无论证得什么样的佛果，都要靠六度来实施。《菩萨地》强调须将六度实施到底。

无论是过去、未来，还是现在的菩萨，应该知道他们所走的道路是一致的，六度是一切正宗佛法的大海，是实践的关键，至高无上。

《菩萨地》说："依靠这些般若六度，正确证获无上正等菩提的菩萨们，可谓正法的大河，或者正法的大海，是所有众生一切繁华圆满的巨大宝廪。它们使福分和智慧资粮顺利完成，功德无量，其结果使怎样与无上正等菩提达到契合。（除此而外）别无他求。"

第五节 认识四摄法

用四摄法成熟解脱其他人的心灵，有五个问题：一是四摄法的本质；二是划分四摄的原因；三是四摄法的功用；四是聚众需要依靠四摄法；五是稍做细说。

首先，这里的布施，与上述"波罗蜜多"章节中所述一样。悦耳动听，是向众生宣示般若智慧。行义，是把所宣示的那些意思让众生予以实施，或者让其正确接受。同义，是让他人实施所宣示的某种义涵，自己也同样领纳，与其一样学习。

《经庄严论》说：

"布施等类让人受，
人们追随自己后，
语言好听行动美，
才能认同思想优。"

第二，为何认识四摄法？为了召集人们步入善道，首先要喜欢这个行业，这取决于施予对方财产，使其得到利益。这样，他有了兴趣后就走上正道，他首先要懂得这个做法。用悦耳动听之语调宣法，以避免不懂、疑惑之嫌疑产生，使其掌握名副其实的义理。

知后行动。令其修炼善法，若自己不修炼，却向别人宣传这个行、那个不行的道理，对方会说你连自己都不修，还向人说修炼佛法，他要追问原因。你还需要由别人来改造。不应造成这种局面。

如果自己是个亲修者，那么我们大家既然已经深入这个善法，其他人也将如此效法。应该这样想到，如此践修的话，对我们必有利乐。这样，新参加者或已经参加者不会出现反复，意志坚定。这需要同义（步调一致）精神。

经说：

“利乐众生有良方，
引领信士正道往，
如是追随不落伍，
四摄内容心中装。”

第三，四摄法对人们有何功用呢？通过布施，使其成为聆听佛法的有用之才，这是为了喜欢宣法者。用悦耳动听的声音，使其信仰所宣示的法，另外理解法义，消除疑惑。

行义，是指按照所宣之法进行修炼。同义，一旦入道，不能反悔，永远修炼。

经说：

“第一成为有用人，
第二树立信仰心，
第三从事修正道，
第四彻底罪业净。”

第四，诸佛曾经说过，成就一切众生的所有事情，是最佳的方法，故召集随从者们应遵循这个方法。

经说：

“聚众信法具能力，
不折不扣依旨意，
成就人们一切事，
最佳方法受勉励。”

第五，悦耳动听的宣法有两种形式：一是符合世俗的悦耳动听，宣法之前，要有百问不厌、和颜悦色的精神面貌，并且要互道平安等，以世俗的方法，使听法的人们感到高兴。二是具备弘扬正法的悦耳动听，要从启迪信仰、戒律、听闻、布施和智慧等方面入手，为了利乐而向众生宣法。

要对试图杀死自己的敌人宽宏大量，原谅他们的过错，对他们宣讲有利的道理。面对智力蠢钝者不要灰心，克服悲观，宣讲法旨，使其行善。对于欺瞒师生、自甘堕落的刁蛮者，不要仇恨他，应讲有利的悦耳动听之语。对于顽固不化的，要循循善诱。对于尚未开明者，为了使其摒弃罪障，为了使其往生善趣，应提早进行法施、宣讲戒语。对于已经开明，并已经脱离罪障，以及心境平和者，要向他们宣讲绝对正确的圣法——四谛法。

为了把俗人和行为放荡的出家人引向正道而多做鼓励；为了消除疑惑宣讲佛法，促膝攀谈，这是悦耳动听之门径。

行义，是把未开化者开化之，把开化者解脱之。有三个要求：一是令其把握一生所做之事，创造财产、守护财产和发展财产，要依法理而为；二是令其把握后世之事，令其放弃财产，引向化缘而生的僧侣之道。这只能对后世带来幸福，对今生不一定；三是令其把握今生后世双重之事，让俗人或出家人放弃入世和出世的贪欲，这使今生身心非常轻安，后世可转生一尘不染的神，可证得涅槃。

行义，也可理解为非常艰难，对于前世没有积下善根的人而言，很难让他们行善；那些腰缠万贯的富豪，放荡不羁，桀骜不驯，很难令其做一些有意义的事情。追随外道时间很长的人，对佛教充满仇恨和无知，不知就里，很难让他们走上正道。

行义的次序。当智慧尚处在低等程度时，首先向其讲授简单的教诫；当智慧发展到中等程度时，向其讲授中等教诫；当智慧高度发达时，向其讲授深奥佛法和缜密教诫。

同义，把对方引向何方，要求自己与其同舟共济，甚者达到更高地步。这样，无论做什么，首先要以众生的事业为准，思想始终不脱离他人之事，在行动中改造自己为要务。

《无边功德赞》说：

“不学无术己未度，
口若悬河教人做，
前后矛盾不达意，
征服他人难事多。

三番五次勤思冥，
胸中缅怀诸众生，
今念我等蒙纯人，
祈求解脱务精进。”

第六节　四摄法的划分

四摄法又分为财摄和法摄，财施位居第一，其余三项由法摄取而代之，即观法、修法、消法。

经说：

“财施法施均利用，
设立观法等课程，
总共包括二摄法，
念为四摄法内容。”

这又是一切三世菩萨成就他人事业的步骤，是唯一的一条道路。

经说：

“聚积过去摄未来，
现在正摄法千百，
所有因缘存关联，
成熟众生路一派。”

一般而言，菩提心之行道广阔无垠，但概括起来只有波罗蜜多和四摄法。菩提心除了成熟我佛的因缘资粮和成熟众生的心灵，别无他求，因为这两个要靠波罗蜜多和四摄法证修。

《菩萨地》说：“波罗蜜多使我佛之法全面成熟，摄法的内容使所有人们彻底成熟。总之，菩萨们的善法事业就是它了，应予知晓。”

因此，这里又引述这两个概念。欲知详情，请阅读《菩萨地》。

在入定中和出定后如何处理上述情况呢？

大觉吾说：

“菩提萨埵善良行，
伟大般若六度等，
结束禅定瑜伽师，
资粮道路修稳定。”

这是说，接受佛子戒律的菩萨初学者，已处在资粮道中，无论入定还是出定，都不能超越六度，有人在入定中实施，有人在出定后实施。也就是说，有人对禅虑的本质寂止和部分智慧的本质胜观进行修炼，有人把六度之前三度、禅虑和部分智慧在出定后进行守护。

无论入定还是出定，都离不开精进。忍辱的一部分——必须思考深奥佛法的部分，在入定后才出现。

大觉吾说：

“结束禅定某时段，
虚幻八法仍不断，
恒观法流当熟悉，
事后疑虑须除完。

学习方法讲重点，
进入禅定某时间，
寂止胜观均平等，
恒观法流当熟谙。”

如此菩萨行非常神奇，实难做到，当一个智慧未开化的人听到后，将产生伤感。菩萨们一开始也无法做到，但经了解之后，目标明确，轻车熟路，后来无需苦行，自然而然进入境界，故熟悉尤为重要。

当知道不能亲自深入，就打算放弃修心的习惯，这与正道相去甚远。

《无边功德赞》说：

“有所闻法也害世，
大法亲自不实施，
习以为常成自然，
不学无术难成事。”

所以，已受菩提戒的人们，没有办法不学习菩萨行；未受菩提心仪轨的人们，应努力培养学习菩萨行的兴趣。当有了学习菩萨行的兴致时，接受戒律后，使意志非常坚忍，应该为此而奋斗！

大士道次中，有关修习心愿和学习佛子总体行为之道次论述完毕。

第十五章 寂 止

头面礼足至尊圣者、大慈大悲们!

特别要学习波罗蜜多最后二度，这就是修炼寂止和胜观。这二者依次由禅虑波罗蜜多和智慧波罗蜜多所代表。

第一节 什么是寂止

共有六个问题：一是修炼寂止和胜观的功德；二是二者（寂止和胜观）代表所有三摩地；三是寂止和胜观的本质；四是修炼寂止和胜观的原因；五是掌握次序的方法；六是各个学习方法。

首先，大小乘的功德，是一切入世者和出世者从事寂止和胜观的结果。

《解深密经》说:“弥勒,应该看到,声闻们,或者菩萨们,或者善逝们的善法，是一切入世者和出世者们从事寂止和胜观的结果。”

如果认为,寂止和胜观不是得到修所生慧人的功德吗?这些功德是寂止和胜观的结果，这怎能苟同?寂止和胜观的真实情况，诚如即将论述的那样，是得到修所生慧人的功德，故大小乘的一切功德不是这二者（寂止和胜观）的结果。但是，一心向往善缘以上的三摩地包含在寂止方面，甄别真理或万物规律的善慧包含在胜观方面。鉴于此，所有三乘的功德是寂止和胜观的结果，这种说法没有矛盾。

对此,《修信大乘经》说:“善男子，这种差别说明，菩萨们如此信仰大乘，源自大乘。无论怎样，这些都是利用专注的心，正确思考义理和宗法而来，应该这样去理解。”

“专注的心”，属于寂止方面，亦即专心致志。“正确思考义理和宗法”，属于胜观方面，亦即思辨智慧。所以，用思辨的智慧分析二乘的所有功德，并加以护持，加上一心一意专注目标。只有用这两种方法[1]来加以修炼（才能成功），而非用安住修和观察修来应对。

《解深密经》说：

“人们熟练胜观法，
人们熟练寂止法，
从此解脱恶趣束，
从此解脱性相束[2]。”

这里的恶趣，即取（投）恶趣。错误的外境不断释放能量，深入人们的心灵，形成习气与现象。这是因为明显热衷错误的境，（这个错误）先后出现，并对习气加以影响。前者用胜观加以抛弃，后者用寂止加以抛弃，这在《般若波罗蜜多教授轮》（ཤེར་ཕྱིན་མན་ངག sher phyain mn ngg）中有所述说。

这些只是定义寂止和胜观的功德而已，不能对寂止和胜观作出定义，像义理这样的，就是静虑与智慧的功德。这种说法也是这二者（胜观和寂止）的功德，这应该知道。

其次，一棵大树有无数枝条、叶子、花、果，但它们都归结为树根。虽然颁行大小乘的三摩地无数，但它们的关键在于寂止和胜观。

《解深密经》说：“我[3]无论宣示声闻众的三摩地，还是宣示菩萨众的三摩地，以及宣示善逝众的三摩地，这一切可以用寂止和胜观代替，这应该了解。”

那么，从事修炼三摩地的人们，对于无数的明显区别不知所终。因此，对于整个三摩地的总义——寂止和胜观二者的护持方法要很好地探寻，要经常不断地依循执行。

《修行道次·下篇》说：“对此，世尊宣示了不一样的、无限的、无数的菩萨们的三摩地，但寂止和胜观贯穿整个三摩地。今予表述使寂止和胜观得到整合之道。”

《修行道次·中篇》说：“这二者（寂止和胜观）代表了整个三摩地，所以一切瑜伽师要经常依循寂止和胜观。”

再次，寂止的本质。《解深密经》说：“一人独处山幽，心正确入定，把深思熟虑的法旨心中默想。以何心而作意的心，连续不断地作意，谓之作意。

[1] 两种方法，护持功德、专注目标。
[2] 性相束，客观现象的束缚。
[3] 我，这里指世尊。

如此深入进去，并不断安住，产生身轻安，或者心轻安，无论属于哪个，都称之为寂止。这样，菩萨应该全面探寻寂止。”

领会上述之义涵与十二分教[1]之义涵后，把任何蕴等之义作为目标。专注于此的心不能外散，利用念知连续系缚在目标上。这样，心就自然安住目标。

当身心产生轻安的快乐时，三摩地便变成寂止，这是心住于目标不外散，固守内心而得来的，与掌握物质的真实性没有关系。

胜观的本质。《解深密经》说：“人得到身轻安和心轻安，并深入进去，抛弃心之形式，把如何思考过的诸法，于内心将三摩地的证修对象，分别辨析为影像，并知为影像。

“这样，三摩地的证修对象——这些影像充满知识含义，对此进行辨别，特别辨别，全面观察，全面分析，以及忍辱、意愿、分类、观点、寻思，无论属于哪一种，都唤作胜观。所以，菩萨精通胜观。”

这部经书[2]缜密分析胜观的智慧不容否认，对于这个再明白不过的说法，汉地堪布和尚看到后，怀疑说：“这是不是契经，谁知道呢？”传说用脚践踏之。这把所有观察作为表象来对待，放弃思辨的智慧，心中毫不作念，与修炼奥义之见背道而驰，故有此作为。追随此派的人似乎大有人在。

辨别，是指辨别一切。特别辨别，是指辨别真理。具备智慧的作意及其观察，当执为表象时，进行全面分析；当正确观察时，进行全面分析。

无著大师说：“观察总归还是粗略观察，分析总归缜密分析，执为表象不是真实，归根到底就是辨别真伪。”

这样，对于辨别真实与一切[3]，要一一观察与分析，具有双重性。这与《解深密经》相同。《宝云经》也明确指出：“寂止，就是专心致志；胜观，就是正确辨别。”

弥勒菩萨在《经庄严论》中说：

“佛法名讳一句话，
寂止道要须明察，
胜观意蕴要清楚，
二者义涵需了达。”

[1] 十二分教，即十二部经。一是修多罗，即契经；二是祇夜，即应颂；三是伽托，即讽诵；四是尼陀那，即因缘；五是伊帝目多，即本事；六是阇多伽，即本生；七是阿浮达摩，即佛现神力；八是阿波陀那，即譬喻；九是优婆提舍，即论义；十是优陀那，即自说；十一是毗佛略，即方广；十二是和伽惟，即授记。
[2] 指的是《解深密经》。
[3] 一切，这里指万物。

“身临其境作依据，
心入心中[1]乃妙趣，
佛法需要细分析，
寂止胜观名讳具。”

这是说，住于正确的三摩地，专注于心，就是寂止；特别辨别佛法的智慧，就是胜观。按照经藏所说的思想进行解释，契经之含义不可另作解释。

《菩萨地》说：“物质是无可名状的，其含义也是不可思议的，要对它深入了解，心必须专注，远离一切虚论，远离一切心绪外散，观念住心。信守一切目标，用内三摩地注意性相，从简略注意到广泛注意，保持一致，持续修炼三摩地，这期间就叫作寂止。

“何谓胜观？利用全面修炼寂止的这个意，把那些所思之法的性相[2]，进行思索、甄别、缜密甄别，从特别甄别万物，直至广泛精通，都离不开智慧的介入，这期间的任何一种（佛事活动）就叫作胜观。”所言与前述相同。

此说根据经藏与弥勒菩萨的观点进行了诠释，把以前寂止和胜观的认识进行了巩固。

《修行道次·中篇》也说：“打消对于客观事物的沉迷，心自然乐于投入目标，严守轻安之心不动摇，就叫作寂止。在住守寂止之时，认真研究真实性。（在这期间）无论属于哪个（阶段），都叫作胜观。”

《般若波罗蜜多教授轮》也说：“这里，有可以造作的万事万物，有不可以造作的真实道理，都成为毫无虚妄的影像，这就是寂止的目标。万事万物，真实道理，都成为虚妄的影像，这就是胜观的目标。”

这里说，对于真实之义和万物之义不持妄念，就叫作寂止。认真研究真实与万物之外境，就叫作胜观。

《解深密经》也说：“世尊，寂止的目标到底有多少？旨曰：‘只有一个，这就是全无妄念的影像。’胜观的目标到底有几个？旨曰：‘只有一个，这就是妄念类的影像。’这二者（总）的目标到底有几个？旨曰：‘只有两个，这就是（认识）物质的边际与成就所有需求。’”

《集学论》认为，物质的边际包括真实与全部。

按照先德巴大师以前所说，寂止和胜观各有真实与全部，二者都有目标，寂止和胜观从目标上不可隔断。有证悟空性的寂止，也有不悟空性的胜观。心对客观环境的注意力消失，转而固守内心目标，这就叫作寂止。胜，加上特别

[1] 心入心中，专心致志之意。
[2] 法的性相，物质的表象。

观察，就是胜观。有人认为，如果心无妄念，智无明锐，便是寂止；如果有犀利的智慧，便是胜观。这种观点不符合道理。

对于佛旨，对于持教大师的论典，对于无著大师的著作，对于论述修炼过程等的典籍，以及广泛厘定寂止和胜观属性的大论，心专注不移，这就是三摩地，就叫作寂止；对知识的义涵进行正确而缜密的甄别，这个智慧便是胜观。上述观点也与此说相悖。

尤其心无妄念、犀利智慧是否存在，关系到三摩地是否存在昏沉的问题，这不可作为寂止与胜观的区别。对于所有寂止的三摩地，也很有消除昏沉的必要；对于远离昏沉的一切三摩地而言，心智明晰必须确保。

那么，注重真实的三摩地，注重智慧二者，均为境二无我[1]，其中任何一种，只能从思想上是否领悟去加以认识，不能从心境乐明等是否无妄而住去加以认识。因为心未注意境无我的真实性，乐明无妄的三摩地不可估量。

尽管没有获得这样的空性观点，但心务必保持不虚妄，这可完全做到；尽管未悟空性之意义，但与产生不虚妄三摩地毫无矛盾。从其入手，保持心智时间长久，在这个作用之下，就产生可行风。产生可行风，身心便产生欢乐，这是规律，与产生安乐并不矛盾。产生安乐后，欢乐之感清晰明了，心明如镜。

一切乐明无瑕的三摩地，对于成就真实的证悟，没有任何正确的帮助理由。那么，对于证悟空性的三摩地，也存在乐明无瑕；对于未接触空性的三摩地，也产生乐明无瑕，这种情况非常之多。需划分二者的区别。

第二节　修炼寂止和胜观的原因

第四，修炼寂止和胜观的原因。为什么不允许将寂止和胜观分开来修炼，而必须同时修炼？今予论述之。

譬如，夜晚为了观赏壁画，必须点燃酥油灯。当酥油灯非常明亮，且在没有风干扰的情况下，才能看清画像。反之，酥油灯不亮，且在吹风的情况下，则看不清画像。同样，在观想深奥佛旨时，有两个要求，一是正确掌握真谛含义的智慧，二是心如何关注目标并保持不动。具备这两个条件，必定清晰发现真实性。

即便心不外散，有了无妄三摩地，但如果没有证悟空性的智慧，那就失去了观想真实的眼睛，故怎样熟稔三摩地，也不可能证悟空性。

尽管掌握了无我空性的观点，但如果没有专心致志——毫不动摇的三摩

[1] 境二无我，仍为二无我之义。

地，就会不由自主地受到虚妄之风干扰而摇摆不定，不可能清晰观察空性之意义，所以需要（同时修炼）寂止和胜观。

《修行道次·中篇》说："如果抛开寂止而单一修炼胜观，那么瑜伽师对心境散逸不定，就像风中的酥油灯摇摆不稳一样。因此，不会产生非常清晰的智慧之光，故二者必须均等修炼。"

因此，《大涅槃经》说："声闻们没有看到善逝种姓，因为三摩地功力较高，而智慧较小的缘故。虽然菩萨们看到了，但不清晰，因为智慧程度较高，而三摩地功力较小的缘故。善逝能洞察一切，因为寂止和胜观相辅相成。"

有了寂止的力量，就像把酥油灯放在无风处一样，不以妄念之风而使心动摇起来。

胜观斩断一切邪见的网络，而其他（观点）则无能为力。

《月灯经》说：

"有言道：
借力寂止不动摇，
胜观则如巍峨山。"

诚如所言。

那么，专注目标不动摇，正襟危坐，是寂止（要求）的成果。证悟无我的真实性，抛弃我见等邪见，不受对方左右，稳如大山，是胜观（要求）的成果，故要区别看待。

在未修成寂止之前，用思辨的智慧，分析无我之义，如风中酥油灯，心非常动摇，对无我之大义也不甚了了。一旦修成寂止之时，（用思辨的智慧）进行分析的话，才能克服心浮气躁的缺点，无我之大义方能明了。

胜观的心不动摇的部分，来自无妄的寂止，证悟真实性的部分来自寂止。例如，使酥油灯明亮的部分，取决于灯炷与之前的火势，而非取决于防风的布帘等。但是，使酥油灯不摇摆而稳定的部分，毕竟还是来自布帘等。

如是，对于昏聩之心，以无不平等的寂止定慧进行观察，就会知道正确之义。鉴此，《佛说法集经》说："心入等定，就会正确知道真实性。"

《修行道次·上篇》说："心如流水摇摆不定，没有寂止的基础，不可能安住。未入等定之心，不能正确了解真实性。世尊曾经颁旨：'心入等定，就会十分正确地知道真实性。'"

当修成寂止后，就能以正确分析无我的智慧，不但纠正摇摆的缺点，而且对修习无常、业果、轮回业障、善良、悲心和菩提心等，用思辨的智慧进行观修。而这一切取决于消除三心二意的缺点，专注自己的目标，永不动摇。无论做什么善行，都会产生非常强大的动能。在未证获寂止之前，大致沉迷其他目标，故所做的一切善行，都显得势单力薄。

《入菩萨行论》说：

“心浮气躁不专注，
烦恼獠牙[1]中间处。”

“念诵苦行诸法事，
即便过了很长时，
心思外散不专一，
洞见真谛无意义。”

这样，专注一个目标，心不外散，无妄而为，修炼三摩地，大有必要。这是为了心一向追求善缘，当务正业，并为此付诸实施。心系一个目标，最重要的是坚持不懈；即便放松，也如平缓的水渠放水一般，善缘广阔无边，自己的夙愿方能实现。

寂止成功后，专注真实与万物的智慧、舍心、戒心、忍辱、精进、信仰和悲伤等，关系到汇集无边的善和阻止无边的缺点，这个印象需要护持。而长期受困于一个所缘（目标），这是未了解修炼寂止的必要性。应该知道，这不能使善行利益最大化。

若放弃行品[2]和见品[3]的思辨智慧而进行观修的话，则修炼专注的三摩地意义非常小。值得一提的是，为了对无我之义取得牢固而持久的信念，这是需要方法的。要用思辨的智慧进行分析护持，如果没有注重真实的胜观，尽管多长时间熟稔寂止，也可能压一压明显的烦恼之头，其根源根本不可能被拔除。故不能只修炼寂止，胜观也要（同时）修炼。

《修行道次·中篇》说：“如果片面地熟习寂止，那么瑜伽师们的罪障不可能得到消尽，只是暂时压制一下烦恼，而智慧之光不会显现，一些潜在隐患也不能根除。”

因此，《解深密经》说：“修炼禅虑能制服烦恼，修炼智慧能根除潜在隐患。”

《三摩地王经》说：

[1] 烦恼獠牙，烦恼的獠牙。
[2] 行品，菩萨的品德、行为。
[3] 见品，菩萨的见地、观点。

“虽然修炼三摩地，
我想[1]缺点不能灭，
周而复始烦恼生，
余行如修三摩地。

万法无我[2]具实辨，
甄别思维兼修炼，
证获涅槃成果因，
他因不除为哪般。”

《菩萨藏经》说：“人们没有听取这菩萨藏的法类，没有听取圣法律经，修炼少许三摩地便心满意足，而固执己见，是因骄傲的缘故，明显陷入傲慢的深渊。因此，不能从生、老、病、死、悲痛、哀号、痛苦、闹心、烦闷中得到彻底解脱，不能从六道众生的轮回中得到彻底解脱，不能从痛苦的蕴[3]中得到彻底解脱。鉴于此，善逝旨曰：‘从别处随缘听受佛法，便可解脱老死矣。’”

因此，抛弃所有障罪，希望得到全真智慧，守持寂止，修炼智慧。

《大宝积经》也这样说：

“坚守戒律修禅功，
得到静虑智慧弘，
智慧促使圣智生，
圣智决定戒律丰。”

《修信大乘经》也说：“旨曰：善男子，如果不彻底拥有智慧，对于如何信仰菩萨们的大乘，大乘究竟发生什么变化，我可不好说啊！”

第五，掌握次序。《入菩萨行论》说：

“极熟寂止达胜观，
根除烦恼知全面，
探索寂止要先行，
……”

[1] 我想（བདག་ཏུ་འདུ་ཤེས་པ།），认为物质本来就有永远不变的主体。
[2] 万法无我，任何物体都没有独立的我（本体）。
[3] 痛苦的蕴，痛苦的法（苦海）。

这是说，首先修炼寂止，然后再依据寂止修炼胜观。

对此，是这样认识的，《修行道次·上篇》说："其目标不一定。"这是说，寂止的目标没有定准。如前所述，寂止的目标包括自性和本性两种。首先掌握无我之义，进而瞄准目标修炼。

心不外散的寂止与注重空性的胜观，二者可同时开始。但为何先探索寂止而后修炼胜观呢？这是因为寂止必须先于胜观而行，了悟无我观点的义涵，寂止无须先行；在没有寂止的情况下，（一般）观点也照样产生。

这个观点可产生心理活动的感受，同样也无须寂止先行。尽管没有寂止，但以思辨的智慧反复分析，熟稔之后，产生心理活动并不矛盾。如果矛盾的话，对于修习无常、轮回的罪过和菩提心，产生心理活动的感受，取决于寂止（的修炼）。这非常荒谬，因为道理普遍一致。

那么，胜观需要寂止的理由又是什么呢？《解深密经》说："用思辨的智慧进行甄别、特殊甄别之修，在还不能成就身心轻安之前，有与胜观相伴而行的作意（心路），从此衍生的轻安，被认为是胜观。"

没有证获寂止，而用思辨的智慧进行观修，最后修炼身心轻安不能带来安乐。若证获寂止，再用思辨的智慧进行观修，最后自己才能得到轻安，其中寂止可以作为因缘发挥作用，下面将详述之。

所以，用思辨的智慧不把惟一目标确立起来，用分析能力证修轻安，将获得轻安。虽然专注空性境，但由于心系一个目标，证修轻安还是囿于寂止修炼法。因此，仅凭这点不能获得胜观。

这就要求起初必须掌握无我之含义，反复分析其中的意思。如果首先寂止不能臻就，之后的寂止更不能臻就；不假思索地修止，即使寂止有所成就，但除了寂止的护持方法外，没有胜观的护持方法，故以后还要探寻胜观。首先探寻寂止，是因为藉此不超过修炼胜观的过程。

证修胜观的方法。如不以思辨的观修证获轻安，而首先探寻寂止，那藉此修炼胜观没有任何正当理由。如不按照这个次序修炼，则非常不合理。

《解深密经》依照前述认为，获得寂止之后，再修炼胜观。"依循前者后者生"，是说根据六度的禅虑、智慧次序和无上三摩地戒学，产生无上智慧戒学。以上次序，是先修寂止后修胜观的次序。

上文已引述《菩萨地》,《声闻地》也强调依据寂止修炼胜观。《中观心论》、《入菩萨行论》、《修行道次三篇》（སྒོམ་རིམ་གསུམ། sgaom rim gsum）等著作，加上益喜扎巴（ཡེ་ཤེས་གྲགས་པ། ye shes grags pa）、先德巴等大师都说首先探索寂止，然后修炼胜观。

因此，有些印度大师不想法寻求寂止，而一开始就运用思辨的智慧，分析并理出胜观来，这违背了有关始祖的观点，具有睿智的人们不以此为凭。

寂止与胜观的次序是什么呢？在当初开始的时候，应该是这样来进行的。但如果后来首先修炼胜观，再修炼寂止的话，那次序就没有规律了。

《集论》说："有人只获得了胜观，而没有获得寂止，他们依靠胜观努力获取寂止。"

这是什么意思呢？就是说并不是没有获得以初禅为代表的预备寂止，而是没有得到初禅主体以上的寂止。也就是说，充分证悟四谛后，藉此修炼初禅主体以上的寂止。

《本地分》说："另外，必须清楚明白从苦谛至道谛之间的真实情况。（如果）没有得到初禅等，一经形成（这种颓势），心就松懈下来，不能完全细察事物。它依靠至尊智慧，确立真诚的心。"

一般而言，为使名词简单易行，把九心[1]叫作寂止，把细察等四法叫作胜观。但真实的寂止和胜观如下文所讲的那样，从产生轻安开始就可以建立。

第三节　学习六法

寂止和胜观的学习方法分为三个步骤：一是学习寂止法；二是学习胜观法；三是寂止和胜观结合学习法。

学习寂止法又有三个小问题：1. 依靠寂止资粮；2. 据此修炼寂止；3. 修成寂止的程度。

首先，瑜伽师若要一开始顺利、快捷地成就寂止，一个重要的原因，就是依靠寂止资粮。包括六项内容：

1.（瑜伽师）住在适宜地点。这个地点要具备五种功德：一是易得，即不费周折就能轻易获取衣食等；二是居室优越，即猛兽、歹徒、敌人等远离身边；三是风景洁美，即不使人得病；四是良师益友，有戒律与观点相同的朋友为伴；五是具善，即白天人少，夜晚沉寂。

《经庄严论》说：

"智者修行选地点，
衣食不难居室简[2]，
风景洁美良友伴，

[1] 九心，安住心、摄住心、解住心、转住心、伏住心、息住心、灭住心、性住心、持住心。
[2] 居室简，居室简单平坦。

行者[1]方便资具全。”

2. 少欲。无论法衣等好还是多，都没有更大的奢望。

3. 知足。获得一般粗糙的法衣等即可，常感到知足。

4. 全面抛弃杂务。对于经商等坏事[2]、俗人与僧人过分亲近、行医、卜算天象等事要全部抛弃。

5. 戒律清净。对于别解脱戒和菩提心戒，也就是自然无害的戒学基础不被破坏。即便无意造成破坏，也要从速忏悔，按照戒规加以改正。

6. 全面抛弃欲望等妄念。欲望暗藏着杀戮和控制等，导致一生犯罪，滑向恶趣等。这就要求修禅后世的罪过，或者要意识到，无论轮回的财富是否让人眼热，这些都逃不过灭亡的规律，变化无常，自己特定将要与这些离别，还有什么对它留恋的。这样念修之后，抛弃一切欲望的妄念。

以上根据《修行道次・中篇》而言，要想深知，请阅《声闻地》。

这六法可促使新的三摩地产生，已产生的确保不失，涵盖了（功德）蒸蒸日上的关键因素。特别是戒律清净，视欲望为犯罪，保持这样的节操是首选之列。

敦巴上师说："我认为我们被单纯的秘诀所困，因一心探寻秘诀，不愿意掌握三摩地，导致无法拥有资粮。"这里所说的"资粮"，是指上述六法等。

另外，前四般若[3]，要迈向第五禅虑的资粮。

《修行道次・上篇》说："寂止不关注获得什么（财富），而（一心）坚守戒律，是担当痛苦等的践行者，砥砺精进，可速成事业。因此，《解深密经》等书指出这是上上因素。"

《道炬论》也说：

"寂止细节若丧失，
虽经百般修法力，
过了千年也枉然，
三摩地功不成立。"

愿意真心修炼寂止和胜观的三摩地者，要认真学习寂止的细节或全部，在《声闻地》中所说的十三法显得尤为重要。

---

[1] 行者，这里指瑜伽师。
[2] 这里把坑蒙拐骗联系起来，所以把经商说成"坏事"。
[3] 前四般若，是指六度中的前四度。

鉴于此，修炼寂止有两个要求：一是行动；二是基础。

首先，长期修炼上述六法，特别是菩提心；其分支小士、中士、共同目标的本质也要修学。

其次，包括两个小问题：1. 如何用身体力行修炼；2. 论述修行次序。

如《修行道次·中篇》和《修行道次·下篇》所说的那样，非常绵柔、舒适（的坐垫），对身体的行动（很重要），使身体具备八法。

这八法的要求是：

腿，像大日如来佛的跏趺坐姿一样，双腿完全结跏趺坐姿，或者结半跏趺坐姿也可。

眼，不大睁，也不全闭，眼神盯住鼻尖。

身，不后仰，也不前倾，伸直腰杆，忆念内敛而住。

肩，双肩放平。

头，不高不低，不偏向一方，从鼻尖到肚脐保持一条水平线。

牙与唇，牙齿与嘴唇保持一般习惯即可。

舌，舌抵上牙根。

呼吸，呼吸不要发出响声，也不要长呼吸，更不要剧烈呼吸。无论如何，呼吸上下没有感觉，缓慢、不使劲地自由呼吸。

《声闻地》指出，在世尊嘉许的椅子，或者小凳子，或者草垫上面结跏趺坐姿，它有五个原因：1. 如果全神贯注的话，将有助于行动轻安化，所以身体迅速产生轻安；2. 如果坐姿得当，能持续很长时间；3. 身体不会产生疲劳；4. 此言行如果让异教徒、敌人、非一般者，以及相关人士发现，他们会由衷敬仰；5. 此言行是由佛与佛的声闻弟子们所钦定，并予以依循的。看到这五个原因后，他们才结跏趺而坐。

之所以要伸直腰杆，就是强调为了防止身体昏沉和瞌睡。所以，首先按照八法运转身体，特别是如何控制气息进行修炼。

论述修行次序。在大部分菩提道次论著中，提倡依照《辨中边论》（དབུས་མཐའ། dbus mtha）所说的抛却五罪的行动八法修炼寂止。

除了从拉索巴大师传下来的教诫外，还有《声闻地》所说的六力[1]、四作意[2]和九心，强调利用这些进行修炼。学者元丹扎（ཡོན་ཏན་གྲགས། yon tn grags）归纳为住心九法和四作意。

六罪及其对治行动八法，是所有三摩地的方法，与多部经藏、《经庄严论》、《辨中边论》，以及无著大师的《五部地论》、《中观修行道次三篇》（དབུ་མ་སྒོམ་རིམ་

[1] 六力，闻力、思力、正念力、正知力、精进力、串习力。
[2] 四作意，励力运转作意、有间缺运转作意、无间缺运转作意、无功用运转作意。

གསུམ། dbu ma sgaom rim gsum)等所有论述禅虑方法相同，首先要拥有三摩地资粮，运用这些方法努力修炼的话，必可获得三摩地。

现在，那些吹嘘自己拥有奥妙禅虑秘诀的人，这些方法名存实亡，他们不具有三摩地资粮。一旦没有了这些方法，即便长期奋斗，也未见能成就三摩地的说法。

这是自己所著的菩提道次的说法，这也表明了对于各个大论的三摩地修炼方法，取得确切理解之语。

一般而言，就三乘道次的宣示方法，无著大师在《五部地论》中作了广泛厘定，成为宣示修炼著述中最丰富的一部。

在一部著作中广泛论述，而另一部著作中未作详述。《摄抉择分》指出，根据《声闻地》了解寂止和胜观，故《声闻地》非常广博。

弥勒菩萨分别在《经庄严论》和《辨中边论》中，论述了住心九法和抛弃行动八法。步其后尘，僧格桑布（狮子贤）、迦玛拉希拉、先德巴等印度鸿学大家们也论述过许多修炼三摩地的过程。除了对神像、明点和文字等的关注点有所不同，三摩地的整体架构与原先大论中所说的、密宗中所说的非常相同。特别是三摩地的五过等缺点及其消除方法，在经藏中论述非常深刻。

但是，按照大论善于修炼者寥若晨星，把自己错误认识的污垢，泼洒在这些大论上面，只理解大论的表面含义，而把宣示精要的教诫搁置一旁，在对大论中所说的三摩地的修炼次序进行修炼时，连如何等情的质疑也没有了。

这些教诫是一切上下修炼(的代表),只有出现在大论中而受到重视。这里，三摩地的修炼方法，是摘引诸大论而说的。

第四节　如何住（守）心

这里有两个问题：一是发扬纯正三摩地；二是由此产生住心次序。又有三个小问题：1. 心向目标之前如何做事；2. 心向目标之时如何做事；3. 心向目标后如何做事。

首先，不喜欢修炼三摩地，而喜欢其反面的修炼，如不能阻止这样的懒惰，一开始就不能投入三摩地的修炼。即便偶有心得，但也不可持久，故迅速衰减。所以，首先防止懒惰至为重要。

如果得到身心非常安乐的轻安，夜以继日投身善业，也不觉得苦累，懒惰自然远离。

若如发扬这种精神，就要发扬轻安的因素——需要连续不断地修炼三摩地；若发扬这种精神，要有学习三摩地的强烈愿望，一以贯之。就其因素而论，要有洞见三摩地的功德，而产生令人羡慕的坚定信仰。这就是说，首先要反复修炼三摩地的功德——心中的信仰。

这些修炼过程又该是啥样呢？经过修炼来看，再非常清晰不过了，要把它当成最关键的部分。

《辨中边论》说：

“位置之上位置住，
犹如原因与结果。”

什么是位？亦即意愿，劳作之所。什么是住？是劳作或精进之义。什么是因？是指意愿，亦就是相信功德。什么是果？就是劳作之果，是指轻安。

所修三摩地功德。寂止成就之后，心生欢喜，身感舒畅，安住见法（现实），身心得到轻安，心可任意用在善业目标之上。不由自主从不良环境的沉湎中得到解脱，不沾染许多罪行，无论做何善事都具有很大力量。

依据寂止，可修炼先知与神功等功德，尤其藉此产生证悟真谛的胜观见，可迅速斩断轮回的根源等。无论思考任何功德，都能使修炼三摩地意趣盎然。了解这个道理而予以修炼。如果有了兴趣，将不断鼓励从内心修炼三摩地，故容易掌握三摩地。掌握三摩地后，也要反复进行修炼，永葆不失。

其次，要知道两个问题：一是心向何处的基础——认识目标；二是如何心住于此。又有两个小问题：1. 整个目标的论述；2. 认识及时目标。

论述实际目标；论述什么人专注什么目标；论述目标种类。

世尊曾宣示瑜伽师的四个目标，即普遍目标、修净行为目标、智者目标、修净烦恼目标。

普遍目标有四个：妄念及其影像、无妄念影像、事边[1]、成就所需。

从能立目标的角度而论，有两个影像：1. 胜观目标；2. 寂止目标。

影像，所念何种目标并非是真实的，而是其形象萦绕脑际。在对其进行研究时，存在能察[2]的想象，故称为妄念影像。

据此不察而内住（念念）于心之时，没有能察的想象，故称为无妄念影像。

如果认为，这个影像属于哪个影像的话，它属于五净行目标、五智者目标和二净除烦恼目标之影像或形象。

从目标角度而论，它是事边，就是说只有这个，没有其他，倾向一切事

[1] 事边，物质的极致。
[2] 能察，可以观察。

物之边；只有这个存在，别处不存在，倾向真实事物之边。

一切，是指五蕴反映的万事万物、十八界[1]、十二处[2]、万法[3]，以及四谛包含的一切所知之事物，别无他物。

真实，是指这些目标的正确性，或得到理论验证的真实性。

从结果而论，是指成就所需。对于这些影像，用寂止和胜观加以关注。这个心路要全面依止，全面熟悉，多次实践。这样，各自的处境脱离恶趣，地位发生变化。

净除行为，是指对于大肆享受贪欲等行为予以净除，包括不净、慈善、缘起、界别和呼吸。

心系不净，毛、发等三十六种为内不净，瘀青等是外不净。也就是说，不净、丑陋的形象出现在头脑中，对它要念念不忘。

观察亲眷、敌人和非亲非故，参禅入定的地上菩萨成就利乐的思想为慈悲。从慈悲的感受角度，保持这些心中目标，谓之慈悲。也就是说，具备境与外境[4]才是慈悲。

心系缘起，依靠三时[5]出现的缘起唯法[6]，出现唯法之果而已。除此而外，没有作业者，没有亲历结果者。对此，要心中专注而念念不忘。

心系界别，把土、水、火、风、空、识六界，一一区分。对此，要心中专注而念念不忘。

观察呼吸，经过对进出的一呼一吸进行记数和观察，心不外散，专心致志。

智者目标有五个：蕴、界、入、缘起、处和非处，要精通于此。

蕴，色蕴等五项。

智者，除蕴之外，知道无我与无我所有。

界，眼等十八界，若精通之，则知道各界来自各个种子的因缘。

入，眼等十二入（处），若精通之，则知道内六入，即六识主因；知道外六入，即专注因，刚灭之意为刚才之因。

缘起，十二缘起支，若精通之，则知道世界充满无常和痛苦，没有恒常之我。

处与非处，善报令人羡慕，谓之处；恶报令人不齿，谓之非处。若精通之，则知道大义。

这是精通缘起的一个方面，所不一样的是，用这可以了解各种不同的因缘。

当把这些作为寂止的目标时，把蕴等归纳为何种领域，凭借一种感受而

[1] 十八界，外六界、内六界和六识界。
[2] 十二处，眼、耳、鼻、舌、身、意六根，色、声、香、味、触、法六境，共十二处。
[3] 万法，万物。
[4] 境与外境，这里指内因与外因、本体与对象、主观与客观。
[5] 三时，过去、现在和未来。
[6] 缘起唯法，单一缘起。

念念不忘。

净除烦恼，蔑视烦恼的种子，根除烦恼的种子。第一目标是，从希望地到从无处[1]之间，是下界的粗陋和上界的柔和。第二目标是，四谛所讲的无常等十六项。把这些作为寂止的目标时，未经查实，头脑中就出现这些客观现象。对此，从任何一种心理念念不忘。

《修行道次·中篇》提倡三个目标。十二分教或倾向、或指向、或落实在真实性上面，总摄万类，住心于此。摄取多少法之蕴等，予以专注、发现和听闻佛之身像，而念念于心。

认定蕴等的方法，认识万事万物包含在五蕴内，其中已经渐成森罗万象。住心于此，念念不忘。

如果熟悉怎样甄别的话，就会产生思辨智慧。同样，如果熟悉集中的话，也不会偏向其他目标，而产生心定目标的三摩地。这是《俱舍论》的秘诀。

这样，认识万物包含在界与处中，其中已经包罗万象。住心于此，念念不忘。

何谓净行目标？如上所言，过分享受贪欲等，其中贪欲是容易克服的，藉此可容易修得三摩地功法。所以，这是特别目标。

何谓智者目标？除了这些内容以外，否定人我，与产生证悟无我的胜观相辅相成，故寂止目标非常优秀。

消除烦恼的目标，是应对整个烦恼的关键，意义重大。

普遍目标，除了前面的目标外，别无他求。

因此，依靠具有特殊用途的寂止目标，来修炼三摩地。如果把石子和木棍等作为目标基础，来修炼三摩地功法的话，就不知道专注三摩地的论述，是显而易见的。

有人树立专一目标，并铭记在心，以为（这是）执著有相，却不注重类似目标方向，无的放矢，还想修炼空性，是从来不知空性修炼法之表现。这样，届时如果没有了正知，也就没有修炼空性的三摩地；如果有了正知，就用它来取得所要知道的知识。

有了所知，它便是心中目标。境（客观）、目标和所知均为同一个意思。那么，（是否）把三摩地也要理解为执著有相？这个观点没有道理。

另外，能否修炼空性，放在洞晓空性观点上面，则以是否修炼而论，不以对客观丝毫不察或观察的角度而定。下文将详细论述之。

没有目的，却想建立观点，这使自己的心对任何事物无动于衷。抱着这样先行的态度，而铭记不忘。针对这样一个唯心目标，对任何情况漠不关心，才是必须指出的。所以，无需目的的想法，则与自己的实践背道而驰。

[1] 处，这里指十二处。

因此，在修炼三摩地的大论中，介绍了许多目标。这些必要性也如上述所说，故要精通对目标基础的重视。

《修行道次》[1]认为，寂止的目标没有定准。《道炬论》强调，"任何目标一个数"。这是说，无需格外定论目标，不要把一切目标当成标准。

人用什么当作目标？今论述之。如果是个贪欲膨胀和疑虑重重的人，《声闻地》引用《颉隶伐多问经》（ནམ་གྲུས་ཞུས་པ། nm graus zhus pa）说："颉隶伐多，如果一个瑜伽比丘师，从事瑜伽苦行之时，一味喜欢淫乱，那么他的心就在不雅目标之上；如果他喜欢嗔恨，那就危及慈悲；如果他是个愚痴者，就会不解因缘和合的道理；如果他是个傲慢者，就会迷恋界别[2]。"

又说："如果他是个多疑者，就会特别在意呼吸。故此，人们对于相同目标心驰神往。"

《声闻地》又说："人们如果有了贪欲、嗔恨、愚痴、傲慢、狐疑，就要对于起初的行为、目标进行彻底净除。接下来就要证悟住心[3]，各自的目标就会各自确定。毫无疑问，他们会利用目标奋斗。"所以，必须努力奋斗这些目标。

如果行为平衡者，或者是个少烦恼者，从以上的目标中作出选择，喜欢哪个目标就上心哪个目标。但不必特意择定。

《声闻地》说："行为平衡者，其住心是单一的，喜欢哪个（目标）就选择哪个，而非为了净行。如同行为平衡者一样，少烦恼者也应如此处理。"

之所以贪欲等五罪炽盛，是因为前生大肆追求、反复享受物欲的结果，哪怕是小小的物欲，也贪得无厌，积习难改。

行为平衡者，前生对于物欲不奢靡、不追求、不屡次涉及，但也不将其视为罪过，不诋毁它。虽然没有了欲望炽盛和积习难改之嫌，但不是说贪欲等五罪不会发生。

少烦恼者，累世没有奢求物欲等，把物欲视为罪过。对于大的、多的、剩余的物质或许产生一点欲念，对中等和小的则全然不去理会[4]。

贪欲等五罪炽盛，即便长期而均衡享受，也支持不了多长时间。

少烦恼者，可迅速了悟住心。

就人们奋斗智者目标，《颉隶伐多问经》说："颉隶伐多，若一个瑜伽比丘师，从事瑜伽苦行，对一切行为的本质产生迷茫，或者对我、众生、生命、生者、育者和人物[5]产生迷茫，就会完全注意对蕴的精通；若对于因产生迷茫，就会

[1] 没有说明是哪一篇。
[2] 界别，欲界、色界和无色界，迷恋三界而不能自拔。
[3] 心是否安定下来。
[4] 这里谈到了一个修佛者的心境，对于林林总总、令人垂涎的物质，当事人说不定会有所侧目，但不会去伸手动它，更不会去占有它；对于一般的东西，则更不会理会。
[5] 人物，人之物，人之本身。

完全注意对界的精通；若迷茫于缘，就会完全注意对处的精通；若对无常、痛苦、无我产生迷茫，就会完全注意对缘起的精通，就会完全注意对处与非处的精通。”这五个目标主要阻止迷茫。

无论何人，注意净除烦恼的目标。《颉隶伐多问经》说："若是一个远离欲界的贪欲者，就会注意欲界的粗陋[1]和色界的平和；若是一个脱离色界的贪欲者，就会注意色界的粗陋和无色界的平和；若是一个愿意厌离一切坏聚（身）和希望全面解脱者，就会注意苦谛、集谛、灭谛和道谛。"

利用胜观观修这些目标，用寂止进行修止，均为二者的目标，并非寂止单方面的目标。但是，有的可作为新修寂止的目标，有的寂止已经成就并作为特殊的目标。（关于这个问题）将在"寂止目标"的章节中详述。

目标种类，心系何种基础——三摩地的目标基础，（如同）上述目标的影像或情形，已在脑中有了印象。其名目在《声闻地》中说："影像就是影像，（还有）三摩地标记、三摩地所行范围、三摩地功法、三摩地之门、心路基础、内察之身，也叫影像。应该知道，这些与知识内容一脉相承，是影像之异名。"

[1] 粗陋，人世间的坎坷不平、酸甜苦辣。

第十六章 目标（所缘）[1]

第一节 心系佛身

是时候认识目标了。那么，目标是有多种的。这里，根据哪个目标来修炼寂止呢？就像上文引述经藏一样，它并无定准，因人的不同，目标也应各不相同。值得一提的是，要想修炼最起码的寂止，如果希望过大，就要选择特定的目标。否则，即便可能得到符合寂止的三摩地，但不能得到真正的寂止。经说，虽然学了净行目标，但除了旷日持久外，不能成就寂止。所以，放弃净行目标，一事无成，言之有理。

特别需要指出的是，一个疑虑重重的人，必须修炼风。如果是一个行为平衡者，或是一个少烦恼者，如前所述，在所介绍过的目标中，自己喜欢哪个，就把哪个作为修炼目标。

另外，参照《般舟三昧经》和《三摩地王经》，《修行道次・中篇》和《修行道次・下篇》说："针对善逝身像修炼三摩地。"

项曲桑波大师（བྱང་ཆུབ་བཟང་པོ། byang chub bzng po）也说："寂止有两种，即内观为得[2]，外观为瞄[3]。内观也有两种，即观身、观身依。观身也有三种，即把身观为神貌，把身观为骷髅等丑恶貌，把身观为天杖等特别标识。观身依也有五种，即观息、观细微标记、观明点、观光点、观安乐。外观有两种，即观特别、观一般。观特别有两种，即观身、观语。"所言甚善。《灯炬论释》也对其有引述。

心系佛身。是指忆念佛陀，会带来无数福分。如观佛身清晰而稳定，对于礼敬、供奉、祈愿等积聚资粮的福田，以及谋求忏戒等消除罪障，具有很大

[1] 这里把"目标"单独作为一章处理。"目标"也就是佛书中所说的"所缘"，"所缘"意思比较抽象，一般人难懂其奥。我在上文中已经作了简单解释。本章中仍然可按"目标"等意思去理解。
[2] 为得，得到之意。
[3] 为瞄，瞄准目标之意。

益处。

如上文引用《三摩地王经》一样，临终之时不忘怀念佛陀，就会得到不朽功德；如果修炼密宗之道，对于获得瑜伽神功有很大益处等，大有必要。其功德与忆念佛陀的情况，在《般舟三昧经》中详有论述。按照《修行道次·下篇》所说，一定要掌握好，这里不再赘述。

所以，探寻即能成就三摩地，又能附带得到特别之需——修炼目标，这就是精通方法。

把什么样的善逝身像作为目标基础呢？《修行道次·下篇》说："首先，瑜伽师把心放在如何观察善逝身像和如何闻法上面，再进行修炼寂止。要经常默想善逝身姿如同纯金闪闪发亮，相好庄严，危坐群神当中，且正在用各种方法为众生做事。所以，对其功德产生仰慕，从而消除昏沉和放逸等。把禅虑修到什么时候呢？应该修到似乎看见善逝端坐在自己眼见为止。"

《三摩地王经》也说：

"神采奕奕发金光，
普世救主乾坤靓，
谁若心系该目标，
菩提入定大名扬。"

把这些教言作为目标基础。

用心想象（善逝）金身，回忆他们仍然健在。有两个问题：回忆对产生信仰有很大好处，又与共同乘的要求相同，可回忆（善逝）为自然成就之貌。以前注意哪种基础——探寻目标时，奉迎一幅光灿夺目的佛祖画像或一尊佛祖塑像，对其反复观察，记住相貌，使其萦绕心间，一以贯之。换言之，经过上师精心讲授，（学生）思考所闻之义，让其浮现心头，再探寻修炼目标。

不能光靠画像和塑像来当作修炼目标，而是通过学习，使真实的佛陀形象出现在眼前。有人把（佛陀）身像放在前面，眼睛盯着身像禅修，这就是睁眼定。这被益喜德（智军）大师所驳止，甚善！

三摩地不修根识，而是修心识。所以，三摩地真实的目标是，是心识的真实境，心要注意这个境。如前所述，要观察真正目标大义或影像的显现。

身像分为粗细两种。首先观粗，待巩固之后，再行观细，这在其他书籍中论及。对于实践经验，粗也极易出现，故从身像的粗略（程度）作为修炼目标。特别重要的是，在好像喜欢所说的三摩地还没有成就之前，把目标定在许多不同方面而修炼三摩地，无论如何是行不通的。这是因为，把目标放在多个方面而修炼三摩地，反而成为修炼寂止的巨大障碍。

因此，在修炼三摩地的正宗经典《五部地论》和《修行道次三篇》等中指出，开始修炼三摩地之时，权当一个目标来进行修炼，没有说采用多个目标来进行修炼。

马鸣菩萨也说得很清楚：

“永远守住一目标，
心中思想巩固牢，
多头目标经手后，
烦恼变本让人老。”

这是在修炼禅虑的时候所说（的要求）。

《道炬论》也说：

“目标一个为正宗，
心思放在善业中。”

这里的“一个”，是以结论而言的。那么，首先把精力放在一个目标上，待修得到寂止后，再谋求多个目标。

《修行道次·上篇》说：“某时，一旦扭转心路，利用蕴和界等之区分，充分观察，这是惟一的（选择）。像这样在《解深密经》等经典中也有论述：‘世尊颁令：瑜伽师们，用观察十八空性等之区分来进行观察！’类似情况居多。”

这样，开始心系何种修炼目标，这要有个把握程度。对于（本尊的）头、双手、身架和双脚进行多次回忆，之后思索整个身貌，心中如果浮现四肢的大概部分，而不出现（金）光等亮度，这毕竟可以满足，心须注意。

其原因是这样的，如果就此满足现状，而心不去注意，还想希望得到更加清晰的目标，反复冥想，目标可能有所清晰起来。但是，这不仅得不到住心的三摩地，而且会成为目标的障碍。

尽管目标不太明显，但只要心系一个目标，从而住心于此，将迅速得到三摩地，有助于光明的发挥，顺利成就光明。这出自益喜德大师的教诫，至为重要。

在修炼目标形成规则中，有四章二节之论，但是因为人的缘故，形成有难易，形成后又有是否明晰的问题。而这二者是否稳固，众说纷纭，没有定准。

若处在修炼密宗神瑜伽的阶段，神的模样必须清楚地修炼出来。在其模样未出现之前，多管齐下，以求找到方法。如神的模样特别难以修到，从上述目标中任选一个目标，凝心于此即可。这是起码成就三摩地的主要方法。

若面对神像进行修炼，其模样不出现，而要住心的话，则心愿不能实现。因为模样出现之后，才可住心。按照出现的程度，对整个神像才投以注意力。若部分神像特别明显，可对其住心；若部分神像不明显，可注意整个神像。

这时，希望修炼黄色的（身像）却出现了红色，故颜色不定；希望修炼坐姿的却出现了站姿，故身姿不定；希望修炼一个的却出现了两个，故数字不定；希望修炼大型的却出现了微型，故大小不定。切不可步这些的后尘，哪个是根本目标，就要把它作为惟一修炼目标。

第二节　如何注意目标

如何注意目标？有三个方法：一是建立健全方法；二是排除缺点的方法；三是座间标准法。

这里所修的三摩地具备两个特点：1. 具备心非常清楚的明锐；2. 具备专注目标的无妄住心。对此，有人加上“安乐”一词，成为三个特点。也有人增加“清澈”一词，成为四个特点。但“清澈”包含在第一个特点里面，无需再补充。

感觉舒服的安乐，是当时所修三摩地功果中出现的。但不与初禅近分反映的三摩地相应出现。被说成是修炼三乘功德必需的基础——四禅三摩地，也不与任何身安与心安相应出现，这里不赘。

光明锐利也不在无色界所反映的个别三摩地中，但如《经庄严论》所言：“抛弃无色静虑禅”，是说除了任运自如的几个菩萨外，（大多数）菩萨们依靠禅虑界反映的三摩地而修炼功德，指出清晰差别并无过错。

要达到这样的光明锐利，会受到昏沉的从中作梗；（要达到这样的）专注无妄，会遇到放逸这个拦路虎。昏沉与放逸是成就纯正三摩地的主要障碍，原因在于此。

因此，充分认识一切大小昏沉与放逸。如果认识之后，尚不知道杜绝这二者的三摩地正确护持法，不要说胜观，就连寂止也不可能修炼完成。从事三摩地修炼的有识之士，应精通于此。

昏沉与放逸是成就寂止的不利因素，切实认识和防止不利因素的方法将在下文论述。这里介绍成就寂止的有利因素——发挥三摩地的方法。

何谓三摩地？就是心专注目标的意思，需要永远守住目标不动摇。这里需要一个心面对任何根本目标不散逸的方法，也需要正确知道是否已经放逸或将来是否放逸。两个需要中的第一是忆念，第二是正知。

《经庄严论释》说："（说到底）忆念与正知二者，就是专注的意思。第一（忆念）是不放弃心之所系，第二（正知）是非常明白心之散逸。"

如果丧失忆念，忘却目标，心就会出现散逸，紧接着放弃目标。所以，不忘目标的忆念才是根本。忆念要专注心之目标，它是需要方法的，如前所述，回忆修炼目标，起码出现一个（形象），了解之后，获取一种有力感受，紧握不放，提高信念，不再一心二用。

关于忆念，《集论》说："何谓忆念？就是心没有忘却熟悉之物，亦即一点儿也不放逸之（心理）活动[1]。"

所言具备三个特点。第一个特点是目标范围。对于以前不熟悉之范围不会产生忆念，所以说只是对"熟悉之物"产生忆念。这时，出现以前确定的修炼目标之表象。

第二个特点是表象或者感受。所谓"心没有忘却"，是指心没有忘却那个范围的点。这时，没有忘却修炼目标。

"没有忘却"指的是什么呢？当别人询问或自己分析之时，得出"修炼目标是这样"的回答。这个回答不是指简单回忆起上师曾经所讲授过的，而是指立即回忆起心之所系，毫不含糊。如果含糊，将随时毁掉记忆。

因此，要有一种想法，就是心已经如前放在修炼目标之上，已经如法心系于此。于是，不再另寻思考，要保持这个思想动力不致衰退，一以贯之。这就是保持忆念的关键所在。

第三个特点是功用。就是专注目标，心不外散。心系目标，就像驯象一样征服（自己的）心。更进一步说，在大树或非常坚固的木桩上，用特别坚韧的几股绳子把野象拴住，驯象师开始好言安慰、循循善诱。这是上策。否则，就用锐利的铁钩反复击打，强行征服，野象才能乖乖听话。

心，就像未能征服的野象。在目标的坚固柱子上，用忆念的绳子捆住（心），若不能使其稳定下来，则用正知的铁钩进行捅刺，一步一步进行控制。

《中观心论》说：

"心之大象欲逃离，
坚固目标柱子立，
忆念绳子捆束之，

[1] 原文"ལས་ཅན།"是有缘者、有福之人的意思。但根据实际含义，译为"活动"似比较贴切。望智者鉴之。

智慧铁钩慢控制。”

《修行道次·中篇》也说：“用忆念和正知的绳子把心之大象拴在目标之树上。”

前教言[1]主张正知像铁钩，后教言[2]主张像绳子。二者说法并不矛盾。把心经常拴在目标上，实际上就是忆念。通过正知，把心引向目标上面。

实际昏沉和放逸，或者心力涣散，要依靠正知的发觉，避免掉入其漩涡，是为了把心放在根本目标上。如前所述，世亲大师说：“忆念与正知二者就是面向目标的。”

经说，依靠忆念成就三摩地，像绳子一样把忆念经常拴在真正心目之上。所以，用来成就三摩地的主要护持方法，就是忆念的护持方法。忆念又是一定形象的感受，当护持三摩地时，没有严密的信心感受，愣神停止，或许出现明心之象。但是，不出现高度信念的明晰，不产生有力的忆念。因此，如果连细微的昏沉也不能阻止，三摩地只是成为残缺不全的东西。

（眼前）不放神像等其他修炼目标，心无妄念加以护持，不注意任何境，正念而住。

回忆上述教诫之后，努力做到心不外散。这个不外散又与不忘目标的忆念一个意思，没有超出忆念的护持（范围）。如果这样修炼，也要依靠产生信心力量的忆念。

消除具有缺陷之理。需要消除的邪见是这样的：如前所述，充分提高认识，谨慎无妄，没有任何昏沉之嫌。但是，如果修炼过分，定力[3]不能继续。出现[4]这种情况后，智力之度就会下降，注意力也会放松下来。当看到定力迅速产生，认为这个方法是伟大教诫。取得这样的理解后，便出现了“放松第一，修炼至上”的叫嚣。

这句话是没有区分开产生昏沉和产生功力（的区别）。如前所述，正确的三摩地，需要具备两个特点，而仅仅心不虚妄的定力稳固是不行的。

像这样的情况在心中混乱不堪、模糊不清时，便是昏沉。但是，如果因此认为，没有了昏沉，也就有了明心定力，三摩地不存在缺点了。这是没有区分开昏聩和昏沉的想法[5]。这部分将在下文详述。

那么，使过分严谨的智力更加敏锐，虽然有了定力，但放逸明显，最终

[1] 前教言，指《中观心论》。
[2] 后教言，指《修行道次·中篇》。
[3] 原文“གནས་ཆ།”的本意是“住分”，不好理解。根据语境，有“定力”之意。是否正确，请智者鉴之。
[4] 原文“མཐོང་བ།”有“发现，观察，看见”之意。但根据语境，译为“出现”似比较贴切。
[5] 原文“གཏམ།”是话的意思，但根据语境，译为“想法”似比较贴切。

定力难以产生。若完全放松并加以护持的话，虽然有了定力，但昏沉比较明显，不会有高度明晰。

旃陀罗阁弥大师因想到，不过分严谨，也不过分放松，松紧适度非常难以掌握，远离昏沉和放逸的三摩地实难产生。

他说：

“依循精进致放逸，
抛却放逸生怯意，
保持中立实难做，
我心烦恼有何计？”

这里的“依循精进”，是指太过严谨，这样做了又太过放逸，就会没有底气，心生畏惧；不能远离昏沉与放逸，使平等而住的心很难得到合理等入[1]。

桑杰希瓦（སངས་རྒྱས་ཞི་བ། sngs rgyas zhi ba）大师对上述偈句作了解释：“所谓精进，是指热衷善业，谨慎而为。”又说：“出现放逸之缺点后，抛却精进，不思上进，心生畏惧。”

《悔赞》也说：

“精进太过致放逸，
放松进取又萎靡，
保持中立很困难，
我心烦恼怎制止？”

对此，也有明白无误的注释：“过分努力，严苛而为，却又使心放逸慵懒，在过分劳作中心得不到安宁。（知道了）这是罪过，为了消除它，把努力上进之心放松下来，慵懒懈怠，将造成忘记目标范围等缺憾的产生，使心畏缩，导致昏沉。”

所以，（真正）远离昏沉和放逸二边，保持中立，合理等入，获得三摩地是困难的。

若放松第一可以行得通的话，那没有任何问题。说从中产生昏沉，显然以此修炼三摩地不合时宜。

光有非常放松的明心亮度是不够的，还需要感受的谨严。

无著大师说：“这里有个投入、正确投入（的问题），需要审谛思维，谨

[1] 等入，平等入定之意。

慎而为。”他是针对住心九法的前二住心阶段这样说的。

《修行道次·上篇》说：“为了消除昏沉，需要抓紧目标。”

《修行道次·中篇》说：“消除昏沉之后，心一定要非常清楚地观见目标，应该这样做才是。”

所谓“心一定要清楚地观见”，不是指明显的境，而是指思想感受非常清晰和严密。

这个依靠忆念方法非常重要。无知而为的表现，就是修炼越多，健忘越大，甄别事物的智慧变得越发迟钝等，错误百出，是自恃掌握了稳固的三摩地罢了。

如上所述，利用忆念，心系目标。这时，留意观察目标，是否需要好好修持。这是否可行呢？回答是可行的。

《修行道次·中篇》说：“这样，把心放在所喜欢的目标之上，对此持续不断地加以留心。留心之后，要这样分析心，对目标善加巩固呢？或者昏沉以对？或者被外境的乱象所迷惑，从而放逸呢？需要这样思考。”

放弃三摩地的观察不会存在。在守持三摩地中，像以前一样，要观察是否坚守根本目标。如果不坚守，要观察是否陷入了昏沉或者放逸。心入定三摩地后，时间不能太短，又不能太长，要时刻进行留意观察。

（保持）原前的心力，直至心力衰减，这样做的话，心生其貌，保持勇气得以长久，从速了解昏沉和放逸确有必要。

这样，间或一点一点回忆原先目标，在护持中加强忆念力，又是经常坚持的条件所需，这就是护持忆念的方法。

《声闻地》说：“何谓专心致志？答：反反复复忆念，瞄准一缘，持之以恒，远离罪孽，乐意融融。以上任何一种，就是三摩地，也叫作善心专注。为什么说反反复复忆念？答：护持和听闻什么教法，从上师那里获得教诫或教导，以此为由，表明成为入定的地上菩萨相。以延续不断的忆念观察目标、接近目标。”

《辨中边论释》也说：“忆念就是不忘目标。这说出了住心教诫，用心念诵的结语。”

何谓依循忆念？就是为了防止心不专注目标而出现的忘怀。防止发生忘怀目标，是指用心哗念目标，用心反复思索目标。例如，当担心忘记所知道的几件事情，就在心中反复默记，这样就很难忘记了。

那么，间或忆念目标（又是什么呢）？是为了产生有力忆念之需要，心系目标而不外散，抓紧不放，并进行观察，这是朝着证悟昏沉和放逸的有力正知方向前进的方法。如果认为这些也是妄念而予以阻止的话，那就应该知道这对于产生有力的忆念和正知是多么的困难。

座间程度。那么，利用忆念使心系于目标，这期间是否需要分段进行，而每个阶段是否需要确切的时间呢？对此，藏传佛教前辈上师们提倡应该时段少而数量多。

这其中的道理有人解释道，进行小时段（小座间）修炼和及时出定，以后每一次修炼就有兴趣。如座间太长，就会感到厌烦。其他人则认为，如果座间太长，容易导致昏沉和放逸，很难产生真正的三摩地。

在《声闻地》等大论中，没有看到座间程度的清晰论述。但在《修行道次·下篇》中说："利用这样的次序，或一小时，或半个巡夜时，或一个座间，能坚持多少，就行多长座间。"

这看来是在寂止成就后，修炼胜观当中座间程度时所说的，但起初修炼寂止时也显得一样，应当这样做。

如前所述，忆念与正知的护持方法——间或实行忆念与观察，座间适当延长无妨。但是，如果大多数初学者座间太长，就会产生健忘而放逸。那时，无论昏沉还是放逸，除了经过很长时间才能认识清楚外，短时间内无法认识。要么即便没有健忘，也容易导致昏沉和放逸，对此不能迅速认识。

这二者之前者对于产生有力忆念造成障碍，后者对于产生有力正知造成障碍，所以防止昏沉和放逸显得非常困难。

特别是忘记目标而致耽著，不认识昏沉和放逸的出现。虽然没有忘记目标，但是没有迅速认识昏沉和放逸，是最坏的事情。防止耽著使忆念丧失的方法，就像上述护持忆念方法一样，尤为重要。

耽著导致健忘，不迅速认识昏沉与放逸，使正知趋于羸弱的话，就需要小座间。如果健忘很难产生，并且迅速认识昏沉和放逸，座间可以稍为延长无妨。鉴此，阐明了一小时等，不一样的时限。总之，要根据自己的精力，能修多少就修多少。

另外，如果身心没有遇到突然伤害，可以平稳入定。如果出现意外，不要勉强修炼，应立即结束，待身体得到恢复后，再行修炼。这也是智者们的观点。应该知道，这样做也是修炼多少座间之节点。

第三节　怎样对待昏沉和放逸

心系目标后如何做，有两个问题：一是出现昏沉和放逸时怎样做；二是离开昏沉和放逸时又怎样做。

又包括两个小问题：1. 探寻（为什么）不认识昏沉和放逸的方法；2. 即便认识，但为了抛弃它而不作为，寻找其中的方法。

首先，要解决两个问题：一是决定昏沉和放逸的本质；二是在修炼当中发挥认识它的正知方法。

什么是放逸？《集学论》说："何谓放逸？陷入可爱的表象之中，属于贪婪的这个心，一点儿也不消停，成为妨碍寂止的始作俑者。"

什么是目标？令人羡慕和美丽之境。

什么是形象？心不能完全沉静下来，而一直外散，属于贪婪的一部分，心迷外境，趋之若鹜。

什么是动作？（其行为）妨碍了心情专注目标。

当内心系于目标时，因贪爱声色（犬马）等导致放逸，心不由自主被这些境所吸引过去，从而造成耽著。

《悔赞》说：

"如此如此观寂止，
那里那里心复徙，
烦恼绳索从中抛，
贪境绳子不禁系[1]。"

那么，由于其他烦恼的缘故，心之目标外散于其他方面，从善的目标旁骛其他杂事，这是不是放逸呢？放逸是贪婪之一，如从其他烦恼中出现耽著的话，不是放逸，而是二十随烦恼之一的心所耽著。

趋于善的目标，是指善心与心所多种多样，故所有旁骛不是放逸。

什么是昏沉？在许多经典中也译为畏惧，但与灰心失望的畏惧不一样。就其含义[2]，大部分雪域禅师们这样认为，心不外散于其他境地，但无为而处，一种不清不楚的昏聩就是昏沉。

这是不对的。昏聩被认为是昏沉之因，这二者迥然不同。

《修行道次·中篇》说："这里，若发现昏聩或沉梦造成的昏沉，或疑似昏沉（都是昏沉）。"

《解深密经》也说："如发现昏聩，或沉梦造成的昏沉，或平等入定的随烦恼，这些中的任何一种，造成烦恼的话，这就是彻底的内心耽著。"指出了昏聩以及由梦的缘故心智昏沉，是内心耽著。

《集论》也说："把昏沉放在随烦恼的时候讲述。但这里所说的耽著中也

[1] 尽管怎样观修寂止，但心不能平静，反复外散，出现了烦恼的绳子，从而不由自主被贪爱外境的绳子所缠住。
[2] 原文"མཚན་ཉིད།"是性相的意思。但根据语言环境，译为"含义"比较贴切。

有善的一面，故不一定是烦恼。”

《集论》又说：“何谓昏聩？属于愚痴的心无能为力者，是与一切烦恼和随烦恼结伴而行者。”

愚痴之一便是身心沉重而无能为力。《俱舍论释》说：“何谓昏聩？身沉重和心沉重，便是身无能和心无能之任一者。”

昏沉，心系目标的感受松懈之后，不再非常清晰或严谨地秉持目标。即使（目标）明确，但没有非常清晰的感受，便导致昏沉。

《修行道次·中篇》说：“有一日，像瞎子、像进入黑暗、像闭上眼睛一样，心看不清目标之时，就应该知道已经是昏沉了。”

在其他大论中，没有看到明确认定昏沉的含义。

昏沉包括善美与未授记两种，而昏聩完全是不善、障盖和未授记三者之一，是愚痴的一部分。

在大论中指出，消除昏沉，在心中默想佛陀身像等喜善之境，修炼光明，升华心境。如果心好像被黑暗笼罩而看不见目标，出现思想感受能力下降时，就要统统消除干净。清晰的目标和严谨的感受同时需要。不能对稍为明显的目标和客观外境就感到满足。

放逸比较容易发现，但对于昏沉，那些可信的大论未作清晰认识，故很难知其奥妙，同时也表明了它非常重要，也说明了真正三摩地很容易被误解之处。因此，如《修行道次》[1] 所说，以缜密之思，利用经验，善加考察，予以认识。

发挥证悟昏沉和放逸的正知方法。仅仅有了对昏沉和放逸的理解是不够的。在修炼之时，是否出现昏沉和放逸，需要发挥证悟真实的正知方法。

逐渐发挥有力的正知，昏沉和放逸一出现，毋庸置疑，就能产生认识它的正知。真正未产生而即将产生之始，需发挥智慧的正知。在后二篇《修行道次》[2] 中说：“发现心已昏沉或疑似昏沉之时”，“发现心已放逸或疑似放逸之时”。

在这样的正知未产生之前，断定从某处到某处，做了没有昏沉和放逸的真正修炼，但这完全不能做到。当出现昏沉和放逸之时，根本不可能修炼，因为有力的正知尚未产生。

《辨中边论》说：“‘证悟昏沉与放逸’，说的是欲证悟昏沉与放逸，没有正知是不行的。”

这样，出现昏沉与放逸，正知对其不可能不发现，如果发现不了，即便长期做样于修炼，但昏沉与放逸正在发生却浑然不知。所以，用小小的昏沉与

[1] 未说明到底哪一篇。
[2] 这里指的是，《修行道次·中篇》和《修行道次·下篇》。

放逸度日。

那么，如何发挥正知呢？对此，以上所述护持忆念方法，是个格外重要的因缘，如果能激发正常的忆念，就能阻止因忘却目标而耽著之势，杜绝昏沉与放逸发生很长时间而浑然不知之嫌，才能容易了解昏沉与放逸。发现忆念丧失期间的昏沉与放逸，发现忆念未丧失期间的昏沉与放逸，经过对长短两个时期的参照比较，就非常清楚了。

鉴此，《入菩萨行论》说：

“一时意门出忆念，
为了守护住端严，
这时正知将产生，
……”

《辨中边论释》也说：“所谓正知，就是在不忘忆念的情况下，才能了达昏沉与放逸。”

这就是说，如果忆念存在，就将具备正知。所以，才说出“在不忘忆念的情况下”这句话。

一个原因是护持正知方法非同一般，心抓住神像等之形状，对其观察或体会。对似见似明的形状进行观察。按照上述所言，依循忆念，心情是否外散，要不间断地进行观察。这就是抓心，也是护持正知关键所在。

《入菩萨行论》说：

“心身境界处何状，
随时反复要思量，
总而言之一句话，
护持正知成纲常。”

所以，从开始产生昏沉与放逸的时候起，就激发起明智正知。用依循忆念的方式，阻止因耽著而忘却的毛病，故需要善加甄别。

若如不然，这些所有思想将混为一谈，不解甄别之含义。就像现在这样护持的话，昏昏沉沉修来的果实，担心三摩地也难免会出现这样的结果。

于是，根据一部可信的大论，用缜密的思维进行分析，实践厘定，至为重要。这不关是否有勇气。

《摄波罗蜜多论》说：

“光靠精进终白忙，
智慧做伴成大王。”

尽管认识到了，但却不作为，不能抛弃修炼障碍，要想办法解决。如前所述，提高忆念与正知的护持方法，使忆念与正知变得强而有力。即便昏沉与放逸非常隐秘，但正知能够发现，不会有昏沉与放逸出现后不发现的缺陷。

然而，一旦这二者出现，却不想法阻止，对于容忍不作为或不行动，这是三摩地最大的缺点。这样，思想懒散，做到离开昏沉与放逸的三摩地非常困难。

那么，为了阻止昏沉和放逸的出现，就要采取行动，寻找解决的方法，要有所行动或有所作为，要修炼这样的思想。

这要做两件事：一是认识思想，（寻找）阻止昏沉与放逸的方法；认识昏沉与放逸为何产生的缘故。

第四节　认识昏沉与放逸

《集论》说：“何谓思想？心思充分活动，源于意业。也就是对善、非善和未授记的，予以关注的主体。”应这样进行了解。

例如，由于磁石的缘故，铁器就会不停地晃动。同样，使心善、不善或未授记三者之一，出现动摇或使之动摇的心所，就是心了。

这里（说的是），无论出现昏沉还是放逸，为了抛弃它们，心就开始活跃起来，并关注之。

那么，怎样才能充分调动心情来抛弃昏沉与放逸，阻止昏沉与放逸的方法又是怎样的呢？对此，心昏沉是个非常隐秘的事情，使对目标的感受丧失殆尽，成为心外散的主因，心里想着惬意之物。这只是非常美丽的佛像，不是产生烦恼的喜乐。

要么，冥想阳光等光明法相，当昏沉消失之后，接着加强目标的感受并加以护持。

《修行道次·上篇》说：“倘若某时，因昏聩和沉睡而不清楚如何掌握目标，并使其变得昏沉，这就要求修炼光明想，或冥想非常惬意之物——佛陀等之功德。消除昏沉，以抓紧目标。”

这里，不修悲伤之目标，因为悲伤是使心消沉的原因。

以思辨的智慧分析所要分析的东西，若有兴致，昏沉可逆。

《摄波罗蜜多论》说：

“砥砺精进修胜观，
出现昏沉挽狂澜。”

所谓昏沉或畏缩，是指对目标的感受能力下降而出现昏沉，内心过于隐秘就叫作畏缩。通过提高感受（能力），扩大目标范围，可以扭转颓势。

《中观心论》说：

“心想修炼大目标，
但因畏缩昏聩翘[1]。”

又说：

“殚精竭虑见功德，
畏缩时刻受鞭策。”

《集学论》也说：“当心出现畏惧时，通过修炼喜乐，鞭策而为。”所有高僧大德的说法都一样。

防止昏沉的最重要方法是什么呢？倘若思考三宝、菩提心功德和暇满人身的功德，要像熟睡者的脸上泼了冷水而猛然惊醒一样，要力争做到这点。这对于诸功德来说，取决于以思辨的观修取得经验。

因何产生昏沉的原因——昏聩和沉睡，以及引起这二者的诱因——心处在黑暗情形当中。尽管习惯于此，但不会产生昏沉，产生之后也将得到阻止。

这需要牢记菩萨行与光明之相，反复熟习。用佛、法、僧、戒律、布施、忆神六者之一，或者用其他令人仰慕的目标，纯粹提高心境，把阻止昏聩和沉睡的罪孽的内容作为口诵来唪念，要注意观察方隅和天象，经常洗手、净面等。这是《声闻地》的说法。

如果昏沉非常弱小，或者只出现过一次，那么在心中感受过严谨之后，再进行修炼；如果昏沉特别厚重，或者反复出现，暂时搁置三摩地的修炼，尽量依靠克服这些的方法，以消弭和修炼昏沉。

不知心系何处，不清楚内观和外观的目标，心中出现黑暗情形，无论这种情形或小或大，在没有克服之前修炼的话，那昏沉很难消除。克服它的有效

[1] 昏聩翘，昏聩得势之义。

方法，就是反复修炼光明。

《声闻地》说："请用光亮之心、光明之心、光鲜之心、无暗之心正确修炼寂止和胜观吧！你如果这样修炼寂止道和胜观道之光明想，尽管一开始自己热衷的目标模糊不清，或者光亮微弱，但经过熟习诸多因缘，使热衷的目标变得清晰，大放光明。如果一开始格外明亮，或者大放光明，那么它会变得更加明亮，更加大放光明。"

这说明了尽管一开始目标清晰，但还是需要修炼的。如果不清晰，那何须多说。

就掌握何等光明之相，《声闻地》说："请掌握从供灯中发出的光明之相，或从火堆中发出的光明之相，或从日光中发出的光明之相！"

修炼光明之相，不仅在三摩地阶段施行，而且在其他阶段也施行。

所谓放逸，就是从贪婪的角度而言的，心投向色声犬马等之境。对此，要不断思索导致心泯灭之因——厌离之物。这使放逸消逝，接着心便定在从前的目标上面。

《修行道次·上篇》说："一时，要忆念从前的放逸与娱乐等，间或发现心放逸之时，思索无常等令心厌离之物，放逸便会中止。此后，要努力纠正心不在焉的毛病，全力扑在既定目标上。"

《中观心论》也说：

"放逸无常等违缘，
不断思索才释然，
耽著具有耽著相，
视为罪过要收敛。"

《集学论》说："每当放逸之时，如善加思索，可以中止。"

如果放逸严重而旷日持久，可以把修炼暂时放一下，转而修炼悲伤，显得尤为重要。这不是说一边杜绝旁骛，一边把心放在目标上。如果放逸不怎么严重，可挽回散逸，把心放在目标上。

《摄波罗蜜多论》说：

"一时形成放逸心，
利用寂止除干净。"

经藏中说："心要彻底放下来。"《五部地论》把这句话解释为克服放逸的方法。

一般而言，心若放逸，应全面扑在目标上；心若昏沉，应全面扑在兴趣之境上。

《声闻地》说："若心向内隐没极深，心已经出现畏惧或疑似畏惧。发现这个情况之时，非常执著客观外境，或中间发生动摇，其中的任何一种，都非常执著，非常迷恋，这就是心非常执著。何谓'心要彻底放下来'？当发现非常执著之时，心出现放逸或疑似放逸之时，心向内隐没极深，应完全扑在寂止之上。"

心不可喜欢或追求放逸之境，因为它是心思旁骛的诱因。

第五节 昏沉和放逸的性质

如何认识昏沉和放逸产生的原因。《本地分》说："何谓昏沉之性质？就是不守根[1]、食无定量、前半夜和后半夜不学习蒙头大睡、无追求、无正知、愚昧、昏睡、糊涂、懒惰、不喜精进、不喜思索、不喜研究、不熟悉寂止、不精通寂止、片面思索寂止、消极沉沦、不喜目标。"

昏沉的性质，应该理解为昏沉的原因。这里的"懒惰"，也是相对于精进、思索和分析三者而言的。

《本地分》又说："何谓放逸之性质？如前所述，除不守根等四项外，享受贪欲、心无宁静、心无厌离、无知、非常执著之愿等、不谙精进、不彻底消弭执著而观修其一部分、怀疑亲眷等，任何一种相似放逸性，使心完全放逸。"

放逸的性质，就是放逸的原因。这里的"非常执著"，是指对于喜欢的对象投入过大。具备愿望等上述四法。

那么，在之前"座间"章节中所说的控制根门等四法中，防止昏沉和放逸二者显得很重要。了解这些原因之后，努力阻止它们，对于根除昏沉和放逸具有很大裨益。哪怕是再微小的昏沉和放逸也要以正知引起重视。无论这二者处于什么情况，切莫掉以轻心，要彻底防微杜渐。否则，就会导致"无动于衷"的三摩地之嫌。这是《辨中边论》的观点。

所以，对于放逸和全面耽著等细微部分，虽然最初作了根除，但无果而终，故不打算根除而决定放弃。对此，如果没有强烈而长久的坚定决心，以简单（的方式）或在短暂（的时间）内来完成，不会积蓄大业，就想打退堂鼓。为了摒弃这些，采取无动于衷的姿态，导致不能修炼正确的三摩地。对此一窍不通，

[1] 根，这里指的是六根。

却不懂装懂，欺骗从事三摩地的修炼者，与弥勒菩萨等厘定的修炼三摩地仪轨背道而驰。

这样，在防止昏沉和放逸方面，对于大多数人来说，首先因放逸和全面耽著而受到阻碍，故需要努力消除之。

通过努力，那粗重的放逸和耽著便会败下阵来，能够找回一点定力。这时，要努力警惕放逸（卷土重来）。

集中精力，防止昏沉。这时，放逸又较前变得隐秘，而造成妨碍，需努力剪除它。当它归正时，定力会得到加强。这时，昏沉又卷土重来，需努力阻止昏沉的滋生。

总之，心面对放逸和散漫而岿然不动，为内观（心系）目标而寻找定力。不管定力什么时候出现，都要大力警惕放逸，激发光明锐气。这二者要交替进行，就能修得纯正的三摩地。切记不可在没有敏锐感受的情况下，用一星半点的明亮度去苛求定力。

远离昏沉和放逸时应如何处理？如前所述，在消除隐秘的昏沉和放逸之后，经过修炼使心平等入定，牢牢稳住昏沉和放逸。这时，如果劳思费神或者体力劳作（过度）的话，便是三摩地的缺点。为了解决它，就要修炼行舍。

《修行道次·中篇》也说："曾几何时，一旦发现昏沉和放逸没有了，心专注于那个目标上，这时放松用功，任运入定，一直坐禅到自己所希望的时间为止。"

那么，经过劳思费神或者体力劳作，而带来缺点又是什么状况呢？这就是心若放逸，把心引向深处；心若昏沉，把心提振起来。

通过这种修炼，在每个适当的座间，对不出现昏沉和放逸有了把握之时，像开始（入门）那样，应十分警惕昏沉和放逸的出现，并加以护持。

在后两部《修行道次》中说："如果（太过）用功入平等定，那时心必耽著。"

出现耽著，要知道放松。这只是说放松劳作，不是说放弃感受的敏锐度。

修炼行舍，不是在昏沉和放逸未出现的任何时候，而是从遏止昏沉和放逸高峰的时候才开始实施的，因为在遏止昏沉和放逸高峰之前，行舍是不存在的，（也是没必要的）。

那么，行舍究竟是什么呢？一般而言，行舍包括受舍、四无量之一无量舍和行舍三种。这里指行舍。

就行舍的本质，《声闻地》说："何谓行舍？对于寂止和胜观方面的目标，心无烦恼地平等而住，凝神淡定，自然而入，心平气和，心所能及，后无劳作，其任何一种便是也。"应如是知。

在证得这样的行舍时，需要修炼三摩地。在昏沉和放逸未出现之时，可创造修炼行舍（的机会），但不可过度用功。

就其目标的性质，《声闻地》说："何谓行舍的性质？用某种目标使心平等而住，而对于这个目标，则用不着太过的劳作。"

就修炼行舍的时间，《声闻地》又说："何谓行舍之修炼时间？那就是（在修炼）寂止和胜观方面，心没有陷入昏沉和放逸之这个时间。"

论述真正三摩地的发挥方法，如《辨中边论》中弥勒菩萨所说的那样：

"三摩地法心堪能，
一切事情无不成，
义无反顾弃五罪，
凭依八行[1]酿原因。

慵懒无为忘教诫，
昏沉放逸人怠懈，
行与不行有差别，
总结起来成五罪[2]。

身临其境住中间，
万事有赖一因缘，
不忘目标最重要，
昏沉放逸要达观。

摒弃罪过须行动，
消弥时刻心淡定。"

所谓"住中间"，指的是为了消除反面违缘，身处精进之中不动摇，从此产生力所能及的三摩地。

这又是成就先知等一切善事的神足或处所，故"一切事情无不成"。

怎样做才能发挥如此三摩地？为了抛弃五罪，要依靠八断行因缘才能做到。

细说五罪。1. 行动之时，懒惰无为，因为它阻碍投身三摩地；2. 在努力修炼三摩地之时，忘却教诫，因为淡忘教诫，使心不能平等住于目标；3. 入定之时，发生昏沉和放逸，因为这二者使心毫无作为；4. 出现昏沉和放逸之时，

---

[1] 八行，八断行。
[2] 五罪，忘记教诫、昏沉、放逸、行、无行。

毫无作为，因为它使这二者无法消除；5. 在离开昏沉和放逸之时，心仍然躁动不已。把昏沉和放逸加在一起为五罪，把它们分开便成为六罪。这是《修行道次（三篇）》等论典的观点。

遏止它们的方法——八断行中，遏止懒惰的方法有四种：即信仰、意愿、劳作和轻安。

忘却、昏沉、放逸、无行和行之对治方法，依次是忆念、了达昏沉和放逸的正知、行动思想、入定行舍。这些之前已经详述完毕。

这些是修炼三摩地的最高教诫。迦玛拉希拉大师的《修行道次（三篇）》，以及印度大学者们在修炼三摩地的各个阶段所强调过的（大论），《菩提道炬论释》也在修炼寂止阶段这样强调，先辈修道大师们也做过有关简要概述。但从事禅虑者们则不知所措，故广泛厘定。

忆念心专注于三摩地，用正知远离昏沉和放逸，所护持的一切教诫为共同之道。认为这只是法相乘的特殊法，而密宗则不需要，不予护持，这个想法要不得。因为在无上瑜伽的续部中也说，属共同之道。

又有这样的说法，在萨门布支（སམྦུ་ཏི། smbu thi）大师所著的《喜金刚续第一品》（第二章བརྟག་པ་དང་པོའི་རབ་བྱེད་གཉིས་པ། brtag pa dng poai rb byaed gnyis pa ）中说：“所愿三摩地具备断行神足居住幽地，以离欲、住灭、正弃全面改变精神面貌。此举不能使人太畏惧或者太张扬，反而有了正确修炼。”

对精进、分析和心三摩地也同样作了论述。

上述这个力所能及的三摩地，是成就神行等功德的基础，如同双脚，是神行脚。为了成就它需要四门：一是以强烈愿望得到三摩地；二是以恒久精进得到三摩地；三是以严格区分目标得到三摩地，叫作所愿三摩地、精进三摩地和分析三摩地；四是根据之前心中存在的三摩地种子得到专心致志的三摩地，叫作心三摩地。这些出自《辨中边论释》等典籍。

“太畏惧”，是太过放松之义；“太张扬”，是太过矜持之义。总之，要远离这二种做法，悉心护持。

第十七章 住 心

住心次序分为三段：一是产生住心之具体过程；二是以六力成就方法；三是包括四作意法。

第一节 什么是九住心

首先讲九住心。

第一内住心。从客观外境的一切乱象中把心正确收回，一心放在内观上。《经庄严论》说："把心放在目标上。"

第二常住心。一开始专注的心不能外骛，长期注重这个目标，所谓"长期坚持不散逸"[1]。

第三安住心。因忘记而使心外散，认识之后，重新使心专注这个目标，所谓"迅速认识该耽著，重新心定目标上"。

第四近住心。《修行道次·上篇》说："知道此前心耽著之后予以改正，抛弃现在耽著之心，努力定住在既定目标上。"《般若波罗蜜多教授论》说："心自然而然地好大喜功、漫无目标，要从中反复收回，令其严谨，天天向上。所谓'仁人志士常坚持，坚定不移把心收'。"《声闻地》说："起初安住忆念，心不散于外境。"这是说，发挥忆念之力，不耽著于健忘的外境。

第五伏住心。思考三摩地的功德，从而喜欢三摩地，所谓"自从发现功德后，三摩地使心调伏"。《声闻地》说："色等五境、三毒、男女生殖器任何一种，都使心耽著。所以，从一开始就对它们视为罪过，不要使这十种表象扰乱心绪。"

第六静住心。把耽著视为缺点后，使不喜欢三摩地（的毛病）得以沉寂，

[1] 仍然是《经庄严论》的引语，以下从略。

所谓“发现耽著为缺点，不喜情形得改变”。《声闻地》说：“如因欲望的妄念、欲望的贪欲障盖等随烦恼使心焦虑不安，从一开始，把它视为罪过，不要就范妄念和随烦恼。”

第七极静住心。出现贪心、烦心、昏聩和嗜睡等时，要彻底消除。所谓“贪心烦心等产生，如法炮制决清除”。《声闻地》说：“健忘带来以上所说的妄念与随烦恼，都要一个不留地加以扬弃。”

第八专一住心。为自觉投入而努力，所谓“持戒大智何其多，胸怀凌云大志向，自然而然成现实”。《声闻地》说：“理想突出，使障碍远离，习惯性地入定三摩地不辍。故视为一贯性。”应了解所言内涵。第八住心也冠名一贯性，顾名思义。

第九定住心。《修行道次（三篇）》强调，当心安定时，要修行舍。习惯了一贯性，就自然而然地投入进去，并任运自如。这是《般若波罗蜜多教授论》的主张。这样也就“熟悉之后不动摇”。《声闻地》则认为“继续要修三摩地”。《声闻地》接着说：“全面依靠、熟悉了解和多次实践之后，将会得到任运自如和自然成就之道。没有明显的劳作。自然成就，使心远离耽著，投入三摩地时期。所以要修三摩地。”所言明了。

就九住心的名称，《修行道次·上篇》说：“寂止之道，是源自智慧波罗蜜多等说。”根据此等说法而言。

六力成就方法。何谓六力？闻力、思力、正念力、正知力、精进力和串习力。

闻力。能成就何种心呢？能成就来自闻力的心，对于心系目标的其他教诫，一闻便知，这只是心初涉目标，不是经过反复思考后才熟稔的。

思力。能成就常住的心，心初涉目标后，反复思考其时日（的长久）并护持之，若稍能延续，便是初尝胜绩。

正念力。能成就安住心和近住心，如果目标涣散而致懈怠，要忆念从前的目标，把念力收回来。因为从一开始，激发念力，可从目标的涣散中解脱出来。

正知力。能成就调伏心和寂静心，对于犯有妄念和随烦恼的罪孽，用正知发现后，知为罪过。之后，不再染指这二者。

精进力。能成就极静心和专注心，当出现细微的妄念与随烦恼，也要竭力扬弃，不可无所作为。这样，不使昏沉和放逸等阻挠三摩地，从而成就正常一以贯之的三摩地。

串习力。能成就入定心，凭借以前非常熟悉之力，无需努力，便自然产生三摩地。以上是《声闻地》的真实思想，除此而外，似有其他说法，但不足为信。

若想得到第九住心，如同非常熟练念诵经典等，首先要有念诵的动机。

在念诵期间，即便精力短暂不集中，但口诀不会中断，仍能自然衔接。同样，起初利用心系目标之念，一旦入定，虽然不能一贯依循念知，但三摩地不会中断，能长久不断延续下去。

无需经常依循念知之劳，叫作真作为或无劳作。

为了实现它，首先要经常不断依靠正念和正知，不被昏沉和放逸等反面的因素造成妨碍，就需要一个能胜任长期座间的三摩地。这又是第八住心。第八住心与第九住心不受昏沉和放逸等三摩地的反面因素的影响，虽然相似，但必须不断依靠正念与正知，这就叫作真作为或劳作。

为了实现它，哪怕最细微的昏沉和放逸一旦出现，都要防止无所作为。这需要第七住心。

为了实现它，把因妄念与随烦恼而懈怠的，要知为罪过。为了不沾染它们，需要防患于未然的有力正知。这需要第五、第六住心。通过这二者的修炼，使正知具有力量。

为了实现它，如果对目标产生涣散，就要立即忆念目标，这就需要一开始不对目标懈怠的正念。这需要第三、第四住心。这二者由两个正念加以修证。

为了实现它，首先要心系目标，确立目标之后，中途不可耽著，这需要永葆第一、第二住心。

总之，首先要加入聆听教诫之行列，心要很好地入定。入定之后，反复思考之，要在较长时间内坚持不懈。如果失念懈怠，须从速挽救；如果忘却目标，须迅速恢复正念。于是，要发挥有力正念，首先要发挥目标不涣散的正念力。成就有力正念，观察目标懈怠的昏沉与放逸之危害。藉此，要发挥防患于未然的强烈正知。

如果出现小小健忘而导致懈怠，也要及时发现，以求根绝。根绝之后，不受反面因素的干扰，长期保持这个局面，发挥辛勤之力。如实现之，通过修炼，熟悉了达后，就能轻易成就三摩地之第九住心。

所以，在未得到第九住心之前，瑜伽师还要心系三摩地，付出辛劳。当获得第九住心之后，虽未刻意努力禅定，但心随意奔向三摩地。

即便得到这样的第九住心，但没有获得轻安的话，如同以下将要讲到的，得不到寂止，岂能获得胜观。然而，如果获得饰有乐明无妄花冠的三摩地，想必产生入定与后得[1]组合而成的无妄智慧。特别对于《声闻地》所说的第九住心而言，完全彰显无上瑜伽的圆满次第。持这种观点的人很多，将在下文分解。

四作意[2]。《声闻地》说："应该知道，九住心有四作意，即励力作意、间

[1] 后得，修行者出定以后的时间。
[2] 作意，也可理解为思考、心思、心怀、心路。

断作意、不间断作意和任运作意。其中，注意和格外注意，是励力作意。集中而为、接近而为、调伏而为、寂静而为和极静而为，是间断作意。一贯而为，是无间断作意。修三摩地，是任运作意。”

这就是说，在第一、第二住心之时，需努力谨慎而为。在第五住心之时，受到昏沉和放逸的妨碍，不能坚持很长时间，可间断而为。

在第八住心之时，不受昏沉和放逸的干扰，能坚持很长时间，可不间断而为。在第九住心之时，没有中断，也无需多劳，故有不劳而获的作意。

那么，在第一、第二住心之时，有中断作意。在中间五住心的时候，有励力作意，而不言第一、第二住心有间断作意。

为何不言中间五住心有励力作意？在第一、第二住心之时，有心系三摩地和不系三摩地两种情况，后者特别长久，中间五住心之时入定三摩地时间特长。所以，后者有中断三摩地之谓，而前者则无。

因此，虽然这二者共有励力作意，但有无间断则不同，在励力作意中未放五住心。

坚持此前说过的资粮，只有经常依靠修证三摩地的精进，才能成就寂止。如果修证一两次，复又放弃行动，则一事无成。

《摄波罗蜜多论》说：

“坚持不懈瑜伽师，
修禅静虑不放弃，
游手好闲废光阴，
犹如钻木火不起。

修炼瑜伽不例外，
未得殊胜志不歪。”

第二节　通往殊胜之路

通过修炼成就寂止的程度有三：一是成就寂止的界点；二是利用寂止通往特殊之道的大概情况；三是特别通向世俗之道。

首先，有两个小问题：1. 论述实际意义；2. 对作意之表象进行释疑等。

如前所述，彻底了解三摩地修持方法而进行护持后，九住心依次产生。第九住心远离隐秘的昏沉和放逸后，就能够胜任长期座间。

如果不取决于经常依靠正念与正知的努力，那自然就投入三摩地，那么得到这样的三摩地，是否认为就得到了寂止呢？兹将论述。

欲证三摩地，要看得到轻安，或者未得到轻安两种情况。如果未得轻安，就是后得寂止，不是真实的寂止，这叫作后得寂止的作意。

《解深密经》说："'世尊，菩萨永远把追求的目标返观内照时，没有得到身轻安和心轻安。在这期间，心中做何所想？''弥勒，这不是（真正的）寂止，而是与后得寂止的信仰完全一致。'"所言明了。

《经庄严论》也说：

"驾轻就熟不躁功，
斯人身体与内心，
各自获得大轻安，
因此唤为作意等。"

作意，这里指寂止。这是《声闻地》的观点，以下述之。

《修行道次·中篇》也说："应该知道，某时，这样熟稔寂止之后，其身心得到轻安。如己所愿，心向目标。这时，其寂止已经成功。"

这就是说，需要驾驭目标，需要身心轻安。

《修行道次·上篇》说："应该知道，某时，对目标无需再付出行动，这个想法存续期间，心已入定，寂止才算圆满。"

这个说法考虑到了轻安是有的。因为在《修行道次·中篇》中作了明确说明。

另外，《辨中边论》主张的八断行的行舍，与其第九心同等重要，不仅如此，还讲到了轻安。

《摄波罗蜜多论》也说："这是菩萨独自在幽谷中坐禅，思考心中所想之事，扬弃心意[1]，多次思考心性如何反应，在身心未得到轻安期间，思考后得寂止，直至得到轻安，才是真正的寂止。"所言非常明了。这些决定了《解深密经》的内涵。

那么，在未得到轻安之前的这个三摩地，究竟由哪个世界所代表呢？这个三摩地由欲界所代表，由三界的任何九地所代表，不是初禅近分[2]。若要得到初禅近分，首先必须得到寂止。

尽管在欲界有这样的三摩地，但只是未入定之地。之所以不叫入定之地，是因为没有用无悔、殊胜安乐和轻安来修证的缘故。

---

[1] 心意，这里指不合实际的意念。
[2] 初禅近分，所得上界本位等定，成为可以用来得到的上界所代表的善明。

《本地分》也说："为何对此单独唤作入定之地，而非欲界的专注心呢？是这样的，这个三摩地是用无悔、极乐、轻安和平和修证的。而欲界则不是这样的，因为在欲界并非没有审思正法的。"

这样，如果没有得到轻安，也未持续依据正念，但心正无妄，自主而为。应该知道，与衣、食、住、行有密切关系的三摩地，只叫作欲望专注心，不能真正冠名寂止。

设问，取得轻安的方法到底是啥样的？取得轻安后投身寂止的方法又是啥样的？《集论》对轻安有这样的解释："什么叫轻安？为了斩断身心染指恶趣[1]之流，身心具备能力，成为消除一切罪障的有缘者（参与者）。"当如是知。

第三节 控制身心

身心染指恶趣后，不能按照自己所愿创造身心之善事，其制约者是轻安，它使身心远离恶趣，极易投入到善业之中。

在乐于消除烦恼方面存在干扰，在努力消除烦恼方面存在身染恶趣，要抛弃这个烦恼。远离身体沉重等无能因素后，使行动轻盈起来，是身之能力。

在乐于消除烦恼方面存在干扰，在努力消除烦恼方面存在心染恶趣，要抛弃这个烦恼。远离藐视善缘、自甘堕落的坏习惯，使心毫无阻碍地趋向目标，是心之能力。

洛丹大师（སློབ་དཔོན་བློ་བརྟན། slaob dpon blao brtan）说："何谓身之能力？来自身体本身之能量——行动轻盈。何谓心之能力？从事正确思考，带来恬静与爽快之因——心所出现其他变化。如能做到这个，可顺利投身目标，是心之能力。"

一句话，如果得到轻安，就想努力抛弃烦恼，但是像恶运者光顾私事一样，委曲求全，身心很难成事。这个情况得到纠正后，就可极易调控身心。

如此身心之事圆满，自开始得到三摩地以来，便微光乍现，待到发展壮大，最后变成轻安和专一寂止。

一开始柔弱而难以察觉，以后便容易发现。

《声闻地》说："最初之时，在投身正行之际，出现心轻安、身轻安、身心如意（的情况），其非常柔弱，很难察知。"又说："当专一心、身轻安和心轻安得到明显发展时，是这样的，如一因一传，表现方式变得粗放，容易察知。从专一心开始，逐渐向心轻安、身轻安过渡。"

名副其实、容易察知的轻安是有前兆的，这就是辛勤修炼三摩地的人，

[1] 原文"གནས་ངན་ལེན།"是"取恶趣"的意思，但"取"字不好理解，应变通译为"染指"比较合适。

感到脑袋有些昏沉，但非不舒服的昏沉。

一旦出现这种情况，对乐于抛弃烦恼而行干扰之事的心染恶趣，就要说再见了，其制约者——心轻安就要先行。

《声闻地》说："有时候，其粗放并易于察知的专一心、身心轻安较早出现的先兆，就是人觉得头脑昏沉，这不是有害的性质。这种情况一经出现，对勇于弃恶造成干扰的烦恼方面的心染恶趣予以摒弃，其制约者——心能量与心轻安也将会萌发。"

于是，依靠心能量带来轻安之力，产生一股风，这股风是产生身轻安的动能，它将遍布全身上下运行。当此风运行全身时，将脱离身染恶趣，身染恶趣之制约者——身轻安随即产生，这使浑身拥有力量，自觉能量之风力充满全身。

《声闻地》说："当它（风）出现后，就会产生身轻安，与此同时，大种[1]的风开始运行身体。当它运行之时，对勇于弃恶造成干扰的烦恼方面的身染恶趣予以摒弃，其制约者——身轻安充满全身，浑身有力。"

身轻安，是指体内感觉非常令人惬意，但非指心所。洛丹大师说："当身之感觉被特别的喜悦所掌控，就会感到身轻安。心若喜悦，就会产生身轻安。这出自《经藏》。"

身轻安开始产生之时，因风的缘故身体出现莫大安乐，由此之故，心中也会出现同样美妙的巨大安乐。之后，首先产生的轻安能量便会逐渐减少，但并非轻安消失，而那个粗放使心非常躁动。当这种情况消失后，如同影子一样微弱的轻安纹丝不动，出现与三摩地相似的情况。

那种狂喜的心情平复之后，心便牢牢固定在目标上，由大乐支配的远离不寂的寂止将会获得。

《声闻地》说："开始它产生之时，会出现心情愉快、特别愉快、格外愉快的情况，也会出现目标完成之喜、极乐世界之喜。之后，轻安初次产生的那个能量便一点一点地变得非常微小，身轻安如同影子一样。兴高采烈的那种状况也被扬弃，心被寂止牢牢固定住，以极为静寂的方式投入目标。"

所谓"出现这种情况，叫作获得寂止，或者叫作心路等"，也可归纳为"获得心路"一说。这是因为得到以初禅近分为代表的寂止后，得到入定地上菩萨的最小心路的缘故。

《声闻地》也说："其后，瑜伽初学者的心路等，加入心路者行列。为什么？他最初得到色界入定菩萨之最小心路，所以叫作心路类。"入定地，是指上二界的地方异名。

其次，具备心路的征兆是，所谓"具备哪个获心路"，指可见自己和他人

[1] 大种，土、水、火、风四大种。

的征兆或符号。如果获得它们，以色界地为代表的心、身、心轻安、心专一四项微小定心，能够用粗细的形式，或者用真谛之道彻底消除烦恼。

内观入定之时，会迅即产生身心轻安，贪欲等五罪障概不近身；出定之时，身心同样有几许轻安存在。

《声闻地》又说："初学者的心路等征兆如下，他得到色界的微小定心，得到身轻安、心轻安、专一定心，具有消除烦恼的实现目标的福分，能力增强，心绪平和，用寂止缠住不安的心。"

又说："正确内观入定，当心专注时，会迅速获得身轻安和心轻安，身染恶趣不会大肆害人，罪障不会膨胀。"

又说："应该知道，出定行走时，也有身轻安和心轻安之部分感觉。与此类相同的，就是心路等的征兆或符号全部出现。"

得到此等征兆的心路之后，极易获得妙灵圆融的寂止之道。在一心入定寂止之后，将会迅速引导身轻安和心轻安，故轻安就会高歌猛进。轻安越发展，专一寂止越昌盛，它们互相促进发展。

《声闻地》又说："如此这般身轻安和心轻安全面发展，专注目标的心更加稳重；如此这般心专一性全面发展，身轻安和心轻安日新月异。二者的关系是，心专一性和轻安互相依赖、互相倚仗。"

总之，若心具备能量，风心运转合二为一，风将成为能量。这时，身轻安将会变得特别优胜。之后，心上将出现特别三摩地，它将成就特别的风能量，而引导身心轻安，皆如前述。

第四节　答疑解惑

答疑解惑。尽管经常未对正念和正知作出努力，但在"心向三摩地，并修炼无妄九住心"的章节中已经说明。阻止微小昏沉之后出现的锐利明分，如在身轻安之时所说的那样，因风能量的缘故，给身心带来特殊安乐的三摩地。如同在上节论述征兆时提及的那样，贪欲等随烦恼也难以活动，在出定之时，也将保持轻安的功德。如果拥有它，到底放在五道的哪个阶段呢？产生这样的三摩地，应该归入大乘之道。

特别是随着轻安的产生，其风遍行身体而感到快乐，藉此身心产生巨大快感。应该看到，它具有无妄纯正、明晰透亮的特点。把无上瑜伽的圆满次第性质，视为圆融无碍的瑜伽，（这种想法）以前和现在出现过很多。

但是，尊者弥勒和无著大师等的大论，以及中观方面的《修行道次（三篇）》

等三摩地次序，都是清晰阐述的正规理论。藉此分析，不用说这样的三摩地被大乘教所接受，连下乘之道也难以认可。

《声闻地》说："修炼初禅根本并视为粗细差别的俗人之道，也根据这个三摩地进行修炼。"

因此，外道仙人利用俗人之道，对于空无以下的下界地采取抛弃贪爱（的做法），从此迈步上界之道。所以，外道与内道在三摩地的看法上是相同的。

如果正确理解无我之见，善察万物之弊端，厌离轮回，从事解脱的出离思想占据主导地位，就会步入解脱之道。如果被尊贵的菩提心所统领，也将步入大乘之道。譬如，如果给牲畜布施一把草料，守持一项戒律，有了这种想法，就等于逐渐解脱（轮回），抑或获得了先知道之资粮。

然而，这里不是从其他道支配的角度出发，去研究是否迈向解脱与遍知之道，而是从三摩地本身出发，去研究迈向何种道路。

中观宗与唯识宗在如何确定胜观见地方面存有不同看法，但是就寂止和胜观的认识方法，以及它们的证悟入心方法，总体上没有什么不同。

于是，无著大师在《菩萨地》《摄抉择分》《集论》和《声闻地》中，把寂止和胜观分割开来，其中说明若要修炼寂止，须用九住心的次序进行修炼。《声闻地》尤其作了广泛厘定，所以不把这些三摩地作为修炼胜观的方法。在那些典籍中，有把胜观放在九住心之外的方法，其成就法也在《声闻地》附带提及。

同样，中观的《修行道次（三篇）》和《般若波罗蜜多教授论》把九住心放在寂止之道和胜观之道外附带说明。《慈氏五论》的主张只有无著大师的注疏，所有伟大先驱们对此的看法均一致。

如在《声闻地》中所说，即便有安乐和光明，但无深奥的真理，故只是寂止罢了。如果以为有了真理，就成为空性三摩地，那么"深奥的真理"中的"深奥"之义到底指什么？用思辨的智慧穷究观点，之后再加上真理，或者加上无所不察的真理。

按照前者，我们认为类似这样的就是空性三摩地。如果您这样认为的话，那空性见的含义到底有还是无？把它分清楚。有见解的人，坚持观点，守持真理，是修炼甚深空性三摩地。

缺乏观点宗旨的人，修炼无所思察[1]，这个修炼并非甚深空性修，把它揭穿后，应广而告之。无想无念的修炼，都是无为、无相、空性，不可对此称为初禅者。

了解空性的观点有或者无，并不重要，但如果把心无所想、心无所察的

[1] 无所思察，心中什么也不想，无目的的修炼。

一切修炼，当成空性三摩地的话，对于前面《声闻地》所说的寂止方面的这些三摩地，也将不得不承认空性三摩地。倘若把这些也当成三摩地之时，正念或正知将会衰微，除了警觉等个别时段外，得不出任何“这是这个”“这不是这个”的结论，只是毫无所思的护持罢了。

那么，《解深密经》指出，修炼寂止的三摩地，是基于完全无妄的影像。

《声闻地》也说：“到那时，它完全无妄，基于影像。就这个基于而言，只是单方面专注一念，而非彻底观察、彻底甄别、特殊甄辨、全面思察、全面分析。”

在寂止和胜观二者中，对寂止作了这样的阐述。

《声闻地》又说：“这样得到寂止之心。如果忘乎所以，懵懂不悟，那么客观假相、妄念怪论、随烦恼等将会纷纷出笼，招摇过市，趋之如鹜。对于这些情况的出现，应予以这样看待，就权当以前看到过这个罪孽，用无正念、无心路来处理。这样没有了正念、没有了心路，那个追求[1]被彻底破坏、彻底消弭，才能做到无相入定[2]。”

这是在修炼寂止之时所说的。凡正宗经典中指出，在修炼寂止之时，应该是察而不持之修炼。所以，认为把一切无所思察的修炼，当成修炼空性的实践，这成为智者们的笑柄。特别是把无正念、无所想修炼的一切说法，当作修炼空性，《声闻地》的教证作了很好的驳斥。

另外，《修行道次·上篇》说：“寂止的本质，就是心专注一念而已，这是所有寂止的总体特征。”

《般若波罗蜜多教授论》也说：“针对纷繁复杂的这个心，抛弃心之所言，而修炼寂止。”

什么是“心之所言”？就是完全质疑“这是这个”（的确切）概念。从前，《宝云经》指出，寂止，是指心专注一念等，被许多经藏和先哲们的大论所引用，多次讲明寂止就是无所思察。

显然，有修炼空性的无妄和丝毫不知空性为何物的无妄两种，把出现的一切乐明无瑕，不可当作空性之修。

这些只是说明一个方面，下功夫阅读弥勒菩萨和无著大师分别诠释的寂止和胜观的修炼方法。否则，还未达寂止，就把几个无所思察的三摩地，误认为是斩断红尘根源的胜观，从而自恃无为[3]，浪费光阴，这无疑自欺欺人。

在一些标准讲修大师的论著中，破旧立新，仅仅把修止作为无妄。起初

[1] 原文“དམིགས་པ།”是“所缘、目标”等义，但根据上下文意思似译为“追求”比较妥帖。
[2] 无相入定，不受客观假相所惑，而专注一念入定。
[3] 自恃无为，认为自己已经是大彻大悟、四大皆空的大智。

修炼胜观时，指出以思辨的智慧条分缕析，进而修炼。把一切妄念执为实有，应将其全部摒弃。正宗经典正好相反，即便未获得无谬无我之见，但无所思察——修炼胜观甚深义涵，只是汉地堪布和尚之观点与众不同之处。请细阅《修行道次（三篇）》便知。

其次，现在论述凭借寂止迈向菩提之路。得到前面所说的无妄三摩地心路，其具有乐明无瑕的特点。想要护持这个无妄吗？把这样的三摩地印在灵魂深处，是为了消灭烦恼而发挥胜观。如果不依靠它去发挥胜观，不论怎样熟谙三摩地，也不能抛弃欲界的诸烦恼，更何况抛弃所有烦恼。因此，需要修炼胜观。

要抛弃现实的烦恼，以世俗之道迈向胜观；要从根本上根绝烦恼的种子，以出世之道[1]迈向胜观。除了这两条道路，概无其他道路可走。

《声闻地》说："这样，得到心路的瑜伽师，除了走向断小乐[2]外，别无其他道可行。也即只有两条道，哪两条道呢？就是世俗之道和出世之道。"

得到寂止或心路，而后修炼世俗道之胜观，或者利用出世之道迈向胜观，无论修炼哪条道，修炼者需把以前得到的寂止进行多次修炼。这样修炼后，轻安与专心将得到很大发展，寂止也将得到很大巩固。

此外，需要精通寂止与胜观的性质，之后任选一条道，并为此作准备。

《声闻地》说："初学的瑜伽师具备心路，打算用世俗之道，或者以出世之道走向菩提之路，（这期间）多次温习心路。越多次进行，也就越度过很多时日。这使轻安和专心得到发展，并发扬光大。那时，其心路缜密牢固，追求纯正目标，全面掌握寂止和胜观方面的性质。在世俗之道，或者出世之道中，抉择自己愿意之道。"

世俗的胜观，在下界的观修显得粗放，在上界的观修显得细腻，故有粗细区别之修。

《声闻地》所说的出世胜观，把四谛视作无常等十六区别之修，主要是证悟人无我之见。

这样，得到从前所说的寂止之心路，一生用出世之道是行不通的。行世俗之道的人有多少呢？

《声闻地》说："若说究竟有多少人此生只走世俗之道，而不走出世之道呢？回答是四种人，它们是：1. 所有外道；2. 虽是外道但以前多修寂止而智商鲁钝；3. 虽然聪明但善根远未成熟；4. 菩萨希望后世得到菩提果而非今生得到。"

外道的瑜伽师得到一切以前所说的寂止，但对"人无我"这一概念，没有以思辨的智慧进行分析并护持，是因为他们不相信无我造成的。鉴于此，或

[1] 出世之道，超越人世间之道，也就是菩提之道。
[2] 断小乐（སྤོང་བའི་དགའ་བ་ཆུང་ངུ།），抛弃烦恼带来的小乐。

者护持单一无妄寂止，或者只能修炼亦细亦粗的胜观，故只按世俗之道行事。

此道虽然是佛教徒，但因从前过于单纯接触寂止的修止，故头脑鲁钝，不喜欢用思辨的智慧分析无我之义而进行修炼，或者喜欢这样，但不懂无我之义，故此生不得不以世俗之道行事，或者仅仅护持这个定力，或者只能修炼亦细亦粗的胜观。

内道——佛教徒智慧犀利，对无我之义了然于胸，但如果直接证悟真谛的善根尚未成熟，那今生不能开辟出世的无漏（纯洁）圣道，故只能用世俗之道行事，也并非无力修炼基于无我的胜观。

菩萨想要修成正果，一生一世阻碍多多，而最后有者[1]在后世从加行道[2]开始就算掌握了四道，但囿于一生一世，不能开辟圣道，故今生只能靠世俗之道行事，但不能说未懂无我之义。

《俱舍论》说：

“佛陀麒麟菩提心，
禅虑边上一皆众，
从前解脱细节同，
……”

这个说法，与下乘经典的成佛方法有相同之处，而非无著大师自己的观点。

这样，外道修炼亦细亦粗之道，来抛弃现实的烦恼。内道佛教徒修炼无我之义，从而在根本上抛弃烦恼。无论是外道还是佛教，首先要得到以前所说的寂止三摩地。

以前所说的寂止，是内外二道的瑜伽师们抛弃烦恼的基础，不仅如此，无论大乘还是小乘的瑜伽师，都需要修炼这个三摩地。对于大乘来说，从事密宗与波罗蜜多乘的一切瑜伽师也需要修炼寂止。因此，这个寂止成为所有瑜伽师所要走的基本道路，显得非常重要。

密宗中所说的寂止，强调观想本尊神、法器、文字等，从而进行护持。除了其观想的特点和发挥的若干方法有所区别外，其余如需要抛弃三摩地的缺点——懒惰，依靠其对治方法—正念与正知，进而获得第九住心，从中产生轻安等，都具有共同性，故三摩地涉及的范围很广。

有鉴于此，《解深密经》认为，大乘与小乘的所有三摩地包括在寂止和胜观的三摩地中，希望精通三摩地的人，须精通寂止和胜观。

[1] 最后有者，人类社会的最后一世。
[2] 加行道，五道之一。

这样的三摩地，对于启迪寂止的心路大有必要，但首要的是为了启迪胜观之悟。对于胜观而论，一是有摒弃现实烦恼的粗细之别，二是有外道、一般内道、内道中的大小乘——奉行一般胜观、从根本上抛弃烦恼种子的无我空性之胜观——内道佛教徒独一无二的特点，只有这两种特征。

前者是丰富多彩的分支，并非不可没有；后者是不可没有的分支，从事解脱的人，要发挥通达无我空性的胜观。

如前所说的寂止，由初禅近分的内容所反映。如果只获得它，而没有获得以上禅虑[1]或无色界寂止，但藉此修炼胜观，可以挣脱轮回的一切束缚，而获得解脱。

如不证悟无我空性，如不修炼无我空性，即便得到以前所说的寂止，以及用世俗胜观抛弃空无所有[2]以下一切现实烦恼的三有之顶心[3],但还是无法解脱轮回。

《不答赞应赞所问之赞》（བསྔགས་འོས་བསྔགས་བསྟོད་ཀྱི་ལན་མི་ལྡོན་པར་བསྟོད་པ། bsanggs a´os bsanggs bstaogs kyi ln mi ldon pr bstaogs pa ）说：

“有人不信尊者法，
愚昧导致两眼瞎，
尽管走遍三有顶，
痛苦缠身追红霞。

跟随尊者教理门，
即便不获禅虑根，
如同魔眼瞟四周，
决心阻止事凡尘。”

那么，获得一切初果[4]和二果[5]圣道的胜观基础的寂止，是由以上所说的寂止初禅预备阶段所代表的。同样，应该知道的是，所有顿悟者的阿罗汉，也依据上述所说的寂止，通过修炼胜观，得到阿罗汉是惟一途径。

如果不把上述所说的寂止三摩地印入脑海，那么针对真理或万有的真实胜观证悟是不可能产生的，此将在下文进行论述。

---

[1] 以上禅虑，指的是初禅以上的禅虑。
[2] 空无所有，一切事物，空空如也，是一种空无的思想。
[3] 三有之顶心，超脱地下、地面和上空三世界之心。
[4] 初果，已断见断（了断观点之缺点），而未断修断（没有了断修炼方面存在的缺点），处在这个阶段的人。
[5] 二果，永远了断第六欲惑的声闻乘四果位之一，处在这个阶段的人。

因此，从事无上瑜伽的瑜伽师，虽然也不能做到为着一切粗细有别的胜观，以及由此证修的寂止，但应该突出一个寂止。这最初产生的界限，就在生起次第与圆满次第二者的第一次第之时。

总之，首先突出一个寂止，之后利用粗细有别的胜观，通向菩提之道，直至三界之顶[1]。凭借无我空性情状的胜观，迈向解脱道或者全知五道，是整个佛教盖印成规[2]的事，无论哪个瑜伽师不得逾越半步。这说明依靠寂止，才能通向上善之路。

第五节　两种世俗之道

再次，特别论述两种通往世俗之道：一是在通往亦粗亦细道路之前要获得寂止；二是依靠寂止远离贪欲。

首先，从分别观察客观的角度，修炼粗细有别之道，首先要获得之前所说的寂止。

《经庄严论》说：

“尊者推广圣教宗，
天长日久显繁荣，
正行本位始获得，
……”

这说明获得上述所说的第九住心——轻安等后，发展三摩地，藉此修炼正行本位。

从第九住心至未获得心路之间，是心路初践者。获得心路后，想消除烦恼者，要修炼分别观察客观外境的心路，是彻底消除烦恼的初学者。修炼分别观察客观外境，首先要获得心路。

《声闻地》说：“这里所说的心路初践者，是指始终一心一意做事，但终究未获心路，在未达到专心致志之前，始终是初学者。其中，彻底消除烦恼的初学者，是指得到心路后，想远离烦恼而修心，去投入那个分别观察客观外境的心路，以熟谙（观点）取向。”

在《第四瑜伽》（རྣལ་འབྱོར་གྱི་གནས་བཞི་པ། rnal a´byaor gyai gns bzhi ba）的开头，也

[1] 直至三界之顶，到达了佛国。
[2] 盖印成规，盖，盖章；印，拓印。喻决定的规矩。

有得到心路之后，进行世俗离欲修与出世离欲修的说法。

首先修炼之前所说的寂止后，再修炼世俗胜观与出世胜观。这种广泛论述抛弃烦恼的方法，在其他《俱舍论》经典中也无明显表述。

那些精通早年《俱舍论》（上、下部）的先哲们，也首先修炼专一寂止，但未见他们能够藉此明确抛弃烦恼。

所以，如不很好地理解《声闻地》中所说的内涵，禅虑与无色界的最低道路是初禅预备阶段，其中包括六心路之首——分别观察客观外境。认为预备阶段[1]所反映的心首次产生，便是分别观察客观外境，这是误解。

若持这种观点，很难苟同。不获寂止，初禅预备阶段便成为无本之木；不获预备阶段，则寂止无法获得，是分别观察客观外境的观修。即便修炼它，也无法成就以前从未得到过的寂止。

就像之前引用《本地分》一样，有此想法的专注没有轻安，不获轻安，寂止无从成就。这在《解深密经》等中有所记述，故不获第一预备阶段，寂止无法获得。

所以，第一预备阶段的六心路之首，只是预备阶段所代表的修炼胜观之头，不是第一预备阶段之始，因为在这之上，预备阶段所代表的寂止需要先行。

在未获第一预备阶段所代表的三摩地之前，所有三摩地只是专注心愿罢了。（假定这样的话）根据各个大论的说法，不用说胜观，就连得到寂止者也寥寥无几。

依据寂止，探寻远离贪欲的方法。之前所说的寂止，具有光明、无妄等若干优异特点。如果没有达到熟悉程度，不修炼两种胜观之一，那么欲界的现实烦恼也一时无法排解，更何况抛弃烦恼的种子与功德障碍。

因此，若要获得远离贪欲的初禅，就要依循寂止修炼胜观。那么，既然以前对寂止已经稍有熟稔，为何与压制现实烦恼的说法不矛盾呢？没有关系！以前的那个寂止是世俗胜观，况且把它归为寂止的范畴。这里作为两种胜观先行的第一预备阶段所代表的寂止范围来对待。

修炼远离贪欲的胜观，要采用真谛方式与粗细方式两种。远离贪欲的方式有两种，这里采用后者之道，来论述远离贪欲的方法。

所谓世俗（之道），是指毫无无我之见的外道，以及（其他）具备无我之见者。二者必居其一。他们修什么道才能抛弃烦恼呢？

《声闻地》说："为了远离这种贪欲嗜好，辛勤的瑜伽师用七心路远离贪欲嗜好。七心路是：观察客观、信条、寂静、摄乐、分析心路、善行究竟、善行究竟果心路。"

[1] 预备阶段，八定的预备阶段。

上面最后一项是远离贪欲，是深入根本道路之时的心路，故属于宗。其余六项属于立。

假如这里修炼无我之义后，而不去抛弃烦恼，那么到底靠什么决定去修炼无我之义，而抛弃烦恼呢？用此道可以抛弃欲界的其他现实烦恼，但强调“远离贪欲”，故主要从根治贪欲的角度去抛弃烦恼。

贪欲，这里指羡慕和贪恋五妙欲，其根治的方法是，从多方面把妙欲视为罪过。从贪欲感受的反面着手，形成习惯，从贪欲中解脱出来。

正确观察贪欲之害与初禅功德，有观察客观外境的硬性需求，但如果没有先行修炼寂止，无论怎样熟悉这种优劣情势，烦恼都是无法抛弃的。

成就寂止之后，却不用思辨的智慧进行分析，对它怎样修炼，也不能抛弃烦恼。故从寂止和胜观都要修炼的角度抛弃烦恼。这是抛弃一切烦恼的论述。

这样，对上下地[1]优劣的性质进行区分的深刻观察，有些成为所闻，有些成为所思，故闻思合一。

通过这样熟悉，超越闻思，以修炼的方式完全崇信粗细之义，叫作信生心路。

《声闻地》说：“为着这个客观外境，修炼寂止和胜观。”

在第六心路之时，也说修炼寂止和胜观。在第一心路之时，强调针对意涵等六基；在其他心路之时，又多次讲明修炼胜观。这虽然不是修炼无我之见，但与修炼胜观并不矛盾。

那么，处在这种心路之时，通过修炼寂止和胜观的方式抛弃烦恼。其修炼方法是，区分粗细之义，反复研究，是修炼胜观；分析之后，专注粗细之义，是修炼寂止。如此修炼的第二心路与第一心路，是破除邪说的有效方法。

把寂止和胜观交替修炼，日臻成熟之后，找到根治贪欲大烦恼的方法，叫作极静心路。

干扰善行的贪欲烦恼处在三摩地中，当出三摩地定时，发现它不再作祟，请不要认为我已经抛弃烦恼，不要作草率的决定，要作深入分析。应该这样想到，怎么了？我还明明没有脱离贪欲，难道它不再作怪了吗？即便脱离了贪欲，难道它还不活动了吗？

为了克服它，观想一个非常漂亮的目标，发现对它产生贪欲，为了抛弃它而欣然修炼，叫作分析心路。它使明明没有抛弃，却以为抛弃了的傲慢可以得到纠正。

如前一样，对粗细之义进行甄别，之后专心修炼，可二者兼修。当产生根治微小的贪欲烦恼（的心路），叫作善行究竟心路。第三、第四、第六心路，

[1] 上下地，欲界和色界。

是克服烦恼的法宝。

这样，当摒弃小小的烦恼时，就可消灭一切现实的贪欲烦恼。它在短时间内不会兴风作浪，但并非等于已斩草除根。

这种情况说明，虽然持空无所有以下观点的人脱离贪欲，但不能消除三界之顶的现实烦恼，故不能从轮回中超脱。不过，凭借禅虑，可以获得五种神通，恐繁不赘，详文在《声闻地》中，阅读便知。

修炼根本禅虑等方法现在尚无，故它们不可能引向歧途，但只要有了不是泛泛的理解，对于解决其他三摩地的错误就大有裨益。

这样的四种禅定、无色界四处三摩地和五神通，外道和共同道都有。然而获得这样的特别三摩地，不但不能解脱轮回，反而会遭受其累。所以，不要因一点寂止就感到满意，要寻找思辨的胜观——无我之见。

即使没有深刻领会初禅等根本修炼方法，也（应该了解）如上所说的寂止或心路修炼方式。《般若波罗蜜多论》等九住心法，被引用到中观方面的《修行道次（三篇）》中，前已引述。其宗旨被《经庄严论》作了阐释。无著大师在《菩萨地》、《俱舍论》（上部）和《摄抉择分》中作了简述。

《摄抉择分》说，寂止和胜观的问题另见《声闻地》,《声闻地》对此作了广泛诠释，其义涵在中观的《修行道次（三篇）》、《般若波罗蜜多论》中有说明。

另外，《辨中边论》阐明了用八断行法、五断罪法修炼寂止。对其主旨进行彻底研究后，抛弃臆断，必须了解一点相关知识。

对于个别禅虑者而言，他们一点也不具备这方面的知识。有的禅虑者以前学习大论的时候，虽然知道部分字句，但不知意思，以至于后来修炼之时，认为无关紧要，便随意丢弃。

不求甚解的表现，就是得到一点可算作寂止方面的三摩地，便认为找到了空性三摩地；得到一点内外三摩地共同第九住心，便认为完全具备了无上瑜伽的圆满次第特性；把修定中期和修定后期混为一谈，以为无妄智慧源源不断，有这样想法的人不在少数。

不要以为对以前说过的达到深刻理解，那便是无为；不要因修炼无相和了义等的华丽辞藻而迷惑情智。知道以上三摩地之意涵后，就会明白道之缺点或正确性。要精通这些正宗经典中所说的修炼三摩地的过程。

经藏大疏何其巨，
善言三昧修次序，
篇体光华义深奥，
不求甚解智商粗。

走火入魔陷他途，
离经叛道教证疏，
现有经籍均翻遍，
孜孜以求有所图。

外道内道不乏人，
何谓三昧若不分，
大乘高尚小乘低，
金刚[1]般若[2]各纷呈。

各派三昧存区别，
详加了解何言累，
知其道理护大论，
通俗讲解法三昧。

多年研读诸经典，
知我挚友成庄严，
别丢真宝捡次品，
要知自己有宝剑。

所学经论教证义，
独一无二观其理，
世尊教诲善多闻，
前往密林享安逸。

设立无察[3]寂止道，
修法[4]正果[5]各有招，
虽经研判然未得，
只求勤奋禅师傲。

[1] 金刚，金刚乘。
[2] 般若，般若经。
[3] 无察，无所思察。
[4] 修法，起初的修证方法。
[5] 正果，修成正果的程度。

谦虚谨慎拜大智，
护持大法须知悉，
然则面对佛陀教，
当下吃苦无危机。

仰仗弥勒无著师，
所弘言教修寂止，
发自内心祝佛教，
永远驻世成恒一。

在大士道次中，通过学习菩萨行，再如何学习禅虑性质——寂止法，本章论述完毕。

第十八章 胜 观

第一节 修炼什么能获得解脱

如前已经论述的那样，按照意愿心专注于一个目标之后，切记不要满足入定后取得的真谛，不要满足远离昏沉后得到的光明，不要满足功德的特别安乐——寂止，要发挥原原本本理解空性之义的智慧，进而修炼胜观。若如不然，这点三摩地将陷入外道和共同道的窠臼，即便对它（外道和共同道）了如指掌，但还是步其后尘，不能根除烦恼的种子，更不能超凡脱俗。

《修行道次·上篇》也说："这样，心牢牢固定在目标之上，用智慧充分考量，就会出现洞晓之光，就会完全抛弃愚蠢的种子。如不这样，就像外道一样，以一星半点三摩地是不能抛弃烦恼的。

"《经藏》说：

'有道是，
尽管世人修三昧，
我想[1]始终无法灭，
反复无常烦恼凶，
如此修法多劳累。'"

所谓"尽管世人修三昧"，是指具有以上所说的真谛和光明特点的三摩地。所谓"我想始终无法灭"，是指惟我独尊的意识不灭。因未抛弃我见，烦恼仍然复生，所以说"反复无常烦恼凶"。

那么，修炼什么能获得解脱呢？就像以前引用此教证的结尾一样，"诸法

[1] 我想，这里指我见。

无我善观察”等语（的意思是），如果观察无我之法，就能发挥了达无我之义的智慧。所谓“分别观察后修炼”，是说获得无我之见后，护持此见并修炼。所谓“获证涅槃正果因”，是指获得涅槃，或者获得解脱果之因缘。

倘若修炼它（无我之见）能获得解脱，如果没有它之时，修炼其他能获得解脱吗？回答是：“其他因素不涅槃。”这就说明了如果没有无我之见，修炼其他道的话，痛苦与烦恼不能偃旗息鼓，只有无我智慧才是斩断世俗的利器。这个明确的论断，在中观的《修行道次（三篇）》中，作为驳斥和尚的理由而引用，这个需要得到理解。

外道大仙们也具备三摩地和先知等许多功夫，但没有无我之见，是因为丝毫未从轮回中解脱的缘故。

同样，在以上引用《菩萨藏经》中也说：“不了解佛经中所说的空性，仅仅满足于一星半点三摩地，还以为修炼了甚深（空性）义涵，便骄傲自满起来，故不能解脱轮回。‘我考虑到这个，依人闻法，解脱老死。’遂颁旨晓喻。”世尊利用自己的想法作了明确说明。所谓“依人闻法”，是指拜依别人聆听无我之义。

这样，不向正宗导师聆听无我之义，不对此进行闻思，反而认为无我之义自然产生。为了阻止这种倾向，（世尊才）提出“依人闻法”便毫无疑问了。

一般而言，一切佛典中有的直接宣说空性，有的不直接宣说，但间接为此努力是惟一的选择。

在了悟空性之光未出现之前，不能扫除愚昧之黑暗，空性之光出现后才能驱除愚昧之黑暗。一点专心致志的寂止，不会出现正确智慧，也不会驱除愚昧的黑暗。

因此，意欲探寻了解空性无我之义的智慧，就必须肯定要探寻智慧。

《修行道次·中篇》说：“应该这样想一想，寂止成就后，就修炼胜观。世尊所有宣谕也都说过，直接或间接地阐明空性，并为此做出努力。知道空性，就会出现光明，如同驱散黑暗一般，一切邪见之网便会消失。一点点寂止是不能产生正慧的，也不能驱散（智慧被）笼罩的黑暗。用智慧很好地修炼空性，智慧就会变得清净，就会证悟空性，用纯粹的智慧就能抛弃所有罪障。因此，我入定寂止，用智慧全面探寻空性。不要单凭一点寂止就心满意足。何谓空性？实际上万事万物中的人与法二者皆空。”

在波罗蜜多中，主张用智慧般若证悟空性，用禅虑等不能证悟空性。所以，不要把单一禅虑误认为智慧般若，而是要启迪智慧。

《解深密经》说：“‘世尊，万事万物无自性，菩萨用何种波罗蜜多去认知它？’旨曰：‘观音菩萨，用智慧般若去认知它。’”

鉴于此，如前所引用的一样，《修信大乘经》也说：“如果没有智慧，菩萨们无论怎样敬信大乘，怎样为大乘做工作，就能肯定出离人世，这个我说不准。”

第二节 胜观的修炼法

学习胜观有四个问题：一是依靠胜观的资粮；二是胜观的区别；三是胜观的修炼法；四是经修炼后成就胜观的程度。

首先，要拜依完全正确精通佛典精髓的大家，聆听千真万确的理论，用闻思的智慧启迪证悟空性之见，是胜观因之资粮不可或缺的。假如没有断定空性之义的见解，就不可能产生了解真理的胜观觉悟。

如此见解不靠不了义[1]，要靠了义[2]去探寻，知道了义和不了义的区别后，要掌握了义佛典之内涵。如果不依靠一个名副其实的伟大先驱者所诠释的经典，就像盲人失去导盲者，走向悲惨的境地一样，故依靠正宗经典尤为关键。

什么是所要依靠的经藏注疏呢？在很多契经中非常明确地指出，是享誉三界的龙树大师注释世尊所宣示的所有佛典精华的奥义，藉此理论，探寻证悟空性之见。

这里有三个小问题：1. 认识不了义与了义的佛典；2. 诠解龙树大师思想的方法出现过程；3. 厘定空性之见的方法。

首先，凡有志证悟空性者，就要拜读佛经。芸芸众生，人各有志，要想靠什么样的佛经去探讨奥义呢？要依靠了义佛经去证悟空性。

那么，什么是了义，什么是不了义呢？这需要从内容区分。宣示真谛是了义，宣示世俗是不了义。

《无尽意菩萨经》说：“什么是了义经藏，什么是不了义经藏呢？凡经藏宣示证修世俗的便是不了义；凡经藏宣示证修真谛的便是了义；凡经藏宣示各种词义和句义的便是不了义；凡经藏宣示深奥难懂义涵的便是了义。”

那么，通过宣示世俗，反映不了义的世俗法是什么呢？通过宣示真谛，反映了义的真谛法又是什么呢？

《无尽意菩萨经》又明确指出：“凡经藏宣示我、有情、生命、生育、士夫、人、意生[3]、原始人、作者、受者，用各种声音说话、故作有我等，便是不了义。凡经藏宣示空性、无相、无所愿、无真实功用、不生、未生、无有情、无生命、

[1] 不了义，世俗的经典是不了义。
[2] 了义，非世俗即真谛的经典是了义。
[3] 意生，这里指人。

无人、无我，指出解脱之门，便是了义。”

这说明了无我、不生等，以完全破除虚论的方式进行宣示，就是了义。宣示（有）我等就是不了义。所以，应该知道，无我和不生等是真谛，生等就是世俗。

《三摩地王经》说：

“如同善逝宣空性，
了义解析其他经，
所言有情士夫等，
可知万法不了真[1]。”

《中观光明论》（དབུ་མ་སྣང་བ། dbu ma snang ba）说：“是故，只言真谛者便是了义，反之便是不了义，这个要胸中有数。”

《入一切佛境智慧光明庄严经》（འཕགས་པ་སངས་རྒྱས་ཐམས་ཅད་ཀྱི་ཡུལ་ལ་འཇུག་པ་ཡེ་ཤེས་སྣང་བའི་རྒྱན། a´phgs pa sngs rgayas thms cd kyai yul la a´jug pa ye shes snang bai rgayan ）说：“凡是了义都是真谛。”就无生等问题，《无尽意菩萨经》指出：“所谓了义，应该是纯粹无生等真谛。”

因此，众多中观理论及其注疏如实宣示了义，这是为了充分厘定远离生灭等一切虚论的真谛的缘故。

为什么把这两个宣示分别叫作不了义和了义呢？因为从确切、惟一的途径去理解意义，应该叫作了义或胜义。这个意思便是空性之义，是厘定究竟，除此而外，无可延伸。其他人也无可引申，因为理由充分。

《中观光明论》也说：“了义到底指的是什么呢？从准则及真理所说的任何一种，它不能随便被人篡改并另作解释，这是办不到的。”

以此类推，应该理解不了义。如论述其意涵一样，表明不可当真，其义可引申，其词可掌握。显然，这不是究竟真谛。除此而外，还要从别处探寻真谛，所以叫作不了义或义引申。

了义经藏的词义如实，若经藏中出现无生和无人等表述，就要真的认为生与人从来不存在。否则，就会导致词义不实，有人就会说陷入“不了义”之窠臼，而不能得到人们的认同。

当说者否定生等时，就会出现多部赋予真谛特点的经藏。若这样的特点出现一次，那未出现之时便是共同法，它又是该法的真谛，故这种说法哪能说不是了义。若如不然，则否定了生的总体，特别是语句也需要否定。所以，这

[1] 不了真，不了义。

样论述的了义经藏不能形成理论。

那么，经藏或者论典上下总纲所说的便不能成立，只言片语的表述，不能如实理解词义。凡了义的佛典永垂不朽，只要寥寥数语，便能如实理解词义。应该知道，并非不是不了义。

其次，诠释龙树大师思想的过程是什么呢？揭示万物自生自灭等空无所有的《般若经》等。龙树大师正确诠解佛经思想的过程又是怎样的呢？对此，佛护、清辨、月称和寂护等中观大师们把提婆奉为龙树大师一样的圭臬，师徒二人（龙树、无著）成为其他中观师的理论源泉，故先辈们对他二人有“本原中观师”，对其他人则有“私见中观师”之称。

有些早期的论师说：“从辞藻的角度命名的中观师有两种：一种是术语承认客观外境的信奉经藏的中观者；第二种是术语承认没有客观外境的崇尚瑜伽的中观者。

“从承认真谛的角度命名的有两种：一种是认为现空二聚[1]，便是真谛，便是幻象类成[2]；第二种是认为充分排除客观存在的虚论，便是真谛，但极难立足。”

在上述二者中，认为前者是寂护大师和莲花戒大师等，后者是幻象和极难立足等术语，是印度的部分论师。

一般来说，部分自诩为中观师的印藏论师秉持这样的看法，但必须要依照追随龙树大师的中观大师们的观点进行厘定，那些细枝末节谁能说清楚。

此外，承认真谛的想法分为两种，“这是引发愚昧和怪诞的理论”，大译师洛丹喜饶如此说，非常正确。他们的看法是，把理智[3]用比量[4]来加以衡量之义当作真谛。理智的所量[5]与真谛相同，故名为真谛。这在《中观庄严论》（དབུ་མ་རྒྱན། dbu ma rgayan）和《中观光明论》中有所述说。

其他一些中观大师们把理论排除虚论之义不当作真谛，这并非好事。对此，智军大师说：“在龙树师徒二人撰写的中观论点中，就（术语）是否有外境之义未做详细说明。接下来清辨论师驳斥了唯识论理，确立了术语有外境[6]义之理论。“寂护大师根据瑜伽派理论指出，术语无外境，实质上就是心无自性，提出了不一样的中观法。所以，出现了两种中观，前者叫作崇尚经藏的中观，后者叫作崇尚瑜伽的中观。”这种说法反映了中观沿革的过程。

月称大师认为术语有外境，但是与其他宗派论师[7]有所不同，所以不能叫

[1] 现空二聚，现，客观现实；空，空性。客观与空性二者相聚。
[2] 幻象类成，幻象类组成一体。
[3] 理智，理论智慧。
[4] 比量（རྗེས་དཔག），经过比较衡量而知因果。
[5] 所量（གཞལ་བྱ།），所要衡量的对象，一切可知之事物。
[6] 术语有外境，术语承认客观现实的存在。
[7] 宗派论师（གྲུབ་མཐའ་སྨྲ་བ། graub mtha smara ba），依据教证，确立事物真实规律，用正理加以宣说，不信其他派别之论。

作经藏者。同样，秉持与有部派[1]观点一致的，也非常欠妥。

在雪域中，那些后起的学者们把中观者冠以应成派[2]和自续派[3]之名，与《明显句论》相同，所以不认为是臆造。显然，在术语中，存在是否有外境的两种见解。真谛见者，决定空性，这个见解要深入灵魂。从这方面加以定义（万物），但也就是应成派和自续派两种。

那么，这些大师究竟追随哪个，去探寻至尊师徒（龙树、无著）的思想呢？这就要求把月称大师的宗旨视为圭臬并追随其后，坚持这种教诫的前辈上师们也把他视为主要观点（的提倡者）。

当月称大师在有关《中观论》（རྩ་ཤེའི་འགྲེལ་བྱེད། rtsa shai a´grael ba）的注疏中，看到佛护大师对龙树大师的观点作了周详全面的诠解后，就将此观点作为基础，并引用许多清辨论师的善说，且把稍为欠妥的部分进行更正，最后对龙树大师的思想作了注解。

这两位大师的注疏，对于研究至尊师徒二人的理论来说，足见多么珍贵、奥妙。这里，跟随佛护大师和月称大师，来厘定龙树大师的思想。

第三节　决定空性之见

再次，决定空性之见有两种：一是深入空性的次序；二是具体决定空性。

这里所要获得的空性，就是关系到什么样的涅槃；其获得的方法——深入空性，到底应该怎样深入呢？内外万物林林总总，（有些）非真谛却似真谛，这一切包括习性在内都将寂灭，我与我执将全面衰微，这就是所要获得的真实法身。

如何深入真谛的次序。首先要思考轮回的缺点，产生厌烦情绪，要有抛弃凡尘的想法。当看到如果不解决凡世的根源，它就不会自行消亡，（这时应该）想一想轮回的根源究竟在哪里，以斩断其根源。灭见[4]或无明是轮回的根源，对它应有深刻理解，要发自内心彻底抛弃。

灭见的消逝，使人了达无我（之义），这有赖于智慧的产生，知道这个道理后，又要看到灭我之必要性。根据对治我有理由[5]、我无理由的教证和理论，

[1] 有部派（བྱེ་བྲག་སྨྲ་བ། byae brag smara ba），信奉《大毗婆沙论》的古印度佛教派别，承认过去、现在和未来三世出现的万事万物为客观实有。

[2] 应成派（ཐལ་འགྱུར་བ། thl a´gayaur ba），秉持中观见解，遵循古印度佛教论师佛护和月称二师之见，决定万事万物了无自性，但在术语中遵从世俗之说，主张缘起性空、双运不悖。

[3] 自续派（རང་རྒྱུད་པ། rng rgayaud pa），秉持中观见解，根据三性本身形成的正因，来破除事物实有。

[4] 灭见，坚持我与我所有真实存在的派别。

[5] 我有理由，我存在的理由。

找到一个万全之策，以推进解脱之伟业，不会没有办法哦。

这样，我与我所有丝毫没有自性，找到这样的理解后，熟谙其义，将会获得法身。

《明显句论》(ཚིག་གསལ། tshig gsl)说："烦恼、业、身、作者[1]和结果都不是真谛，但像寻香城[2]一样，明明不是真谛，却对幼稚者[3]显为真谛。"这里，什么是真谛，又如何深入真谛呢？是这样的：不被内外万物所迷惑，不在内外万物中界定自己，或了断我所有（东西）的念头，当这些都解决以后，便是真谛了。

《入中论》说：

"何谓深入真谛？
聚见[4]导致诸烦恼，
有朝一日心灵了，
知悉自己本范畴，
瑜伽灭已圣道照。"

此等说法（不胜枚举），请查阅《入中论》便知。

"这里，（如果）瑜伽师希望投入真性（的修炼），希望彻底抛弃烦恼和所有缺点，就必须深入分析轮回的根源究竟在哪里。在分析当中，要明白轮回是由坏聚见（导致）的根源，要清楚我是坏聚见的实施者。所以，只要不谋自我，必将抛弃坏聚见。要知道抛弃坏聚见后，烦恼和所有缺点就会烟消云散。最初，要深入分析我自己（也发问自己）：为什么我执之对象就是我，这究竟为何？"

万事万物，千差万别，且空无自性，这样的论断很多。但在瑜伽师具体实施时，简略决定我与我所有都没有自性。这种观修是《中论》（第十八章）的内容。月称大师根据佛护大师的这种思想，制定了上述宗旨。深入中观，讲解人无我（之见），是第十八章[5]所要广泛阐发的。

如果有人认为，不是吗？这里在阐述深入大乘真谛的方法。那么，我与我执近似消逝，就不应该是所要得到的真谛。仅仅决定我与我所有没有自性，同样也未决定法无我[6]，不应该成为深入真谛之道。这种想法并无过错。

有两种情况反映我与我执全面消弭，其中烦恼不再死灰复燃，永久抛弃。

[1] 作者，这里不是指书籍的作者，而是指人的作为、行动。
[2] 寻香城，一会儿有，一会儿无的城市，形容变化无常。
[3] 幼稚者，不知就里的浅薄者。
[4] 聚见，由多种因素聚合而成的人身，说不定顷刻间坏灭不存。
[5] 第十八章，这里指《中论》（第十八章）。
[6] 法无我，认为物质有实体、有实用，叫作法我。当知道物质是因缘和合的产物，了无自性，就是法无我。

这个情况在小乘中也有。但是，内外万物虚而不实的一切表象从来无为[1]，基于这个抛弃，便是法身。

一旦通达我无自性，其分支——蕴等也有自性的想法就会得到纠正。就像木车着火，其车轮等分支也会烧毁一样。

《明显句论》说："凭物命名，无明颠倒，成为直接执我的基础——五蕴。它们是被何种东西所左右的呢？到底蕴的本质存在，还是不存在呢？值得希望解脱者深思！"

经广泛分析后，希望解脱者已经知道什么是无为，所以应该对它采取：

"本体既然不存在，
岂能佐证我所有。"

因不谋自我，安立我的基础——我所有就根本无法所立[2]。

例如，木车已燃，其分支也不会幸免，故无为无求。同样，瑜伽师一旦了悟无我，接着将会了悟蕴之物——我所有也无本体。当了悟我无自性之时，就会了悟我所有——蕴也没有本体即没有自性。

《入中论释》说："把色等自己的本体信以为真，而变为颠倒不实，这不能了悟人无我，因为对安立我的基础——蕴执迷不悟。

经说：

'什么时候执著蕴，
什么时候有我执。'"

这说明如果不悟蕴无自性[3]，就不悟人无我。

如果用证悟人无自性的思想，去证悟蕴无自性的话，证悟二无我[4]的两种思想就会变为一种，有这个缺点。

法（物质）与人各有相同，证悟二者没有自性的思想也各有千秋。譬如，证悟瓶与柱[5]无常的思想一样。

用了悟人无自性的这个思想不了解蕴无自性的话，在了悟人无我之时，焉能理解蕴无自性？第一问不敢认同，下一问将作说明。

[1] 从来无为，从来不以人的意志为转移。
[2] 因物质无自性，我这个本体也就根本无法成立。
[3] 蕴无自性，物质没有自性。
[4] 二无我，法无我和人无我。
[5] 瓶与柱，瓶子与柱子，这是藏传佛教研究物质时用来比喻的两个物质，无特定含义。

了悟人无自性的这个思想，不否定蕴无自性，但这个思想可独立确定蕴无自性，能引导信念，能消除虚构蕴有自性的谬论。因此，（先哲）说在了悟人无自性之时，也要了悟蕴无自性。

《佛护论》也说："凡是说我的，都是指我所有。（实际上）我（本体）是不存在的。我已不存，又言我所有，怎能认同？"要懂得这种说法。

譬如，石女之子（这种说法）是天方夜谭，这个想法使人们确定，既无石女之子，也无其子之耳朵等，可消除虚构其有耳朵（的谬论）。同样，既然我（本体）确实不存在，哪有我的眼睛等，类似想法可以得到纠正。

那么，认为人本身假有的物说者[1]，实际上也不承认人真有。藉此也可推断，人眼等没有自性。那么，可以断定眼、苗等粗分（物质）为假有。

如果认为真是如此（盖棺定论），那这种想法又与自己的承诺相违背（的话），也就无需求证苗等（物质）不实，善与非善之一切业道也就归入相续[2]之中。

认为相续也无自性。《显义论》（འགྲེལ་བ་དོན་གསལ། a´grael ba don gsl）说："如像梦幻，十不善和布施等不存在，这不是成了清醒的时候，也像入睡的时候一样吗？"中观者强调，这些似梦幻不实，反对此说没有意义。

所以，物说者的主张真谛、世俗成不成立，中观派的世俗、真谛是否成立，都千差万别。物说者认同世俗成立的，在中观派看来真谛成立；物说者认同真谛成立的，中观派却认为世俗成立。其中没有任何矛盾，应加以辨别。

另外，他们的人假有（之说）和这位导师的人假有（之说），二者名同义却不同。这位导师认定他们没有证悟人无我之见，主张不悟法无我，就不悟人无我。因此，在未抛弃蕴实有宗派之前，这位导师主张人也实有。所以，他们并未证悟实际上人不存在的道理。

第四节　决定真实

决定真实有三个问题：一是认识道理所破；二是应成派和自续派各自能破方法；三是据此举措树立见解。

首先有三个小问题：1. 充分认识所破的原因；2. 不认识所破而行破（之事），应予批驳其他宗见；3. 认识自宗所破。

首先，就像确认一个人不存在时，就一定知道不在的这个人一样，决定"无我和无自性"之义，也需要很好地认识不在的我与不在的自性。所破全貌未完

[1] 物说者（དངོས་པོར་སྨྲ་བ། dngos por smara ba），承认客观事物为真谛的派别。
[2] 相续，本体前前后后众多刹那间所形成的事物，如年、月、日、时等。

全显现之时，一旦驳止，就不能决定不是虚妄。

《入菩萨行论》说：

“若不明了假名物，
无法知道其假有。”

虽然，所破不同的区别难以计数，但从根本上驳止简略所破，一切所破都将予以阻止。

如果不从所破的关键细微处加以驳止，恐留下后遗症，将导致更加迷恋物欲，故不能解脱尘缘。

如果不掌握分寸，过于驳止，就会玷辱因果缘起之过程，从而滑向断边[1]。此见解将人引向恶趣。所以，充分认识所破尤为重要，如果不认识，要么滑向常见[2]，要么滑向断见[3]，这是毋庸置疑的。

其次，不认识所破而行破（之事），应予批驳其他宗见，这里有两个小问题：1. 认识所破过分之破除；2. 认识所破不够之破除。

表述观点，反对观点。现在，大部分想学习中观知识的人说：“研究生等是否真实成立，用这个道理可以破灭色界至遍智[4]之间的一切事物。无论有怎样的承诺，当用道理进行分析时，一点儿也经不起推敲；当否定有无等所有四项判断[5]之时，其中就包括万事万物。”

另外，利用观察真实的圣识，知道生灭、束缚、解脱等丝毫不存在，如其所断，生等不存。若认可生等，用研究真实的道理，还能否进行分析。

如果能的话，用道理分析的事物是存在的，故变成了物质实有。如果不能的话，用道理否定之义是存在的，这又怎能苟同？

同样，如果认同生等存在，那到底真实有还是无？按照前者，用观察真实的智慧，知道无生，故不同意有。术语者[6]认同眼识等有，但被否定为非真实，故不同意其为印证标准。

《三摩地王经》说：

“眼耳鼻也非真实，

[1] 断边，否定一切，或主张一切皆为虚无的派别。
[2] 常见，认为一切真实存在、永不消失的派别。
[3] 断见，否定因果、前生后世等的派别。
[4] 遍知，全知全能。
[5] 四项判断，生灭、常断、有无、现空。
[6] 术语者，凡夫、凡人；世界上可能有的万事万物。

舌身意亦不真实，
假如诸根是真实，
圣道对谁有助益？”

《入中论》说：“无论何时何地，世界非真实。”虽然真实不存在，但（有人）认同存在，实际上也非自己本意，更非道理，故不敢苟同。

如果承认生，那实际上也不敢苟同；如需认同世俗，这是不合理的。

《入中论》说：

“无论运用何道理，
源自我他非道理，
运用术语无道理，
有情生世哪一个？”

这说明实际上生被否定，用这个道理也被术语否定。

此外，不能认同我他等四项中的任何一项生，但如认同生的话，实际上也就否定了生。研判四项判断之后，（才能知道）否而不定，因为有其全非的生。

如认同四项判断中的任何一项生，那其他三项则不予认同，故随从他生，这也不符合道理。《入中论》说：“除了凡世无别生。”

因此，在否定生方面，不应赋予真实差别[1]。《明显句论》否定赋予真实差别。对此，有人坚持认为，术语不认可生等有；有人则认为，术语认可生等有。一言以蔽之，用道理可以论证万事万物本质虚假，不存在实有。这无疑是这位大师的观点，因为二谛都否定自性有。

没有自性，还有什么？对所破赋予真实区别，只有中观和自续派的观点，这样可以高调阐明。

第五节　认识中观派

批驳谬论有两个问题：一是指出对方否定中观非同一般的特点；二是有害言论难以伤害。

又有三个小问题：1. 认识中观派的特点；2. 对方如何否定中观法；3. 中观派对其如何答复。

[1] 真实差别，真实不存在差别。

首先，《六十正理论》说：

“众生仰仗诸善根，
福慧资粮广积存，
福分智慧当中出，
但愿获得二神圣[1]。”

这就是说，无上大乘告诫人们，在证修果位之时，要得到神圣法身和神圣色身。由此表明，在证修菩提道之时，如前所述，方便[2]与智慧不可分离，这有赖于积蓄难以计数的福分与智慧的资粮。

从诸多世俗因果的因中，派生出一系列功德果和罪孽果，不仅要对其因果关系取得深刻理解，而且要对所有这些取得理解。

深刻理解万物因自己的本质而毫无自性，这还必须凭借为此取得理解的真实。如果没有这二者，恐难从内心掌握方便与智慧的完整途径。在证修果位之时，欲获得二身[3]之正确因道，取决于决定基本观点。所谓决定观点，是指对以上表述的二谛取得信念。

除了中观派，放在其他人身上出现矛盾是显而易见的，不能说没有矛盾。所谓精辟严谨、学识渊博的中观大智者，通达了悟二谛的方便。所以，毫无缺点地加以厘定，找到佛典的根本宗旨。

据此，对自己的祖师和宗教产生一尘不染的信仰，由此阐发的话语极为正确。各位达人，所谓自性空的空性之义，是因缘和合的意思，不是失去功能的非物质的意思。这样可以反复高调讲明。

作为物说者的学者们对相关学术造诣很深，他们也不承认中观派的主张，对中观派发起文攻，说一切事物因本质而毫无自性，既然有这个空，那束缚与解脱等生死涅槃的所有理论无法建立。（他们的）想法仅此而已。

《中论》说：

“如果万物都空无，
无可生来无可住，
至高无上四圣谛，
对方肯定不拥有。”

[1] 二神圣，神圣色身、神圣法身。
[2] 方便，也就是方法。
[3] 二身，色身与法身。

这说明，若自性空，就说不会有生、灭、四谛。

《回诤论》（རྩོད་ཟློག rtsaod zlaog）说：

“试问天上地下物，
哪个永远保自主？
人们言语无自性，
本质逆转登天路[1]。”

这是说，既然话语没有自性，那自性灭，自性无，就无可证修。认为既然没有自性，就不会有所生（果）、能生（因）、灭、所立、能立。他们即物说者，为此抛出这样的辩词。他们领会了用自性灭的道理否定一切所作所为，之后才进行辩论的。

因此，当物说者和中观派抗辩非同一般的宗派时，就自性空这一主题，围绕一切有寂[2]能否建立的理论，展开专门辩论。

承认因本质而毫无自性，果、因、灭、作等一切生死涅槃的理论，是中观派的特点。

《中论》（第二十四卷）说：

“一旦有了瑕疵论，
不会认同自性空，
你在抛弃空性无，
我会当然不承认。

哪个属于自性空，
所有一切便是空，
哪个不是自性空，
所有一切不是空。”

“如果此等都空无，
……”

此等缺点，不仅不会出现在主张自性无论者中，而且适用主张自性空的

[1] 要想改变物质自性空，比登天还难。
[2] 有寂，有，生存、生命；寂，寂灭、涅槃。

生灭论等，对于主张非自性空派别则不适用。

《明显句论》说：“在我们方面，不会容忍错误百出（的理论），不仅如此，还非常赞同四谛等一切理论。”这为佛教而说，引用“哪个属于自性空”等论点而表述。

《中论》（第二十六卷）指出了十二因缘流转的顺序和逆序。《中论》（第二十五卷）主要指出了自性灭。《中论》（第二十四卷）用研究四圣谛的眼光，就自性不空这一说法，指出了生灭等一切生死涅槃的理论不适用；用大量篇幅论证自性空方面，这些理论都适用的理由。由此卷可延展到其他卷。

现在，有些研究中观意涵者得出结论，说在自性无这方面，不认同所立、能立等因果（关系），这明明是物说派（的观点）。根据龙树大师所创一系列内因外缘（的学说），根据果的生灭这个因果理论，需探寻自性空（之道）和中观道。

《中论》（第二十四卷）说：

“因缘和合事物成，
一切视为自性空，
凭物暂且立假名，
建立中观圣道论。

世间万物靠缘起，
没有一物不互依，
形形色色古今世，
缘起性空终不离。”

这赞成缘起性空的理论成立。奉劝莫要倒着说“承认依因缘而生，但自性不灭”。

同样，《回诤论》也说：

“如果一物自性空，
千变万化有可能，
如果一物非空性，
死水一潭不运动。

无论空性或缘起，
中观道中一个义，

最高谕旨无匹敌，
谨向佛陀虔顶礼。”

《七十空性论》（སྟོང་ཉིད་བདུན་ཅུ་པ། staong nyid bdun cu pa）也说：

“万事万物一条路，
缘起性空最终无，
善逝佛陀观尘世，
纵论因缘无比牍[1]。”

《六十正理论》也说：

“事物离开缘起理，
主张我或红尘世，
呜呼乾坤常非常，
类似见解夺人意。

因缘和合成物质，
有人相信为真实，
错误认为物长久，
奇谈怪论何不止？

因缘和合成物质，
好似水月非真实，
不是真实难复制，
此见不能左右识[2]。”

《出世赞》（འཇིག་རྟེན་ལས་འདས་པར་བསྟོད་པ། a´jig rtaen ls a´ds pr bstaod pa）也说：

“自作自受致痛苦，
别人加害如荼毒，

[1] 无比牍，无可比拟的通关文牍。
[2] 这种见解不能左右人们的认识。

推理[1]视为非因缘，
你却主张缘起路。

因缘和合成万物，
尊者认为都空无，
主张诸法无自主，
独一无二狮子吼[2]。”

这是说，由于缘起之故，只有自性空。因缘之义，就是（物质）没有自性，也就是空性，这是龙树大师不同凡响的思想。

那么，没有自性的空性，是从中观派方面而说的。没能够把缘起因果的理论作为自己的宗旨，而迁就其他派别，这不是因缘之义。

“哪个属于自性空，这个……”说的是主张没有自性的这个宗派，其一切生死涅槃的因缘论具有一定的可信度。

那么，作为赞同空性一方，其一切生死涅槃的因缘论能够立足，究竟是什么样子呢？所谓万物自性空，是基于因缘和合的道理而说的，这将在下文分解。

所以，他们赞同缘起。若赞同之，就会赞同痛苦。既然因缘和合，痛苦也有原因。依缘不起，痛苦不生。

有了苦谛，就可认识其产生的集谛、阻止痛苦的灭谛，以及前往那里的道谛，也就有了四谛。

有了四谛，就可以对缘起学说加以认识，或扬弃，或实践，或修道。有了它们，三宝等一切佛法可以畅行无阻。

《明显句论》说:“凡是建立万物自性空的理论，其所说的一切都有章可循。为什么？因为我们把缘起叫作空性，因此空性可立，缘起可有。缘起可行，四圣谛也同样如此。

“为何缘起必定成为痛苦,也就是不会不出现缘起。因为它无自性,故为空。有了痛苦，就会有集谛、灭谛，以及通向灭谛之道。

“因此，彻底了解痛苦，抛弃集谛，实现灭谛，修炼圣道。

“有了彻底了解痛苦等的真谛，就可有成果。有了成果，就可利用成果。利用成果，就可有声闻果。有了信守成果和声闻，就可有僧人。

“有了圣谛，神圣佛法可立。有了圣法和僧人，就可有佛，从而可有三宝；就可有特别证悟一切世和出世的万物;就可有法与非法及其果、凡世一切名讳。

---

[1] 推理，推理者，乾慧派，未能真实了解物质特性，便开展各种形式的推理研究。
[2] 你的主张独一无二，像狮子一声吼，吓坏众兽一般。

所以然者，空性可立，一切皆空。空性不立，缘起不生，一切无从谈起。”

这里的可否，是有无的意思。

作为上述《回诤论》引发的争议答复，龙树大师也赞同（物质虽）无自性，（但有）各自功能。他的作答清晰明了。

《回诤论》说：

“因缘和合万物生，
凡是物质皆性空，
互相作用互影响，
名字唤作无自性。”

《回诤论自注》（རྩོད་ཟློག་རང་འགྲེལ། rtsaod zlaog rng a´grael）也说：“你没有领会万物缘起性空的含义，说不同意物之自性灭，故你所说的话空洞无义，只不过是挑衅作对罢了。（这里需要指出的是）物质因缘而起，它是空性的。为什么？因为它没有自性。凡是物质，都是因缘而起，因为都非自性，都没有自性。为什么？因为它们有赖因缘。

“如果物质有了自性，那就没有了因缘，但也可有物质。（这样的说法）其实不然，因为它是无自性的，所以才叫作‘空性’。同样，我所说的话也是因缘而起，所以没有自性。正因为没有自性，所以认同‘空性’之说。

“正如瓶与氆氇等（物质）是因缘和合的产物，所以没有自性。但是对于蜂蜜、水、乳粥的使用、寒冷、风、阳光（等自然现象），（人类）也可尽量去影响它们。我的话属于因缘而起，没有自性，也可完全论证物质没有自性。以上‘你所说的话空洞无义’，所以不同意物之自性灭，这话是不该提倡的。如果自性而立，就不靠因缘；如果靠因缘，就无自性。故一进一退，仅此而已。用没有自性的语言，去印证有破有立，这是显而易见的。”

凭借因缘而产生烦恼，也产生解脱之法。因缘灭和没有自性二者具有同一性，这是无须说明的。这样的因缘没有自性，证悟这个（道理）的原因至高无上，要知道这是学者型中观派的惟一特点。

（有人）对于因缘而生、因缘而灭（的道理），抱着自性成立的观点，用否定自性的道理，去否定生灭的因缘，这就好比神仙变魔[1]一样，成为真实了解中观义涵的巨大障碍。

因此，当引用万物自性成立的本质丝毫不存在的定论之时，就因果关系（这个议题），无法确立自己的主张，转而向他宗靠拢。当自己的主张充分运用到

[1] 神仙变魔，好事变坏事，喻事与愿违。

因果（关系）中时，对于没有自性，自己又无法审视，说要向没有自性（主张的派别）请教，应该明白还没有找到中观之见。

找到中观之见的条件，就是把所承诺的清净戒律的守护作为基础，从几方面努力积蓄资粮，消除罪障，拜依学者，为闻思（佛法）而奋斗。

对于这样的现实和空寂，引经据典，二者兼备，是绝无仅有的事，找到中观之见非常困难。

鉴此，《中论》（第二十四卷）说：

“世尊慈悲世人念，
滚滚红尘理解难，
照实宣示奥妙法，
背道而驰图改变[1]。”

《宝鬘论》说：

“人身从来不干净，
粗陋孱弱迷乱境，
花花世界因缘变，
过眼烟云消失尽。

末世圣法已不存，
小小尘埃也命终，
高深奥妙此道理，
顺利嵌入脑海中。

此番道理具奥妙，
凡夫始终不明了，
世尊谙世成正果，
所宣圣法人干扰。”

在一些佛典和经论中，也说明（世事）非常难料。

[1] 这首偈句的意思是说，佛陀悲悯世人的贪念，其滚滚红尘是难以理解的；人们违背佛陀的指示，为所欲为。

相反，有些正宗经典利用研究理论，分析瓶的分支[1]和一异[2]（的客观现象），来决定（物质）没有自性的道理。有人对这个道理产生误解，在分析瓶罐的瓶嘴和瓶颈等自己的分支时，认为它们人工造作、一依带泥（实际上一无所得），因而得出结论：瓶是不存在的。接着，在分析自己时，认为自己也不存在。这是得出的结论。

这时，（已经得出）分析者本不存在（的结论），便认为瓶等（物质）不存在，这谁能说清楚。抛出“有也非无也非”（的论调），用一两个近似道理颠倒黑白、胡说八道，还把这说成是找到了见解，显得太过于肤浅了。

因此，具有智慧的人应该知道，在那些了义佛典及其注疏经论——正宗中观典籍中，论证空性之义就是缘起，也是中观派大智的特点。尤其是佛护大师和月称大师把龙树师徒的思想作了系统诠解，其细微之处在于，因缘而起、空无自性的论断令人可信；物质本空，现于因果，这个提法别人无法撼动，应该有这样的思想认识。

其次，利用这个道理如何杜绝上述邪见，龙树大师的主张是，万物本质成立的可能性丝毫不存在，如果本质成立，生死涅槃的一切理论将无所立足。这个理论又不得不用，束缚和解脱等的所有理论被采用，故必须承认（物质）无自性。

你们[3]说：“既然万物本质成立的可能性不存在，那么（世界上）还有什么？否定束缚与解脱，否定生与灭等正义的特点就无需提倡，用否定本质的道理去否定（一切）。”

就（物质）无自性而言，可以赋予束缚与解脱（一说），但又为何不能否定，请三思！如果龙树大师所创立的观点中，束缚与解脱等生死涅槃的一切理论只是术语表述而已[4]，我也认为是术语表述罢了，故没有缺点。这种想法大错特错。

第六节　月称大师的观点

月称大师的观点是，在术语中万物本质成立的可能性不存在，这您也赞同，所以，用否定自性的道理，在术语中也否定本质；用否定自性的道理，也欲否定束缚与解脱。很显然，在术语中也否定束缚与解脱等。

总之，如果认为（物质）无自性、束缚与解脱、生灭等互相矛盾的话，

[1] 分支，瓶颈、瓶腹、瓶底、瓶耳等。
[2] 一异，一，单一，一个；异，不一，数个。
[3] 你们，这里一般指外道。
[4] 术语表述而已，泛泛之谈而已。

那么对于自性空的空，赞同生死涅槃的一切理论，都不会适用于二谛中的任何一个。所以，中观派的惟一特点就被您否定了。

如果认为这些不矛盾，用否定自性的道理，对所破不加任何区别，而想要否定生灭、束脱等，则无任何理由。

因此，用否定自性的道理来否定因果的话，就会认为既然（物质）无自性，也不会有生灭[1]等。

这样的话，经说：

"如果万物都空无，
没有生来没有枯，
至高无上四圣谛，
对你而言成绝路。"

此等说法，在《中论》（第二十四卷）中采用了物说者的辩词。

《回诤论》说：

"因缘和合诸物质，
形形色色无自体，
你所言语空无义，
反对自性白费力。"

显而易见，这个说法与上文引述物说者的辩词没有任何区别。

我们认为，自性空也好，自性不空也罢，都不关乎生灭等，我们不认同自性空还是不空，我们没有不对。

这种说法极不符合正宗经典的大义。

《明显句论释》说："我们不仅没有不赞同生灭等之缺点[2]，而且承认四谛。"在本书的本论中，作了剥啄梳理、甄别论证，指出自性空方面这些被允许，自性不空方面则不被允许。

《入中论》也说：

"物质性空如泡影，

[1] 物质没有自性，是因为它是因缘和合的产物。但既然是物质，它就有生有灭。这句话的实际含义是，世间万物无常。

[2] 实际上赞同（物质）生灭等。

依循因缘留假名，
恰似影像等空无，
认知情形将萌生。

即便万物皆空无，
空性当中物质出。”

另外，若用道理否定束缚与解脱[1]，不需要用真谛来批驳，而应该用世俗谛来批驳。那时，术语中也需要否定生死涅槃的一切理论。这样的中观派以前是从来没有过的。

[1] 束缚与解脱，束缚，轮回的束缚；解脱，从轮回中解脱。

第十九章　物质自性空

第一节　中观派的观点

就前文所述，中观派如何作答呢？（在他们看来）如果（物质）自性空，生死涅槃的因果就无法建立。对于这个争论，龙树大师认为，中观派把反驳对方的缺点却抛向了己方这边，遂作了拨乱反正、正本溯源。

《中论》(第二十四卷)说：

“如同自己骑着马，
忘记自己处在哪，
明明自己有缺点，
不知自己确实傻。

认为物质不假名，
本质成立有自性，
形形色色诸物质，
在你看来无原因。”

“如果物质都空无，
没有生来没有枯，
至高无上四圣谛，
对你而言成绝路。”

所以有人说，既然万物本质成立的可能性不存在，那么（世界上）还有什么？毋庸置疑，这种说法显然没有区分开苗无自性和无苗二者的区别。同样，也没有区分开有苗与苗本质成立二者的区别，认为有便本质有，本质不成立便无。这是显而易见的。

不然的话，用否定本质成立的道理，为何说出否定惟有、惟生和惟灭？这样，什么时候苗等存在，什么时候就有本质成立的说法。如果认为本质成立从来不存在，那就应该说（本质）根本上无。毫无疑问，陷入二边[1]，与物说者的理解方法毫无二致。

《四百论释》明确指出："按照物说者的观点，什么时候物质存在，什么时候其本质（起着作用）。一旦离开自己的本质，那时这个物质从根本上消失不见了。如同驴之角[2]，未超越二论[3]，一切见解难以服众。"

如果弄不清月称大师倡导的本质有无与有无[4]四边关系的话，必然坠入二边，就不懂广大无边的中观义涵。

如果什么时候某个物质本质根本消失，这个物质就会永不存在。那么，对于自性空之空，就根本无法赋予因果，自然陷入断边[5]。

又，只要认为某个物质存在，就得承认本质成立。那么，明知因果无自性，像出现的幻象一般，无所适从，故坠入常边[6]。

所以，只要认识到开天辟地以来万物本质丝毫不成立，就不会坠入有边[7]。诚然，苗等物质不会成为毫无作用的物质，每个物质特定有自己的行为能力，有了这个领悟，就抛弃了无边[8]。

明辨自性无和无[9]的问题，《明显句论》也说："书中说，如果你这样主张万物无自性，那么，为何世尊说自己所作的果报将由自己承担？这句话足以说明一切。蔑视业果，你就会成为无见者[10]的主要代表人物。"

《明显句论》接着说："言归正传，我们不是无见者。我们否定有见者和无见者，我们公开实践无二之道——通向涅槃城之道。我们不说无业、无为、无果等。为什么呢？因为我们主张万物没有自性。

"不赞同（物质）虽无自性，但有功用（一说），这是为何？这种见解缺点明显。这也不是的。因为未发现惟有本质是无所作为的，而发现只有无自性

[1] 二边，要么有要么无，两个极端。
[2] 原文"བོང་བུའི་རྭ"（驴之角），意为根本不存在，因为驴不长角。法尊法师译为"兔角"。
[3] 二论，也就是二边。
[4] 有无，这个"有无"是区别于本质有无的，即物质有还是无。
[5] 断边，否定一切的派别。
[6] 常边，执著地认为一切物质常有不变。
[7] 有边，执著地认为一切物质实际存在、表象存在。
[8] 无边，执著地认为一切物质压根不存在。
[9] 无，这个"无"区别于自性无，即无物质。
[10] 无见者，主张一切"无"观点的人。

是有所作为的。”

物说者说："假如（物质）没有自性，就应该否定自性，意味着排除宿业带来果报。”此说企图用否定自性的道理否定因果，与有这种认识方法的人不谋而合。就“否定因果，就会沦为断见[1]的主要代表人物”一语，中观派与物说者似乎观点一致，但中观派不赞同否定因果。

物说者认为，否定自性就必须否定因果，因而把中观派说成是无见者或断见者。

在藏区，有一大部分自诩为中观派的人认为，用否定自性的这个道理，也可以否定因果。这与物说者的观点相差无几。但是，用道理否定因果，将其作为中观派主张而进行推崇。

针对这个争论的答案是，我们不是无见者，排除有无二边，明确解脱之路。排除有无二边的方法，只是不厌其烦地加以阐明。

对此，我们不主张没有业果等，是因为排除了无见。如果认为业果等无，只会成为无见者，故我不赞同。

那么，（如果有人）要问（你们）到底在说什么？（答案是）我们主张或赞同业果等无自性，这是排除了有见。

“不赞同（物质）虽无自性，但有功用（一说），这种见解缺点明显”的意思应该是，你是不说无的，而说无自性。但此前所列的缺点——没有自性，就没有因果，还不能扬弃。物说者对此争论不休。在他们的观点中，无自性与无没有区别，对此要死咬不放。

（我们）对此的回答是，因缘创造果实等功用不应有自性，只有无自性才配得上因果。

《四百论释》也说:“我不是主张物质不存在（无见）者,而是主张因缘和合。咋了？难道你是物说者吗？不是的。是因为主张缘起性空。你到底在说什么呢？是在说缘起。

“那么，缘起的意思是什么呢？就是无自性，也就是自性不生，就像幻象、阳焰、影像、寻香城、虚幻、梦境一样，发生自性果、空性和无我之义。”

这就是说，承认缘起，就排除物质有无二边之说。

之所以把缘起之义解释为自性不生，这是排除了物质有见。出现幻象一样的结果，被解释为缘起，是排除了物质无见。

因此，物质有自性和功用两种特性。物质有见中的物质，是自性成立；物质无见中的物质，是有功用的物质。当排除了这二见，就否定了自性（不承认自性成立），如有幻象一样的因果。

[1] 断见，否定前生、后世、因果报应的派别。

另外，《四百论释》又说："那么，对过去客观事物的回忆有还是无？这是谁说的呢？我们不是缘起性空的背叛者。怎样存在，怎样认知。龙树大师说：'如果回忆出错误，理解义涵必颠倒。'

"因此，回忆的对象是已经远去的物质。如果本质存在，那么其回忆也就是为着真实存在之义；如果本质成立，过去的那个自性不在的物质，为着它的回忆也应该没有自性，所以'颠倒'说法才成立。

"所谓'颠倒'，是指没有自性、缘起、非其他义。也就是说，无物质之义，不是颠倒黑白。过去的物质，并非严格意义上的无，因为它可以成为回忆的对象，其结果也可以被发现。

"（物质）自己本质也不成立，万物无常，无法触及。因为这些过去的物质既不是从来没有，也非自己本质成立。颠倒或虚假之义，是缘起性空的意思，不是没有物质的意思。"

如果认为万物本质成立，就会沦为物说者或有边。主张惟有者，就不是物说者或有见者了。

同样，如果认为内外物质失去功用而空空如也，就会滑向无见或无边；主张物质没有自性，并非坠入无边。

当否定从来没有、没有自性、自性成立、不辨惟有之差别而陷入有无之边（问题）时，我们不主张无，而说不存在。

"不说有，而说非无。"有人支持这个说法的（正确性），其实矛盾重重，丝毫不懂中观之大义。批驳他人之时，经甄别自性有无后，才可否定。在对有无下断语之时，按照自己的承诺，对有无得出结论：二者既非有也非无。

无论任何一个事体，都要考证它是否存在自性，都要为这二者下断语。如有另外的折中路线，就不应考证哪个有自性哪个无自性。如同有了颜色，偏问是蓝色还是黄色。

第二节　决定有无自性

要确定是否有无自性，一般要有赖确定是否有无所知。例如，要确定真谛有一体与异体，一般要有赖确定一体与异体一样。这样下断语的话，要排除折中路线。所以，认为既非有也非无的观点，是胡言乱语。

《回诤论》说：

"没有自性如改变，

本质成立属自然[1]。”

此外，这种观点使任何一种物质排除中间路线，这个定数（事实）无法造作，而成为惟一疑惑的，有无等的一[2]被完全否认，而另外一个则不能完全否认。

如果认为是非等若干（问题）没有折中路线，那么有无也一模一样。

对于类似这样的，在中观典籍中说“非有非无”，人们对这个论断产生误解。如果这样认为的话，就不该说有或者无，也不该说非有非无，四项判断中如是说。

所以，《中论》说：

“说有心中执常念，
口说非有执断见，
对于有无二现象，
智者观点不可偏。”

这不仅仅说的是有无，承认万物自性成立，明确规定为常断[3]之见。

《明显句论》认为，前书中主张有无的，实际上是物质有无之见。在其后面说道：“为何存在有物之见和无物之见，也就是常见和断见？

经说：

‘如果一物自性成，
应该非无而常存，
过去事物今不在，
自然沦为断见人。’

“这是说，如果某个事物自性成立，说明自性不可逆转。所以，（物质）不是永远没有的。然则，一旦承认自性存在，就成为常见。承认以前暂处之物质具有自性，而现在却踪迹全无。所以，承认（物质）无，便成为断见。”

这是说，对于承认（物质）有自性者，被称为常见；认为以前的物质自性消逝不见，只能说是似无，不能说是惟有和惟无。

《佛护论》明确指出：“把说有或者说无的人，称为常断见者。它们哪个

[1] 如果物质没有自性的观点得以改变，那么物质本质成立就自然而然了。
[2] 一，这里的“一”是指有无之一。
[3] 常断，常边和断边。执著实有的常见和执著绝无的断见。

是自性有（成立）等，据此划分偏向常断之见。”

总之，有人说没有自性的空性，并非真正的空性，若否定它，将意味着抛弃波罗蜜多——犯毁法之罪而滑向恶趣。虽然相信（物质）没有自性，但又认为没有自性的话，那还有什么呢？遂承认万物从来不存在，而堕入断见之深渊。

经说：

“若把空性认知错，
低能人儿自受挫。”

这句话，《明显句论》解释道：若如一时认为万物空无——一切都不存在，那时就变成邪见了。

“经说：

‘若对万物持邪见，
懵懂人等将完蛋，
始终坚持从无见，
陷入不净大泥潭。’

“假使不愿谤毁万物的存在，一时认识了物质的规律，但都成为空性。因此，（物质）没有自性之义，不是空性的意思。这种看法必定抛弃空性，抛弃之后万物空无，犯有此罪的人必定滑向恶趣。

“《宝鬘论》说：

‘背道而驰持异议，
无知愚人装大智，
存心毁法此等人，
无间狱中头着地[1]。’”

如果我们先前承认万物（存在），后来又认为万物不存，成为无见者，但我们从一开始就认为物质（真实意义上的）不存在，为何成为断见者？对于“过去事物今不存，自然沦为断见人”这样的说法才称为断见。

《明显句论》也说：“瑜伽师，世俗谛仅仅肇始于无知愚昧，了解物质无自性，

[1] 头着地，头顶着地倒行在无间狱中。

了解其空性为真谛性质,才不致坠入二边。如果某物现在消失了,那还有什么?故以前未考虑物质存在,以后也不会怀疑无。”如果这样认为的话,那就没有道理了。

如果从前对断见者所断的物质,需要得到承认的话,过去的顺世派也承认今生后世和业果报应等,后来也没有说过这些不存在的话。因为他们一开始就不认为这些有,故肯定不是断见者。

所以,“过去事物今不存,自然沦为断见人”,是指主张物质自性成立的物说者,无疑成为常断见之义。认为这个自性什么时候也不变,便成为常见;认为以前存在,后来坏灭,便成为断见。

因此,主张前期存在的自性后期坏灭,当指出没有这样的断见之时,就应该丝毫不承认物质本质成立的自性存在,这只能作为理由,而不扬弃所有断见。

与认为无业果的断见者有所不同的,《明显句论》充分说过:这样,断见者不相信业果与后世,而中观派则主张一切无自性。他们的宗旨有所差别。

中观派认为,业果等属于因缘和合,因而无自性。无见者则认为,业果等不是因缘和合,因而不将此视为原因。他们没有看到现在的人们从前世来到今世,又从今世前往后世。把这个原因视而不见,所以就说一切无。

原因有很大区别,《明显句论》说:“这里,有人说中观派与无见者没有区别。原因在于,(中观派)主张善业、恶业、当事人、结果、花花世界都自性空无。无见者则说这些都不存在,故(有些人)认为中观派与无见者没有区别,进而攻讦不止。

“不是这样的。中观派主张缘起性空,正因为缘起,今世与他世等都没有自性。无见者则没有认识到由于缘起之故,自性空反映出他世等物质世界不复存在。那么该咋说呢?由于执著这个物质世界的内涵,没有看到人们从他世来到今世,又从今世前往他世,便以对待这个物质世界的态度,诋毁其他类似物质世界。”

尽管中观派与断见者的论点论据迥然不同,但在业果与前后世没有自性的认识上如出一辙。要说二者在无自性的看法上完全一致,这也未必。断见者认为,无自性是从来没有的意思,不承认二谛中的任何一种。

中观派承认在世俗中业果等存在。《明显句论》说:“即便如此,他们把物质没有自性寻思为无。如果认为暂且在这个观点上相同的话,那不见得。中观派承认世俗中有,而他们则不承认,故不相同。”

又有人认为,中观派也不承认在世俗中的业果等,这与顺世派的观点相同。这里,龙树大师认同与断见者不同的理由,而未说我无……他们认为无,而我们这样不说无。不说“认为无”,说无自性。为佐证原因,赋予缘起,强调这些理论适用于世俗。

如果（我们）赞同业果等本质是不成立的，断见者也认为自性不存在。既然认为这些没有自性，想必从无自性的方面与中观派观点相同，这个同样也相差悬殊。

例如，一个人在不知道盗贼具体作案的情况下，随便谎称偷东西的就是他（也是真正的贼）。而另一个人则目睹了那个贼人作案的过程，便指认那贼。这二人共同指认那贼，贼也真正偷了东西，但这里其中一个说谎，另一个则说了实情。这是不相同的。

《明显句论》说："一方说物质相同，另一方说物质（本质）不成立。即便这样，因言者三教九流，故（物质）不尽相同。例如，一个人实际上并未看见贼人偷东西的过程，但因与其有矛盾，便诬陷他偷了东西。而另一个人则亲眼所见，便进行揭露。

"物质并非有差异，但言者千差万别，所以对一方说他说了谎，对另一方说他讲了实话。究其一方，将成为恶名和罪过；究其另一方，则正好相反。

"这里，按照物质本身的真实性，去掌握和推演它的学科。而无见者则不然，他不能按照物质本身的真实性，在学科、共识和言论方面（与中观派）截然不同。"

藉此，有人理解无自性时，却理解成用道理否定业果等，在自己的观点中不能确立因果（学说），相信世间假相，滑向世俗派。但却硬说是正确无误地获得空慧之见，这个说法被人揭露得体无完肤。

因此，空性自有功用，未成空空，而无自性[1]。但需要赋予因果之缘起。《四百论释》说：

"朗朗乾坤任何事，
凭借缘起生来之，
生生灭灭无去处，
关键问题自性失。"

假如（你问）物质没有自性的话，那究竟有什么呢？下面（回答）之。

"以烦恼和证涅槃为基础的物质源自因缘和合"一语，是对上述"物质没有自性的话，那究竟有什么"的明确答复。

佛护大师对存在与本质成立的区别作了明确划分并作出回答。

---

[1] 这句话的意思是，物质虽然缘起性空，但在消亡之前，物质各有各的作用，并非一味的空，但终究是无自性的。

《中论》（第二十卷）的注释中说："答曰：如果没有时间、没有因、没有果、没有聚，那还有什么呢？因此，这是对无见者而言的。（无见者）此言差矣，无论你怎样寻思时间等存在本质，只能换来同样的反对声音。像物说者所说的，物质是假名而立。这只是说反对（物质）自性成立，而加以否定。假名而立一说，指出了缘起的存在。"

这样，正确区分自性有无与有无四个问题，可阻止无数邪见。对于否定自性存在的道理，不会误解为否定惟有。对于物说者大智，中观派作出的答复主要从这四个问题出发，故略表如上。

第三节 无法攻破的理由

其次，为了做到能使发难者无所攻破（自己的理论），有四个问题需要解决：一是用道理研究（其说法）是否站得住脚，从而否定（其说法），最后做到他人无法攻破（自己的理论）；二是研究（其说法）是否真实可靠，从而否定（其说法），做到他人无法攻破（自己的理论）；三是研究是否为四项判断中的生，从而否定（其说法），做到他人无法攻破（自己的理论）；四是否定物质有无等四项判断，使之不成为发难者的口实。

首先，色[1]等这些物质具有原因，它们到底有还是无，生还是灭，要进行正确的分析。对此，叫作分析真实道理和分析究竟道理。用这个道理去分析色等（物质）之生，我们是持反对态度的，因为没有趋于真实的缺点。如果这些无法用道理进行分析，那怎能赞成道理破灭的意义存在？这是用道理无法分析的，用道理无法发难的。（人们）对这两个问题误认为是一个意思。

许多人也这样说："虽用研究真实的道理可以否定，但生等存在。"实为胡说八道，故我等不能苟同。所谓用道理是否可以研究，是指用研究真实的道理是否可以找到（答案）。

《四百论释》说："我们之所以潜心研究，是为了努力探寻自性。"

这是说，探寻色等是否存在生灭等的自性。进一步说，只是探寻色等是否存在本质成立的生灭，而不是用这个道理探寻惟一生灭。

因此，对这个道理叫作研究真实，也就是研究真实生灭等是否成立。用这样的道理进行研究或探寻，丝毫也找不到生等（答案），对此叫作不可研究。可是，并非用这个道理无法探寻而难以否定。如果（生等）存在的话，用这个

---

[1] 色，这里指的不是颜色，而是形形色色、林林总总的物质。在我们的眼中，这些物质只不过像花花绿绿的颜色一样，随时褪色，进而消失。

道理可以印证；如果不成立（不存在）的话，则会受到否定。

作为色等的生灭，也只能用术语者的学识去界定。即便色等的生灭存在，但用道理知识无法佐证。既然无法佐证，怎能否定他论？例如，眼识虽不能听清声音，但不能否定眼。

假如生灭等本质成立，或真实成立，须用此道理获得（答案）。这是因为利用这个道理，色等是否存在本质成立的生灭，要如实进行研究的缘故。

经过这样的研究，还是无法获得生等（答案），本质成立或真实成立的生灭等将被否定。因为本质成立的话，须用此理获得生等（答案），而问题是不能获得。譬如，东面方向有一只瓶，抱有必获信心的寻找者到东面方向去寻找，但劳而无果。于是，他否定东面方向有瓶，但仅仅有瓶怎样使他做到否定。

同样，如果存在本质成立的生，当用中观派的道理进行探寻，生是找不到的，这使自性或本质成立的生得以否定，惟生怎样否定？

《四百论释》明确指出："因此，这样用道理充分研究之时，器官、境和识都无本质，故本质不成立。如果以为这些本质成立，用认同的观点充分研究之时，（假设有一个）非常清晰的（物质）本质存在成为所缘的话，那所缘什么也不是。所以才叫作自性空，所言极是。"

即便存在色、声等世俗性的东西，但用研究真实或研究自性有无的道理来判断的话，永远不能印证自性存在，故它们经不起道理推敲。这个道理龙树大师反复说过。通过道理分析，这个道理找不到（自性存在的）答案，这意味着这些世俗的东西就要灭亡。这就表明对于树立世俗观念，显得茫然无措。（龙树大师）这样多次强调过。

如果利用研究自性是否存在的道理，就能够否定这些（自性存在的说法），那么色、受[1]等这些世俗性的东西就非常需要道理分析[2]。有关言论在龙树大师的论著中被全面否定。所以，用分析自性是否存在的道理，找不到所需要的关键义涵，把这个意思视为道理发难的意思[3]，远远游离于中观范畴之外。

同样，通过神圣入定，也看不到色等之生灭，怎能看到（知道）生灭等没有？只是利用分析自性有无的道理印证不了生等（问题而已），而不是衡量生灭等不存在。

因此，没有区分用道理不可分析与道理发难（的关系）；没有区分用神圣入定的智慧看不见生灭与看见无生灭（的关系）；没有区分用分析自性有无的道理知识找不到生灭与找到无生灭（的关系），而把这些当作一回事，混为一谈。

[1] 受：感觉，感受。
[2] 实际上经不起道理分析。
[3] 以为用道理发难，给对方制造了难以答复的麻烦。

不仅现在的人如此，就像以前的有些学者也出现过类似错误。请具有智慧的学者们缜密分析，以便理顺它们的关系。

这样，我不认为术语之识就比真实内境[1]的量识力量大（说服力大），不认为术语之识能对真实内境的量识带来麻烦。

但是，利用分析真实的道理，去研究术语者的色、受等，却找不到答案，认为已被这些道理否定。但是，它不仅不能否定对方，而且否定者自己反被俗世流行的量识所为难（反遭其累）。

《入中论》说：

“若想不被世所伤，
观察尘世破除光，
劝君与世作斗争，
今后我拜具力量。”

在其注释中说：“我们为了抗争世俗，遇到了异常艰难困苦。请你消除世俗观念！如果尘世对你不伤害的话，我也可以为你助力。所以说‘尘世可能伤害你’。”

所谓“我们为了抗争世俗，遇到了异常艰难困苦”，是指为了改变眼识等内境[2]错误和色等外境[3]错觉，为此而努力修炼善道。不要认为这些是道理所破[4]，而是作为熟悉道路的所破。

所谓“请你消除世俗观念”等语，是指只要中观派否定依他实有[5]，我也用道理驳斥你的世俗观。对于这种附会，就像我能够否定依他自性一样，你能用道理否定世俗观，“我也可以为你助力”。鉴于此，如用道理可以否定，那我为了破除这个，无需为修道吃苦。既然说“认同”了，就不能用道理否定世俗。

所谓“它不仅不能否定对方，而且否定者自己反被俗世流行的量识所为难”。对于这样的近似道理，就可用术语者之识制造麻烦，故认为说服力较强。

物说者也通过道理研究，欲否定客观外境等世俗之事，但用此道理找不到（答案），不能否定之。

有人说，色等（物质）在术语上不能否定，是说牛倌等普通凡人不能否定色等物质世界。对于用研究真实的道理来否定之说，是完全不能同意的。对

[1] 真实内境，意识形态领域。
[2] 内境，意识形态领域。
[3] 外境，客观外境、客观事物。
[4] 道理所破，道理所要破除的对象。
[5] 依他实有，凭借其他因缘存在的物质。

疑惑者而言，用研究真实的道理是否否定存有疑虑，对不能否定宗教未能改变思想面貌，则不持异议。

若用研究真实的道理加以否定，这个所破须用术语表述。用研究真实的道理不能否定一切生，这被月称大师说得一清二楚。

《四百论释》明确指出："如果通过精心研究否定一切种类的生，以为是在说万物无生，这时不会成为像魔术一样的虚幻。用石女之子等（例子）进行深入考察的话，担心会陷入否认缘起性空的境地。故不能与之为伍，如虚幻一样，不违背缘起（之理）。"

所谓"精心研究"，是指研究真实的道理。

所谓"否定一切种类的生"，对所破未设区别，而否定所有的生。

所谓"石女"等的意思是，如果否定一切生的话，就像石女之子和兔子之角一样，所有(物质的)功用成为虚幻，空无一物。因此，恐怕就会产生没有缘起之错念，与一切失去功能的（物质，如）石女之子等无生不同，而与虚幻等相似，真谛与自性否认生。

《四百论释》又说:"如果眼等不可能有,那为何论述眼等器官的果报本质?为何我们否定它们的果报本质？如果能够否认眼等，又为何未否认？我们的精心研究，是为了积极探寻自性。这里，我们能够否定物质自性成立，但不否定眼等功能和缘起宿业的果报。因其存在之故，言其有果报，意为眼等存在。清楚讲明用道理否定某些，不否定某些。"

如此甄别也只是阐明一处，没有阐明的也大致相同，故一定要论述。

因此,从自身寻找,存在于外境之上的自性,用道理加以否定。不否定惟有，是说为道理努力探寻自性。道理，是为了探寻自性是否存在，用道理否定的也就否定了自性，就是这个意思，这两个要善加分辨。

中观派不仅不否定这样的业果，而且还承认这点。在其教言的附注中说："把学者对世事如何评说的精辟研究，未与发现真谛顺势而为，而承认诸业之果报难以计数。如同幻化生幻化，承认所有世人。"

这样，自己建立起有关二谛的论述大义，用这样的理论决定，来发难世俗论，那二谛的理论就会自相矛盾，怎能称得上论述二谛的卓越学者？如果这两个理论丝毫没有矛盾的话，用决定真实的道理去揭露世俗论就有矛盾了。

《明显句论》说："你对真谛和世俗谛一窍不通，对这二谛强行加入自己观点的，成为不伦不类的东西，就是存心消灭二谛。

"我精通世俗谛理论，站在世俗角度，为消除世俗方面的观点，而建立的其他观点，用另一个观点来加以破除。不像世间老人，只有你违背世间法理而受到惩戒，而不是世俗本身受到惩戒。这只是否定有违世俗派别的人，而不是否定世俗本身。”

这是说，建立观察真实的研究理论，要印证世俗灭亡，需要二谛的理论支持，对此显得一无所知。用道理否定世俗的色等（物质世界），从来不是龙树大师的主张。

总之，不仅中观派，连奉行二谛理论的古印度宗教人士的宗旨中，其他人找到了他们有关二谛论述存在的矛盾。但是，他们拿着自己所论述的二谛的真实道理，去揭露世俗道理的，连一个人也没有。这是我们所认为的。

其次，考察是否真实成立，欲否认而不能破灭。承认色等（物质世界），说明不是不认同真实成立，而是真实（本身）成立。那么，“世界永远不真实”作何理解呢？这只是否认凡人的眼等识不是真实，不否认一切客观外境的真实性。

《入中论释》说：“这样，想起真实一事，只有圣者是标准的，并非不是圣者。为何愿意讲述世间的危害，是因为对于深入研究真实而言，要承认世间的见闻也是真实，仅此而已。

“经说：

‘试问世间是真实，
所有圣人不用释[1]，
圣者大道有何用，
愚人标准非知识。’”

在其后释中说：“为了用眼等确定真实，为了掌握圣者大道，把精力集中在戒律、听闻、思考、修炼等方面，让它们变成无果而终，那也不是所期望的。

“所以说：

‘世界永远非真实，
真实反映无害世[2]。’”

《六十正理论释》也说：“把这些观察为存在（真实），并非发现了真谛。”所言极是。

为了（证明）真谛，曾引用世尊说过的“眼睛鼻耳非真实”等语，表明否定特殊的客观外境为真实，而不否认一般外境，这是显而易见的。

如不这样，将会造成互不关联。一些眼识等（物质）为术语者所认可，

[1] 如果世界是真实的，那么用不着圣人去发现它、诠释它。
[2] 既然真实的世界不存在，也就无所谓有害了。

如果它讲的内容色、声等为真实，那为了观察真实，探寻圣道则毫无必要。如果这样说的话，那就等于眼识能知色，而耳朵闻声则无任何作用。为了观察色、声等（物质），说探寻圣道毫无意义，完全认同，不认同又能如何？

那么，《四百论释》说："任何带给根识[1]的，纯粹是捏造不实的。把其他的东西推演为真实，完全是风马牛不相及。（如果把）无伪之识，在世间中观察为真实的话，那世尊把识也列为造作之物，故具有欺骗性和虚幻性。"

只要是虚假和虚幻的，都具有欺诈性。因为异样物质，异样表现。

把这样的情形观察为真实是不符合道理的，因为一切识也会成为真实。本来，眼等识不是真实早有定论，那又如何理解呢？这与"眼睛鼻耳非真实"等说法不一样，存有很大疑点，欲详细分解。

这样，否认眼识等为现实和真实，也就是否定推理者的主张。若先说其观点的话，《四百论释》说："推理派完全不熟悉世间的事，就像小孩子一样，需要从头学习。为了表明这个（意思），问：'你的现实指的是什么？'并准备反驳。

"答：'识为现实。'问：'识是什么样子？'答：'远离虚妄。'问：'虚妄是什么？'答：'内容包括名义与种类，尤见捏造，思想乖张。远离这些之后，五根识投入无可名状的外境景象，故用鲜明之语表述。'"

这是说，把远离虚妄和正确之识理解为真实。

第四节　什么是正确

所谓正确，是说根据外境本身的特征如何而作出判断，用现实的五根识衡量自己的特点，色、声等本身特征也是探讨五根识的对象，认为它们能够成为真实，也是这五根识自己的本质。

如同以下将要讲到的。龙树大师主张，所谓本质成立或自性成立，在术语中也是难以立足的，故哪能把这些根识的性质说成真实。因此，这里否定这些是真实，是否定把这些当成五境[2]的性质为真实。否定的论点是根据世尊所说的根识为虚假这一哲理。

说欺诈之时，否定无欺，即否定真实，因为无欺是真实的反映。那么，欺骗性表现在哪里呢？这就是所谓"异样物质，异样表现"。在根识中，色、声等五境自性不成立，却表现出各种景象来，所以说这些景象不是真实。

[1] 根识，十八阿赖耶识之一。
[2] 五境，色、声、香、味、触。

总之，在这些根识中，五境本质不是真实，因为迷惑于五境本质的假象，故具有欺骗性。五境本性空，却表现出表象。例如，出现两个月亮的幻觉。

在物说者看来，既然色、声等（物质）没有自性，本自性空，那么它们所发挥的一切功用化为乌有；五境本质不成为现实真谛的话，那五境很难成为真实。

龙树大师指出，自性或本质成立的话，可以成为真谛，故树立客观真实成立的真实，自性需要真实。但客观外境是虚假的，在树立其为真实中，自性无需真实。

《四百论释》说："用凡人之见消除真实观察，并不是道理。这是因为除了单纯凡世之外才有真实，其所追求之义是为了成就虚假和欺骗性。"

所以，否定自性为真实。既然无需否认惟一真实，那么一般而言，术语者之识为真实也不必否定。不然的话，就要把无欺之识在世俗中被视为真实，这是没有道理的。因为凡是一切术语者之识为真实，早已被否定了的。

《明显句论》说："因此，如是在四量[1]中，主张领悟世俗之义，与现量、比量、圣言量和譬喻量的论述相矛盾。否定量与所量本质成立，但不否定量与所量相对依赖的因缘。"又说："它们也会相互依赖而形成，如果有量，就会成为所量之事；如果有所量之事，就会有量。但量与所量二者本质不成立。"

如果没有模糊等内外错乱因素所污染之害，受到无明的污染，根识等明明无自性，却以为有自性，执著外境，这个误解对于真正的术语派不构成威胁。

《入中论》说：

"观察虚假有两种，
根器敏锐与愚钝，
残障人士心中识，
诅咒善根成恶棍。

健康无病六种识，
所有源自世故知，
了解世俗真谛余，
厌离人间理论饬[2]。"

结合术语者之识与外境术语者之识，来确立颠倒与不颠倒（之识）。

[1] 四量，现量、比量、圣言量、譬喻量。
[2] 理论饬，整饬理论之义。

影响根器的内在因。《入中论释》说："翳病、黄疸病、吃达都罗[1]等伤及内脏，成为致病的内部因素。"

影响根器的外在因。《入中论释》说："芝麻油、水、镜、岩石，以及说话的声音、日光、特殊的天时与地理发生变化等，对身体造成影响的因素在外部。这些影响身体的外部因素，往往成为产生错觉的根源，如错把影像（误认为……）、错把空谷回响（误听为……）、错把阳焰误认为水等。同样，那些魔术师专门制作的咒符与药丸等，也是可知的。这些扰乱心思的因素，歪理邪说的宗教，都是近似比量。"

这说明反动宗教与近似理由是扰乱意识的根源。梦幻等扰乱意识的根源也是睡眠等。

如同以下将要讲到的，虽然无明感受之所在术语中不存在，但无明所惑之害这里不作为伤害之源。

如果五根识的错觉没受其他影响，不将它们误认为是术语（之事），它们反映的表象应该在术语中有所存在。这也不是龙树大师倡导的。

所以，就要认为是错误的。鉴此，把这些识确立为色、声等术语的真实是不能认同的。要说把色等误认为是术语，欲详述之。对此，清辨论师认为，色等在术语中作为自性成立的本质是存在的。而在唯识派[2]的遍计所执[3]中，自性成立的本质不存在，当否定本质不成立时，对遍计所执进行能立假名和已立假名的研究，以为本质、特别是假名音标和思想在术语中自性的本质不存在。鉴此，当准备诋毁依他物质[4]而予以否定时，显然主张依他在术语中自性成立的本质存在[5]。

在《般若灯论》（第二十五品）中说："这里如果讨论一下'色'一词，要说心中所说与口头所说的所有遍计本质不存在，是在诋毁物质。"

在其释文中说："《观禁大疏》（སྤྱན་རས་གཟིགས་བརྟུལ་ཞུགས། spayan rs gzigs brtaul zhugs）说：'瑜伽师们认为，遍计所执的本质，是因性相无本质而无本质。'"

上文中就"色"一词而言，任何本质，特别是虚妄的心中所言、口头所言假名术语的本质，因性相无本质而无本质，指出不应该世俗中对依他物质作诋毁[6]。认为声、思想所反映的依他在术语中性相无本质，便确定为诋毁（物质）。

---

[1] 达都罗，一种食物。
[2] 唯识派，是无著大师倡导的一个派别，主张用理论驳斥客观外境的存在，赞成心识实有（真谛）。分为实相派和假相派。似乎是唯心论者。
[3] 遍计所执，假名而有，主观臆造。用虚妄心识，来片面认识人类社会和物质世界，从而虚构我、我所有，以及术语等。
[4] 依他物质，实际上是因缘和合，一个物质的形成，必然要依靠另一个物质的帮助。
[5] 意思是在术语中物质是存在的。
[6] 诋毁，这里按轻视、否认来理解。

这里，性相无本质的性相，是指自相或自性。唯识派则说没有这种事，认为是遍计所执，依他中其性相存在，即自性存在。但认为生自其他，没有自生的本质，所以说无本质。

《解深密经》也持此见，主张万物无自性是其主旨。莲花戒大师指出，这部经[1]宣示三无性的思想，深入阐述中观道远离二边，建立了惟一了义理论。依他实际上虚构本质，为遍计所执，故本质是不存在的，在术语中有自相，消除了诋毁，阐扬了中观之义。龙树大师也主张术语中有自相（物质本质）。

《入中论释》说："例如，把蛇比作绳子，也就是遍计所执，似乎跟真蛇完全一样。自性又是缘起造作的，其依他为遍计所执[2]。"

在成佛的目标中，圆满建立三性论述，对它了解之后，欲讲述经藏内涵。

经说：

"经非真实讲寓意，
悟不了义引申义[3]。"

这引自其注释。

很显然，把《解深密经》的三性归为不了义。提倡自己的遍计所执中，依他有自性[4]，而不赞成依他术语中自性成立的本质存在。

唯识派认为，除了遍计所执，不认同依他与圆成二者性相无本质，认为二者有本质成立的性相或自性，看来主要依据的是《解深密经》。因此，认为这二者真实成立。

佛护大师与月称大师二人均认为，如果有自性成立的本质，那真实自然成立。而清辨论师等人则认为，仅凭这点真实是不能成立的。

[1] 指《解深密经》。
[2] 依他为遍计所执，造作的物质为虚假不实。
[3] 这两句偈句的意思应该是，经典也不是真实的，因为它是人撰写的，原来是不存在的；领悟不了义的部分，来引经据典。
[4] 依他有自性，认为造作有自性。

第二十章 根 识

第一节 什么是术语之识

唯识派认为，每个极微尘埃不是根识之目标[1]，因为它用肉眼是看不见的。即使数个极微尘埃聚集起来，也不是根识之目标，因为它实际上不存在。就像出现两个月亮一样[2]。就这个问题，《分别炽燃论》回答道："证修未聚集的惟极微尘埃不是根识之境（目标），才叫作证修成立。"

在随后的回答中又说，如果一种极微尘埃集中并堆积一起，它也不是因，因为它一开始并不存在。就算这样的理由主张成立的话，那在其他方面的理由则不成立。为什么？是这样的，同一种极微尘埃的物质（形成），曾经得到其他极微尘埃的帮助，给予了推动作用，才成为物质本质的一部分，使人产生极微尘埃体积堆集的思想感觉。我们认为，从一种极微尘埃的聚集中，才形成了瓶等物质，如同元子一样。

为何极微尘埃又是八物聚集的本体，像充分认为其实有[3]一般，本体聚集的瓶等也是实有，只是本质不成立罢了。从极微尘埃聚集的个体，产生根识之因，又将其视为实有，视为微尘之极致，视为不定微尘为所缘缘[4]。

因此，确立了不被以前所说的内外根识的错觉所惑乱玷污；确立了术语中与经部派相同的所缘缘。

《入中论释》指出，有人说经部派的理论是阐明真谛的，他们认为中观派是世俗观点。这种言论，是完全不了解真实的中观派论典，仅此而已。这个应予知晓。

[1] 不是根识所能解决的事。
[2] 因为两个月亮不存在。
[3] 实有，存在的物质。
[4] 所缘缘，物质的外因。

有部派认为，只要是讲真实的，就是中观派的世俗观点。这种想法，是纯粹不了解论典的真实。是这样的，超越世俗的诸物质，不可与世俗法同日而语。因为，此物质非同寻常，各位学者应该了解。这些学派的宗旨不同凡响，确立了假名的意识和不定外境等，在术语中也不会出现。

《四百论释》也说："像有部派一样，自己不应该承认物质的极微尘埃，遂不承认不定微尘。"

两个派别认同真实，而中观派不认同世俗，只是都指向不定等物质，不是说这两个派别所说的真实，没有被中观派认同为世俗。因为他们认为色、声等为真实，而中观派则认同为世俗。

《四百论释》说："从根器的极微尘埃聚集的每一个时刻，到否定根识之因的观点，根器也不是极微尘埃，不是真实，更不是由其他形成的。故它是假名而立，是灵魂之基础。同样，外境也是依因假名的假有根识之对象。"

主张诸识为现实说假部，外境为现实性相。龙树大师与清辨论师在认识外境上虽有相同之处，但在根器与外境的认识方法上有所不同。

以前，在否定根识自相为真实之时，说过"异样的物质，异样的表现"，故在根识中色、声等自相成立，近似存在的自相在术语中不存在。龙树大师主张，在术语中这些是错误的。

然而，在术语中，根识确立色、声等外境为真实，对此不持异议。因为导致其错误的原因，是近似自相显得空洞无义。它们只能靠研究自性有无的道理知识（去印证）才能成立，而靠术语的标准（去衡量）根本不能成立。依赖术语之识不是错误。

两个月亮与影像等是近似识[1]。近似有的意思，如两个月亮与两个面孔等是不存在的。用术语的标准能绝对修证道理知识。（这边）赞同这些与前者中有正确世俗与颠倒世俗的区别。

如果根据道理知识与术语标准产生错误，有这样的认识区别，像不存在两个面孔等一样，出现自相没有意义。像存在自性空的色等一样，面孔等空性的影像等也存在。

因此，这些依据术语者的一般认识，认为没有是否颠倒的差别。那么，自性成立的本质与似有面孔两个意思，在术语中似乎没有，色等与影像等两个意思，在术语中似乎有。

《入中论释》说："因缘而起的影像与空谷回响等完全是假有，但对于无明者则似乎真有。蓝等色、心、受等些许反映真实，但对于无明者来说自性则完全不存在。"

[1] 近似识，不真实的认识。

这是说，把蓝色等视为世俗谛，把影像等承认为世俗谛。要说对这两个区别表示不认同，则如何回答？

这二者虽然在术语之识中存在，但影像等则用凡人之识错误理解[1]，不算为凡人的世俗谛。蓝色等虽然假有，但用凡人之识不会认识到它是假有。要想建立凡人的世俗谛，依靠术语之识，把这两个外境分为真与假。同样，依靠术语之识，把内境（意识）也划分为颠倒与非颠倒。

如果基于术语之识，不是颠倒的话，那么在术语中是错误矛盾的。这样认为的话，到底基于术语中错误地方的术语与识中的哪一个，建立非颠倒的术语之识。如果术语与识为一回事的话，那是矛盾的。但是，这两个术语各不相同，岂能构成矛盾。

这样，用道理否定色等本质成立的自性，实际上不可行，应该用术语来界定。在这样的术语之识中，根识容易发生错误。除此而外，一般术语之识中则不发生错误，所以不矛盾。例如，在世人的术语中，有些人有，有些人无。“有些”一词虽然一样，但有的一些人和无的一些人二者不能作为一个概念。

所谓“没有错误”，是基于世人的一般识而说的。中观派则不认为无错，认为世俗之业为真谛。所以，中观派认为这些是错误的。但是与主张假有外境不矛盾。欲主张真实外境，内境将会发生错误，故事与愿违。

在术语中，认为万物如虚幻一般，所以在术语中是假有，但与主张世俗谛并不矛盾。

“无明性障致世俗[2]”一语表明，在无明世俗本质中，真谛与万物本质成立，这是被否定的。因为其主张的世俗本质是虚假的，二者并不矛盾。

“世俗中的虚假，不是世俗谛。”这个说法是指只能用术语之标准理解为虚假，不应理解为术语中是虚假的。

在术语中，中观派自己建立了许多有关生死涅槃的论述。物说者认为自己的观点与众不同，认为假有之义在术语中是存在的。这些否定措施非常困难，因为正确无误地领悟二谛论述的人凤毛麟角。

如果想要否定物说者认为世俗中存在的观点，须用道理分析破除。自己承认世俗中有生灭等，而寻思者承认与否，这要看是否有理由。

以基于尊重道理的想法，用道理分析之时，有自己承认的世俗派、物说者承认的遍计所执。用道理贬损这二者的话，就会出现损则全损，不损则全不损（的结果）。

如果认为自在天与主尊等在术语中不存在，那么需要承认色等也不存在；

[1] 凡人认为影像等真实存在。
[2] 无明性障致世俗，性，自性，性质；障，障蔽，障盖。受到无明性质的障蔽而致世俗浑浊不堪。

如果这些在术语中存在，那么需要承认自在天等也存在。应该看到这两个有相似之处。面对任何物质，万万不可利用自己的观点去认识或承认这个是或者不是。（有人）自以为找到了中观派的真谛，把与此观点遥相呼应的、主张空无所有的，当作修证正理的人，这样的人很多。

凡此种种，不能作为智者赖以欣慰的语言。如前所说，如果不认识道理所破，就会用否定自性的道理破除所有术语论述。如果对正见与邪见产生错误，就会出现对则全对，错则全错（的结果）。这是莫大的邪见。

因此，即便对此熟练已久，但是丝毫不能接近正见，而且渐行渐远。（为什么呢？）因为与生死涅槃的一切因缘论述对自己不可或缺的因缘之道非常矛盾。

《入中论》说：

“无知梦魇困外道，
依据本体立假教，
虚幻阳焰信为真，
广袤乾坤也难找。”

这是说，外道之见与众不同，如前所述的物说者的观点也与众不同。“他们所创立的假名在自己的世俗中也不存在。”现进行论述之。

对此，有两种认识方法：术语中有或者术语中无。它是从哪个方面主张的呢？对于传承术语之识和如何传承的内涵，用其他术语之标准难以贬损。科学研究真谛之中是否存在自性，这样的道理更不能贬损术语中的存在性，反之则不存在。

术语之识，是指无论任何物质，都一一相随，互相融合。只是客观外境出现在脑际之中，还是弄假成真呢？未究之识，不察而处。

对此，只能说它是缺乏研究真实之识，而不是从来不研究。这是世人或术语之识根据现实和传承而这样做的，不是根据是非曲直进行深入研究的。所以，叫作世间传承。无论宗教是否改变了人的思想，这样的认识大家都会产生。（这种认识）不管存在于何人心中，只能叫作世间传承或未经研究之识，不应视为仅仅存在于宗教未经导化的世人心中。

就宗教未能导化的思想而言，或术语传承，或真实如此？有许多探讨的思想。但是，无论其所有识之假相如何，无需研究之识。因此，不管世间怎样传承，不能只问远离宗教的世间老人，还要观察一下正方和反方未经研究的心灵活动规律即可（知道）。识之传承，是指成为记载出现或经历的术语之基础。

在一般人中没有传承业果与地道等的，用听闻和实践等作为目标之时，不研究假相具体情况的一般识中也会出现（识），没有非世间传承之嫌。其他贬损术语标准的，如把绳子当作蛇，把阳焰当作水一样，这是没有研究是非曲直的思想在作怪。但是，对其认识之义被术语标准所贬损，故在术语中它们也不存在。

据实研究自性是否存在，这样的理论经得起考验。这是说，在术语中建立思想，须用术语标准来求证，但据实研究自性有无的道理知识，在任何情况下必须保证使其不能受到贬损。用此道理证明存在的话，本质存在就实至名归了，这与术语之义背道而驰。

因此，不使道理知识受到贬损，将成就二事合而为一。从术语的善恶中感知祸福，从自在天和主尊中带来祸福，这两句话是邪说，属于是则全是、非则全非的无稽之谈。关于自在天与主尊带来祸福，善与非善制造祸福两个问题，用据实研究自性有无的道理（来加以判断的话）不能成立。虽然相同，但用道理是否贬损则完全不一样。

自他派别——物说者的观点与众不同，他所主张的遍计所执之不定意识、外境、我、主体，以及自在天等，用道理分析它们的本质是否成立，然后又用该项研究的道理找到这些意旨，思而立说。分析它们是否存在自性，其他人所作的道理分析，需要得到认可，因为此事经得起道理分析。

如果这样分析，考察纯洁道理之重不能堪任，经不起道理推敲，就会遭到否定。如果它们存在，用道理是可以证实的。

色、声等术语之识内外错误的损害尚不存在，它是按照以往的传承而建立的，仅此而已。应该想到并分析一下，它们只是术语吗？抑或假相也能成真？把这样的分析，不可作为证实本质成立的依据而加以承认。它们是否存在自性，概用不着道理分析，因为它们经不起道理分析。例如，当确定“这是只羊”时，再不能分析说“是否为马或者牛”。

虽然，自古以来世间传承着某个事理，但被道理贬损之时，在术语中也销声匿迹。无明者捏造物质存在本质，身见者坚持（物质）本质成立，承认我与我所有，认为昨天的山是今天的山等为物质本质。中观派认为，世间所有传承的并不都是世俗的。

有人认为，色、声等外道所假立的，在术语中到底有无，存在不同原因。一个原因是，世间普遍传承；另一个原因是，只在宗教人员中传承。这种说法完全不明就里。再者，在术语中色等无需虚幻存在，而需本质成立等，不胜枚举。

《六十正理论释》也说：“所谓颠倒，是指所有坚持认为世间安乐等，在世俗（术语之识）中作为本体，物质实际上不存在。非颠倒，是坚持安乐为痛苦观，物质在世俗中作为本体是存在的。”

这说明常等四项判断在世间共同传承，但其观点在世俗中被视为颠倒；无常等四项判断在世间没有普遍传承，但其观点不被视为颠倒。

第二节　蕴无常的思想

主张蕴（物质的最小单位）为无常等思辨，虽然对现象产生错误，但对所持感受却没有真实的危害。所以，叫作不颠倒或不错误。根识对现象产生错误，或没有不产生错误的地方。所以，不叫无错误。

虽然，根识似乎对现象产生错误，（但认为有一个）与世间现象并行不悖的事理，（从这个事理）有或者无的角度，（认定世间所）显现的影像等根识为颠倒世俗。除此而外，所有无害根识为正确世俗[1]。

主张蕴常等思维感受的客观世界，在术语中不存在，这个可以被否定，但主张无常等的客观世界，在术语中是存在的，故用道理无法否定。

真实或者本质存在的常等四项判断不可能存在。同样，这二者[2]成立的无常等四项也不可能存在。基于真谛，认为其有八项，本着抛开颠倒与非颠倒的区别，指出无论色常、色无常，还是祸福、我有、我无，都是围绕性相的。

如果捏造物质存在自性的无明感受，用道理加以批评（的话，将会土崩瓦解）；还有不否定术语义涵（一说）。这二者互相矛盾。

《入中论》说：

“愚昧质障[3]成世俗，
虚假反而变真物，
世尊曾说世俗真，
……”

因无明的原因，把色、声等说成世俗谛，这也没什么过错。把色、声等说成世俗谛的谛，是因为思想的缘故而说成真谛，这个思想不过是执著实有，是捏造自性存在的无明性质的真谛罢了。

所以，对于抛弃烦恼无明的两种阿罗汉[4]与八地以上菩萨来说，这些现象

[1] 没有缺点的根识为世俗谛。
[2] 这二者，指真实、本质存在。
[3] 质障，本质障盖。
[4] 两种阿罗汉，智慧解脱阿罗汉、俱分解脱阿罗汉。

只不过是假的表象而已，不是真的。这就是“因为没有自以为完美印证真谛。”把非执著者说成近似世俗，原因在于此。

因此，色、声等为真实，只是无明者是这样认为的，并非由无明者决定色、声等（为真实）。例如，把绳子当成蛇的颠倒意识中，绳子虽然是蛇，但这个颠倒意识不能完全左右绳子一样。

树立色、声等的思想，是正常的眼等六识，由它们形成的义涵在术语中是存在的，故成为颠扑不破的道理。如无明者所认为的那样，在世俗中也不存在，这是把物质捏造为本质成立的自性，这样的自性在术语中也不存在。

因此，在术语中可以用道理加以破除。如果不能用道理加以否定，那么在术语中物质就虚幻不实。

在愚昧假立的自性中，捏造善恶等区别，遂产生贪婪、嗔恨等罪恶。这些感受也用道理予以揭露。

《四百论释》说：“贪婪等也是愚昧假立的惟一物质自性，又捏造善恶等区别。此故，与愚昧结伴而行，或者源自愚昧，愚昧成为元凶。”

这些烦恼自古以来就与生俱来，然而感受可以用道理破除。这些被执著的外境在术语中也不复存在了。

对于与生俱来的这个思想境界，有用道理能够破除，或不能够破除两种情况。前者是，主张色、声等这些术语标准——这些俱生外境，在术语中存在，故用道理不能否定。后者是，在佛护和月称二位大师的观点中，本质成立的自性是被否定的，故提倡术语义涵显得非常困难。如果不能顺利建立这些理论，那么在菩提行中不能找到良好的悟解，一概成为诽谤之见。所以，具有思辨的智者们应该对他们主张的世俗观点了解清楚。这里因忧字赘，故仅谈这点。

再次，将要论述的是，考察是否为四边之生，然后予以否定，然而不能破除。否定自、他、俱、无因生。生被否定后，在其理论中，四边生在术语中也不存在，故对于否定生无需赋予差别。若不能否定，而又否定四边生，说“真实的生也不能否定”。故不认同前者的说法，并回答后者所说。

如果承认真实的生，就该承认用研究真谛的道理可以进行研究。到那时，就用道理可以研究我、他等四边生自哪个。承认真实的生，就该承认任何四边的研究。

认为依靠因缘，出现某种生，未承认真实的生。未承认真实的生，用研究真谛的道理研究我、他等到底生自何处，故无需承认可以用道理研究。

另外，互依而生，否定四边生。

《入中论》说：

“互相依赖万物生，
类似寻思不可证，
因缘和合大道理，
斩断一切邪见绳。”

月称大师把依缘而生视为否定四边之惟一方法。在您[1]看来，任何四边不生，就说没有丝毫的生。这是违背月称大师观点的。

《入中论》说：

“缺乏因缘自在天，
如此等类我他源[2]，
任何物质不产生，
只有缘起物质繁。”

如果像您的话，定要说一些与此相反的话。

因此，依缘而生的缘起，离开了四边。请不要再问这个离边是四边中的哪个。对此，也是因为没有分清自性不生与不生二者的区别而致错误。

那么，经说：

“真谛阶段用道理，
生自我他不合仪[3]，
所说不适术语情，
……”

那么，这句话的原意是什么呢？如果承认这是实有或者自相成立之生，在术语中也用这些道理加以否定，而从来不否定惟生。

在其论著的介绍文章中说，成为烦恼和昏沉的原因——视为实有本体生。即便这样，这句话仍有余音（可以探讨）。为什么？引用“真谛阶段……”等语，在其注释中说：“因此，不得不承认自相而生[4]在二谛中不存在。”

本质成立的生，是真实的生。如果承认它，就得承认术语（也是真实）。

[1] 您，这里指反方。
[2] 一是本来缺乏原因，二是没有自在天的原因，三是没有我他的原因，所以无缘无故不产生任何东西。
[3] 不合仪，也是不合道理。
[4] 自相而生，指本质不存在。

像否定真实的生那样需要破除的，龙树大师的观点是最正确的。不应承认术语中本质成立的生。

《入中论》说：

“石女儿子无本体，
整个世界都如此，
一切物质无自性，
形形色色因缘理。”

自性不生或者无生性，被视为无生有理。对于辩论依缘而生与自性不生二者互相矛盾这一话题，就说“没有耳朵，没有心”。没有听到“自性不生”的自性一词就认为不生，就是没有耳朵；没有理解“自性”的涵义，就是没有心。

《六十正理论》说：

“依缘而生终不生，
通晓真谛大智声。”

在其释义中说：“洞悉因缘和合（的道理），就不指望物质有自性了，依缘而生者，如同影像一般自性不生。任何依缘而生者，或者纯粹无生，或者以其为何不生之词而论处。既然说了‘为何无生’，就不说依缘而生。因此，说互相矛盾，不合道理。呜呼哀哉！无耳朵与无心者也诉诸争论。这对我们来说遇到了困难。某时，我们要说任何依缘而生，就如同影像自性不生，怎能有反驳的机会？”甄别这些细节尤为重要。

《无热恼请问经》（མ་དྲོས་པས་ཞུས་པ། ma draos ps zhus pa）说：

“依因而生终未生，
兹无生长之自性，
主张缘起本质空，
通达空性乃才俊。”

第一句“依因而生终无生”，主张无生的观点；第二句“兹无生长之自性”，对所要批判的划分区别，指出自性不生。

有些人不谙此等道理，只听到一言半语，就说出“生即不生，依即不依”的话，大放厥词，前后矛盾，趾高气扬。

《明显句论》引用《楞伽经》(ལང་གཤེགས lng gshegs) 说 :“大慧，考虑到自性不生，我说万物不生。”所言非常明确。

在否定生等方面，能否确立真实的区别，对它的回答也是符合逻辑的。但是，对它专门作出的回答，将在下文分解。

这些所有批判的内容，确立了无自性的因果关系，它是颠扑不破的。通常来说，近似批判的后果是，自己如何批判对方的这些研究，表现出不遗余力。对方所作的近似批判的后果，是否经得起考验，用道理进行分析考察。如制止其他派别一样，拨乱反正。这种批判的道理也应该制止。

如果你承认色等存在，就认为此类研究可以开展下去；如果认为我们没有自己的主张，就认为这些研究不能开展下去。这种（想法）不能使（他们的）缺点得到改正。关于这个，将在应成派和自续派作出决定的章节中说出。

第三节　四　边

（下面）论述否认物质是否存在等四边，不应反遭其累。中观论典认为，物质有或自性有、自性无、二者均是、二者均非的一切四边是被否定的。这里包罗万象（的物质），可用道理一一否定。如果这样认为的话，如同之前所说的那样，认为物质除了二者（有或无），本质成立的物质在二谛中是被否定的，有功用的物质在术语中无法否定。

物质（实际上）不存在，亦即无造作。对此，认为本质成立的物质不存在，这样的无物质也被否定。同样，这样的物质存在与否，二者均被否定；二者皆非——本质成立也被否定。应该知道，否定四边的所有道理就是这样。

没有划清这样的区别，就否定四边的话，在否定物质有或无的时候，（他们）说“二者皆非”并否定，又说“二者皆非也非”并否定，与自己的承诺直接发生矛盾。如果说“即使这样也无妨”，从而加以抵赖，那我们与无赖不予争辩。

另外，对于蕴来说，当本质成立的自性或者我被否定时，就会产生无自性或者无我的智慧；当这个智慧之境无自性也被否定时，中观之见将受到诋毁。因为洞晓万物无自性的智慧之境将受到诋毁。

对诋毁自性有无的人提出一个问题：（你们）认定蕴无自性的智慧之境没有自性，缘何进行诋毁？请回答！

《中论》说：

“假使非空些许有，

肯定空者也稍凑[1]，
倘若不空些许无，
空者哪有道理留。”

这是说，如果认为不空丝毫不存，无自性的空也不存在，那这里的空不空，是说自性决定空不空，这贯穿于整个大论的卷首和卷尾。

所以，自性不空，就是自性成立；自性成立毫不存在，就是自性不成立的空也不存在。这种说法可笑至极，就像幼苗，本质成立的自性不存在。这个认识方法，认定幼苗不存在自性，或认为无自性存在或不存在。这两种想法毫无所指。请闭上眼睛，扪心自问，极易知晓！

因此，对于无自性不可认为有自性，为了克服明知无自性偏认为有自性，用道理否定空性有。即便认同这个思想，但有其他思想认为无自性存在。应该否定秉持这个思想之境，但否定证悟苗无自性的智慧之境，实在不敢苟同。

我们否定幼苗本质成立的自性，肯定认为自性不存在。其他思想认为无自性存在，但其境不可用道理否定，而是否定以为这个空性本质成立。

那么，明明无自性，偏认为有自性，这种想法缘何出笼？鉴于苗无自性，苗的自性不成立。但明明苗无自性，却认为其自性存在。例如，明明（某地）没有瓶，却偏要认为有瓶，虽然这个想法难以实现，但不能认为（世界上）根本不存在瓶。

这样，自性不空丝毫也不存在，对苗无自性的空也说成本质不成立，理由充足。《四百论释》强调空性本质成立是被否定的。如说，如果所谓空性本质成立有几个，那么物质形成本质是不可能的。

为了说明这个道理，有偈句为证：

“没有非空偏有空，
源自何方谁能懂，
无论怎样部分无，
对治方法定产生[2]。”

否则，若否定无自性的空性有，无自性便无以立足。这样，本质存在的自性便会存在，故不能全面否定自性。

《回诤论》说：

[1] 也稍凑，也稍微有些凑合。
[2] 没有非空，空又来自何方，谁人知晓。无论如何，没有一星半点的空，其支撑的理论应运而生。

“设问自性不存在，
为何否认自性衰，
如果自性起变化，
自然而然自性来。”

其自注中说：“诚如没有声音，哪来的声否定声。如果用无自性语言，否定物质无自性，这个比喻非常在理。这就是用无自性语言，否定物质的自性。”

这就是说，如果用无自性语言，否定物质无自性，就是为了否定无自性，物质就会变为有自性。当物质有了自性，就不是空了。此言所述已非常明了。

以前在《中观论》中说：“根本没有所谓空。”接着又说：

“佛陀经常言空性，
旨在诸见归于正，
如是坚持空性见，
修证机会则难赢。”

这里所说的“空性见”，不是指抱有自性空的空性见，而是把自性空之空当成真理，或者抱有物质之见。

《佛护论》说:“如果有人说‘物质本质存在’并痴迷不悟,就把它唤作空性。所谓缘起,是因为内因和外缘的和合,而假名物质。这指明了物质本质不存在,即物质本质为空性。

“这就能改正痴迷态度。但如果有人把空性当作物质并痴迷不悟，那谁也无法改变他们的迷恋态度。如说‘什么也无’。回答说‘请把什么也无出示给我看’！如何能把这里所说的无解释得一目了然（很重要）。”

此比喻说理已很明白。

如不这样，比喻不当，如有人向数人乞讨财物，对方回答无物可施。这时，就认为此人（确实）无物可施，想法无错。而把无物可施者视为有物可施，那确定无物可施就不正确了。当问及物质是否有自性，回答无自性。这时，就认为无自性,说者有感而发,岂有错误。但是,如果把物质无自性偏要认为有自性，那就大错特错了。

像您所说“无财物”之时，即便认为无财物，但也要批判（分析）。按照我们所言，是为上策。

《明显句论》也说：“喜欢把空性视为物质。”故并非否认空性，惟空性见也没有错误。

《佛说法集经》说："虽寻思蕴为空，但菩萨相信表象，不相信无生之处。"

《宝鬘论》也说：

"坚持我与我无见，
能仁祖师早批判。"

另外，在佛典和其他论典中也说，空与无我之见不可长。如前所述，这些应该知道。

否则，舍利弗请教观音菩萨：自己欲求甚深波罗蜜多法，应该怎样学习？观音菩萨回答："五蕴自性空，应该正确观察。"

《佛说法集经》也说：

"全面洞悉万物空，
等于大智般若[1]行。"

《入中论》说：

"坚持我与我空见，
瑜伽师们全涅槃。"

像这样的说法很多，与这些说法相矛盾（的也存在）。

一切衰败的根源，是假立自性的无明，这与感受根本对立。从根本上解决这个问题，只有证悟无自性或者无我的智慧。若批判其感受，否定真谛见，也就勉为其难。

第四节　无二寂止

所谓"无二寂止[2]门不存"，在《四百论释》中说："贪著完全消失，是得到涅槃的前提条件。除了无自性之见，再无全面消除贪著财物的前提条件。此故，无自性的本质无我，就是无二寂止门，前往涅槃之都市，惟一无法比拟之门。

[1] 般若，亦即波罗蜜多。
[2] 无二寂止，寂止只有一个，没有第二个。

“虽有空性、无相和无所愿三道解脱之门，但无我见是最重要的。发现万物无我，将对万物失去贪念。哪有贪心不足，迷恋表相之理？

“因此，无我是惟一无二寂止门。《菩提资粮论》（བྱང་ཆུབ་ཀྱི་ཚོགས། byang chub kyai tshogs）说：

‘没有自性空自空，
是[1]与表象作何用，
一切表象瞬息变，
智者为何祈福运。’”

这就阐明了解脱的三个门径，主张自性空之见是惟一解脱之门。摒弃有关矛盾，用教证和道理作为证修之门。

既然已经否定自性（的存在），有何必要对其进行批判？这样的证悟，只是解决把我视为二我表象的方法，而丝毫没有执著表象之味。

对这样的思辨也视为缺点，无论这个思辨是好的还是坏的，都遭到否定的话，说明（他）想要建立汉地堪布和尚的理论。

其次，对于狭隘认识所破的批判，有人说，所破为自性，它又有三种特点：1. 因缘不生本质；2. 暂时不会变异；3. 不关其他论述。

《中论》说：

“内因外缘聚一起，
生成自性无道理，
倘若因缘生自性，
自性需用人类制。

所谓人造因缘论，
如何实施才公允，
凡是自性无造作，
不依其他独立存。”

如果认为幼苗等内外物质就这样有自性的话，中观派则持否定态度。这里要认识一下所破。中观派认为，否定物质自性，就是证悟万法无自性，要把这个道理深入人心，要认清这个根本所破。

[1] 是，这里指物质。

这样，万事万物皆由因缘而生，发生变异，也是因为各自的属性（发生改变）而已，故再无必要证明它们无自性。它们也存在证悟物质无自性等之嫌，这哪里是非同寻常的所破。

如果有本质成立的自性，就不会依赖因缘，更不会有发生变异的可能。抛出此类见解，虽在中观派典籍中时有发现，但这些是从外延方面所说的缺点，不是从所破本质方面加以认识的。

另外，如果物质实际存在，或确定存在，或真实存在，就不需要（通过）因缘而生，但这些不是真实成立等意思。例如，虽然瓶无常符合规律，但不能把无常理解为瓶之定义，应理解为鼓腹（等）才是瓶之特征。

同样，如果是真实成立等，就会变成不定物质，但这个不定物质并不认为是根本所破，因为这是宗派论者们以独特的认识所确立的，这种认识并非是束缚众生于轮回的根本原因。

确定这些没有自性并进行修炼，但对于亘古以来的无明认识毫发无损。即便对它们的含义了悟究竟，也不能排除与生俱来的烦恼。

所以，在用观点肯定之时，应当肯定消除与生俱来无明所持之义，不把这个作为重点，不谙批判其分支遍计所执之境，是放弃批判与生俱来无明的感受。当否定人我之时，则是常一自在我；当否定法我之时，则所执无定极微尘埃、无定刹那、自性三特点等，纯粹由宗派论者所确立。欲否定它们，则万万不可。

否则，在用观点肯定之时，大概只能肯定微小范畴；在修炼之时，也只能修炼这么多。之所以用观点来肯定，是为了修炼的需要。即便修炼实现，熟能生巧，但仅此而已。这样，当发现没有了用遍计所执之识考察二我，欲排除与生俱来的烦恼，未免太过。

《入中论》说：

“证悟无我弃常我，
不应认为我执处，
了解无我执我见，
彻底批判说法咄[1]。”

《入中论释》也说：“把这个互不关联的意思，用比喻的方式详加说明：

明知墙洞藏毒蛇，

[1] 说法咄，说法咄咄怪人。

却说无象[1]戒心舍，
单相消除恐蛇症，
呜呼导致人鼓舌。”

这虽然说的是人无我，但也适用于法无我。

拟一首偈句如下：

证悟无我弃遍我[2]，
不应认为无明处，
了解无我执无明，
彻底批判说法咄。

那么，就像龙树大师以前所说的那样，无造作、不依其他，就是自性的名讳[3]。这种说法，究竟是从虚拟的角度而言，还是说有这样类似的自性？这是指万物的法性（规律）[4]，加之自性，就成了无造作、不依其他。

这是存在的。《入中论释》说：“有龙树大师亲口认定的特别主张，那么有这样的自性吗？出于这个原因，世尊曾说：‘善逝们出世也好，不出世也罢，万物的法性是存在的。’这种深邃的论说就是指物质存在规律。

“法性到底指的是什么？眼睛等是它们的自性。它们的自性又指的是什么？它们的无造作、不依其他，用远离无明翳障的认知所了解的本性。

“谁在说它有或者无？如果没有，为何菩萨们会修炼波罗蜜多之道？为何为了证悟法性菩萨们如此历经千难万险，用经藏的理由进行讲修？”

那么，认为以前未曾否定万物本质成立吗？非内心假名之物本质成立的自性毫不存在，这个不是我们曾多次说过吗？

对于这样的自性，不用说其他物质，就连法性真谛也丝毫不存在。

《明显句论》说：“三世中也不对火产生错觉，亘古本质无造作，史无前例，后无来者；水的热性，这边那边，或长或短，均不是依赖因缘而生，这就叫作自性。

“要问火的性质变成这样，它真实存在吗？回答是它不以本质而存在，但也并非不存在。然则，为了消除听者的恐惧，假名说这些在世俗中是存在的。”

这就指出了这个自性否定本质成立，而在术语中是存在的。

[1] 明知家有毒蛇，却说家无大象，意为自己给自己壮胆，无动于衷，放松警惕。
[2] 弃遍我，抛弃遍计所执之我。
[3] 原文“མཚན་ཉིད”是“性相”之意，但这里译为“名讳”似比较贴切。
[4] 法性，原文“ཆོས་ཉིད”是“本性、法性”之意，但也有“规律”之意。

如果为了消除听者的恐惧而假名安立，认为不同意（物质）存在，这个没有道理。为了这个需要假名而立，其他物质也同样，它们也会消失。如上所引述，没有这个事情的话，就会说梵行没有意义，指出坏处而加以印证。

《入中论释》也说："自性,龙树大师不光是这样主张的,而且让人认同此事,提出了这个自性适合二者的论述。"

另外,（有人）认为中观派不可能得到解脱。获得涅槃,证明已经修成正果,这个涅槃被认为是灭谛。又说成是真谛，因为实则无真谛。

《六十正理论释》试图努力说明获得涅槃之时，需要践修灭真实之谛。

这样，眼等这些造作（缘起）之物，其本质成立的自性也不存在，把法性视为自性也不成立，故自性哪里也不存在。作为真谛，虽然把本性当作自性成立，但确立自性的方法不是虚假。所谓不依其他，是指本质成立的自性丝毫不存在，只是在术语中存在罢了。虚假，就是创造以前从未出现过的。依他，就是依赖内因外缘。

色等两个自性哪里也不成立，为了观察把法性当作本质之这个本质，从而进行修道，梵行也不会变成无意义。从来不承认万物存在本质成立的自性，又突然承认自性，二者并不矛盾。

《入中论释》说："呜呼哀哉！对任何虚假不会当作一丝一毫的物质（真实），可忽然认为不是虚假，认为有不依其他的自性。你说的意思互相矛盾。

"欲论述之，你是一个对论典宗旨一窍不通的人。论点的宗旨在于，如果眼睛等的本质是因缘和合，天真的凡夫俗子们把它信以为真，如果他们认为的就是自性，可以推知这个自性便是颠倒黑白，故梵行就变得没有意义。因此它不是自性，观察它是否为自性，梵行就具有实际意义了。

"我根据世俗谛，主张不是虚假和不依其他。幼稚的凡夫俗子们不能观察的应该是自性。仅凭这点，表明真实非物质，也非无物质，因为它自然消失的缘故。"

这里，物质是否存在，如同此前两种说法，本质存在和根本不存在。

现在，决定万物本质成立的自性毫不存在，其自性空之空性，把色等物质作为事物本体，在这之上有其特点。一个人的心目中，有此两种想法[1]并不矛盾。如果这个二现[2]不纠正，这个空性真谛就会成为说假部。

一时，证悟自性不存在的这个见解得以成熟，在完全证悟这个意义当中，明知无自性却现为自性的错觉就会迎刃而解，就用实际造作法性之识，把色等不再当真。这样的法性和自性在这个人的心目中是没有的。要主张法性和自性，

[1] 两种想法，有或无的想法。
[2] 二现，承认内心和外境分别存在感觉。

需要用术语者其他想法中去解决。

真谛，指本质成立的一切虚论消失之后，明明无自性却现为自性，这个错觉的一切虚论已经完全得到纠正。即便承认它，但根本不需要承认本质成立的自性。

《明显句论》也说："由于有了无明眼翳的遮盖，看不见物之表象的所缘，这个本体成为远离无明眼翳的圣者之境，把这个本质视为它们的自性。"

又说："凡是物质的自性、无生、一无是处，仅仅说明了没有物质。因为没有本质，就没有物质的自性。"

真谛、所破二我等虚论被彻底否定后不再确立，而像青黄（色）等，在证悟原因的正确思想中，自由形成并显现，确定如此存在，被视为证悟深邃义理之见。

人们把什么当作二我之本体，证悟内外之物皆无自性。把正见说成错误，是违背大小乘经典宗旨的。排除使众生困于轮回的根本——执我，这使执我的这个基础——无自性得以了悟。如果不能排除它，就会以为与此无关的他物真实存在，以为排除了执我。

例如，明明东面无蛇，却偏偏以为有蛇而感到害怕、痛苦，为了排除这个痛苦，心中就说东面根本没有蛇。但这也不能排除有蛇的想法，转而又说西面有树，这使有蛇的想法和痛苦可以得到排除。与此说法毫无区别。

这样，凡自我感觉优越者，请把类似想法抛到九霄云外，批判困于轮回的一切颓败根源，掌握无明感受方法的了义经典，其义不可随意引申，这是圣人龙树师徒的理论，明显具有植根深厚的广博道理。鉴于此，请迈向世间大海之彼岸吧！否定所破方面的邪见，对于解决中观之见的错误显得至关重要，故广而告之。

第二十一章　破　立

第一节　认识所破

认识自派所破（自己派别所要破除）有三个问题：一是认识真实义所破；二是它是否适合其他所破；三是所破是否适合真实区别。

首先，一般而言，所破包括道所破和理论所破两种。

《辨中边论》说：

“经中所云烦恼障，
经中所云所知障，
一切障盖分两种，
一旦消除便解放。”

这就是说明了（障盖）只有烦恼障和所知障两种。

这是存在于所知（所要知道的）中的所破，如果没有这个，一切生灵便会轻而易举得到解脱。

何谓理论所破？《回诤论》说：

“有人使出障眼法，
变出女子误为她，
错觉邪念魔术纠，
一应否定分真假。”

在其自注中说：“有人（魔术师）变换出的女人实际上虚无，可人们以为是真人，便产生了错觉。因此，这个错觉诱发贪嗔。善逝或善逝的声闻们利用法术，可以消除这个错觉。同样，我的空话像魔术，把万物性空恰似魔变的女人信以为真，凡此种种错觉要予以排除。”

又有两种所破：1. 颠倒黑白的认识所破；2. 由此所执的自性存在所破。但主要的所破还是后者，排除颠倒的内境（意识形态），还需首先排除由此决定的客观外境。如利用缘起（的道理），否定人与万物本质成立的自性。

在所知中这个所破是不存在的，如果所知存在的话，将不能破除。然而，将产生存在的虚构，所以需要破除。破除不像用锤砸瓶那样，必须树立把无确定为无的信心。如果确定无，就可排除执有的错觉。

同样，用道理印证，也像种子发芽一样，不是新创一个以前没有的，物是啥样的就该啥样，如此认识，树立信心。

《回净论》也说：

“语言空洞等于零，
否定有理句子金，
只能领会话语空，
莫要当真排除净。”

在其自注中说：“你所说的语言空洞，若除了语言外，无的否定得以成立，那为什么又说万物没有自性，你的话有何用意？现解读此类说法。说‘万物没有自性’，这句话不是指把万物的自性消除干净，而是把无自性理解为万物无自性。

“例如，有人说家中无神授，转而又说有神赐。有人又说，无就是无。此话不是指神赐无，而是专指家中不可能有神赐。

“同样，‘万物没有自性’一语，不是指把物质的自性消除干净，而是万物无自性，就像梦幻之子，对于那些失去正见本质的人来说，对此迷惑不解。因此，那些幼稚者被无明所惑，对于虚构的自性等，则理解为自性不存在。

“既然自性不存在，语言空洞也除了语言以外，无自性非常在理，那么‘无自性’一语有何用意？明确指出此类说法没有道理。当如是知。”

因此，有则不能否定，无则无需所破，故远离破立。需要破立的理论研究有很多，都愿意消磨在术语之上，无论是道理还是破立，实则缺乏概念，矛盾之语，叫嚣不断。

自己指出有则不能否定，无则无需所破的理由，把对方的破立研究一边否定，一边则认为千万不能破立。找出这个理由，承认对方需要破立，（我方）

不应破除。因为有则不能否定，无则无需所破。

用真实道理进行否定，是为了排除颠倒错误的妄念；用道理证修，是为了发挥正确理解的方法。欲排除颠倒的思绪，欲启迪非颠倒的思想，就要遵从龙树等大师的理论典籍，启迪认识正确破立的思想。

用这样的道理进行否定，从批判颠倒的感受出发，是为了启迪正确的认识，无论任何形式的感受之境，均用道理批判。一般来说，对于所破持有的寻思无穷无尽，但成为一切祸害的根源是颠倒寻思，对此充分认识后，要批判其迷恋之所，如得到改观，所有祸害都将予以克服。

所谓贪嗔等的其他对治方法，是指一方对治方法。所谓无明对治方法，是指所有的对治方法，因为无明是一切祸害的根基。

《明显句论》说：

“诸佛宣示经藏等，
依循二谛创九论，
泱泱世间行远播，
从古至今正传承。

为止贪欲而说法，
不能消除嗔恨枷，
为止嗔恨而说法，
不能消除贪欲卡。

为止骄傲而说法，
不能消除疾病疤，
此非普遍一说理，
如此等类非大雅。

为止愚昧而说法，
一切烦恼无余剐，
所有烦恼依愚昧，
皆由佛说成奇葩。”

那么，愚昧到底是什么样子呢？认为万物内外自性成立，这个虚构自性成立的思想，便是无明（愚昧）。

《四百论释》说：“尤其以物之本质虚构心识，因为烦恼使人无知，对物质怀有贪欲，成为陷入轮回的种子。当其全面被揭露后，设想阻止轮回（的法子）。

“经说：

‘红尘种子自心识，
外境作为享用地，
了解外境无自我，
轮回种子方可止。’

“按其所说，认识外境无自性，认识贪嗔的根源心识，认识凡尘之种子，待广泛破除后，为声闻、独觉、得到无生法忍的菩萨们跳出轮回建立理论依据。”

也就是所谓“自性执实”，经说：

“如同躯体有身根，
愚昧遍及一切人，
形形色色诸烦恼，
消除愚昧万事成。”

《四百论释》说：“所谓愚昧，对事物如何误以为真，就会蒙昧不已，就会特别热衷虚构物质真实的本质。”

既然无明是轮回的根本，而《入中论》和《明显句论》说灭见是轮回的根本，这是不能苟同的。要说主因无二，就无明与灭见的说法，在中士阶段已述及其他导师的观点。这里论述的月称大师的观点，被其他中观师视为知障，把当真物质视为无明，也视为烦恼者的无明。如前引述，《四百论释》认为是烦恼者。

《入中论释》也说：“它使人们对于物质怎样存在的观察茫然无措。愚昧就是无明，本来物质本质不存在，却虚构存在，影响发现自性的本体（主体）便是世俗。”又说：“这样，以有支为代表的烦恼者的无明（为基础），建立俗谛一说。”这在十二缘起支第一支中有所论述，所以是烦恼，而非知障。那么，所知障到底指的是什么呢？待以下分解。

第二节　何谓无明

十二缘起支第一支的这个无明，被认为是轮回的根本，又说灭见也是轮回的根本。无明为整体，灭见为局部，没有矛盾。

所谓无明，是指明的对立面。明不可一概而论，只有无我的空性才是明慧。它的反面不是智慧，除此而外，不指其他，只是处在对立面。

它捏造本体，捏造法我，捏造人我。所以，法我执和人我执二者便是无明。

因此，把灭见说成其他一切烦恼的根本，不是未说无明是根本。

经说：

“何时认为蕴存在，
我执观念永不衰。”

迷恋法我的无明，被指迷恋人我之因，无明中的两项成为因果关系。较之无明，灭见成为其他一切烦恼的根本并不矛盾。

如果这样不能阐述龙树大师的思想，把轮回的根源说成两种矛盾，就很难解决了。

这样认识无明的方法，是龙树大师的见解。

《七十空性论》说：

“内因外缘万物成，
照本宣科寻思人，
世尊宣示为无明，
十二缘起从此生。

正确发现万物空，
善于决断远无明，
此乃破除无明思，
十二缘起开始沦。”

《中论》（第二十六卷）也说：

“一旦无明被否定，
一切活动趋停顿，
将来无明被破除，
利用心识修空性。

凡此种种被否定，
凡此种种不出笼，
惟有一种是苦蕴，
同样破灭无疑问。”

与上述说法相同。

“何时认为蕴存在”一语，认为蕴存在者，被指为轮回的根源，与上述说法非常契合。

圣天的见解是，“如同躯体有身根”等，“轮回根源乃心识”等，已经引述，论述清晰。

龙树大师在中观论典中所讲的否定所破的一切论点，否定了因愚昧而虚构万物本质成立的自性，指出了万物不存在本质。只是为了批判无明的感受，讲了各种（自性的）道理。

《佛护论》说：“要问讲述缘起有什么必要，当慈悲的本体龙树大师看到人们被各种苦难所威胁，为了他们的全面解脱，明确提出了物质的真实所在，训导因缘和合之道理，写下‘看见非真成束缚，发现真谛全解脱’（的名句）。”

何谓物质的真实所在？不精通物质没有本质，被愚昧的黑暗遮住智慧的眼睛，极力认为物质存在本质，导致产生贪婪和嗔恨。

一时，用了知缘起和合之慧光，消除愚昧的黑暗。用智慧的眼睛，去洞察物质本质根本不存在。到那个时候，它（无明）就失去了滋生的温床，其贪心与嗔恨也不会产生。

在《中论》（第二十六卷）的介绍文章中说：“这里说道，你既然已经凭借大乘的理论，讲了怎样深入真谛的道理，那么现在你用声闻的理论，讲一下怎样深入真谛。这里说道，沾染无明投人世。”

在《中论》（第二十七卷）的介绍文章中说：“这里说道，你现在利用符合声闻乘的最后契经，讲一下不可能的观点状况。这里说道，过去时日曾出现。”

佛护大师认为，十二缘起支的第一支无明虚构物质存在，也认为声闻和独觉也了悟法无我，这很清楚。

所以，声闻和独觉拥有洞悟物质无自性的重要理由，就是法我执成为十二缘起支的无明，这个应该知道。

《四百论》说：

“寻思所见成束困，
此处应该被否定。”

这里的寻思不是指所有的寻思，而是专指虚构万物自性成立的寻思。

在其注释中说 :“所谓寻思，是指把非正确的自性之义加以虚构而成。”这又被视为烦恼的无明，以为此即是此（简单归类），一切虚构之所，用道理否定之时，实为根本没有细察。

不然的话，对于凡夫俗子来说，真谛之义成为玄学，不谙空性之义，不知所措。凡是寻思之所，用道理加以贬损的话，那信念会产生颠倒错乱，与虚构自性没有二致。

显然，指引涅槃方向的正见将会消弭，闻思中观理论的一切行为显得毫无意义。

《四百论》说 :

“自己即将证涅槃，
不把非空为空观，
邪见不能得正果，
佛尊善逝曾是言。”

基于此前所说的无明感受的这个耽著之所，自派和他派之物说者，虚构几个特点，为着眼于宗派而论。所有这些，当无明感受之所被揭露之时，就像绝根之树，当不复存在。

具有智慧的人只把与生俱来的无明之所当作所破的根本，不把惟有遍计所执宗派的虚构的否定当作努力方向。如此否定所破，不是无事生非（无事找事），其所破意识中的这个邪见是束缚人们于轮回的绳索，发现这个道理后，就要批判它的根源。遍计所执的无明，惟有存在于这些宗派当中，故不认为是轮回的根本。对此找到特定理解，显得非常重要。

持有这种所破的错乱寻思，说到底是十二缘起支的第一支——与生俱来的无明。遍计所执之所破，也只是基于前者虚构罢了。所以，根识等无妄心识的一切感受，永远不可用道理来批判。

因此，用道理批判感受的思想，仅是意识寻思，或是我执，或是对其捏造的外境虚构区别，是指（单一）的寻思而已，不是指所有的寻思。

那么，想知道无明虚构自性的这个情况，到底是什么样子？总的来说，在龙树大师的著作中，仅对世俗形成的诸事，定义为自性或本质等术语。这种现象虽然多见，但这里不是因思想的不同才确立任何人或任何物质的，而是从各个物质的层面，认为其情形或状况是存在的。对于如何秉持的耽著境——万物各自的状况，称之为我或自性。这需要从虚拟的角度加以认识。

《四百论》说：

“一切皆无自主性，
所以本体自不存。”

《四百论释》说:“这里所说的本质、自性、自由和自主。”把它们分门别类。

这里的自主（不依其他），不是说不依靠因缘，而是对意识领域术语派之识叫作其他。也就是说，并非因此确立，故叫作不依其他（自主）。

所谓自由，是指客观外境各自的情形或状况，它们特别的本质。对此，称作自己的本质和自己的本性。

又譬如，把绳子虚构为蛇，从认识蛇的角度虚构假蛇并树立偶像，当研究这个蛇的本质之时，客观上蛇不成立，故其特点毫无研究之处。

同样，这些物质在术语派的心目中如何出现的，如果放下其现象的研究，再来考虑这些物质自己的道理是什么样子的，通过研究外境表明，什么也无所成立。

不这样认为，不因术语者而确立，有个从这些物质各自层面加以分析道理的观点。

《四百论释》说:“毋庸置疑,以存在寻思而决定有,以不存在寻思而决定无。就像把盘起的绳子当作蛇一样，必定本质不成立。”讲明了本质不成立的道理。

这样，不因内心而确立，而是从自己的本质方面形成外境，对此叫作我或自性。这个特殊的本体不在人之上，叫作人无我；不在眼鼻等物之上，叫作法无我。认为这个自性存在于人与物之上，可以推知为二我之见。

《四百论释》说：“之所以对此叫作我，是因为物体不依其他本质（自性）不存在，就叫作无我。这是因人与物的不同而感知不同，即法无我和人无我。”

如果认为人之自性成立,就是人之我执。其次,针对其他人,认为自性成立,也属于人之我执。

如果认同这个，就要沦为坏聚见者。不要对其认为是我，因为不适合坏聚见。是吗？认为人有自性，如前所述，人有自性的话，那就是人我，故需理解为人我执。但是，人我执之见，不是坏聚见之列。

那么，应该怎样认识坏聚见的我执呢？对于坏聚见遍计所执之我执，就像有些正量部 的人,基于蕴体推行我执一样,虽然不一定（准确）,但《入中论》否定俱生坏聚见就是蕴体所缘。根据《入中论释》观察的我所缘论,不缘蕴体,惟缘人而已。

因需要一个以我想为本体的人，故其他血统的人无所为缘。

如何看待这个所缘的情形呢？在《入中论释》中说："所谓坏聚见，就是投入类似我与我想一样的情形。"

这就是说，不认为自己本质成立的自性存在，而需要一个我想执。

《入中论释》又说："若要抛弃坏聚见，须通过认识无我之我才能扬弃。"

这是说，所缘的那个我之我不存在，了悟无自性，从感受矛盾的角度加以摒弃。要站在这个智慧的反面。

认为人自己的本质成立，就秉持自己本质成立的我想执。由此可知我执之坏聚见。

不持我与我想，而持人实有，是不解人我的无明，不可不成为烦恼。

这样，把自己本质成立的惟一自性视为我，把惟我想之心境当作我。前者是道理所破，后者则认为是术语，故不否定。它表明了不否定坏聚见俱生的所缘，其情形感受是自己本质成立的我，故不是不否定。例如，虽然声常执的所缘不否定声，但否定其耽著境声常，这并不矛盾。

这样，在圣者师徒与二位导师的著作中，批判自性存在，批判自己的本质存在，批判自己的性相存在，批判实有存在。这里所说的自性等，应按照此前所说的那样加以理解。指出它们不存在的句子含义，也指出没有无明耽著之义。这样可加以理解。

其次，它能否适合其他所破。当有人说，兔子长角和石女生子等绝对没有是不可能的。就像这个区别无需分辨一样，虽然存在于所知（理论）中，但在部分环境中有，部分环境中无。当说这些环境中无时，也无需分辨其区别。

另外，中观派不承认术语中成立（有），这是自他宗派物说者与众不同的观点，当他们的虚构被否定时，除了他们在心目中可以设置的部分机会外，实际上所谓自己本质成立的自性之区别无需重新设置，因为那些宗派论者早已对其表示了承认。

除此而外，中观派一直坚持认为的术语诸事，无论怎样，在否定这些的时候，若不设置这个区别，否定者的理论中将会出现类似错误，只能成为近似批判角色，故应设置。

如前所述，中观派所认为的术语一事，要有研究自性是否存在的道理，经得起术语派准则的考验。否则，不会承认自在天等为术语，而承认色、声等，这样的区别断不可设。

所谓这才是道，这不是道，所谓如此认同宗派，如此不认同宗派等，世间与出世间的任何论述无法立足，自性空无——认同一切生死涅槃的论述特征不可设立。

既然经得起标准的考验，要想否定它，将成为智者的笑柄。所以，在论述否定这些的时候，毫无疑问，要设置这个区别。

在《四百论释》和《六十正理论释》中否定所破之时，设置这个区别的现象非常多。在《中论》《佛护论》《明显句论》和《入中论本释》中也有许多设置的时候。当考虑到字繁义赘、不得不设置的重要性并浅显易懂，在未设置之时也需要设置，因为它们根本不存在是否需要设置的区别。

另外，当缜密研判之后，得出“不存在”的结论，足见深入分析的区别也设置得很多。如前所述，如果自己的本质成立，需要用考察假相的理论去找到佐证。当无法证明时，得出“不存在自己本质成立一事”，从而可知与自己本质成立不存在说法的要点一致。

《四百论释》说：“如果世上的物质像风火轮和魔幻等一样具有欺骗性，如果物质不消失，那时才能必须认同。当认真分析之时，就像赤金等一样，正确观察它的本质之后，（发现）它毕竟是颠倒的物质，再用严谨思考之火加以锻造，它的本质不会不消失（改变）。”

再次，关于所破是否需要真实区别。所破需要真实区别，有人认为只有中观自续派这么说，这完全不正确。

《入中论释》引用《般若波罗蜜多经》（རྒྱལ་བའི་ཡུམ། rgayal dai yum）说道：“‘长老须菩提，什么是无所得，什么是无所证觉？’须菩提回答：‘长老舍利弗，也有所得，也有所证觉。但二者的情况并非如此。长老舍利弗，所得和所觉是世俗的术语，初果、一还果、不还果 、阿罗汉、独觉、菩提萨埵也是世俗的术语，实则无所得、无所证觉。”

《入中论释》同意这种说法，说这是自续派的经藏，或者在了义经藏中赋予真实区别的现象屡见不鲜。

《七十空性论》说：

“或住或灭是否有，
或低或平区别留，
佛依世间推圣法，
本来真容并非秀。”

《宝串经》说：

“所谓我与我所有，
真实义上不存留。”

“只要种子有虚假，
哪有真正生嫩芽。”

“如梦虚幻人世间，
生生灭灭频变换，
天地本无真实生，
哪有道理灭再显。”

这说明，把胜义、真谛、正确被赋予所破，这种说法见诸论典。当不赋予胜义、真谛、正确之时，又赋予自己本质不成立、自性不成立、性相不成立的区别，这种现象非常多。

《佛护论》也说：

“伟大佛陀宣圣法，
正确依靠二谛家，
详细分来世俗谛，
一尘不染胜义佳。”

世俗谛承认有瓶、有竹席，但也承认瓶破裂、竹席烧焦，说这些无常。

一时，一旦思考真实，基于瓶子和竹席（的存在）而冠以假名，如不承认的话，又怎能同意这些破裂或烧焦？此外，善逝基于世俗的变故，说善逝老了，说善逝圆寂了，指出了无常。

一时，当思考真理，如果不认同善逝，那岂能认同像衰老和圆寂这样的道理？月称大师也只是否认真实的生，而非否认惟生。

《六十正理论释》说：“我们不认为依据何种影像所缘而生的只有虚假，而这个所缘现在却不生。但是我们认为，其本体无所生，这个论述中未生。为何论述本体哪里也无所生？是指明显承认自性，不是假的本质，承认本质来自因缘和合。”

这说明，不否认像虚假、虚幻的生，而否认真实的生。依缘而生，自性不生，二者并不矛盾。

《六十正理论释》又说：“所以，如此生与不生二者，因为客观外境迥异，不会发生矛盾。”又说：“一时，我们说依缘而生的这个东西，像假的影像一样自性不生，那时岂有驳斥的机会？这就是我们对于依缘而生和自性不生这个矛盾所作辩论的回答。”

《入中论》也说：

“如此过程亘古无，
真实不生世界物。”

这就把不生赋予真实之名，又说：

“瓶等物质真不生，
犹如世间广流行，
变幻不定天地物，
石女生子无耳闻。”

这说明，内外一切物质真实不存，而只存在于术语，故对于所破不是未赋予真实区别。一言以蔽之，如果根本不认同对所破赋予真实区别，那么就无法说明究竟什么是真谛、什么是世俗谛，就无法辨析二谛的差别。哪个中观派也未曾说过这样的话，实为邪说。

《明显句论》说：“否认对所破赋予真实区别，是指否认我生，而不否认惟生。”这个解释十分明确。

《入中论释》也说：“导师未作区别，指出我不生，而全面否认生。凡物质者，实际上非我生。因为有，如灵长类。设置区别，所谓实际上的差别没有意义。应当思之。”

第三节　中观自续派和应成派

所以，无法分辨中观自续派与应成派是否对所破设有真实差别，但存在自己本质成立的自性在术语中是否否认的区别。按照应成派的观点，当自己本质成立的内外自性被否定时，无需重新设置或真实或正确或真谛，因为如果有了自己本质成立的自性，真实成立等是需要的。

依照自续派的观点，如果对它们不赋予真实等的话，则不能驳斥，故赋予或真实或正确或真谛。但是，对生、灭、缚、解等不赋予任何真实或自己本质成立等差别而予以驳斥。对此，两个中观派持不同意见。

那么，胜义（真实）意义上不存在的意思究竟是什么呢？这里“义”指的是所知（知识），“胜”指的是殊胜，二者相辅相成。换言之，“胜”指的是无妄智慧，成为事物或外境的是胜义。或者说彻底了悟真实的无妄智慧及其相同的慧叫作胜义。

经说：

“世上所有地等物，
照实说来根本无。”

其注释中说：“《分别炽燃论》说：‘所谓胜义的义，是指所知，即考证、领会的定义。胜即殊胜之意思。之所以合称为胜义，是指即是义又是胜，故为胜义。或者说，胜之义即为无懈可击的智慧殊胜无比，故为胜之义；或者说洞悉与胜义相符的智慧中包括胜义，故与胜义完全相同。’

“所谓实际上不存在或者说无，这个胜义指的是后者。《分别炽燃论》继续说道：‘那么，胜义超越一切思想，批驳物质的性质是文字的方向，因此是否意味着不批驳就没有意义了呢？胜义表现为两种：一种是没有任何人为造作的超凡、无漏和无虚论；另一种是人为造作的类似福分资粮和智慧资粮，叫作人间正慧，具备虚论。这里作为立宗差别，没有罪过。’”

这是指正确研究真谛的闻思智慧以上者，不是指圣者的后得位。

《中观光明论》说：“所谓真实无生等一切说法，其中之义也想必如此，通过闻、思、修正确之义而得到的所有知识，是脱离颠倒的意识，因此叫作胜义，因为其义殊胜无比。创造直接和间接的差别是有的，因其思想的缘故，只是知道所有物质无所生。所以，所谓真实无生，是指以正确之识确定生不成就。”与这个说法相同。

《中观论庄严释难》(དབུ་མ་རྒྱན་གྱི་དཀའ་འགྲེལ། dbu ma rgayan gyai dka a´grael) 说：“那么，无自性到底指的是什么呢？指的是正确。‘正确’一词，指基于物质的原因进行推断了知，叫作真实本质，是以真实深究知为空的定义。鉴此，才注疏真实胜义等。也就是说，惟正确之识才可以定义正确等之名，因为它是所缘。正因为正确识的思想，决定了自性不存在，而非世俗识原因的定义。”

把无自性赋予正确等差别一事，在《般若灯论》和《分别炽燃论》中说得很多。

特别是在《般若灯论释第十五品》中说道：“这里，如果本质不存在的话，那为什么是物质；如果是物质的话，本质并非不存在。这样的主张，表明了对此义亵渎之嫌。”

当对“万物没有本质”这一主张存在自相矛盾之嫌一说，进行辩论的答复中，《般若灯论》说：“实际上，物质以某种本质形式而存在，对此不持异议，才没有主张本质不存在。所以，没有亵渎立宗之义，这并非表明因理之义不成立，没有过错。”

这就是说，认为实际上万物本质不存在，没有亵渎主张。如果术语中本质成立的自性不存在，可视作亵渎。

《般若灯论》又说：“实际上，内部物质没有本质，因为它是造作的，这是依据特殊说法的缘故。就像魔法师变换的人等一样。”

这说明了对于否定自性，必须赋予真实差别。

所谓实际上不存在的意思究竟有怎样的假相，用正确的道理进行分析的话，在论证真实不存在方面，这些导师众口一词。

在龙树大师的论著中说，在观察真实之后，没有进行相同的研究，在论及世俗时方才这么说的。当否定自性之时，用道理深入分析的话，不存在的说法很多，这些与前者相似。

但是，说自己本质成立，对其假相用道理进行分析是否可行，存在各种不同看法。在自己本质成立的问题上，这两位导师认为，用研究真实的道理进行研究完全可行，也认为真实成立符合道理，如前多次论述的那样。

应成派和自续派对否定所破秉持的观点，有两个问题：一是认识应成派和自续派的主张；二是究竟追随谁来改造世界观。

首先，在佛护大师的注释中，把应成和自续分为两个派别，没有对应成派作出特别说明，但注释中这样说道：

“非生本我非他人，
二者俱非非原因，
试问物类何所是，
无论何时生无痕。”

这从贬损他人观点的角度批判四生。

清辨论师在面对肯定自己、驳斥他人的议题时，（向对方）提出（一些）毫无说服力的问题而进行批判。这样的缺点在《佛护论》中没有采用，当广泛解释其原因时，月称大师为了改变别人的意识，就向他们灌输中观见解，而不赞成自续派并批判之，进一步阐明应成派的观点。

如此论述应成派和自续派有两个问题：一是驳斥其他宗派；二是树立自己的宗派。

第一又分两点：1. 阐述观点；2. 批驳其他宗派。

首先，界定应成派和自续派有多种说法，但是，谁能说出个子丑寅卯来？

因此，这里只讲几种说法。

对此，匝雅阿南达（ཛ་ཡ་ཨ་ནནྟ། dza ya aa nnt）这样说道，《入中论释》说，有人曾言，如果认为应成派具有因理 ，那么它具有真理还是不具有真理？如果根据前者，那时二者皆有，他人认同何从说起。如果根据后者，其他人则不该认同，又何言其他人认同。其回答是，只要是真理，二者皆有。我不知道这个。这样反驳之后，当阐述理由之时，哪个具有因理，哪个就是真理，而怎能知道他人具有真理。因为他人的思想差别，并非先前和以后所探究的对象。也怎能知道自己就具备真理，谬误异常，根深蒂固，有蛊惑之嫌。因此，立论者（正方）与驳论者（反方）都认可为真理，也即认可物质（存在）自性。

所以，可以说对他人认可的观点进行批驳。也就是说，驳论者的理由（真理）是否成立，立论者是不知道的，因为立论者即便用二量（两个真理）也不足以印证其想法。自己也不知道自己的理由是否真实成立，虽然自己决定（自己的理由）真实成立，但有可能具有欺骗性。所以，二者没有真实成立的理由，当遇到认可真理之时，虽然不真实成立，但从认可的角度来驳斥是可以接受的。

《入中论释》又说：“另外，在自续派的因理方面，如果因理与所立（宗）完全具备真理的话，那么自续派便成为理由。但是，理由不成立，如此印证理由的真理是现量和比量。这里，现量不能一下子印证理由，如厨房中的参与者和非参与者，针对烟与火等，说有此即有，无此即无。无则不生，这是可以知道的。但不一定所有外境中都存在，也无法推知，因为它是一定的客观事物。

这样，比量所观察的境不是全部，因何某地存在与立宗相联系的理由，惟有知道它是无常等，而不知道全部环境。所以，只能从世人认同的角度印证全部，而真理本身不能印证。就像用应成派的哲理驳斥其他宗派的观点，得出错误的结论。把有烟说成有火，造作本无常，周全真理印证，尽管自续派认同，但也不能成立。也就是说，如果真实成立，对于一切环境中的烟、造作的火，需要用无常（的道理）印证全部，需要用印证全部的现量与比量，唯在厨房与瓶上面去印证，那它是不全面的。鉴于此，就说唯以认可全面去印证，推行三性 真理成立之因便是自续派，一旦达到认可三性之究竟（彼岸）便是应成派。

这位班智达的学生翻译家们曾经这样说过，中观派除了只是否定别人的观点外，没有自己的见解。在意识形态等二者中传承的普通法未能成就，故不认可自续派。用道理深入分析的成果，毕竟意味着抛弃其他宗派，没有独立的自我主张，故自续派的哲理一点儿也不应推行。

有鉴于此，它只是应成派，也是成就应成派，已经达到自续派之究竟，说明驳斥太过。这也是认可因与全，或是认可究竟太过，不是正确的谛理。

根据这个道理，消除其他见解或虚论，需从四个方面着手。提出矛盾的应成派，认为他生是有事与有触；认为我生者，从我而生是有生，故生无意义和无所触及。所以，认为有事与有触不合道理。如果认同这个，从我而生不合道理。当言此矛盾时，对方知悉，惟成抛弃宗派的结果。

他行比量，指认同我生的禾苗，实为无所我生，因为有自己的本质。这是说，论述他宗流行的意识与因等，进而否定对方。即便说非我所生，但只是否定他之我生，自己无法印证非我所生，故无宗旨。

理由相同于立宗，指的是对方为了印证自己的观点，所主张的一切比喻、因理，与前者一样，不会成立。理由相同的类推，指的是认同这个就认同这个，没有特别的理由可以类推。那么，你到底有没有否定对方观点的意愿？如果有的话，自性便是宗旨，印证自性的自续派之因便会存在；如果没有的话，是否意味着对论述否定他人之宗的道理表示反对？在研究真实之时，如果认同所谓无自性或无生的立宗，就要认同自续派的宗旨与因理，而无不认同之过也。

一旦有了看法，就会有见解，可以说所有人就会有见解。这虽然不能印证自己的观点，但可否定他见；虽然有了看法，但无宗旨。

自己无观点，指在研究真实之时，不主张无自性等宗旨。不认同没有任何主张，指在研究真实之时，承认无自性的立宗，将其作为自己的观点便是自续派。不这样认可，而否定对方的见解，便是应成派了。

现在把中观派当作应成派者，无论对于真实派还是术语派，他们秉持的主张在术语中也难觅其踪。如果有了这样的宗旨，就要认同其理由的比喻与因理，这样就成了自续派。因此，应成派没有任何宗旨。

《回诤论》说：

“如我秉持数宗见，
必然我有数缺点，
如我胸中无见解，
必然本人无缺陷。

如果凭借现量等，
因故希冀数事情，
印证否定无所行，
当然自己无毛病。”

《六十正理论》说：

"凡是本体自性空，
没有背景无争论，
如果一方无私见，
岂有道理他方存？"

《四百论》也说：

"或有或无或有无，
任何见解缺论述，
冬去春来多少日，
不能评说他有过。"

这是说中观派无偏私和宗见。

《明显句论》说："如果是中观派的话，推论（他们）自己也是办不到的事情，因为他们从来不认可其他派别的观点。"又说："只是破除应成派之事与对方存在关系。可我们不是这样的，因为（我们）自己无宗旨。"

《入中论》也说：

"驳者不得所驳人，
哪有理由去辩论？
但凡寻机批判之，
言尽带来几罪分。

他人必定有偏见，
我本从来无缺点，
没有偏私无见解，
存在过错成稀罕。"

这是说自己没有偏私，不存在缺点。

这些所有的论述，只是中观派针对他人而进行的论述。

《入中论》说：

"对方主张依他见，
我不认同世俗观，

本无结果却说有，
根据世俗来推演。”

《回诤论》也说：

“没有任何所破事，
我也无需否定之，
所谓否定进行时，
诽谤别人已实施。”

这也说明了没有否定他方。

从前，有一些追随中观师月称大师的藏族学者，他们把以为中观派没有自己的观点、没有印证宗旨的准则的说法，进行了彻底批判。之后提出了自己的见解：用道理缜密分析的自性，将承认所量和真实论的事势之现量和比量作了否定，对术语中未加分析的世俗传承的准则与所量予以认可，列举中观派自己批判反方的话语，用正确哲理印证真实不存在之义。这样也不变为自续派，是从未加分析的世俗传承的准则方面而主张的。

第四节　立论与驳论

驳斥以上观点分四点。驳斥第一个观点，《入中论释》所说的观点，因遍真实不成立，其因真实不成立之原理并非符合道理。

立因与驳因均需真实成立，在这个主张中，反方成立，而正方却不知底细，这并非不认同因。这个原因不能破灭反方需要真实成立。

因不谙反方之他心（对他人所持的心态），不知反方真实成立，而建立主张的话，也不知他人已认可此事，从对方承认的角度进行否定等也不予同意。即便明了“他人这样认识本人”一语，也不一定按照所说进行认可，以及不知道他人之心。

完全真实不成立的原因也不予认可，（如）厨房中即有烟又有火，印证这一现象，所了解的基础则是厨房。之上所了解的事情是即有烟又有火而得以全面，绝非既有厨房的烟又有厨房的火的全面感，哪里是抱着环境不全面的全面？

否则，决定此类整体的基础不是厨房，故需指出了解其基础的原因。例如，决定声之立宗事物无常，适用于声、瓶等（事物），不可赋予声之部分无常。

对于用此道理印证周全的比量中，认为没有真实（的想法），可知不合道理。

如此真实不成立，仅凭正方和反方的认可成立，这种说法也不合道理。如果仅仅把认可作为原因的话，不会破灭对方的，因为其认可表明某事成立，而自己和别人则没有了真理。但是，把认可甄别后，说这种成立，这种不成立而加以区别。用这种认可区分的原因加以区分，则与立宗相同。用有无真实来加以区分，认为无真理的想法则站不着脚。

驳斥第二种观点。在研究真谛之时，反对无自性的主张，是为了阐述自己的侧重点，不推行自续派的主张。用研究有无自性的理智，要么这个主张不成立，要么不认可这个主张。但是在研究真谛之时列举因，才认为不认可主张。

按照第一种情况，主张无自性的这个意思，用理智不能成就，那么主张有自性的这个意思，用理智也不能破灭，因为原因相同。

如果在研究真谛之时，主张自性存在，以为这个想法不能破灭，那就大错特错了。以前用道理充分分析，说是为了否定其他宗派。而未经研究之识，不能批判其他宗派。再者，说不认同自己的主张，而专门破除有何必要，因为否定其他宗派的应成派也不认同。

作为驳斥其他宗派的应成派，否认自性存在，亦即印证无自性，如同以前在《回诤论释》中所说的，故无中间路线可走。

不然的话，只是印证无自性。如果说没有否认自性存在而反驳的话，则有什么可回答的;如果认为彻底否定无自性，那么毫无疑问应该充分否定自性。这样，自性存在被彻底否定，毋庸置疑，无自性也应该被彻底否定，是一样的道理。

如果是在研究真谛的时候，无自性等主张不能建立，那么继续说出它的缘由吧！为什么说在研究真谛的时候才有，需要真实有，又不予认可的话，则不符合道理。如果研究真谛的时候不认可，那就要想到用中观派的道理充分分析之时也不可能有。如果确定这个时候，研究者、研究的道理、研究的基础，以及与何人共同研究的反方等也必须认可。届时，一切有怎能真实成立。

过失，是指他人承认或承认究竟，虽无真实，但致过失，所说不能使人满意，如初次否定定规，要这样驳斥异己。

另外，在研究真谛的时候无认可，在术语中有认可，而充分确立的话，也不能认同。因为在研究真谛的时候，真实不能认同，而用术语表述，这是矛盾所在。如果在研究真谛的时候无，就是真实无的意思的话，那么没有一个中观师可以认同真实有。这不应成为应成派的特点。

驳斥第三种观点。说中观派在术语中也无认同，如同前述，（这是）没有很好地认识道理所破（所致）。用否认自性的道理去否定他人之时，应该看到他人在反击之时自己的观点也同样受到挑战。

欲树立自己的观点，却从来不知道纠正缺点，使生死涅槃的一切缘起如同自在天与有无一样不伦不类。因此，这是在诽谤中观派，是非常下流之举。这方面的批判前面已经讲了很多。

研究中观派是否有认同，首先要知道具备什么才能承认为“中观”。真实丝毫不成立，但在术语中一切如梦如幻缘起而存，需要了解此事，需要认同此事。

这二者的反面就是真实存在与术语中不存在的说法，否定这个邪说后，建立自己的主张，故有领会破立之义的真实，根据自己的了悟，向别人正确灌输，使人遵从中观派的主张。反对这些论述的人，找不到适合攻击的任何毛病，这个观点完全正确。

这样，作为学者，尽管自己不知道建立远离中观派缺点的主张，但也不能说“没有这个”而进行责难，承认缘起和合的道理，斩断恶见的一切网络。那些知书达理的智者充分树立中观派的观点，拨乱反正，不做诬赖之事。

《明显句论》也说：“这样，我们的方向非常明确，没有违背所有论述，立场坚定，远离粗制滥造、满篇瑕疵。那些愚者分不清什么是缺点，什么是优点。诚为‘你却具备诸缺点’。”

如前所述，中观派观点所决定的真实与来自术语派真实方面的论述无懈可击，非常正确。可以建立生死涅槃的一切论述，对此要蛮有把握。若如不然，对“中观派无自己的观点”这一说法找不出缺点，那么所说的一切话都是自欺欺人。对此，找不到任何理由进行批驳，因为道理普遍相同。

对于无认同的说法，不可用有认同来进行研究，故不可说成缺点，也不能说成什么也不认同。这样，说一切所说都是虚假，其实说这话的都是虚假。对于这种说法，研究起来不能证明其真语性，因为不能指出自己语言的矛盾所在。

《入中论》说：

“如果数我成物质，
如心事物可探知。”

犊子部无法解释蕴、一和异，他们承认我为实有。如果是实有的话，应该分别说清蕴、一和异，但无可名状。对此说不同意，又不能进行批判。我们是在说，真实与其他无可名状的我实有，意思是真实与其他可以言语表述。可以作出回答：这样的研究无法进行。

如果说人实有，那么蕴、真实和无其他则互相矛盾；如果反对那些无可名状，则可进行研究。既然什么也不认同，又怎能说无认同？此言可表，完全相同。

如果说我没有财产，那有人说把无财产的那个财产给我；如果说我无所认同，那有人说你要认同那个无所认同。说这两种说法一致，其实没有了解前者。应该这样说，我们不说认同那个无所认同。那么，到底在说什么呢？说无所认同，使人应该承认无认同。在如此表述中，未能摒弃自己的语言毛病。

你们所说的这些，如果不是中观派的观点，那么引述龙树师徒的教证，进行修念矛盾重重。既不能视为月称大师的论典，也不能当作佛陀的宗旨，故背道而驰，成为异教徒。

论述中观派，尤其论述月称大师的观点时，说他们没有自己的观点是矛盾的。同样，希望从这样的认可中得到解脱，惟论述其他方面，也是没有道理的，因为色存在等惟从其他层面需要认可。这表明他不认同色等存在，但置于其他方面时，则很有必要认可，故没有从认可中解脱。

届时，建立在某个层面的其他与建立者本人等则需要认同，故只认同其他方面。这种说法，不仅对于无观点者无宜，而且有伤害作用。

如果说认同无观点者或仅以其他方面认同，我可没这么说过，只是你们的一厢情愿罢了。如果歪曲顺世派也无法抵赖的真实，那么您所说的自己也无所知晓，而我们的听闻却被您发现，这令人诧异。

那么，无认同等语句需要确切含义，无论说什么，最后都可争辩，而避免缺憾。如果应成也建立在其他方面，说不认同自己的观点，否定自续派的观点，那么有何必要信仰倡建应成理论的月称大师的观点。就像自续派不能自揭短处一样，应成派也不能这样做；如同应成派适宜其他方面一样，自续派也同样需要这样做，故可认同其他方面。

只认同唯识派以外方面，而不认同自己的观点，就不能视为唯识派。同样，应成派决定中观之义，对于应成派本身不适宜。置于其他层面的也对应成派不适宜。因不是自续派，故明确指出我们不是中观派。

第二十二章　空　性

第一节　承认与否

“果故不存却说有，
我论基于世俗流。”

这句话的意思是，一切论述不可作为其他方面的依据。也就是说，万物没有本质成立的自性，只是把正确研究自性是否存在的道理放在认识层面，而不放在术语派一般认识之层面。

如果它使无自性成立的话，那么道理知识就会变得没有任何意义。经中也说“存在”一语，是指针对世俗层面的。主张色等存在，是指放在世俗层面的。

所谓“不认同世俗”，只是说像唯识派认同依他一样不认同的意思，不是说世俗不认同自己的观点。“诚如你主依他观”，说的就是这个道理。

在一部经的介绍文章中说：“你所推行的主张或理论，能够消除依他的话，你的道理站得住脚，但是消除了你的世俗观。”

这是对于争辩的回答。就像你所认为的依他是道理研究之物，我却不这样认为世俗，因为用道理是否否定并不一样，就是这个意思。

“基于世俗层面”，并非指异于自己观点的其他方面，而是指无危害术语派之识，一切主张世俗之义存在，就需要侧重这方面，中观派的自续中赋予术语的真实历历在目。所以，所谓“虽无”一说，是指自性无（自性空）。

虽然自性无，但又反过来说有；明明无却说有，不能这样说。这是主张自己术语派意思的方法，自性成立，在术语中也不存在。在其解释[1]中说，作为了解的方法，认为世上存在和不存在，我也有同感。有这样的引述，故不可

[1] 不知道哪本书的解释。

没有。

这样，如“虽然真实无，但在术语中有”的说法出现很多，“明明无却说有”，尽管意思不一样，但无任何缺点。那么，《回诤论》中所说的没有观点与主张，是什么意思也需要说清楚。如果主张禾苗没有本质成立的自性，说那是缘起性空的因理，就如那需要认同影像一般的比喻。

这样，宗法与周全法二者的因理，由此印证的立宗，依据赋予了悟它的比量语言，以为影响到驳论者，那时只能是忿恨自续的名讳。认为何必否定自派，说没有主张与观点，也似有你们引述过的，也有几种建立认同的说法。故仅凭这点引语，哪能印证无观点。

但是，如果有无自性的主张，就会产生变成自续派的疑虑，十分正确，这是非常细微的难点所在。其答案已在论述自己观点的章节中说出。

对此，《回诤论》说：

“提出所谓无主张，
实则物质无自性。”

对于中观派的这种说法，物说者如此主张的语言中，如有自性，一切物质没有自性就难以认同。如果没有自性，那就无法否认有自性，就是这样争论来争论去。没有自性，但认同破立的所作所为，正如此前在《回诤论本释》中所引述的那样。

这样，到底有无主张，不是争论一般的有无。主张一切物质没有自性的语言中，是在争论自性是否有。

在这样的主张语言中，承认有自性的话，那就会与一切物质没有自性的主张相矛盾，我们有这个缺点，但不是因为我不认同就没有这个缺点，这个意思不能作为没有主张的理由，因为无自性与无二者有天壤之别。

“如果真实等现象”等语，阐明了也不缘几个真实等，如同此前引述《明显句论》一样，真实与所量只是道明了自己本质成立的所缘与能缘不存在，没有说出缘起的真实与所量不存在。

在他的思想中，物质的自性真实成立（有）。同意否定这个想法，但当中观师说万物自性空时，真实及其观察客观规律，也包括在物质以内，需要自性空，故认为因无而不可否定。那个经典便是《回诤论》，其中说：

“一时物质成真实，
专注研究来阻止，

谁人当真诸物质，
所谓真实成稀奇。”

这是其答复。

在其注释中说：“如果你真的以为一切物质实有，又说万物皆空而予以否定。如果这样可以的话，那是无法苟同的。为什么？在万物中也包括真实的量，故为空。凡当真物质实有的也是空。因此，真实无所求。既然无所求，也就不认同否定。所以说，凡是万物皆空的任何一种说法都不能认同。”

《四百论》说：“存在不存及有无”等。《四百论释》所说的“空性”，长期以来没人敢于提出挑战。如果说“你连空性都不认同”，哪能成为毫无见解的依据。

《入中论释》说：“何故把提倡假名存在的人们叫作二元论[1]者。”这种说法不正确。根据二元进行驳论，并作出回答，对中观派找不出什么茬子。如谓，圣天曾引述有无等一首偈句。

这样，自己本质成立的实有是被否定的，对于假有说，物说者承认物质自己本质成立。物质不存在说认为，色等一切物质不具备功用或能力。把以上两种看法作为无法批判的认识方法，不能当作没有观点的依据。很显然，有无等观点也类似二元论范畴，如同此前否定四边（生灭、常断、有无、现空）和消除有无说的章节中所说的那样。

《六十正理论》所说的正是其教证的注释，其中说：“一旦没有了物质，就不可能有我与他的观点，到那时持这种观点的诸烦恼将肯定寿终正寝。”

这是把无观点的原因归结为无物质，又把自己的性相或者自性说成物质，就拿功用来说，视其为不存在，与否定烦恼说相矛盾。

因此，把认可自性的物质的无观点，叫作无观点。在这个教证的基础上，《六十正理论释》说：“人们对缘起和合的规律不求甚解，而对物质自己的性相进行深入探讨，如说：

‘如果认可诸物情，
惟一必定……，
出现贪婪与嗔恨，
秉持可怕恶毒心，
继而发生事纷争。’”

[1] 二元论，即原文“གཉིས་སུ་སྨྲ་བ”。

这说明虚构物质有自己的性相，认可物质存在。

这样,《明显句论》说:“这些教证没有说中观派没有自己的观点,引述《回诤论》和《四百论》未认可其他观点。”这些意思要了解清楚。

所谓“没有任何所破事，我也无需否定之”，说的是有两种所破：一种是虚构自性，作为外境的所破，把它的无当作理由而难以否定，此说不准确；另一种是虚构意识的所破。

《明显句论释》说：“没有否定的理由。”没有这两种所破，是指没有自己性相成立的所破、没有否定理由。然而反倒认为有，一方否定一方。这只是说你诽谤人，没有主张这两种不是类似虚幻。

《回诤论》说：

“虚幻互融更虚幻，
魔术变人真假乱，
不实否定不实论，
类似否定如这般。”

“假如斯见有自性，
因缘和合不能成，
所有观点自缘起，
不是空性又是甚？

如果见解存自性，
谁敢将此来阻停，
其余情况当如此，
可以说明无毛病。”

意思是说，如果把阳焰当作水并认为有自性的话，那么因缘和合不可能发生，谁也不能否定这个见解。

《明显句论》所说的“是自己没有主张的原因”，也不是没有自己主张的依据，是没有自续派主张的意思。《入中论》所说的“无观点”，认为观点的所破与所破方法，这二者自性不成立。您是否遇到了因果自性成立的说法，还是毫无根据地（认为）因造就果，用道理考察并否定之，这样的反驳对我们并不适应。也就是说，无需认为用道理进行推敲，绝不是没有自己的观点。

在这个教证注释中说：“与我们的观点大相径庭，为何反对我们的观点，遇到反驳之事，也不能反驳。反驳者没有遇到需要反驳的，更不能反驳，因为所反驳与反驳者自性不成立（没有理由）。因此，没有可遇和不可遇的想法。”

这是物说者为了主张道理研究不可行的原因，而提倡自性不成立，未提倡不认可。

为了了解它，引用《般若波罗蜜多经》说道："舍利弗经过研究，向须菩提问：'须菩提，在生法与未生法中，哪个能使未生法可以获得？'须菩提回答：'这两个哪个也不能获得。'舍利弗问：'那么，获得与获证都不存在吗？'须菩提回答：'如同以前引述的那样，虽然这两个存在，但二者不足以说明真实，只是在术语中得到反映，实际上不存在。'以此为喻，如是认同。"

《入中论释》说："它如何变为二者（生与未生），以生或者未生之法，否定可以做到。二者也不能证明无物质，未经考证，就认同世俗的术语中可得。同样，不是所反驳或反驳者可遇或不可遇，但是在术语中反驳者反驳所反驳者，应该懂得这点。"

这明确指出，如果进行可遇不可遇的道理分析，这两个都没有反驳者，但它不能否定反驳者有，故需要认可术语中有反驳其他宗派（的情况）。

不仅如此，也提倡过用哲理印证立宗，在以上引述中又接着说：

"红日灿烂半空悬，
气象万千惹人眼，
影像蚕食[1]尚可见，
光影是否可遇面[2]。

无论如何难实现，
但因缘起术语念。
明知缘起不是真，
却为美丽扮面容。

犹如存在如是空，
惟一克星智慧门，
堪修可见成因理，
不许当中也证宗。"

[1] 影像蚕食，日食。
[2] 有了太阳，才有影像，存在因果关系，不存在可遇不可遇的事情。

这里的“影像”，是指什么也没有的意思，故影像与日轮相遇也好，不相遇也罢，但都可以生，这样的寻思纯粹不可能出现。但从近似因影子联想到影像时，就必须想了解义涵。同样，自性空无的反驳者反驳所反驳者，用自性空无并远离认同之哲理证修立宗。因不变为二者（生与未生），要知道自己的话不应同样过失。这只是说，为了避免自己被他人否定的类推（出现），才如此回答，没有说没有观点。

另外，认为因果自然成立（自然有），无论遇到因，还是不遇到因，都可以生果。对此考证否定，避免犯错，意为无自性，作为理由而摒弃，不是说无观点而废止。

《入中论释》说：“你意下如何？说它们二者像虚幻，所以我没有过错，世间的物质也是存在的。如你所说，所生自己性相和能生自己性相，可作全面分析。如你所说，物质反而被遍计所执生起者，如同虚幻不生的自性。虽然没有自性,但像模糊的眼神梳理头发等一样,成为虚妄之所,对此不可思议。因此，我没有所谓沾染缺点的机会。无需考证,世上的物质是存在的,一切成立(有)。”

为了有理由找别人的缺点，记录承认自相；为了有理由证明自己无缺点，认同近似虚幻。这样了解后，应该善于知道中观派没有缺点。

一般而言，在了义佛典和中观派经论中，就“这是这样的”，“这不是这样的,”“没有这个与那个”,“有这个与那个”作了无数论述。其作者是其倡导者，故无需引用特别的教证去证修。

在这些经典中，没有“否则，这样认同，这样承认”的说法，对经典的意蕴进行全面解说时，就“这是否是这位作者的观点？是不是他倡导的？这不是这样的”问题，不能完全辨别清楚。

如果需要“认同”“承认”“应允”等特殊语汇，其说法很多。

《回诤论》说：

“如果不认世术语，
我们可就无话叙。”

《六十正理论》也说：

“物质出现后灭亡，
犹如否定假名扬，
如是智者也一样，
造作虚幻否定倡。”

“因缘和合成物质，
水中月亮不真实，
非真非假都不认，
此等观点不驳止。”

《出世赞》也说：

“物质来自因缘中，
花花世界暂时存，
但是终究如影像，
一目了然怎不允。

没有感受没有它，
感受本身无自家，
感受又是无自性，
尊者倡导此说法。”

“作者包括业缘事，
你在术语已提及，
万物互依始成立，
这是你所倡导义。”

“物质灭后假因缘，
生起果实是怪谈，
不灭未果如梦幻，
尊者主张生灭观。”

“因缘和合成万物，
最终空无你提出。”

《入中论释》说：“有些学者认为，这观点没有错，且具备功德，而毫不迟疑地予以承认。”又说：“因此，因缘和合，像承认这个惟一因素，认可缘起假名。在我们的观点中，一切术语不会丧失殆尽，对方承认这点也是理所当然。”

这说明应该必须承认，而且其他类似的也很多。

《入中论释》又说 :“之后阐述这四个主张，为了用道理印证而说 :

‘本体当中不显现，
其他当中则更难，
二者[1]当中亦不出，
没有因缘不见天[2]。’”

此处指出的四个主张，《明显句论》也持同样的看法。因此，在龙树和月称二大师的宗教中有观点、应允和主张。

驳斥第四种观点。尽管这使术语中存在自性（成为可能），但用道理研判的（结果）被术语否定，这种现象不好，此前已述及。

中观师针对驳论者——物说者，用比量印证他事，形成于二者观点的因三相，以为是月称大师的观点，这不符合事实。像这类看法，《明显句论》专门开辟章节作了批判。如果坚持这样认为的话，它难以赋予事势因理之术语，但这是自续之因理，无可否认。相关情况尚待进一步论述，这里只说这点。

其次，建立自己的观点。要说应成派批判自续派的观点，建立自己的学说，需要了解二者的情况，今论述之。

第二节　关于自续派

对此，在《明显句论》中作了广泛阐述，但恐字繁，这里只说主要的。包括两点 : 一是批判自续派的真实情况 ; 二是与自己有所不同。

又有两点 : 1. 指出本体自性不成立观点的缺点 ; 2. 指出这个缺点不能使因理成立。再有两点 : 1. 论述观点 ; 2. 否定观点。

首先，就这些问题，《明显句论》所说的也非常艰涩难懂。如果引用《明显句论》的句子进行论述的话，如说“为什么为何声无常”一语，是把规范与一切事物作为总体而说的，不是说个别。若要划分个别，那比量和所比量之术语将会消失。

是这样的，如果把出自四大种的声音当真，对于他方来说是不成立（不

[1] 二者，这里指本体与其他。
[2] 不见天，不见天地万物，没有世界的意思。

适应）的。但是，如果把空之功用[1]当真，那对于自己成等正觉毫无作用。

同样，有部派主张声无常，但将造作之声信以为真，对他方则不成立。然而，直接说明的，则对自己又不适应。

同样，无论什么都要毁灭，如果是因等，那对于成佛者自己也不适应。但如果是无因，对于他方不成立。因此，这里如何把规范与一切事物当作近似总体，同样这里也把失去自性的近似事物信以为真。

以上的意思是，如果成佛者对有部派提出声无常的主张，把未来的声音当作自性的话，对于有部派不适应；如果把空之功用之声当作自性的话，则对自己不适应。

同样，有部派向辨士[2]主张声无常，把造作之声当作自性，对于辨士不适应。基于前因，说“明辨之声”而当作自性，则对自己不适应。因此，各个观点，各有千秋，都不可当作自性。

所谓自性（事物、物质），是争论双方分析特殊事物的基础，故需要一个双方都能接受的现实。如同双方需要对事物取得共识一样，万物无常也是特别未造作的总体，需要双方印证。所举例子，达成共识，在印证立宗之前需要先行。

如同这个比喻一样，中观师认为，眼等内处[3]或色等外处[4]非源自本体，而印证为他宗；又认为，（内处、外处）非源自他方，而印证为自宗物说者。他们认为眼睛是真实的，从而当作自性，对于自己来说不成立。说假眼睛等而当作自性，对于他人不成立。故摒弃这个区别，惟把眼与色当作自性，这是中观师与物说者就本体是否有生等特殊规范进行探讨的基础，认为双方需要形成一个共同的见识。

形成共识的意思，驳论者怎样印证一个标准，用同样的标准也可印证立论者。

批判此见包括两点：一是不同意内容；二是与比喻不同。

《明显句论》说：“这并非如此。是这样的，一时，这里生被否定，当作立宗之规范，真实基础——惟自性颠倒，找到本体之物，已经衰败，这迫使自己承认。颠倒与非颠倒并非一样。

“因此，一时，如同用模糊的眼睛梳理头发等一样，因颠倒而不存在，偏又当作存在。这时，怎能相信存在之义有几许（真实）。一时，如同用明亮的眼睛梳理头发等一般，因非颠倒而无需捏造虚假。这时，没有世俗之义，怎有几许令人相信。

---

[1] 空之功用（ནམ་མཁའི་ཡོན་ཏན།），是外道的观点。
[2] 辨士（གསལ་བྱེད་པ），这里指外道。
[3] 内处（ནང་གི་སྐྱེ་མཆེད），人的思想意识等。
[4] 外处（ཕྱིའི་སྐྱེ་མཆེད），物质世界。

“为此，龙树菩萨说：

‘若如真实等存在，
因事几件执著骇[1]，
或者证修或阻止，
本人没有罪过来。’

“为何如此颠倒或不颠倒截然不同，在非颠倒期间，颠倒不存在，哪里有变为事物的眼睛——世俗者。因此，失去基础的观点毛病和失去基础的哲理毛病不可逆反，故这不是答案。”

这是色处，非源自本体，因为有故，如同眼前明显摆放的瓶。对照这个表述，容易了解，故据此往下论述。

这些答复的论典，指出自性不能形成共识的理由。要想知道这是为何，这里指出与驳论者形成共识的自性不成立的理由。如同《明显句论》所说，这时，是否定我生的驳论者，但总的说来，是认为万物真实存在自性的物说者，是认为术语中物质自性成立、自性存在的自续派。

虽然，对中观自续派也称为本质不存在说，但是，这里为了删繁就简，所谓“本质不存在说”，应理解为应成派；所谓“本质存在说”，应理解为物说者和自续派。

把色处[2]说成自性，其印证方法是，需用认识它的眼识之现量去成就，如果不正确利用这个去印证的话，那么就不会成为成事的现前识，故需要正确。

要做到无懈可击，谁的观点也不能出现偏差，（否则）就会出现自性成立（论），而必须依赖近似有。

这样，驳论者用怎样的真实去成就自性的真实，对立论者而言也不成立。因为无论任何规范，自性成立的本质术语中也不存在，用来印证它的真实不存在。龙树菩萨考虑到这点，就否定了自续派。这对于他方而言，了解万物无自性，创立新见解之一，论述否定需要自续派而已。中观应成派内部互相论述的所有意义，树立了解其中内容的比量之一，是否需要对自续派的研究，暂时搁置起来。

欲结合论典进行解释，从“一时”到“承认”一语的义涵是，立宗之规范基础——自性，眼睛或色等，终究会寿终正寝，也就是不成立（自性空）。对此，这位清辩论师自己承认。

[1] 执著骇，令人惊骇的执著。
[2] 色处，指物质的发源处。

自性是什么样的？唯受到无明的污染而颠倒是非，获得了我的物质[1]，也就是用眼识等术语派之识确立存在。

承认方法实际上否定了生，将此等自性作为立宗规范的依据。一时，亦即所以之义。如果真实成立，“据此”也就自相矛盾。

那么，如此承认，以为成何体统，真实不成立，也非真实之义的色等，对于用无谬之识找到的义涵不相适应，用秉持虚假意识的术语之识而找到的，都是受到无明污染的错误。

所以，正确获得的义涵，不在错识中出现；错识获得的义涵，不在正确之识中出现。

颠倒的错识与非颠倒的正确之识，互相排斥，关联外境，区别迥异。意思是说，颠倒与非颠倒二者区别很大。

阐述真识，是在“一时”到“怎能相信”之间。所谓颠倒，眼等之识——术语派被无明所蒙蔽。

所谓他们把不存在当成存在，明明色声等不存在自己本质成立的自性，却用根识当作存在；用无妄之识去认定，应该指近似有，自性中出现色等。

“这时，怎能相信存在之义有几许（真实）。”这句话的意思是，没有自性却显现，这些识丝毫也不能印证自性存在之义。明明自性成立之义不存在，却近似出现，这样的例子如用模糊眼睛来梳头等。

以上表明，色声等出现的根识为错误，其意义不可作为自性（存在的）理由。所谓“正确之识一点也不认可色声等”，是指那时就像用非模糊的眼睛（梳头）等。

非颠倒，指正确之识。它只存在于公开主张真实者中，而与其他无涉。它不会捏造非正确，是指不会捏造有悖真实之义的色声等，亦即不认为（物质）存在（自性）。例如，远离眼睛模糊之识，就不会把头发梳理乱了。

变为世俗，是指色声等假有之义。不存在，是指自性不存在。类似正确之识，亦即真实的自性，丝毫也不能印证，因为他不知道它们。

把这些义涵作为拜读龙树菩萨著作的理由，如“如果”等语，用真实等四量印证自性丝毫不能成立，将此论断作为依据。

“为何如此”等语，是归纳早前所说之义。“哪里有变为事物的眼睛——世俗者”一语，不是指没有世俗之眼等事物，而是如上所述，指的是自性成立或无谬真实成立的色自性，在术语中也无所成立。

“因此”等之义，对于自己本质不成立的无自性说与物说者二者，将色处当作自性之时，无谬真实不成为共识，二者的观点中成为共识印证自性的标准不存在，故用自续派之理论证驳论者的立宗方面，不能说没有缺点。

[1] 我的物质，我本体。

倘若在术语中也反映自己本质成立的自性不存在，即便是这样的观点，但我们不同意术语中会是这种情况。如果认为自续派的自性等存在，故不可能有这方面的缺点，那不同意术语中有如此自性。之前已有表述，下面还将提起，故这个回答尚不确切。

比喻相悖。《明显句论》说："比喻也大相径庭。这里，不想说名言共相与无常共相之区别，二者皆同。同样，眼睛共相是空性说与（眼睛共相）非空性说不认可世俗，实则不是，故比喻并非相同。"

这段话的意思是，既非未来（之声），也非空之功用；既非造作，也非前因明辨；既非声，也非是否依靠因，有这样一个惟无常共相。这不是指非真非假的眼等不存在，因为驳论者不同意这么说。那么，谁也无法印证比喻与意义不同。

到底应该是什么呢？无论是未来之声，还是虚假功用之声，都未特别造作而确定有声，可以说是立论者、驳论者的共同观点。自性空说与自性不空说两个派别的观点不是用正确识来佐证的，也不是用错误之识来佐证的，其真实印证的眼睛或色之共相不存在。错误之识印证的，对驳论者不成立；用正确之识获得的，立论者的真实不成立，所以叫作比喻不同。

所谓无谬，一般而言，是直接衡量真谛的平等住，但这里应该视为显现外境自性的无谬现量和耽著外境自性的无谬比量。印证自性和因三性的此类真实从来不存在，故用无谬之识获得之义，不可视为自性。

所谓自性，按照推理者的观点，不是专指事物功用，而是指承认任何物质或非物质各自自性之自性。这是遵循以上所说。自性存在说认为，衡量非物质的比量也对如此自性不发生耽著外境错误。

只是认为，如果是类似自性无错之识，对显现外境和耽著外境不发生错误，也对真实义不发生错误，所以如此自己观点之真实不能印证自性等。在立论者、驳论者的心目中，不认为衡量眼睛与色等术语派之真实不存在。

驳论者心目中的根识，如同此前无害引述的色等决定惟有的信念之所，经得起道理的检验。若进一步论述，像认为禾苗存在有三种情况：一是禾苗有自己本质成立的自性并真实存在；二是虽然禾苗自己本质不成立但像魔幻一样存在，即假有；三是无论真还是假，都没有区别，都是近似有。

虽然，有禾苗常与无常等认识方法，但就以上三种情况中的任何一种，不可能不持立场。故尔，在此无须赘述。

证悟物质不存在自性之见，在心目中未形成之前，只有人们认为近似存在和真实存在（的看法），不会出现认为本质空无但似魔幻存在（的看法）。

在没有认识万物虚幻存在之前，人们认为的每一种存在，都执为实有，则万万不可。（就这个话题）以前在甄别术语派标准、有无自性、有和无四个问题之时，业已述毕。

若如不然，在没有领会自性不存在的意思之前，其寻思所认为的一切术语是实执。未受此前说过的一般凡夫术语的错误影响，中观师将其所说之义理解为术语，（并认为）所有这些经不起道理推敲。自在天与有无没有了区别，见解颠倒，成为了解中观之义的巨大障碍。

从此角度出发，曲解空性的现象在于，以前带着寻思所做的很多慈善行动，后来将其作为获得正见的方法。前者把一切执为有相，要把它视为身陷轮回的工具。认为这些善行，就是对没有获得如此了义之见而说的。产生这样的理解之后，把所有寻思视作缺点，这样的邪见毁法严重，像汉地堪布一样的人不在少数。

在没有获得自性空见之前，人们不可能区分近似有和自性成立的有。有，到底是怎样情状，如上文引述《四百论释》一样，以为自己本质成立的存在是周全的。鉴于这个问题，认为自性空也有空的周全道理，便说自性空不可赋予因果，而不断攻击。

观察自性空之见了然于胸，心目中对于存在的看法有三种情况，但是自从这个观察产生开始，直至这个观察的思维活动衰竭之间，用道理深入分析，并思考自己本质是否成立之时，承认自己本质成立的执实一时不能产生，因为它不能产生俱生执实[1]。

这样，证悟自己本质成立的自性不存在的见解产生并经久不衰，一切自续之禾苗存在，并非虚幻存在之想。否则，认为它们实有的，则明显不可能产生。

清辨论师等认为，万物自己本质成立的自相可用术语表述，中观派将自续之因视为本派观点的原因，便是术语反映的自己本质成立的自相，故自续之因是否成为本派观点，关系到这个非常缜密的所破。

这样，在他们的观点中，自己本质成立的自性反映的有关无害（无缺点）根识，反映在术语中则无过错。把这样的自性存在——禾苗等，执为实有的寻思，在耽著外境中没有错误。否则，把它们视为错误的话，物说者与自续派之间，哪有形成宗旨共识的标准？

据月称大师的主张，虽然近似自相的自性不存在，但利用显现的根识印证物说者，无论事物什么时候形成，自性空早已存在，故自续之因毫无用途。

可是，只是对方自圆其说而已，中观派和自续派无需形成共识。这种想法，表明自己不同意，也不符合道理。所以，印证的一切论式将会导致人云亦云，

[1] 俱生执实，同时产生的执实。

步涂灰者[1]之后尘。

寂护等大师主张客观物质在术语中也不存在，像实相派所承认的那样，青色等是从术语中了知的实有，这些显现的根识取决于这些，决定自相成立之义，而非因一点青色出现错误。

把眼睛等隐秘之义视为事物，这里不能直接印证它，但其理由的根本最终需要遇到一个真实，这是宗教家们所认为的。比量如同盲人需要引导一样，认为其根本理由也需要遇到真实。

第三节 关于真实

那时，要想到这个根本真实要么是悟他无错，要么是自悟无错。如同上述，自相成立之义，显而不实，需要在外境之上印证。如此认为的话，主张那些与自相成立的自性不存在的中观两派中，没有形成共识的正确现量。

这样，尽管未依据真实，但可作出回答。自性存在说这样认为，无论是造作，还是非造作，都真实成就。其意思是，它们各自的空性本质需要在外境之上的意义得到印证，这用道理是可以破除的，故不可作为理由真实。

其次，这个缺点说明了哲理也不成立。《明显句论》说："论述因不成立的观点存在罪过，其表述的任何方法，是存在的缘故，指出这个哲理不成立的缺点也可表述。"

既然有这个论断，以前在自己本质成立的自性空不空方面，存在立论、驳论二者，其观点形成共识的事物原因的真实不存在，自续因之自性——色处与我所不生二法，反映的观点和立宗不存在，所说的这个道理证明存在。所谓哲理在这两个观点中形成共识的理由不存在真实性，因不成立的变化规律与上述相同，当如是知。

《明显句论》说："这种情况是这样的，因何所说的这个意思，这个推理者自己予以承认。为什么呢？推动内处，惟是因等，善逝佛就是这样说的。善逝佛所说的就是这样，例如，涅槃就是所谓的寂灭。

"对于别人表述的这个理由，你所认为你的哲理义涵有何特征，是善逝佛宣示的世俗原因，还是宣示的真谛原因？如果是世俗的话，自己哲理之义不成立。真实立宗和理由不成立，是哲理不成立之义，是相互矛盾之义。说明了这个缺点。

"因何如是自己根据这个情况承认因理不成立，把物质规律表述为因理，

[1] 涂灰者，古印度一宗教派别名。

所有比量中因理等自己不成立，一切理由终将全面破灭。”

对于这种说法的意思，追随月称大师的那些人说，土实际上并非是坚硬的东西，因为它是四大种之一，如同风一样，遂归为推理者等派别。如归为真谛中的大种，则自己不成立；如归为世俗中的大种，则驳论者——物说者不成立。

这使因不成立而不予主张，二者均不成立，会说因不成立而周全，与自己的主张相矛盾。有人认为，仅仅表述大种的话，道理知识不成立，故被否定。

以这种方式进行批判，从来不是《明显句论》的思想，这位导师也并未如此主张，把两种观点[1]说成颠倒黑白。

那么，到底什么意思？因何所说的这个意义，自己表示认可。所谓所说，指出了自性不成立的情况，以及同样可以赋予因理，紧接着阐明了理论。

这样，这里的这个理论，印证规范与因理的类似真实，都离不开错误或者正确（两个范畴）。把错误获得的义涵，用在因理等之上，对物说者不适宜；把正确获得的意思，用在因理等之上，则自己的真实成立。所以，在自续之因与事物等未成立之前所说的，就是所说一切。

如此角度不成立的看法，清辨论师是如何认可的？“善逝佛如是所说”一语，是指从二谛出发进行考量的。其意是善逝佛说成世俗而纳入因，还是说成真谛而纳入因？当考查时，根本不是。

据原立者[2]所提出的，无论事物是真是假，都要无区别对待。再者，无论立论者，还是驳论者，有一方不成立，根据这个看法，也同样看待因理和比喻等。面对这样粗劣的答非所问，这位满腹经纶的班智达不可能出现错误。

所以，所谓“善逝佛所说”的这个因之义，是问二谛中的哪个？如果是世俗谛，自己又不这样认为，故对自己不适宜；如果是真谛，则我否认真实有果、真实无果，以及二者出自因缘，故对我不适宜，而且反对二谛中都不存在之义，对于这点无需明说。

如果赋予“大种的缘故”，那问赋予因的这个大种，是二谛中的哪个时，只会同前者一样。如说二谛中的哪个大种被当作因，只能是对原立者毫无了解。

这样，询问二谛中的哪个（是大种），如果是真谛，则对自己不适宜；如果是世俗谛，则对他人不适宜。对此，怎样说才合适，如果不是这样，归为事物中的内处也在于世俗，那些驳论者将不会有所成就。

那么，对这个“所说”一词，清辨论师就因作了二谛的研究，要知道其如何认可的理由，下文将作论述。

这里，龙树菩萨认为，无错识获得的为真谛，错误识获得的为世俗谛。

[1] 两种观点，疑为中观派、自续派的观点。
[2] 原立者，他派或对方的观点。

所谓“二谛中的哪个”一语，他认为应该与“获得二谛之一”说法同等重要。这样被赋予因的这个意义，若即非世俗谛，也非真谛，那此因概不成立。

被赋予因的这个意义，若既非正确识所得，也非错误识所得之义，那赋予因的这个意义不成立，而原因相同，只是说他自己承认，而非真实承认。

因此，所谓“赋予物质规律以因理”，是把物质规律特别分开而说的。在清辨论师自己赋予的这些因中，有些是真实无谬而直接，有些是究竟理由真实无谬，此师对此持否定态度。

如前所述，如果是中观师的话，不承认其他宗派，不应承认自相成立之义，为了佐证其理由，引述“假如有个现量等”等句，说明没有衡量自相的标准，是为了印证清辨论师观点的追随者。

其次，与己不符。如果挑剔对方比量中的自性与因不成立等缺点，那自己的比量中也没有缺点吗？所以，想着不该批驳对方？之所以对方出现这些缺点，是因为承认自续之比量所致。我们不认可自续之比量，故说没有这些缺点。这里的比量是指论式。

如果认可自续，那么自相成为真实的真实，作为立论者、驳论者的共识而承认，由此形成的三性对二者适宜，故需印证立宗。这样，没有了这个真实，事物等将不会成立。

如果不认可自续，对方物说者自己用此类标准印证即可，但（问题是）对自己无需用此类标准印证。这样，经籍中所说的比量，也只是出于否定对方主张之需要，是对方传承的比量，而非自续。

譬如，《中论》（第三章）说：

“见解归为自本体，
反观本体非见地，
谁人故意不观己，
有何理由观他事？”

不把观察自己作为因，就像三心二意做事一样。这个因本身也认同，观察其他主张，自己本质不成立，也是中观师认可的论式。对此，叫作对方传承的比量。

《明显句论》说：“我们可不步自续比量之后尘，这些比量不过是否定别人主张的结果。”

赋予论式不是自续，视为不过是否定别人主张的需要，故非不置论式。

赋予论式后，就如何消除其主张，在这个教证[1]的结尾中说道："这样观察对方，这一寻思认为眼睛自己不观察自己之自性。如果没有观察对方的规范，也不出现(主张)，表示认可。因此，无论什么情况，如果不存在观察自己的本体，也不存在观察对方，如瓶子一样。(如果)眼睛也不能观察自己的本体，故也不能观察对方。因此，与不观察自己的本体相矛盾的青色等，也与观察对方——自己传承的比量相矛盾，用其成就的比量予以厘清。"

鉴于驳论者自己的传承与立论者中观派，亦即对方传承，二者为一个问题。

自己运用对方传承的论式，消除邪说显得尤为重要。若仔细而论，"其成就"一语，是指事物为眼睛、比喻为瓶子、因不观察自己、不观察立宗之规范青色等，他们都不承认自派，而只是对方承认。所以，因与周全等只对对方成立的说法没有意义。

那么，到底应该是什么呢？尽管连自派都不承认这些，但印证这些的标准——衡量自己本质成立的所量，自派(认为)在术语中也不存在，对自性存在说而言这些成立，必须有赖这个标准的成立。所以，形成二者共识的衡量自己本质成立的标准不存在。对二者均不成立，叫作对方传承或对方成立。

抑或，类似的标准在术语中也不存在，认为其成立，如同虚构自性一样，经不起道理检验，故根据这些理由，何以得到中观见解。

根据标准所害(标准所不允许)的原因，找到正确见解。要说所有颠倒的宗教也能找到(正见)，这个驳论者所秉持的事物眼、因不观察自己、比喻瓶子、不观察规范青色等，自派也认可这个客观外境术语中存在，这些经得起道理考验。

但是，这个驳论者不能把这些自己本质存在与存在二者区别清楚，自以为用这些自己本质成立的所量矛盾的真实成立之境，经得起道理检验，但是对方传承的术语之识无害成立，故怎能用道理否定。

这样，他派与自派衡量自己本质成立的所量之标准，没有认可形成共识，故自续不能印证，他的认可只是制造矛盾罢了。

其具体情况是，比较以上所说的对方传承的论式，事物眼自己不观察自己的因在术语中存在，观察青色等自己的本质成立，其术语中也不存在，故前者可成为后者的否定者。如果眼有此因和破除规范二者，那么有则俱有，无则俱无，二者何以成为能害与所害。因此，对方传承的论式事物、规范和因，需要在术语中存在，仅凭他承认有是不行的。

他自己承认事物眼等存在，故中观派没必要证修这些。如果对此也歪曲，则对我方不适宜，如硬说请证修这些，那几乎没有不歪曲的。与这些人争辩，

[1] 这个教证，似乎指的是《明显句论》。

毫无结果，谁（有时间）与他们作争辩？

这里有人说，如果对方认为，（自己）不观察自己，而观察青色等——自己本质存在的自性存在，自暴矛盾，怎知矛盾所在？如果用真实印证矛盾，那应该对双方都成立，故不应叫作对方传承。

如果确立因认可而导致矛盾，（自己）不观察自己和（反而）观察别人二者是矛盾，对方并不认可，不认同因认可而矛盾的做法。如果自己承认矛盾，则非常荒谬。面对外道，（可以）说："您认为这并不矛盾，这不合道理，因为我承认这矛盾。"

怎样说才算公允，想法没有错，既然（自己）不观察自己，那自己本质成立的自性存在就是矛盾的。因真实成立，惟承认不可为。

那么，把这个真实拿给对手看，可一定佐证矛盾，就没必要依重他的承认。在物说者层面，印证矛盾原因之标准，有赖衡量自己本质成立的所量成立。

如果没有这个，自己认可之后，何以印证矛盾。虽然，所量自己本质成立的自性不存在，但是确立标准不矛盾，对他人成立？以如此标准证修的话，可获得了悟万物无自性之见。如果它自己不观察自己，那没必要证修自己本质成立之见存在矛盾。

这样，如果愿意了解月称大师的观点，就详细研究这些，铭记在心里吧！那么，依据他[1]自己的传承，不观察自己，而观察对方，自己本质成立不存在。若要如何宣示合理方法，将根据《佛护论释》进一步论述。

例如，水使地潮湿，火使水发热，衣服沾上豆蔻花芳香四溢。应该看到，这水等三种物质，具有潮湿等三种作用，都取决于水。如您自己也认为的一样，即使万物有几个自己本质成立的自性，但是自性依赖自己，有其性质，故也需依赖其他。如果它一开始不依赖自己，一旦具其性质，将如何观察对方？例如，如果闻不着豆蔻花有臭味，那相关的衣服上也没有恶臭味一样。

驳论者用自己传承的理由，确定以后的进退方略，并及时拟定正题。因此，如眼有观察自己的自性，首先要决定观察自己，之后与色等聚合一起，认同有赖观察色，说明眼睛不能观察自己，也不能观察他人。

《四百论》也说：

"大小事物有自性，
首先源自我本人[2]，
眼睛面对眼自身，

[1] 他，这里指他派。
[2] 我本人，指事物本体。

缘何本体不观审。”

火自己不烧自己，但烧他物。同样，眼睛自己不观察自己，但观察他物。如果以为这种说法不矛盾的话，那不否定火烧柴火和眼睛观物，而否定眼观他物本质存在。

类似这种情况，以及火烧柴火本质成立可作比拟，那时比拟也如立宗一般不可认同。这样，如果火与柴火二者有自己本质成立的自性，那不外乎一个自性与几个自性。一与异到底是哪个？如果是一，火自己烧自己，并且火怎能成为能烧者，柴火怎能成为所烧者。如果成为可能，那我可以说火为所烧、柴火为能烧。对此，（你）有何回答？

如果自性各个不同，没有柴火，也可推知火；没有马，也可推知黄牛。

《四百论》也说：

“火具热性自燃烧，
不是热性岂能烤，
因故没有柴火名，
除此而外火失效。”

如能承认燃烧自己本质成立的自性存在，那自己不烧自己，同样也不烧其他。承认眼睛存在观察的自性，但也需要认同自己不观察自己，同样也不观察其他，故前错根深蒂固。

这样，当指出能害（贬损）承认自性，发现这个情况之时，就会放弃坚持自己本质成立的自性存在的宗派；没有自性，但有功用之认同，尚能了知，故可分辨无自性与无的关系。是故，也能甄别有自性与有各不相同，对于无自性的所量，可用无自性的标准加以衡量等，也可了悟。

第四节　关于一与异

那么，由此可知，火与柴火无自性的这个标准，实在不能苟同。如需认可为比量，那么其基础——因理是怎样的呢？知道有自性，不外乎一与异。当一与异之自性被否定，知道无自性周全（合理），二性成立。决定一与异之自性不存在，是宗法之性，故有三性之因。据此，认定火与柴火无自性便是比量。

应当知道，上述对方传承的论式，也可产生三性和比量。应成派认为，如火与柴火有自性，则自性或一或异。如与此说一致，火可以焚烧自己等等。如把对方的认可当作因，是向对方提出质疑的问题，这反映出其他错误也可推知。

所以，这个驳论者在没有放弃物说宗派之前，（始终）依据衡量自己本质成立的所量成立，来印证成事之标准。一时（最后），用标准了解几个物质自己本质成立不存在，才放弃物说宗派。

《明显句论》也说："又，为何从成就任何事物的比量角度进行比量，是否有害？回答有害。这是因为自己成立的哲理，不是对方成立，在世俗中到处可见。

"世俗中有些成为明证，立论者和驳论者利用标准的语言，或带来胜利或带来失败，有些惟因自己的语言带来变化，不会因对方的语言或胜利或失败。

"如世俗是什么样的，道理也是什么样的，因为惟有世俗的术语在理论经典中适时出现。这是说，其他传承成为因之范例与能知，也说推理者认为，驳论者用某一标准印证三性等，这个标准对立论者也需要成立。所以，立论者和驳论者均需成立的看法也被否定。"

《明显句论》又说："若向二者讲述信念，只有证修或批判，而不是说泛泛印证或质疑。这种想法依据世俗的论述，对怎样评说比量的理由予以认可。

"如此教证所要损害的，不是对二者均适宜的惟一教证方面。那么到底是什么呢？那就是对自己成立的方面。

"比量自己的事，所有自己成立是可靠的，不是二者成立。此故，讲述推理者的性质没有必要，诸佛用自己如何传承的宗旨，给不谙真谛的众生创造利益。"

这样，如前所述，用标准印证立论者、驳论者之因，证修立宗需要自续之因。自续之因不成立，驳论者——用对方传承的三性印证立宗，归为应成派。十分明显，这是龙树菩萨的思想。

其次，究竟追随二者中的谁，要把见解了然于胸。这样，追随伟大师徒二人（龙树菩萨师徒二人）的中观派，分为应成派和自续派两个不同的派别。那么，到底跟随谁呢？这里，追随应成派的观点。

如前所述，在术语中，否定自己本质成立的自性。否定自性，确实需要生死涅槃的一切可行论述，应对这两个道理找到理解。

如承认万物存在自己本质成立的自性，则需要探究假相的道理观察，这在二位大师的著作中多次阐明。发现与伟大师徒二人的理论十分吻合，故承认这个观点。所以然者，如前所述，看来必须要承认应成派主张。

第二十三章 人无我

第一节 决定人无我

根据这个事理，掌握见解分三点：一是决定人无我；二是决定法无我；三是熟悉这些见解以排除障碍。又分三个小问题：1. 直接决定我无自性；2. 它印证我所有无自性；3. 这个道理也适用于其他。最后又分两点：1. 举例说明；2. 切入正题。

《入中论释》引用经藏说道：

“所谓我者怀鬼心，
是你[1]导致见解生，
东奔西走终无果，
归根到底生命空。

车轮辐条加辕子，
聚在一起叫车骑，
四肢五官聚一起，
叫作世俗有情器。”

本着轮子等多个分支的组合，冠以车子之名。以此为喻，本着蕴体——血肉之躯，冠以我或者苍生之名。首先论述车子之喻。

包括四个方面：一是车子为无自性的假名；二是针砭错谬；三是名之特点成立的理由；四是由此迅速找到见解的功德。

[1] 你，这里仍然指我这个本体。

首先，《入中论》说：

“除了分组[1]非车子，
非源其他又不是[2]，
不成分支非分支，
不是聚合非样式。”

车子除了自己的分支，没有一与异等七种形态，只是假名而已。同样，我与蕴体也不例外。

这里，如果车子有自己的本质成立的自性，无疑就一与异等任何七种形态自性是否存在，需用研究的道理来加以印证，七个形态哪个也不成立，故无自性。车子的分支，指立轴、轮子和钉铆等。

车子的这些分支与自性完全不同，如果是一的话，这些分支则是多个。同样，车子也变成多个；如果车子为一，那分支将会变为一，劳作者与诸事也会变为一。有此缺点。

自己的分支与本质成立的各类也不同，如果是的话，就像瓶与氆氇一样，应该另外分出各类而没有分出，因为失去了定义的条件。

所依和能依两个方面，如同酸乳放在铜盆中，自己的分支失去所依。就像粗牛毛织物中居住神授一般，也不能依靠分支。如果这两个（酸乳和神授）以自己的本质分别存在，印证不存在。

这里，不否定互为存在，而否定所依和能依自己性相成立。所举两个例子，是对他方赋予这些自己性相以所依能依成立的对方传承。所有这些，应正确了解。

也不认可存在的观点。就像神授因故变为黄牛一样，如果认为车子也具有自己的分支，如同把黄牛和神授分别开来，同样也应把车子自己的分支分别开来而不能分开，所以没有存在（的观点）。

同“神授具有耳朵”说法一样，车子具有分支也不符合道理，因为不同自性（自性存在）已被否定，自己本质成立的这个存在理由，是单一自性的方面，这也以前被否定。

“神授具有耳朵”一说，在术语中不被否定。同样，车子也是一个道理，因为否定自己性相成立的存在。

其余两个观点，如经中所说：

[1] 分组，分支组合。
[2] 不是来自其他，又不是不来自其他。否定之否定。

“拼凑分支成车子，
分别相处车也是，
本无整体无分支，
车有形状也无理[1]。”

把分支组合和特殊分支形状，叫作车子。对此，不赞同车子仅仅是分支组合。

鉴此，有两个方面：一是违背道理，把分支包括车轮等拆卸开来，七零八落，又将它们完完整整拼凑在一起，又成了车子。所以，唯分支的组合才是车子。二是违背承诺，自派物说者认为，整体不存在，仅仅是分支组合，所以分支也不存在，因为整体不存在。这样，分支组合也不存在，分支的组合不会成为车子。

否定车子仅仅是自己的分支组合，不需要用这位导师的主张特别论述，因为组合是命名车子的基础，也就是蕴体组合是本体的命名基础，故不可成为我——本体。

如果认为仅仅分支组合不是车子，而把完成组装的这些分支的特殊形状叫作车子。对此，如前所述，认为没有整体，也就不会有分支，因为仅仅把分支的形状唤作车子不符合道理。这个缺点与自己的承诺背道而驰。上述“也”字指的是，唯组合不能成为车子，不光如此。

另外，如果把这样的形状唤作车子的话，那是各类分支的形状的车子，还是分支组合的形状的车子？依照前者，是与以前未组装时候的形状没有区别的形状，还是与以前的形状截然不同的其他形状？

根据前者，经说：

“形状分支各已存，
知为车子道理通，
五花八门为哪般，
组合车子缘起空。”

指出了缺点所在。

从前未组装与后来组装完毕的车轮没有不同，当拆散之时，就不存在车子了。同样，组装之后，车子也会（逐渐）消失。

如果以前未组装时候的车轮等，后来组装之后，会出现一个与那些前者（未出现者）分支有所不同的其他形状，把它叫作车子，经说：

[1] 无理，没有道理。

“如果现时车子在，
车轮等支形状帅，
信以为真终虚假，
仅凭形状车何来？[1]”

这道出了缺点。

如果前后车轮与车轴存在各不相同的形状区别，则需要求证，尽管怎样观察，也得不出相关认识。所以，与前者形状迥异的，不可成为后者形状的车子。

如果不认为各类分支的各类形状是车子，而认为分支组合的形状轮廓则是车子。

经说：

“你的组合实空虚，
形状不是分支聚，
子虚乌有作依据，
缘何成为形状语？”

存在这样的缺点。

这样，凭借组合的形状不可称为车子，因为组合不是实有，故不同意利用组合定义形状，因为把定义一切假有的基础，当作实有来认可。

分支组合，不存在自己本质成立的自性或者实有，如果自性存在，组合者无非是分支、单一自性、数个自性。无论承认哪个，如前论述车子一样，可以批驳。

不承认定义假有的基础为实有，这种观点也认为分支组合的形状为车子的定义基础，车子是其虚构的假有物，故不认为零件就是车子。因此，否定组合的形状为车子，其所破也无需再找区别。

如果说依据虚无的组合定义虚无的形状并非不认同，那么依靠无明和种子等非真实之因，行动与禾苗等不会有真实的果实。所有这一切，说明对于生并非不认同。

经说：

“你所认为如这般，
依靠假因来判断，

[1] 车何来，不会形成车子。

果实虚无自性空，
万物生长应熟谙。”

这个车比喻反映了色等八尘之暂时聚集，也消除了对于瓶等的错误认识（把瓶当成实有的错误认识）。另外，否定根据八尘实有虚构瓶等，也否定瓶等实有的色等特殊形状的想法，色等不存在自然生，因为这些不存在自性，故不认同实有。

《入中论》也说：

“反映色等如是处[1]，
所谓瓶思[2]非斟酌，
既无自生也无色，
具有形状道理无。”

如果像车子一样，瓶也绝非自己分支组合的形状，鼓腹等并非它的本质。如认为这些是形状的话，那就需要认为鼓腹与长颈等便是瓶，而不认为鼓腹等形状便是瓶。换言之，须认为（瓶仅仅是）腹与颈了。

针砭错谬。这里，物说者说：“用探究自性是否存在的道理得出的理由，从七种形态探寻车子，无果而终，则（应该断定）没有车子，那么世上定义车子之名就无从谈起。这也不可认同，因为（生活中有）赶车子！买车子！造车子！”此等说法，经常有所耳闻。

因此，(得出结论）马车等存在。是这样吗？其答案在《入中论释》中说:“这个缺点只有在物说者身上存在，而自己身上不存在，有这两条理由。”

首先，“赶马车”等凡人术语，如按您[3]的观点，应该不存在。针对您所主张的物质存在说（是否成立），须用探寻自性是否存在的道理进行缜密研究后才能决定。当用这个道理探讨时，这七个形态中找不到任何车子的影子。物质形成的其他方法也未被承认，故车子不存在。

用探寻自性是否存在的道理进行研究时，找不到车子，意味着车子不存在。这个物说者的争论,被现在主张中观理论的人们认为这是中观派的观点。那么，持这种想法的人们无疑出现了所有术语论述不能自圆其说的缺点。

自己无过错的理由是，经说：

---

[1] 如是处，如是存在。
[2] 瓶思，瓶子与思想。
[3] 您，出于对持不同观点的人的尊称。

“无论真实或世俗，
七种形态难成书，
不加审思从凡人，
凭借分支名假物。”

这提出了观点。其意思是，当用探寻自性是否存在的道理进行检验时，在任何七种形态中找不到一点车子的影子。虽然属于二谛范畴，但用道理（分析时）七种形态中找不到车子，故哪能（未必能）否定车子。即便如此，也承认车子，用研究自性是否存在的道理不能印证，放弃这个严谨的道理分析，凡夫——仅凭一个平常术语派之识顺利完成（形成自己的价值观）。

这样，其主张的理由是，依据自己的分支确定的假有存在。如果经瑜伽师这样深入研究时，这个道理找不到车子，它没有自己本质成立的自性，但其分支存在自性。如果这样认为的话，那么从烧焦的氆氇灰中再寻找氆氇，将会引来你的耻笑。

经说：

“车子存在非有时[1]，
整体不在无分支。”

这就是说，没有整体，也就没有分支。如果对此表示反对，认为车子破损之时，轮子等分支组合依然可见。不是这样的，之前只是看见车子时，才认为轮子等是车子的一部分，而不从其他方面考虑。

其次，当车子破损之时，轮子等与车子没有了关系，故不是车子的分支。因此，作为整体来说，没有了车子，也就没有了车子的分支。

这时，从车子的角度来说，分支与整体都不存在，但基于轮子等自己的部分成为整体，这个部分是其分支，故无法确立没有整体的分支。

此外，如果没有整体，就没有分支的意思是，有如下偈句为证：

“比如车烧无分支，
慧烧[2]整体无分支。”

按照这个比喻，予以了知。

[1] 实际上不存在的意思。
[2] 慧烧，智慧之火烧毁整体。

其三，从名字的区别加以印证的理由。《入中论释》说："这个派别从世间流行的方面虚构车子的术语约定俗成，不仅如此，它名字的所有区别，未经周密研究，从世间传承的方面予以认可的。有偈句为证：

"真实整体源部分，
车子作用言能行，
为人充当运载具，
……"

车子，是基于轮子等分支与部分而冠以所谓总体或整体的术语。同样，依据轮子等近取事[1]而冠以做事者名的术语，依据近取而冠以近取名的术语。

有些自派说，只有分支与部分的组合，而无其他因素可言，故整体或总体不存在。同样，只有宿命，没有创造者；只有近取，没有其他可谋，故只有近取，没有近取者。这种说法是对世俗的黑白颠倒，因为依照这种观点，分支等也就不存在了。

考虑到这个,《入中论》说:"请不要破坏流行于世的假有（存在）！" 这样，如真的没有整体等，也就没有分支等；如在世俗中分支等存在，整体等也就存在。这种观点没有超出二谛之范畴。

其四，据此迅速找到见解的功德。《入中论释》说:"对于这个世间的假有，进行仔细研究时，（实际上）不存在。未经观察，就觉得因流行而存在。此故，当瑜伽师依次对此进行严格考察时，顷刻之间就能洞悉真谛的奥秘。为什么？

"有偈句为证：

'七态[2]不存[3]如这般，
说有行者[4]无答案[5]，
但他从容入此道，
就其形成如是观。'"

类似车子的这个分析，指出了可迅速悟解真实无自性的深刻意义，这显得十分重要。

[1] 近取事，直接的事由。
[2] 七态，七种形态。
[3] 不存，不存在。
[4] 行者，瑜伽师。
[5] 瑜伽师对于有找不到答案。

这样，深入研究这个假相的瑜伽师，面对"如果车子"存在自性成立这一话题，毫无疑问，从一与异等七种形态出发，用道理探寻自性是否存在之时，要说从任何七种形态中可以找到答案，毫无所得。

尽管如法难寻，但车子术语无可抵赖地出现。

所谓"车子"一说，完全是被无明的白翳致瞎思想的眼睛而虚构的，自然产生决定自性不成立的想法，这位瑜伽师便会顺利投身真谛。

"他也对真谛"的"也"字，是指世俗不会消失。否定车子存在自性的辨析方法，以七种形态进行考证，其论式鲜明，否定的道理也非常清晰。据此，车子无自性容易了达。

总而言之，针对车子，建立像以上所说的论述，它有三种功德：一是捏造万物有自性的常见容易被否定的功德；二是不认同无自性存在缘起想法的断见容易被批驳的功德；三是进行以上两种功德的多种研究而成就的瑜伽师深入探讨的次序。

首先，否定仅仅一与异的自性存在，方法过于简约，则非常难以理解；过于繁复，则显累赘。所以，用七种形态进行研究非常合适。

其次，在起初否定之时，对所破赋予区别进行否定，故从这方面否定自性存在，但不否认在术语中存在功用和能功用。

第三，如果内涵自性成立，不外乎外延——一与异等七种形态，运用信念，一一指出缺点之时，看到任何七种形态都面临危害。首先否定外延，也否定内涵，决定无自性需要引用许多理解。

之后，尽管这样自性不存在，但看到车子的术语无可辩驳存在之时，就会发出"哎哟！这个由业与烦恼的魔术师制造的车子等幻象多么神奇！这些丝毫不能超越各自的内因外缘，各自本质成立的自性也荡然无存"。这样的联想，对于因缘和合的意义缺点自性不生，将会得到理解。

《四百论释》也说："从瓶子等自己的因中，探寻真实与其他五种形态时，毫无所有。但是根据因缘而假名的，如蜂蜜、水和乳房，以及进行舀等可行性工作，何等不是神奇啊！"又说："抓住一个无自性的东西不放，就像旋火轮[1]一样，自性空无。"

第二节　何谓无自性

其二，切入正题。有两点：一是把无自性的特征纳入正文；二是从眼睛

[1] 旋火轮，迅速转动柴头余烬形成的环形火光。

方面将印证方法归入正文。

前者又包括四点：1. 否定我与蕴一致的方面；2. 否定我与蕴不一致的方面；3. 由此破除其他多元的方面；4. 由此显示人如幻影。

首先，一般而言，从世间可以看到，当思想充分认定物质相对之时，也就否认了绝对；当全面认定物质绝对之时，也就否定了相对。

这使一与异，或一与几，排除了中间路线，因为相对与绝对就是一与几的区别。当决定一与非一二者之时，附带也会决定自己本质成立的一与异。

这样，如果我或者人[1]自己本质成立的自性存在，不会超出一与异的范畴。设问我是蕴与本质成立的一，还是本质成立的异？值得分析。

对此，首先说的是，如果我与蕴二者同为自性成立的话，有什么害处？对于一的观点有何伤害？瑜伽师将会进行探寻。

鉴于这个，佛护大师提出了三个害处：一是惟我无意义；二是我将会变成许多个我；三是变成生灭规律。

首先，如果认为我与蕴同为自性，承认我不具意义，因为将会变成蕴的不同名称。例如，月亮与玉兔。

《中论》（第二十七卷）说：

“除此而外惟近取，
不是我有[2]造作虚，
假若近取是本体，
你的本体无根据。”

其次，如果我与蕴同属一个自性成立的话，一个人就会有几个蕴。同样，我也会有许多个我。如同我只有一个，蕴也会变成一个，将会出现这样的纰漏。

《入中论》也说：

“如蕴是我变化多，
我也变成众多我。”

第三，《中论》（第十八卷）说：

“如果蕴是本体我，

[1] 我或者人，指事物的本体，而不是指真正的我或者人。
[2] 不是我有，本体不存在。

趋于生灭变化多。”

《中论》（第二十七卷）说：

“近取不是我本体，
或者滋生或者灭。”

这里的近取应理解为蕴。

我，顷刻生或者顷刻灭，这样的认识方法有什么缺点吗？《入中论本释》说有三种缺点：一是忆生不被认同；二是空耗宿业；三是遇到未造业。

首先，如果我是顷刻生，或者顷刻灭，那么我就属于自己本质成立的生灭，故前我后我因自相（因自己的本质）而变成多个类别。

这样，曾几何时，我就是自乳轮王。谅不敢如此说话，因为自乳轮王之我与佛祖之我，属于因自相成立的各类。譬如，当神授回忆起自己的往生时，不会认为自己变成供施（对象）才有所回忆。

否则，因自相变成其他，也是以前经过的事情后来有所想起。如果这不矛盾的话，神授不可能把以前的经历用供施回忆起来。对此，如果提出不同的理由，一无所获。

认为这是土芽[1]自己本质成立的自性，有些人却认为是因果关系。这些被视为因果的话，等于火光中产生黑暗，与否定他生的道理没有两样。对于仅限这种差别的想法，不能如此进行平衡。

那么，以为这部经典[2]把佛祖和自乳轮王混为一谈了吗？这部佛经只是制止其他续部，没有混为一谈。

这部经典说：“那时，以为某某是其他（人），实则无需这样看。”这是月称大师所主张的。

有些人对这部经典产生误解，说：“佛陀及其他往生的众生其实是一样的。”又说：“我在前生如此这般。”遂把二者视为一个。如果是造作的物质，（有）顷刻毁灭（的可能），故不可能始终如一。所谓“这二者永恒”一说，是为了向人们指点迷津，是根据前生四恶见之第一个恶见。龙树菩萨为了批驳它，在《中论》（第二十七卷）中说：

“所谓过去已出现，

[1] 土芽，土与苗芽。法尊法师译为“种芽”。
[2] 不知哪部经典。

不敢苟同此观点，
无论以前出现啥，
子丑寅卯不新鲜[1]。”

如果这样的话，一个人也会成为六道众生，他们依次可以转生为六道之身，这些前后也是恒一。

同样，针对认为这些前后自己本质成立的各种类别，提出了反驳观点。观点认为如果我有自性，这些前者或后者由自己的本质变成一个，到那时成为永恒；或者由自己的本质变成数个，到那时成为断见者，故智者不承认我有自性。

空耗造业之罪。我每时每刻都在进行着本质构成的生灭，如果认为前我所造的业果由后我领受，将在下文予以否定。这里，（意味着）前生所积的业果就不会亲尝，因为造业者在自己亲尝业果之前已经毁灭，我不会有另外一个我。

又，前后物质不会因自己的本质而变成其他，前者（我）不会异变为其他性质的后者我，如果前者不尝业果，那应该没有业果（可尝）。同一因类的答案将在以下予以否定，故无法解决空耗造业（的问题）。

遇到未造业之罪。如果前我已经毁灭，但后我领受业果，以为不存在空耗造业之罪。那么，亲尝那个业果的因缘之业丝毫也不曾积聚的人，将亲尝别人积聚的业果，因为自己本质构成的其他人积聚的业果，将与自己本质不一样的其他人予以亲尝。

如此，《入中论》说：

“没有入灭顷刻间，
没有生灭无果践，
他人积业别人尝，
……”

《入中论》虽然指出了其他三种缺点，但只是否定了各个派别的观点。这里，认为否定了一般，故未被写入。

就这两个道理，《中论》（第二十七卷）说：

“假如这个变那个，
没有那个却出壳[2]，

[1] 什么这个那个的，都没有出现过。
[2] 出壳，出现。

如是彼处现变化，
本无死亡又生色[1]。

断见造业被空耗，
他人所造诸业糕，
其他人们分别享，
如此等类实无聊。”

空耗业果等二者（说法），由月称大师提出。

“假如这个变那个”，是指前世时候的我与现世的我因本质而有所不同。

这样，与前者无任何牵连，却又好端端出现。就像制造瓶子完工之时，氆氇完好无损一样，当后我产生之时，前者应当不灭而住，以前未死这里出生的意思。

如果前生后世之我们，虽然是自己本质成就的各个类别，但没有空耗业果、遇到未造业的缺点。如果说是同一因类的话，如同自相未成就各个类别而需要修证一样，因自己本质而有所不同。也就是说，不认同同一因类。例如，弥勒与小护。

这样，《入中论》也说：

“真实有续无缺点，
细察前情说续愆。”

以前如何观察。《入中论》说：

“遵循弥勒与小护，
诸法变异非同族，
万物自相现各类，
同为续部无理数。”

由自相成为各个类别，就像两个不同的因类，无法将它们合而为一。

《中论》（第二十七卷）说：

“假如神人是其他，

[1] 又生色，又出现色身。

同为因类不合法。”

总之，如果是自己本质成就的其他，则需认为用道理分析假象可以做到。当用如此道理仔细解析时，可供研究的物质丝毫不存在，因自己本质而异的前者积聚的业果由后者亲尝，对于不同的因类一模一样，难以区分。这个时候需要了解清楚。

那么，以前的经历者与后来的回忆者并非一回事，在自己的观点中也夹杂着不同的因类。同样，回忆以前的经历，回忆以前积聚的业果。要说对此表示反对，没有过错，因为这是同一因类，并不矛盾。其他派别则不适应同一因类。

譬如，在茅草房里放着盛满酸乳的器皿，虽然用草编织的灰鸽未直接落在器皿之上，但其爪痕依然印在酸乳上面（跟“雪泥鸿爪”的意思有几分相像——译者注），今生今世的人虽然前世未能到达（某地），但前世的经历今生可以回忆起来，这并不矛盾。

《四百论释》说：“把因果法寻思为一与异被扬弃之后，因之不同，境遇明显，行动过程只是无常，其近取者假名之我回忆往生。言之有理。

“万物非由自相构成，它们具备如此这般的因缘，发生变异不是没有道理，故物质非由自相构成，其因缘作用非同寻常，不可思议，应全面考证。

“像泥浆一样的酸乳放在屋内，屋顶盖有许多草，草上落有灰鸽，其足迹透过草缝印在酸乳之上，但它的双足不可能真正踩在酸乳上。”

欲知详情，请阅《入中论》。

现言归正传。就我为蕴和我为一的看法，《中论》（第二十七卷）说：

“如此这般近取因，
自然就是近取人。”

这是巨大危害。如说“此人转生此身”这一说法，蕴应该就是近取，我应该就是近取者。

如将这二者（近取、进取者）视为一回事，那业与作业者将变成一回事，能砍与所砍、瓶子与泥匠、火与柴火也将变成一回事。

《中论》（第十卷）也说：

“如果柴火就是火，
作者等于作业果，
火木共同构本体，

近取具有全程路。
瓶子氆氇等一处，
一个不剩作注疏。”

《入中论》也说：

“取者近取非道理，
作者形同所作事。”

这样，我既是蕴又是一的话，认可我就没有意义。我变化为许多个我，所作事与作者变为一个，空耗造业，遇到未造业，回忆往生，这些话就不能令人满意，因为有六项，不能一概而论。

其二，反驳异见。为何我与蕴并非同一自性，而认为自性不一有何缺点？对此，《中论》（第十八卷）说出了缺点：

“万物除了一蕴体，
蕴体性相不再立。”

这是说，如果除了我蕴之外，还有本质构成的其他，那就不存在蕴之性相生或者灭。譬如，马是不同于黄牛的其他动物，所以不具有牛相。如果以为这样，那么将其作为定义我之基础与执我之外境不存在，因为是无造作的缘故。就像空中之花或者圆寂一样，叫作其他流派的论式。这是《明显句论》的观点。

如果我不具备生灭的性相，将变为永恒，那时候永恒不会发生变化，对它毫无办法，虚构我则失去意义，因为无所适从。这是佛护大师的主张。

另外，除了蕴之性相可见为物体外，自性不一而存，应该这样需要求证，如求证色与心有所不同。

不这样认为，我的含义别无他指。《中论》（第二十七卷）说：

“本体只是近取因，
变为其他不苟同，
如果不在别处取，
要说有理又理穷。”

《入中论》说：

“除了蕴体我不存，
除了蕴体不认同。”

所以，那些外道们虚构了蕴以外其他意义的我，没有理解我仅仅徒有虚名，当看到不认同蕴与一，出于宗派之偏见进行虚构而已，他们不这样观察一般因类的术语之识。

用这样的道理，（探讨）除了我蕴以外，因自己本质而异存，竭力寻找观察危害之可靠理由，从而进行学习。对于一与异这两个方面，如果不通达危害理由之正确性，即便确定人无自性，但只是流于主张，找不到正确见解。

这样，愿意分析人是否真实存在，如果人真实存在，经过研究蕴、一和异，认为一的话，最终危害就像火与柴火、作业者和业变成一回事。如果认为这些为一，就要用世间观察的这个标准来加以破除，立论者和驳论者的不同见解不会变成危害。

同样，有别样存在，也有类似存在，如同色与心一般，须观察它们互不统属，不因平凡之识的制约，说这样不能观察（的话），应指出这个危害性。非凡见解不能成为危害。

所以，在研究真实之时，一切危害的最终根本，关系到立论者与驳论者因类的术语之识没有危害。如前所述，所谓“真实究竟世无害”，只是说明真实无量[1]，每每研究真实的时候，对于无害术语之识，不是不主张危害。否则，各自非凡观点无法说明危害，承认不承认教证众说纷纭，承认者也不符合了不了义，对此要用道理印证的话，会说出其他什么样的道理？

说在对方的承认中，若承认某个的话，也需要承认某个！若不承认某个的话，也别承认某个！鉴于这个（似是而非）的原因，没有道理，何以决定。

所以，说到底能害与能立的一切根本，关系到立论者与驳论者的术语之识无害，如承认与之相互矛盾的，观察自己的经验所害，不超越这个（范围），就是所有中观因明的主义。

然而，用术语之识印证无自性等，则不存在缺点，虽然真实印证声音是造作的，但如无需真实印证（声音）无常一样，能立与能害的根本，最终关系到真实，但根本立宗无需真实印证。

第三，它否定其他观点。如果自性异样存在，就像铜盆中盛放酸乳一样，蕴依赖我，我依赖蕴，彼此存在所依和能依的两个方面，再也没有其他自性存在，故没有所依和能依，就像说车子一样。

[1] 真实无量，作为真实，它没有什么标准，没有什么量。

《入中论》也说：

“蕴体当中无本体，
本体当中无蕴体，
如有其他成寻思，
没有其他寻思之。”

有我与蕴的方面，也与说车子相同，如是求知。

《入中论》又说：

“我非具色[1]又为何，
无我意义无所设，
他无牛相具形色，
惟我具色无他得。”

牛相，指的是类似神授具备牛相。

具色，指的是类似神授具备色相[2]。

那么，是否认为只有蕴聚合在一起就形成了我呢？这也没有道理，经说依赖五蕴假名我，故不认同把虚构的基础当成假名的事物。

《入中论》又说：

“经说依蕴假命名，
惟蕴聚合非本人。”

另外，如果仅仅蕴凑在一起就是我的话，将会导致事和做事者混为一谈的缺点。这是《入中论释》的主张。

如果认为每个蕴就是我的所取，就需认为五蕴也成为所取。所以，诸蕴的组合也将变成所取。

说组合只是我的定义基础，而根本就不是我。鉴于此，需要对蕴之续也这样认为，显而易见。

即便它们不是我，例如，当把车子的轮子和车轴组合在一起，造型又特别漂亮，就冠以车子之名。同样，如果以为把色等组合一起的特殊形状唤作我的话，那形状只存在于有形，故无法把心等定义为我。

---

[1] 我非具色，我不是色身。
[2] 色相，形体，形色。

《入中论》说：

“所谓形状具有形，
对你此等成自身，
心等聚合非变我，
因此它们形难成。”

所以，车子不符合自性七种形态中的任何一种。然而，就像依靠自己的分支命名一样，我也不是蕴、一和异等自性七种形态中的任何一种。但是，依靠蕴命名（事物），二者相同。故经藏将二者作为喻义而说，令人可信。

第四，由此可知，人如虚幻，脆弱不堪。经说，虚幻之义有两种：第一种是，像真谛似虚幻的说法构成惟有，但指的是否定真谛；第二种是，说色等虚幻，自己的本性反映空无，却又以色等形象出现，如幻如虚。这里指后者，即后者有前者虚幻之义，而前者不一定有后者虚幻之义。

后者的构成理由，是依赖认识现象和理解空性的两种思想而形成的。譬如，眼识发现虚幻的牛马出现之后，用心思决定虚幻的牛马不存在。据此，就可产生牛马的出现实为虚幻或假有现象的想法。同样，人等（事物）在术语之识中无可争辩地出现，真实自己本质构成的自性空无，这个被道理知识所确定。根据两种情况，就可产生人是虚幻或假有现象的认识。道理知识不能印证现象存在，术语标准不能印证自性空无。所以，探究自性是否存在的道理知识，认为色等存在的术语，这两种思维不可或缺，原因在于此。

所以，如果不认为色等如虚幻一般显现，那认识它们的术语之想自然存在，故无需为其探寻方法，（不然）徒劳无功。它们是否存在自性，经用道理多次研究，对于否定自性（存在）树立巨大信念，之后观察出现的现象，就会知道只是虚幻一般，不再作出虚幻一样的空性决定。

用道理知识彻底否定事物现象的生灭等自性，其空性就像天空一样的空性，自性空无却又显现为自性的色等现象出现。对此，先哲们叫作“如幻空性”。

同样，当投入转经、诵经等善行之时，首先要用道理充分研究它们是否存在自性，从而自性得以否定。掌握其确切的分量，并身临其境（亲力而为），学习虚幻显现的样子，如是而为。

如果知道这个关键，在入定当中修炼虚空一样的空性，由此在后得位显现虚幻一样的空性情况，将很好地得以了解。

对此，如前所述，如果不完全了解所破之量，用道理研究一与异等之后，发现对它们有害（缺点）之时，就会想到人等从来不存在，人等事物就像兔子长角一样，一切显得没有意义，空空如也。这种想法为巨大断见，应知它是正见之误区。有偈句为证：

“如是这般什么样，
凡世似乎虚幻堂。”

《四百论释》说：“所谓缘起，当看到真实规律时，就像造作的虚幻，而不像石女之子。如果这项缜密研究完全否定了生，认为指出了造作无生，那时它不会像虚幻一样。用石女之子等直接比较衡量，（知道）缘起不存在带来的恐惧，（希望）不可与上述这些事例产生矛盾。做到不矛盾，则主张虚幻等。”

所以，用探寻自性是否存在的道理知识，知道惟虚之义存在也是错误。用这个道理深入分析后，在否定自性之下，万物存在惟一虚幻之义的认识定要产生，故不是错误。

《四百论释》说:“此故，这样全面分析之后，（知道）万物的自性不能成立，从各自角度表明万物只剩下类似的虚幻。”

这说明了虚幻之义就要成为多余。

当这个禾苗自己本质成立的自性被否定之时，直到这个道理的作用消失殆尽，用道理研究是否认可，就不产生禾苗存在自性的认识。但是，会认为禾苗无自性符合真理，会认为自性空无的现象形同虚幻也是真理。用道理需要批驳的认识是错误的，在没有这些（禾苗的自性）类似虚幻之义存在的认识中，存在着执著虚幻之贪念，故需要扬弃，这种想法万万不可。若如不然，将酿成缘起的一切理解无从谈起的大错。对此，以上陈述多次。毋庸置疑，这是没有很好地甄别类似虚幻之义存在和真谛存在的缘故。

另外，分析外境之下，用道理梳理之时，首先就会产生不存在的想法。同时，视研究者也同样如此，肯定无者也不存在，对任何事情模棱两可，是非不明，无所适从。于是，出现现象模糊的意识，不能区分自性有无与惟一有无，它是靠着道理否定一切之后出现的，故如此虚幻也是毁灭缘起的虚幻。所以，由认识导致的模糊现象的出现也绝非类似虚幻之义。

因此，当用道理充分分析之时，知道人等在自己本质构成的外境之上丝毫不能立足，与此有关的这些现象模糊显现并不是问题。像这样信仰中观派，听闻所宣示的无自性的零星宗法，大家都可以做到。但难点在于，认为自己本质构成的自性被全部否定，无自性的人等是积业者和受果者，对此要找到根本理解。能够推理它们的二聚，直至轮回边缘[1]（才能解决），故中观之见非常难

[1] 轮回边缘，非常遥远，遥不可及，绝无仅有。

以掌握。

如不这样掌握，即便对观点的理解能力增强，但对行品[1]的理解能力则下降。毫无疑问，对行品的理解能力越强，对观点的理解能力则越小，故无法对二者做到最大限度的均衡理解。

因此，要么必定坠入认为自己本质构成的虚构、常见、物质存在说的边缘，要么坠入物质本来不具实际功能、空空如也，歪曲、断见、物质不存在说的边缘。

所以，《三摩地王经》说：

“届时无孽具十力，
佛宣无比三摩地，
红尘众生如梦幻，
既不投生亦无死。

人类生命极难得，
芭蕉[2]水泡喻契合[3]，
虚幻犹如雷电闪，
阳焰水月无所择。

有人死后离人间，
很难他世再投转，
宿业永远不偏废，
悠悠轮回黑白辨[4]。

既非永恒亦非断[5]，
无所积业无所安[6]，
造业必定遭报应，
他人行为己不验[7]。”

这是说，用道理无法找到生存与命终的人，但虚幻似的万物却能生出黑

[1] 行品，要求菩萨的行为规范。
[2] 芭蕉，一种结一次果后即会枯萎的植物。比喻短暂、无常。
[3] 喻契合，比喻非常契合道理。
[4] 黑白辨，黑白业果将得到明确分辨。
[5] 亦非断，亦非中断。
[6] 无所安，无所安住，不存在。
[7] 己不验，对己不灵验，不感受，不领受。

白之果。造业必须触果,不会得不到报应。他人所造的业果别人或感受或经受,没有不造业而遭遇的,要找到类似说法的信念。

如上所说,探寻这种理解的理由应该是,让道理所破的全貌很好地展现出来,对自身的无明如何虚构自性,进行充分的思考并加以认识。于是,如有这样的自性,不外乎一与异,承认二者(一、异)存在危害(缺点),分出名目,善加思维。运用发现危害的道理,最后认定人丝毫不存在自性,巩固信念,对空品[1]应该多加学习。

于是,人之术语的出现,无可否认,使之萦绕脑际,进而对确立积业者与受果者的缘起范畴进行遐想,对认同无自性就是缘起的认同法找到信念。

第三节 关于影像

当二者(积业者、受果者)矛盾显现之时,要思考用影像等比喻不矛盾的理由,脸面的影像即眼睛与耳朵等,无论出现在哪里,实际上都是空的,但凭借脸面与镜子而形成(人的轮廓)。当这些条件消失时,无可否认二种毁灭一同相遇。同样,人虽然毫无自性可言,但基于积业者、受果者、宿业和烦恼等的产生,这方面并无不同(并不矛盾)。要这样进行思考修习。像这样的情况,应与时俱进,加以知晓。

那么,无论这些影像等出现在哪里都必定空虚,如果证悟它们的自性不存在,凡夫也可直接了知自性不存在,可以成为圣者。

否则的话,它们岂能成为无自性的比喻。这些比喻也没有自性,须依靠因缘才能了知,无论为其做任何比喻,由此观察,以为须经过无穷无尽的道理。这只能了知部分前者——影像等自性不存在,但不成为圣者,因为只是了知残缺事物的空性。有一种说法,若要成为圣者,需要真实证悟万物无自性,但不符合道理。

《四百论》说:

“一种物质何观点,
统统成为共同见,
一种空性何模样,
全部成为空性谈。”

[1] 空品,空性方面的知识。

这说的是了悟某种物质无自性的空性，就能了悟万物的空性。

这样，影像以形体空无而定，虽然不认为形体为真，但认为影像真实存在又有何妨？当不会说话的婴儿看见形体的影像时，与之进行玩耍等，他们把形体误以为真。而会说话的大人则知道形体毕竟是形体，并认定形体为空，但对这些形体出现的影像，却认为是本质构成的存在，这是实执。它又自身存在，体验形成。

然而，可作无自性的比喻，无论出现在何处其本质空虚，无论出现在何处其自性不存在真实成立，故将其作为比喻；无论出现在何处其自性空虚，在禾苗等上面得到真实体现，因为禾苗无自性可以了知，故与影像等不同。

这真是：

“瓶等真实不存在，
如同世上流行开。”

瓶等作为无自性的比喻，放在物说者身上，如影像等一样，只是不全面的空性，不是它们的无自性。如前所述，反复论证车子等自性不存在的道理。

同样，有些观戏者把魔术师变换的牛马等信以为真，而魔术师知道牛马为假，这也是不全面的空性。在梦境中追求情器世间的物质，梦醒之后，知道梦境中出现的都是虚假。人入睡后，无论认识有何不同，梦中的男人变成女人，最后被其他男人与女人(所代替)变成子虚乌有。但这并非了悟梦无自性。例如，就像认定影像等无形体一样。

如上述引用的：

“虚幻阳焰等假名，
除了世间概不存。”

认为阳焰、虚幻、梦中的水、牛马、男女等存在，连一般术语标准都不予采纳[1]。所以，知道他们所偏爱的没有任何意义，这不是了悟物质无自性之见。

如上所说，根据这些虚幻之义，创作甚深经藏偈句的音调，吟诵并思考。这是按照《三摩地王经》内容而作：

“恰如阳焰寻香城，
一样虚幻一样梦，

[1] 阳焰等自然现象，被一般的术语认为虚假。

修炼自相本质空，
万物如此需弄懂。

犹如碧空挂月亮，
月影透射清水塘，
实际月亮未落水，
万物性相如此样。

犹如人处森林中，
或唱或说或哭笑，
只闻回音不见人，
一切现象如此空。

或歌或乐或哭泣，
传来回音不稀奇，
但声从无此音律[1]，
一切现象皆如此。

犹如梦中享欢乐，
梦醒发现天地隔，
幼童格外喜游戏，
一切现象出一辙。

魔术师施障眼法，
变换牛马车子雅，
实则空虚无一物，
一切现象如此假。

窈窕淑女做美梦，
俊男出现即命终，
有则高兴无则悲，
一切现象如此空。

[1] 声音本身没有这样的音律。

犹如夜空升月亮，
月影映在清江上，
水月空虚手不触，
一切现象如此状。

犹如春日正午时，
有人干渴行路迟，
忽见阳焰误当水，
一切现象皆如此。

阳焰本来没有水，
愚人却又饮欲催，
假水永远不到嘴，
一切现象如此鬼[1]。

犹如葱郁芭蕉树，
以为有果劈两斧，
结果内外都是空，
一切现象如此浮[2]。”

第四节　以点及面

其二，以名为例，提纲挈领。就像凭借轮子等（的组合）冠以车子的名字，其分支是所取，车子是近取者。同样，根据五蕴[3]、六大种[4]和内六处[5]定义我之名，前者为所取，（后者）我为近取者。车子与其分支是作者与事（的关系）。同样，我，作蕴等索取之事，故为作者，而蕴等是其所取的业，故为事。

《入中论》说：

“大千世界有传承，

[1] 灰暗不明，云谲波诡。
[2] 轻浮不实，空无一物。
[3] 五蕴，色、受、想、行、识。
[4] 六大种，土、水、火、风、空、识六种事物。
[5] 内六处，眼、耳、鼻、舌、身、意。

五蕴六处六大种，
本体当作近取者，
近取为业亦是人。”

就像车子一样，当研究真实之时，任何七种形态中找不到我，虽然毫无自性，但无需穷究，世俗中存在。

其二，它说明我所有也被否定，用道理探寻这个我是否存在自性之时，七种形态一无所获。当我被否定自性（存在）之时，岂能用道理找到这是我的眼睛等。这样，我所有也无自性，瑜伽师完全不采信我与我所有的自性，这将（促使）彻底从轮回中得到解脱。将在下文论述。

《中论》（第十八卷）说：

“本体从来不存在，
哪有理由成我有。”

《入中论》也说：

“作者事业均不存，
我中无我也不真，
本体我及我空见，
必使瑜伽得解困。”

凭借了悟我无自性之力，将了知我所有也无自性，其相关释难前已述及，望从中了解。

其三，这些道理也可触类旁通。如我与蕴之研究，形同车子的功用一般，瓶与氆氇等也可举一反三。瓶等、自己的形体等、一异等的研究，用自性是否存在的道理，探寻七种形态时，其中找不到任何二谛，被归入未经考察的术语之略知中。

《三律仪经》（འཕགས་པ་སྡོམ་པ་གསུམ་བསྟན་པ། a´phgs pa sdaom pa gsum bstan pa）说：“世间与我相争，但我与世间不相争，因为世上有什么无什么，我便自明。”

对于流行世间的道理无可否认，表示赞同。

《入中论》也说：

“瓶子氆氇毛织品，

军队林带灌木丛，
房屋小车与客栈，
五花八门物质丰。

世人根据何门道，
议论纷纷有待考，
无论如何能仁王，
从不与世相吵闹。

分支功能及贪嗔，
性相包括柴火等，
自性整体与贪欲，
事相包括火等情。

深入分析车子情，
七种形态不反映，
然则变为他有物，
娑婆世界大流行。”

从哪个门道出发，世人说出这样的话，都是未经考察，而知为惟有。为什么呢？也就是分支与整体的问题，它们以瓶子为例，瓶子是整体、自性和事相。陶器等是分支。青色等是功能。鼓腹、覆唇和长颈等是性相。氆氇等也同样。

贪欲中的贪是格外喜欢，欲是其基础。在释文中指多情之人。火是能烧[1]。柴火是所烧[2]。依靠分支定义整体，依靠整体也定义分支。同样，根据火定义柴火，根据柴火定义火，依此类推。

《中论》（第八卷）也说：

“作者因业而命名，
业也因作者冠名，
一一相依成法则，
除此不见成就因。”

[1] 能烧，用来燃烧的工具。
[2] 所烧，所要烧的东西。

又说：

“通过作者与诸业，
了解其他物质界。”

所生、能生、行、行者、所观、能观、量、所量等，都本质不能成立，要知道它们只是相互融合而成。

这样，无论怎样研究类似一我，都是自性空。对于无自性，如果知道有所作和能作的二谛确立方法，可推知一切物质，从而可以顺利了悟万物无自性，对以前所说的喻义获得理解。

《三摩地王经》也说：

“如你知道我心想，
认识世界一个样，
万事万物无区别，
一尘不染碧空亮[1]。

举一反三知全貌，
窥见一斑知全豹，
千言万语道不尽，
我慢执著不滋扰。

[1] 碧空亮，像碧空一样透亮。

第二十四章　法无我

第一节　决定法无我

如何决定法无我。假名人之基础是五蕴和地界等六界（六大种），以及眼睛等六处是物质。它们本质构成的自性空，是这些物质的无我。

有很多决定方法，但《入中论》否定四项判断之生，肯定物质无自性。这在《入中论释》中认为是法无我。这里，撮其梗概而论述。

《中论》（第一卷）说：

“既非本体亦非人[1]，
既非二者非无因[2]，
无论事物处何地，
任何时候不可生[3]。”

这意思是说，无论内物质，还是外物质，我（本体）在任何地方永远也不可生。同样，对其他三种主张也可适用。

这样，应成派否定我生，尽管如此主张，但不说理由之喻因[4]，指出违背这些主张的害处。

这里，自性生是否依赖因缘，分为两种断语。有依因生果的断语、二因一自性的断语和二异的断语。

其中，因果一自性之生，我生与自性异生是他生，它们又分为我他个别、

[1] 亦非人，亦不是他人。
[2] 既不是来自我（本体），也不是来自他人（他方），但并非没有原因，并非没有内因外缘。
[3] 这里说的是本质不可生。
[4] 喻因，比喻的原因。

我他组合二生。个别包括我生和他生,惟否定四项判断之生——破除他宗而已。

如果禾苗生自自己的本体，那就没有实际意义。生，无论出现在哪里，都是为了得到其本体，故禾苗已经得到自己的本体。例如，真实鲜明的禾苗一样。

生也会变得不着边际，若已生的种子复又萌生，这个种子就会周而复始的生。

那么，唯种子经常滋生，就会导致禾苗等鲜有生长机会之嫌。

《中论》(第二十卷)说：

"如果因果变成一，
能生所生也变一。"

《入中论》也说：

"如果某个出自某，
功用几乎一个无，
如果生成复又生，
正确道理不会有。

如果已生再次生，
不折不扣作思忖，
故而禾苗等生命，
归根到底不可成。

有言物质出自我，
千方百计冠假名，
以此类推世界中，
实实在在道理无。"

这是说，若如异化四因生果的缘故，认为是他生的话，那么不同自性的因生果，火焰也可变成漆黑一团，因为是别的缘故。

此外，一切是否变成因，一切是否生果，都可滋生(都有可能)，因为其他如出一辙。其意思是，如承认土芽有自己本质构成的自性，从稻秧自己不可萌生火等中，自己的本质异化为其他自性的这个过程，以及从自己的因——稻种变化为其他自性的过程，二者从各方面都毫无不同。

那么，如此不可成为能生，从中出现不同自性之时，如同不靠不同自主而出现一样，自己稻种出现异化之时，不同成分也会如此出现。

这种出现异化的情况，如果是它们自己本质构成的自性，火等中不生，而生自稻种，其区别很难辨清。

如果区分生与不生的差别，等于说“把不同自性的不同情况予以甄别吧”！而出现矛盾。

这样，《入中论释》明确说：“如同能生的稻种自己的果——稻秧变成其他一样，非能生火、生煤、生青稞苗等也属于其他。另外，如同稻种变成其他，又产生稻秧一样，火、煤、青稞苗等也异化一样。又如，稻秧异化为其他，又从稻种中产生。同样，当瓶子与氆氇等也发生变化，这是不能发现的，因为它不存在。”

认为证修反体同一的一次全面，并非导师的主张。其危害也就如同厨房顶上一冒烟就知道有火一样，这并不能反映千真万确，在（前面）“批驳”章节中已述毕。

《中论》（第二十卷）说：

“假如因果变其他，
因与非因相混杂。”

《入中论》也说：

“如依其他变他类，
火焰也会变漆黑，
世间万物生万物，
不是能生万类协[1]。”

对于这个应成派，是否属于同宗等，实难回答。如果是不同自性的其他，不属于同宗，与前者相同。

发现生与不生的真实，也不可回答，因为异并非由术语之思所创，而是自己本质形成于外境之上，怎能认同发现真实。这是“分析”章节的内容。

二生之说。陶罐生自泥土，这是我生；生自泥水匠等，是为他生说。

对内而言，神授在他世中，仅以生命的本体受取此生，故神授与生命属于同体，即为我生；从父母与善业中所生，是为他生说。

[1] 万类协，万类相同，万类协和 。

惟我也不生，惟他也不生，只有二者结合而生。这被上述的道理已经否定，因为我生的成分由否定我生的道理所破除，他生的成分由否定他生所破除。

《入中论》也说：

“二生不是道本质[1]，
前述罪过已关已，
非自世间[2]亦非真，
独立生成不实际。”

生自本质说。莲花的根基（莲藕）粗壮，叶子柔嫩。对此，有人使出浑身解数（想改变它的现状），但收效甚微。同样，有人捉住孔雀等后，也未改变其羽毛的颜色与体貌特征[3]。

因此，说万物之生源自本质而已。这不能苟同。如果无因而生，则外境与时间（一切时间与地点）处在同一点上，这个生该在一切外境与时间中，或者也该了无所存。在这个环境中产生与否，这些理由的因是否存在，无法说清。

孔雀的屏也可长在乌鸦等身上。总之，一生皆生，或者永远不生。为了取得成果，世人为之奋斗不止，都没有意义。

《入中论》也说：

“若无因生成现实[4]，
一切物中一切启[5]，
为了成果勤播种，
到了秋季憾无食。”

这样，观察否定四项判断之生，藉此印证没有四边生，其不存在自性生，完全正确。如以前否定他边之时，所述成立。

因此，物质没有自性，由此可得以确定。这是作为应成之时，据此事由，惟产生比量，实际则无建立主张的论式。

《入中论》说：

[1] 道本质，道理本质。
[2] 非自世间，非来自世间。
[3] 这段话说明，自性是单一的，无可改变。不知道这样理解对不对。
[4] 如果无因而生成为现实。
[5] 一切启，一切开启。

“自古存在我他人，
为何来自二者中，
不依因缘不成事，
一切物质无自性。”

这意思是说，生之四边存在缺点，概括其义而讲。列举过错，根据正因，唯指出比量如何产生的过程，从一开始没有提及驳论者相关论述。

这样，本质生被否定，由此得到万物无自性的信念，没有物质也就没有自性，这比较容易理解。所以，了悟万物自性空，可顺利获得中观见解。

《中论》（第七卷）说：

“因缘和合任何物，
各个本质乃空无。”

《入中论》也说：

“互相依赖物倍生，
此等寻思不胜任[1]，
利用缘起之道理，
邪见网络全斩尽。”

根据缘起之因，得到禾苗等自性空的理解，消除错谬，心境极明，故稍做论述。

这里，禾苗自己本质构成的自性不存在，因为它依赖自己的内因外缘而产生。如“恰似影像”，为他论之比量。

譬如，当出现脸面的影像时，幼童们[2]的心目中也出现眼耳等，这毕竟是像他们这样年龄的认识方法而已，没有去思考（眼耳等）如何出现之义，不去考虑它们没有自性，反而（机械地）认为这个意义本身的道理或空性。同样，人们对于（曾经）经受或出现的事物，不去正确处理，从容应对，而是针对这个事情的出现。

认为自己的本质存在于外境之上，这是虚构自性存在。像这样的外境自性，属于自己的本质、自性和自主范畴。如果真是这样，依赖其他内因外缘则成为

[1] 不胜任，这种寻思不能了解物质互相依赖而生。
[2] 幼童们，泛指愚蠢的人。

矛盾。如果不矛盾，成品瓶子不应重新从内因外缘中产生，这是不能认可的。

这样，《四百论》也说：

“依赖一物出一物，
此物肯定不自主，
万事万物不独立，
说明本体真实无。”

《四百论释》也说：“这里，凡是自己的本质、自性、自主和独立，都源于自己，没有因缘和合，而万事万物则有缘起。这样，依赖某种物质出现的，就不会有自主，因为依赖内因外缘而生。‘万事万物不独立’，说明任何物质没有本体——没有自性。”

自主。由自己本质构成出现之时，这些认知无需依赖其他，形似存在也成立。但是，不依赖其他内因外缘，而托词否定的话，则无需证修自己宗派。即使否定它，也不能视为找到中观见解，在外境之上自己本质独立，可以做到自己控制空性。

第二节　何谓自性空

那么，自性空的意思，只是指脱离自主者的本质，不是指有功用的物质不存在，缘起之故，自性可破（不立）。

前教证的结尾说：“因此，这里的因缘和合远离自主者的本质，脱离自主者的本质的意思，就是空性的意思，不是说空无一物之义。”

所以，无功用物质之见，是对类似虚幻——烦恼和清净的诽谤，颠倒黑白，自性成立的物质存在说也是颠倒黑白，因为任何这样的自性不存在。

在上述教证的结尾中还说：“因此，对此叫作因缘和合，对类似虚幻——烦恼和清净之因进行诽谤。物质无功用之见，是颠倒黑白。所以，物质存在自性说，（实际上否认了）因缘的存在，有（陷入）常见与断见之嫌。”

所以，认为远离常断之见者，对烦恼与清净的类似虚幻的缘起表示认可。如果自主的性质被功用的缘起所否定，是失去自主之义，也是缘起之义的话，你何以否定我，因为我们也认可物质是有功用的，是由缘起（创造的）。

如果因此觉得你我没有差别，你虽然承认缘起因果，但如同婴儿对脸面的影像信以为真一样，捏造缘起自性成立，声言物质自己的本质。这没有了解缘起规律，没有实事求是。而我则认为自性不存在，又这样公开主张，就突出了差异。

上述教证的结尾又说：“如果无自主之义就是缘起之义的话，那么，你觉得你已有效杀伤我们，你我之间没有区别，对这种想法要作分析。面对缘起之义，你不能如实了悟，不能表述，这就是区别。

“有如小孩不谙术语，把影像信以为真，更加喜欢虚拟，无视客观物质的自性空无，而寻思自性存在，不知如何对待影像。同样，你尽管承认因缘和合，但与影像相同的因缘和合自性变为空无，即（物质）自己的本质如何存在，不知可否，因为不把无自性当作无自性来认识，尤其把不存在自己本质的，捏造为自己本质存在。

“言而不知，因为不说无自性，而说物质自己的本质。”

虽然承认因果缘起相同，但从论述无自性和有自性的角度，指出真正知不知道缘起、会说不会说的区别。藉此，承认有功用的物质，物说者对此说真谛成立。争论有无真谛，觉得是在争论名词。同样，如果认为术语认可有功用的物质，就术语自己性相成立的自性有无，与自续派展开争论，就是争论名词。认为自续派也在对此说性相成立，均被明确否定。

对于这些，有如数论师对耳识所听之义表述为常，如果认可耳识所听到的这个意义，声常则被否定，等于与“仇恨名词”没有区别。

如果认为其他生灵依赖内因外缘而生，决定自己本质构成的自性存在，成为桎梏(即矛盾所在)。对于有些学者而言,依赖原因产生的自性存在被否定。确知自性不存在,斩断执边见之束缚。缘起之因决定无自性,这是精通伟大（菩提）精神的大家（所具备的）。

世尊洞悉这个关键意义，说：

“生自因缘复不生，
自性滋生不可能，
依赖因缘言空性，
知晓空性是严谨。”

前两句的意思是，依靠因缘而生，自性不在，完全在理；第三句说的是，依赖因缘的缘起之义，就是自性空无之义；第四句说的是，如是了悟空性，功德远大。

同样，有偈句为证：

“智者了悟缘起法，
从不凭依执边见。”

这是说，了悟缘起后，斩断执边（之见）。

此外，如自己本质构成的自性存在，佛陀及其声闻们应该这样观察到，但没有这样观察。对于这个自性，缘起毫无作用。执著性相的虚论之网不能了断，故无法解脱。

《象腋经》（གླང་པོའི་རྩལ་གྱི་མདོ། glng boai rtsal gyai mdo）说：

“如果万物有自性，
佛陀声闻应早懂，
恒常圣法不寂灭，
智者永不离虚论。”

《中论》第三卷、第四卷和第五卷否定处、蕴、界存在自性，这个道理决定万物无自性非常高明，但恐字繁，兹不赘述。

第三，熟悉这些见解，抛弃罪障。如是发现我与我所有丝毫不存在自性，熟知其意义后，杜绝我与我执之坏聚见（身见）。如果坏聚见得以改变，近取欲望等上述四取可以得到制止；如果坏聚见得以改变，因取之故，轮回无以为继，轮回中断，投胎入世之生终结，而得到解脱。

《中论》（第十八卷）说：

“我我所有[1]一消失，
没有我执我所执。”

又说：

“内外物质何其多，
我我所有观念破，
一切近取将停止，
近取终结生命殁。”

这样做了后，近取为烦恼，轮回为业，故生之因——业与烦恼终止而得

[1] 我我所有，我与我所有。

到解脱。

《中论》（第十八卷）说：

“业与烦恼终解脱。”

业与烦恼中的任何一种终止，也是终止。

《中论》（第十八卷）又说：

“业与烦恼寻思中，
虚论之上复虚论，
均被空性所否定，
……”

对此，须经过生死轮回，这是宿业，具有污染心的三门之唯一行为，构成轮回之业，因为业生自烦恼。

外境是否美观等，不让虚拟性相、远离真实、虚妄怪论所左右，坏聚见的根本烦恼就不会产生，贪嗔等烦恼——这些坏聚见的根本生自违背真理的寻思。

认为世间八法、男子、女子、瓶、氆氇、色、受等都是真的，进而直接贪爱为最高理想，用这些非理心路之妄念，去想象这些客观外境。所以，这个寻思来自执实的虚论。

《明显句论》说：“这个世俗的虚论，全部被空性所否定，也就是万事万物被空见所否定。为什么？有了所缘物质，也就有以前所说的虚论。不信石女之女，就不会为贪欲者及其意识赋予虚论；不掺杂虚论，就不会无理对其意识赋予妄念；不掺杂妄念，从‘我与我所有’的明显贪念中，视众烦恼为坏聚见之根本不会死灰复燃。如果把众烦恼视为坏聚见，其根本没有生起，也就不会造业。没有造业，也就没必要经受所谓生、老、死的轮回。”

就证悟空性后可防止上述错误一事，《明显句论》明确指出：“因此，空性是一切虚论彻底消亡的象征，知道这个就会远离虚论。离开虚论，就会阻止妄念；离开妄念，就会阻止烦恼；离开业与烦恼，就会阻止生。因此，纯粹的空性，是一切虚论消亡的象征，所以叫作寂灭。”

由此证明，空性之见是斩断轮回根源的利器，就像解脱道之命脉，故以正确理由阐明之。对此要树立牢固的信念。

所以，龙树菩萨的这些论典明确指出，在声闻派和独觉派中，也有洞悟万物无自性的学者。也就是说，用无自性的空性见加以证修，以求从轮回中得到解脱。声闻和独觉利用这个见解进行修证，直到自己的烦恼消除为止。当烦恼消失后，便自觉满意，不再长期修禅，就不能抛弃所知障。

真正的菩萨，不会把消除一点烦恼，就满以为从轮回中得到解脱，而是为了众生的利益，励志修佛，在所知障消失之前修证不已，以艰苦卓绝、无量资粮为荣耀而修炼。

这样，彻底根绝二障种子的有效手段，是此前所说的空性见。但是，长期修炼也好，短期修炼也罢，只能抛弃烦恼障，不能消除所知障。譬如，惟证悟无我，是见所断和修所断二者的克星，但一经真实洞悉无我，便能抛弃见所断，而不能抛弃修所断。所以，为了解决修所断，就要长期进行修炼。

然而，为了消除所知障，虽经长期艰苦修炼，但仍不能消除，取决于学习其他许多伟大的菩提行。

没有修炼所知障的有效办法，只有作为消除烦恼障的方法而修，所以说声闻和独觉两派没有圆满洞悉并修炼法无我。

《入中论释》说："声闻和独觉们只洞见了因缘和合的缘，但对它们的法无我没有进行圆满的修炼，因为有个三界通行的消除烦恼的方法。"

这样，其他中观派主张的法我，被这位导师指为污染的无明，虽有使其消亡的法无我修炼，但没有法无我圆满的修炼。这种说法在之前和在这里都有论述，当如是知。

那么，在这位导师的观点中，所知障究竟指的是什么呢？所谓所知障，指的是热衷亘古以来存在自性，物质第一，使污染习气根深蒂固。此故，明明没有自性，却以为有自性，犯了二现的错误。

《入中论释》说："声闻、独觉和菩萨们摒弃不净的无明，观察行为、影像等，仅为近似存在，都是虚假的自性，不是真的，因为想当然的真实不存在。幼稚者容易被哄骗，除此而外，如魔术等因缘和合，都是世俗的反映。所知障的象征是无明，（人们）普遍染指，现象等客观世界只出现在圣者心目中，反之不出现非现象的客观世界。"

摒弃菩提心的污染无明，此前引述《四百论释》指出："这是指得到无生法忍的菩提心。"应该认为指的是得到第八悉地。

因此，下乘的阿罗汉和得到第八悉地的菩萨，虽然二现[1]错误的习气已经消失，不再反复，但需要修炼很久以来形成的二现习气则很多，所以需要长期修炼。经过这些修炼，使错误习气全部改正，才算成佛也。

龙树师徒主张下乘与大乘的了义见解相同。其中需要指出两个与众不同的理由，不用说成佛，就连解脱轮回也不可没有证悟万物无自性之见。据此理

[1] 二现，客观现象与意识现象。

由，想方设法，下大功夫找到这个一尘不染之见。

如何区分大小乘与众不同的特点，从根本上找到对于伟大的菩提心和菩萨行的理解，尤其要把行品视为教诫之根本，接受佛子戒，学习菩萨行。

偈曰：

闻名遐迩灵鹫山，
世尊莅临妙景观，
大地六块强震动，
十刹佛国幻光璨。

世尊宣法吉祥山，
显密二宗佛道源，
养育圣子大佛母，
波罗蜜多圣格言。

授记英雄龙树师，
如理诠释大典籍，
空前绝后叫《中论》，
如日中天无匹敌。

佛界禾苗佛护论，
字斟句酌善说宗，
深刻证悟广解析，
月称善本字义明。

先辈大师论无垢，
素无自性物质休，
生死涅槃依因缘，
通俗易懂略探求。

中观奥义需学友，
您自心无自性留，
因果缘起虽难立，
但也唤作中观流。

尊崇其论属上乘，
若如不然人有病，
一五一十不能弃，
自甘堕落请自审。

龙树无著二师论，
指引寻觅正法统，
今天撰写此格言，
兹为佛教永世弘[1]。

第三节 详细甄别胜观

其次，何谓胜观的区别？《修行道次·中篇》说，如此尊崇圣者、博闻强记和如理思考，是胜观的三资粮。通过引经据典，找到证悟二无我之见时，再修胜观。

那么，所修的胜观到底有几个呢？这里不着重论述最高悉地[2]的胜观，而主要论述凡人之时所修的胜观。

它的圆满胜观，是指修炼四种胜观、三种胜观和六种胜观。

四种胜观。《解深密经》所说的甄别等四种。甄别，思察一切；深入甄别，思察真理。第一包括全面思察和全面分析两层意思，第二也包括思察和分析两层意思，即甄别广义和奥义。

这样，《声闻地》说："什么是四种胜观？比丘，是这样的，根据内心的寂止：1. 甄别法；2. 深入甄别法；3. 全面思察法；4. 全面分析法。为何进行甄别？对于学习分析的目的、学者的目的、消除烦恼的目的，尽一切方法进行甄别。依据真实存在，进行深入甄别。对于具有智慧的心路，以寻思执著外境之时，要全面思察。正确思察之时，要全面分析。"

《集论》也说，胜观之道，也就是那四种。

《般若波罗蜜多教授论》根据《声闻地》也认可那四种胜观。

三种胜观。《解深密经》说："世尊，胜观有几种？弥勒，有三种：1. 源自性相；2. 源自探求；3. 源自思察。何谓源自性相？心中惟念三摩地行境——

[1] 行文至此，作者有感而发，对上述内容作了概括总结，尤其对中观派作了界定，高屋建瓴，入木三分。
[2] 最高悉地，菩萨第八悉地以上的悉地。

寻思及影像的所有胜观。何谓源自探求？用智慧没有很好地证悟那些佛法的，为了很好地进行证悟，所心念的胜观。何谓源自思察？用智慧很好地证悟佛法，完成解脱目的，完美接触善乐，所心念的胜观。”

对此，《声闻地》说：“入定禅修听闻与掌握的佛法或教诫的地上菩萨不念修、不思考、不伺察、不衡量、不深入伺察，只注重外境。一时，从思考到深入伺察，为全面寻求而注重伺察，并作出决定。同样，缜密伺察，是指全面探寻，注重思辨。这三个注重是胜观的三门。”

总结以上大义。首先，针对无我之义，只关注其性相，不做大量决定；其次，为了决定以前未曾决定的而作出决定；第三，对于已经决定之义，如前进行研究。

六种胜观。这是针对六事，也就是全面寻求胜观的方法。全面寻求义、事、相、品、时、理，之后条分缕析。

寻求义，寻求语句的真实义涵。

寻求事，寻求属性，寻求外境。

寻求相，寻求自相，寻求总相，或者寻求共同与非共同相。

寻求品，从缺点和罪过方面寻求黑品（黑暗，即恶业），从功德和利乐方面寻求白品（善业）。

寻求时，寻求过去发生过什么，寻求未来将发生什么，寻求现在发生着什么。

寻求理，分为四理：1. 依赖理，发生诸果，皆依赖内因外缘，从世俗和真谛的各个方面寻求理；2. 功用之理，火有燃烧的作用等，万物各有各的功用。寻求一物能作，一物作事；3. 愿意能立之理，不违真实而作事。要寻求事物是否具有真实、比量和可信之教诫标准；4. 本性之理，火有热性，水有湿性，就其本性而言，崇尚世间秉承的本性、不可思议本性和住本性，而不思量之所以这样的其他原因，并如是寻求。

这样主张六种波罗蜜多，瑜伽师则必需知道三个问题：一是所说的意义；二是一切所知；三是真理。

作为第一个问题，也就是第一寻求。作为第二个问题，就是寻求事、寻求自相。作为第三个问题，就是其余三种波罗蜜多和共同性相寻求安立。

《声闻地》说：“这是为着胜观三门和六种根本区别。简言之，它正确涵盖了一切胜观。”这种说法，汇集了所有胜观。

开始所说的四种胜观之三门，用这三门全面寻求的随行六种寻求方法。显然，三门和六种寻求方法包含在前四种之内。

上述谨慎从事的心路等四种，又是寂止和胜观的共同特点。这在《声闻地》

中有所论述。胜观也有四心路。

所以,《般若波罗蜜多教授论》说:"如是四种胜观的修行圆满之后,就从取恶趣的束缚中得到解脱;九种寂止的修行圆满之后,就从执著外境的束缚中得到解脱。"在大论中也有许多类似论述。

修炼胜观,如《解深密经》所说,应该是从思辨等四方面进行;修炼寂止,应该是从什么也不想的九心方面进行。

第四节　寻思导致轮回

第三,修炼胜观有两点:一是批驳其他派别;二是建立自己的主张。

首先有四个小问题:

批驳其他派别之一。有人说,尽管一点儿也没找到证悟无我之见,但保持什么也不想之心,就会修成空性之义。这个空性,与一切是非曲直的认识毫不相干。这样的认识方法,是符合道理的。因为什么也没有构成的外境,心中也就什么都不想。

对这种说法进行评析。当修炼者知道外境什么也不可构成,接着心中什么也了无所想。这有必要吗?尽管知道,但外境的道理什么也不可构成,心中也就了无所想,进行这样了无所想的修炼,才算修炼其道理。

按照第一种说法,未获正见成为矛盾,因为您自己把它视为了义之见。根据我们的观点,像这样的,未能找到道理所破的症结。无论承认什么,都以为道理有害,所以就出现了什么也不可认识。这样认识的话,就是诽谤之见,予以立宗,也非正确空性之修炼。此类相关话题,以前也多有论述。

若如利用研究这些事物假相的道理来深入探讨时,无论它们存在与否,这个道理都不能印证物质(真实)存在。实际上,它们(真实)都远离所有虚论。考虑到这点,人虽然没有这样证悟,但这样的主张方式与其相似,(这时候)要想修炼空性,实在太过(想法太天真)。一切根识觉得此便是此,此不是那,而不知所终。所以,与外境道理趋向一致,这一切变成修炼空性之修炼。如前所述,外道的寂止都了无所想,这一切成为空性之修炼等,不乏其人。

另外,外境道理与认识方法相互一致,其他人可以知道,毋庸置疑,外道等也会如此。若如与此相反,人已知道二者(外境道理与认识方法)相同,而觉得建立了主张。如知道这个相同道理,则已获得正见。虽未理解正见,但当滑向了无所想之流,要想修炼空性,矛盾(困难)重重。

无论怎样寻思，这种寻思将成为约束于轮回的工具，这种了无所想之举，以为是解脱大道，曾经被多次驳斥。如果这样的话，对于和尚之流，也就没有丝毫指责的理由。

《修行道次·下篇》说："人们的寻思所导致的善或不善的命运，决定人们享受善趣等成果，或者徘徊在轮回中。如果了无所想、无所事事便会全面解脱轮回，所以什么也不想，不做布施等善事。以为做布施等善事，只是从愚人的方面而说的。这种说法，是抛弃所有大乘。

"一切乘的根本是大乘，如抛弃它，就等于抛弃了一切大乘。推行'了无所想'之见，就等于抛弃了正确观察的性相慧[1]。正确智慧的根本是正确观察，如果抛弃它，就等于斩断根本，就等于抛弃了出世慧[2]。

"所谓'不做布施等善事'，也就是把布施等大方便彻底抛弃。简而言之，智慧与方便就是大乘。《伽耶山顶经》也提倡这一说法：菩提之道包括两条，那就是方便与智慧。《圣如来秘密经》（འཕགས་པ་དེ་བཞིན་གཤེགས་པའི་གསང་བ། a´phgs pa de bzhin gshegs bai gsng ba）也说：'旨曰：方便与智慧代表所有菩萨之道。'

"因此，抛弃大乘，就等于犯下巨大业障。所以，抛弃大乘，孤陋寡闻，固执己见，不尊学者，不悟善逝经典，实为毁人害已。与道理和教证背道而驰的充满剧毒之语言，是自诩为智者之举，像毒食一样远远抛弃。"

这是说，尊崇和尚的观点，并认为句句在理，将抛弃所有大乘。对这个趋势作了明确阐述，要对前者认识清楚！

如果我等从事布施等行为，认为与他有所不同，那么仅从布施等行为就与其划清界限，指出了"我等与和尚了义的观修有所相同"。否则，就要对了无所想的三摩地也要加以区别。

无论任何寻思都将导致陷入轮回，那您不也是从事解脱轮回的吗？如果从事这个，那布施和守戒等也要靠寻思来进行。所以，做这些事有何必要，以前论述很多。

如果认为任何寻思都是导致轮回的工具，和尚的观点则优秀；如果依照您的主张，则被矛盾的负担压垮。

又有追随其后的人认为，经过反复研究主张二我表象之境，消除了意识主张，如同狗撵抛石，只能外断[3]虚论。从一开始，心从不外散，如抓住抛石之手一样，心不耽著表面现象，可内断一切虚论。这样，学习决定观点的教理，被称做消磨术语。这是抛弃佛典和六严等智者一切大论的下流邪见，因为他们

[1] 性相慧，对于物质现象所拥有的智慧，也就是入世慧。
[2] 出世慧，超然于世的智慧。
[3] 外断，表面断除，没有深层断除。

只能决定这个教理之义。

另外，根据执著二我表象之思所认为的那样，如此进行确切分析，用正确无误的教理，领会其语焉不详（的观点）实质，错讹谬论需要自行瓦解。

如果这样找不到任何信念，惟耽著其心，那时即便心不外散二我之境，也不会证悟无我之义。否则，在沉睡和晕厥等之时，对此等也心不外散，此等证悟无我（之义）也就十分荒谬。

譬如，夜晚经过一处陌生的石崖，是否有罗刹鬼而感到害怕时，不去掌灯仔细观察后决定是否逗留，不去消除恐惧，而是一味寻思罗刹是否存在，这与“不要胡思乱想，请守住心”说法如出一辙。

《修行道次·下篇》说：“摆开战场之时，要睁大眼睛，仔细侦察敌人在什么位置。但这里不需要像拔刀决斗的勇士，面对势力强大的敌人，像闭目待诛的懦夫一样。”

如在《曼殊室利游戏经》（འཕགས་པ་འཇམ་དཔལ་རྣམ་པར་རོལ་པའི་མདོ། a´phgs pa a´jm dpl rnam pr rol pai mdo）中所说：“姑娘，何谓菩萨决胜千里？奏曰：‘曼殊室利，深入观察，知万物无为便是也。’因此，瑜伽师睁开智慧之眼，用智慧之剑剿灭敌人，岿然不动，不可像坐以待毙的懦夫一样。”

所以，把绳子误以为是蛇而产生恐惧时，要树立信念，知道这个盘绕之物是绳子，而不是蛇，消除错觉和恐惧带来的痛苦。同样，耽著二我而产生错误，这个错误导致轮回的痛苦，决定我执之境不存在，运用对教理的信念，知道这个我执是错误的，熟稔其理，加以阻止。纠正这个错误后，其导致的所有轮回痛苦将得以遏止。

中观诸论集等中，研究外境，予以否定的道理就是这个。

提婆菩萨说：

“一旦洞察境无我，
凡尘种子将削弱。”

《入中论》也说：

“寻思有物起变迁，
最终无物研究完。”

这是说，执边之见认为物质存在，它们就有萌生之理；通过多种形式研究，证明它们的外境不存在。

又说：

“认真观察我为境，
瑜伽大师否我本[1]。”

柔贝旺秀（རིགས་པའི་དབང་ཕྱུག rigs pai dbng phyaug）也说：

“外境不可人破斥，
同样外境难抛弃，
功德错误互牵连，
贪婪嗔恨等制止。

皆因未察其外境，
完全不怪现象情。”

此等论述，不一而足。

无论什么样的寻思，一切都是导致轮回的主因，故在修炼空性之时，面对“破除一切寻思”一说，要这样进行分析。作为凡夫修炼空性者，空性无我之义是真实还是隐秘，按照前者，这人将成为圣者，因为他真正证悟了无我之义。您这样说过，假使真正证悟了无我之义，也与凡夫不相矛盾。那我们也可以这样说：即便无我之义隐秘，但人也是圣者，这不相矛盾，因为（道理）普遍一致。

又，这样的人即使真正证悟了空性，但不知道自境是真实之义，故其他人需要以教证之因介绍修证空性，是智者耻笑之所，因为学生用真实印证的，导师想用比量证修。因此，这些话不能在理论大家面前说（即不可班门弄斧）。

尽管真实印证空性之义，但也不能说“以术语之因证修”。

柔贝旺秀说：

“此乃非常愚昧义，
牧女闲话是实际[2]。”

这是说，若义理成立，对于懂得如何定义术语的牧童之间传播之义（话）

[1] 否我本，否定本体我。
[2] 牧女之间的闲话也有根有据了。

也茫然无措，并对其赋予因理。

要想用这样的愚昧直接证悟空性，那就说一说不悟空性的愚夫究竟有多少！即便是空性，如花白是黄牛，但不等于黄牛的体貌。同样，仅仅把这个真实观察，不可完全当作真实本质。又与自己的认可相违背，所谓印证术语，显然所言空空如也，不足为论。

如果对于修炼空性者来说，无我——空性之义变为隐秘不可知，想用无妄之识掌控这个隐秘之义，实为可笑之处。

总而言之，这个修炼空性的凡夫头脑，如果不瞄准境无我，修炼空性是矛盾的（一句空话）。尽管瞄准境无我，但这个境无论真实还是隐秘，必居其一。

如果无我是真实，将成为圣者。如果认为对于凡夫来说，无我之义是隐秘，那时这个无我之义，以概念进行证悟，故无妄是矛盾的。

此外，加行道世第一法也认为以概念证悟无我之义。以为现在的初学者修炼空性之思想无妄，矛盾至极。如果无我之义为无妄，无错也可轻易印证，可成为真实瑜伽师，因为无我之义需要无妄无错之识。

这样，用道理破斥我执外境，如果找不到这个正见，耽著二我等之心一经掌控，就想修炼无我之义。凡夫想以无妄之识修炼无我，则大大游离于真理之外。

批驳其他派别之二。有人说，找不到无我之空性见，就是毫无寻思。我们也以为，这不适合修炼空性，前者显然不合理。但是，自从找到无我了义之见，此人便一无所想，以为所有这些就是修炼空性。

这不合理，因为这个人已经获得了义之见，他所修炼的一切无妄，可以用了义之见决定，可以修炼这个意义。为什么这样的人可以修炼菩提心，而不能修炼了义之见？请说明其中缘由！

假如这个菩提心的修炼，是获得了义之见的人的修炼，而那时回忆这个见，不是置于其上的修炼。这样认为的话，那么即便这个人获得了义之见，但在修炼之时，忆念此见，是置于见之上的修炼。尽管修炼空性，但他所立的一切无妄伺察，何以护持见解？

因此，纵使获得正见，但在护持之时，对决定原先之见的义涵进行回忆，然后要修炼空性。如果仅仅做一下了无所想的修炼，不可能修得空性。这里，自派所谓“了无所想”，在上述“寂止”和当下章节中出现很多，不去反复研究这是这，这不是这，抱着一个目标不放，不认同无妄伺察。

批驳其他派别之三。有人说，未获正见，无想而处，也不同意修炼空性之初始。获得正见，确立哪种无寻思，也不认为修炼空性。

然而，（采取）了无寻思、轮换护持（的方法），先以思辨智慧进行一次研究，接着确立任何无寻思，所有这一切就是修炼空性之义。这种提法不敢苟同。那么在临睡之时，进行一次观点分析，当沉睡之后无寻思（的情况下），又修炼空性，实在太过（谬莫大焉）。因为观点分析先前进行，二者相同，当下显然无需置于见解之上的修炼。

这样，通过观点分析，决定无自性之义，虽然建立此义，但时隔不久，放在见之上的（修炼）消失殆尽，了无寻思而处，这并非空性修。修学寻思，经常观察是否守住正见，需要护持不怠。

批驳其他派别之四。有人说，这样不同意前三者，在修炼空性之时，要理解空性，之后心系其义，除此而外不究其他，是名副其实的空性修。

按照第一种观点，思想并非未考虑空性；按照第二种观点，在无寻思护持之时，并非未忆念空性之见；按照第三种观点，虽然先前作了观点分析，但并非也未守持正见之无寻思。这样认为的话，“这是作了观点分析”之义，稍经忆念正见，唯在正见之上进行修止，才以为是空性修。这不是道理，只有对此进行空性修止的寂止，而没有观修胜观的护持方法。所以，这是没有一起护持寂止和胜观的一个方面。

第二十五章　建立自己主张

第一节　关于修止和观修

如果未获无我了义之见解，说明其心续的一切修炼没有接触无我，故需要获得无我之见解。这浅尝辄止是不行的，在护持之时，通过回忆正见并分析，要对分析之义进行修炼。这里有两种情况，一种是不察无我之义而住（修止），另一种是用思辨的智慧分析而修（观修）。需要双管齐下，不可单独而为。

包括三个方面：一是修止和观修都需要的理由；二是摒弃纷争；三是略述护持关键方法。

首先，如果没有通达无我之义的确切见解，就不产生胜观的证悟，因为它是产生胜观证悟的条件，听不到推演此见之声，就会成为了解胜观的障碍。《解深密经》说：“世尊，寂止和胜观从何而来？弥勒，来自正确戒律之因，来自闻思的正见之因。”又说：“如果言不由衷，不听圣者之言，是胜观的障碍。”《遍入天问经》说：“智慧来自听闻，智慧消除烦恼等，根据以上多次引述而说。”

正见产生胜观。开始决定之时，从许多教理认真研究并决定。当决定之后，用思辨的智慧反复钻研。惟不加护持而修止，产生不了胜观，当完成寂止并修炼之时，要分析并护持。

对此，有人说，虽然不愿意一开始不作观察，但闻思决定修炼之时，认为实施观修，寻思只不过是执著表象。如不认真护持，任何寻思便是执著表象。凡夫想用无妄之识修炼无我，这种想法曾被多次否定，故不赞同。

另外，这些寻思都是执实，若修炼之时否定，决定之时也要用寻思做这些事，故也要否定。您利用寻思对学生进行讲、辩、著的讲授，并对学生进行观察等。其他时候，丝毫没有无需之别[1]。

假如这样不同意（便罢），问题是用许多教理进行观察，是为了证悟没有证悟无我之义。如果认为已经获得正见，修炼之时则不需要（正见），那么见道[2]中真实证悟无我，于是洞悉无我，修证无义。

如果认为这需要修炼，因为谙熟修断而断，并非一见即断，想法一致。这里，以前用闻思作了决定，虽然了解，但对决定（过程）需要熟练。

对这个决定越熟练，就会发现对其了解越深厚、越长久、越清晰、越牢固等。

这样，《释量论》说：

“真实虚假有二意，
所害能害乃本质。”

如上所述，这二者为所害能害，信念越牢固、越深厚等，就越对虚构构成威慑，故这里需要巩固无自性的信念，使之更加增长，这要从能害和能立的几个方面进行思考。

否则，即便理解无常、业果、轮回罪过、菩提心、慈爱、悲心等含义，而不去研究，（将会导致）只抱着自己行将死去这一感受，故步自封，不求上进。原因普遍一致。

所以，要运用正确信念，不能光想自己行将死去，不能光想自己为众生利乐而求取正果，不能光想自己慈爱众生等，这样的单纯主张是远远不够的。要从多方面思考缘由，仅仅抱着对无自性的信念牢固和深厚等，这种主张是不行的，从多方面思考能害和能立。这在下士阶段已多次述及。

在《修行道次（三篇）》中提到，当修炼之时，须多次研究后再行修炼。

《入中论》也说：

“瑜伽大师否定我[3]，
……”

该论强调，在修炼之时，要做这些研究。

瑜伽师，是指获证任何寂止和胜观，在寂止未完成之前，并非不探寻正见义涵。在禅虑之下，在智慧阶段，主张正见观察，利用其次第关键证修禅虑，

[1] 原文如此，只能这样理解。
[2] 见道，五道之一。
[3] 否定我，这里指否定我自己。

研究二无我为宗旨。

《中观心论》说：

“修士潜心入禅定，
根据术语论乾坤，
形形色色物质多，
利用智慧详评审。”

其释文中说，当三摩地产生之后，应进行正见观察。

《入菩萨行论》也说：“按照禅虑品中所说的那样修炼寂止，之后修炼智慧，用道理观察进行修炼。”

因此，在修炼波罗蜜多后两条次序和梵行后两条次序之前，首先要修炼寂止，然后再修炼智慧的次序。从研究这个智慧修法的真实及相关要求入手，所说的一切都是修炼次序，故不可妄自推断。

不仅如此，许多大论中也如是强调，在修炼之时，无疑研究为要。所以，寂止完成之后，修炼胜观之时，一味观修，前面的寂止将会废弛，又未能开始新的修炼，寂止会消失，故胜观也不长进，如前所述。

这样，原先安住的寂止需要护持，同时观修也要进行，二者并驾齐驱。胜观的观修完成之后，对其义涵要修止，针对无我的寂止和胜观要双管齐下。

《修行道次·中篇》说：“《宝云经》也指出，如是善于针砭者，为了远离所有虚论，为了修炼空性而做瑜伽师。他因修炼空性过多，使心到处游走，亢奋不已。若深入寻找心喜之所及其性质，知为空性；寻找心为何物，知为空性；心悟何物，遍寻性质，知为空性。如是证悟，才投入无相瑜伽师[1]。

“这明确指出，全面寻思先行是深入无相，不全面抛弃心思，智慧不究物质性质，不可能深入完全无寻思（不可能深入完全正确的空性修）。”

据此教证，观察心散乱之境与散乱者之心，是为悟空。寻找或者研究悟空，仍为悟空，这些须在修炼空性之时进行。通过论述并研究，这个悟空，指出了投入无相瑜伽师。所以，如果不首先进行全面深刻的道理观察，就像和尚的观点一样，仅仅收复散乱的心，仅仅抛弃这个心路，不可能投入无相或者无寻思，所言即是。

这样，如前所述，道理之剑早已了断万物，二我性丝毫不成立，有理由可佐证无我。若无二我之物质，早已被否定（真实的）物质不存在，哪有存在的正确性。石女不生子，真实物质不存在，石女与子南辕北辙，二者永远无缘。

[1] 无相瑜伽师，不被表象所迷惑的瑜伽师。

石女无子千正万确，但有些人不以术语表述。主张物质真实存在的人，怎么也无法证明物质真实存在;主张物质真实不存在的人，有关寻思怎么也不会产生。

所以，执著表象的所有寻思将会得到纠正。若是执实寻思，无论物质存在，还是物质不存在，任何一种寻思，能使外延逆反，内涵也跟着逆反。这是《修行道次》[1]的宗旨。

无论物质存在与否，实有丝毫不存在，对此要树立深刻信念，遵守由此决定之义，二者换位进行，是修证无妄智慧。根本不观察客观外境，惟收复心思，是不能修证的，不能抛弃执实（行为）。这只是不寻思实有，而不是证悟无我。

同样，只是不寻思我有，不是证悟无我。通过修炼，对我执毫发无损。因此，需要分清实有、不寻思二我有、无实，以及二无我的证悟。这是个关键，要铭记在心!

第二节　摒弃纷争

摒弃纷争。如果对无我之义进行条分缕析是寻思的话，那从中产生无寻思慧是矛盾（困难）的。如果认为果与因需要关联的话，对此，世尊运用比喻早有论断。

《迦叶问品》说："迦叶，是这样的，譬如，两根木头被大风猛烈吹碰后产生火，着火后两根木头随之化为灰烬。迦叶，如有缜密观察，就可产生圣者智慧之根。慧根产生之后，就可烧毁这个缜密观察，从缜密观察产生圣者智慧。"

《修行道次·中篇》也说："据此，如是用智慧深入分析，什么时候瑜伽师确实不执著物质的本质实有，什么时候进入完全无寻思的三摩地定，才能证悟万物本质不存在。如果他用智慧分别观察物质的本质后不修炼，只把功夫下在完全抛弃心思的修炼上，其虚妄永远也得不到纠正，永远也不能证悟（物质）无自性，因为没有智慧之光。这样，如从缜密观察产生圣慧一般，出现证悟之火，如同钻木取火，烧毁寻思之木。这是世尊的教导。"

若如不然，从有漏道[2]也不可能产生无漏道，凡人不能证获圣者，因为因果互不相同。

同样，灰色种子产生青色禾苗，火产生烟，女人生男人等形式迥异的因果无计其数。

圣者无寻思慧。用执著二我之境，直接证悟空无我之义，为了它的产生，

[1] 原文如此，不知道是哪一篇。
[2] 有漏道，有缺陷的道路。

从现在开始，对我执之境进行细察，需从证悟（我执）不存在进行修炼。这虽然是寻思，但这是与无寻思慧非常吻合的因素。

如前面引述《三摩地王经》所说："法无自性分别察。"

《修行道次·下篇》也说："这即便是寻思的本质，但（实际上）是如理思察的本质，将产生无寻思慧，所以认同这个慧，需遵循它。"

《般若经》（ཤེས་རབ་ཀྱི་ཕ་རོལ་ཏུ་ཕྱིན་པ། shes rb kyai pha rol tu phyain pa ）说："认为色等是空性与无我，并进行分析观察，是在执著表象。"故对细察空性表示反对。这样的想法，只能表明当真空性，不代表抱有空无之想。（对此）以前已多次述及。

如不这样，在这些经藏中说："菩萨摩诃萨们拥有般若智慧，并修炼般若智慧，就这样深入观察，深入思考。何谓般若智慧？般若智慧属于谁？物质无自性与物质无为，就是般若智慧吗？'已深入观察、深入思考'，在修炼般若智慧时主张观察。"

《般若心经》（ཤེས་རབ་ཀྱི་སྙིང་པོ། shes rb kyai snying po）在回答如何实行甚深般若智慧的问询时说："要正确随观那些五蕴自性空。"

《佛说法集经》也说：

"有为[1]无为[2]黑白法[3]，
析质智慧无所察，
世界到处达般若，
……"

这是说，用智慧分析万物，发现毫无所得，就会成为般若智慧，岂不与反复强调悉心观察类似事物的说法相矛盾吗？如不认同，万物无需详察，此说有何理由？

按照和尚的观点，所进行的一切伺察，都会成为被困轮回的工具。那么（要问），请赐予无寻思教诫！我要修炼这个教诫！类似想法也会成为陷入轮回的工具。对此，上述做了很多批判。

所以，不把这些当成真实，就是教证的宗旨。否定执实的寻思，譬如，把绳子误认为毒蛇，产生恐惧。其实，这个意识所认为的毒蛇不存在，就会改正这个错觉，别无他法。要以正确理由决定，执实之境——真实者不存在，要

[1] 有为（法），人为造作的物质。
[2] 无为（法），不是人为造作的物质，物质无自性。
[3] 黑白法，善恶法。

熟悉这个义涵，仅仅收复执实之心，不足以否定也。

此外，要认定这个执实是错误的，如果没有过错，则没有必要否定。虽然觉得这个想法错误，但如果不知道他所执之这个外境不存在，怎能知道错在哪？思想正确与否，直接关系到他所执之外境是否存在。

执实（之心）如何秉持之外境不存在，仅凭主张是不能印证的，要仰赖证修它的教证与正宗典章。通过这些做法，决定（物质）不实，然后主张真谛无妄，我们也表示认同，故需要思辨智慧的观察先行之无寻思，单一无寻思是不行的。

《修行道次·下篇》也说："所以然者，除了圣法，别无他念，无所心想，这又要知道妙观察智先行。要知道如何才能做到用妙观察智无所忆念、无所心想，舍此莫为。"

《宝云经》和《解深密经》等都指出，胜观是缜密观察的本质所在。

《宝云经》指出，用胜观分析，证悟无自性，是涉足无相。

《圣楞伽经》也说："大慧，因何用智慧研究，不会证悟自相共相，所以叫作万物无自性。"

如不缜密观察，就会与世尊在各种经藏中指出的多种缜密观察相悖。于是，勿以"我是弱智，精进欠佳，不能做到多闻（大师）"而自暴自弃。因世尊赞赏多闻，任何时候不应放弃之，应如是了知这种说法。

同样，从色界至一切种智（佛界），所说的不住心，皆为住其心而不可执为实有。否则，六度等也如是说法，故应不住其心。

如前所述，执为实有，又不安住，有赖证悟实有不存在。必须知道，所谓此等不住与无寻思，皆言否定外境自性成立或真实存在，其缜密观察必须先行。

所以，佛典中所说的不可思议、超乎想象，对其奥义听闻一下，或默想一下便得到证悟，从而消除傲慢。这就需要圣者自证，他人则不可想象。

经云，必须明白，把奥义执为实有，胡思乱想，将被否定，用思辨的智慧正确分析，则不被否定。

《修行道次·下篇》说："不论在哪里听到不可思议的语言，只用闻思证悟真谛，破除心情表现出来的骄躁，故说各个自证万物。正确阻止非理之想，要铭记于心，不可阻止缜密观察。若如不然，将与为数众多的道理与教证背道而驰。"

将与众多教证相违背，《迦叶问品》说："迦叶，何谓正确观察中观道法？迦叶，什么是甄别无我、没有生灵、无生命、无养育、无士夫、无人、无原始人、无孩童？迦叶，这就是所谓缜密观察中观道法。"与上述类似说法相左。

《修行道次·上篇》也说："《入无分别陀罗尼》（རྣམ་པར་མི་རྟོག་པར་འཇུག་པའི་གཟུངས། rnam pr mi rtaog pr a´jug pai gzungs）说：'心无所想，就是摒弃色等表象。'对于这种提法，用智慧考察起来站不住脚。指出心无所想（不对），不可能心无所想。就像心无所想入定一样，亘古以来对色等贪爱不已，积重难返，并非抛弃一下就能了事。"

这位导师对这部陀罗尼的诠释也清晰明了。简言之，对于大乘教，除了龙树和无著二大师的注疏大论之见解外，别无其他宗旨。显然，印、藏各个专家都依循他们二人中任何一人的大论观点。毋庸置疑，学者们根据自己的需要，探寻二大师中任何一人的观点，从而为我所用。

根据龙树和无著两位大师的大论寻找真理的过程，以前已讲过。即便追随无著大师，也是执著真实，形形色色，全为空无。

然而，对于幼稚（迂腐）者而言，把此等纷呈万物，都执为实有之境；遍计所执，依他之上，用教证和道理否定一切（邪说），无二义理，丰富圆满，为此坚定信念。用建立在其观点之上的修止和观察进行分析，须进行两种修炼[1]。虽有类似理解，但在修炼之时，未建立在其观点之上的无寻思，是不能修炼空性的。

决定此规[2]观点的方法十分鲜明，决定之义——止观护持双运[3]方法，《般若波罗蜜多教授论》中说得很明白，请参阅之。

精通此规后，依照其论典所说的进行修炼，也殊为奇哉！阐述大乘经典简约奥义非常广泛，但未阐述的也极为普遍。对于未阐述的，要从已阐述中引述；未详尽的，要从详尽中引用充实。

同样，要广闻博记，不可对缺乏深度或广度的东西浪费精力。有鉴于此，指点迷津的上师，要名分完备，要精通所有乘规，类似经说比比皆是。

第三节　关键护持方法

第三，关键护持方法梗概。如前所述，获得了义之见解后，用它决定我与我想的执著产生的基础——我与我所有全无自性。跟这个阶段一样，用思辨智慧反复研究，之后加强理解其义的能力，保持心不外散，用修止与思辨智慧轮番研究。

[1] 两种修炼，修止和观修。
[2] 此规，大乘教规。
[3] 止观护持双运，寂止与胜观护持双运。

届时，若因观修太多而住心能力变小，应多作修止[1]，住心能力将恢复。因修止过分，住心能力过于松弛，再不想深究。如不分析，对真实不可能产生牢固和强大的信念。如没有了这个，就不能消除信念之反面——执为二我的虚构，要以多作观修为重，均衡修炼寂止和胜观。

《修行道次·下篇》说："届时，通过修炼胜观，智慧大增，同时寂止则非常弱小。所以，如风中油灯，心情恍惚不定，不能十分清晰地观察真实，这时要抓紧修炼寂止。若寂止过强，就像睡觉的人，不能非常清晰地观察真实。于是，这时要修炼智慧。"

如何处理加行、结行和座间（之间的关系），如下士阶段所说进行了解。

这样，修炼无我之义时，认识（中间出现的）昏沉和放逸，（加强）消除昏沉和放逸的回忆，追求正知的途径，不受昏沉和放逸的左右，自动投入，得到行舍之时，放松劳作等方法，与上述寂止阶段所说的一致，当如是知。

《般若波罗蜜多教授论》说："对于修炼某法之境，实行寂止护持法，发挥轻安。又对其进行胜观观修，修炼轻安。迨各个成就，可以双运（修炼）。"

这样，修止和观修不一定同时进行，可划分各个座间修炼，未尝不可。

这里，重要的是消除因无明而虚构的感受，从这方面着手，在其反面——自性虚无的空性之上，树立强烈的信念，修炼空性。如不消除我执和无明的感受，把空性作为一个附带进行修炼，对二我执毫发无损，如同东门闹鬼，西门驱鬼。上述道理反复说明，非常正确。

上述所说，只是梗概，修炼阶段中的细微优劣，要靠专家学者去解决，自己也要通过修炼加以掌握，故未赘述。

这些修炼方法，是根据前期道次教诫而扩充完善。

博朵瓦所著《袖珍本》说：

"有人闻思讲道理，
物无自性决定已，
听说只修无寻思，
距修空性八千里。

修炼偏颇不对治[2]，
所以然者修炼时，
非一非异缘起等，

---

[1] 修止，这里按稍做休息理解。
[2] 不对治，不对法，不是有效方法。

热衷一法细分析。

些微无妄也守持，
如理修炼烦恼息，
愿意追随我主尊，
般若智慧勤修习。

修炼智慧法惟一，
人无我规若熟知，
随后如是入其中[1]，
……"

对此，阿底峡尊者说：

"无论何人悟空性，
善逝佛尊授记罄，
法性真谛洞悉人，
龙树徒弟叫月称。

传自月称诸秘诀，
法性真谛必证觉。"

就其教授方法，阿底峡尊者说："按照中观教诫的提法，观修与放置观察义之修——修止交替修炼。"

这与莲花戒大师的观点毫无二致。如前所述，《入中论》《中观心论》和寂天大师的思想也是如此。在《慈氏五论》和无著大师的著作中也多有论述。完全秉持其观点的学者先德巴对《般若波罗蜜多教授论》作了明确诠释。所以，在胜观护持法方面，传自龙树和无著二师的大论与教诫如出一辙。

第四节　修炼成就胜观

修炼成就胜观的标准。这样，当用思辨智慧分析修炼之时，以上所说的

[1] 看句子形式似乎还有一句，但实际内容已经结束，故少一句偈句。

这个轻安未产生之间，胜观是近似的，而轻安产生之后，胜观则是真实的。轻安的性质与产生方法如前所述。

以前成就的寂止保持不变，由此引发的轻安也依旧存在。因此，一般而言，轻安不仅仅是存在而已。

那么，究竟为何？通过观修之动力，能引发轻安的话，从此变为胜观。为着所有的胜观和为着真实的胜观，二者相同。

《解深密经》说："'世尊，菩萨在得到身心轻安之前，深思熟虑的那些法，在三摩地修行之境——影像中，所出现的心理活动、心路历程，应该唤作什么？''弥勒，不是胜观，应叫作具有随顺胜观之信仰而已。'"

《般若波罗蜜多教授论》也说："它使得到身心轻安之后，立于不败，对所思之义——内三摩地的影像所修之境更加信仰，作缜密观察，乃至产生身心轻安，长期进行随顺胜观的思量，那时产生的便是胜观。"

为着一切的寂止和为着一切的胜观，双管齐下，与为着（一切的）真实相同。若能自动引发轻安，专注之心也能被它牵动，那个甄别的观修，能自行引发专注之心，就是成就寂止的功德。

一个完美成就寂止的人通过观修，也将助益寂止，若进行甄别的观修，不可认为定力变弱。

为着真实的修止与观修的胜观，是否成为修炼的标准，在于正确认识二无我中的任何一种观点，获得完全理解。本着这个，才能分辨是否修炼，舍此无法辨别。

为何万般难辨？经过修炼，外境和意识中出现的粗略印象幻灭，像万里碧空，心境清朗明澈、一尘不染；如风不动摇油灯，长时岿然不动。心中出现的内外境象如长虹、如细烟，长时安住于此。当心专注于意识境中出现的一切时，它们全无所凭，寂止圆融。

起初，这样出现于色、声等粗漏外境中，熟能生巧，到了最后，见证意识，从前的道理情形便会脱颖而出。当心专注于此，同样了无所凭。但是，它使获得证悟二无（我）真谛之见，所出现的那种依稀印象，如中观派所说的那种虚幻一样的义涵，丝毫不能确立证悟。没有接触正见的人，通过延长定力，有这样的反复现象。

如前所述，如幻之义，决定自已本质不成立，相关道理知识之信念与现象，无疑术语之真实成立（在术语中表述），依靠二者（本质不成立、术语之真实成立）而出现。

心境中的色等如彩虹一般，单薄而笔直，没有任何阻碍。虽无所感触，但闪闪发光，是个附属之物。从不决定这个信念没有自性，把所破自性与阻碍所触当作一回事，定义无自性之名。

如若不然，认为这些就是中观派所说的空幻和虚假意义，推定彩虹与淡烟存在于特别基础之上，它们有自性的寻思就不会产生，因为决定事物本体现而不实，必须如此。

又把阻碍所触当作事物本体，其无自性的信念无可引述，因为把这个决定事物本体的，执为自性存在。

所以，色等这样出现之时，而且以单薄和透亮的形式出现，这些外境的空性[1]实质，将以完全无可辩驳地显现，所以不是如幻之义。从前证获正确见解而铭记不忘，它们梦幻似的出现，业已述毕。

传自阿兰若大师的菩提道次中，对空性证悟的产生方法是这样认为的，起初修炼人无我，之后思念法无我之义，正知引领修炼。如果座间过长，记性不固，导致有时昏沉，有时放逸，收效甚微。

所以，把上午、下午、黄昏和拂晓四座间的每一个座间，再分为四个座间，一昼夜分为十六个座间来修。感觉到明亮或受用（的程度），便可停止。

通过这样修炼，觉得修炼时间不长而观察之时，时辰与时光飞逝，表明慑服心念。如觉得修炼时间过长而观察之时，毫无进展，表明未慑服心念。当心念被慑服之时，觉得心性少烦恼，嗜睡也变少了。

于是，只要坚持上午等每个座间，就会产生四法相：1. 无寻思平等而住，这时进出的气息也不易感觉，气息和寻思变得细微；2. 明亮，与秋天上午的湛蓝与中天的湛蓝没有区别；3. 清晰，就像清澈见底的水中倒进水，拿到太阳底下观察时出现的清澈一样；4. 细微，从三法相观察时，就能发现物质如发尖断开十分之一那样细微。

类似随顺无寻思智慧的产生，如果依赖无寻思智慧，自己的本质则为寻思，所以就是颠倒。

《辨中边论》说："凡是随顺成颠倒。"所言极是。

《辨中边论》所言，凡人最好的空性修炼也是随顺，应归为颠倒。虽未出现其他法相，但如前所述，若修炼正见之义，则要修炼无我之义。若不修炼决定正见之义，即便出现四法相，也不能进行了义之修。因此，是否修炼真实之义，上述已阐明。通过上述修炼，出现空幻之状，也应如前了知！

[1] 原文"སྟོང་ཚུལ"按照"སྟོང་ཉིད"理解，即空性之义。

第五节　寂止和胜观双管齐下

第三，寂止和胜观如何结合而修，这在二者成就标准的章节中已经讲过，如得不到寂止和胜观，就谈不上二者的结合。若要结合，必须得到二者。

从什么时候得到胜观之日开始，就会完成结合。其具体情况是，说依靠从前的寂止而观修之时，谨慎投入等四作意的次序而完成（结合）。如前所述，当产生第四作意之时，才谈得上结合。当观修之后，进行修止并护持，按照得到寂止的实际情况，再行修止，之后结合。

这样，《声闻地》也说："怎样做才能使寂止与胜观融会贯通、平等双运？怎样做才能步入（二者）结合之道？答：住心九姿中得到实现，即得到任何等引九姿，三摩地完全成就。据此，为了全面甄别万事万物，用特别的智慧孜孜以求。届时，自己无需多劳，自然而然步入甄别万物之道，并如真实的寂止之道，无需直接的活动，故胜观全面清净，全面了悟，随顺寂止，快乐臻善。因此，寂止和胜观互相融合，平等双运，就是寂止与胜观结合之道。"

《修行道次·下篇》也说："假设某时，为了脱离昏沉与放逸，平等入定，自动深入。对于真实，心境达到非常明亮之时，放松劳作，做平等舍。这时，应该看到，已经完成寂止与胜观结合之道。"

那么，为何对它们称作结合呢？在没有得到它们之前，用甄别的观修之力，不能引导无寻思（心）定力，故利用不同动作，要分别处理观修与修止（的修炼关系）。迨得到二者，通过甄别的观修，才能引导寂止，叫作结合。

观察是胜观，坚守观察到永远，是指特殊寂止——谋求空性。

《般若波罗蜜多教授论》也说："之后，为着寻思及其影像，一时心对其念念不忘，有不断思念的习惯。体验二者（影像、习惯）之时，叫作寂止与胜观结合之道。其中寂止与胜观为双，结为具备（运作），互相绑定而行。"

所谓"不断"，是指结束观修，无需无妄，这个观修可以引导无寻思。

所谓"体验二者"，是指为着无寻思影像的寂止及其寻思影像的胜观的体验。它又不是一个时间，是未阻断修炼心念的习惯体验。

那么，以前成就寂止后，主张用甄别的观修成就住心能力，是否认为与此说相违背呢？这是未成就寂止之前，反复观察，延后问修，不可能修成寂止。证获寂止后，如理修炼，显露成就寂止的特点，故没有矛盾。

此外，在成就胜观之前，有个迅速用观修得以导引专一（住心能力）的机会存在。有鉴于此，在胜观未成就之前，间或观察，延后问修，是不能成就寂止的。如上所说，证获寂止后，用观修不能引导无寻思。这是作为放弃这个例外之前，无法成就而说的。

总而言之，在未成就寂止之前，间或观察，延后修止，不可能成就寂止。成就寂止，而胜观未成就之前，观修不能自动引导牢固的专一住心能力。所以，用思辨智慧多次观察，这个观察证获牢固的住心能力，将会获得胜观，结合也算成功完成。

因此，在平静的水面上，如小鱼欢快跳跃一般，保证住心能力稳定的无寻思的光釉不褪色。对于无我之义，可用甄别观察的二聚，不要对寂止和胜观的结合产生错误。

这样，寂止与胜观的结合方法，要从那些正宗经典中加以了解。除此而外，捏造虚构的（经籍）不足为凭。在这些方面，寂止与胜观的护持方法仍需多加甄别，但恐字繁，兹不赘述。

第六节　菩提总道概要

现在略论总道之概要。首先，关系到道之根本——投拜导师方法，以得出结论。之后，使闲暇之身具备价值的真实意愿得以发挥，要从内心自励，经常修炼不辍。为了取得功效，要修炼有关闲暇之法。

如果碌碌无为、空忙一生的思想不能反正，后世之大事就无法完成，所得人身朝不保夕，死后沦落恶趣，故要努力修炼。

这时，将产生恐惧的正确思想，真心实意对三宝功德产生信念，坚守共同的皈依戒，学习其教言。之后，对所有善法之巨大基础——业果的敬信，从多方面发挥并加以巩固，努力把握十善十不善的取舍，不断奔向四力之路。

这样，下士的诸法圆满之后，要对共同和个别的轮回罪孽多加思考，下决心从共同轮回中解脱。接着对从任何轮回中出现的根源——业与烦恼的本质取得认识，树立扬弃它的真实想法。要对解脱轮回之道——整个三学树立信念，特别是要努力守持自己接受的别解脱戒。

这样，中士诸法圆满之时，请想一想，如自己掉进尘世之海，如母有情也一模一样，不断修炼仁慈心之根本菩提心，直至它成熟臻善。没有这个（菩提心），等于在没有六度和二次第（圆满次第和发心次第）的基础上，盲目行事。

对此，若心灵中产生少许体会情形，要以仪轨护持，努力学习其教言，尽力巩固心愿。之后，聆听伟大菩提行，了知取舍之度，对其产生强烈的学习愿望。

当产生这些思想之时，接受戒律应以仪轨护持，学习用来成熟自己心性的六度，以及成熟他人心性的四摄法，尤其为了全力防止根本堕罪而不怕牺牲，要不遗余力防止沾染中小漏（大小缺点），即使沾染了，也要努力改正。

于是，特别要学习波罗蜜多最后二度[1]，精通禅虑护持法后，修炼三摩地。尽量使二无我之正见——远离常断的清净浸润灵魂，置于获证和正见之上，了解正确护持法，并予以护持之。

只是对类似禅虑和智慧冠以寂止和胜观之名，除最后二度外，别无他途，接受菩萨戒后，从学习其教言中获得。

从一一修炼低层道次中，希望得到最高道次的意愿油然而生；从一一聆听高层道次中，希望修炼低层道次的意愿愈加强烈，这是关键所在。若觉得所学皆非，住心能力甚微，正见之解寥寥，使尽浑身解数，也乏善可陈，故需确定一个十全十美的道次。

在修炼它们之时，要清净寻思，思想保持平衡，如对指引道路的导师不够诚意，一切善缘的根本将会中断，故应尽心尽力拜师。

同样，对修炼漠不关心，喜欢养生，贪念严重，应主要修炼无常与恶趣之罪孽。

如亵渎自己所承诺之戒律，应想到对业果缺乏信念，要重点修炼业果。如对所有轮回缺乏厌离心，从事解脱的理想，就是一句空话，要思考轮回的罪孽。

无论做什么，都要为人着想，没有强烈的思想愿望，大乘的根本就会中断，故要大量学习心愿及其理由。接受佛子戒后，学习菩萨行，但如果被执著表象的束缚牢牢困住，就要凭依道理知识，纠正执著表象的所有思想状态。空性似天空、似虚幻，修心要达到这种状态。

如果不守善缘，成为心灰意懒的奴隶，依照前辈们所说，主要护持专注住心能力，由此表明，未提到的也要加以了解。简言之，不要有一己之私，把心性引往支配一切善业的方向。

在大士道次中，学习菩萨行，如何学习智慧的本质胜观的方法业已述毕。

第七节　学习金刚乘

特别学习金刚乘的方法。这样学习显密二宗的共同道之后，无疑要涉足密咒。因为此道比其他教法极为稀缺，而且可迅速圆满成就两种资粮。

若要投身它，按照《菩提道炬论》所说，首先要侍奉上师，谨遵师命等，使之欣慰，做到比以前说过的还要好。这里所说的，最起码要对具备身份的上师这样对待。

[1] 二度，六度之最后二度，即禅定、智慧。

之后，开始利用能够成熟（心性）的灌顶——一部正宗续部成熟心性，接着聆听当时所受三昧耶戒和其他戒律，了知守持。如犯根本堕罪，可重新授受，但获得道之功德，恐旷日持久。为了避免沾染这些缺点，要下大功夫。要努力规避习染重堕罪，万一违犯，也要想办法改正恢复。这些是修道的基础，如果缺乏这些，就像边墙坍塌的破房子一般。

《大方广菩萨藏曼殊室利根本仪轨经》说：

“世尊早有法旨留，
坏戒不修密宗咒。”

在《无上瑜伽续》（རྣལ་འབྱོར་བླ་མེད་ཀྱི་རྒྱུད། rnal a´byaor bla med kyai rgayaud ）中也说：“那些不守三昧耶戒，不悟灌顶，不知真谛的人虽然修炼了（密宗），但一事无成。”

所谓不守三昧耶戒、不守戒律者所修的道，也只是游离于密咒之外罢了。

这样坚守三昧耶戒和其他戒律，修炼密宗之道，首先需要修炼一个正宗续部中所说的生起次第——完整神轮。密宗之道非凡所断，是针对蕴、处、生庸俗贪著的低级的这个妄念。能够制止它的，是对处、身、财富抱有特殊念头得以改变的生起次第。

这样修净低级妄念，将经常受到佛及佛子的加持保佑，保证所有福德资粮顺利圆满，可成为圆满次第的根器（资格、资质）者。之后需要修炼正宗续部中所说的圆满次第，而不是放弃第一道次，去修习包括外续范围的部分道品，这不是精通续部及其注释的智者们所主张的。因此，要关键掌握无上瑜伽完备道统的两种次第。

就这些知识，这里只是从点滴入手，指出了学习密宗的一个侧面。欲知详情，就要从有关《密宗道次》中加以了解。

如以这种方式学习，将会系统学到荟萃显密一切奥义的道统，能使闲暇人身具备实际意义，能让伟大佛教在自己和他人的心灵中得到升华。

后 记

拜读佛经惟一眼，
阅尽皇皇诸论典，
如理洞悉增喜悦，
孜孜以求守持善。

诚心诚意投名师，
初佛文殊善加持，
辨别假相成大智，
万望圣者常佑庇。

世界万圣之巨擘，
美名旗帜世间飘，
龙树无著依次传，
菩提道次人气高。

众生心愿全满足，
珍贵教诫王自如，
大论千流汇一起，
吉祥善说大海聚。

理论泰斗燃灯师，
雪山丛中创明理，
观察佛教善道眼，

很久以来常开启。

一切佛经关键旨，
如数家珍智者失，
这条善道长时废，
触景生情欲复辟。

佛陀推演诸法性，
跨上大乘宝骏顷，
沿着善士福祉道，
一一汇集入禅定。

前所未论非广深，
但尚完整小计运，
不费功夫容易懂，
如理研究经典引。

佛子大道实难证，
我乃萌童当中萌，
词不达意诸纰漏，
学者尊前我悔恨。

长期奋斗二资粮，
行善积福如天广，
无明遮蔽众生眼，
愿我成为统领王。

目标未达累世间，
文殊菩萨常慈念，
教言完善上乘道，
寻获修证诸佛欢！

己所证悟道关键，
大力慈航智方便，

众生心暗皆消除，
但愿佛法永世传。

伟大教理未普及，
纵使普及已退失，
大慈大悲动心弦，
利乐宝藏尤明喜！

佛陀佛子业高尚，
圆成菩提道光亮，
信士心中送吉祥，
但愿佛业千秋昌。

创造善道结顺缘，
人与非人排逆源，
生生世世佛点赞，
永远不离正道关！

一旦大乘十法行，
如理修证倍加勤，
权威名流常辅佐，
吉祥大海天下宁！

（这部书）荟萃了一切佛典精华，它是开派祖师龙树与无著的规制，是通往无所不知之地的大士教理，是完整论述三士修证过程的菩提道次。

（现在，讲一讲成书的前因后果。）首先，由官确楚成大师（དཀོན་མཆོག་ཚུལ་ཁྲིམས། dkon mchog tshul khraims）请求我撰写此书。他是伟大佛子鄂·洛丹喜饶（རྔོག་བློ་ལྡན་ཤེས་རབ། rngog blao ldan shes rb）之法位继承人，通学内明藏，并对其义理潜心证悟，指明芸芸众生道路，成为珍贵佛教的真正的中流砥柱。

接下来由堪钦苏普瓦·官确华桑布（མཁན་ཆེན་ཟུལ་ཕུ་བ་དཀོན་མཆོག་དཔལ་བཟང་པོ། mkhn chen zul phu ba dkon mchog dpl bzng po）请求我撰写这么一部书。他是历来持戒大师们一致赞颂的圣者贾·持律（བྱ་འདུལ་བ་འཛིན་པ། bya a´dul ba a´dzin pa）之法位继承人，先知与慈悲等教证功德富于一身，是雪域诸持戒大师中独树一帜的持戒泰斗。与此同时，许多求学者很早以来就请求我撰写此书。

后来，又有大名鼎鼎的大菩萨嘉确华桑布（སྐྱབས་མཆོག་དཔལ་བཟང་པོ། skayabs mchog dpl bzng po）直接鼓励我撰写此书，我谨遵恩旨。他精学所有显密大论，理论大家，大力护持三学，专心负责珍贵佛教无与伦比，名副其实的译师与导师。

我投拜至尊圣者南喀名讳，聆听从阿兰若师传授尼苏巴，又传自坚阿瓦的菩提道次；投拜至尊圣者桑布名讳，聆听由博朵瓦分别传授夏热巴、多尔巴的菩提道次，将其义涵作为本书的主题，除了阐述《菩提道炬论》的三士一般内容外，考虑到通俗易懂，没有引用全部语句。

把大译师[1]与卓隆巴师徒的菩提道次的梗概作为依据，从多部菩提道次中撷取精华，撰成此书，其道分完备，便于阅读，条理畅达。

这部书，是我如法修证雪域开山祖师、无畏勇识[2]、吉祥圆满、皇皇佛典的内涵而得。我头面礼足我的至尊恩师仁达瓦（རེད་མདའ་བ། red mda ba）等上师，恩师能使佛及佛子欣慰，是卓尔不群的大菩萨。

多闻比丘、乞化者、东部宗喀巴・洛桑札巴（ཤར་ཙོང་ཁ་པ་བློ་བཟང་གྲགས་པ། shr tsong kh pa blao bzng grags pa），于北部热振（ར་སྒྲེང་། rwa sgaraeng ）佛陀静地央官寺（ཡང་དགོན། yng dgon）狮子岩下禅洞顺利完稿，缮写者为索南华桑（བསོད་ནམས་དཔལ་བཟང་། bsod nms dpl bzng）。

谨此祝愿佛教全方位得到发扬光大！

梵语咒文：唵耶达日玛黑都扎巴瓦黑都尼达哈那达塔噶朵哈雅瓦达达 迪哈匝越尼若达埃旺巴得玛哈沙玛那索哈

汉语译文：

万事万物因缘生，
生生灭灭不消停，
善逝佛尊颁圣旨，
梵呗曼妙比丘胜[3]。

[1] 大译师，是否指的是大译师仁钦桑布？亦未可知。
[2] 无畏勇识，一般指菩萨。
[3] 原文来自第一世达赖喇嘛根敦珠巴所著《毗奈耶经广因缘集》中对以上梵文所作的翻译：

ཆོས་རྣམས་གང་དག་རྒྱུ་ལས་བྱུང་བ་དང་།།
དེ་ཡི་རྒྱུ་དང་དེ་འགོག་གང་ཡིན་པའང་།།
དེ་བཞིན་གཤེགས་པ་ཉིད་ཀྱིས་བཀའ་སྩལ་ཏེ།།
དེ་སྐད་གསུང་བའི་ཚུལ་ཅན་དགེ་སློང་ཆེ།།

译者不知道梵文意思，经请教藏学专家，也是译者的同事成来嘉措先生，他说出了此段梵文的一些前因后果，觉得似有价值，故译出作为补遗。它反映了《菩提道次第广论》的真实内涵。无论念诵这首偈句的藏文，还是念诵梵语的汉语译文，或者直接念诵梵语咒文，就等于读了一遍《菩提道次第广论》，都将吉祥如意，功德无量，心想事成，健康幸福。